本书获得

陕西师范大学人文社会科学高等研究院

陕西师范大学文学院

出版资助

项 目 主 持

陕西师范大学女性研究中心

性别研究文史文献集萃系列丛书
李小江 主编

古史性别研究丛稿
（增订本）

王子今 著

陕西师范大学出版总社

图书代号：SK20N2091

图书在版编目（CIP）数据

古史性别研究丛稿 / 王子今著 . —增订本 . —西安：陕西师范大学出版总社有限公司，2020.1
（"乾·坤"：性别研究文史文献集萃系列丛书 / 李小江主编）
ISBN 978-7-5695-1354-7

Ⅰ.①古… Ⅱ.①王… Ⅲ.①性别差异—研究—中国—古代 Ⅳ.① D691.91

中国版本图书馆 CIP 数据核字（2020）第 022491 号

古史性别研究丛稿（增订本）
GUSHI XINGBIEYANJIU CONGGAO ZENGDINGBEN

王子今 著

出 版 人 /	刘东风
出版统筹 /	侯海英　曹联养
责任编辑 /	王　森
责任校对 /	胡　杨
出版发行 /	陕西师范大学出版总社
	（西安市长安南路199号　邮编710062）
网　　址 /	http://www.snupg.com
印　　刷 /	陕西博文印务有限责任公司
开　　本 /	710mm×1000mm　　1/16
印　　张 /	40.5
插　　页 /	2
字　　数 /	570千
版　　次 /	2020年1月第1版
印　　次 /	2020年1月第1次印刷
书　　号 /	ISBN 978-7-5695-1354-7
定　　价 /	180.00元

读者购书、书店添货或发现印刷装订问题，请与本社营销部联系、调换。
电　　话：（029）85307864　85303629　　传真：（029）85303879

总序

"乾·坤"——性别研究文史文献集萃系列丛书

乾坤，相互对应的两极构成一个概念，成为中国哲学体系中的基本范畴。乾为天，主阳；坤为地，主阴。出处与《易经》有关：以自然运行的宇宙观解释世间万物人事，将天地依存的同构范式推及人类社会，由"天/地""阴/阳"派生出"社稷""男女"——如此一来，天地与社稷呼应，阴阳与男女对接，乾坤与家国同义，成为人世间难以超越的至高境界。

在"乾·坤"名下做文史研究的念头由来已久，旨在将历史元素有效地纳入中国特色的哲学范畴，既可还原它的原初含义，也有创新的意图：朗朗晴空下，为长久隐身于私密处的"女性/性别"辟出开放的话语空间。"乾坤一元"，比肩而行；"阴阳相倚"，各为主体；"性别研究文史文献集萃"因此有三重含义：

一为饮食男女，性别是基本议题。让"天地/阴阳"走进人间生活，袅袅炊烟，衣食住行，寻常生活中窥见的也是"乾坤/社稷"。

二为文史文献，以文载史，文史同道。入丛书者，有专著，有论文集；可以是历代文学作品的史学解构，也可以对图片（如壁画、纹饰、照片、影视作品、墓志铭等）做文献辑录或文史阐释……无论形式，无不承载着历史的信息（而非白口说道），能够从不同方向展现历史遗存（而非凭空想象）。

三是集萃，会聚珠玑，萃取精华。女人作为群体，长久未载史册；女性的历史信息，碎片般地散落在"史记"的缝隙里或散失在"社稷"的偏僻角落。编撰这套丛书的一个主要目的是拾遗补阙：但凡透露出性别制度的古老讯息，或承载着女性文化遗存的历史印记，在这里都被视若珍馐，不厌其碎，汇集在"乾坤"名下，想人间男女俗事，与天地共一血脉。

这套丛书以"乾·坤"为名，图借大千宇宙磅礴气势，生成学界正道三气：开放多元，任恣肆的思路拓展包容的心胸，是谓"大气"；在亘古不变的天地呼应中讨一份冷静客观的治学态度，是谓"学术气"；让家国社稷落实到寻常人生，在绵延不绝的生民文化中找回两性平等相处的对话平台，是谓"接地气"——大气、学术气、接地气，是"乾·坤"系列丛书的起点，也是它努力的方向；它于女性的生存状态是一个提升，与性别研究的跨学科性质正相吻合。但是，在选题设置上，入选文章不避琐细，作者不问辈分，形式不拘一格，国籍无计内外，看重的是基础性文献收集、整理和分析的学术品质。因此借"序"向学界公开征稿，期待各学术领域中的领军者赐稿，也欢迎各院校同仁提供在性别研究中有建树的学位论文。有文稿者，可与丛书的编撰统筹侯海英女士直接联系（E-mail: houhaiying@snnu.edu.com）。

　　说来，我的编书历史自20世纪80年代中期至今，30年有余。已经出版的有文集《西方女权运动文选》（中国妇女出版社，1986）、《华夏女性之谜》（三联书店，1988）等，也有"妇女研究丛书"（河南人民出版社，1987—1992）、"性别与中国"辑丛（三联书店，1995—2000）、"20世纪中国妇女口述史丛书"（三联书店，2003）等，计数十部，绵续拓展，无不关乎女性/性别研究。21世纪以来，女性/性别研究已成显学，相关专著、译著和博士论文日渐热络，因此不断有出版商寻来洽商，希望在更新的学术环境上推出新的研究成果。多年斟酌，实地考察，最终选择陕西师范大学，是因为这里已经搭建起了"四位一体"的坚实平台：一支以教授领衔、项目引导、跨学科合作、可持续发展的教研梯队（1995年起步）；一座具有普及教育性质、学生自愿参与、自行管理的"妇女文化博物馆"（2003年建馆）；一个学术型、多元化、开放性的"女性/性别研究文献资料馆"（2018年揭牌），以及正在筹建中的地方文史与女性个体生命合二而一的档案库"女方志馆"——陕西师范大学女性研究中心集课程建设、学术研究、文化资源积蓄、志愿者活动和社会服务为一体，在中国学界和女性/性别研究领域中独树一帜，已经为女性的知识积累和精神传承建起了一个难以替代的学术基地。"乾·坤"在这里落脚，可谓水到渠成。女性研究中心与陕西师范大学出版总社互为近水楼台，正好相互扶持。希冀我们共同努力，为已成气候的女性/性别研究继续贡献绵力。

李小江

2019年9月18日 古都西安

前言

性别研究，是一处近年得到认真垦辟的学术园圃。古史性别研究，也是史学研究的新课题。《古史性别研究丛稿》初版由社会科学文献出版社2004年12月出版，集合了作者从事这项研究的若干成果，内容主要以秦汉时期为主要研究对象，亦涉及其他时段。全书分四个部分。第一部分"性别视角的古代神秘主义文化考察"，第二部分"秦汉时期性别关系史论说"，第三部分"简牍性别史料研究"，第四部分"文学遗产的性别史探讨"，分别以性别研究为主题，进行了可能有一定意义的尝试。

初版《古史性别研究丛稿》作为以性别视角考察中国古代历史若干成果的合集，面世后有良好的学术反映。《文摘报》2004年11月28日发表了书讯。"文星图书读者论坛"发表署名"文荟"的肯定性的评论，以为"性别史研究""是一个崭新的课题，相关的论述不多","本书作者从性别关系的分析入手,并结合简牍材料,及援引大量文学史数据,为史学另开一个新天地,值得细读"。"中国社会学网"、"国学网·中国济史论坛"、"象牙塔·国史探微"、"读书网"、"四川新闻网·理论在线"等网站有所介绍。被香港中文大学列入"汉代社会生活"的导修资料。《秦汉时期家族犯罪研究述评》(贾丽英等)予以引录并有肯定的评价。中国优秀博士论文《先秦性别角色研究》(东北师范大学赵玉宝)亦多次引用本书。社会科学文献出版社2004年版《古史性别研究丛稿》,2006年12月获第四届中国高校人文社会科学研究优秀成果奖三等奖。

初版《古史性别研究丛稿》收入论文24篇。此次增订,对原书若干疏误有所补正,又增益了一些新的相关主题的研究成果。《古史性别研究丛稿》(增订本)共收入论文39篇。第二部分改题"战国秦汉性别关系史论说",第四部分改题"文学性别史探讨"。

从历代史籍存留的记载看,性别问题早就受到关注。

《史记》卷一《五帝本纪》写道,尧对舜的考察,"以二女妻舜以观其内,使九男与处以观其外"[①]。"男""女"活动的性别差异,一为"外",一为"内",区别已经体现。秦始皇泰山刻石所谓"贵贱分明,男女礼顺,慎遵职事",之罘刻石所谓"男乐其畴,女修其业,事各有序",性别等级、性别职能、性别秩序,都各有规范。而会稽刻石所谓"防隔内外,禁止淫泆,男女洁诚"[②],也强调了"内外"区分及相关道德要求。其历史先声,有商鞅所谓"始秦戎翟之

---

① 〔汉〕司马迁:《史记》,中华书局1959年版,第33页。
② 《史记》卷六《秦始皇本纪》,第243、252、262页。

教,父子无别,同室而居。今我更制其教,而为其男女之别,……"①《史记》卷二四《乐书》说:"婚姻冠笄,所以别男女也。"大致也有讲"内外"秩序的意思。又强调:"男女无别则乱登。"按照裴骃《集解》引郑玄说,"登,成也"。张守节《正义》:"登,成也。若人君行礼,男女无别,则天地应而错乱成之也。"《史记》卷二四《乐书》还写道:"先王本之性情,稽之度数,制之礼义",就是要使"阳""阴"与"刚""柔""皆安其位而不相夺"。"乐"也有这样的文化作用,即"使亲疏贵贱长幼男女之理皆形见于乐"。子夏对于"新乐"的批判,言"杂子女,不知父子",裴骃《集解》引郑玄的解释,即"乱男女尊卑也"。②看来,在很古远的时代,"男女"性别等级秩序的"理",与"亲疏贵贱长幼"同样,是要"皆安其位而不相夺"的。这些具有政治宣传意味的文字所体现的性别意识,当然是性别研究者应当关注的。对于其发生渊源、道德作用与社会影响,都有考察与说明的必要。《史记》卷二七《天官书》写道:"魁下六星,两两相比者,名曰三能。"裴骃《集解》:"应劭引《黄帝泰阶六符经》曰:'泰阶者,天子之三阶:上阶,上星为男主,下星为女主;中阶,上星为诸侯三公,下星为卿大夫;下阶,上星为士,下星为庶人。三阶平,则阴阳和,风雨时;不平,则稼穑不成,冬雷夏霜,天行暴令,好兴甲兵。修宫榭,广苑囿,则上阶为之坼也。'"③就是说,社会生活中"男""女"的"上""下"秩序,在星象格局体现的天文学知识中也有对应的表现。

---

① 《史记》卷六八《商君列传》,第2234页。
② 《史记》,第1186、1196、1208、1222—1223页。
③ 《史记》,第1293—1294页。

关于"男女之别",还有一些具体的问题值得思考。例如,《史记》卷四《周本纪》张守节《正义》引《括地志》载录毛苌语,说"西伯仁人"之治,"入其邑,男女异路"。①《史记》卷四七《孔子世家》说:孔子"由大司徒行摄相事","与闻国政三月","男女行者别于途"②。而《史记》卷二〇《建元以来侯者年表》褚少孙补述,也说到黄霸为扬州刺史、颍川太守,"善化,男女异路"③。黄霸的政绩受到表彰。"孝宣帝下制曰:'颍川太守霸,以宣布诏令治民,道不拾遗,男女异路,狱中无重囚。赐爵关内侯,黄金百斤。'"④其说本原,见于《汉书》卷八九《循吏传·黄霸》"男女异路"事迹。⑤

《汉书》卷九九上《王莽传上》说:"风俗使者八人还,言天下风俗齐同,诈为郡国造歌谣,颂功德,凡三万言。莽奏定著令。又奏为市无二贾,官无狱讼,邑无盗贼,野无饥民,道不拾遗,男女异路之制,犯者象刑。"⑥所谓"男女异路",被看作"功德"的象征。王莽执政时,太傅唐尊有非常偏执的表现。他说:"国虚民贫,咎在奢泰。"于是,"乃身短衣小袖,乘牝马柴车,藉槁,瓦器,又以历遗公卿。出见男女不异路者,尊自下车,以象刑赭幡污染其衣"。他认为国家虚弱百姓贫苦,问题在于社会风习的奢靡,于是衣食俭朴,并且试图影响其他大臣。乘坐低等级的车马出行,看到"男女不异路者",亲自下车,予以警告羞辱。这样的举动得

---

① 《史记》,第117页。
② 《史记》,第1917页。
③ 《史记》,第1068页。
④ 《史记》卷九六《张丞相列传》褚少孙补述,第2688页。
⑤ 〔汉〕班固:《汉书》,中华书局1962年版,第3632页。
⑥ 《汉书》,第4076页。

到王莽的赞许，下诏令公卿大臣向他学习，并封其为"平化侯"①。

所谓"男女异路"，究竟是怎样的交通形式，在古代城市道路条件下，是否可以切实推行？《论衡·是应》已经有所质疑。王充说："儒者论太平瑞应，皆言气物卓异，朱草、醴泉、翔凤、甘露、景星、嘉禾、蓂脯、蓂荚、屈轶之属。又言山出车，泽出舟，男女异路，市无二价，耕者让畔，行者让路，颁白不提挈，关梁不闭，道无虏掠，风不鸣条，雨不破块，五日一风，十日一雨，其盛茂者，致黄龙、麒麟、凤皇。"对于这些说法，王充认为："夫儒者之言，有溢美过实。"他指出，"瑞应之物，或有或无"，有些"征应恐多非是"。他又对所谓"男女异路"一类"溢美过实"语提出明确的质疑："言男女不相干，市价不相欺，可也。言其异路、无二价，褒之也。太平之时，岂更为男女各作道哉？不更作道，一路而行，安得异乎？"黄晖《校释》引《礼记·王制》："道路男子由右，妇人由左，车从中央。"又引《公羊·定十四年》何注："孔子由大司寇摄相事，男女异路。"②这应当是说同一方向行进的道路。而逆行道路又怎样行进呢？《文选》卷一班固《西都赋》："披三条之广路，立十二之通门。"李善注："《周礼》曰：匠人营国，方九里，旁三门。郑玄曰：天子十二门，通十二子也。"张铣注："披，开也。三条，三达之路。面三门，四面十二门。"《文选》卷二张衡《西京赋》："观其城郭之制，则旁开三门，参涂夷庭，方轨十二。街衢相经。"薛综注："街，大道也。经，历也。一面三门，门三道，故云参涂。涂容四轨，故方十二轨。轨，车辙也。夷，

---

① 《汉书》卷九九下《王莽传下》，第4164页。
② 黄晖：《论衡校释》（附刘盼遂集解），中华书局1990年版，第752—754页。

平也。庭，犹正也。"李善注："方言九轨之涂，凡有十二也。《周礼》曰：营国方三门。郑玄《仪礼》注曰：方，并也。《周礼》曰：国中营涂九轨。《西都赋》曰：立十二之通门。"吕延济注："西京城面三门，门三道，皆平正，可齐列十二车。"[1] 汉长安城每面三门，门三道，即所谓"参途"，"三达之路"交通规划，是得到考古发现的证明的。[2] 从道路建设最为完备的汉长安城的规划看，城门设置，并没有"更为男女各作道"，只能男女"一路而行"。也就是说，是无法做到"道路男子由右，妇人由左"，即所谓"男女异路"的。关于古人所言"男女异路"的礼制理想与现实可能这种涉及交通文化的性别关系问题，也是进行古史性别研究时应当探究的。

《古史性别研究丛稿》（增订本）对于许多我们面对的相关问题没有能够一一讨论，对于已经涉及的学术主题，可能也未能全都做出富有说服力的结论。但是就一些具体问题的探索，作者是认真地提出了基于实证原则的意见的。书中所汇报的零零碎碎的学术心得，或许可以为学界朋友们就这些问题的思考，提供若干点滴的帮助。

王子今
北京大有北里
2019 年 9 月 26 日

---

[1] 〔梁〕萧统编，〔唐〕李善、吕延济、刘良、张铣、吕向、李周翰注：《六臣注文选》，中华书局 1987 年版，第 26、51 页。

[2] 中国社会科学院考古研究所编著，刘庆柱、白云翔主编：《中国考古学·秦汉卷》，中国社会科学出版社 2010 年版，第 180—181 页。

目录

一篇　性别视角的古代神秘主义文化考察　1

平利女娲故事的发生背景和传播路径　3

一、古文献记录的平利女娲山女娲庙　4

二、平利女娲故事的发生及其背景　9

三、平利女娲山和竹山女娲山　13

四、平利女娲遗迹和蓝田女娲遗迹　15

五、女娲的纪念：传说系统和交通系统　19

论女娲神话源生于西北山区　25

一、女娲之肠：《山海经·大荒西经》中的线索　26

二、"天倾西北"神话与传说中"补天"工地的方位　27

三、"女娲笙簧"与西北音乐考古　29

四、关于女娲纪念的早期记录　32

汉代"嫘祖"的历史记忆与文化影响 35

　　一、"嫘祖为黄帝正妃" 36
　　二、嫘·儽·累·纍·絫·縲·纗 39
　　三、"嫘祖始教民育蚕治丝，以供衣服" 40
　　四、"嫘祖"事迹与黄帝"淳化""虫蛾"成就 41
　　五、"淳化""虫蛾"的考古学实证 43
　　六、"嫘祖好远游""因以为行神" 45

说"盐水神女" 49

　　一、《南蛮传》"盐神"记忆 50
　　二、"巫盐""神女"说 52
　　三、"巴盐"神话 55
　　四、"盐神"崇拜的滥觞 57

战国秦汉时期的女巫 63

　　一、女巫与宫廷巫术 64
　　二、女巫与袚禊礼俗 69
　　三、女巫求雨表演 78
　　四、女巫兵祷史事 81
　　五、"巫儿"与"尸女" 83
　　六、"巫风"与"淫风" 93

汉代民间的西王母崇拜 99

　　一、汉代西王母崇拜的历史遗存 100

二、西王母信仰与世俗企求 104

　　三、西方远国神话 106

　　四、西方神秘主义文化的东来 112

二篇　战国秦汉性别关系史论说 115

"吴起杀妻"论 117

　　一、吴起：成功的政治家军事家 118

　　二、"杀妻"污名与吴起"残忍薄行"形象 120

　　三、"杀妻"事件与吴起"德"论与"德"行的对立 123

　　四、"杀妻"手段与吴起"权""术"心理 126

　　五、"杀妻"罪恶与正统司法理念 129

　　六、"杀妻"暴行与传统伦理意识 131

　　七、古史"杀妻"现象的政治文化考察 133

秦国上层社会礼俗的性别关系考察
——以秦史中两位太后的事迹为例 137

秦史的宣太后时代 145

　　一、古史第一位"太后" 146

　　二、宣太后时代秦国力的盛起 148

　　三、"义渠戎"问题 150

　　四、关于"昭襄业帝" 152

　　五、性情"芈八子" 154

论秦宫"榛娥之台"兼及"秦娥"称谓 157

    一、《方言》"秦有榛娥之台" 158

    二、战国都城"高台"建筑与秦宫苑的"台" 160

    三、《方言》"秦俗，美貌谓之娥" 165

    四、"榛娥"非"七娥"辩 167

    五、"榛娥""漆娥"说 170

    六、"女称娥"的普及与"忆秦娥"文学意境 173

秦始皇的情感生活——兼及秦始皇是否立皇后问题 179

    一、秦始皇的子女 180

    二、秦始皇的情爱生活 181

    三、秦始皇的"皇后" 184

吕太后的更年期 189

    一、"号令一出太后" 190

    二、"女主""骄蹇"教训 191

    三、"诛韩、彭如杀狐兔" 192

    四、"戚姬"故事 194

    五、吕氏"滔天之势" 195

    六、朱熹："后来许多不好" 197

战国秦汉时期的女军 205

"姬别霸王"的历史记忆和"虞美人草"的文化象征 221

    一、史公《项羽本纪》中聚精会神，极得意文字 222

二、"虞姬"故事的魅力　225

　　三、"插花庙""祀鲁妃"　227

　　四、"美人草""青春舞"　228

　　五、"香魂夜逐剑光飞"　230

　　六、"舞草""摇摇花"　231

　　七、对"虞美人草"象征意义的不同理解　233

秦汉时期的女工商业主　237

　　一、巴寡妇清事迹　239

　　二、"军市"的女子　243

　　三、"武负、王媪"与"文君当炉"故事　244

　　四、"裨贩夫妇"和"肆人之男女"　247

　　五、对秦汉女工商业者的历史评价　250

汉代"乳舍"及相关问题的社会史考察　253

　　一、《风俗通义》"乳舍"故事之一：颍川富室　254

　　二、《风俗通义》"乳舍"故事之二：汝南周霸　256

　　三、杜预《左传注》"产舍"说　258

　　四、"甲观""画堂"：太子官产房　265

　　五、"乳舍"与生育禁忌　269

　　六、"乳舍"的社会福利史意义　272

汉代的女权　275

　　一、"女主临朝"与"权在外家"　276

　　二、姓氏从母　277

三、"享先妣先祖" 278

四、女性贵族 279

五、汉代妇女的情感生活体验 280

六、"妻，齐也，与夫齐体" 284

汉代的女童教育 285

一、缇萦故事 287

二、"能史书""善史书"女童 289

三、平民家庭的女童教育 292

四、"女德"教育与"少习仪训"典范 295

五、"孔融女"事迹 298

六、女童的历史知识与历史感觉 300

七、"习女工"要求 302

八、成功的女童教育与文化的世代承续 303

性别的政争："巫蛊之祸"与征和时期的帝后关系 305

情爱的幻境：方士为汉武帝夜致王夫人事 319

秦汉时期的双连杯及其民俗文化意义 331

一、先秦双连杯 332

二、秦汉时期的双连杯 334

三、双连杯与家庭婚姻形态 338

四、双连杯的流变 343

目 录

三篇　简牍性别史料研究 345

睡虎地秦简《日书》甲种性别史料辑考 347

一、　既美且长 348

二、　取妇、家女，两寡相当 349

三、　丁丑媚人 350

四、　葬日——男日 350

五、　葬日——女日 351

六、　取妻，妻妒 352

七、　取妻，妻贫 354

八、　取妻，妻悍 354

九、　取妻，妻多舌 355

一〇、　取妻，妻为巫 355

一一、　以取妻，女子爱而口臭 356

一二、　以取妻，妻爱 358

一三、　取妻，必弃 358

一四、　男子龙庚寅，女子龙丁 359

一五、　夫妻同衣 359

一六、　好女子 361

一七、　女为贾 362

一八、　女子以巳字，不复字 362

一九、　取妻龙日 362

二〇、　牵牛以取织女，不果 365

二一、　三弃 367

二二、女果以死 367

　　二三、作女子事 369

　　二四、取妻，不终 369

　　二五、橐妇以出 370

　　二六、敝毛之士以取妻 372

　　二七、直营室以出女，父母必从居 372

　　二八、男女未入宫者 373

　　二九、上帝子下游 374

张家山汉简《贼律》所见"妻悍""妻殴夫"等事 375

　　一、"妻悍""妻殴夫"简例 376

　　二、睡虎地秦简所见女子"悍"与"妻悍" 376

　　三、秦汉律文比较 378

　　四、冯衍妻例证 378

　　五、唐律的参考意义 381

张家山汉简《秩律》四"公主"说 387

"偏妻""下妻"考
——张家山汉简《二年律令》研读札记 393

　　一、简文所见"偏妻""下妻" 394

　　二、偏妻·偏房 396

　　三、"下妻"史例 399

　　四、"下妻"犹言"小妻" 400

　　五、淳于长"小妻"案例 405

张家山汉简《贼律》"叚大母"释义 407

    一、《二年律令·贼律》"叚大母"简例 408

    二、"大母"称谓 408

    三、叚，借也，非真也 411

    四、亲族称谓中的"假" 414

    五、"叚大母"指代身份 418

居延汉简"歌人"考论 421

    一、居延"歌人"简文 422

    二、"歌儿""歌童""歌僮""讴者" 422

    三、有关"歌人"的历史迹象 427

    四、汉代文献所见"歌人" 429

    五、"歌人"的社会表现与"歌人"称谓的社会史意义 430

居延汉简女子婚龄资料考议 433

    一、"世俗嫁娶太早" 434

    二、史籍婚龄资料 435

    三、简牍婚龄史料订正 437

    四、简牍资料提供的新信息 439

秦汉"小女子"称谓再议 441

    一、"小女""小女子"简文 442

    二、"小女"还是"小女子" 447

    三、关于"小女子"称谓的其他助证 449

四、关于女性名字"子"字开头的比例问题 451

汉代军队中的"卒妻"身份 453

一、壮女之军 454

二、女子乘亭鄣 457

三、女子"以为士卒衣补" 459

四、边军女子身份 461

五、"卒妻"与质葆制度 464

说走马楼简所见"小妻"兼论两汉三国社会的多妻现象 467

三国孙吴乡村家族中的"寡嫂"和"孤兄子"
——以走马楼竹简为中心的考察 479

一、简文中的"寡嫂"和"弟寡妇" 480

二、文献所见"寡嫂"身份 483

三、关于"孤兄子" 484

四、"姪"和"姪子" 487

五、"养寡嫂孤儿"事的社会关系史考察 492

走马楼竹简女子名字分析 495

一、"妇人无名"和"妇人无姓" 496

二、关于以"汝""姑""女"为名字 498

三、"妾"和"婢":女子贱名 499

四、妇德的标志——"贞"和"思" 503

五、人名用字和妇女社会生产职任的关联 505

六 "女性的特征"及其他信息 508

七 附议：男人女名现象 512

四篇　文学性别史探讨 527

南宫公主的婚事——澄清汉匈和亲史的一个情节 529

一、 南宫公主"和亲"疑问 530

二、《册府元龟》未见南宫公主"和亲"记载 532

三、 南宫公主"谒见姊" 533

四、 南宫公主与张侯彫申的婚姻 535

五、 南宫公主与南宫侯张坐的婚姻 535

六、 "公主""翁主"辨疑 537

驿壁女子题诗：中国古代妇女文学的特殊遗存 541

一、 谩留名字恼行人 542

二、 万里飘零伤心句 544

三、 琴心一寸托钟期 547

四、 回首乡关归路难 553

五、 谁从马上拨琵琶 557

六、 隔岭孤猿叫何许 560

七、 今日为灰不堪着 564

"女儿国"的传说与史实 569

一、《山海经》"女子国"与《淮南子》"女子民" 570

二、"海东""女国"和"西方""女国" 572

三、东女国 575

四、剑南"女国" 578

五、"有女自王"之国与"纯女无男"之国 579

六、海外"女国" 582

七、"女子国"与"丈夫国"的隔离 583

明清竹枝词所见女子"卜钱"风习 585

明清竹枝词所见女军史料研究 591

一、边地娘子军 592

二、梨花枪好 595

三、军中有女气难扬,天使神兵便不妨 600

四、军装宫妓 603

《乌江竹枝》:清代劳动妇女生活的写真 607

2004年版后记 617

增订本后记 619

一篇 性别视角的古代神秘主义文化考察

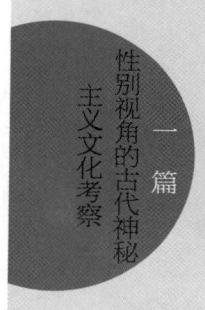

一篇 性别视角的古代神秘主义文化考察

平利女娲故事的发生背景和传播路径

女娲作为传说时代的圣王，在各地多有纪念性遗存，关于传说中其生地、陵墓，以及后世民间纪念祠庙的历史地理记录，分布地域相当辽阔。① 许多这样的传说，出于对乡土文化的特殊自爱心理，当地人言之凿凿，历史学者却往往只作为民俗现象看待。然而陕西安康平利地方与女娲传说有关的文化遗存，记录年代较早，文化影响也较为显著，值得我们特别注意。

一、古文献记录的平利女娲山女娲庙

平利与女娲传说有关的人文地理现象，现在看来最初见于《华阳国志》，大约在唐至五代已经有比较明确的记载，在宋代前后文献的记录已经相当集中。

《华阳国志》卷二《汉中志》在分述魏兴郡②、上庸郡③、新城郡④后写道：

> 右三郡，汉中所分也。在汉中之东，故蜀汉谓之"东三郡"。蜀时为魏，属荆州。晋元康六年始还梁州。山水艰阻，有黄金、子午，马聪、建鼓之阻。又有作道，九君抟土作人处。而其记及《汉中记》不载，又不为李雄所据，璩识其大梗概，未能详其小委曲也。⑤

所谓"又有作道，九君抟土作人处"，刘琳校注作"又有作道——九君抟土作人处"。任乃强说："'作道九君抟土为人'，古籍未见有

---

① 参看杨利慧：《女娲的神话与信仰》，中国社会科学出版社 1997 年版，第 130—139 页；杨利慧：《女娲溯源——女娲信仰起源地的再推测》，北京师范大学出版社 1999 年版，第 80—95 页。

② 治所在今陕西白河北，地域包括今陕西柞水、镇安、宁陕、汉阴、石泉、紫阳、岚皋、安康、旬阳、白河，今湖北郧西、十堰市郧阳区。

③ 治所在今湖北竹山西南，地域包括今陕西平利、镇坪，今湖北竹溪、竹山。

④ 治所在今湖北房县，地域包括今湖北保康、南漳、房县。

⑤ 刘琳校注："〔记〕指地方志，谓'东三郡'之地方志。"〔晋〕常璩撰，刘琳校注：《华阳国志校注》，巴蜀书社 1984 年版，第 142—144 页。

此神话。当是楚中民间有此传说。今蜀人之先世从湖广来者,亦传有'伏羲姊妹捏土成人'之说。不知所自始。"①推测"作道九君抟土为人"与"伏羲姊妹捏土成人"传说有关,见识堪称敏锐,然而任乃强却似乎没有注意到在其《华阳国志》研究成果出版三年前刘琳已经发表的关于"作道九君抟土为人"的见解。刘琳写道:

〔作道〕在今陕西平利县东。

〔九君〕《道藏》洞神部伤字号《洞神八帝妙精经》(南朝以前之道书)"九皇图"一节载天、地、人三皇又各分初、中、后,谓之"九皇君",当即此处所谓"九君"也。其中女娲为后地皇。古有女娲抟土作人之传说。《御览》卷七八、卷三六〇引应劭《风俗通义》:"俗说天地开辟,未有人民,女娲抟黄土作人。务剧,力不暇供,乃引绳于泥中,举以为人。故富贵者黄土人,贫贱凡庸者絙(gēng耕,粗绳)人也。"所谓"九君抟土作人"当指此。②

其实,道教崇拜系统中"九君""九皇君"之说,内涵颇复杂。③值得我们特别注意的,是可能和平利地方信仰民俗有关的内容,如《太平经》中的"九皇"之说。《太平经》卷六六《三五优劣诀》说:"天有三皇,地有三皇,人有三皇。"④刘琳又引录晚唐五代以至宋代文

---

① 〔晋〕常璩撰,任乃强校注:《华阳国志校补图注》,上海古籍出版社1987年版,第90页。

② 《华阳国志校注》,第143—144页。

③ 如宋人张君房《云笈七签》卷二四"九皇君",卷六、卷三〇、卷四二、卷四三、卷四四、卷一〇六"九君",似与《华阳国志》"抟土作人"传说无涉。其区别,或许反映了道教学说成熟过程中的演变。又《天皇至道太清玉册》卷一有"上三皇、中三皇、下三皇"之说。《上清河图内玄经》称北斗九星为"九皇君"。参看胡孚琛主编:《中华道教大辞典》,中国社会科学出版社1995年版,第1439页。

④ 其解说谓:"天有三皇若三光,地有三皇若高下平,人有三皇,若君臣民也。"现在看来,与《华阳国志》"抟土作人"传说似未能切合。王明编:《太平经合校》,中华书局2014年版,第242页。

献说及平利、竹山女娲遗迹者，指出：

> 据《元丰九域志》，汉中西城县有女娲山。《陕西通志》谓在今平利县东三十里，晋司马勋退屯女娲堡是也。《路史》称女娲治于中皇之山亦即此女娲山，又杜光庭《录异记》卷八："房州上庸界有伏羲女娲庙，云是抟土为人民之所，古迹在焉。"按上庸即今湖北竹山县，与陕西平利县相接，以上诸说实指一地。《常志》所谓"作道"当即其地也。①

《华阳国志》有关"作道九君抟土为人"的传说，按照刘琳的理解，应当是平利女娲遗迹最早的一例。这也应当是可以大略确定地点的女娲传说的最早记载。《华阳国志》的作者常璩为晋世人。这段关于"又有作道，九君抟土作人处"的文字，也是所有关于女娲传说遗迹的文献记载之中，迄今所见最早的一种。

至于其文字过于简略，常璩本人已经有"璩识其大梗概，未能详其小委曲也"的解释，我们不宜苛求于古人。

《华阳国志》所谓"作道九君抟土为人"，杨利慧的博士论文引作："'新城郡有作道九君，抟土做人处也。'（《魏书·吐谷浑传》）"②不知因何致有此误。

唐人编撰的地理书《十道要录》说到平利女娲遗迹。宋代地理书《太平寰宇记》卷一四一《山南西道·金州》："伏羲山。按《十道要录》曰：'抛、铰二山焚香气，必合于此山。'"③谭其骧主编《中国历史地图集》第五册《隋·唐·五代十国时期》于"平利"东南，

---

① 杜光庭，晚唐五代人。《华阳国志校注》，第144页。
② 《女娲的神话与信仰》，第138页。查《魏书》卷一〇一《吐谷浑传》并无此说。
③ 〔宋〕乐史撰，王文楚等点校：《太平寰宇记》，中华书局2007年版，第2730页。

即今陕西平利西北明确标示"女娲山"①，可以看作历史地理学界对于唐代平利女娲山传说的权威性肯定。

编撰于宋神宗熙宁八年（1075）至元丰三年（1080）的《元丰九域志》卷一《京西路·南路》写道：

> 下。西城。五乡。衡口、平利二镇。有伏羲山、女娲山、洛水、吉水。
>
> 西城县，本妫虚之地。伏羲山。女娲山，上有女娲庙。②

又如成书于宋徽宗政和年间（1111—1118）的宋人欧阳忞《舆地广记》卷八《京西南路》，也有这样的内容：

> 下。平利县。汉长利县，属汉中郡。东汉省之。晋复置，属魏兴郡。宋改为锡县，后废。梁初置上廉县，后改曰吉阳。西魏改曰吉安，后废。唐武德元年置平利县，大历六年省，长庆初复置。皇朝熙宁六年省，元祐二年复置。有女娲山。③

平利地方行政归属屡有变化，然而"有女娲山"作为突出的人文地理标志，长期以来颇为醒目。

成书于宋孝宗乾道六年（1170）的宋人罗泌《路史》卷一一《后纪二·女皇氏》，也有这样的记载：

> 女皇氏庖娲，云姓，一曰女希。……太昊氏衰，共工为始作乱，振滔洪水，以祸天下，隳天纲，绝地纪，覆中冀，人不堪命。于是女皇氏役其神力以与共工氏较，灭共工氏而迁之。然后四极正，冀州宁，地平天成，万民复生。庖娲氏乃立号曰女皇氏，治于中皇山之原，所谓女娲山也。

---

① 谭其骧主编：《中国历史地图集》第5册，地图出版社1982年版，第52—53页。

② 〔宋〕王存撰，王文楚、魏嵩山点校：《元丰九域志》，附《新定九域志》卷一《金州》，中华书局1984年版，第26、551页。

③ 〔宋〕欧阳忞著，李勇先、王小红校注：《舆地广记》，四川大学出版社2003年版，第178页。

罗苹注:"山在金之平利,上有女娲庙,与伏羲山接,庙起。伏羲山在西城。女娲山在平利。《寰宇》引《十道要录》云:抛钱二山,焚香合于此。山亦见《九域志》并《守令图》。"①其中所谓"《寰宇》引《十道要录》云:抛钱二山,焚香合于此",当是因地形导致的气流现象而发生的传说。吕微说:"'金州'在今陕西安康地区。'抛铰之山',《路史》引作'抛钱二山',说明伏羲女娲二人是站在两座山头上抛物占婚的,这在现代采录的兄妹婚洪水神话中是一个常见的细节。焚香气合的情节与李冗《独异志》所录亦十分接近。"②

应当说,大致在宋代,平利女娲山女娲庙已经频频见于明确的文献记载。北宋时,曾以荐王安石而罢官的郭祥正,其诗作有《题女娲山女娲庙二首》:

揽辔金房道,崎岖难具陈。浮岚长作雨,冷气不如春。

少见宽平野,多逢臃肿民。欲知来处远,巫峡是西邻。

又:

突兀隘空虚,它山摠不如。君看路旁石,尽是补天余。③

所谓"金房道",是指金州(今陕西安康)到房州(今湖北房县)的道路。平利,正在其途中。谭其骧主编的《中国历史地图集》"宋·辽·金

---

① 〔宋〕罗泌:《路史》,见《影印四库全书》台湾商务印书馆1983年版,第383册,第83页。

② 吕微:《神话何为——神圣叙事的传承与阐释》,社会科学文献出版社2001年版,第341页。〔唐〕李冗《独异志》卷下《女娲兄妹为夫妇》:"昔宇宙初开之时,只有女娲兄妹二人在昆仑山,而天下未有人民。议以为夫妇,又自羞耻。兄即与其妹上昆仑山,咒曰:'天若遣我兄妹二人为夫妻而烟悉合;若不使,烟散。'于是烟即合。其妹即来就兄。乃结草为扇以障其面。今时人取妇执扇,象其事也。"中华书局1983年版,第79页。据张永钦、侯志明《〈独异志〉点校说明》,《独异志》的成书时间,当在唐宣宗至僖宗乾符元年之间,即公元846年至874年。

③ 〔宋〕郭祥正:《青山续集》卷五《律诗》,见《景印文渊阁四库全书》,台湾商务印书馆1986年版,第1116册,第807页。

时期"于这条交通线上只在平利东南标注"女娲山"①,可知郭祥正"揽辔金房道"时经历的"女娲山女娲庙",应是平利的女娲传说遗迹。

平利等地方在唐、五代至北宋期间女娲崇拜已经相当繁盛,以致形成闻名四方的女娲祠祀之所的情形,有的学者认为与"佛教在中国兴盛"的历史背景有关②,是有一定道理的。

二、平利女娲故事的发生及其背景

考察有关女娲遗迹的历史记录,大略以发生于唐宋时期者相对较为集中。平利相关传说的发生年代,如前所论,要早于其他地方。应当看到,早在宋代史籍记录有关各地较为成熟的女娲信仰之前,女娲故事在平利地方其实已经经历了长期的传播。

从有些现象看,平利地方有发生女娲故事的极其适宜的文化土壤。《太平御览》卷一六八引录了几条材料,可以帮助我们认识这一地区在传说时代的文化地位:

《帝王世纪》曰:"安康为妫墟,或谓之姚墟。"

《后汉书》:"郑弘上书曰:虞舜出于姚墟,夏禹生于石纽。"颖容《释例》曰:"舜居西城,本曰妫汭。"

《汉志》曰:"西城,属汉中郡。"应劭曰:"妫墟在西北,舜之所居,即金城县。"③

这些信息,都通过远古传说的文献载录,反映了平利所在地区有较为悠远持久的历史文化积淀。

平利地方在文物普查中发现了多处新石器时代文化遗址。如仰韶文化的铜盆沟遗址、魏家坝遗址、白土营遗址,龙山文化的吊篷沟

---

① 《中国历史地图集》第6册,第18—19页。

② 中共平利县委宣传部、平利县文化文物旅游局、平利县教育体育局、平利县档案局合编:《女娲传说在平利》,平利县新星印务有限公司2001年版,第4页。

③ 〔宋〕李昉等:《太平御览》,中华书局1960年版,第817页。

遗址、后湾遗址、稻草街遗址等。①这些发现，可以说明在远古时代，这里曾经有与中原地区先进文化类型相一致的考古学文化发生、存在和发展着。考古资料与传说记录的相互印证，可以充实我们对远古历史的认识。

从女娲补天神话的内容看，其发生地点应当在山区。而平利所处秦巴山地，确实有发展早期农耕的充分条件，也确实有发展早期农耕的历史事实。女娲"炼石"传说，暗示与早期矿业的关系。平利有俗称"金洞子"的年代不详的"楠木坪金矿遗址"②，也可以使人们产生某种联想。平利又有所谓"麻园石祭崖"，据文物工作者记述："时代及缘起不详。位于清水河东岸，在长约30米、高3米的岩崖平台上，摆放石块数万块，石块直径10—50厘米，似与当地立石祛病遗俗有关。"③其实，这种对"石块"的尊崇，或许也与女娲炼石补天神话存在着某种内在的联系。看到这一情景，不免使人联想到宋人"君看路旁石，尽是补天余"的诗句。

汉代女娲传说在各个地区的普及，有许多历史现象可以证明。④而平利地方在战国秦汉时代曾经是罪人流徙之地。这种特殊的政治地理条件和交通地理条件，往往可以促成当地文化地理方面的特殊优势。如葛剑雄所说，这些罪徙之民"来自发达地区，估计资产尚颇雄厚，以后人口繁衍"⑤，其经济文化能量是不可低估的。

---

① 黎胜勇、李尚海：《女娲山与女娲文化》，载《汉中师范学院学报》2001年第2期。平利的仰韶文化遗址有吊蓬沟遗址和田家湾遗址。据张在明主编：《中国文物地图集·陕西分册》，西安地图出版社1998年版，第1118页。

② 《中国文物地图集·陕西分册》，第1120页。

③ 《中国文物地图集·陕西分册》，第1127页。

④ 参看宋超：《战国秦汉时期女娲形象的演变》，中国女娲文化学术研讨会论文，平利，2003年10月。

⑤ 葛剑雄：《中国移民史》第2卷《先秦至魏晋南北朝时期》，福建人民出版社1997年版，第79页。

《华阳国志》卷二《汉中志》:"新城郡,本汉中房陵县也。秦始皇徙吕不韦舍人万家于房陵,以其隘地也。汉时宗族、大臣有罪,亦多徙此县。"①关于秦时徙罪人于房陵事,《史记》卷六《秦始皇本纪》记载:秦王政平定嫪毐蕲年宫政变,"尽得毐等。卫尉竭、内史肆、佐弋竭、中大夫令齐等二十人皆枭首。车裂以徇,灭其宗。及其舍人,轻者为鬼薪。及夺爵迁蜀四千余家,家房陵"。关于吕不韦舍人的房陵之徙,司马迁记载,"十二年,文信侯不韦死,窃葬。其舍人临者,晋人也逐出之;秦人六百石以上夺爵,迁;五百石以下不临,迁,勿夺爵"。张守节《正义》:"若是秦人哭临者,夺其官爵,迁移于房陵。""若是秦人不哭临不韦者,不夺官爵,亦迁移于房陵。"《秦始皇本纪》还记载:"十九年,王翦、羌瘣尽定取赵地东阳,得赵王。"司马贞《索隐》:"赵王迁也。"张守节《正义》:"赵幽缪王迁八年,秦取赵地至平阳。平阳在贝州历亭县界。迁王于房陵。"②《史记》卷四三《赵世家》:"以王迁降。"裴骃《集解》:"《淮南子》云:'赵王迁流于房陵,思故乡,作为山水之讴,闻之者莫不流涕。'"张守节《正义》:"《括地志》云:'赵王迁墓在房州房陵县西九里也。'"③关于汉代贵族高官以罪徙房陵、上庸地方事,有《史记》卷五八《梁孝王世家》:"济川王明者,梁孝王子,以桓邑侯孝景中六年为济川王。七岁,坐射杀其中尉,汉有司请诛,天子弗忍诛,废明为庶人。迁房陵,地入于汉为郡。"济东王彭离有罪,"汉有司请诛,上不忍废以为庶人,迁上庸。"④《史记》卷五九《五宗世家》:"有司请诛宪王后脩及王勃。上以脩素无行,使税陷之罪,勃无良师傅,不忍诛。有司请废

---

① 《华阳国志校补图注》,第 87 页。
② 〔汉〕司马迁:《史记》,中华书局 1982 年版,第 227、231、233 页。
③ 《史记》,第 1832—1833 页。
④ 《史记》,第 2088—2089 页。

王后脩,徙王勃以家属处房陵,上许之。勃王数月,迁于房陵,国绝。"①

当时,房陵、上庸地区之所以作为罪迁流放之地,在于当地交通条件的恶劣。《三国志》卷九《魏书·夏侯尚传》所谓"刘备别军在上庸,山道险难"②,说明了这一事实。

甚至唐代帝王也有曾经废徙房陵的实例。《旧唐书》卷七《中宗纪》:"皇太后临朝称制,改元嗣圣。元年二月,皇太后废帝为庐陵王,幽于别所。其年五月,迁于均州,寻徙居房陵。圣历元年,召还东都,立为皇太子。"③由此可知,直至唐代,房陵地区的开发可能依然是有限的。

房陵,地在今湖北房县。上庸,在今湖北竹山西南。然而至少在秦汉时期,这一地区都归于蜀地④,也就是属于汉中郡管辖。而汉中郡治所,即在今陕西安康。当时的房陵、上庸之地,其经济文化向心力的体现,应当也是归向于今陕西安康地方的。房陵、上庸地

---

① 《史记》,第2103页。据《汉书》记载,徙处房陵的皇族,除了刘明、刘勃以外,还有《汉书》卷五三《景十三王传》:本始三年(前71),广川王去有大恶,"当伏显戮以示众。制曰:'朕不忍致王于法,议其罚。'有司请废勿王,与妻子徙上庸。奏可。与汤沐邑百户。去道自杀"。第2432页。又有《汉书》卷八《宣帝纪》:本始四年(前70),"广川王吉有罪,废迁上庸,自杀"。地节四年(前66),"清河王年有罪,废迁房陵","(甘露)四年夏,广川王海阳有罪,废迁房陵"。第246、253、272页。《汉书》卷五三《景十三王传》:广川王文"甘露四年坐废,徙房陵,国除"。第2433页。《汉书》卷六八《霍光传》:"请徙王贺汉中房陵县。"第2946页。《汉书》卷九《元帝纪》:建昭元年(前38)"冬,河间王元有罪,废迁房陵"。第294页。《汉书》卷八〇《宣元六王传》:东平王刘云有罪,"有司请诛王,有诏废徙房陵。云自杀"。中华书局1962年版,第3325页。

② 〔晋〕陈寿撰,〔宋〕裴松之注:《三国志》,中华书局1959年版,第294页。据《史记》卷七《项羽本纪》,项羽分封十八诸侯,范增即以"巴、蜀道险,秦之迁人皆居蜀",建议封刘邦为汉王。第316页。

③ 〔后晋〕刘昫等:《旧唐书》,中华书局1975年版,第135页。

④ 如《史记》卷六《秦始皇本纪》说嫪毐舍人"及夺爵迁蜀四千余家,家房陵"。第227页。则房陵显然属于蜀地。

区，作为秦汉汉中郡的东南地区，即《华阳国志》所谓"东三郡"，是包括今陕西平利地方的。今陕西平利所在，西晋时曾经明确属于上庸郡。

江淹《恨赋》写道："若乃赵王既虏，迁于房陵。薄暮心动，昧旦神兴。别艳姬与美女，丧金舆及玉乘。置酒欲饮，悲来填膺。千秋万岁，为恨难胜。"①庾信《拟连珠》也写道："盖闻迁移白羽，流徙房陵，离家析里，凄恨抚膺。"②可见房陵地区的山川，曾经承载着过多的愁苦和凄恨。然而另一方面，这里又集中了文化层次相对较高的外来迁人，于是使得原有地域文化的水准得以迅速提升。各地不同源头的文化可以在这里交融。而外来迁人面对穷山密林，"心动""神兴"，"悲来填膺"的心境，又是产生奇妙幻想的条件。由此也可以点燃文化的热情，激发文化的创新。

可以说，这里特殊的人口构成，形成了特殊的文化环境。考察女娲信仰的生成和发育，不应当忽略这样的背景。

三、平利女娲山和竹山女娲山

与平利同处于古房陵地区的竹山，也有女娲山、女娲庙。

宋人祝穆《方舆胜览》卷三三《房州》记载："女娲山，在竹山县，与燕子山相对。"③

平利和竹山这两处相距不远的女娲山，往往并见于地理书。如《明一统志》卷三四《汉中府》写道：

> 女娲山，在平利县东三十里。旧有女娲氏祠，灌溪河

---

① 〔南朝梁〕江淹著，丁福林、杨胜朋校注：《江文通集校注》卷一《恨赋》，上海古籍出版社2017年版，第2页。
② 〔北周〕庾信撰，〔清〕倪璠注，许逸民校点：《庾子山集注》卷九《拟连珠》，中华书局1980年版，第608页。
③ 〔宋〕祝穆撰，〔宋〕祝洙增订，施和金点校：《方舆胜览》卷三三《房州》，中华书局2003年版，第597页。

发源此山。①

而同书卷六〇《郧阳府》又说：

> 女娲山，在竹山县西，与燕子山对。俗传女娲炼石补天即此。山下有女娲庙。宋刘光祖诗："女娲山下少人行，洞谷声中一鸟鸣。"②

《嘉庆重修一统志》卷二四一《兴安府·山川》写道：

> 女娲山，在平利县西五十里，《唐书·地理志》：平利县有女娲山。旧《州志》：山在县东三十里，冈峦起伏，蜿蜒四十余里，灌溪源出此。晋桓温伐秦，其将司马勋出子午道，为苻雄所败，退屯女娲堡即此。

《嘉庆重修一统志》卷二四二《兴安府·祠庙》：

> 女娲庙，在平利县西五十里。《九域志》：女娲山上有女娲庙。③

《关中胜迹图志》卷二八《兴安州·古迹祠宇》："女娲祠：在平利县东十五里。《元丰九域志》：'女娲山上有女娲庙。'"④《嘉庆重修一统志》卷三四九《郧阳府·山川》与《郧阳府·祠庙》又记载：

> 女娲山，在竹山县西五十里。《舆地纪胜》：山与燕子山相对。
>
> 女娲庙，在竹山县西五十里女娲山下。⑤

有关"女娲山""女娲庙"的传说，体现了长久的历史纪念与深刻的

---

① 〔明〕李贤等奉敕撰：《明一统志》卷三四《汉中府》，见《影印四库全书》，台湾商务印书馆1983年版，第472册，第858页。
② 《明一统志》卷六〇《郧阳府》，见《影印四库全书》，第473册，第254页。
③ 《嘉庆重修一统志》，中华书局1986年版，第12001、12038页。
④ 〔清〕毕沅撰，张沛校点：《关中胜迹图志》，三秦出版社2004年版，第878页。而前说"女娲山，在平利县东三十里"，是其方位存在异说。其区别，可能与平利县址迁移有关。
⑤ 《嘉庆重修一统志》，第17691、17718页。

文化记忆。

《陕西通志》卷三《土地三·山川中·汉中府·金州》"平利县"条写道:"平利县,女娲山在县东三十里,旧有女娲氏之祠。"又卷一三《土地十三·古迹下·汉中府·金州》"平利县"条:"平利县,旧县基在县东一百三十里女娲山之东。"①嘉靖《湖广图经》卷九《山川·竹山》"女娲山"条也记载:"女娲山,在县西九十五里。俗传女娲炼石补天即此山下。有女娲庙。宋刘光祖诗:'女娲山下少人行,洞谷声中一鸟鸣。'"②

平利、竹山和房县,都属于古房陵、上庸地区,有大致共同的历史文化条件。平利女娲信仰的遗迹和竹山女娲信仰的遗迹,其实源流一致,都属于同一传说系统,也都属于具有共同的文化性质和共同的文化特征的区域文化存在。

刘琳在讨论《华阳国志》所见女娲遗迹时,说到陕西平利和湖北竹山的女娲山、女娲庙,指出:"以上诸说即指一地。"③将此两处女娲遗迹归为"一地"的判断,是准确的。吕微也正确地指出,"房州在今湖北西部鄂西山区,与金州相邻,中皇山横跨金、房两州,可将其视为一个伏羲、女娲神化信仰的集中地带"④。

四、平利女娲遗迹和蓝田女娲遗迹

《太平御览》卷四四引《后魏风土记》,说到蓝田"有女娲氏谷":

> 蓝田山巅方二里,仙圣游集之所。刘雄鸣学道于山下,有祠甚严。亦灞水之源。此西又有尊卢氏陵,次北又有女

---

① 〔明〕赵廷瑞修,马理、吕柟纂,董健桥总校点,李之勤等校点:《陕西通志》,三秦出版社2006年版,第111、631页。
② 《湖广图经志书》,明嘉靖元年刻本,第3533页。
③ 《华阳国志校注》卷二《汉中志》,第144页。
④ 《神话何为——神圣叙事的传承与阐释》,第341页。

娲氏谷。则知此地是三皇旧居于是。①

宋人宋敏求《长安志》卷一六《县六·蓝田》也写道:"蓝田山。在县东南三十里。范子《计然》曰:'玉英出蓝田。'一名覆车山。郭缘生《述征记》曰:'山形如覆车之象,其山出玉,亦名玉山。'《后魏风土记》曰:'山巅方二里,圣贤仙隐之处。刘雄鸣学道于此。下有神祠甚严。灞水之源出蓝田谷。西又有尊卢氏冢,次北有女娲氏谷,则知此地是三皇旧居之所。"②

雍正《蓝田县志》卷一《祠祀》说到蓝田地方有祭祀对象包括"女娲氏"的"三皇祠":

> 三皇祠,在县北三十里。祀华胥氏、伏羲氏、女娲氏。
> 盖伏羲、女娲皆华胥氏所出,故祀于故里。③

同书卷二《帝王》说蓝田有"女娲氏补天台"④。可见,蓝田的女娲遗迹也是相当集中的。

罗泌《路史》卷一一《后纪二·女皇氏》写道:

> (女娲)立号曰女皇氏,治于中皇山之原,所谓女娲山也。继兴于丽。

罗苹注:"《长安志》云:骊山有女娲治处。又云:蓝田谷次北有女娲氏谷。三皇旧居之所。即骊山也。"⑤罗泌所谓"继兴于丽",指明了平利女娲山与蓝田女娲氏谷在女娲神话系统中的关系。也就是说,平利女娲山是女娲"立号曰女皇氏"之"治处",而"有女娲治处"

---

① 《太平御览》,第210页。
② 〔宋〕宋敏求撰,〔元〕李好文撰,辛德勇、郎洁点校:《长安志·长安图志》卷一六《县六·蓝田》,三秦出版社2013年版,第482页。
③ 毕沅《关中胜迹图志》卷七《古迹·寺观》:"三皇祠,在蓝田县北三十里。《通志》:'祀华胥氏、伏羲氏、女娲氏。盖伏羲、女娲皆华胥氏所出,故祀于故里。'"《关中胜迹图志》,第257页。
④ 〔清〕郭显贤编辑,杨呈藻纂述:《蓝田县志》,清钞本,第99、149页。
⑤ 《路史》卷一一《后纪二·女皇氏》,见《影印四库全书》,第383册,第83页。

的"骊山"以及蓝田女娲氏谷,则是此后女娲"继兴"之"治处"。

《路史》关于所谓女娲"继兴于丽"的神话,后世得以广泛传播,相关方志资料历代沿袭。骊山地区女娲神话遗迹之集中,已经引起学界注意。①

《晋书》卷三七《宗室列传·济南惠王遂》写道:"后桓温伐关中,命勋出子午道,而为苻雄所败,退屯于女娲堡。"②《晋书》卷九八《桓温传》又记载:"温遂统步骑四万发江陵,水军自襄阳入均口,至南乡,步自淅川以征关中。命梁州刺史司马勋出子午道。别军攻上洛,获苻健荆州刺史郭敬,进击青泥,破之。健又遣子生、弟雄众数万屯峣柳、愁思堆以距温,遂大战,生亲自陷阵,杀温将应诞、刘泓,死伤千数。温军力战,生众乃散。雄又与将军桓冲战白鹿原,又为冲所破。雄遂驰袭司马勋,勋退次女娲堡。温进至霸上,健以五千人深沟自固,居人皆安堵复业,持牛酒迎温于路者十八九,耆老感泣曰:'不图今日复见官军!'初,温恃麦熟,取以为军资。而健芟苗清野,军粮不属,收三千余口而还。"③

"雄遂驰袭司马勋,勋退次女娲堡",此"女娲堡"的位置,在平利,还是在蓝田呢?

宋人郭允蹈《蜀鉴》卷五对司马勋"退屯女娲堡"即平利"女娲山"说提出了不同的认识:

> 秦丞相雄帅骑七千袭司马勋于子午谷,破之。勋退屯女娲堡。女娲堡,《寰宇记》:蓝田山,有女娲氏谷。或

---

① 参看张自修:《丽山女娲风俗与民间美术》,见宁宇、荣华编:《陕西民间美术研究》(第一卷),陕西人民美术出版社1988年版,第53页;陈崇凯:《骊山女娲遗迹与古代的人祖庙会》,载《华夏文化》1995年第4期;《女娲的神话与信仰》,第136页。

② 〔唐〕房玄龄等:《晋书》,中华书局1974年版,第1102页。

③ 《晋书》,第2571页。

>云今金州有女娲山，非也。①

司马勋于子午谷败后"退屯女娲堡"，郭允蹈以为非平利女娲山，而以"蓝田山有女娲氏谷"的记载，认为应在蓝田山。这样的判断是有道理的。时桓温主力尚在关中，司马勋不当退避至于平利地方。

秦建明、张在明等曾经发现几组西汉大型建筑群的轴线与汉长安城南北轴线相合。"调查结果证实，西汉时期曾经存在一条超长距离的南北向建筑基线。这条基线通过西汉都城长安中轴线延伸，向北至三原县北塬阶上一处西汉大型礼制建筑遗址；南至秦岭山麓的子午谷口，总长度达74公里，跨纬度47′07″。""该基线设立的时代为西汉初期。"他们还指出，"这条基线不仅长度超过一般建筑基线，而且具有极高的直度与精确的方向性，与真子午线的夹角仅0.33°。"这条基线最南端为子午谷，向北依次为汉长安城、汉长陵、清河大回转段、天井岸礼制建筑遗址。研究者还试将这条建筑基线南北延长，发现西汉汉中郡治和朔方郡治也在其延长线上。如果这两座汉城选址时确实是与这条基线有关，则基线长度实际上长达870余公里，更加宏伟可观。《史记》卷六《秦始皇本纪》说，秦始皇曾经"立石东海上朐界中，以为秦东门"②。将这一记载与经过天齐祠与长安城的建筑基线相联系，"我们似乎可以绘出一幅秦汉时期地理坐标图，这幅图的坐标点为长安城（或咸阳），其纵轴上方指向朔方郡，下方指向汉中郡，其横轴东方指向上朐秦东门"。这个坐标系与今经纬坐标相较，偏差甚小。"这一现象很难仅以巧合揣度"，于是秦建明和张在明等以为，大致可以推定，秦汉时期在掌握长距离方位测量技术的基础之上，可能已初步具备了建立大面积地理坐标的能力。③

---

① 〔宋〕郭允蹈：《蜀鉴》卷五，巴蜀书社1984年版，第215页。
② 《史记》，第256页。
③ 秦建明、张在明、杨政：《陕西发现以汉长安城为中心的西汉南北向超长建筑基线》，载《文物》1995年第3期。

在有关女娲遗迹的人文地理结构中蓝田和平利的方位关系，使人联想到秦建明、张在明等发现的南北向基线。

《旧唐书》卷一三〇《王屿传》记载："广德二年八月，道士李国祯以道术见。因奏皇室仙系，宜修崇灵迹，请于昭应县南三十里山顶置天华上宫露台、大地婆父、三皇、道君、太古天皇、中古伏羲娲皇等祠堂，并置扫洒宫户一百户。"①《旧唐书》卷三八《地理志一》："昭应。隋新丰县，治古新丰城北。垂拱二年，改为庆山县。神龙元年，复为新丰。天宝二年，分新丰、万年置会昌县。七载，省新丰县，改会昌为昭应，治温泉宫之西北。"②昭应县其地正在今陕西临潼。所处方位，正当平利—蓝田南北向基线的延长线上。而唐代宗广德二年（764）道士李国祯建议营造"娲皇"祠堂的所谓"昭应南山"或"昭应县南三十里山顶"，其位置也正在联系平利女娲山和蓝田女娲氏谷的南北向基线上。

五、女娲的纪念：传说系统和交通系统

平利女娲遗迹，与子午道交通系统有某种特殊的关系。

桓温北伐，自行武关道，"命梁州刺史司马勋出子午道"。以为司马勋"退屯女娲堡"即平利"女娲山"，很可能是误解。然而这样的说法，反映在古人的交通地理观念中，司马勋作战地点与平利"女娲山"之间，有子午道便利的交通联系。

《华阳国志》卷二《汉中志》说汉中之东所谓"东三郡"有传说"作道九君抟土作人处"，涉及当地的交通形势："山水艰阻，有黄金、

---

① 《旧唐书》，第3618页。《新唐书》卷一〇九《王屿传》："广德初，建言，'唐家仙系，宜崇表福区，招致神灵，请度昭应南山作天华上宫，露台，大地婆父祠，并三皇、道君、太古天皇、中古伏羲、女娲等各为堂皇，给百户扫除。'"〔宋〕欧阳修、宋祁：《新唐书》，中华书局1975年版，第4108页。

② 《旧唐书》，第1396页。

子午，马聪、建鼓之阻。又有作道，九君抟土作人处。"①所谓"黄金"，指今陕西洋县以东的东西交通路线所经峡谷。《元和郡县图志》卷二二《山南道三·洋州黄金》："黄金水，……其谷水陆艰险，语曰：'山水艰阻，黄金、子午。'"②"马聪、建鼓"，指房陵地方的交通险段。《元和郡县图志》卷二一《房州房陵》："建鼓山，在县南一百十三里。与马鬣山连接，二山并高峻，冬夏积雪。"③《太平寰宇记》卷一四三《山南东道二·房州》："建鼓山。袁山松记云：'登句将山，见马鬣、建鼓，巍然天半。'《华阳国志》云：'此即山水之艰，有马鬣、建鼓之险。'"④

如果说，联系平利女娲山和蓝田女娲氏谷的南北向基线确实存在，那么这条基线也应当与子午道的主要路段重合。

桓温、司马勋此次军事行动的相关地点，有上洛、青泥、峣柳、愁思堆、白鹿原、司马勋被"驰袭"处、女娲堡、霸上等。《晋书》卷九八《桓温传》说，"雄又与将军桓冲战白鹿原。又为冲所破。雄遂驰袭司马勋"⑤。通过相关信息，或许可以调整我们对于子午道北端位置的认识。

在对子午道北段进行考古调查的结论中，我们曾经分析了子午道北端出秦岭峪口不同时期曾经有所变化的可能性。⑥参考有关司马勋行军作战路线的记载，这一问题的讨论，有些认识似有重新反思的必要。

---

① 《华阳国志校注》，第143页。
② 〔唐〕李吉甫撰，贺次君点校：《元和郡县图志》，中华书局1983年版，第563页。
③ 《元和郡县图志》，第546页。
④ 〔宋〕乐史撰，王文楚等点校：《太平寰宇记》，中华书局2007年版，第2784页。
⑤ 《晋书》，第2571页。
⑥ 王子今、周苏平：《子午道秦岭北段栈道遗迹调查简报》，载《文博》1987年第4期。

回顾历史，人们注意到，反映社会信仰的文化存在，往往与交通形式有密切的关系，比如像石窟这样的佛教建筑遗存，往往依交通干线而设置，往往因交通活动而繁盛。大致成书于唐高宗时代的《古清凉传》卷上说到俨禅师"每去恒安修理孝文石窟故像"事："中台南三十余里，在山之麓有通衢，乃登台者常游此路也。傍有石室三间，内有释迦文殊普贤等像，又有房宇厨帐器物存焉。近咸亨三年，俨禅师于此修立，拟登台道俗往来休憩。""虽人主尊，未参玄化，千里已来，莫不闻风而敬矣。"石窟往往与交通道路相依存，其原因可以从这段文字中体味。石窟建设每临"通衢"的动机，当是便于行旅"往来休憩"时受到佛力的感化，所谓"千里已来，莫不闻风而敬矣"，正是施工者心中热盼的文化效应。古来佛教宣传，有所谓"起浮图于中街，有石像在焉"的做法①，也是希图利用交通条件，更大范围地扩展影响，征服人心。面对行客，占有旅思，显然有益于扩大佛教文化的影响。佛家原本讲究"闲静修寂志"②，强调"若修禅定，求解脱者"，"当于静处，若冢间，若林树下，若阿练若处，修行甚深诸圣贤道"。③然而石窟的建造，实际上大多违背了所谓"当于静处"的原则，相反却迎求喧嚣"通衢"，甚至不惜企望"前望则红尘四合"④的境界，其因素之一，也有追求"千里已来，莫不闻风而敬矣"的用心。以陕西彬县大佛寺为例，考察者写道，"这里川流横列，山峰对峙，地势狭长如廊"，石窟面向丝绸之路交通干道，现今国道通行之处，

---

① 《太平御览》卷一二四引《十六国春秋·北凉录》记沮渠茂虔事，第603页。

② 〔后秦〕鸠摩罗什译：《坐禅三昧经》上册，见赵北燕南、曲世宇编：《禅海灯塔》，甘肃民族出版社2006年版，第133页。

③ 〔后秦〕鸠摩罗什译：《禅秘要法经》下册，见赵北燕南、曲世宇编：《禅海灯塔》，甘肃民族出版社2006年版，第333页。

④ 〔唐〕欧阳询撰，汪绍楹校：《艺文类聚》卷七七引〔隋〕江总《大庄严寺碑》，上海古籍出版社1965年版，第1316页。

正是当年"礼拜者下跪的地方"。①行旅者一步步由此经过，在一个特定的宗教文化场中熏沐于佛学之导化的情形，可以想见。②北朝石窟选址的交通文化含义，也可以对于我们有关女娲遗迹分布的文化地理分析有所启示。

位于陕西平利通往湖北竹溪、竹山的交通道路上的平利长安乡千佛洞村明代千佛洞石窟的遗存③，也可以作为这种交通文化分析的助证。

平利女娲山、女娲庙与蓝田女娲氏谷等女娲信仰遗存，共处于以子午道为主干的南北向交通系统之中。而平利女娲遗迹和竹山女娲遗迹，则共处于与子午道大略相垂直的东西向交通系统之中。于是形成了呈"卜"形的交通文化结构。④对照上文说到的秦汉时期的地理坐标体系"坐标点为长安城（或咸阳），其纵轴上方指向朔方郡，下方指向汉中郡，其横轴东方指向上朐秦东门"，其形式是否形成了

---

① 负安志：《彬县大佛寺石窟的调查与研究》，见《中国考古学研究论集》编委会编：《中国考古学研究论集——纪念夏鼐先生考古五十周年》，三秦出版社 1987 年版，第 457、459 页。

② 参看王子今：《北朝石窟分布的交通地理学考察》，见殷宪主编：《北朝史研究：中国魏晋南北朝史国际学术研讨会论文集》，商务印书馆 2004 年版，第 490—499 页。

③《中国文物地图集·陕西分册》，上册第 336—337 页，下册第 1125 页。

④ 这一结构的南向部分，应是子午道通向达州、涪州的延长线。或说即荔枝北运道路。宋人魏了翁《鹤山集》卷一〇八："以唐交州贡荔枝长安，只七驿，约八百里。乃自南平取涪州、达州以入子午谷。乃知夔峡一带与交趾近。马援平交趾，亦自关中入涪，入南平、黔中一带以往。"《唐国史补》卷上："杨贵妃生于蜀，好食荔枝。南海所生，尤胜蜀者，故每岁飞驰以进。"而蜀地荔枝北运，当通过子午道。《艺文类聚》卷八七引《南中八郡志》曰："犍为僰道县出荔支。"宋人罗大经《鹤林玉露》丙编卷四："又如荔支，明皇时所谓'一骑红尘妃子笑'者，谓泸戎产也。故杜子美有'忆向泸戎摘荔枝'之句。"明人曹学佺《蜀中广记》卷五七："宋翰《题涪陵郡》诗：'锦绣洲犹在，熊黑梦已无。文风齐两蜀，仙洞接三都。白石从天设，青蛙见地图。荔支妃子国，不复曩时输。'"参看王子今：《驿道驿站史话》，中国大百科全书出版社 2000 年版，第 76 页。

某种历史文化的巧合呢？

　　考虑到《华阳国志》所谓"山水艰阻，有黄金、子午，马聪、建鼓之阻"，则在平利地方实际上似乎又存在着与"九君抟土作人处"相关的不甚规则的近似于"十"形的交通文化结构。① 而"十"形的西端，可能与《水经注》记载的年代甚早的"女娲祠"有关。《水经注》卷一七《渭水上》："瓦亭水又西南出显亲峡，石宕水注之，水出北山，山上有女娲祠，庖羲之后有帝女娲焉，与神农为三皇矣。"②

　　我们看到，大约在女娲神话的影响向黄河中游地区扩展，于蓝田地区形成了女娲信仰遗迹组合的同时，风陵渡地区也出现了和女娲传说相关的地理标记。《嘉庆重修一统志》卷二二一《陕州二·陵墓》"古女娲陵"条："古女娲陵，在阌乡县北黄河侧。《旧唐书·五行志》：乾元二年六月，虢州阌乡县界黄河内女娲墓，天宝十三载，因大雨失其所在。至今年六月一日夜，河滨人家忽闻风雨声，晓见其墓涌出，上有双柳树，下有巨石。郡守图画以闻，今号风陵堆。"③ 于是，以蓝田地方为"坐标点"，除了子午道这一"纵轴"外，又出现了"东方指向"风陵渡的"横轴"。而依此"横轴"向西，则有见于《水经注》的瓦亭水北山"女娲祠"。这或许显示了一个由"┤"形交通文化结构演进成为"十"形交通文化结构的过程。

　　关于女娲陵墓的传说，有平阳赵城东娲皇陵、济宁州东南有女娲陵，以及风陵渡女娲墓。后者唐代已经进入祀典，宋代又置守户，较早得到正统政治权威的认可。而从交通地理体系看，如果上文所陈"纵轴""横轴"之说有参考价值，则这处女娲遗迹与平利女娲山、

---

　　① 其"十"形的左端略偏向西北，而东端略偏向东南。
　　② 〔北魏〕郦道元著，陈桥驿校证：《水经注校证》，中华书局2007年版，第427页。这是目前所见年代最早的有关以祠祀方式纪念女娲的"女娲祠"的明确记载。
　　③ 《嘉庆重修一统志》，第10765页。

女娲庙的曲折关系，大体也是明朗的。大概正如杨利慧所说，"在这三处陵墓中，影响较大、较常为史籍所提到的是风陵渡，其次是赵城娲皇陵"①。

平利、竹山、《水经注》所说石宕水北山，以及蓝田、临潼、风陵渡等地女娲传说遗迹所构成的"十"形交通文化结构，显然值得交通史研究者关注。而平利女娲山女娲庙，在这样的交通文化结构中，显然是一个重要的基点。现在看来，早期女娲传说遗迹以秦地较为集中，或许也有值得深思的意义。②

---

① 《女娲的神话与信仰》，第132页。
② 这一认识，承中国社会科学院《历史研究》编辑部宋超提示。参看刘华祝：《女娲神话源于战国秦楚之地的原因》，中国女娲文化学术研讨会论文，平利，2003年10月。

论女娲神话源生于西北山区

女娲曾经列为"三皇"之一。女娲作为传说时代的圣王，在各地多有纪念性遗存，关于传说中其生地、陵墓，以及后世民间纪念祠庙的历史地理记录，分布地域相当辽阔，遍及甘肃、陕西、河南、河北、山东、山西等地。分散各地的女娲神话，其形成和传播，有乡土意识的因素，实际上也是"层累地"形成的文化现象。考察其最初起源，因而是必要的。探索女娲神话的早期发生和初级形态，应当注意到相关现象与西北山区文化存在的密切的渊源关系。

一、女娲之肠：《山海经·大荒西经》中的线索

《山海经》卷一一《大荒西经》中说到了和"女娲"有关系的神话遗存，称为"女娲之肠"：

> 有神十人，名曰女娲之肠，化为神，处栗广之野，横道而处。

关于所谓"女娲之肠"，郭璞注："或作'女娲之腹'。"对于"化为神，处栗广之野"，郭璞解释说："女娲，古神女而帝者，人面蛇身，一日中七十变，其腹化为此神。栗广，野名。""腹"，又写作"肠"。所谓"横道而处"，郭璞注："言断道也。"①

《山海经》中各山之名，并不能指出确定的地理方位。然而如此《大荒西经》者，有大致的方向指示意义，还是应当肯定的。

前引唐人李冗《独异志》卷下"女娲兄妹为夫妇"条说女娲故事："昔宇宙初开之时，只有女娲兄妹二人在昆仑山，而天下未有人民，议以为夫妇，又自羞耻。兄即与其妹上昆仑山，咒曰：'天若遣我兄妹二人为夫妻而烟悉合；若不使，烟散。'于是烟即合。其妹即来就兄，乃结草为扇以障其面。今时人取妇执扇，象其事也。"②这

---

① 袁珂校注：《山海经校注》，上海古籍出版社1980年版，第389页。
② 〔唐〕李冗：《独异志》，中华书局1983年版，第79页。

里所谓"昆仑山",也暗示女娲神话最初发生的地域,应当是在西北地区。

有学者说,《山海经》中有关"大荒之山"和"大荒之野"的内容,体现了"中心与边缘"的对立,《山海经》的"大荒四经""基本上奠定了汉语文化共同体有关'中国'部分的远方世界的想象图景"。而"'葫芦'形态的伏羲(匏羲)和女娲即女瓜","女娲(瓜)""伏羲(匏)的认识提出,也使人们联想到"瓜(州):葫芦"与"瓜州——瓜州之戎"这种古代西部文化的历史存在。① 而顾颉刚因西北之行的感受,曾经考论"瓜州戎"的历史迁徙与秦陵地区以及"宝鸡之西,天水之东"山区居民的关系。所提出的猜想,有林冠一、辛树帜、任世周等的调查资料以为佐证。② 其说似未得到历史确证,然而也可以为我们对相关问题的考察提供某种启示。

二、"天倾西北"神话与传说中"补天"工地的方位

对于女娲神话中最引人注目的"补天"情节,也有考察的必要。《淮南子·览冥》有这样的内容:

> 往古之时,四极废,九州裂,天不兼覆,地不周载,火爁炎而不灭,水浩洋而不息,猛兽食颛民,鸷鸟攫老弱。于是女娲炼五色石以补苍天,断鳌足以立四极,杀黑龙以济冀州,积芦灰以止淫水。苍天补,四极正,淫水涸,冀州平,狡虫死,颛民生。③

---

① 叶舒宪、萧兵、[韩]郑在书:《山海经的文化寻踪——"想象地理学"与东西文化碰撞》,湖北人民出版社2004年版,第168—185、1011、976—977页。
② 顾颉刚:《史林杂识初编》,中华书局1963年版,第46—53页。
③ 何宁:《淮南子集释》,中华书局1998年版,第479—480页。

《淮南子·天文》又写道：

> 昔者，共工与颛顼争为帝，怒而触不周之山，天柱折，地维绝。天倾西北，故日月星辰移焉；地不满东南，故水潦尘埃归焉。①

而司马贞补《史记·三皇本纪》中的相关记述，将共工导致的这一变故同女娲"补天"神话联系了起来：

> 女娲氏，亦风姓。蛇身人首，有神圣之德，代宓牺立，号曰女希氏。无革造，惟作笙簧，故《易》不载，不承五运。一曰女娲亦木德王。盖宓牺之后，已经数世，金木轮环，周而复始。特举女娲，以其功高而充三皇，故频木王也。当其末年也，诸侯有共工氏，任智刑以强，霸而不王，以水承木。乃与祝融战，不胜而怒，乃头触不周山，崩，天柱折，地维缺。女娲乃炼五色石以补天，断鳌足以立四极，聚芦灰以止滔水，以济冀州。于是地平天成，不改旧物。②

是因为共工怒而触不周山导致天柱折，地维绝，于是"天倾西北"，"地不满东南"，女娲这时候出来收拾残局，"乃鍊五色石以补天"。

所谓"天倾西北""地不满东南"，体现了古人对地理形势的基本知识。宋代学者王观国《学林》卷六《衡》写道："观国按：天倾西北，地不满东南。是西北地势高，而东南地势下，故水皆归东，此天下之势也。"③

《论衡·谈天》就女娲补天的可能性提出疑问。王充认为从高

---

① 《淮南子集释》，第 167—168 页。
② 〔汉〕司马迁：《史记》，点校本二十四史修订本附录二，中华书局 2014 年版，第 4052 页。
③ 〔宋〕王观国撰，田瑞娟点校：《学林》，中华书局 1988 年版，第 191 页。

度距离来说，这是不可能的："察当今天去地甚高，古天与今无异。当共工缺天之时，天非坠于地也。女娲，人也，人虽长，无及天者。夫其补天之时，何登缘阶据而得治之？岂古之天，若屋庑之形，去人不远，故共工得败之，女娲得补之乎？"①

可能正是因为"天倾西北"，方才导致"天去地甚高"的情形发生变化，使得女娲"补天"可以操作。

有的记载确实说明女娲"补天"事确实发生在西北。如宋人高似孙撰《纬略》卷八《炼石补天》引《异苑》："苍天西北小阙，庖牺见之恶不悦，冶铸五色石合为一，乃以补之。"②这里说"庖牺"补天，按照通常理解，故事的主角其实应当是"女娲"。《异苑》，是南朝宋人刘敬叔所著书。

女娲传说有与"冀州"相关的情节，或许因此会产生对"补天"发生于西北的怀疑。然而顾炎武《日知录》卷二《惟彼陶唐有此冀方》早已说明，古所谓"冀州"并不仅仅指代后来人们理解的区域，"冀州"曾经是"中国之号"："古之天子常居冀州，后人因之，遂以冀州为中国之号。《楚辞·九歌》：'览冀州兮有余。'《淮南子》：'女娲氏杀黑龙以济冀州。'《路史》云：'中国总谓之冀州。'《谷梁传》曰：'郑，同姓之国也，在乎冀州。'"③

三、"女娲笙簧"与西北音乐考古

女娲另一重要文化功绩，是乐器的发明。

《艺文类聚》卷一一引《帝王世纪》曰："帝女娲氏，亦风姓也。

---

① 黄晖：《论衡校释》（附刘盼遂集解），中华书局1990年版，第472页。
② 〔宋〕高似孙著，左洪涛校注：《高似孙〈纬略〉校注》卷八，浙江大学出版社2012年版，第161页。
③ 〔清〕顾炎武著，黄汝成集释，栾保群、吕宗力校点：《日知录集释》（全校本），上海古籍出版社2006年版，第79页。

作笙簧。亦蛇身人首，一曰女希，是为女皇。其末诸侯共工氏任知刑以强伯而不王。"①《艺文类聚》卷四四引《礼记》曰："女娲之笙簧。"②"女娲笙簧"传说在汉代十分流行。《风俗通义·声音·簧》："谨按：《世本》：'女娲作簧。'簧，笙中簧也。《诗》云：'吹笙鼓簧，承筐是将。'"③《太平御览》卷七八引魏陈王曹植《女娲赞》曰："古之国君，制造笙簧。礼物未就，轩辕篡成。或云二君，人首蛇形。神化七十，何德之灵。"④《中华古今注》卷下《问女娲笙簧》："问曰：上古音乐未和，而独制笙簧，其义云何？答曰：女娲，伏羲妹，蛇身人首，断鳌足而立四极，欲人之生而制其乐，以为发生之象，其大者十九簧，小者十二簧也。"⑤

《风俗通义》说"簧"的发明者是女娲。而"笙"则为"随"所作。《风俗通义·声音·笙》："谨按：《世本》：'随作笙。'长四寸，十二簧，像凤之身，正月之音也，物生故谓之笙。《诗》云：'我有嘉宾，鼓瑟吹笙。'"⑥既然"笙"有"簧"，则"笙"与"簧"的发明应当年代相近。明代学者王世贞《弇州四部稿》卷一五七《宛委余编二》引《世本》："女娲氏作笙簧，随作竽，女娲臣也。"⑦

---

① 〔唐〕欧阳询撰，汪绍楹校：《艺文类聚》，上海古籍出版社1965年版，第208页。

② 《艺文类聚》，第792页。

③ 〔汉〕应劭撰，王利器校注：《风俗通义校注》，中华书局1981年版，第309页。

④ 〔宋〕李昉等：《太平御览》，中华书局1960年版，第365页。

⑤ 马缟集：《中华古今注》，中华书局1985年版，第31页。《太平御览》卷五二引邻景名曰："女娲石，大风雨后，天澄气静，闻弦管声。"这一传说，也可以理解为女娲在音乐史上有重要地位的助证。第252页。

⑥ 《风俗通义校注》，第281页。

⑦ 〔明〕王世贞：《弇州四部稿》，见《景印文渊阁四库全书》，台湾商务印书馆1986年版，第1281册，第516页。

杨慎《丹铅余录》总录卷一六"女娲配享功臣"条写道:"宋政和中,祀历代帝王皆以功臣配享,而女娲氏独无之。盖传记阙也。予观纬书云:女娲氏命娥陵氏制都良管,以一天下之音;命圣氏为班管,以合日月星辰,名曰'充乐';又令随作笙簧。是三人皆女娲之臣也。岂云传记阙乎?若以为纬书不足信,则伏羲氏之金提,轩辕氏之风后、力牧,亦纬书也。当时蔡京辈寡学,往往如此。"① 看来"随"为"女娲氏之臣"的说法,"女娲氏始为笙簧"的说法,都是值得重视的。

音乐考古发现也告知我们,西北山地曾经是诸多乐器发明的原生地。远古时代早期乐器文物的发现,西北地区占有总数量中相当大的比重。陶埙占50%。鼓以出土地点计占50%,以件数计则超过60%。摇响器以件数计占25%,以发现地点计则占62.5%。而陶钟(陶铙)则占100%。研究者亦十分重视"图像类音乐文物","如新疆呼图壁康家石门子和甘肃嘉峪关北黑山等地的岩画,以及艺术史上十分著名的青海大通上孙家寨和甘肃酒泉干骨崖的舞蹈纹陶器饰绘等等"。② 这些遗存均发现于西北地区,应当不是偶然的现象。

"笙簧",在西王母神话中也成为重要道具。这一情形,也暗示女娲传说源生方位正在西北。《艺文类聚》卷四四引《穆天子传》曰:"西王母吟曰:吹笙鼓簧,中心翔翔。"又引《汉武内传》曰:"西王母命侍女董双成吹云和之笙。"③

关于有的"笛"的发明权,汉代曾经流行有应当归于羌人的说法。

---

① 〔明〕杨慎:《丹铅余录》,见《景印文渊阁四库全书》,台湾商务印书馆1986年版,第855册,第529—530页。
② 王子初:《中国音乐考古学》,福建教育出版社2003年版,第59—73、78—86、49页。
③ 《艺文类聚》,第792页。

《风俗通义·声音·笛》说:"谨按:《乐记》:武帝时,丘仲之所作也。笛者,涤也,所以荡涤邪秽,纳之于雅正也。长二尺四寸,七孔。其后又有羌笛。马融《笛赋》曰:'近世双笛从羌起,羌人伐竹未及已。龙鸣水中不见已,截竹吹之音相似。剡其上孔通洞之,材以当抪便易持。京君明贤识音律,故本四孔加以一。君明所加孔后出,是谓商声五音毕。'"① "笛"与"笙簧"皆为管乐器,"羌笛"出现的地点,对于我们认识"女娲之笙簧"传说,也是有意义的。

徐旭生对于中国传说时代进行分析时,提出古代部族三集团即华夏集团、东夷集团、苗蛮集团的认识。就现有资料出发,可知女娲神话产生于以西部为初生根据地的"华夏集团"。徐旭生指出,"(华夏集团)是三集团中最重要的集团,所以此后它就成了我们中国全族的代表,把其他的两集团几乎全掩蔽下去"②。女娲传说在中国古代神话体系中的地位,正是因此形成的。

四、关于女娲纪念的早期记录

《水经注》卷一七《渭水上》记录了年代比较早的关于民间女娲纪念的文化信息:

> (宕)水出北山。山上有女娲祠。庖羲之后有帝女娲焉,与神农为"三皇"矣。③

应当肯定,在郦道元生活的时代,这里已经存在祭祀女娲的神学基地。其传说的流行,自然更早。

---

① 《风俗通义校注》,第304—305页。
② 徐旭生:《中国古史的传说时代》(增订本),文物出版社1985年版,第40页。
③ 〔北魏〕郦道元著,陈桥驿校证:《水经注校证》,中华书局2007年版,第427页。

女娲名列"三皇"的说法，在两汉之际盛行的纬书中已经可以看到记录。《风俗通义·皇霸》"三皇"条写道："《春秋运斗枢》说：'伏羲、女娲、神农，是三皇也。皇者天，天不言，四时行焉，百物生焉；三皇垂拱无为，设言而民不违，道德玄泊，有似皇天，故称曰皇。皇者，中也，光也，弘也；含弘履中，开阴阳，布刚上，含皇极，其施光明，指天画地，神化潜通，煌煌盛美，不可胜量。'"①明人孙毂编《古微书》卷九《春秋文耀钩》写道："按：郑玄《六艺论》以伏羲、女娲、神农为三皇。引《运斗枢》之说也。"同书卷一七《礼纬》："按：郑玄引《运斗枢》：伏羲、女娲、神农为三皇。"②《水经注》中"（女娲）与神农为'三皇'矣"之说与"女娲祠"的文化存在相联系，反映了当时这一地方很早就形成了女娲信仰的牢固基础。

明清方志有关于"秦州""女娲庙"的比较密集的记录。可知女娲神话在秦安的传布由来已久，已经形成了一种信仰传统。相关文化现象，对于我们进行神话源生地点的考察，无疑是有帮助的。

年代更早的有关女娲纪念的有比较明确的区域文化信息的历史记录，是《华阳国志》中有关"抟土造人"神话的信息。

《华阳国志》卷二《汉中志》有关"作道九君抟土为人"的传说。按照刘琳的理解，应当是平利女娲遗迹最早的一则记载。③其说可以

---

① 《风俗通义校注》，第 2—3 页。
② 〔明〕孙毂编：《古微书》，中华书局 1985 年版，第 173—174、318 页。
③ 〔晋〕常璩撰，刘琳校注：《华阳国志校注》，巴蜀书社 1984 年版，第 143—144 页。

大略标定空间位置，值得研究者注意。《华阳国志》的作者常璩为晋世人。这段关于"又有作道，九君抟土作人处"的文字，也是所有关于女娲传说遗迹的文献记载之中，迄今所见最早的一种。[①] 只是《华阳国志》的这段文字，没有明确的"女娲"字样。

结合《华阳国志》和《水经注》中的有关记录，可以知道女娲神话的原生地，大致正是在西北山区。

[①] 王子今：《平利女娲故事的发生背景和传播路径》，载《渭南师范学院学报》2004年第1期。

汉代『嫘祖』的历史记忆与文化影响

当前学界关注丝绸之路研究,而丝绸之路史的考察,不能忽略丝绸的历史源头。《史记》卷一《五帝本纪》记载,"嫘祖为黄帝正妃。"司马迁以"太史公曰"的形式,言"百家言黄帝,其文不雅驯,荐绅先生难言之",称"择其言尤雅者"作为《史记》开篇文字,"著为《本纪》书首"。① 就是说,他以"雅""雅驯"为可靠性标尺进行了传说性质文献的选择,保留了接近历史真实的记忆。其中有关"嫘祖"事迹的内容值得我们重视。分析"嫘"的字义,注意"细丝曰系"之说,可以追溯蚕桑业的早期发明。考察与"嫘祖"相关的传说,有益于对于早期生产史中"织作"技术发明认识的深入。轩辕氏帝业,有"淳化""虫蛾"成就作为基础之一。所谓"嫘祖好远游""因以为行神",或许暗示嫘祖的贡献包括丝绸成品的流通与丝织技术的传播。而自然开发与生产经营的关系,行政史与经济史的关系,交通进步与文化传播的关系,都可以因相关研究有所明朗。

一、"嫘祖为黄帝正妃"

司马迁以黄帝史事"著为《本纪》书首",据说是经过对传说材料认真删选的。其中有关于嫘祖的记载。《史记》卷一《五帝本纪》:

> 黄帝居轩辕之丘,而娶于西陵之女②,是为嫘祖。

裴骃《集解》:"徐广曰:祖一作俎。嫘,力追反。"司马贞《索隐》:"一曰雷祖。音力堆反。"张守节《正义》:"一作傫。"

《五帝本纪》还写道:

> 嫘祖为黄帝正妃。生二子,其后皆有天下。③

司马贞《索隐》:"案:黄帝立四妃,象后妃四星。皇甫谧云:'元妃西陵氏女,曰累祖,生昌意。次妃方雷氏女,曰女节,生青阳。次

---

① 〔汉〕司马迁:《史记》,中华书局1982年版,第46页。
② 张守节《正义》:"西陵,国名也。"
③ 崔适《史记探源》卷二:"案此文出自《五帝德》、《帝系姓》孔子答宰我之言也。"崔适著,张烈点校:《史记探源》,中华书局1986年版,第21页。

妃肜鱼氏女，生夷鼓，一名苍林。次妃嫫母，班在三人之下。'案：《国语》：夷鼓、苍林是二人。又案：《汉书·古今人表》：肜鱼氏生夷鼓，嫫母生苍林。不得如谧所说。"①

还有可能年代更早的文献记录。如《太平御览》卷七九引《山海经》曰：

> 黄帝妻嫘祖，生昌意，降处若水；生干流，取倬子，曰河女，生帝颛顼。②

又《太平御览》卷一三五"黄帝四妃"条，分别引录《史记》《汉书》《帝王世纪》《列女传》：

> 《史记》曰：黄帝娶西陵氏女，是为累祖。累祖为黄帝正妃，生二子，其后皆有天下。

> 《汉书·古今表》曰：黄帝妃方雷氏，生玄嚣，为青阳；妃累祖，生昌意；妃肜鱼氏，生夷鼓；妃嫫母，生苍林。③

> 《帝王世纪》曰：黄帝四妃，生二十五子。元妃西陵氏累祖，次妃方雷氏曰女节，次曰肜鱼氏，次曰嫫母。④

> 《列女传》曰：黄帝妃曰嫫母，于四妃之班居下，貌甚丑，而最贤心，每自退。⑤

所引"《汉书·古今表》曰"，即《汉书》卷二〇《古今人表》："方雷氏，黄帝妃，生玄嚣，是为青阳。""絫祖，黄帝妃，生昌意。""肜鱼氏，黄帝妃，生夷鼓。"⑥王利器认为："《史》以嫘祖为正妃，

---

① 《史记》，第10页。
② 〔宋〕李昉等：《太平御览》，中华书局1960年版，第371页。
③ 《艺文类聚》卷一五引《汉书》曰："黄帝妃方雷氏，生玄嚣，为青阳。妃累祖，生昌意。妃肜鱼氏，生夷鼓。妃嫫母，生苍林。"〔唐〕欧阳询撰，汪绍楹校：《艺文类聚》，上海古籍出版社1965年版，第277页。
④ 以上三条四见"累祖"，文渊阁《四库全书》本均作"嫘祖"。
⑤ 《太平御览》，第655页。
⑥ 〔汉〕班固：《汉书》卷二〇《古今人表》，中华书局1962年版，第867页。

则当列方雷之前，《表》失其序矣。"①《国语·晋语四》："同姓为兄弟。黄帝之子二十五人，其同姓者二人而已；唯青阳与夷鼓皆为己姓。青阳，方雷氏之甥也。夷鼓，彤鱼氏之甥也。其同生而异姓者，四母之子别为十二姓。凡黄帝之子，二十五宗，其得姓者十四人为十二姓。姬、酉、祁、己、滕、箴、任、荀、僖、姞、儇、依是也。"韦昭注："方雷，西陵氏之姓。彤鱼，国名。《帝系》曰：'黄帝娶于西陵氏之子，曰嫘祖，实生青阳。'姊妹之子曰甥。声，雷嫘同也。"②《史记》卷一《五帝本纪》："嫘祖为黄帝正妃。生二子，其后皆有天下：其一曰玄嚣，是为青阳，青阳降居江水；其二曰昌意，降居若水。"③梁玉绳《史记志疑》："案：《路史》言嫘祖生昌意、玄嚣，则昌意乃玄嚣之兄，未知孰是。至青阳固别一子，《国语》谓帝妃方雷氏所生，则玄嚣、青阳实是一人。"梁玉绳又说："吴韦昭《国语》注以方雷即类嫘祖之姓，恐非。"④

虽然嫘祖的传说存在纷乱矛盾情节，但是司马迁"特于百家杂乱之中""极力收拾"⑤，经"深思""深考"，认真择取。他在《史记》卷一《五帝本纪》写道："太史公曰：学者多称五帝，尚矣。然尚书独载尧以来；而百家言黄帝，其文不雅驯，荐绅先生难言之。孔子所传《宰予问五帝德》及《帝系姓》，儒者或不传。余尝西至空桐，北过涿鹿，东渐于海，南浮江淮矣，至长老皆各往往称黄帝、尧、舜之处，风教固殊焉，总之不离古文者近是。予观《春秋》、《国语》，其发明《五帝德》、《帝系姓》章矣，顾弟弗深考，其所表见皆不虚。

---

① 王利器、王贞珉著，乔仁诚索引：《汉书古今人表疏证》，齐鲁书社1988年版，第56—57页。
② 上海师范学院古籍整理组校点：《国语》，上海古籍出版社1978年版，第356—357页。
③ 《史记》，第10页。
④ 〔清〕梁玉绳：《史记志疑》，中华书局1981年版，第6页。
⑤ 〔宋〕叶适：《习学纪言序目》卷一九《史记一·本纪》，中华书局1977年版，第263—264页。

书缺有间矣,其轶乃时时见于他说。非好学深思,心知其意,固难为浅见寡闻道也。余并论次,择其言尤雅者,故著为《本纪》书首。"①司马迁不满意关于"黄帝"的"百家"之言"其文不雅驯",考定古文献相关内容,并在传说黄帝行历地方"长老"口述所"称""不离古文者近是"者,"择其言尤雅者",著次《五帝本纪》中。

我们读到的所谓"嫘祖为黄帝正妃"等记录,是司马迁经过考察甄别之后所著录的比较可靠的文字。

二、嫘·傫·累·纍·絫·縲·纝

《史记》卷一《五帝本纪》"嫘祖",《古今姓氏书辩证》卷三"嫘"条:"《元和姓纂》曰出自西陵氏女嫘祖,为黄帝妃,后世以嫘为氏。"②

前引《五帝本纪》张守节《正义》言"嫘""一作傫"。"嫘祖"即"傫祖"。

《五帝本纪》"嫘祖",《艺文类聚》卷一五引《汉书》作"累祖"。《古今姓氏书辩证》卷三"累"条:"《风俗通》曰:嫘祖之后,或为累氏。谨按:《左传》晋七舆大夫有累虎。"卷四"西陵"条又写道:"西陵,古侯国也。黄帝娶西陵女为妃,号曰'嫘祖'。《元和姓纂》曰:《世本》春秋时有大夫西陵羔。"③

嫘、傫、累、纍、絫、縲、纝,字皆从"糸"。《说文·糸部》:"糸,细丝也。象束丝之形。凡糸之属皆从糸。读若觅。"段玉裁注:"丝者,蚕所吐也。细者,微也。细丝曰糸。糸之言蔑也,蔑之言无也。"对于"象束丝之形",段玉裁解释说:"此谓古文也。古文见下。小篆作糸、则有增益。"④

---

① 《史记》,第 46 页。
② 〔宋〕邓名世撰,王力平点校:《古今姓氏书辩证》,江西人民出版社 2006 年版,第 47 页。
③ 《古今姓氏书辩证》,第 47、66 页。
④ 〔汉〕许慎撰,〔清〕段玉裁注:《说文解字注》,上海古籍出版社 1981 年版,第 643 页。

"嫘祖"之"嫘"及其他异写形式，都由自"𢆶"的多种变化。"嫘"之字源与"丝""细丝"有密切的关系。

三、"嫘祖始教民育蚕治丝，以供衣服"

有说嫘祖"南朝宋以后被奉祀为'先蚕'（蚕神）"①。其实，"先蚕"名号很早就出现。

明彭大翼《山堂肆考》卷一四四《民业》"祭西陵氏"条写道："黄帝元妃西陵氏嫘祖始教民育蚕治丝，以供衣服。后世祀为先蚕。《周官·内宰》诏皇后蚕于北郊，斋戒，享先蚕，及《礼记·皇祀》祭先蚕西陵氏是也。"②以为"先蚕"礼祀已见于《周礼》《礼记》。明王三聘《事物考》卷五《礼义》"先蚕"条也说："西陵氏之女嫘祖，为黄帝元妃，始教民育蚕。治丝茧，以供衣服。后世祀为先蚕。《周礼·内宰》诏王后蚕于北郊，斋戒享先蚕。"③

明徐光启《农政全书》卷三一《蚕桑》引王祯《先蚕坛序》曰："先蚕，犹先酒、先饭，祀其始造者。坛，筑土为祭所也。黄帝元妃西陵氏始蚕，即先蚕也。"又写道："按：黄帝元妃西陵氏曰嫘祖，始劝蚕稼。月大火而浴种，夫人副袆而躬桑，乃献茧称丝。织纴之功因之广，织以供郊庙之服。《皇图要览》云：伏羲化茧，西陵氏养蚕。《淮南王蚕经》云：西陵氏劝蚕稼，亲蚕始此。"④

所谓《淮南王蚕经》虽标榜"淮南王"，当然未可确信为西汉书。但是郑樵《通志》卷六六《艺文略·食货》列入"豢养"一类，作："《淮南王蚕经》三卷。"元代农学家王祯《农书》卷一《农桑通诀·农

---

① 《古代汉语词典》编写组编：《古代汉语词典》，商务印书馆2002年版，第947页。
② 〔明〕彭大翼：《山堂肆考》，见《景印文渊阁四库全书》，台湾商务印书馆1986年版，第976册，第750页。
③ 〔明〕王三聘：《事物考》，商务印书馆1937年版，第91页。
④ 〔明〕徐光启撰，石声汉校注：《农政全书》，上海古籍出版社1979年版，第834页。

事起本》引《淮南王蚕经》云:"西陵氏劝稼亲蚕,始此。"同样是元代学者的梁益在他的《诗传旁通》卷一《国风·采蘩》解释"亲蚕"时写道:"《皇图要览》曰:伏羲化蚕,西陵氏始养蚕。故《淮南王蚕经》云:西陵氏劝蚕稼,亲蚕始此。"《淮南王蚕经》引文略有不同。这部书作为重要农学遗产,应保留了若干可能在汉代已经形成定说的认识。

明孙㲄《古微书》卷一七《礼纬》引《物原》:"轩辕妃嫘祖始育蚕。"① 明董斯张《广博物志》卷三八《服饰》引《物原》有一段说明服饰史诸多发明的文字,其中写道:"有巢始衣皮。轩辕妃嫘祖始育蚕缉麻,以兴机杼,而成布帛。唐尧加以绨苎、木绵、草布、毛罽。虞舜加以锦绣。秦始皇作夹缬。伏羲作裘。轩辕臣胡曹作衣。伯余为裳。因染采以表贵贱。舜始制衮及黻深衣。禹作襦袴。伊尹作夹袄。傅说作袍。唐高祖作半臂。马周作襕衫。轩辕始定服色,凡人君所尚服色,各依五运更之色。周公始制天子服,四时各以其色。隋文帝始制天子服,专尚黄。唐韦韬始请天子用器皆以黄色。伊尹始制妇人大袖。秦始皇制霞帔。二世作背子。隋炀帝作长袖。"② 在一系列有关服用的发明史中,"轩辕妃嫘祖始育蚕"贡献尤为显著。

嫘祖传说影响久远。清人戴文灯《忆江南》写道:"春蚕熟,八茧耀吴都。酌醴四时祠嫘祖,采桑终岁走罗敷。因忆故乡无。"题序:"春莫往来岭表,杂吟小阕,亦《竹枝》、《杨柳》之意尔。"③ 可知"祠嫘祖"后来已经是"江南""吴都""岭表"民间礼俗。

四、"嫘祖"事迹与黄帝"淳化""虫蛾"成就

《史记》卷一《五帝本纪》颂扬轩辕氏之所以得"黄帝"称号,

---

① 〔明〕孙㲄编:《古微书》,中华书局1985年版,第322页。
② 〔明〕董斯张:《广博物志》,见《景印文渊阁四库全书》,台湾商务印书馆1986年版,第981册,第275页。
③ 〔清〕戴文灯:《甜雪词》卷上《忆江南》,清乾隆刻本。

有多种功业以为帝业基础:

> 东至于海,登丸山,及岱宗。西至于空桐,登鸡头。南至于江,登熊、湘。北逐荤粥,合符釜山,而邑于涿鹿之阿。迁徙往来无常处,以师兵为营卫。官名皆以云命,为云师。置左右大监,监于万国。万国和,而鬼神山川封禅与为多焉。获宝鼎,迎日推筴。举风后、力牧、常先、大鸿以治民。顺天地之纪,幽明之占,死生之说,存亡之难。时播百谷草木,淳化鸟兽虫蛾,旁罗日月星辰水波土石金玉,劳勤心力耳目,节用水火材物。有土德之瑞,故号黄帝。①

李学勤指出:"如不少学者在讨论炎黄文化时所说的,古史传说从伏羲、神农到黄帝,表现了中华文明萌芽发展和形成的过程。《史记》一书沿用《大戴礼记》所收《五帝德》的观点,以黄帝为《五帝本纪》之首,可以说是中华文明形成的一种标志。""本纪所说黄帝,'迁徙往来无常处,以师兵为营卫',尚有部落时代的遗风,而设官置监,迎日推策,'顺天地之纪,幽明之占,死生之说,存亡之难,时播百谷草木,淳化鸟兽虫蛾(蚁),旁罗日月星辰水波,土石金玉,劳勤心力耳目,节用水火材物',又表现出早期文明的特点。"②其中"时播百谷草木,淳化鸟兽虫蛾",强调了农作物开发与动物驯化对于文明进步的重要意义。

关于"淳化鸟兽虫蛾","淳化鸟兽"言家禽家畜的驯养,比较好理解。而"淳化""虫蛾"则需要进行涉及昆虫学史的考察。司马贞《索隐》:"为一句。蛾音牛绮反。一作'豸'。(豸)言淳化广被及之。"张守节《正义》:"蛾音鱼起反。又音豸,豸音直氏反。蚁,蚍蜉也。《尔雅》曰:'有足曰虫,无足曰豸。'"③

---

① 《史记》,第6页。
② 李学勤:《论古代文明》,见李学勤:《走出疑古时代》,辽宁大学出版社1997年版,第41页。
③ 《史记》卷一《五帝本纪》,第9页。

读"虫蛾"为"虫蚁",是有很多依据的。不过,"淳化""蚁",则颇费解。其实,"蛾"很早就有蚕蛾的意义。《荀子·赋》说"蚕",有"食桑而吐丝,前乱而后治""蛹以为母,蛾以为父"的文句。称颂其"功被天下,为万世文"①。"淳化""虫蛾",意味着蚕丝业的早期启动。

《荀子·赋》言"蚕":"有物于此,儵儵兮其状,屡化为神。功被天下,为万世文。礼乐以成,贵贱以分。养老长幼,待之而后存。"②所谓"功被天下",可以与《史记》卷一《五帝本纪》司马贞《索隐》"言淳化广被及之"对照理解。

以为"淳化""虫蛾"是成就黄帝之政治成功的条件,是符合历史发展进程的,确实"表现出早期文明的特点"。

而这一功绩,应当归于嫘祖。这一认识早有学者提出。清代学者惠士奇《礼说》卷一〇《夏官一》写道:"轩辕娶于西陵氏之子,谓之嫘祖氏,淳化鸟兽虫蛾。故后周以先蚕为西陵氏。"③

我们今天在进行丝绸之路研究、丝绸之路史研究时,有必要关注与丝绸之路密切相关的"丝绸"发明的考察。而丝绸制作的最初开创与丝绸产品的早期流通与嫘祖的关系,自然不宜忽视。

五、"淳化""虫蛾"的考古学实证

考古发现的桑蚕茧和早期丝织品遗存,对于"淳化""虫蛾"的伟大发明提供了历史研究的文物实证。"仰韶文化中期约3800年的山西夏县西阴村遗址,出土有经人工割裂的半个蚕茧,可能是食桑叶的野蚕结茧。"研究者认为,"参考中国民族志资料,在未掌握缫

---

① 梁启雄:《荀子简释》二六篇《赋》,中华书局1983年版,第359页。
② 〔清〕王先谦撰,沈啸寰、王星贤点校:《荀子集解》,中华书局1988年版,第477页。
③ 〔清〕惠士奇:《礼说》,见《景印文渊阁四库全书》,台湾商务印书馆1986年版,第101册,第585页。

丝抽取茧丝长纤维之前①，对茧丝的简单利用方式中，就是要剪开蚕茧，或直接利用其丝絮，或经撕松捻丝打线以供绣花边、织腰带之用。西阴村出土茧壳经人割裂当非偶然所为，可能正反映了先民在早期阶段对桑蚕丝的一种原始利用的方式"。②

纺织史学者曾经指出考古资料所见最早的育蚕技术的发明。"一九二六年在山西夏县西阴村出土的仰韶遗存中，曾发现有半个人工割裂的茧壳③，这说明当时已懂得育蚕。一九五八年在浙江吴兴钱山漾新石器时代文化遗存中发现的丝织品，包括绢片、丝带和丝线等，经过鉴定，原料是家蚕丝。作为丝的表征是经、纬粗细相仿，纤维表面有茸毛状和微粒状结晶体，呈灰白色或白色透明状。成为线的由十多根粗细均匀的单丝紧紧绞捻在一起，保存的织品有尚未炭化而呈黄褐色绢片和虽已炭化仍保有一定韧性的丝带和线绒。绢片是平纹组织，经纬密度每厘米四十八根。④这些事例证明，我们的祖先约在五千年前，就已在我国黄河流域和长江流域养蚕织绸了。"⑤西阴村的发现"表明五千多年前，我们的祖先已经知道利用蚕茧"，钱山漾出土"一批四千七百年前的丝织品"，"表明当时的丝织技术已有一定水平"。⑥

可靠的考古资料还有，"至仰韶文化晚期约公元前3500年的河南荥阳青台遗址，发现有炭化蚕桑丝织物，是经缫丝形成的长丝束织

---

① 今按：似应言"在未掌握缫丝抽取茧丝长纤维的技术之前"，或"在未能缫丝抽取茧丝长纤维之前"。
② 中国社会科学院考古研究所编著：《中国考古学·新石器时代卷》，中国社会科学出版社2010年版，第789页。
③ 原注："详见李济著《西阴村史前的遗存》。"
④ 原注："浙江省文物管理委员会：《吴兴钱山漾遗址第一、二次发掘报告》，载《考古学报》1960年第2期。"
⑤ 李仁溥：《中国古代纺织史稿》，岳麓书社1983年版，第4—7页。
⑥ 吴淑生、田自秉：《中国染织史》，上海人民出版社1986年版，第1页。

造出平纹组织的'纱'(纨)和绞经组织的'罗'两种织品,后者还经染成绛色。这是中国目前发现年代最早的丝织品实物遗存,表现出缫、织、染三者具备的丝织工艺已达到较高的技术水平"①。研究者这样的判断应当说是准确的:继麻织品应用之后,"考古发现了桑蚕茧和丝织物遗存,可见先民还懂得利用昆虫的吐丝纤维以制成较高级的产品。中国丝织品的出现,是史前纺织领域的重大创新成果,也是一项具有世界意义的伟大发明"②。借助相关信息理解司马迁《史记》卷一《五帝本纪》有关黄帝"淳化""虫蛾"的记载,可以获得更真切的历史认识。

六、"嫘祖好远游""因以为行神"

《史记》卷五九《五宗世家》记载临江闵王刘荣故事:"上征荣。荣行,祖于江陵北门。既已上车,轴折车废。江陵父老流涕窃言曰:'吾王不反矣!'荣至,诣中尉府簿,中尉郅都责讯王,王恐,自杀。葬蓝田。燕数万衔土置冢上,百姓怜之。"这是关于"祖"即"祖道"后言"祖钱"的重要的史例。关于"行祖于江陵北门"事,司马贞《索隐》:"按:祖者行神。行而祭之,故曰祖也。《风俗通》云:'共工氏之子曰修,好远游,故祀为祖神。'又崔浩云:'黄帝之子累祖,好远游而死于道,因以为行神。'亦不知其何据。盖见其谓之祖,因以为累祖,非也。据《帝系》及《本纪》皆言累祖黄帝妃,无为行神之由也。"③

可能与"车同轨"形势下交通行为普及,远程行旅频繁有一定关系,汉代"祖神"崇拜盛行。《风俗通义》有关"祖神"的说法体现了比较广泛的社会层面的共同的交通理念。居延汉简所见"祖道钱"

---

① 原注:"张松林、高汉玉:《荥阳青台遗址出土丝麻织品观察与研究》,载《中原文物》1999年第3期。"
② 《中国考古学·新石器时代卷》,第789页。
③ 《史记》,第2094—2095页。

简文，反映西北丝绸之路方向的相关礼俗。

宋丁度《集韵》卷一《平声一·东》认同"黄帝娶于西陵氏之女，是为嫘祖"的意见，但仍取崔浩"嫘祖好远游"、"为行神"说："黄帝娶于西陵氏之女，是为嫘祖。嫘祖好远游，死于道。后人祀以为行神。"司马光《类编》卷三五《女》有相同的内容。于是两相结合，嫘祖既是黄帝的配偶，也是"好远游，死于道"的"行神"。

《史记》司马贞《索隐》批评崔浩的说法："不知其何据。盖见其谓之祖，因以为嫘祖，非也。"

宋高承《事物纪原》卷九"方相"条说："《轩辕本纪》曰：帝周游时，元妃嫘祖死于道，令次妃嫫母监护，因置方相，亦曰防丧。此盖其始也。俗号险道神，抑由此故尔。《周礼》有方相氏狂夫四夫，大丧先匶及墓、入圹以戈击四隅，驱方良。故葬家以方相先驰。"①又宋佚名《轩辕黄帝传》写道："帝巡狩，东至海，登桓山，于海滨得白泽神兽，能言，达于万物之情。因问天下鬼神之事，自古精气为物，游魂为变者，凡万一千五百二十种。白泽言之，帝令以图写之，以示天下。帝乃作辟邪之文以祝之。帝周游行时，元妃嫘祖死于道。帝祭之，以为祖神。令次妃嫫母监护于道，以时祭之。因以嫫母为方相氏。"又说："向其方也，以护丧，亦曰防丧氏。今人将行，设酒食先祭道，谓之祖饯、祖送也。颜师古注《汉书》曰：'黄帝子为道神。'乖妄也。崔寔《四民月令》复曰'黄帝之子'，亦妄也。皆不得审详'祖，嫘祖'之义也。"②高承《事物纪原》所引《轩辕本纪》或与宋张君房《云笈七签》卷一○○《纪·轩辕本纪》有关。有关嫘祖的说法是类同的："帝周游行时，元妃嫘祖死于道，帝祭之，以为祖神。令次妃嫫母监护于道，以时祭之。因以嫫母为方相氏。向其方也。以护丧，亦曰

---

① 〔宋〕高承撰，〔明〕李果订，金圆、许沛藻点校：《事物纪原》，中华书局1989年版，第481—482页。

② 〔宋〕佚名：《轩辕黄帝传》，中华书局1991年版，第18页。

防丧氏。今人将行,设酒食先祭道,谓之祖饯。祖,送也。颜师古注《汉书》云:'黄帝子为道神。'乖妄也。崔寔《四民月令》复曰'黄帝之子',亦妄也。皆不得审详'祖,嫘祖'之义也。"① 所谓 "颜师古注《汉书》云:'黄帝子为道神'",即《汉书》卷五三《景十三王传·临江闵王刘荣》:"上征荣。荣行,祖于江陵北门,既上车,轴折车废。江陵父老流涕窃言曰:'吾王不反矣!'荣至,诣中尉府对簿。中尉郅都簿责讯王,王恐,自杀。葬蓝田,燕数万衔土置冢上。百姓怜之。"就 "祖于江陵北门",颜师古注:"祖者,送行之祭,因飨饮也。昔黄帝之子纍祖好远游而死于道,故后人以为行神也。"② 此所谓 "黄帝之子纍祖",应当就是 "嫘祖"。

所谓 "方相" 是一种特殊的交通形式的监护者。而 "帝周游时,元妃嫘祖死于道" 之说,显然是我们讨论与 "嫘祖" 相关的文化现象时应当重视的。黄帝号 "轩辕",可能是先进车辆型式的发明者,又 "披山通道,未尝宁居","迁徙往来无常处"。③ 嫘祖随同黄帝 "周游" "周游行",是以交通实践辅佐黄帝的助手。从另一视角考察,所谓 "嫘祖好远游" "因以为行神",或许暗示嫘祖的文化创造与社会贡献包括丝绸成品的流通与丝织技术的传播。

正如临江闵王刘荣事迹所反映的,汉代是社会普遍风行 "祖神" "行神" 崇拜礼俗的历史时期。《汉书》卷六六《刘屈氂传》记载:"贰师将军李广利将兵出击匈奴,丞相为祖道,送至渭桥。"④ 汉代祖道仪式有时十分隆重。《汉书》卷七一《疏广传》写道,汉宣帝时,太傅疏广和兄子少傅疏受一起主动辞职,告老归乡,一时轰动朝廷,"公

---

① 〔宋〕张君房:《云笈七签》,中华书局2003年版,第2177页。
② 〔汉〕班固:《汉书》,中华书局1962年版,第2412页。
③ 《史记》卷一《五帝本纪》,第3、6页。参看王子今:《轩辕传说与早期交通的发展》,见《炎黄文化研究》第8辑,大象出版社2008年版。
④ 《汉书》,第2883页。

卿大夫故人邑子设祖道，供张东都门外，送至车数百两"①。蔡邕的作品中，有一篇用于祖道时祝诵的《祖饯祝》，其中写道："令岁淑月，日吉时良。爽应孔嘉，君当迁行。神龟吉兆，休气煌煌。著卦利贞，天见三光。鸾鸣嗈嗈，四牡彭彭。君既升舆，道路开张。风伯雨师，洒道中央。阳遂求福，蚩尤辟兵。仓龙夹毂，白虎扶行。朱雀道引，玄武作侣。勾陈居中，厌伏四方。君往临邦，长乐无疆。"②除了上层社会通行这一风习之外，我们还看到居延汉简有如下简文：

候史褒予万岁候长祖道钱　出钱十付第十七候长祖道钱
☐祖道钱　　　　　　　出钱十付第廿三候长祖道钱
☐祖道钱　　　　　　　出钱十
　　　　　　　　　　　出钱☐　（104.9+145.14）③

这大概是同事间共同"出钱"办理祖道事宜的一份记账单。可见远在西北边塞，基层军事组织中也曾经通行这一礼俗。看来，行旅祖道风习社会影响之广泛，可能确实如同晋人嵇含在《祖赋序》中所写到的："祖之在于俗尚矣，自天子至于庶人，莫不咸用。"④

---

① 《汉书》，第3040页。
② 《太平御览》卷七三六引蔡邕《祖饯祝》，第3264页。
③ 谢桂华、李均明、朱国炤：《居延汉简释文合校》，文物出版社1987年版，第173页。
④〔清〕严可均校辑：《全上古三代秦汉三国六朝文》之《全晋文》卷六五《祖赋序》，中华书局1958年版，第1829页。

说『盐水神女』

盐，对于国家经济与社会生活有特别重要的意义。《管子·海王》说："十口之家，十人食盐。百口之家，百人食盐。"①王莽曾经在颁布经济政策的诏书中也强调："夫盐，食肴之将。"②《三国志》卷二一《卫觊传》又可见"夫盐，国之大宝也"③的说法。国计民生的需要，促成了盐业生产的发展。秦汉文献始见体现社会"盐神"崇拜的信息。当时信仰世界中的"盐神"及相关社会意识的反映，可以看作关于盐业史进程的特殊的文化遗存。

所谓"盐水""神女"即"盐神"传说发生于"盐阳""盐水""巴氏"所在地方，正与我们有关盐业区域开发史以及盐产运输史的知识大体一致。可以说，"盐神"在当时信仰世界中特殊形象的出现，与盐产与盐运的进步相关。"盐神"崇拜后世的发展，呈现纷杂多样的形态。其源头，可以追溯至《后汉书》有关"盐水""神女"的记载。

一、《南蛮传》"盐神"记忆

正史有关"盐神"记录，可见《后汉书》卷八六《南蛮传·巴郡南郡蛮》所记载有关"盐水""神女"的情节生动的神异传说：

巴郡南郡蛮，本有五姓：巴氏，樊氏，瞫氏，相氏，郑氏。

---

① 黎翔凤撰，梁运华整理：《管子校注》，中华书局2004年版，第1246页。又《管子·地数》："十口之家，十人咶盐。百口之家，百人咶盐。"张佩纶云："'咶'，'舐'俗字，当作'恬'。《说文》'恬，美也'，《周礼·盐人》'饴盐'，注'饴盐，盐之恬者'，是其证。"《管子校注》，第1364—1365页。《太平御览》卷八六五引《管子》："十口之家十人舐盐，百口之家百人舐盐。"中华书局1960年版，第3839页。吴曾《能改斋漫录》卷五《辨误》"以言恬之"条写道："《管子·地数》篇：管子曰：'十口之家，十人咶盐。百口之家，百人咶盐。'此'咶'字与'恬'字虽异，其义则一。何者？均以口舌取物而已。"〔宋〕吴曾：《能改斋漫录》，上海古籍出版社1960年版，第99—100页。

② 颜师古注："将，大也，一说为食肴之将帅。"〔汉〕班固：《汉书》卷二四下《食货志下》，中华书局1962年版，第1183页。

③ 〔晋〕陈寿撰，〔南朝宋〕裴松之注：《三国志》，中华书局1959年版，第610页。

皆出于武落钟离山。其山有赤黑二穴，巴氏之子生于赤穴，四姓之子皆生黑穴。未有君长，俱事鬼神，乃共掷剑于石穴，约能中者，奉以为君。巴氏子务相乃独中之，众皆叹。又令各乘土船，约能浮者，当以为君。余姓悉沈，唯务相独浮。因共立之，是为廪君。乃乘土船，从夷水至盐阳。盐水有神女，谓廪君曰："此地广大，鱼盐所出，愿留共居。"廪君不许。盐神暮辄来取宿，旦即化为虫，与诸虫群飞，掩蔽日光，天地晦冥。积十余日，廪君思〔伺〕其便，因射杀之，天乃开明。廪君于是君乎夷城，四姓皆臣之。廪君死，魂魄世为白虎。巴氏以虎饮人血，遂以人祠焉。

所谓"盐水""盐神"故事发生在"盐阳"。李贤注引《荆州图副》、盛弘之《荆州记》、《水经》及《水经注》，对相关背景与情节有所补说：

> 《荆州图〔副〕》曰："（副）夷〔陵〕县西有温泉。古老相传，此泉元出盐，于今水有盐气。县西一独山有石穴，有二大石并立穴中，相去可一丈，俗名为阴阳石。阴石常湿，阳石常燥。"盛弘之《荆州记》曰："昔廪君浮夷水，射盐神于阳石之上。案今施州清江县水一名盐水，源出清江县西都亭山。"《水经》云："夷水〔别出〕巴郡鱼复县。"注云："水色清，照十丈，分沙石。蜀人见澄清，因名清江也。"[①]

《后汉书》前称"盐水有神女"，后称"盐神"。李贤注引盛弘之《荆州记》则直称"盐神"。《后汉书》廪君故事，应是较早的关于"盐神"的文献记录。

所谓"即化为虫，与诸虫群飞，掩蔽日光，天地晦冥"，或许是对"盐水""温泉""水有盐气"，即导致"阴石常湿"情形的近水雾气的神话描述。当然，进行其他解说的可能性也是存在的。《太平御览》卷九四四引《世本》："廪君乘土船至盐场。盐水神女子止廪君。

---

① 〔南朝宋〕范晔：《后汉书》，中华书局1965年版，第2840页。

廩君不听。盐神为飞虫,诸神从而飞,蔽日为之晦。廩君不知东西,所当七日七夜。使人以青缕遗盐神,曰:缨此,与尔俱生。盐神受缕而缨之。廩君应青缕所射,盐神死,天则大开。"①其"盐神为飞虫,诸神从而飞,蔽日为之晦"等文字,记录了"诸神"起飞"蔽日"的异常景象。"群神"模糊表现了神异群体的出现。而所谓"至盐场"及"诸神从而飞"等情节,也都是前引《后汉书》所没有显现的。

二、"巫盐""神女"说

有学者认为,巫山神女传说,与"巫盐"有关。

任乃强《说盐》写道:"川鄂接界的巫溪河流域,是与湖北神农架极其相似的一个山险水恶,农牧都有困难的贫瘠地区。只缘大宁的宝源山,有两眼盐泉涌出咸水来,经原始社会的猎人发见了。(相传是追神鹿至此。鹿舐土不去,被杀。因而发觉其水能晒盐。)进入煮盐运销之后,这个偏僻荒凉的山区,曾经发展成为长江中上游的文化中心(巴楚文化的核心)。即《山海经》说的'载民之国',又叫'巫载',又叫'巫山'。(今人称巴峡南北岸山为'巫山十二峰',以北岸神女峰为主峰。乃是唐宋人因宋玉《高唐》、《神女》两赋附会成的。其实宋玉所赋的'神女'是指的巫盐。巫溪沿岸诸山,才是巫山。)《大荒南经》说:'有载民之国,为人黄色。帝舜生无淫,降载处。是谓巫载。巫载民盼姓,食谷。不绩不经,服也。不稼不穑,食也。(郭璞注:'谓自然有布帛、谷物。')爰有歌舞之鸟。鸾鸟自歌,凤鸟自舞。爰有百兽,相群爰处。百谷所聚。'此书描写极乐世界,都用鸾凤自歌舞来形容,如'丹穴之山'、'轩辕之国'与'嬴民封豕'皆然。此言载民不耕不织,衣食之资自然丰足,岂非因为他拥有食盐,各地农牧人,都应其所需求,运其土产前来兑盐,遂成'百谷所聚'之富国乎?"②

其实,萧兵在楚辞研究的论著中已经说到"盐水神女"与"巫

---

① 〔宋〕李昉等:《太平御览》,中华书局1960年版,第4192页。
② 〔晋〕常璩著,任乃强校注:《华阳国志校补图注》卷一《巴志》附《说盐》,上海古籍出版社1987年版,第53页。

山神女"的神秘一致性。论者指出,"自荐"体现的"人神婚姻故事里包含着性的献祭和牺牲","在最初的传说里,这种神女的社会原型却是献身的圣处女无疑","巫山神女的'云雨高唐'实际上以'遗迹'的形态反映了妇女从群婚到对偶婚时代的'赎身'行为(应该注意到,传说反映的史实比传说风行的时代,尤其比传说的记载和描述古老得多)"。萧兵对相类同的传说的评论中说到了"盐水神女":"《九歌·河伯》并非表现河伯娶妇,而是描述河伯跟他的'妻子'洛嫔从'河源'昆仑直奔东海的嬉游。①'子交手兮东行,送美人兮南浦。'这美人就是洛水女神宓妃。她应与巫山神女、涂山氏、盐水女神、湘江女神、汉水女神等等一样以山川之神兼着高禖女神。"②我们看到,"盐水女神""愿留共居","暮辄来取宿"的表现,确实与"巫山神女""愿荐枕席","王因幸之"③,即萧兵所谓"巫山神女的主动献身"④,颇为相近。

任乃强在关于"巴盐"的论说中,甚至判定了与"盐"有关的宋玉《高唐》《神女》两赋"创作的具体年代。他认为,秦楚战争所激烈争夺的战略目标,包括巴盐产地:"秦灭巴蜀时,楚国亦已夺取巴国东部地盘至枳(今涪陵)。几于完全占领了巴东南骈褶地区的所有盐泉。在秦楚对立之下,楚人扼制向秦地行盐。仅才这样对立了八年〔公元前三一六至公元前三〇八年,秦国的巴、蜀、汉中三郡人民克服不了缺乏食盐的痛苦,迫使秦不得不大举十万远征军浮船伐楚。直到夺得安宁盐泉与郁山盐泉,建立黔中郡(《六国表》与《楚世家》有明文)〕后,初步解

---

① 萧兵:《九河之神及其妻洛嫔——〈楚辞·九歌·河伯〉新解》,载《郑州大学学报》1980年第2期。
② 萧兵:《楚辞的文化破译——一个微宏观互渗的研究》,湖北人民出版社1991年版,第329—330页。
③ 宋玉《高唐赋》,见〔梁〕萧统编,〔唐〕李善注:《文选》卷一九,中华书局1977年版,第265页。
④ 《楚辞的文化破译——一个微宏观互渗的研究》,第330页。原注:"参见拙作《夔枭阳·野人·巫山神女——〈楚辞·九歌·山鬼〉新解》。"

决了盐荒问题,才得安静二十余年。但在二十余年中,楚国又因大江水运之便从枳夺去了郁山盐泉,使秦人再感盐荒的压力,于是秦国开展了再一次争夺巴东盐泉的大举。从公元前二七九年(秦昭王三十六年,楚顷襄王二十年),一面命白起绕由东方的韩国地界,突袭楚的国都,拔鄢郢,烧夷陵,截断楚国援救巫黔中的道路。一面助蜀守张若再次大发兵,浮江取楚巫黔中。这次两路大举相配合,克以全部占有巴东盐泉地区(《楚世家》与《六国表》亦有明文)。反使楚国断了食盐来源。于是顷襄王率其众奔陈,去仰给淮海食盐。是故苏代说,'楚得枳而国亡'(在《燕策》),谓枳为巴东盐泉枢纽之地,当秦人所必争,争之不得,则不能不出于灭楚也。"任乃强又写道:"秦国这次先灭楚社稷,以其地为南郡。大概因为巫黔中的楚人拼死抵抗,第二年(楚顷襄王二十二年)张若才取得了枳与巫山,再一次复立黔中郡。但是,楚人不能甘心丧失了巫黔盐源,促成了上下一心的新团结,如大盗庄蹻,也率其众拥楚仇秦。只不过一年时间,顷襄王二十三年,因'秦江旁人民反秦'(《六国表》),'乃收东地兵,得十余万,复取秦所拔我江旁十五邑以为郡,距秦。'(楚世家)这说明,顷襄王亡失鄢、郢、巫、黔只一年,又复国于郢,仍自据有巴东盐泉。起码也复占有巫山盐泉,建立巫郡,楚人不再闹盐荒了。宋玉的《高唐》、《神女》两赋,便作于此时。那是歌颂巫盐入楚的诗赋。把食盐比为神女,犹廪君故事(在《后汉书》)说的'盐水女神'是一样,并非真有一个神女来自荐枕席(另有分析文字从略)。大约在考烈王之世,楚仍失去了巫黔中,迫于东徙钜阳(考烈王十二年),秦乃第三次占有巫黔中,仍为黔中郡,并为秦始皇三十六郡之一。"[1] 秦对于"巫盐"生产资源所在的控制,有的学者有这样的表述,"秦灭巴后,与楚人展开了对盐的争夺,并很快控制了三峡地区的盐,三峡之盐便成为秦统一六国的重要资源"[2]。

---

[1] 《华阳国志校补图注》卷一《巴志》附《说盐》,第54页。
[2] 白九江:《巴盐与盐巴——三峡古代盐业》,重庆出版社2007年版,第4页。

所谓"盐水女神"与"《高唐》《神女》"一样是"把食盐比为神女"的说法,对于盐史及与盐相关的社会文化的认识,是有积极意义的见解。

三、"巴盐"神话

任乃强曾经在回顾夏商史的时候说到"盐"的作用,特别关注"巴盐"。他说到《山海经》所见盐史信息,又写道:"其《大荒西经》还说:成汤伐夏桀,斩其卫士耕。'耕既立,无首。走厥咎,乃降于巫山。'文把他叫作'夏耕之尸'。分析这章神话所表达的史事,应是夏桀这个大奴隶主,纠集为他耕种的奴隶群,抵抗成汤。这批奴隶的首领,被成汤杀了。奴隶们逃到巫山,投效于载国。所以说他无首,而称为'夏耕之尸'。等于说:夏桀的耕种奴隶们早已知道巫载这个地方也产盐,不只解池才有。还可能他们原是耕的三苗地区的土地。每当解盐接济不到,也兑过巫载的盐。所以当夏桀命令他们抵御成汤,兵败国亡之后,他们便直跑来投附巫载了。"任乃强接着写道:"同篇还说:'大荒之中,有山名曰丰沮玉门。日月所入。有灵山,巫咸、巫即、巫朌、巫彭、巫姑、巫真、巫礼、巫抵、巫谢、巫罗,十巫从此升降。百药咸在。'丰沮,显然指的盐泉。玉巫两字,篆书常易相混。玉门有可能原是指的巫山河峡。灵山,也可能就是巫山字变。由于盐泉之利,聚人既多,农牧发展不利,猎业大兴,山中百药也被发见了。所以方士(巫)来采药者亦多。巫咸之名,见于《尚书》,为殷商宰相。巫彭即世传为殷太史的彭祖。'咸彭'联称,又屡见于《楚辞》,都可证是实有其人。这可说明:整个殷代,这里仍是一个独立而文化很高的小国。巫朌的朌,郭璞注:'音颁。'颁与巴音近,可能就是巴族的一个祖先。巴族,原是定居于洞庭彭蠡间,巴丘、巴水部位的渔业民,称为'巴诞'(《后汉书》注)。大概是因为有穷后羿所灭。一部分诞民东流,而为今世的蜑族。一部分人西流,依附巫载,为他行盐经商,从而被称为巫诞了。这与巫朌游巫或许有些关系。巴人善于架独木舟①，溯水而上，销盐至溪河上游部分。整个四川盆地，都有他行盐的脚迹。后遂建成了巴国。其盐循江下行，供给荆楚人民，又促进了楚国的文化发展。近世考古学家就地下发掘材料证明，巴楚两国文化有其共同特点。这恰是先有巫𢊁文化，再衍为巴楚文化这一历史发展过程的明证。"

任乃强说："巴东这个地层骈褶带，还有颇多的盐泉涌出。例如奉节南岸的盐碛坝，云阳西北的万军坝，开县东的温汤井，万县东南的长汤井，忠县的汧溪和涂溪二井，彭水的郁山盐泉，与长宁县的安宁盐井。除郁山盐泉与大宁盐泉同样是从山地涌出，能很早就被原始人类发现利用，克以形成一个原始文化区外，其他七处盐泉都是从河水底下涌出的，不易为原始人类发现和利用。唯独习于行水的巴人能首先发现它，并在巫𢊁文化的基础上设法圈隔咸淡水，汲以煮盐，从而扩大了行盐的效果，建成了巴国。并且至于强大到合并巫𢊁，压倒楚、蜀的大国。只因巴族成为富强的大奴隶主后，偷惰腐化，习气衰老，才被新兴的秦楚所分割了。"②

"瞿塘峡直长三十里，在巫𢊁上游。巫峡直长百余里，在巫𢊁下游。两座绝峡封锁着巫𢊁地区。其北是大巴山，其南七岳，帮助了封锁。只缘下水行盐较易，故两湖盆地自夏代的巴族，到周代的荆楚，都只能吃巫盐。行船，非巫𢊁人的长技，故他必须使用善于行水的巴族为之行盐。巴族亦藉行盐行之便，笼络得四川盆地的农牧民族，从而建成巴国。巴国日强，逐步吞并了巫𢊁，专有巴东盐泉之利，在春秋初年楚国也是听命于巴的。但其时沿海盐业渐兴，东楚的人不吃巫盐。所以楚襄王与考烈王在丧失巫黔中后，都向东楚奔迁。但巴、蜀、汉中与南郡的人却不能不食巴盐。所以秦楚都拼命争夺这一产盐地区。这是巴东泉盐的壮盛时代。它与河东解池是一样，从发生到壮盛，大约经过了一万年的时间。由于四周多种新兴产盐区的发展竞争，

---

① 今按："架"应为"驾"。
② 《华阳国志校补图注》卷一《巴志》附《说盐》，第54页。

使盛极一时的解池和巴东盐利，显得日就衰老了。解池受到了海盐，内陆池盐如河套的花马池，宁夏的吉兰泰盐池，西海的茶卡盐池和冀北的多伦等池盐的竞争，丧失了统治地位。巴东泉盐，则大大受到了蜀地井盐的影响，退到从属地位来。但他们还不至于消灭。因为至少还有一部分人需要他。"①

虽然有"'巴盐'与'盐巴'"即"古代三峡的经济命脉"的说法，又谓"三峡地区的盐哺育了巴国先民，孕育了巴国文化"，"先秦时期从巴地出产的盐，远销四方，以致当时的人们都知道巴的特产就是盐，且巴地的盐质量上乘，成为市场上的一种品牌"，于是"盐巴"成为"产自巴国的食盐在流通中"的名号。"巴盐""盐巴"成为其经济"地位"的象征②，事实上，虽然秦汉时期有些商品的地方品牌已经相当响亮③，但据古代文献中提供的信息，当时似乎还没有出现"巴盐""盐巴"之说。

后世诗文可见"巴盐"名号。如明杨士奇《赠梁本之二首》之二："蜀山消尽雪皑皑，江水初平滟滪堆。问路遥穿三峡过，之官惟带一经来。林间女负巴盐出，烟际人乘桴骑回。莫叹遐方异风俗，此州元有穆清台。"④ 这显然已经是相当晚出的资料了。

四、"盐神"崇拜的滥觞

"盐神"在中国民间信仰系统中的最初出现，即前说巴地的"盐

---

① 《华阳国志校补图注》卷一《巴志》附《说盐》，第55—56页。
② 《巴盐与盐巴——三峡古代盐业》，第4、14页。
③ 就纺织品的流通来说，地域标识较模糊者有《盐铁论·本议》所谓"齐、陶之缣，蜀、汉之布"，更为响亮的地方名牌有"阿緆""齐纨""鲁缟""蜀锦"种种。河西汉简资料所见"任城国亢父缣""河内廿两帛""广汉八稷布"等，特别值得注意。地湾简"淮布"或许也是类似织品名号。显示地方品牌效应的商品名号，居延汉简又可见"济南剑""河内苇笥"等。王子今：《河西简文所见汉代纺织品的地方品牌》，见《简帛》第17辑，上海古籍出版社2018年版。
④〔明〕杨士奇：《东里诗集》卷二，见《景印文渊阁四库全书》，台湾商务印书馆1986年版，第1238册，第337—338页。

水神女"或"盐水神女子"。袁珂编著的《中国神话传说辞典》有关"盐"的词条有:

  盐水　即"夷水"。《世本·氏姓篇》(清秦嘉谟辑补本):"廪君乃乘土船从夷水至盐阳,盐水有神女谓廪君曰:'此地广大,鱼盐所出,愿留共居。'廪君不许。"《水经注·夷水》云:"盐水,即夷水也。"参见"廪君"。

  盐神　谓盐水神女。见"廪君"。

  盐长国　《山海经·海内经》:"有盐长之国。有人焉鸟首,名曰鸟氏。"

  盐宗庙　见"宿沙"。

《中国神话传说辞典》"廪君"条写道:

  廪君,伏羲裔。《山海经·海内经》:"西南有巴国。大皞生咸鸟,咸鸟生乘厘(釐),乘厘(釐)生后照,后照是始为巴人。"《世本·氏姓篇》(清秦嘉谟辑补本):"廪君之先,故出巫诞。巴郡南郡蛮,本有五姓:巴氏、樊氏、瞫氏、相氏、郑氏,皆出于武落锺离山。其山有赤黑二穴,巴氏之子生于赤穴,四姓之子皆生黑穴。未有君长,俱事鬼神。廪君名曰务相,姓巴氏,与樊氏、瞫氏、相氏、郑氏凡五姓,俱出皆争神。乃共掷剑于石,约能中者,奉以为君。巴氏子务相,乃独中之,众皆叹。又各令乘土船,雕文画之,而浮水中,约能浮者,当以为君。余姓悉沉,惟务相独浮,因共立之,是为廪君。乃乘土船从夷水至盐阳。盐水有神女谓廪君曰:'此地广大,鱼盐所出,愿留共居。'廪君不许。盐神暮辄来取宿,旦即化为飞虫,与诸虫群飞,掩蔽日光。天地晦冥。积十余日,廪君不知东西所向,七日七夜。使人操青缕以遗盐神,曰:'缨此即相宜,云与女俱生,宜将去。'盐神受而缨之。廪君即立阳石上,应青缕而射之,中盐神。盐神死,天乃大开。"

袁书又引《晋书·李特载记》："廪君复乘土船，下及夷城"，"阶陛相乘，廪君登之"。休岸上平石其上，"投策计算，皆著石焉。因立城其旁而居之，其后种类遂繁"①。然而却并没有引录出现"盐神"字样的段落。《晋书》卷一二〇《李特载记》相关文字明确说到"盐神"：

> 盐神夜从廪君宿，旦辄去为飞虫，诸神皆从其飞，蔽日昼昏。……如此者十日，廪君乃以青缕遗盐神曰："婴此，即宜之，与汝俱生。弗宜，将去汝。"盐神受而婴之。廪君立砺石之上，望膺有青缕者，跪而射之，中盐神。盐神死，群神与俱飞者皆去，天乃开朗。

言其地经济形势，称"土有盐铁丹漆之饶"②。"盐"位列最先，显然有特殊的地位。这段文字"盐神"名号五次出现。可以看作正史记录中"盐神"频繁出现的典型文例。其神异表现有涉及"青缕"的情节，暗示与"神女"的关系。

二十四史中，只有《后汉书》和《晋书》出现"盐神"。③然而"盐神"崇拜在民间是长期存在的。

袁珂编著的《中国神话传说辞典》所收"盐宗庙"条说："见'宿沙'。""宿沙"条又写道：

> 宿沙　神农臣。宿一作夙。《世本·作篇》（清张澍稡集补注本）："宿沙作煮盐。"《淮南子·道应训》："昔宿沙之民，皆自攻其君而归神农。"《艺文类聚》卷十一引《帝王世纪》云："炎帝神农氏。诸侯夙沙氏叛不用命，箕文谏而杀之，炎帝退而修德，夙沙之民自攻其君归炎帝。"即其事。宋罗泌《路史·后纪四》注云："今安邑东南十里有盐宗庙，吕忱云，宿沙氏煮盐之神，谓之盐宗，尊之

---

① 袁珂编著：《中国神话传说辞典》，上海辞书出版社1985年版，第314、440、360页。袁珂编《中国神话大词典》内容相同。四川辞书出版社1998年版，第445—446、614页。
② 〔唐〕房玄龄等：《晋书》，中华书局1974年版，第3021—3022页。
③ 今按：其崇拜生成的区域均在西南。

也。"明彭大翼《山堂肆考》羽集二卷"煮海"条云:"宿沙氏始以海水煮乳煎成盐,其色有青、红、白、黑、紫五样。"亦为异闻。①

"盐宗庙"应是对"宿沙"纪念的遗存。《太平寰宇记》卷四六《河东道七·解州·安邑》:"盐宗庙,在县东南十里。按吕忱云'宿沙氏煮海谓之盐',宗,尊之也,以其滋润生人,可得置祠。"②

《山堂肆考》羽集二卷"煮海"条说宿沙氏"煮海"盐色"五样",学者以为"异闻"。而山西解州盐池出盐确有赤色者。宋沈括《梦溪笔谈》卷三《辩证一》有关于解州盐池的记述:"解州盐泽,方百二十里。久雨,四山之水悉注其中,未尝溢;大旱未尝涸。卤色正赤,在版泉之下,俚俗谓之'蚩尤血'。"③《新唐书》卷三九《地理志三》:解州"有紫泉监"④。《太平寰宇记》卷四六《河东道七·解州·安邑》记述解州盐池,"今池水紫色,湛然不流,造盐贮水深三寸,经三日则结盐"⑤。所谓"赤色""紫色"都使人产生血色联想。

有学者认为,"黄帝与蚩尤之战"即发生"在河东","极可能是为了争夺盐这一特殊稀少的自然资源,有可能是为了得到和控制河东盐池"。⑥所谓"蚩尤血"的传说或许与李时珍"盐之气味咸腥,人之血亦咸腥"的知识有关,而所谓"咸走血,血病无多食咸,多食则脉凝泣而变色,从其类也"⑦,亦与现代医学认识有所符合。据栾保群编著的《中国神怪大辞典》"盐池神"条,"明·于慎行《穀山

---

① 《中国神话传说辞典》,第360页。
② 〔宋〕乐史撰,王文楚等点校:《太平寰宇记》,中华书局2007年版,第966页。
③ 〔宋〕沈括撰,刘尚荣校点:《梦溪笔谈》,辽宁教育出版社1997年版,第12页。
④ 〔宋〕欧阳修、宋祁:《新唐书》,中华书局1975年版,第1000页。
⑤ 《太平寰宇记》,第968页。
⑥ 王仁湘、张征雁:《盐与文明》,辽宁人民出版社2007年版,第218页。
⑦ 陈贵廷主编:《本草纲目通释》,学苑出版社1992年版,第414页。

笔麈》卷一七：河东盐池，唐时曾有封号，谓之宝应、灵应二池。明初赐额'灵惠'。◇按：《元史·成宗纪三》：大德三年，加解州盐池神惠康王曰广济。《泰定帝纪一》：泰定元年，敕封解州盐池神曰灵富公"①。今按：《元史》卷二〇《成宗纪三》："壬申，加解州盐池神惠康王曰广济，资宝王曰永泽。"《元史》卷二九《泰定帝纪一》："敕封解州盐池神曰灵富公。"《元史》卷三〇《泰定帝纪二》："戊戌，遣使祀解州盐池神。""甲寅，改封……盐池神曰灵富公……"②又《中国神怪大辞典》"盐神"条："清·梁章钜《退庵随笔》卷一〇：古夙沙氏初煮海为盐，遂为盐之神。安邑县（今山西运城东）旧有盐宗庙，即祀此神。夙，又作宿，又作质，神农时诸侯，大庭氏之末世也。见《吕氏春秋》《淮南子》《说苑》《水经注》《说文》。乃今之业盐者不闻祀盐神，何耶？吾乡（福州）业盐之家必祀天后，而夙沙氏更在其先。◇按：盐神除'盐池神'、'盐井神'外，尚有'盐水神女'者，见'廪君'条。"所谓"盐井神"，见《太平广记》卷三九九"盐井"条、《太平寰宇记》卷八五。③

据《嘉庆重修一统志》卷四七五《云南府·祠庙》，云南府有"盐泉神祠"，"在安宁州善政坊"。④

而小说家言，如宋何薳《春渚纪闻》卷四《杂记》"盐龙"条："萧注从狄殿前之破蛮洞也，收其宝物珍异，得一龙长尺余，云是盐龙，蛮人所豢也。藉以银盘，中置玉盂，以玉箸撇海盐饮之，每鳞甲中出盐如雪则收取，用酒送一钱匕，专主兴阳，而前此无说者何也。后因蔡元度就其体舐盐而龙死，其家以盐封其遗体三数日，用亦大有力。

---

① 栾保群编著：《中国神怪大辞典》，人民出版社2009年版，第610页。
② 〔明〕宋濂等：《元史》，中华书局1976年版，第426、643、670、686页。
③ 《中国神怪大辞典》，第610页。
④ 《嘉庆重修一统志》，中华书局1986年版，第24345页。

后闻此龙归蔡元长家云。"①清袁枚《子不语》卷一"蒲州盐枭"条:"岳水轩过山西蒲州盐池,见关神祠内塑张桓侯像,与关面南坐,旁有周将军像,怒目狰狞,手拖铁链,锁朽木一枝,不解何故。土人指而言曰:'此盐枭也。'问其故,曰:'宋元祐间,取盐池之水熬煎,数日而盐不成,商民惶惑,祷于庙,梦关公召众人,谓曰:汝盐池为蚩尤所据,故烧不成盐。我享血食,自宜料理。但蚩尤之魂,吾能制之,其妻名枭者,悍恶尤甚,我不能制。须吾弟张翼德来,始能擒服。吾已遣人自益州召之矣。众人惊寤,且即在庙中添塑桓侯像。其夕风雷大作,朽木一根已在铁索之上。次日取水煮盐,成者十倍。'始寤今所称盐枭,实始于此。"②这些传说,也都是值得重视的民间信仰史资料。

其他社会意识史、社会思想史信息所见其他现象,如清许光世《西藏新记》所见"盐水佛"③,佛教语言所谓"盐心"④等,或许也都体现出对"盐"的神秘主义认识。各地类似的与"盐"有关的"神祠",与"盐"有关的神话,可能还有很多。例如第七批全国文物保护单位中,有四川内江资中罗泉镇的"盐神庙"。资中"盐神庙"清同治七年(1868)年由盐商筹资修建,坐东面西,建筑面积1191平方米。采用中国古代传统建筑方式布局,被看作盐业繁荣和盐文化进步的见证。而追溯"盐神"信仰史的初源,应当重视"盐水神女"故事的意义。

---

① 〔宋〕何薳撰,张明华点校:《春渚纪闻》,中华书局1983年版,第57页。《中国神怪大辞典》据明徐应秋《玉芝堂谈荟》卷三三,第610页。
② 〔清〕袁枚编撰,申孟、甘林点校:《子不语》,上海古籍出版社1998年版,第18—19页。《中国神怪大辞典》,第610页。
③ 〔清〕许光世《西藏新记》中卷《政治部·宗教》"(四)人民之迷信":"如达赖及尊贵之高僧圆寂,敛尸棺内,塞之以盐。盐水漏于棺底,则以黄土和之,作小佛像。名'盐水佛',最为贵重,得之甚艰。若得之者,异常宝重,永传于家。"见张羽新主编:《中国西藏及甘青川滇藏区方志汇编》,学苑出版社2003年版,第3册,第296页。
④ 〔唐〕善无畏、一行译:《大毘卢遮那成佛神变加持经》卷一《入真言门住心品第一》,《大正藏》第18册。

战国秦汉时期的女巫

鲁迅曾经写道："中国本信巫，秦汉以来，神仙之说盛行，汉末又大畅巫风，而鬼道愈炽……"①有学者指出，"汉代巫者活动的'社会空间'，几乎是遍及于所有的社会阶层，而其'地理范围'，若结合汉代巫俗之地和祭祀所的分布情形来看，也可以说是遍布于各个角落。《盐铁论》中，贤良文学所说的'街巷有巫，闾里有祝'，似乎是相当真实的写照"②。应当看到，在战国秦汉时期数百年间的历史过程中，巫风和鬼道曾经长期影响着社会生活的各个方面。

"巫"，是专门交通鬼神与人界的承当神媒的人。《国语·楚语下》："民之精爽不携贰者，而又能齐肃衷正，其智能上下比义，其圣能光远宣朗，其明能光照之，其聪能听彻之，如是则明神降之，在男曰觋，在女曰巫。"《说文·巫部》在解释"巫"的意义时说："女能事无形，以舞降神者也。象人两袖舞形。"在"觋"字条下又写道："在男曰'觋'，在女曰'巫'。"《汉书》卷二五上《郊祀志上》也写道："民之精爽不二，齐肃聪明者，神或降之，在男曰'觋'，在女曰'巫'。"③《周礼·春官宗伯·神仕》贾公彦疏："此'神仕'是巫。""在男曰'觋'，在女曰'巫'者，男子阳，有两称，名'巫'，名'觋'，女子阴，不变，直名'巫'，无'觋'称。"④

女巫在战国秦汉社会生活中，曾经发挥重要的作用。分析当时作为社会特殊角色的女巫的文化存在和文化表演，可以充实对于战国秦汉社会历史的认识。

一、女巫与宫廷巫术

《史记》卷二八《封禅书》在记述汉初刘邦时代神祠制度的初

---

① 鲁迅：《中国小说史略》，见鲁迅：《鲁迅全集》第9卷，人民文学出版社1981年版，第43页。
② 林富士：《汉代的巫者》，稻乡出版社1999年版，第180页。
③ 〔汉〕班固：《汉书》，中华书局1962年版，第1189页。
④ 〔清〕孙诒让撰，王文锦、陈玉霞点校：《周礼正义》卷五三《春官宗伯·神仕》，中华书局2013年版，第2231—2232页。

步制定时,这样写道:

> 天下已定,诏御史,令丰谨治枌榆社,常以四时春以羊豕祠之。令祝官立蚩尤之祠于长安。长安置祠祝官、女巫。①

可知在西汉王朝建立之初确定神权秩序时,"女巫"曾经作为正式神职人员服务于都城长安的皇家神祠。

《三辅黄图》卷五《台榭》引《汉武故事》:"武帝时祭泰乙,上通天台,舞八岁童女三百人,祠祀招仙人。"②甘泉宫通天台在举行"祠祀"典礼时使用"八岁童女三百人",令"舞"以"招仙人",也可以说明"女巫"在当时宫廷神祠制度中的重要作用。

汉代"巫蛊"之案往往首发于后宫。汉武帝时代著名的"巫蛊之祸"的最初发生,以卫皇后之女"诸邑公主、阳石公主皆坐巫蛊死"③为标志。据《汉书》卷六六《车千秋传》,汉武帝回顾"巫蛊之祸"的历史时,谈到"巫蛊始发"的情形,又曾经说道:"昔者,江充先治甘泉宫人,转至未央椒房。"④可见宫中行"巫蛊"者多为女子。《汉书》卷五九《张汤传》写道:

> 治陈皇后巫蛊狱,深竟党与,上以为能,迁太中大夫。⑤

被判定为陈皇后行"巫蛊"之"党与"的,正是活动于宫中的女巫。《汉书》卷九七上《外戚传上·孝武陈皇后》:

> 闻卫子夫得幸,几死者数焉。上愈怒。后又挟妇人媚道,颇觉。元光五年,上遂穷治之,女子楚服等坐为皇后巫蛊祠祭祝诅,大逆无道,相连及诛者三百余人。楚服枭首于市。使有司赐皇后策曰:"皇后失序,惑于巫祝,不可以承天命。

---

① 〔汉〕司马迁:《史记》,中华书局1982年版,第1378页。
② 何清谷校注:《三辅黄图校注》,三秦出版社1995年版,第272页。
③ 《汉书》卷六《武帝纪》,第208页。
④ 《汉书》,第2885页。
⑤ 《汉书》,第2638页。

其上玺绶,罢退居长门宫。"①

"女子楚服等"的身份,应当就是女巫。从"陈皇后巫蛊狱""相连及诛者三百余人"可以知道,以楚服为首的女巫集团,曾经有相当广泛的巫术活动。据说司马相如为作《长门赋》,其中细致描写了陈皇后孤居冷宫,寂寞无聊的情状:"日黄昏而望绝兮,怅独托于空堂。悬明月以自照兮,徂清夜于洞房。援雅琴以变调兮,奏愁思之不可长。""左右悲而垂泪兮,涕流离而从横。舒息悒而增欷兮,踪履起而彷徨。揄长袂以自翳兮,数昔日之愆殃。"这里所谓"昔日之愆殃",当包括用女巫行"巫蛊"事。《长门赋》又有"心凭噫而不舒兮,邪气壮而攻中"②的文句,也指出了"惑于巫祝"的心理背景。

在因"巫蛊"引发的历史悲剧中,被察验行"巫蛊"事者,又多有接近宫廷生活的贵族女子。如《史记》卷一一一《卫将军骠骑列传》:"将军公孙敖,……坐妻为巫蛊,族。"③《汉书》卷五五《公孙敖传》也写道,公孙敖"凡四为将军","坐妻为巫蛊,族"。④又如《汉书》卷九四上《匈奴传上》:"贰师妻子坐巫蛊收"等,都反映贵族女子卷入"巫蛊"案的情形。⑤其所以致罪,当是在一定程度上扮演了"巫"的角色。

除了涉及最高权力斗争的"巫蛊"大案席卷京师政治中枢之外,我们还可以看到其他企图借助"巫"的活动影响高层政治生活方向的史例。《汉书》卷六三《武五子传·广陵厉王刘胥》记述了刘胥利用女巫以宫廷巫术谋求帝位的事:

> 始,昭帝时,胥见上年少无子,有觊欲心。而楚地巫鬼,

---

① 《汉书》,第 3948—3949 页。
② 费振刚、胡双宝、宗明华辑校:《全汉赋》,北京大学出版社 1993 年版,第 100 页。
③ 《史记》,第 2943 页。
④ 《汉书》,第 2491 页。
⑤ 《汉书》,第 3779 页。

> 胥迎女巫李女须，使下神祝诅。女须泣曰："孝武帝下我。"左右皆（服）〔伏〕。言"吾必令胥为天子。"胥多赐女须钱，使祷巫山。会昭帝崩，胥曰："女须良巫也！"杀牛塞祷。及昌邑王征，复使巫祝诅之。后王废，胥寖信女须等，数赐予钱物。宣帝即位，胥曰："太子孙何以反得立？"复令女须祝诅如前。……胥又闻汉立太子，谓姬南等曰："我终不得立矣。"乃止不诅。①

后来因刘胥子犯罪，广陵相胜之奏夺刘胥射陂草田以赋贫民②，得到汉宣帝批准。刘胥心怀不满，"复使巫祝诅如前。"然而事情终于暴露：

> 居数月，祝诅事发觉，有司按验，胥惶恐，药杀巫及宫人二十余人以绝口。③

女巫先被利用，后遭杀害。所谓"胥寖信女须等"，说明刘胥所利用的女巫并不止女须一人。

类似的史例，又有《汉书》卷八〇《宣元六王传·东平思王刘宇》："哀帝被疾，多所恶，事下有司，逮王、后谒下狱验治，言使巫傅恭、婢合欢等祠祭诅祝上，为（刘）云求为天子。"④《汉书》卷九七下《外戚传下·孝元冯昭仪》还记载，中郎谒者张由诬言中山太后祝诅汉哀帝及太后傅昭仪，于是导致大狱。此案因"巫刘吾服祝诅"，终于以"祝诅谋反，大逆"罪名定案。⑤"巫"活动于宫廷，前者又有与"婢"合作的情节，因而极可能是女性。《后汉书》卷四二《光

---

① 《汉书》，第 2760—2761 页。
② "相胜之奏夺王射陂草田以赋贫民"事，《汉书人名索引》系于"暴胜之"条下，恐不确。陈家麟、王仁康编：《汉书人名索引》，中华书局 1990 年版，第 303 页。事在宣帝时，据《汉书》卷六《武帝纪》，暴胜之汉武帝征和二年（前 91）秋七月自杀。第 209 页。广陵相胜之当是另一人，其姓氏未可考。
③ 《汉书》，第 2762 页。
④ 《汉书》，第 3325 页。
⑤ 《汉书》，第 4006 页。

武十王列传·广陵思王刘荆》:"(刘荆)使巫祭祀祝诅,有司举奏,请诛之,荆自杀。"①《论衡·恢国》关于此事,说"广陵王荆迷于 㛸巫"②。"㛸",从字面看,当是女性。所谓"㛸巫",很可能也是女巫。

"巫"的行为以其他形式表现出浓重政治色彩的史例,又如《后汉书》卷一一《刘盆子传》中所谓"(樊崇)军中常有齐巫鼓舞祠城阳景王,以求神助"事。范晔又写道:

> 巫狂言景王大怒,曰:"当为县官,何故为贼?"有笑巫者辄病,军中惊动。时方望弟阳怨更始杀其兄,乃逆说(樊)崇等曰:"更始荒乱,政令不行,故使将军得至于此。今将军拥百万之众,西向帝城,而无称号,名为群贼,不可以久。不如立宗室,挟义诛伐。以此号令,谁敢不服?"崇等以为然,而巫言益甚。前及郑,乃相与议曰:"今迫近长安,而鬼神如此,当求刘氏共尊立之。"六月,遂立盆子为帝,自号建世元年。③

樊崇军中巫的活动,终于使刘盆子取得了皇帝的称号。巫所谓"当为县官,何故为贼",所体现的政治意识的清醒是令人惊异的。"巫言"与方望弟阳等主张的一致,亦不排除暗中政治合谋的可能。这里的"巫"虽然活跃于农民军中,以军营为表演舞台,但是以"鬼神"之意干预高层政治生活的行为,仍然继承着宫廷巫职的传统。

前引《后汉书》卷四二《光武十王列传·广陵思王刘荆》说,刘荆因"使巫祭祀祝诅",事发畏罪自杀。据《三国志》卷四八《吴书·孙亮传》,"(孙)亮宫人告亮使巫祷祠,有恶言"④,于是黜

---

① 〔南朝宋〕范晔:《后汉书》,中华书局1965年版,第1448页。
② 黄晖:《论衡校释》(附刘盼遂集解),中华书局1990年版,第833页。
③ 李贤注:"'县官',谓天子也。"《后汉书》,第479—480页。
④ 〔晋〕陈寿撰,〔南朝宋〕裴松之注:《三国志》,中华书局1982年版,第1158页。

为侯，自杀。这种活动于宫廷中的巫，很可能是女巫。

后宫行"巫蛊"的史例，据《后汉书》卷一〇上《皇后纪上·和帝阴皇后》又有汉和帝阴皇后"与（邓）朱共挟巫蛊道"，"祠祭祝诅"事。邓朱是阴皇后外祖母，可以"出入宫掖"①，其身份应至少是兼行女巫之事的"精爽不二，齐肃聪明者"②。两汉宫廷中，似乎长期笼罩着巫风的阴影。如《后汉书》卷一〇上《皇后纪上·明德马皇后》所谓"不信巫祝"，"数敕绝祷祀"者③，可能是绝少的特例。

《汉书》卷九七下《外戚传下》说，"夫女宠之兴，繇至微而体至尊，穷富贵而不以功，此固道家所畏，祸福之宗也"④。后宫重"巫"，或出于女子对命运"祸福"无常的担忧，然而所谓"骄专""强忌"⑤的心性，也是重要的精神因素。

二、女巫与祓禊礼俗

民间社会，其实是女巫活动的最广大的舞台。

《史记》卷一二六《滑稽列传》褚少孙补述，说到著名的西门豹治邺的故事：

> 魏文侯时，西门豹为邺令。豹往到邺，会长老，问之民所疾苦。长老曰："苦为河伯娶妇，以故贫。"豹问其故，对曰："邺三老、廷掾常岁赋敛百姓，收取其钱得数百万，用其二三十万为河伯娶妇，与祝巫共分其余钱持归。当其时，巫行视小家女好者，云是当为河伯妇，即娉取。洗沐之，为治新缯绮縠衣，闲居斋戒；为治斋宫河上，张缇绛帷，女居其中。为具牛酒饭食，十余日。共粉饰之，

---

① 《后汉书》，第417页。
② 《汉书》卷二五上《郊祀志上》，第1189页。
③ 《后汉书》，第414页。
④ 《汉书》，第4011页。
⑤ 《后汉书》卷一〇下《皇后纪下·顺烈梁皇后》，第439页；《后汉书》卷一〇下《皇后纪下·灵思何皇后》，第449页。

如嫁女床席，令女居其上，浮之河中。始浮，行数十里乃没。其人家有好女者，恐大巫祝为河伯取之，以故多持女远逃亡。以故城中益空无人，又困贫，所从来久远矣。民人俗语曰'即不为河伯娶妇，水来漂没，溺其人民'云。"西门豹曰："至为河伯娶妇时，愿三老、巫祝、父老送女河上，幸来告语之，吾亦往送女。"皆曰："诺。"

至其时，西门豹往会之河上。三老、官属、豪长者、里父老皆会，以人民往观之者三二千人。其巫，老女子也，已年七十。从弟子女十人所，皆衣缯单衣，立大巫后。西门豹曰："呼河伯妇来，视其好丑。"即将女出帷中，来至前。豹视之，顾谓三老、巫祝、父老曰："是女子不好，烦大巫妪为入报河伯，得更求好女，后日送之。"即使吏卒共抱大巫妪投之河中。有顷，曰："巫妪何久也？弟子趣之！"复以弟子一人投河中。有顷，曰："弟子何久也？复使一人趣之！"复投一弟子河中。凡投三弟子。西门豹曰："巫妪弟子是女子也，不能白事，烦三老为入白之。"复投三老河中。西门豹簪笔磬折，向河立待良久。长老、吏傍观者皆惊恐。西门豹顾曰："巫妪、三老不来还，奈之何？"欲复使廷掾与豪长者一人入趣之。皆叩头，叩头且破，额血流地，色如死灰。西门豹曰："诺，且留待之须臾。"须臾，豹曰："廷掾起矣。状河伯留客之久，若皆罢去归矣。"邺吏民大惊恐，从是以后，不敢复言为河伯娶妇。①

"其巫，老女子也，已年七十。从弟子女十人所，皆衣缯单衣，立大巫后"，实际上形成了规模可观的一个女巫组合。这种所谓"巫妪弟子是女子也"，在发生这一故事的战国时期和流传这一故事的西汉时期，可能是并不鲜见的情形。

---

① 《史记》，第 3211—3212 页。

女巫主持的"三老、官属、豪长者、里父老皆会,以人民往观之者三二千人"的原始宗教仪式举行于"河上",除了借"河伯"以张其威势而外,还有透露出某种文化传统的线索可以追寻。

《风俗通义·祀典》说,"谨按《周礼》:'男巫掌望祀望衍,旁招以茅;女巫掌岁时,以祓除衅浴。'禊者,洁也。春者,蠢也,蠢蠢摇动也。《尚书》:'以殷仲春,厥民析。'言人解析也。疗生疾之时,故于水上衅洁之也。巳者,祉也,邪疾已去,祈介祉也"①。

《续汉书·礼仪志上》:"(三月)上巳,官民皆洁于东流水上,曰洗濯祓除去宿垢疢为大洁。洁者,言阳气布畅,万物讫出,始洁之矣。"南朝梁人刘昭注补则有较丰富的内容:

《风俗通》曰:"《周礼》:'女巫掌岁时以祓除疾病。'②禊者,洁也。春者,蠢也,蠢〔蠢〕摇动也。《尚书》:'以殷仲春,厥民析。'言人解析也。"蔡邕曰:"《论语》:'莫春者,春服既成,冠者五六人,童子六七人,浴乎沂,风乎舞雩,咏而归。'自上及下,古有此礼。今三月上巳,祓禊于水滨,盖出于此。"杜笃《祓禊赋》曰:"巫咸之徒,秉火祈福。"即巫祝也。一说云,后汉有郭虞者,三月上巳产二女,二日中并不育,俗以为大忌,至此月日讳止家,皆于东流水上为祈禳自挈濯,谓之"禊祠"。引流行觞,遂成曲水。《韩诗》曰:"郑国之俗,三月上巳,之溱、洧两水之上,招魂续魄,秉兰草,祓除不祥。"《汉书》"八月祓灞水",亦斯义也。后之良史,亦据为证。

刘昭接着又分析说:

---

① 〔汉〕应劭撰,王利器校注:《风俗通义校注》,中华书局1981年版,第382页。

② 《文选》卷四六颜延年《三月三日曲水诗序》李善注、《艺文类聚》卷四、《初学记》卷四、《太平御览》卷三〇"衅浴"均作"疾病"。

> 郭虞之说，良为虚诞。假有庶民旬月间夭其二女，何足惊彼风俗，称为世忌乎？杜笃乃称"王、侯、公主暨于富商，用事伊、雒，帷幔玄黄"。本传大将军梁商，亦歌泣于雒禊也。自魏不复用三日水宴者焉。①

今案《汉书》无"八月祓灞水"文字②。"祓灞水"事，见于《汉书》卷九八《元后传》："（王莽）令太后四时车驾巡狩四郊"，"春幸茧馆，率皇后列侯夫人桑，遵霸水而祓除。"颜师古注："遵，循也。谓缘水边。"③

所谓"祓灞水"事，《史记》中可见两例：

《史记》卷九《吕太后本纪》：

> 三月中，吕后祓，还过轵道，见物如苍犬，据高后掖，忽弗复见。卜之，云赵王如意为祟。高后遂病掖伤。④

"祓，还过轵道"，"祓"的地点应当在灞水。《汉书》卷二七中之上《五行志中之上》正写作"高后八年三月，祓霸上，还过轵道"。颜师古注："'祓'者，除恶之祭也。"祓禊之后有"赵王如意为祟"，应是吕后本人的幻觉。由此我们也可以推测她"祓霸上"时所要祓除的主要对象，可能包括她以往杀害的冤死者的鬼魂。而《史记》卷九《吕太后本纪》说，吕后召赵王如意，"孝惠帝慈仁，知太后怒，自迎赵王霸上"。"霸上"，又正是刘如意短暂生涯中的关键一站。

又如《史记》卷四九《外戚世家》：

> 武帝初即位，数岁无子。平阳主求诸良家子女十数人，饰置家。武帝祓霸上还，因过平阳主。主见所侍美人，上弗说。既饮，讴者进，上望见，独说卫子夫。

---

① 〔晋〕司马彪：《续汉书·礼仪志》，中华书局1965年版，第3110页。

② 刘昭引述，可能据《汉书》卷二七中之上《五行志中之上》"高后八年三月，祓霸上"，脱写"年三"二字。

③ 《汉书》，第4030页。

④ 《史记》，第405页。

裴骃《集解》引徐广曰："三月上巳，临水祓除谓之'禊'。《吕后本纪》亦云'三月祓还过轵道'。"司马贞《索隐》："谓祓禊之，游水自洁，故曰'祓除'。"①

《史记》卷二八《封禅书》："夏四月，文帝亲拜霸渭之会，以郊见渭阳五帝。五帝庙南临渭，北穿蒲池沟水。"②所谓"霸渭之会"在渭南，而"渭阳五帝庙"在渭北，张守节《正义》更提出"蒲池"可能是"兰池"之误的怀疑③，秦兰池宫遗址在陕西咸阳秦咸阳宫遗址以东的柏家嘴、杨家湾一带，汉兰池宫遗址则据说在秦兰池宫遗址东南④，都临近泾渭之交。于是，汉文帝这次郊拜行为的地点处于"霸渭之会"，同时又可以北望临近"泾渭之会"的"渭阳五帝庙"。

就在距兰池宫不远，同样临近泾水的望夷宫，秦二世死于赵高发动的军事政变之前，曾经有准备"祠泾"的计划。《史记》卷六《秦始皇本纪》说：

　　二世梦白虎啮其左骖马，杀之，心不乐，怪问占梦。卜曰：
"泾水为祟。"二世乃斋于望夷宫，欲祠泾，沈四白马。⑤
由此我们可以看到在秦汉人神秘主义观念中水神崇拜的深刻影响。⑥秦穆公更名"兹水"为"霸水"，"以章霸功，视子孙"⑦，或许也有同样的意识在起作用。"霸陵"县名，王莽更名"水章"，也使人

---

① 《史记》，第 1978 页。
② 《史记》，第 1382 页。
③ 张守节《正义》："颜师古云：'蒲池，为池而种蒲也。蒲字或作满，言其水满。'恐颜说非。按：《括地志》云：'渭北咸阳县有兰池，始皇逢盗兰池者也。'言穿沟引渭水入兰池也。疑'兰'字误作'蒲'，重更错失。"
④ 参看徐卫民、呼林贵编著：《秦建筑文化》，陕西人民教育出版社 1994 年版，第 65—66 页。
⑤ 《史记》，第 273—274 页。
⑥ 王子今：《秦二世直道行迹与望夷宫"祠泾"故事》，载《史学集刊》2018 年第 1 期。
⑦ 《汉书》卷二八上《地理志上》："霸水亦出蓝田谷，北入渭。古曰'兹水'，秦穆公更名以章霸功，视子孙。"第 1544 页。

联想到秦穆公故事。

所谓"杜笃乃称'王侯公主,暨于富商,用事伊雒,帷幔玄黄'",见于《艺文类聚》卷四引杜笃《祓禊赋》:"王侯公主,暨乎富商,用事伊雒,帷幔玄黄。于是旨酒嘉肴,方丈盈前,浮枣绛水,酹酒醴川。若乃窈窕淑女,美媵艳姝,戴翡翠,珥明珠,曳离褂,立水涯,微风掩壒,纤縠低徊,兰苏盼蠁,感动情魂。"①

所谓"本传大将军梁商,亦歌泣于雒禊也",事见《后汉书》卷六一《周举传》:"六年三月上巳日,(梁)商大会宾客,宴于洛水","酣饮极欢,及酒阑倡罢,继以《薤露》之歌,坐中闻者,皆为掩涕"。②

《后汉书》卷七四上《袁绍传》记载:"三月上巳,大会宾徒于薄落津。"李贤注:"《历法》:'三月建辰,巳卯退除,可以祓除灾也。'"③《三国志》卷六《魏书·袁绍传》裴松之注引《英雄记》记述此事,写作:"(袁)绍既破(公孙)瓒,引军南到薄落津,方与宾客诸将共会。"④可见,按照当时礼俗,三月上巳,已经成为集会的既定时间,而集会的既定地点,应当在水滨。

《文选》卷四六颜延年《三月三日曲水诗序》李善注引述了《续齐谐记》中记载的关于"三月曲水"意义的讨论:

> 晋武帝问尚书挚虞曰:"三月曲水,其义何?"答曰:"汉章帝时,平原徐肇以三月初生三女,至三日而俱亡,一村以为怪,乃招携至水滨盥洗,遂因水以泛觞。'曲水'之义起于此。"帝曰:"若所谈非好事。"尚书郎束皙曰:"仲

---

① 〔唐〕欧阳询撰,汪绍楹校:《艺文类聚》,上海古籍出版社 1965 年版,第 69 页。
② 《后汉书》卷六一《周举传》又写道,"太仆张种时亦在焉,会还,以事告(周)举。举叹曰:'此所谓哀乐失时,非其所也。殃将及乎!'(梁)商至秋果薨"。第 2028 页。
③ 《后汉书》,第 2382—2383 页。
④ 《三国志》,第 194 页。

治小生，不足以知。臣请说其始。昔周公成洛邑，因流水以泛酒。故逸《诗》曰：'羽觞随流波。'又秦昭王三日置酒河曲，见有金人出，奉水心剑，曰：'令君制有西夏。'乃因其处，立为曲水。二汉相沿，皆为盛集。"帝曰："善。"赐金五十金。左迁仲治为阳城令。①

事又见《晋书》卷五一《束皙传》，文句略有不同②。挚虞所谓生三女夭亡"乃招携至水滨盥洗"的传说，透露了女子与这一古俗的神秘关系，可能更接近古义。从晋武帝所谓"若所谈非好事"，似乎可以体味到因为对这一仪礼原始意义的遗忘，以致其气氛发生了先冷肃而后欢娱的演变。

对于这一礼俗的意义，《南齐书》卷九《礼志上》又引录了另外一种说法："史臣曰：案'禊'与'曲水'，其义参差。""一说，三月三日，清明之节，将修事于水侧，祷祀以祈丰年。"③或以为可以说明"这一礼仪与农耕礼仪有关系"④，这样的说法是有一定道理的。

这种风习的由来，按照《宋书》卷一五《礼志二》中提出的观点，应当从更古远的时代寻求。"此则其来甚久，非起郭虞之遗风、今世

---

① 颜延年：《三月三日曲水诗序》，见〔梁〕萧统编，〔唐〕李善注：《文选》，中华书局1977年版，第645页。

② 《晋书》卷五一《束皙传》："武帝尝问挚虞三日曲水之义，虞对曰：'汉章帝时，平原徐肇以三月初生三女，至三日俱亡，村人以为怪，乃招携之水滨洗祓，遂因水以泛觞。其义起此。'帝曰：'必如所谈，便非好事。'皙进曰：'虞小生，不足以知，臣请言之。昔周公成洛邑，因流水以泛酒。故逸诗云：羽觞随波。又秦昭王以三日置酒河曲，见金人奉水心之剑，曰：令君制有西夏。乃霸诸侯，因此立为曲水。二汉相缘，皆为盛集。'帝大悦，赐皙金五十斤。"第1433页。

③ 〔南朝梁〕萧子显：《南齐书》，中华书局1972年版，第149页。

④ ［日］小南一郎著，孙昌武译：《中国的神话传说与古小说》，中华书局1993年版，第276页。

之度水也。《月令》：暮春，天子始乘舟。① 蔡邕《章句》曰：'阳气和暖，鲔鱼时至，将取以荐寝庙，故因是乘舟禊于名川也。《论语》：莫春，浴乎沂。② 自上及下，古有此礼。今三月上巳，祓于水滨，盖出此也。'邕之言然。张衡《南都赋》'祓于南滨'又是也。" ③

《宋书》卷一五《礼志二》又说，除了春祓外，还有秋祓的情形，"或用秋。《汉书》：八月祓于霸上。刘桢《鲁都赋》：'素秋二七，天汉指隅，人胥祓除，国子水嬉。'又是用七月十四日也"④。引文称出自《汉书》不确。《鲁都赋》"国子水嬉"，《艺文类聚》卷六一引作"国于水游"。⑤ 关于"素秋""祓除"的礼俗，其形式和意义还可以探讨。然而"水嬉""水游"的说法，说明也是在水滨进行的。

《晋书》卷五一《束皙传》说："秦昭王以三日置酒河曲，见金人奉水心之剑，曰：'令君制有西夏。'乃霸诸侯。"则使人很自然地推想可能与《汉书》卷二八上《地理志上》所谓"霸水……古曰'兹水'，秦穆公更名以章霸功，视子孙"⑥ 有某种关系。但是，秦昭王为什么要"以三日置酒河曲"呢？究竟是秦昭王先得霸业之征，而后民俗"相沿，皆为盛集"，还是恰恰相反，是先盛行这一礼俗，后有秦王得金人之剑呢？对于所谓"昔周公成洛邑，因流水以泛酒"，也可以提出同样的疑问。

所谓"后汉有郭虞者，三月上巳产二女，二日中并不育，俗以

---

① 《礼记·月令》："季春之月，……命舟牧覆舟，五覆五反，乃告'舟备具'于天子焉。天子始乘舟，荐鲔于寝庙，乃为麦祈实。"孙希旦撰，沈啸寰、王星贤点校：《礼记集解》，中华书局1989年版，第430—431页。

② 《论语·先进》："莫春者，春服既成，冠者五六人，童子六七人，浴乎沂，风乎舞雩，咏而归。"杨树达：《论语疏证》，上海古籍出版社1986年版，第272页。

③ 〔南朝梁〕沈约：《宋书》，中华书局1974年版，第386页。

④ 《宋书》，第386页。

⑤ 《艺文类聚》，第1104页。

⑥ 《汉书》，第1544页。

为大忌"以及所谓"汉章帝时,平原徐肇以三月初生三女,至三日而俱亡,一村以为怪",两说事主姓名有异,前者二女二日不育,后者三女三日俱亡,其说不同,所本当出于一。①女婴夭折,"皆于东流水上为祈禳自挈濯","招携至水滨盥洗","招携之水滨洗袚",暗示女巫与河水的神秘关系似乎有相当古远的文化渊源。刘昭所谓"郭虞之说,良为虚诞。假有庶民旬月间夭其二女,何足惊彼风俗,称为世忌乎"?以及《宋书》卷一五《礼志二》所谓"此则其来甚久,非起郭虞之遗风",似乎都有试探其古源的思索,然而都未能重视女子与这一礼俗的关系。

其实,特别值得我们注意的,是女性的活跃,长期以来一直是"三月曲水"场面最明艳的景致。

前引《艺文类聚》卷四引汉杜笃《袚禊赋》所谓"窈窕淑女,美媵艳姝,戴翡翠,珥明珠,曳离褵,立水涯,微风掩壒,纤縠低徊,兰苏盻蠻,感动情魂"②,又《文选》卷四张衡《南都赋》言"暮春之禊,元巳之辰"情形所谓"微眺流睇,蛾眉连卷","修袖缭绕而满庭,罗袜蹑蹀而容与",③《艺文类聚》卷四引晋成公绥《洛禊赋》所谓"妖童媛女,嬉游河曲,或振纤手,或濯素足"④,晋夏侯湛《禊赋》所谓"服焕罗縠,翠翳连盖,荣香丸于素襟,结九龄乎时外"⑤等,可能并不宜仅仅理解为士人某种浪漫意趣的反映,而体现了早期的"三月曲水",似乎曾经是女子主演的舞台,后来又几乎成为妇女的节日。美艳香媛云集河滨,是不是如同"浮枣绛水,酹酒醴川"一样,从某

---

① 《宋书》卷一五《礼志二》说法又略有不同:"旧说后汉有郭虞者,有三女。以三月上辰产二女,上巳产一女。二日之中,而三女并亡。俗以为大忌。至此月此日,不敢止家,皆于东流水上为祈禳,自洁濯,谓之'禊祠',分流行觞,遂成曲水。"第385—386页。

② 《艺文类聚》,第69页。
③ 《文选》,第71—72页。
④ 《艺文类聚》,第69页。
⑤ 《艺文类聚》,第70页。

种角度说,有取悦于河神的含义呢?是不是还可以进一步理解为早期女巫祠祭形式的一种微茫的印象呢?

应当注意到,所谓"祓禊""祈禳"以及所谓"招魂续魂,秉兰草,祓除不祥"等,正是"女巫"的职任,如《周礼·春官宗伯·女巫》所谓"女巫掌岁时祓除衅浴"①。

三、女巫求雨表演

女巫的社会文化职能,在战国秦汉文献中已经多见记载。如《周礼·春官宗伯·叙官》:

> 司巫中士二人,府一人,史一人,胥一人,徒十人。
> 男巫无数,女巫无数,其师,中士四人,府二人,史四人,
> 胥四人,徒四十人。

"司巫",郑玄注:"司巫,巫官之长。""男巫""女巫"句下,郑玄注:"巫能制神之处位次主者。"②

《周礼·春官宗伯·司巫》写道:"司巫掌群巫之政令。若国大旱,则帅巫而舞雩。国有大灾,则帅巫而造巫恒。"③在祭祀仪礼中也有重要责任。《周礼·春官宗伯·男巫》:"男巫掌望祀,望衍,授号,旁招以茅。冬堂赠,无方无算。春招弭,以除疾病。王吊,则与祝前。"④据《周礼·春官宗伯·女巫》,除了"掌岁时祓除衅浴"之外,天旱时,女巫又有求雨的职责:

> 女巫掌岁时祓除衅浴,旱暵则舞雩。若王后吊,则与祝前。凡邦之大灾,歌哭而请。

可知司巫"若国有大旱,则帅巫而舞雩",所"帅"者女巫。女巫以"歌""舞"形式行巫术,颇为引人注目。关于女巫"舞雩",郑玄

---

① 《周礼正义》,第 2075 页。
② 《周礼正义》,第 1286 页。
③ 《周礼正义》,第 2022—2066 页。
④ 《周礼正义》,第 2072—2075 页。

有如下注语：

> 使女巫舞，旱祭崇阴也。郑司农云："求雨以女巫，故《檀弓》曰：'岁旱，缪公召县子而问焉，曰：吾欲暴巫而奚若？曰：天则不雨，而望之愚妇人无乃已疏乎？'"①

《礼记·檀弓下》："岁旱，穆公召县子而问然，曰：'天久不雨，吾欲暴尪而奚若？'曰：'天则不雨，而暴人之疾子，虐，毋乃不可与！''然则吾欲暴巫而奚若？'曰：'天则不雨，而望之愚妇人，于以求之，毋乃已疏乎？'"孙希旦《礼记集解》："郑氏曰：已犹甚也。巫主接神，亦觊天哀而雨之。《春秋传》说巫曰：'在女曰巫，在男曰觋。'《周礼·女巫》：'旱暵则舞雩。'孔氏曰：天道远，人道近。天则不雨，而望于愚鄙之妇人，欲暴之以求雨，甚疏远于道理矣。按《楚语》'民之精爽不携贰者'，始得为巫，而云'愚妇人'者，据末世之巫，非复是精爽不携贰者也。"②

穆公所谓"巫"，县子所谓"愚妇人"，曾经在"岁旱"时被考虑"暴"之以求语，可见"求雨以女巫"，确实曾经作为民间相当普及的礼仪施行。

《左传·僖公二十一年》："夏，大旱。公欲焚巫、尪。"杜预《集解》："巫尪，女巫也，主祈祷请雨者。"③也是女巫在大旱时应当承当献身求雨这一神职责任的证明。

以农业为主体经济形式的民族不能不重视天时对于耕作收成的决定性作用。女巫在诸如求雨等农耕巫术中进行的形式特殊的表演，反映了她们在当时社会生活中的宗教文化地位。

董仲舒精于《春秋》之学，并应用于灾异的解说和推验，司马迁在《史记》卷一二一《儒林列传》写道：

---

① 《周礼正义》，第2075—2077页。
② 《礼记集解》，第307页。
③ 杨伯峻编著：《春秋左传注》，中华书局2016年版，第426页。

> 今上即位，为江都相。以《春秋》灾异之变推阴阳所以错行，故求雨闭诸阳，纵诸阴，其止雨反是。行之一国，未尝不得所欲。①

《春秋繁露·求雨》说：

> 春旱求雨。令县邑以水日祷社稷山川，家人祀户。无伐名木，无斩山林。暴巫，聚尪。……择巫之洁清辩利者以为祝。……
>
> 季夏祷山陵以助之。令县邑十日壹徙市，于邑南门之外。五日禁男子无得行入市。……聚巫市傍，为之结盖。……
>
> 秋暴巫尪至九日，无举火事。……
>
> 四时皆以庚子之日，令吏民夫妇皆偶处。凡求雨之大体，丈夫欲藏匿，女子欲和而乐。②

所谓"求雨闭诸阳，纵诸阴"，其典型形式是"暴巫"，或写作"曝巫"③。其形式，很可能与高山族"女巫登上公廨屋顶，向公众全裸，向神显示裸体"④的形式相近。其最极端的做法则可能是《左传·僖公二十一年》所谓"焚巫尪"。《艺文类聚》卷一〇〇"旱"条引《神农求雨书》也说："……开北门，取人骨埋之，如此不雨，命巫祝而曝之，曝之不雨，神山积薪，击鼓而焚之。"⑤

《艺文类聚》卷一〇〇"祈雨"条引董仲舒曰："广陵女子诸巫，毋小大，皆相聚其郭门外，为小坛，以脯酒祭，便移市。市使门者无内丈夫，丈夫无得相从饮食。又令吏各往视其夫，皆言到即赴，雨澍

---

① 《史记》，第3127—3128页。

② 〔清〕苏舆撰，钟哲点校：《春秋繁露义证》，中华书局1992年版，第426—437页。

③ 《艺文类聚》卷一〇〇"祈雨"条引董仲舒曰："春旱求雨，令县邑以水日祷社，今民祷社，家人祠户，无斩山林，曝巫聚尪。"《艺文类聚》，第1726页。

④ 田富达、陈国强：《高山族民俗》，民族出版社1995年版，第281页。

⑤ 《艺文类聚》，第1723页。

而已。"又曰："遣妻视夫,赐巫一月租,使巫求雨。复使巫相推择洁净易教者祭。跪祝曰:'天生五谷以养人,今五谷病旱,恐不成,敬进清酒甘羞,再拜请雨。'"① 更为具体地说明了女巫求雨的情形。

求雨时"禁男子无得行入市","市使门者无内丈夫","丈夫欲藏匿,女子欲和而乐",实行了男女的隔离。这一"禁男子""无内丈夫""丈夫欲藏匿"的情形,因抬高"女子"而贬斥"男子""丈夫",而有发人深思的意义。

四、女巫兵祷史事

《史记》关于"丁夫人"以方祠诅匈奴、大宛的记述,或许也可以作为说明当时女巫另一种作用的史例。

《史记》卷二八《封禅书》和《史记》卷一二《孝武本纪》都有这样的记载:"太初元年,是岁,西伐大宛。蝗大起。丁夫人、洛阳虞初等以方祠诅匈奴、大宛焉。"② 又《汉书》卷二五下《郊祀志下》,也沿承《史记》的记载。③ 也就是说,有称"丁夫人"者,在太初元年(前104)西汉王朝征伐大宛的战争中,以随军方士的身份,用方术诅咒匈奴和大宛的军队。

关于"丁夫人"的身份,裴骃《集解》引韦昭的说法:"丁,姓;夫人,名也。"颜师古则引述应劭的解释说:丁夫人,其先人名叫丁复,本来是越人,被封为阳都侯。"夫人"是他的后代,以诅军为功。周寿昌《汉书注校补》卷一八又说,这与战国时期著名的"善为匕首者"徐夫人同样,也是"男而女名也"。张孟伦《汉魏人名考》一书,于是举为"男子女名"的一例④。不过,所谓"徐夫人"事,见于《史记》卷八六《刺

---

① 《艺文类聚》,第1726页。
② 《史记》,第1402、483页。
③ 颜师古注:"应劭曰:'丁夫人,其先丁复,本越人,封阳都侯。夫人其后,以诅军为功。'"《汉书》,第1246页。
④ 张孟伦:《汉魏人名考》,兰州大学出版社1988年版,第73—74页。

客列传》:"于是太子豫求天下之利匕首,得赵人徐夫人匕首,取之百金,使工以药淬之,以试人,血濡缕,人无不立死者。乃装为遣荆卿。"所谓"徐夫人",司马贞《索隐》:"徐,姓;夫人,名。谓男子也。"①然而泷川资言《史记会注考证》引中井积德之说则提出异议:

> 徐夫人非女子未可知也。且其命匕首,非必工名。或所贮之人名盛,则亦以命焉。②

这样的分析,是有一定道理的。而且,汉代"夫人"称谓已经明确是指女性。"范夫人城"的史事也可以作为证明。③现在看来,关于"丁夫人"的性别,仍然只可以存疑。如果"丁夫人"与"范夫人"同样是女性,当然可以作为女巫服务于战争的史例。

女巫兵祷事,又见于《后汉书》卷一一《刘盆子传》:

> (樊崇)军中常有齐巫鼓舞祠城阳景王,以求福助。

李贤注解释说:"以其定诸吕,安社稷,故郡国多为立祠焉。盆子承其后,故军中祠之。"④

《太平御览》卷七三五引《幽明录》说:董卓信巫,军中常有巫。⑤

---

① 《史记》,第2533页。
② [日]泷川资言:《史记会注考证》,上海古籍出版社2015年版,第3295页。
③ 《汉书》卷九四上《匈奴传上》记载,汉军击败匈奴,"乘胜追北,至范夫人城"。颜师古注引应劭曰:"本汉将筑此城。将亡,其妻率余众完保之,因以为名也。"张晏曰:"范氏能胡诅者。"第3779—3780页。王先谦《汉书补注》引述沈钦韩的说法,认为"范夫人城在喀尔喀界内"。王先谦:《汉书补注》,中华书局据清光绪二十六年虚受堂刊本1983年影印版,第1576页。而据历史地理学者考证,其地在今蒙古国南戈壁省古尔班赛汗山西部哈尔戛音达坂北。史为乐主编:《中国历史地名大辞典》,中国社会科学出版社2005年版,第1477页。
④ 《后汉书》,第479—480页。
⑤ 董卓军中巫往往"祷求福利",又曾经预言吕布之祸:"从卓求布,仓卒无布,有手巾,言曰:'可用耳。'取便书巾上,如作两口,一口大,一口小,相累以举,谓卓曰:'慎此也!'卓后为吕布所杀,后人则知况吕布也。"〔宋〕李昉等:《太平御览》,中华书局1960年版,第3258页。

又如《三国志》卷六《魏书·董卓传》裴松之注引《献帝起居注》记载董卓主要将领李傕事迹：

> （李）傕性喜鬼怪左道之术，常有道人及女巫歌讴击鼓下神，祠祭六丁，符劾厌胜之具，无所不为。

后来被任为大司马，"傕自以为得鬼神之力，乃厚赐诸巫"①。

女巫服务于军队以及祷兵史例，说明了当时神秘主义文化深刻影响军事生活的情形。

五、"巫儿"与"尸女"

云梦睡虎地秦简《日书》甲种"星"题下可见女子"为巫"的文字：

> 斗，利祠及行贾、贾市，吉。取妻，妻为巫。生子，不盈三岁死。可以攻伐。　　　　　　七五正壹

《日书》乙种简一〇三内容略同，也有"取妻，妻为巫"的文字。所谓"取妻，妻为巫"，是秦时民间社会多有女巫活动的证明。又如《日书》甲种"门"题下：

> 屈门，其主昌富，女子为巫，四岁更。　　一二〇正贰

又《日书》乙种"七月"题下：

> 翼，利行。不可臧（藏）。以祠，必有火起。取妻，必弃。生子，男为见（觋），女为巫。　　　　　九四壹

又"生"题下：

> 庚寅生，女子为巫。　　　　　　　　　二四二

又"盗"题下，也可见：

> ｜甲亡，盗在西方，一宇间之，食五口，其疵其上得□□□□□其女若母为巫，其门西北出，盗三人。
> 　　　　　　　　　　　　　　　　　　　二五三②

---

① 《三国志》，第184页。
② 睡虎地秦墓竹简整理小组编：《睡虎地秦墓竹简》，文物出版社1990年版，释文第192、199、238、252、254页。

都明确说到"女子为巫"的情形。天水放马滩秦简《日书》甲种也有"女子为巫男子为祝"的内容。

长沙马王堆汉墓出土帛书《五十二病方》可见"巫妇"字样，或许也可以理解为与汉初社会女巫活动有关的文字遗存。

齐地曾经流行一种特殊的风习，据《汉书》卷二八下《地理志下》记载："始桓公兄襄公淫乱，姑姊妹不嫁，于是令国中民家长女不得嫁，名曰'巫儿'，为家主祠，嫁者不利其家，民至今以为俗。"①

齐地所见"巫儿"，应当就是女巫。有学者指出，西周晚期的"齐巫姜簋"，"作器者名'齐巫姜'是齐国以巫为职的姜姓女子"。②可见当地女子"以巫为职"久有传统。

《左传·庄公二十三年》："二十三年夏，公如齐观社，非礼也。曹刿谏曰：'不可。夫礼所以整民也，故会以训上下之则，制财用之节；朝以正班爵之义，帅长幼之序，征伐以讨其不然。诸侯有王，王有巡守，以大习之。非是，君不举矣。君举必书，书而不法，后嗣何观？'"③鲁庄公到齐国观览"社"这一民间集会庆典，受到曹刿的严厉批评。

《公羊传·庄公二十三年》："夏，公如齐观社。何以书？讥。何讥尔？诸侯越竟观社，非礼也。"何休注："'观社'者，观祭社，讳淫。"唐人徐彦疏："谓实以淫佚大恶，不可言，言因其有事于观社，故以观社讥耳。"④

《穀梁传·庄公二十三年》也写道："如齐观社。常事曰'视'，非常曰'观'。观无事之辞也。以是为尸女也。"晋范宁《集解》对

---

① 《汉书》，第1661页。
② 李零：《先秦两汉文字史料中的"巫"》（上），见李零：《中国方术续考》，东方出版社2000年版，第56页。
③ 《春秋左传注·庄公二十三年》，第245—246页。
④ 〔清〕阮元校刻：《十三经注疏》，中华书局据原世界书局缩印本1980年10月影印版，第2237页。

于"观无事之辞"有这样的说明:"言无朝会之事。"对于所谓"尸女",则解释说:"尸,主也。主为女往尔,以'观社'为辞。"①

清人袁枚《随园随笔》卷二四《诗文著述类》"尸女"条说:范宁注,语意不明,或读"女"为"汝",尤属牵强,于是联系《汉书》卷二八下《地理志下》齐地长女不嫁以为"巫儿"的习俗,分析道:"大概遇社会之日,则巫儿皆出,妖冶喧阗,故庄公往观,曹刿以为非礼。'尸女'或即'巫儿'。"②

有的学者曾经指出,民间自发的民众庆典活动,"占统治地位的母题是游戏,而其主导动机则是社交"③。有的学者分析了庆典的独特的社会化功能。"庆典的参与对象一般是该文化群落的全体成员。在庆典这一特殊的时空'场'中,原先的社会、经济、职业、地位等差异和等级暂时消失,取而代之的是肤色、民族、种族、宗教信仰的同一性,以及庆典中使用的服饰、物品以及进行的歌舞、游行、仪式、创作、狂欢、痛饮等活动的同一性。此时,阻隔人际交往的差异、等级樊篱暂时拆除,人们取下了平时一直戴着的社会角色之'面具'(意味深长的是,在一些狂欢节里,人们特意戴上面具来取代原先的角色面具)。平日已淡化或忘怀的群体认同意识得以重新唤醒,从而周期性地强化了群体的凝聚力。"据说,庆典参与者受到庆典气氛的激发,"会不由自主地共同处于一种高度兴奋状态,这是一种有别于正常状态的'狂喜'群体心理","这时参与者会表现出高歌、狂舞、强烈的认同欲、表现欲和参与欲"。研究者同时还指出,庆典中的一种特殊的文化现象是"角色的颠倒","南美洲一些拉丁族狂

---

① 《十三经注疏》,第2386页。
② 〔清〕袁枚:《随园随笔》,清嘉庆十三年刻本,第226页。《穀梁传》文,袁枚《随园随笔》写作"《公羊》云'观无事之辞也'",误。
③ 〔美〕约翰·J.麦克阿隆:《政治庆典中的社会性及社交性》,见〔美〕维克多·特纳编,方永德等译:《庆典》,上海文艺出版社1993年版,第352页。

欢节中，平时的达官贵人，此时却脱下楚楚衣冠，换上褴褛的衣衫，装扮成乞丐、妓女、小丑、贫民等角色，而庆典中的王者、领袖，则是平时处于社会下层的贫民扮演的。他们可以尽情地嘲弄、奚落、挖苦、作弄平日的统治阶级。在庆典这一有限的时空场内，这种角色的颠倒能在一定程度上宣泄社会内部的紧张情绪。这一作用对社会具有一定的危险性，但它同时又能产生稳定因素"。①

曹刿当时所忧虑的，以及后来《公羊》《穀梁》，以至于何休、范宁们所谴责的所谓"非礼"，其实质，或许正在于这一作用对通常社会秩序所具有的"一定的危险性"。

我们现在不能明确知道当时鲁庄公所谓"如齐观社"时所看到的情形是否有角色颠倒的现象，但是"在庆典这一特殊的时空'场'中，原先的社会、经济、职业、地位等差异和等级暂时消失"，应当是必然的。

应用于"整民"的"礼"的作用的暂时消失，"上下之则""长幼之序"的暂时破坏，被正统派鲁国官员看作严重的文化危机。可以想象，在全民狂欢的气氛中，齐国独身女子"巫儿"的活跃，必然会形成"妖冶喧闐"形势，从而导致对正常道德秩序的冲击。

所谓"（齐）襄公淫乱，姑姊妹不嫁，于是令国中民家长女不得嫁，名曰'巫儿'，为家主祠"的说法，其实是不可能符合史实的。春秋时期的齐国，国君个人的情感倾向不至于形成规范全民的法令，而行政力量对民间礼俗的强制性干预，也不可能在班固的时代仍然"民至今以为俗"。

有学者研究，这其实是一种原始习俗的遗存。

这种习俗曾经传衍至于相当晚近的时代。徐珂编《清稗类钞·婚姻类》有"青州长女不嫁"条，其中写道："《史记》山东有长女不

---

① 参看方永德：《〈庆典〉译者序》，见［美］维克多·特纳编，方永德译：《庆典》，第6—7页。

嫁之说，固始于汉也。至本朝，青州犹有此风。"①

秋浦曾经将这一风习与萨满主义相比较，以为所谓"巫儿"之俗，是较晚近的巫教形式："我国北方地区几个原始社会末期的民族，萨满平素还没有脱离生产，没有特殊的权势，萨满的职务也没有家族内世袭的惯例。"然而封建社会里的巫，却有过"国中民家长女不得嫁，名曰'巫儿'，为家主祠。嫁者不利其家，民至今以为俗"的社会风气，也有过母传女、婆传媳的现象。旧时多通过许愿、还愿充当巫职。他认为，"这都是巫教在阶级社会中不断变化的反映"。②

不过，将"民家长女不得嫁，名曰'巫儿'，为家主祠"，简单理解为"巫职""家族内世袭"并且与"母传女、婆传媳的现象"相比类，可能是并不恰当的。

第一，《汉书》卷二八下《地理志下》所说齐地这一"民家长女不得嫁，名曰'巫儿'，为家主祠"的风习，是说"民家"，并非"巫家"。因此这一民俗不宜于理解为"巫职""世袭"之例。

第二，就现在见到的汉代史料看，"巫职"的承继，似乎并不是"家族内世袭"或者"母传女、婆传媳"。前引《史记》卷一二六《滑稽列传》褚少孙补述所谓："其巫，老女子也，已年七十。从弟子女十人所，皆衣缯单衣，立大巫后。"所谓"巫妪弟子是女子也"，正说明当时"巫职"承继可能有非"家族内世袭"的惯例。巫人之女出嫁的情形，可见于《汉书》卷八九《循吏传·黄霸》：

> 始(黄)霸少为阳夏游徼，与善相人者共载出，见一妇人，相者言"此妇人当富贵，不然，相书不可用也"。霸推问之，乃其乡里巫家女也。霸即取为妻，与之终身。③

虽然我们不知道此"巫家女"是不是长女，但是从"霸即取为妻"看，

---

① 徐珂编：《清稗类钞》，中华书局1984年版，第1996页。
② 秋浦主编：《萨满教研究》，上海人民出版社1985年版，第142页。
③ 《汉书》，第3635页。

"巫家女"似乎是没有出嫁禁忌的。

此外，以汉代齐地"巫儿"之俗与我国北方地区民族风俗比较而以为格格不入的观点，可能也不尽符合事实。据满族史研究学者定宜庄见告，直到相当晚近的时代，满族仍然有类似"长女不嫁"，以所谓"大姑奶奶"持家的风习。徐珂编《清稗类钞·风俗类》有"旗俗重小姑"条，其中内容，或许与古齐地"巫儿"之俗有某种联系："旗俗，家庭之间，礼节最繁重，而未字之小姑，其尊亚于姑，宴居会食，翁姑上坐，小姑侧坐，媳妇则侍立于旁，进盘匜、奉巾栉惟谨，如仆媪焉。京师有谚语曰：'鸡不啼，狗不咬，十八岁大姑娘满街跑。'盖指小姑也。小姑之在家庭，虽其父母兄嫂，亦皆尊称之为'姑奶奶'。因此之故，而所谓'姑奶奶'者，颇得不规则之自由。南城外之茶楼、酒馆、戏园、球房，罔不有姑奶奶。衣香鬓影，杂沓于众中。每值新年，则踪迹所到之处，为厂甸、香厂、白云观等处，'姑奶奶'盛装艳服，杂坐于茶棚。光、宣间，巡警厅谕令男女分座，未几，而又禁止妇女品茶，此风乃因之稍戢。"①

有人认为所谓"旗俗重小姑"情形在《红楼梦》中也有反映，如探春理家就是一例。②

当然，尽管齐地古俗往往在同属于先古"岛夷"文化区的东北地区有所映现，讨论此两者的关系，还需要进行更深入的研究。

不过，通过"萨满"的文化特征来认识秦汉时期"巫"的风格，确实是有一定帮助的。

南宋学者徐梦莘《三朝北盟会编》卷三最早明确说到"珊蛮"（萨

---

① 《清稗类钞》，第2212页。据说纳兰性德的这样一阕《点绛唇》词就描写了这一情形："一半残阳下小楼，朱帘斜控软金钩，倚栏无绪不能愁。有个盈盈骑马过，薄妆浅黛亦风流，见人羞涩却回头。"

② 吕冬雷：《略论满族民俗中的女性观》，见刁书仁主编：《长白山文化论说》，吉林文史出版社1994年版，第152页。

满):"珊蛮者,女真语巫妪也。以其变通如神,粘罕之下皆莫能及。"[1]

北方少数民族中"萨满"多为女性,正和古来"在女曰巫","女能事无形,以舞降神者也"的情形一致。女萨满的普遍存在,是一种十分突出的现象。锡伯族传说中萨满的始祖,就是一位身披神衣,手持神鼓的女萨满。许多其他民族也有类似的传说。据说,堪察加尔人没有专职的萨满,他们的宗教活动全都是由老年妇女主持的。据不完全的调查资料统计,从 1900 年至 1945 年间,鄂伦春族两个地区共出现 39 名萨满,其中男萨满 15 名,女萨满竟多达 24 名。[2] 有学者指出:"直至新中国成立前后,鄂温克人的女萨满,还占据相当的数量。他们常说:'九十个女萨满,七十个男萨满。'在鄂伦春地区进行的民族调查表明,当地女萨满的数量也超过了男萨满。女萨满的重要地位,在满族、蒙古族中也仍然保留着。有清一代,满族宫廷中的萨满祭祀,执祭者均为女性,称为'萨满妈妈',蒙古族制作'翁衮'和举行某些仪式时,一般也由女萨满主持。"

"满族的萨满大致有家萨满(孛龙子萨满)和职业萨满(屋渥特)两种。家萨满就是氏族萨满,每个姓氏一名,主要职责是主持本姓氏内的祭祖、祭神等活动。"汉代齐地的"巫儿",或许就类似于所谓"家萨满"即"氏族萨满"。

关于"萨满"的继承形式,研究者指出:"萨满寻找接替人的方式,在新、佛满洲中也不尽相同。佛满洲多用举行跳神仪式的办法来寻找,首先让青年男女聚于一室,男青年坐于南炕,女青年坐于北炕,然后由老萨满举香在两炕间摇晃,使烟溢满全室,这时如出现全身发抖乃至昏厥者,就会被选中作为接替他的萨满。而在新满洲中,多是在老萨满死后寻找,这时如有小孩患病延请萨满跳神,家人就会许愿孩子

---

[1] 〔南宋〕徐梦莘:《三朝北盟会编》,上海古籍出版社 1987 年版,第 21 页。

[2] 《萨满教研究》,第 56 页。

病愈后当萨满,若孩子的病果然痊愈,就成为老萨满的接替人。"①

《后汉书》卷八二下《方术传下·徐登》说,"徐登者,闽中人也。本女子,化为丈夫,善为巫术"②。可见原本也是女巫。"巫"以"女子"之身"化为""丈夫"之身,恰恰正可以作为巫者先以女性为多而后方逐渐以男性为多的演化趋势的象征。

女巫之所以能够在早期巫术文化中有较活跃的表演,有较重要的作用,有学者分析,"巫师可能产生于母系社会中期",论者指出,"神话传说认为巫师来源于妇女","在各民族的巫师中,普遍流行女巫,除汉族外,在壮族、布依族、侗族、仫佬族、瑶族、苗族、黎族、傣族、白族、彝族、羌族、满族、鄂伦春族、鄂温克族、赫哲族、锡伯族中都有女巫","有些民族虽然有男巫,但在举行宗教活动时往往要男扮女装。如瑶族、黎族男性巫师在跳神时必穿女巫师的服装,东北地区的汉族男巫,在请神时也要穿女巫的裙子,这种习俗是从满族传入汉族的。在西伯利亚雅库特,男巫在跳神时,胸前要挂女性乳房模型,戴有假发,平时也穿妇女服装,做针线活。当地的吉里亚克族的男巫还要学妇女讲话。这些男扮女装之举,可能是对更为古老的女巫的崇敬。因为在母系氏族社会时期,妇女不仅是生产、生活、生育的主力,也是血缘纽带的体现者,并且管理氏族事务,担任氏族首领,最初的巫师由女氏族长兼任是合乎情理的,后来才有一些妇女专门担任巫师,所以母系氏族社会是女巫的时代"。③从性别特征来说,女巫之多,也可能和女子较易进入恍惚癫狂状态,从而能够与鬼神相交流有关。

高山族平埔人社会中主持祭仪、占卜、行巫术的女性专业巫师,具有相当高的地位。据 C.E.S.《被忽视的台湾》中记载,"其宗教仪

---

① 刘小萌、定宜庄:《萨满教与东北民族》,吉林教育出版社1990年版,第170、148—149页。
② 《后汉书》,第2741页。
③ 宋兆麟:《巫与巫术》,四川民族出版社1989年版,第31—32页。

式分为二：即献祭与诸神降临，皆在公廨由女巫举行"，"其仪式如下：首先献祭，祭物有由社人宰杀的若干只猪，煮熟的米饭，以及大量的酒与果实等。女巫将这些祭物堆叠于公廨事先悬挂的鹿与猪头前面"，"此处居民由女巫担任司祭，其职务乃分为祈祷与牺牲两种，牺牲以宰众多的猪，与米、烈酒一并供奉于公廨，然后由一、二女巫行长时间的说教，而后睁眼向上，大声呼神出现。此时女巫进入恍惚状态，躺于床上，一如死人，有四、五人，拼命使女巫清醒。如此以后，女巫以世界最大痛苦状敲打，众人悲哭哀歌，继续约一小时后，女巫登上公廨屋顶，向公众全裸，向神显示裸体"，"众男人祈祷后，不断饮烈酒"。这些女巫据说能预言未来，能驱除妖魔。驱魔时一面挥刀，一面"发出可怕的喊声或时改阴森声音喊叫"。

有的研究者指出，"这里所说的专职女巫，应指在台湾西南的西拉雅人的女巫"。并且以为："当时平埔人社会采取以母系为中心，故女巫在社会上享有崇高地位。因此，平埔人中的女巫，远较山地高山族女巫的职权为大。"①

通过类似的民族学资料，可以推想战国秦汉时期女巫活动的实际情状与文化背景。

《续汉书·五行志五》记述了这样一则"人化"异事：

灵帝时，江夏黄氏之母，浴而化为鼋，入于深渊，其后时时出现。初浴簪一银钗，及见，犹在其首。②

同一事又见于《搜神记》卷一四，写作："汉灵帝时，江夏黄氏之母，浴盘水中，久而不起，变为鼋矣，婢惊走告。比家人来，鼋转入深渊。其后时时出现。初浴簪一银钗，犹在其首。于是黄氏累世不敢食鼋肉。"同卷又记有三国时期类似的两则传说："魏黄初中，清河宋士宗母，

---

① 《高山族民俗》，第279—281页。
② 〔晋〕司马彪：《续汉书·五行志五》，中华书局1965年版，第3348页。

夏天于浴室里浴，遣家中大小悉出，独在室中良久。家人不解其意，于壁穿中窥之，不见人体，见盆水中有一大鳖。遂开户，大小悉入，了不与人相承。尝先著银钗，犹在头上。相与守之啼泣，无可奈何。意欲求去，永不可留。视之积日，转懈，自捉出户外，其去甚驶，逐之不及，遂便入水。后数日，忽还。巡行宅舍，如平生，了无所言而去。时人谓士宗应行丧治服。士宗以母形虽变，而生理尚存，竟不治丧。此与江夏黄母相似。"另一则故事，情节同样"与江夏黄母相似"："吴孙晧宝鼎元年六月晦，丹阳宣骞母，年八十矣，亦因洗浴，化为鼋。其状如黄氏。骞兄弟四人，闭户卫之。掘堂上作大坎，泻水其中。鼋入坎游戏，一二日间，恒延颈外望。伺户小开，便轮转自跃，入于深渊。遂不复还。"①

神秘主义文化的重要中介职任"巫"，应当具备若干特殊的心理条件，如前引《汉书》卷二五上《郊祀志上》所谓"民之精爽不贰，齐肃聪明者，神或降之"，徐梦莘《三朝北盟会编》卷三所谓"变通如神"。而一般认为，女子的资质比较接近于这一条件。女子化身为鼋、鳖的传说，是和这种传统观念有一定关系的。

《史记》卷一二八《龟策列传》褚少孙补述："灵龟卜祝曰：'假之灵龟，五巫五灵，不如神龟之灵，知人死，知人生。'"②联想到鼋、鳖与龟外形的某些相近，女子化身为鼋、鳖的传说也是发人深思的。

东汉社会专职女巫数量增多，《后汉书》卷四九《王符传》引录王符《潜夫论》的文字有所反映。王符写道：

---

① 〔晋〕干宝撰，汪绍楹校注：《搜神记》，中华书局1979年版，第175—176页。清河宋士宗母及丹阳宣骞母事，均载《晋书》卷二九《五行志下》及《宋书》卷三四《五行志五》。后一事，《晋书》卷二九《五行志下》写作："与汉灵帝时黄氏母同事，吴亡之象也。"〔唐〕房玄龄等：《晋书》，中华书局1974年版，第907页。"同事"，《宋书》卷三四《五行志五》作"事同"，第1005页。

② 《史记》，第3240页。

《诗》刺"不绩其麻，市也婆娑"。又妇人不修中馈，休其蚕织，而起学巫祝，鼓舞事神，以欺诬细民，荧惑百姓妻女。羸弱疾病之家，怀忧愤愤，易为恐惧。至使奔走便时，去离正宅，崎岖路侧，风寒所伤，奸人所利，盗贼所中。或增祸重祟，至于死亡，而不知巫所欺误，反恨事神之晚，此妖妄之甚者也。

　　或刻画好缯，以书祝辞；或虚饰巧言，希致福祚；或糜折金彩，令广分寸；或断截众缕，绕带手腕；或裁切绮縠，缝纰成幡。皆单费百缣，用功千倍，破牢为伪，以易就难，坐食嘉谷，消损白日。夫山林不能给野火，江海不能实漏卮，皆所宜禁也。①

对于"《诗》刺'不绩其麻，市也婆娑'"，李贤注："《诗·陈风》也。婆娑，舞皃。谓妇人于市中歌舞以事神也。"王符的这段议论又见于今本《潜夫论·浮侈》，而文字略异。

　　女巫在"汉末""大畅巫风"的背景下，竟然成为危害社会经济和社会文化的行业，以致开明的政论家有"野火""漏卮"之叹。

六、"巫风"与"淫风"

　　前面说到的女巫在求雨巫术形式中的表演，不独有"求雨""闭诸阴"的神秘主义意义，对于这一现象进行民俗文化学的解剖，还可以有其他重要的发现。

　　我们看到，《艺文类聚》卷一〇〇引董仲舒语所谓"女子诸巫，毋小大皆相聚其郭门外"的女巫集体请雨形式，恰与后世成书于明正德十一年（1516）的阿里·阿克巴尔《中国纪行》第11章《妓院和妓女》中说到的如下情形有相近之处。阿里·阿克巴尔写道：官员犯了罪，本人斩首，儿子充军，妻女贬入妓院。妓女除了供人寻欢取乐以外，

---

① 《后汉书》，第1634—1635页。

还有另一个职务：为公众祷雨。如果久旱不雨，官员启奏皇帝，皇帝就命令妓女祷雨。奉派祷雨的妓女不准申诉。她们要同所有的相识者诀别，并留下遗言，因为求不下雨来，统统斩首。祷雨的做法是：妓女分组坐下，唱歌，奏乐；然后一组人起来，在十二个地点跳舞，并做出一些奇怪的表演；一组演完，退出，另一组进来，在菩萨面前跳舞，演戏。她们敲打着自己的脑袋，痛哭流涕。这样轮流表演很长的时间，一个个担心自己的性命，不吃，不睡，不休息，不论白天、黑夜，发出令人心碎的哭声。巫人说：伤心的眼泪能带来雨水。碰巧下了雨，她们就高兴。否则，天不下雨，发生了饥馑，几千名妓女都被杀头。

季羡林说，这种利用妓女求雨的办法，在中国史籍中还没有读到过。然而他联系印度传播很广的以妓女祈祷下雨的故事，以为《中国纪行》所记载的可能是真实的情况。

印度史诗《罗摩衍那》中有十车王请鹿角仙人主持求子大祭的故事，《童年篇》写道：

　　鹿角仙人住在森林中，
　　虔修苦行，学习吠陀。
　　他不懂得女人的幸福，
　　也不懂得感官享乐。

国王于是派妓女到山林里引诱鹿角仙人：

　　这高贵尊严的婆罗门，
　　被她们引诱走了以后，
　　天老爷立刻就下了雨，
　　全世界都精神抖擞。

《大唐西域记》卷二《三国·健驮逻国》也说道"昔独角仙人所居之处"，又说，"仙人为淫女诱乱，退失神通"[①]。汉译佛典中也有类似的故事，

---

① 〔唐〕玄奘、辩机撰，季羡林等校注：《大唐西域记》，中华书局2000年版，第259页。

如《大智度论》一七说，一角仙人诅咒，天久不雨，五谷五果尽皆不生。国王令淫女扇陀到山中去引诱一角仙人，"女受柔软，触之心动，欲心转生，遂成淫事，即失神通。天为大雨，七日七夜"。

季羡林以为，"中国的妓女求雨故事与汉译佛典中的故事蛛丝马迹有密切的联系"，"这种利用妓女祷雨的办法不会是中国的发明创造，而是有所因袭，有所模仿，而因袭、模仿的对象就是印度。印度的佛典传入中国，这个故事跟着佛典传了进来，这是顺理成章的。至于有否中国影响印度的可能，现在还没有证据支持这种看法"。但是，汉译佛典又不是传播这个故事的唯一途径。"既然这个故事在世界上流传这样广，而又不是通过佛教，中国何独不然呢？通过其他途径不是没有可能。印度寓言故事传遍全世界，这是世界各国绝大多数学者所公认的。这种传播在大多数情况下不是通过佛教，也是大家所公认的。但是，话又说回来，既然佛典传入中国，而佛典中又确实有这个故事，说它是通过佛教传入中国，一直影响了明代（或元代）妓女求雨的办法，则又决非无稽之谈了"。

季羡林还指出："值得我们特别注意的是，农业巫术从它的起源来看是属于妇女的本份（分）职业的。因为密宗（Tantrism）起源于农业宗教仪式，所以密宗的仪式最初只有妇女参加。雨对于农业是绝对不可缺少的。而求雨的巫术也完全是妇女，特别是女巫干的事。许多文明古国中都可以找到这样的记载。在中国古代，女巫也起过作用。"

为什么妇女总是同农业巫术，其中也包括求雨的活动，有密切的联系呢？季羡林分析说，第一，最早的劳动分工，即确定了妇女管农耕的定局；第二，妇女的生育能力，使人联想到可以促进农耕收成的丰裕。"在这样的情况下，原始人把农业生产和为农业而求雨统统同妇女联系起来，也就完全可以理解了。这种原始风俗之所以能流行全世界同样能完全理解了。"①

　　季羡林关于女子与农耕巫术的关系及其原因的分析，是有根据的。然而，所谓"这种利用妓女祷雨的办法不会是中国的发明创造，而是有所因袭，有所模仿，而因袭、模仿的对象就是印度"的分析，则似乎还可以讨论。既然"农业巫术从它的起源来看是属于妇女的本份（分）职业的"，那么，似乎未必可以断言这种文化现象肯定是以外来文化因素为蓝本而"有所因袭，有所模仿"。

　　齐地"巫儿"之俗与"淫乱"行为有关，其实是发人深省的。而《说文·巫部》所谓女巫"能事无形，以舞降神"，以歌舞为主要祈禳形式②，又是既可以悦神，又可以娱人的。《尚书·伊训》：

　　　　敢有恒舞于宫，酣歌于室，时谓"巫风"。
　　　　敢有殉于货色，恒于游畋，时谓"淫风"。

"巫风"竟然与"淫风"并列。对于"巫风"，孔安国传：

　　　　常舞则荒淫，乐酒曰酣，酣歌则废德。事鬼神曰巫，
　　言无政。③

"巫"与"淫"的关系，已经说得相当明确了。

　　《山海经·海外西经》写道："女丑之尸，生而十日炙杀之。在丈夫北。以右手鄣其面。十日居上，女丑居山之上。"

　　袁珂在解说这段文字时说，"所谓'炙杀'，疑乃暴巫之象。'女丑'，疑即女巫也。古天旱求雨，有暴巫焚巫之举。……暴巫焚巫者，非暴巫焚巫也，乃以女巫饰为旱魃而暴之焚之以禳灾也，暴巫即暴

---

① 季羡林：《原始社会风俗残余——关于妓女祷雨的问题》，载《世界历史》1985 年第 10 期。
② 如《周礼·春官宗伯·女巫》："女巫……旱暵则舞雩，……凡邦之大灾，歌哭而请。"《三辅黄图》卷五引《汉武故事》："武帝时祭泰乙，上通天台，舞八岁童女三百人，祠祀招仙人。"
③〔清〕王先谦：《尚书孔传参正》，中华书局 2011 年版，第 407 页。

魃也"①。

他还指出:"古代求雨有暴巫焚巫之法,巫通常由女性担任,扮作旱魃的模样,暴之焚之,以为如此即可以除去旱魃的为祟,使天降雨。"②

有的学者还认为,"所谓'焚巫祷雨'就是把女巫献给日神的意思"③。

《楚辞·天问》有"启棘宾商"句,多以为"商"字当作"帝",即"宾商"当作"宾帝"。学者又多以为《山海经·大荒西经》所谓"开上三嫔于天"可能可以说明其神话背景。而郭璞的解释是:"嫔,妇也。言献美女于天帝。"

萧兵指出,"'宾'字,据郭沫若《甲骨文字研究·释祖妣》的意见,原应从匕,或从女;看甲骨文,似乎是女巫或女奴跪伏止息在帷幄之中以敬神的样子。宾,后来写作傧、嫔,最初的宫嫔可能只是'官妾',是性之女奴",或称作"性的奴隶"。④

人奉敬给神的献品,一定为人自己所爱,所悦,所重,所嗜。女巫的前身,或早期女巫,很可能就是敬神者本身所嬖幸。在远古社会,这样的人往往又先后属于群落之中交替相继的不同的强者。而人身成为敬神的祭品,也可以因此而具有了某种神性。

早期的女巫曾经兼为"性之女奴""性的奴隶",这种在某种意义上所具有的双重身份,有助于我们理解后世妓女祷雨现象的文化渊源。此外,对于前引杜笃《祓禊赋》所谓"窈窕淑女,美媵艳姝"往往可以"感动情魂"的说法,我们也可以有另一层次的理解。

---

① 袁珂校注:《山海经校注》,上海古籍出版社1980年版,第218页。
② 袁珂:《中国古代神话》,中华书局1960年版,第178页。
③ 陈炳良:《说崇山》,载《大陆杂志》1971年第10期。
④ 萧兵:《楚辞新探》,天津古籍出版社1988年版,第622—626页。

季羡林指出,"中国、印度还有其他国家利用妓女求雨这种活动的根源在原始迷信中","最初这个任务要由女巫去完成。到了后代,女巫没有了,就转到了妓女身上。《中国纪行》中描绘的妓女的活动实际上就是原始巫术的继承"[①]。事实上,"巫"与"妓"一身而双职这种"原始"文化现象其发生和演变的具体情形,还可以进行更深入的研究。

---

① 季羡林:《原始社会风俗残余——关于妓女祷雨的问题》,载《世界历史》1985年第10期。

汉代民间的西王母崇拜

通过史籍记载和文物资料，都可以看到汉代民间影响相当广泛的西王母崇拜。分析这一社会文化现象，可以从新的角度探察汉代民间的观念形态以及汉代社会的礼俗风尚，也可以发现当时处于特殊历史文化背景下人们对于外来文化影响的微妙态度。

一、汉代西王母崇拜的历史遗存

汉代画像中多见表现西王母的画面。正如陈直曾经指出的："汉代每以西王母事为镜铭及图画题材，于西王母之外，又增加东王公以为配。"[①]

四川彭州市出土以西王母为画面主体的汉画像砖，西王母正面端坐，四周围侍九尾狐、青鸟、玉兔、蟾蜍、神虎等。河南密县出土的汉画像砖，有西王母侧坐的画面，前有玉兔捣药，凤鸟舞蹈。河南南阳神话题材的汉代画像中，西王母的形象最为多见。山东嘉祥宋山汉画像石的画面上，西王母正坐于灵芝状云座上，周围除青鸟、玉兔、蟾蜍外，又多有羽人飞舞。

汉代铜镜纹饰也多见西王母画面，又往往明确题铭"西王母"。汉镜以祈祝内容为主的吉语铭文中，也多见"西王母"字样。例如，河南南阳市博物馆藏东汉灵帝建宁元年镜铭文：

> 建宁元年九月九日丙午，造作尚方明镜，幽湅三商，上有东王公、西王母，生如山石，长宜子孙，八千万里，富且昌，乐未央，宜侯王，师命长，买者太吉羊，宜古市，君宜高官，位至三公，长乐央□。

见于著录的汉镜铭文更多有说到西王母的。例如：

> 明镜造，亲见宜，赤□师□白牙，西母东父侯□众日（《小校经阁金文》卷一五》）

"西母东父"，即通常所谓"西王母东王父""西王母东王公"。[②] 又如：

[①] 陈直：《史记新证》，天津人民出版社1979年版，第192页。

[②] 晋人傅玄的《正都赋》就写道："东父翳青盖而遐望，西母使三足之灵禽。"唐人李贺的《马诗》其七则说："西母酒将阑，东王饭已干。"

金西母来始有其浑宜葆利众典祀（《啸堂集古录》）

这里所谓"西母"，也是指"西王母"。又如：

　　西王母（组侧）；尚方作竟真大巧，上有仙人不知老，渴饮玉泉兮（外轮）（《金石索》"金索"卷六，《小檀栾金镜影》卷二）

　　蒙氏作竟真大工，东王公西王母，青龙在左，白虎居右，山人子高赤容（《金石索》"金索"卷六，《小檀栾金镜影》卷二，《小校经阁金文》卷一五》）

　　尚方作竟，明如日月不已，寿如东王公西王母，长宜子孙，位至三公，君宜高官（《古镜图录》卷中）

　　龙氏作竟自□□，东王公西王母，青龙在左，白虎居右，□治□□□习左大吉（《古镜图录》卷中）

　　袁氏作竟真大□，东王公西王母，青龙在左，白虎居右，山人子乔赤容子，千秋万倍（《古镜图录》卷中）

　　袁氏作竟兮真，上有东王公西王母，山人子侨侍左右，辟邪喜怒无央咎，长保二亲生久（《古镜图录》卷中，《簠斋藏镜》卷上，《小校经阁金文》卷一五》）

　　盍氏作竟兮真大好，上有东王公西王母，仙人子高赤案子，绛即云右，长保二亲兮利孙子兮吉（《金石索》"金索"卷六，《奇觚室吉金文述》卷一五，《小檀栾金镜影》卷二，《小校经阁金文》卷一五》）

　　张氏作竟大无伤，湅已银锡清且明，上有天守传相受，东王父西王母，令君□遂宜孙子，明如日月（《金石索》"金索"卷六）

也有只出现"西王母"字样的汉镜铭文，如：

　　上大□，见神人，□王母，饮澧泉，驾交龙，乘浮云，宜官□，保子孙，贵富昌，乐未央兮（外层）；子丑寅卯辰

巳午未申酉戌亥（内层）（《奇觚室吉金文述》卷一五）

来言之，纪□竟，始涷铜锡去其宰，以之为镜宜孙子，长葆二亲乐毋□，寿币金石，西王母，棠安作（外轮）；子丑寅卯辰巳午未申酉戌亥（内层）（《簠斋藏镜》卷下）

涷治铜锡去其滓，辟除不祥宜古木，长葆二亲利孙子，辟如□众乐典祀，寿□金石，西王母，飞来言之，始自有纪（外层）；子丑寅卯辰巳午未申酉戌亥（内层）（《博古图录》卷二八）

又有重复出现"东王公西王母""西王母东王父"字样的，如：

东王公西王母（组两侧）；□氏作竟真大□，上有东王公西王母，仙人子侨赤诵子，白虎□□□□□高升□万，千秋万岁□长（外轮）（《小檀栾金镜影》卷二）

东王公西王母（内轮）；袁氏作竟真大万，上有东王公西王母，仙人子侨赤诵子，白虎熏卢，左右为吏高升贾万，千秋万岁主长（《小校经阁金文》卷一五》）

尚方作竟自有真，良时日吉大赏，十子九孙各有喜，□至三公中常侍，上有西王母东王父，山人子乔大田子平（外轮）；西王母东王父（内轮）（《藤花亭镜谱》卷二）

社会生活中使用十分普遍的铜镜，铭文多见"西王母"文字，是值得重视的文化现象。《藤花亭镜谱》卷二著录的一件所谓"六朝器"，铭文也反复出现"东王公西王母"，其中"东王公"出现两次，"西王母"及"王母"出现三次："仙人子侨赤诵子，白虎熏抪，左右为吏高升赏万千□万，太上君□，上有东王公西王母（外轮）；西王母东王公王母（内轮）。"唐代和宋代仿汉镜的铭文也多有"西王母"字样，也说明西王母崇拜在民间影响的久远。

西汉末年，曾经以民间西王母崇拜为背景，衍生出一次声势浩大的流民运动。《汉书》卷一一《哀帝纪》记载：

> （建平）四年春，大旱。关东民传行西王母筹，经历郡国，西入关至京师。民又会聚祠西王母，或夜持火上屋，击鼓号呼相惊恐。①

《汉书》卷二六《天文志》中有这样的记载：

> （建平）四年正月、二月、三月，民相惊动，欢哗奔走，传行诏筹祠西王母，又曰"从目人当来"。②

《汉书》卷二七下之上《五行志下之上》又写道：

> 哀帝建平四年正月，民惊走，持槀或棷一枚，传相付与，曰行诏筹。道中相过逢多至千数，或被发徒践，或夜折关，或逾墙入，或乘车骑奔驰，以置驿传行，经历郡国二十六，至京师。其夏，京师郡国民聚会里巷仟佰，设（祭）张博具，歌舞祠西王母。又传书曰："母告百姓，佩此书者不死。不信我言，视门枢下，当有白发。"至秋止。③

汉哀帝时代以西王母迷信为意识基础，以"祠'西王母'"为鼓动口号，以"传行'西王母'筹"为组织形式而发生的表现为千万民众"会聚""惊动""奔走"的大规模骚乱，从关东直至京师，从正月直至秋季，政府实际上已经失控。其狂热程度之惊人，说明了当时民间西王母崇拜的深刻影响，已经足以策动变乱，掀起社会政治波澜。

---

① 〔汉〕班固：《汉书》，中华书局1962年版，第342页。
② 《汉书》，第1311—1312页。关于"从目人"，王先谦《汉书补注》引叶德辉曰："'从'读如'从横'之'从'。人为横目之类，从目则为妖。"《楚辞·招魂》："豺狼从目，往来侁侁些。"《楚辞·大招》："豖首纵目，被发鬤只。"《艺文类聚》卷七九《灵异部下》引后汉王延寿《梦赋》说到梦中"挥手振拳"，痛打"鬼神之变怪"情形，有"捎魍魉，荆诸渠，撞纵目，打三头"语。《华阳国志·蜀志》说："有蜀侯蚕丛，其目纵，始称王，死作石棺石椁，国人从之，故俗以石棺椁为纵目人冢也。"有人以为四川广汉三星堆遗址出土青铜人面的特殊造型与蚕丛传说有关。所谓"从目人"所深含的文化意味，可以另文讨论。
③ 《汉书》，第1476页。

二、西王母信仰与世俗企求

汉哀帝时民间骚动,传书所谓"母告百姓,佩此书者不死",反映汉时西王母崇拜与当时社会上下盛行的长生追求有关。

扬雄《甘泉赋》也写道:"想西王母欣然而上寿兮,屏玉女而却虙妃。"① 出现"西王母"字样的汉镜铭文更多见所谓"仙人不知老"、"寿如东王公西王母"以及"长保二亲生久"等,也说明了这一事实。

《易林》卷二《讼·泰》"弱水之西,有西王母,生不知死,与天相保"② 一类文句,也透露出同样的文化信息。

不过,西王母作为神仙世界的领袖之一,还具有内涵更为丰富的文化象征意义。如下镜铭具有一定的代表性:

> 龙氏作竟佳且好,明而日月世少有,刻治分守悉皆在,长保二亲宜孙子,东王公西王母,大吉羊矣兮(《小檀栾金镜影》卷二,《小校经阁金文》卷一五)

> 元兴元年五月丙午日□大利,广汉造作,尚方明镜,幽涷三商,周□无亚,世得光明,长乐未央,富宜昌,宜侯王,师命长生如石,位至三公,寿如东王公西王母,仙人子立至公侯(外层);吾作明竟幽涷三商(内层)(《陶斋吉金录》卷七,《古镜图录》卷上,《浣花拜石轩镜铭集录》卷一)

> 元兴元年五月丙午日天大赦,广汉造作,尚方明竟,幽涷三商,周传无亚,世为光明,长乐未英,富宜昌,宜侯王,师命长生如石,位至三公,上有东王公西王母,仙人子立至公侯(外轮,内轮九字不辨)(《善斋吉金录》"镜"

---

① 《汉书》卷八七上《扬雄传》,第3531页。
② 〔汉〕焦延寿撰,〔元〕佚名注:《易林》,凤凰出版社2017年版,第77页。

卷一，《小校经阁金文》卷一五》）

中平六年正月丙午日，吾作明竟，幽湅三商自有己，除去不祥宜孙子，东王父西王母，仙人王女大神道，长吏买竟，位至三公，古人买竟百倍，田家大吉日月（外轮）；吾作明竟，位至三公，天王日月，幽湅三羊（内轮）（《善斋吉金录》"镜"卷一，《小校经阁金文》卷一五》）

宋氏作竟□有意，善时日，家大富，取妇时□，众具七子九孙，各有喜，官至公卿中尚侍，上有东王妇西王母，予天相保不知老，吏人服之带服章（《小校经阁金文》卷一五》）

最后一例"东王妇西王母"，应即"东王父西王母"。

除了"长生如石""生如山石""予（与）天相保不知老"等长生祈祝外，镜铭文字还反映了当时民间对于所谓"富宜昌""贵富昌"的热切期盼。例如，我们看到：

财富企求：古（贾）人买竟（镜）百倍，宜古（贾）市，家大富……

尊贵企求：宜官□，带服章，宜侯王，君宜高官，位至三公，立（位）至公侯，官至公卿中尚（常）侍，□至三公中常侍，左右为吏高升贾万……

平安企求：长乐未央（殃），长乐未英（殃），长保二亲宜孙子，除去不祥宜孙子，辟邪喜怒无央（殃）咎……

多子企求：宜子孙，长宜子孙，众具七子九孙各有喜，十子九孙各有喜……①

汉代社会带有普遍意义的共同愿望，可以一以系之，即汉镜铭文所

---

① 据说西王母左近的九尾狐，也有多子的文化象征意义。又《易林》卷一《坤·噬嗑》："稷为尧使，西见王母，拜请百福，赐我善子。"也体现了类同的含义。

谓"吉""大吉""吉羊（祥）""太吉羊（祥）"。而这种祈盼，都可以寄托于对西王母的信仰。正如我们在镜铭中所看到的："东王公西王母，大吉羊（祥）矣兮！"

三、西方远国神话

司马迁在《史记》中数次说到"西王母"，如《史记》卷四三《赵世家》记述造父随周穆王西行传说：

> 造父幸于周缪王。造父取骥之乘匹，与桃林盗骊、骅骝、绿耳，献之缪王。缪王使造父御，西巡狩，见西王母，乐之忘归。①

又如《史记》卷一一七《司马相如列传》载司马相如《大人赋》：

> 遍览八纮而观四荒兮，渴渡九江而越五河。经营炎火而浮弱水兮，杭绝浮渚而涉流沙。奄息总极氾滥水嬉兮，使灵娲鼓瑟而舞冯夷。时若薆薆将混浊兮，召屏翳诛风伯而刑雨师。西望昆仑之轧沕洸忽兮，直径驰乎三危。排阊阖而入帝宫兮，载玉女而与之归。舒阆风而摇集兮，亢乌腾而一止。低回阴山翔以纡曲兮，吾乃今目睹西王母皬然白首。戴胜而穴处兮，亦幸有三足乌为之使。必长生若此而不死兮，虽济万世不足以喜。②

《史记》卷一二三《大宛列传》说到张骞"具为天子言之""身所至者"及"传闻其旁大国五六"之国情时，曾经又涉及西王母神话：

> 条枝在安息西数千里，临西海。暑湿。耕田，田稻。有大鸟，卵如瓮。人众甚多，往往有小君长，而安息役属之，以为外国。国善眩。安息长老传闻条枝有弱水、西王母，而未尝见。③

---

① 〔汉〕司马迁：《史记》，中华书局1982年版，第1779页。
② 《史记》，第3060页。
③ 《史记》，第3163页。

《史记》中屡屡说到"西王母",体现出司马迁对于当时民间普遍风行的西王母崇拜,予以视野更为广阔的文化关注。

《赵世家》说到"西巡狩"事,《司马相如列传》有"遍览八纮而观四荒"及"涉流沙""西望昆仑"语,《大宛列传》中关于"西王母"的传说,更明确说其起源非发生于中土,而是"安息长老传闻"的条支西来神话。

《史记》卷一二三《大宛列传》司马贞《索隐》:"《魏略》云:'弱水在大秦西。'《玄中记》云:'天下之弱者,有昆仑之弱水,鸿毛不能载也。'《山海经》云:'玉山,西王母所居。'《穆天子传》云:'天子觞西王母瑶池之上。'《括地图》云:'昆仑弱水非乘龙不至。有三足神乌,为王母取食。'"①

张守节《正义》:"此'弱水、西王母'既是安息长老传闻而未曾见,《后汉书》云桓帝时大秦国王安敦遣使自日南徼外来献,或云其国西有弱水、流沙,近西王母处,几于日所入也。然先儒多引《大荒西经》云弱水云有二源,俱出女国北阿耨达山,南流会于女国东,去国一里,深丈余,阔六十步,非毛舟不可济,南流入海。阿耨达山即昆仑山也,与《大荒西经》合矣。然大秦国在西海中岛上,从安息西界过海,好风用三月乃到,弱水又在其国之西。昆仑山弱水流在女国北,出昆仑山南。女国在于阗国南二千七百里。于阗去京凡九千六百七十里。计大秦与大昆仑山相去四五万里,非所论及,而前贤误矣。此皆据汉括地论之,犹恐未审,然弱水二所说皆有也。"

张守节《正义》所谓"《后汉书》云",即《后汉书》卷八八《西域传》:"至桓帝延熹九年,大秦王安敦遣使自日南徼外献象牙、犀角、玳瑁,始乃一通焉。②其所表贡,并无珍异,疑传者过焉。或云其国

---

① 《史记》卷一二三《大宛列传》,第3164页。
② 《后汉书》卷七《桓帝纪》:"(延熹九年)大秦国王遣使奉献。"李贤注:"时国王安敦献象牙、犀角、玳瑁等。"第318页。

西有弱水、流沙,近西王母所居处,几于日所入也。《汉书》云'从条支西行二百余日,近日所入',则与今书异矣。"①

《易林》中"王母"凡三十一见,其中"西王母"五见,无疑是我们在这里所讨论的对象。而《讼·泰》"弱水之西,有西王母",《临·临》"弱水之上,有西王母",《既济·大畜》"弱水之右,有西王母",②都说明关于西方远国"弱水、西王母"之"传闻",在民间流传之普遍。

丁谦《穆天子传地理考证》卷二说:"窃谓西王母者,古加勒底国之月神也。""考加勒底建都于幼发拉的河西滨,名曰吾耳(一作威而)城,有大月神宫殿,穷极华美,为当时崇拜偶像之中心点(见《兴国史谭》)。又其国合诸小邦而成,无统一之王,外人但称为月神国。以中国语意译之则曰西王母,即称其国为西王母国。"③凌纯声以为"所说颇有见地",并指出"西王母三字是苏末语月神 si-en-nu 音译而来"④。刘师培《穆天子传补释》卷四又说,"西王母之邦"在"波斯东北"。或以为西王母原在两河流域,而后又曾东迁。吕思勉说,"弱水西王母等,则身苟有所未至,即无从遽断为子虚,而其地遂若长存于西极之表矣,循此以往,所谓西王母者,将愈推而愈西,而因有王莽之矫诬,乃又曳之而东,而致诸今青海之境"⑤。凌纯声于是引《论衡·恢国》金城塞外羌内属,"汉遂得西王母石室"语,

---

① 〔南朝宋〕范晔:《后汉书》卷八八《西域传》,中华书局 1965 年版,第 2920 页。
② 〔旧题汉〕焦延寿撰,徐传武、胡真校点集注:《易林汇校集注》,上海古籍出版社 2012 年版,第 231、724、2273 页。
③ 丁谦:《蓬莱轩地理丛书》第三册《穆天子传考证》卷二,北京图书馆出版社 2008 年版,第 46 页。
④ 凌纯声:《昆仑丘与西王母》,见凌纯声:《中国边疆民族与环太平洋文化》,联经出版事业公司 1979 年版,第 1601 页。
⑤ 吕思勉:《西王母考》,载《说文月刊》1939 年第 1 卷第 9 期。

以为"吕氏说明西王母东迁的史实,可说是一创举"①。

陈梦家曾经说,殷卜辞所见"西母"神,已经体现出"西王母"前身的踪影。②日本学者小村一郎指出:"但在卜辞中所见'西母'的例子并不多,只知道它是享受'燎'祭的具有强烈自然性格的神,并被当作是与'东母'向对的神(不见'南母'和'北母')。如此等等,对于它与后世的西王母是否有直接继承关系,即使可以作出种种判断,但加以确认是有困难的。"这样的意见可能是正确的,即:"自后世上溯有关西王母的最古老的资料,可见于战国时代的文献。"③

《山海经》中,"西王母"凡五见。即:《西次三经》:"玉山,是西王母所居也。西王母其状如人,豹尾虎齿而善啸,蓬发戴胜,是司天之厉及五残。"《海内北经》:"西王母,梯几而戴胜杖,其南有三青鸟,为西王母取食。在昆仑虚北。"又《大荒西经》:"(昆仑之丘)有人,戴胜,虎齿,有豹尾,穴处,名曰'西王母'。此山万物尽有。"

《穆天子传》中关于"西王母"有生动的文字。《穆天子传》卷二写道:"乃遂西征,癸亥,至于西王母之邦。"卷三写道:"吉日甲子,天子宾于西王母,乃执玄圭白璧,以见西王母。好献锦组百纯,□组三百纯,西王母再拜受之。□乙丑,天子觞西王母于瑶池之上。西王母为天子谣曰:'白云在天,丘陵自出。道里悠远,山川间之。将子无死,尚能复来。'天子答之曰:'予归东土,和治诸夏。万民平均,吾顾见汝。比及三年,将复而野。'西王母又为天子吟曰:'徂彼西土,爰居其野。虎豹为群,于鹊与处。嘉命不迁,我惟帝女。彼何世民,又将去子。吹笙鼓簧,中心翱翔。世民之子,惟天之望。'天子遂驱

---

① 《昆仑丘与西王母》,见凌纯声:《中国边疆民族与环太平洋文化》,第1605页。

② 陈梦家:《古文字中之商周祭祀》,载《燕京学报》1936年第19期。

③ [日]小村一郎著,孙昌武译:《中国的神话传说与古小说》,中华书局1993年版,第24页。

升于弇山，乃纪其迹于弇山之石而树之槐，眉曰'西王母之山'。"

晋武帝时与《穆天子传》一同出土于汲郡战国魏王墓的《竹书纪年》中，也有关于"西王母"的记述。如："穆王十七年，西征昆仑邱，见西王母。……西王母来见，宾于昭宫。"①

此外，《荀子·大略》说："尧学于君畴，舜学于务成昭，禹学于西王国。"②这里所谓"西王国"，与"君畴""务成昭"对应，应当是人名，或许就是"西王母"。③

实际上，"西王母"也可能曾经被理解为古国名。如《尔雅·释地》："觚竹、北户、西王母、日下，谓之四荒。"郭璞注："觚竹在北，北户在南，西王母在西，日下在东，皆四方昏荒之国。"④

《淮南子·地形》也说："西王母在流沙之濒。"高诱注："《地理志》曰：西王母石室在金城临羌西北塞外。"⑤

反映汉代社会对"西王母"的认识的文献资料，又有贾谊《新书·修政语上》：

尧教化及雕题、蜀、越，抚交趾，身涉流沙，地封独山，西见王母，训及大夏、渠叟……⑥

王充《论衡·无形》可见"西王母"：

图仙人之形，体生毛，臂变为翼，行于云，则年增矣，千岁不死。此虚图也。世有虚语，亦有虚图。……禹、益

---

① 范祥雍订补：《古本竹书纪年辑校订补》，上海古籍出版社2011年版，第31—32页。

② 梁启雄：《荀子简释》，中华书局1983年版，第366页。

③ 小村一郎说："或如前人已指出的那样就是西王母本人，或是与它有关系的人物。"《中国的神话传说与古小说》，第29页。

④ 〔清〕阮元校刻：《十三经注疏》，中华书局据原世界书局缩印本1980年10月影印版，第2616页。

⑤ 何宁：《淮南子集释》，中华书局1998年版，第361页。

⑥ 〔汉〕贾谊撰，阎振益、钟夏校注：《新书》，中华书局2000年版，第360页。

见西王母，不言有毛羽。

《论衡·恢国》可见"西王母国"：

> 孝平元始元年，越常重译献白雉一、黑雉二。夫以成王之贤，辅以周公，越常献一，平帝得三。后至四年，金城塞外，羌良桥桥种良愿等，献其鱼盐之地，愿内属汉，遂得西王母石室，因为西海郡。周时戎、狄攻王，至汉内属，献其宝地。西王母国在绝极之外，而汉属之。德孰大？壤孰广？①

"西王母"所居，都被理解为在西方绝远之地，不过多以为在流沙之外，而按照《论衡·恢国》的说法，则当在今青海境内。如此，则西王母神话中的"瑶池"，有可能就是青海湖了。

《汉书》卷二八下《地理志下》说：金城郡临羌"西北至塞外，有西王母石室、仙海、盐池"②。"仙海"，又称"西海""鲜水海"，就是青海湖。

前辈学者的讨论，涉及东西交通的历史，可以给我们重要的启示。

所谓"西王母所居处"的考定，是十分复杂的工作。引起我们浓郁的兴趣，是西来的西王母崇拜何以在民间实现了广泛的普及。对于《史记》卷四三《赵世家》有关"缪王使造父御，西巡狩，见西王母，乐之忘归"的记述，司马贞《索隐》说："《穆天子传》曰：'穆王与西王母觞于瑶池之上，作歌。'是乐而忘归也。谯周不信此事，而云：'余常闻之，代俗以东西阴阳所出入，宗其神，谓之王父母。或曰地名，在西域，有何见乎？'"③虽然由《史记》卷一二三《大宛列传》"安息长老传闻条枝有弱水、西王母"之说可知以所谓"代俗"即晋冀北部山区地方民俗不足以正确解释西王母崇拜的生成和影

---

① 黄晖：《论衡校释》（附刘盼遂集解），中华书局1990年版，第66、832页。
② 《汉书》，第1611页。
③ 《史记》，第1779页。

响,然而谯周以为"东王公""西王母"神话是东西方位崇拜的产物,这一观点仍然可以参考。

汉代民间的西王母崇拜,不仅是神话学研究的重要课题,其实又是反映当时社会较为普遍的"天下"观或称"世界"观的文化现象。民间这种基于对远域国家部族的模糊了解所产生的迷信意识,当然也是交通史研究者所应当注意的。

四、西方神秘主义文化的东来

我们看到,在汉代民间礼俗的历史遗存中,东王公和西王母往往并列,然而,实际上西王母的影响又远远超过了东王公。正如陈直所说,一般情况下,只是"于西王母之外,又增加东王公以为配"。

这可能与当时人们由西方得到了更为生动、更为新奇的文化信息有关。

《易林》中所谓"西见王母"①"西过王母"②"西逢王母"③而皆蒙福祉诸文句,都反映西王母崇拜的这一心理背景。

汉代,是中原华夏文化主动西向,同时又空前集中、空前强烈地感受到西方文化东来影响的时代。

对于西方见闻的疏略,对于西方认识的模糊,使得西方文化具有了某种神秘色彩。当时人对于来自西方的新鲜事物,一方面有所欢迎,一方面又心存疑惧。

比如,我们看到,西汉时期,有出身北方少数民族的巫者,即所谓"胡巫"曾经高踞接近王朝统治中枢的地位,进行过活跃的文化表演。他们的活动,反映了当时各民族文化交汇的时代趋势。他们的宗教实践,曾经对国家的政治走向和民间的社会生活都发生过值得重

---

① 《易林》卷一《坤·噬嗑》,卷五《临·履》,卷九《明夷·萃》,第 25、248、482 页。
② 《易林》卷二《师·离》,卷一一《损·离》,第 94、546 页。
③ 《易林》卷一三《鼎·萃》,第 665 页。

视的影响。"胡巫"作为"巫蛊之祸"这一政治变局中的重要角色，具有神秘主义特征的外来文化因素通过介入上层权争，在思想文化史上写下了显著影响汉文化主体的引人注目的一页。

西汉皇家神祀系统中，竟然也有"胡巫"的存在。《史记》卷二八《封禅书》司马贞《索隐》引《三辅故事》："胡巫事九天于神明台。"① 可见，在当时正统神学体系中，"胡巫"即出身于西北少数民族的巫者，曾经占有重要的地位。

据班固在《汉书》卷二八上《地理志上》中记载，左冯翊云阳有三处与西北外来文化有关的神祠："云阳。有休屠、金人及径路神祠三所。"② 这三所神祠都是来自西北的宗教文化的代表，平时应当都是"胡巫"所主持。

《史记》卷二八《封禅书》说，晚年汉武帝因为病重而汉地"巫医无所不致，不愈"，不得已乃起用胡巫。"上郡有巫，病而鬼神下之"，又能代"神君"言，③ 所使用的特殊巫术，似与西北草原民族习用的萨满法术有某种渊源关系。

除了"巫蛊之祸"中"胡巫"所起的特殊作用可以突出说明"胡巫"在西汉政治文化中枢地区曾经发生重要的历史影响之外，还有一种现象值得注意，即"巫蛊"的形式之一，就是在道路上埋设象征物以恶言祝诅。这一巫术形式，很可能就是从西方传入汉地的。

据《汉书》卷九六下《西域传下》，汉与匈奴在西域方向作战，"闻汉军当来，匈奴使巫埋羊牛所出诸道及水上以诅军。单于遗天子马裘，常使巫祝之。缚马者，诅军事也"④。实际上，"巫蛊"案中当驰道埋偶人的情形类同于匈奴"埋羊牛"。也就是说，长安地区当时所盛

---

① 《史记》，第1379页。
② 《汉书》，第1545页。
③ 《史记》，第1388页。
④ 《汉书》，第3913页。

行的"巫蛊"的有些形式,其实是西域巫风的模拟。①

　　"胡巫"的神秘技能,曾经在与西汉帝王心中造成深重的阴影。除了汉武帝对单于赠物"常使巫祝之"有所警觉而外,《汉书》卷九四下《匈奴传下》记载,"建平四年,单于上书愿朝五年。时哀帝被疾,或言匈奴从上游来厌人,自黄龙、竟宁时,单于朝中国辄有大故"。汉哀帝于是犹疑,让公卿讨论,后来终于拒绝单于来朝。"大故",颜师古注:"谓国之大丧。"两年后,元寿二年(前1),"单于来朝,上以太岁厌胜所在,舍之上林苑蒲陶宫。告之以加敬于单于,单于知之"②。《汉书》卷一一《哀帝纪》记载,正月匈奴单于来朝,"二月,归国,单于不说"③。单于不悦的原因,大约是知道了被安排居于蒲陶宫是出于"太岁厌胜"的考虑。就在四个月之后,汉哀帝崩,再一次证明了"单于朝中国辄有大故"的说法。这当然只是偶然的巧合,不过可以推想,当时人对于"胡巫"神力的迷信,可能因此又有了进一步流播的条件。④战争中所谓"巫祝""诅军"情形可以使我们了解汉匈武装冲突时运用的特殊文化手段,巫术战的激烈,竟至于以"厌"的形式谋求对于对方最高执政者的人身伤害。从现在掌握的资料看,这种现象大约西方初起,东方效行,西方为主,东方为从。

　　汉代受到普遍崇拜的吉祥永寿之神西王母,在当时巫风大畅的背景下⑤,其实可以看作西方神秘世界的一种典型象征。

　　或许正是因为这一原因,当佛的形象在中土民间意识中得以确立并且逐渐高大起来之后,西王母神话的影响渐渐削弱了。

---

① 西域道上有敌方"巫埋羊牛""以诅军"这一事实,与《易林》所谓"西过王母,道路夷易,无敢难者"(卷二《讼·家人》,卷二《师·离》,卷一一《损·离》)诸语相联系,也是发人深思的。
② 《汉书》,第3812—3817页。
③ 《汉书》,第344页。
④ 参看王子今:《西汉长安的胡巫》,载《民族研究》1997年第5期。
⑤ 鲁迅《中国小说史略》第五篇说:"汉末又大畅巫风,而鬼道愈炽。"其实,在整个汉代,巫风和鬼道都全面影响着社会生活的诸多方面。《鲁迅全集》第9卷,人民文学出版社1981年版,第43页。

二篇

战国秦汉性别关系史论说

二 篇

战国秦汉性别关系史论说

「吴起杀妻」论

在楚国成功主持变法的改革家吴起在政治、军事诸方面都取得过突出成就。然而他在谋求政治进取机会时"杀妻取信"的表现，使得声名损坏。讨论这一事件以及相关社会反应，可以深化对中国古代性别关系史以及中国政治文化和中国道德传统的认识。

一、吴起：成功的政治家军事家

战国时期，是中国历史上创新收获最为集中的阶段。生产的进步以及以"百家争鸣"为标志的思想自由和文化丰收，也促成了社会结构的重要变化。当时，列国相继推行强国政策，力求在竞争中取胜。改革原有制度，推行新法，以适应新的时代要求，成为有见识的执政者共同的政治主张。吴起在楚国主持变法，是战国变法史中引人注目的一例。

对于吴起主持的楚国变法，司马迁在《史记》卷六五《孙子吴起列传》中有这样的记述："楚悼王素闻起贤，至则相楚。明法审令，捐不急之官，废公族疏远者，以抚养战斗之士。要在强兵，破驰说之言从横者。"[1] 吴起申明法令，严格依法行政。又精简机构，裁撤冗官，削弱贵族影响国政的势力，王族疏远支属的待遇水准也有所降低。节省下来的资财用以养兵。种种行政努力最基本的追求在于加强楚国的军事实力，以利于在列强兼并、武力竞争的环境中取得优势地位。与许多变法领袖的做法同样，吴起也主张舆论一律，坚持在思想文化方面的简洁单一。所谓"破驰说之言从横者"，《战国策·秦策二》作"使驰说之士无所开其口"，可知"纵横"之学遭到禁止，其他各

---

[1] 《韩非子·和氏》："吴起教楚悼王以楚国之俗曰：'大臣太重，封君太众，若此则上逼主而下虐民，此贫国弱兵之道也。不如使封君之子孙三世而收爵禄，绝灭百吏之禄秩，损不急之枝官，以奉选练之士。'悼王行之。"中华书局1998年版，第103页。〔汉〕刘向集录：《战国策·秦三》："吴起为楚悼罢无能，废无用，损不急之官，塞私门之请，壹楚国之俗，南攻杨、越，北并陈、蔡，破横散从，使驰说之士无所开其口。"上海古籍出版社2011年版，第360页。

种学说，当时在楚国很可能也被压缩了发展和活跃的空间。

吴起主持的变法取得显著成效。不久楚国就以超级强国的姿态出现在国际政治舞台上，"于是南平百越，北并陈、蔡，却三晋；西伐秦。诸侯患楚之强"。李学勤指出，"随着楚人势力的强大和扩张，楚文化的影响殊为深远"，"楚文化的扩展，是东周时代的一件大事。春秋时期，楚人北上问鼎中原，楚文化也向北延伸。到了战国之世，楚文化先是向南大大发展，随后由于楚国政治中心的东移，又向东扩张，进入长江下游以至今山东省境。说楚文化影响所及达到半个中国，并非夸张之词"，"楚文化对汉代文化的酝酿形成有过重大的影响"①，也是我们熟悉的历史事实。回顾战国时期楚史和楚文化的发展历程，不能忽略吴起变法的作用。

与战国时期另一位著名的变法领袖商鞅同时也是军事家同样，吴起起初也是以名将形象出现在历史舞台的。《史记》卷六《秦始皇本纪》和卷四八《陈涉世家》中两度出现贾谊分析秦史的文字，说到崛起的秦国面对的敌方"六国之士"："吴起、孙膑、带他、儿良、王廖、田忌、廉颇、赵奢之伦制其兵，尝以什倍之地、百万之师，仰关而攻秦。"在贾谊看来，可以抗击"常为诸侯雄"的秦军的六国名将，吴起名列第一。吴起用兵，胜绩频繁。他率领的军队战胜过齐军、秦军、百越军、三晋军、陈军、蔡军。"（魏）文侯以吴起善用兵，廉平，尽能得士心，乃以为西河守，以拒秦、韩。"当时吴起对于在魏国的成功，除"治百官，亲万民，实府库"外，亦曾自称"将三军，使士卒乐死，敌国不敢谋"，"守西河而秦兵不敢东乡，韩、赵宾从"②。

《汉书》卷三〇《艺文志》著录"《吴起》四十八篇"③。很可

---

① 李学勤：《东周与秦代文明》，上海人民出版社2007年版，第10—11页。
② 〔汉〕司马迁：《史记》卷六五《孙子吴起列传》，中华书局1982年版，第2166—2167页。
③ 〔汉〕班固：《汉书》，中华书局1982年版，第1757页。

能是吴起军事学思想的总结。《宋史》卷二〇七《艺文志六》"兵书类"中则有"校定《吴子》二卷",明人董斯张撰《吴兴备志》卷二二《经籍征》也说到这部书,应是后人托名之作。明代学者宋濂说其书分六篇:"《吴子》二卷,卫人吴起撰。起尝学于曾子。其著书曰《图国》《料敌》《治兵》《论将》《应变》《励士》凡六篇。"对于吴起的思想,宋濂有这样的分析:"夫干戈相寻,至于战国,惨矣。往往以智术诈谲驰骋于利害之场,无所不用其至。若无士矣。起于斯时,对魏武侯则曰'在德不在险';论制国治军,则曰'教之以礼,励之以义';论天下战国,则曰'五胜者祸,四胜者弊,三胜者霸,二胜者王,一胜者帝,数胜得天下者稀,以亡者众';论为将之道,则曰'所慎者五:一曰理,二曰备,三曰果,四曰戒,五曰约'。何起之异夫诸子也!此所以守西河,与诸侯大战七十六,全胜六十四,辟土四面,拓地千里,宜也。较之孙武,则起几于正,武一乎奇,其优劣判矣。或者谓起为武之亚,抑亦未之思欤。然则杀妻求将,啮臂盟母,亦在所取乎?曰:姑舍是。"①宋濂认为,在战国时期"往往以智术诈谲驰骋于利害之场,无所不用其至",真正的"士"已经不复存在即所谓"若无士矣"的形势下,吴起的军事思想却完备深沉,他能够取得军事成就,是自然的。吴起的军事学理论,在某种意义上甚至可以说超越孙武。至于"杀妻求将"等行为,却不足取。

二、"杀妻"污名与吴起"残忍薄行"形象

对于历史人物来说,事功与修身,政治事业和个人品行的社会评价有时距离甚远。吴起,就是一位历史上争议颇多的人物。

吴起所受指斥最严重的,是"杀妻"行为。事见《史记》卷六五《孙子吴起列传》:"吴起者,卫人也,好用兵。尝学于曾子,事鲁君。齐人攻鲁,鲁欲将吴起,吴起取齐女为妻,而鲁疑之。吴起于是欲就名,

---

① 〔明〕宋濂:《文宪集》卷二七《杂著》,见《景印文渊阁四库全书》,台湾商务印书馆1986年版,第1224册,第417—418页。

遂杀其妻,以明不与齐也。鲁卒以为将。将而攻齐,大破之。"①杀妻以求将的行为,表现出追逐政治权力而不惜牺牲亲情、灭绝人性的心理特点。

吴起后来不得不离开鲁国政坛,就是因为鲁人对于他的道德品行的非议。当时"鲁人"有对吴起的为人提出批评的:"起之为人,猜忍人也。其少时,家累千金,游仕不遂,遂破其家,乡党笑之,吴起杀其谤己者三十余人,而东出卫郭门。与其母诀,啮臂而盟曰:'起不为卿相,不复入卫。'遂事曾子。居顷之,其母死,起终不归。曾子薄之,而与起绝。起乃之鲁,学兵法以事鲁君。鲁君疑之,起杀妻以求将。夫鲁小国,而有战胜之名,则诸侯图鲁矣。且鲁卫兄弟之国也,而君用起,则是弃卫。"②发表这种意见的人,揭露吴起曾经杀害"乡党""谤己者三十余人",又"其母死","终不归",也是不符合鲁国地方的道德传统的。又"杀妻以求将",尤其表现出"忍"的个性。而且鲁国和卫国是兄弟之国,如果任用吴起,则会得罪卫国。鲁君因此内心动摇,最终辞退了吴起。鲁人对吴起的批评"起之为人,猜忍人也",《资治通鉴》卷一"周威烈王二十三年"写作"起,残忍薄行人也"③。

对于"鲁人"非议吴起的话,司马迁的记录是"鲁人或恶吴起曰",《资治通鉴》卷一"周威烈王二十三年"的说法是"或谮之鲁侯曰"④。所谓"恶""谮",似乎说其中指责也许并不完全属实。比如"其少时,家累千金,游仕不遂,遂破其家,乡党笑之,吴起杀其谤己者三十余人"的情节就颇有可疑之处。司马光编定《资治通鉴》就没有采用这一说法。不过"起杀妻以求将"的行为,司马迁看来是相信的。这一行径,

---

① 《史记》,第2165页。
② 《史记》卷六五《孙子吴起列传》,第2165页。
③ 〔宋〕司马光编著,〔元〕胡三省音注,"标点资治通鉴小组"校点:《资治通鉴》,中华书局1956年版,第21页。
④ 《资治通鉴》,第21页。

已经充分暴露了吴起的"忍"或者说"残忍"。

后人称之为"杀妻自信"①的行为长期受到严厉指斥，如宋人于石诗句"吴起为鲁将，杀妻殊不仁"，又与其他"无情"行为比列②，就是直接的道德批判。宋人邹浩所谓"杀妻吴起终遭逐"③，似说吴起做出了"杀妻"这样重大的道德牺牲，却并没有使权位稳固，是从另一个角度的批评。其中似有中国传统社会意识"报应"的暗示。

对于吴起的个性，时人"猜忍人也"的批评，说他多疑而狠毒。"忍"的性格特征，包含有残忍的含义。大约这种个性，也表现出强亢的特点。司马迁在《史记》卷六五《孙子吴起列传》中评论吴起的性格，说他"刻暴少恩"。可能正是以这样的个性风格推进楚国的变法，才得以迅速取得成效的。但是，可能也正是因为执政风格的异常激进，使得变法运动的主持者不久就走向个人生命的悲剧终结。

明人彭大翼《山堂肆考》卷七〇《臣职·总将帅上》将"吴起杀妻"与"不欲治第""岂敢言家""济河焚舟""渡江击楫"并列，对于史上著名"将帅"，看来也是将"杀妻"作为正面事迹记述的："卫人吴起仕于鲁，齐人伐鲁，鲁欲以为将。起娶齐女，鲁人疑之，

---

① 曹操《举贤勿拘品行令》："吴起贪将，杀妻自信。"〔三国〕曹操：《曹操集》，中华书局 2018 年版，第 53 页。《册府元龟》卷六七《帝王部·求贤一》引作"杀妻求信"。〔北宋〕王钦若等编：《册府元龟》，中华书局据明初刻本 1960 年 6 月影印版，第 751 页。

② 〔宋〕于石《感兴》五首其一："吴起为鲁将，杀妻殊不仁。乐羊伐中山，食子太无情。功名苟为重，骨肉无乃轻。以此谋富贵，何如甘贱贫。沛丰三尺剑，抵掌收楚秦。未央玉卮寿，以功骄父兄。惜哉一杯酒，终愧一杯羹。"《紫岩诗选》卷一《五言古诗》。言"功名""富贵"与"骨肉"亲情的关系，所说切合中国传统意识。对于刘邦"一杯酒""一杯羹"的讥讽，也比较到位。将"杀妻"与"烹父"联系起来分析的，还有南宋诗人华岳的《读史》诗："史笔如衡须正持，莫教浮诞出无稽。已成帝业从烹父，未将王师休杀妻。秦逸号眠为抱虎，刘狂名舞作闻鸡。麟经削后无全笔，磨玷吾当问白圭。"《翠微南征录》卷六。

③ 〔宋〕邹浩：《道乡集》卷六《诗·班超》，见《景印文渊阁四库全书》，台湾商务印书馆 1986 年版，第 1121 册，第 215 页。

起遂杀妻以求将,大破齐师。"①

对于吴起处世风格的阴暗一面,有人在评论其历史形象时予以忽略。如明代诗人胡奎《吴起》诗:"吴起好用兵,尝学曾子法。东出卫郭门,啮臂与母诀。鲁君不见用,杀妻与齐绝。将军自吮疽,士卒甘喋血。击秦拔五城,魏侯尚功烈。在德不在险,舟中尽吴越。孰云猜忌人,千载名不灭。"②所谓"鲁君不见用,杀妻与齐绝",似乎只是其事迹的简单记述,或许也可以理解为正面的评价。

三、"杀妻"事件与吴起"德"论与"德"行的对立

吴起在魏国任职时,曾经有强调应执政以"德"的著名论说。最精彩的表述就是所谓"在德不在险"。

《战国策·魏策一》记载:"魏武侯与诸大夫浮于西河,称曰:'河山之险,岂不亦信固哉!'王锺侍王,曰:'此晋国之所以强也。若善修之,则霸王之业具矣。'吴起对曰:'吾君之言,危国之道也;而子又附之,是危也。'武侯忿然曰:'子之言有说乎?'吴起对曰:'河山之险,信不足保也;是伯王之业,不从此也。昔者,三苗之居,左彭蠡之波,右有洞庭之水,文山在其南,而衡山在其北。恃此险也,为政不善,而禹放逐之。夫夏桀之国,左天门之阴,而右天溪之阳,庐、睪在其北,伊、洛出其南。有此险也,然为政不善,而汤伐之。殷纣之国,左孟门而右漳、釜,前带河,后被山。有此险也,然为政不善,而武王伐之。且君亲从臣而胜降城,城非不高也,人民非不众也,然而可得并者,政恶故也。从是观之,地形险阻,奚足以霸王矣!'武侯曰:'善。吾乃今日闻圣人之言也!西河之政,专委之子矣。'"③

---

① 〔明〕彭大翼:《山堂肆考》,见《景印文渊阁四库全书》,台湾商务印书馆1986年版,第975册,第344页。

② 〔明〕胡奎:《斗南老人集》卷一《古选》,见《景印文渊阁四库全书》,台湾商务印书馆1986年版,第1233册,第378页。

③ 〔汉〕刘向集录,范祥雍笺证,范邦瑾协校:《战国策笺证》卷二二《魏策一》,上海古籍出版社2006年版,第1251—1252页。

《史记》卷六五《孙子吴起列传》的记录，则有国家安危与政治成败其实"在德不在险"的说法。吴起又有语气更为强硬的话："若君不修德，舟中之人尽为敌国也。"①

"在德不在险"，其实是非常高明、非常清醒的政治见识。吴起的这番话，成为有关"德政"的著名论述，为后世执政者和政论家频繁引用。

在中国古代，"德"，其实是一个经常显得内涵比较宽泛，界面比较模糊的概念。但是人们都会想到，有关"德"发表过如此卓识的吴起，个人的"德"行为什么又千百年来备受诟病呢？

南宋学者王十朋《问策》写道："曾参以孝著于孔门。得参之学而行之者，宜其以孝而施于有政也。孰谓丧母不归，杀妻求将者，反出参之门哉？"②即直接提出了道德指斥。《四库全书总目》卷九九论《子部九·兵家类》"《吴子》一卷"："起杀妻求将，啮臂盟母，其行事殊不足道。然尝受学于曾子，耳濡目染，终有典型，故持论颇不诡于正。如对魏武侯则曰'在德不在险'，论制国治军则曰'教之以礼，励之以义'，论为将之道则曰'所慎者五：一曰理，二曰备，三曰果，四曰戒，五曰约'。大抵皆尚有先王节制之遗。高似孙《子略》谓其'尚礼义，明教训，或有得于《司马法》者'。斯言允矣。"③论者将个人之"行事"与国政之"持论"如"论制国治军"，"论为将之道"等分别考议，虽然批评"起杀妻求将，啮臂盟母，其行事殊不足道"，然而认为他思想行为的主流是符合"礼义"原则的。

也有人对吴起行迹是否合于"德"有较为深沉的思考。对于吴起因变法遭到守旧贵族嫉恨而被杀害的悲剧结局，司马迁曾经评论

---

① 《史记》，第2166—2167页。
② 〔宋〕王十朋：《梅溪前集》卷一三《问策》，见《景印文渊阁四库全书》，台湾商务印书馆1986年版，第1151册，第225页。
③ 〔清〕永瑢、纪昀等：《四库全书总目》卷九九论《子部九·兵家类》，见《景印文渊阁四库全书》，台湾商务印书馆1986年版，第3册，第154页。

说，"吴起说武侯以形势不如德，然行之于楚，以刻暴少恩亡其躯。悲夫！"所谓"行之于楚"，"刻暴少恩"与"说武侯以形势不如德"形成对照①，大约这位伟大的政治史学者评价"德"的视点，主要还在于执政能否宽容。即使言"刻暴少恩"，也仅仅限定于在楚国的表现，并没有对他"杀妻"的行为进行直接的批评。所谓"以刻暴少恩亡其躯"，可以看作对吴起之死从策略风格方面进行分析的意见，而《史记》卷一三〇《太史公自序》关于《孙子吴起列传》所谓"内可以治身，外可以应变，君子比德焉"②，似乎又可以看作从道德水准方面进行了正面的肯定。而战国时期著名的政治活动家、曾经主持秦国政务的范雎，却发表过偏重于政治大局层次观察的见解，肯定的态度更为明朗。他赞美吴起事奉楚悼王，使私家不得害公，谗言不得蔽忠，坚持推进改革的原则，"言不取苟合，行不取苟容"，勇敢地面对反对势力，"不为危易行，行义不辟难"，为了变法的成功，国家的强盛，可以"不辞祸凶"。范雎说，这样的品格，这样的情操，"固义之至也，忠之节也。"他又言辞慷慨地肯定了这种精神的典范意义和感召力量："是故君子以义死难，视死如归；生辱不如死而荣。士固有杀身以成名，唯义之所在，虽死无所恨。"③《战国策·秦策三》也记述了这一段话，然而后一句写作："故君子杀身以成名，义之所在，身虽死，无憾悔。"④在范雎口中，吴起成为"忠""义""君子"的标范。

但是，在这种所谓"义之至""忠之节"政治表现的光明照射下，难道可以使"杀妻"这样的道德人伦阴影完全消失吗？

元人戴表元《读吴起传》写道："世儒言吴起，未有不艴然异之也。尝读其传而得其为人，盖魏公子所谓'节廉而自喜名'者，起之实录也。当战国时，士之道先王而守礼义者，鲜矣。鲁俗犹为后衰。而起也及

---

① 《史记》卷六五《孙子吴起列传》，第2169页。
② 《史记》，第3313页。
③ 《史记》卷七九《范雎蔡泽列传》，第2420页。
④ 《战国策笺证》，第359页。

事曾子,曾子以孝闻。鲁而议起者曰:起之学于其门也,啮母而诀,杀妻而求将。世有学于曾子而啮母杀妻者乎?若其答魏文侯舟中之问,与夫逊田文辞,尚主趣舍进退,从容可观。则犹曾子之教,尔学不胜质,溺于技勇,后人循迹而议,置其轻者,推其重者,名之为薄。夫君子恶居下流,其是之谓哉?"① 他认为吴起从学于曾子,他的"在德不在险"等开明见解和明智言论,皆"从容可观"。而"杀妻而求将"事,确实与"学于曾子"的经历形成了过于鲜明的矛盾。"后人""名之为薄"者,或许在于吴起重于"技勇",而忽略了"曾子之教"的真质。

四、"杀妻"手段与吴起"权""术"心理

《史记》卷六五《孙子吴起列传》后附《索隐述赞》就吴起事迹有这样的评论:"吴起相魏,西河称贤;惨礉事楚,死后留权。"② 所谓"惨礉事楚","惨礉",见于《史记》卷六三《老子韩非列传》司马迁对于韩非法家学说"引绳墨,切事情,明是非,其极惨礉少恩"的评价。裴骃《集解》:"用法惨急而鞠礉深刻。"司马贞《索隐》:"按:谓用法惨急而鞠礉深刻也。"③ 都指出吴起执政风格的急进严酷。所谓"死后留权",则说吴起以特别的机智惩罚了杀害自己的人,同时也为捍卫变法的成果削弱了政敌,为进一步继续推行新法清除了障碍。

"死后留权"故事见于司马迁在《孙子吴起列传》中的记述。吴起在楚国主持变法,"废公族疏远者,以抚养战斗之士",损害了楚国旧贵族的利益。楚国虽然得以强大,但是激起了旧贵族势力的仇恨。在吴起的支持者楚悼王去世之后,"宗室大臣作乱而攻吴起"。吴起

---

① 〔元〕戴表元:《剡源文集》卷二二《史论》,见《景印文渊阁四库全书》,台湾商务印书馆1986年版,第1194册,第277页。
② 《史记》,第2169页。
③ 《史记》,第2156页。

自知不能逃生，于是采取了特别的对策，"走之王尸而伏之"。于是，"击起之徒因射刺吴起，并中悼王。悼王既葬，太子立，乃使令尹尽诛射吴起而并中王尸者。坐射起而夷宗死者七十余家"。《吕氏春秋·贵卒》写道："荆王死，贵人皆来。尸在堂上。贵人相与射吴起，吴起号呼曰：'吾示子，吾用兵也？'拔矢而走，伏尸插矢而疾言曰：'群臣乱王，吴起死矣！'且荆国之法，丽兵于王尸者尽加重罪逮三族。吴起之智，可谓捷矣。"① 按照高诱的解释，吴起的动机就是"欲令群臣被诛以自为报也"。吴起"智""捷"，在生命垂危时刻，仍然以"用兵"之权谋，赢得了最后一个回合。所谓"死后留权"的"权"，是说其优胜的策略手段在死后依然奏效。

关于吴起所谓"廉平"，史家是有不同意见的。《史记》卷六五《孙子吴起列传》说，离开鲁国之后，"吴起于是闻魏文侯贤，欲事之。"听说魏文侯贤良有为，准备为他服务。魏文侯咨询李克，问吴起之为人："吴起何如人哉？"李克回答说：吴起这个人"贪而好色"，不过，要论用兵之术，著名兵家司马穰苴也不能超过他。"于是魏文侯以为将，击秦，拔五城。"据司马贞《索隐》，王劭说："此李克言吴起贪。下文云'魏文侯知起廉，尽能得士心'，又公叔之仆称起'为人节廉'，岂前贪而后廉，何言之相反也？"司马贞说："李克言起贪者，起本家累千金，破产求仕，非实贪也；盖言贪者，是贪荣名耳，故母死不赴，杀妻将鲁是也。或者起未委质于魏，犹有贪迹，及其见用，则尽廉能，亦何异乎陈平之为人也。"所谓"盖言贪者，是贪荣名耳"的说法，应当是可以成立的。但是吴起事迹可能与陈平"受金"行为有所不同。对于所谓吴起"尽能得士心"，吴起本人也有"使士卒乐死"的自信，然而司马迁在《史记》卷六五《孙子吴起列传》中给我们提供的具体事实是这样的："起之为将，与士卒最下者同衣

---

① 许维遹撰，梁运华整理：《吕氏春秋》，中华书局2009年版，第597—598页。

食。卧不设席，行不骑乘，亲裹赢粮，与士卒分劳苦。卒有病疽者，起为吮之。卒母闻而哭之。人曰：'子卒也，而将军自吮其疽，何哭为？'母曰：'非然也。往年吴公吮其父，其父战不旋踵，遂死于敌。吴公今又吮其子，妾不知其死所矣。是以哭之。'"士兵病疽为吮之的做法，使卒母回忆其"吴公吮其父"使得"其父战不旋踵，遂死于敌"的情形，我们也由此可以知道吴起之所以"使士卒乐死"的方式。所谓"与士卒最下者同衣食。卧不设席，行不骑乘，亲裹赢粮，与士卒分劳苦"，甚至"卒有病疽者，起为吮之"都是一种"权"，一种手段，目的在于"使士卒乐死"，"战不旋踵"。① 有人称此为"诡术"。宋人吕乔年说："起为人贪财好色，及为将则与士卒同甘苦。非起前贪而后廉也，前之贪，贪财也；后之廉，贪功名也。渔人以饵致鱼，非能舍饵也，欲得鱼耳。"② 也说吴起的"廉"，其实只是"渔人以饵致鱼"的手段。

"杀妻"也是"贪荣名""谋富贵"的手段，或许也可以看作一种"诡术"。为了追求某种政治目的可以不择手段，是吴起的人格特征。可悲的是，吴起妻在当时社会情境下，没有知情权，没有话语权，没有自主权，在吴起个人政治谋求和前程算计中甚至丧失了生存权。③

---

① 吴起在进行战争动员时使用与商鞅徙木立信类似的特殊手段的实例，见于《韩非子·内储说上七术·说三》："吴起为魏武侯西河之守，秦有小亭临境，吴起欲攻之。不去则甚害田者；去之则不足以征甲兵。于是乃倚一车辕于北门之外而令之曰：'有能徙此南门之外者，赐之上田上宅。'人莫之徙也，及有徙之者，遂赐之如令。俄又置一石赤菽于东门之外而令之曰：'有能徙此于西门之外者，赐之如初。'人争徙之。乃下令曰：'明日且攻亭，有能先登者，仕之国大夫，赐之上田宅。'人争趋之，于是攻亭，一朝而拔之。"中华书局1998年版，第247页。

② 〔宋〕吕乔年：《丽泽论说集录》卷八《门人集录史说》，见《景印文渊阁四库全书》，台湾商务印书馆1986年版，第703册，第423页。

③ 据《史记》卷六五《孙子吴起列传》，因鲁人"夫鲁小国，而有战胜之名，则诸侯图鲁矣；且鲁卫兄弟之国也，而君用起，则是弃卫"的劝谏，"鲁君疑之，谢吴起。"第2165页。如前引邹浩诗所谓"杀妻吴起终遭逐"，可知吴起妻子生命的代价，只换取了吴起对于一次战役的指挥权。

五、"杀妻"罪恶与正统司法理念

对于吴起"杀妻求将"的行为,有人做过这样的解释:"昔吴起故杀妻求大将,史氏且录功恕罪。盖军法与国法不同故也。"①"军法与国法不同"的说法,应当是没有足够说服力的。

《晋书》卷四八《段灼传》记录段灼上表言事,颇多历史思考,其中有这样一段话:"士之立业,行非一概。吴起贪官,母死不归,杀妻求将,不孝之甚。然在魏,使秦人不敢东向;在楚,则三晋不敢南谋。曾参、闵骞,诚孝子也,不能宿夕离其亲,岂肯出身致死,涉危险之地哉!"这是与"录功恕罪"一样的思路。"立业"的成功,掩盖了"杀妻"罪行。同时又与"曾参"进行"孝"与"不孝"以及对"亲"之不同态度的对比,指出吴起虽然"贪官""不孝",然而能够"出身致死,涉危险之地",是于国家有用,可以成功"立业"之"士"。建议晋武帝在九品中正制之外破格选才,"致熊罴之士,不二心之臣"。

史称吴起在楚国发起变法时,首要行政原则是"明法审令"。然而我们看到,在法家思想指导下的秦法,对于家庭中妻子的生命权利,也是予以保护的。继承秦法的汉初法律《二年律令》中的《贼律》,有涉及家庭暴力的内容:"妻悍而夫殴笞之,非以兵刃也,虽伤之,毋罪。"(三二)男子施用暴力若不使用"兵刃",则可以因"妻悍"的前提免予追究。②但是只限于"伤之",如果危及生命,则此条文并不适用。睡虎地秦简《法律答问》中直接可以看到相似内容:"妻

---

① 〔宋〕阳枋《与南畴王使君论时政书》:"排军姚受殴其妻入水,律之以法,自服死刑。然其妻犯盗发觉,姚受不胜羞忿,正谊而殴之,以致入水,亦可谓有羞恶之心。以军法原之,不当抵以死罪。闻法司具上绞刑。法是矣而情未也。昔吴起故杀妻求大将,史氏且录功恕罪,盖军法与国法不同故也。姚受固非良善,但议法原情,当从忠厚,欲望明公特加原贷,从窜法施行,诚为允当。"《字溪集》卷二《书》。

② 参看王子今:《张家山汉简所见"妻悍""妻殴夫"等事论说》,载《南都学坛》2002年第4期。

悍，夫殴治之，夬（决）其耳，若折支（肢）指、肤膴（体），问夫可（何）论？当耐。"（七九）有学者分析说，"该条文具备了《贼律》所说的丈夫免责的两个条件，但丈夫却未能免责。这很可能是因为造成其残疾"①。如果致死，无疑是要受到法律惩处的。

《唐律疏议》卷二二《斗讼》有"诸殴伤妻者，减凡人二等；死者，以凡人论"的条文。《唐律疏议》卷二一《斗讼》："诸斗殴杀人者，绞。以刃及故杀人者，斩。"②可知"杀妻"是要处以死刑的。白居易《论姚文秀打杀妻状》讨论了一起"杀妻"案。杜文秀"打杀妻"，刑部及大理寺规矩律令"非因斗争无事而杀者，名为故杀"，以为"今姚文秀有事而杀者，则非故杀"。律令规定，"相争为斗，相击为殴，交斗致死，始名斗杀"。白居易说，姚文秀妻子阿王"被打狼籍，以致于死"，而"姚文秀检验身上，一无损伤"，那么就"不得名为相击"。又说，"阿王当夜已死，又何以名为相争？既非斗争，又蓄怨怒，即是故杀者"，"今大理刑部所执，以姚文秀怒妻有过，即不是无事，既是有事，因而殴死，则非故杀"，"如此是使天下之人皆得因事杀人，杀人了即曰我有事而杀，非故杀也。如此可乎？且天下之人岂有无事而杀人者？是明事谓争斗之事，非他事也。又凡言斗殴死者，谓事素非憎嫌，偶相争斗，一殴一击，不意而死。如此则非故杀。以其本原无杀心。今姚文秀怒妻颇深，挟恨既久，殴打狼籍，当夜便死。察其情状，不是偶然。此非故杀，孰为故杀？若以先因争骂，不是故杀，即如有谋杀人者先引相骂，便是交争，一争之后，以物殴杀了，则曰我因有事而杀，非故杀也，又如此可乎？设使因争，理犹不可，况阿王已死，无以辨明。姚文秀自云相争，有何凭据？"后来皇帝决断，

---

① 彭卫、杨振红：《中国妇女通史·秦汉卷》，杭州出版社2010年版，第75页。

② 〔唐〕长孙无忌等撰，刘俊文点校：《唐律疏议》，中华书局1983年版，第409、387页。

"宜依白居易状，委所在决重杖一顿处死"①。

正史中"杀妻"罪犯受到惩处终于"伏法"的案例，有《旧唐书》卷一五二《李景略传》："李怀光为朔方节度，招在幕府。五原有偏将张光者，挟私杀妻，前后不能断。光富于财货，狱史不能劾。景略讯其实，光竟伏法。既而亭午有女厉被发血身，膝行前谢而去。左右有识光妻者，曰：'光之妻也。'因授大理司直迁监察御史。"②所谓"光妻""被发血身，膝行前谢"故事，当然只是传说，却也曲折反映了社会舆论的倾向。张光为朔方节度使属下偏将，其"杀妻"罪行并不能因"军法"解脱，至少这是一件确定的实例。

六、"杀妻"暴行与传统伦理意识

吴起"杀妻"事，与传统家庭伦理情感悖逆，于是也因此受到严厉的谴责。

明代学者胡俨《述古》诗写道："《国风》美王化，《关雎》正彝伦。结发谐伉俪，恩爱日相亲。窈窕慎淑仪，嫌昵非所欣。甘从冀子耨，不厌黔生贫。如何会稽妇，呶呶丑负薪。亦有薄行士，杀妻求将军。所贵闺门内，相敬如友宾。举案重高义，断丝感微言。嗟嗟白头曲，忍作清路尘。"③诗人在"美王化""正彝伦"的礼教背景下讨论传统夫妻关系，笔调有非自然的色彩。然而说到传统的正常的家庭情感，"恩爱日相亲""相敬如友宾"，历代亦有"举案重高义，断丝感微言"的佳话。但是，"亦有薄行士，杀妻求将军"，吴起"杀妻"暴行，成为伦理史上黯淡的一页。所谓"求将军"的行为目的，其实质是极端丑恶的。回顾古史，可以看到许多在"功名""立业"名义下对女性的冷漠、遗弃、迫害甚至杀戮。中国传统亲情关系在政治名义影响

---

① 〔唐〕白居易著，谢思炜校注：《白居易文集校注》卷二三《奏状三》，中华书局2011年版，第1313—1314页。

② 〔后晋〕刘昫等：《旧唐书》，中华书局1975年版，第4073页。

③ 〔明〕胡俨：《颐庵文选》卷下《古诗》，见《景印文渊阁四库全书》，台湾商务印书馆1986年版，第1237册，第620—621页。

下被扭曲的情形，值得认真反思。

所谓"录功恕罪"，则体现史家在传统政治意识规范下对于"功"予以主观放大和无原则推崇的偏执型倾向。宋人孙奕将吴起"杀妻"与易牙、乐羊"食子"并说："吴起之杀其妻，易牙之杀其子，乐羊之食其子，是皆忘其所甚爱，而贪其所不必为也。真忍人哉！"[①]被斥为"忍人"所犯"杀妻"与"食子"罪行，是背弃了"其所甚爱"的亲情的。而以"杀妻"为代价的"功"的追求，在理智的思想者看来，只是所谓"贪其所不必为也"。

元代参与行政的知识人卢挚在《荐前河北河南道肃政廉访副使任乞僧状》中发表了对于人才问题的意见。他引用汉武帝"马或奔踶而致千里，士或有负俗之累而立功名"语，接着写道："昔吴起贪淫积忍，杀妻以求将，鲁君疑起不用。魏文侯得李克之言，以起为将，守西河而秦不敢东兵。"他在推荐人才时称赞吴起的"用兵之能"，说虽然"婚媾之误，恶岂比于杀妻"，但是希望对方能够"深惟魏侯用李克之言，将猜忍贪淫之起，以致却秦之功"[②]。这最后一个"功"字，值得我们注意。此所谓"功"和"功名"，是超越了"贪淫积忍"以及所谓"杀妻"之"恶"的。

明代名臣王守仁论述求才用才不必以道德的"规矩绳墨"为准，曾经举吴起为例。他在《陈言边务疏》中写道："何谓舍短以用长？臣惟人之才能，自非圣贤，有所长必有所短，有所明必有所蔽。而人之常情，亦必有所惩于前而后有所警于后。吴起杀妻，忍人也，而称名将。陈平受金，贪夫也，而称谋臣。管仲被囚而建霸，孟明三北而成功。顾上之所以驾驭而鼓动之者何如耳。"他又说："夫求才于仓卒艰难之际，而必欲拘于规矩绳墨之中，吾知其必不克矣。

[①] 〔宋〕孙奕：《示儿编》卷一七《杂记》，见《景印文渊阁四库全书》，台湾商务印书馆1986年版，第864册，第538页。

[②] 〔元〕周南瑞编：《天下同文集》卷二四《状》，见《景印文渊阁四库全书》，台湾商务印书馆1986年版，第1366册，第655页。

臣尝闻诸道路之言,曩者边关将士以骁勇强悍称者,多以过失罪名摈弃于闲散之地。夫有过失罪名,其在平居无事诚不可使处于人上。至于今日之多事,则彼之骁勇强悍亦诚有足用也。且被摈弃之久,必且悔艾前非,以思奋励。今诚委以数千之众,使得立功自赎,彼又素熟于边事,加之以积愤之余,其与不习地利志图保守者,功宜相远矣。古人有言使功不如使过,是所谓使过也。"① 所谓"舍短以用长"的理念,在中国古代人才思想史上有正当的地位,在许多场合下有历史的合理性。但是我们应当注意到,王守仁的论说也是以"功"作为主题的。在"仓卒艰难之际"的特殊选择可以理解,但是在确定文化指向和道德向导的时候,应当对所谓"短""长"和"明""蔽"有所分辨。

有学者从"人伦"角度批判吴起"杀妻"事。以为只看"人伦"方面的缺失,就可以全面否定其所有历史表现。比如明代学者张宁就曾经写道:"起母死不奔丧,杀妻以求将,无人伦矣!岂有无人伦之人而能尽忠于君,以爱其下者乎?彼问劳吮疽,皆诡术也。卒之自鲁奔魏,自魏奔楚而见杀,宜哉。大抵悖义就时之人,虽有所成,终难倚重,由其所厚者薄也。"② 这样的意见,也是我们在分析中国古代伦理史、家庭史和性别关系史时应当注意的。

七、古史"杀妻"现象的政治文化考察

回顾历史可以看到,在中国古代文献记录中,非刑事性质的,作为政治史情节的"杀妻"现象,有与吴起"杀妻"类似的情形,也有与吴起"杀妻"不同的情形。

马王堆三号汉墓出土帛书《战国纵横家书》有"齐王之多不忠也,

---

① 〔明〕王守仁:《王文成全书》卷九《别录一·奏疏一》,见《景印文渊阁四库全书》,台湾商务印书馆1986年版,第1265册,第228—229页。

② 〔明〕张宁:《方洲集》卷二七《读史录》,见《景印文渊阁四库全书》,台湾商务印书馆1986年版,第1247册,第581页。

杀妻逐子，不以其罪，何可怨也"①句，其中"杀妻"情节并不明朗。历史文献中所见其他"杀妻"故事，则大致有以下几种类型。

史籍可见"杀妻"以取信的史例。《吕氏春秋·忠廉》说，要离为吴王谋刺王子庆忌，为取信于对方，吴王"加要离罪焉，挚执妻子，焚之而扬其灰"。刺杀成功之后，"吴王大说，请与分国。"然而要离拒绝，"请必死"，所说第一条理由就是"夫杀妻子焚之而扬其灰，以便事也，臣以为不仁"②。虽然是吴王杀其妻子，然而是与要离合谋成议，因此要离认为自己应当承当"杀妻""不仁"的道德压力。

又有在特别情况下先"杀妻"随即自杀的情形。《史记》卷四一《越王勾践世家》记载：在吴军强攻形势下，越国君主陷于绝望，"勾践欲杀妻子，燔宝器，触战以死"③。同样情形，又有《三国志》卷三三《蜀书·后主传》记载邓艾灭蜀时，"是日，北地王谌伤国之亡，先杀妻子，次以自杀"。裴松之注引《汉晋春秋》曰："后主将从谯周之策，北地王谌怒曰：'若理穷力屈，祸败必及，便当父子君臣背城一战，同死社稷，以见先帝可也！'后主不纳，遂送玺绶。是日，谌哭于昭烈之庙，先杀妻子，而后自杀。左右无不为涕泣者。"④这样的表现虽然壮烈，但是其"妻子"的真实态度无从确知。"妻"和"子"只是作为忠勇之士的附属人口，在无自主意识的情况下被动地结束了生命。《晋书》卷八六《张重华传》和《晋书》卷八九《忠义传·宋距》

---

① 裘锡圭主编，湖南省博物馆、复旦大学出土文献与古文字研究中心编纂：《长沙马王堆汉墓简帛集成》第三册《战国纵横家书》，中华书局2014年版，第206页。

② 《吕氏春秋》，第248页。《吴越春秋》卷四《阖闾内传》关于要离妻子之死的记载是"要离乃诈得罪出奔，吴王乃取其妻子，焚弃于市"。要离言"杀妻""不仁"语："杀吾妻子，以事吾君，非仁也。"

③ 《史记》，第1740页。《越绝书》卷一四《德序外传记》作"欲杀妻子，角战以死"。

④ 〔晋〕陈寿撰，〔南朝宋〕裴松之注：《三国志》，中华书局1959年版，第900—901页。

都说宋距面对强敌,"先杀妻子,自刎而死"①。《魏书》卷八七《节义传·王荣世》:"先焚府库,后杀妻妾,及贼陷城,与成副邓元兴等俱以不屈被害。"②《新唐书》卷一八六《顾彦晖传》:"彦晖手杀妻子,乃自刎。"卷一九三《忠义列传下·袁光廷》:"及粮竭,手杀妻子,自焚死。"③也都是类似的古代战争的历史镜头。《元史》卷八二《忠义列传三·伯颜不花的斤》:"伯颜不花的斤力战不胜,遂自刎。其部将蔡诚,尽杀妻子。"④后来蔡诚也"遇害死"。这是先自自刎,其妻子为其部将"尽杀"的特例,次序与通常情形有所不同。

在极端困难的时候,又有"杀妻"以食人方式解决军粮问题的史例。《三国志》卷七《魏书·臧洪传》记载:臧洪在围城之中,"粮谷以尽,外无强救","初尚掘鼠煮筋角,后无可复食者。主簿启内厨米三斗,请中分稍以为糜粥。洪叹曰:'独食此何为?'使作薄粥,众分歠之。杀其爱妾以食将士,将士咸流涕,无能仰视者。男女七八千人相枕而死,莫有离叛"⑤。《十六国春秋》卷九七《北凉录三·沮渠天周》记载:沮渠天周据守酒泉,强敌围攻,"城中粮尽饥甚,万余口皆饿死。天周乃杀妻以食战士"⑥。类似情形又有元人王鹗《汝南遗事》卷二所记载的战例,宋军进攻唐州,"数月不能下","城

---

① 〔唐〕房玄龄等:《晋书》,中华书局1974年版,第2241、2320页。
② 〔北齐〕魏收:《魏书》,中华书局1974年版,第1894页。
③ 〔宋〕欧阳修、宋祁:《新唐书》,中华书局1975年版,第5429、5546页。
④ 〔明〕宋濂:《元史》,中华书局1976年版,第4411页。
⑤ 《三国志》卷七《魏书·臧洪传》,第236页。《后汉书》卷八八《臧洪传》:"初尚掘鼠,煮筋角,后无所复食,主簿启内厨米三斗,请稍为馈粥。洪曰:'何能独甘此邪?'使为薄糜,遍班士众。又杀其爱妾,以食兵将,兵将咸流涕,无能仰视。男女七八十人相枕而死,莫有离叛。"第1891页。《太平御览》卷四一八引《英雄记》:"洪杀爱妾以食兵将,流涕,莫有离叛。"第1927页。
⑥ 〔北魏〕崔鸿撰,〔清〕汤球辑补,王鲁一、王立华点校:《十六国春秋辑补》,齐鲁书社2000年版,第665页。《宋书》卷九八《氐胡列传·胡大且渠蒙逊》:"天周杀妻以食战士。"第2417页。

中乏食",守军主帅和欢"杀其爱妾以啖士",后来竟然导致全军仿效,"士争杀妻子"。战时这种极端特殊的"杀妻"事例,应当确实都是无奈之举。"杀妻以食战士","杀其爱妾以食将士",都被看作英雄壮烈行为,然而那些以特殊的悲剧形式结束生命的女子,当时大概都没有表达自己意愿,决定自己命运的可能。

中国古代政治史历程中这些"杀妻"故事中,作为弱者的女子甚至连姓名都没有留下来,许多只是作为"忠义""英雄"的陪衬,默然无言地走向人生的终结。一如前引《旧唐书》张光妻"被发血身"的形象,她们站立在古来文献的字缝之间,震撼着后世一代代读史者的心灵。

秦国上层社会礼俗的性别关系考察
——以秦史中两位太后的事迹为例

秦风俗与全面继承周礼乐传统之东方诸国有异。于是中原人曾经对秦人"夷翟遇之"①，视之为"夷狄也"②，即所谓"诸夏宾之，比为戎翟"③，以为"秦戎翟之教"④，"秦与戎翟同俗"⑤。其社会上层见诸史籍的礼俗记录，也体现出同样的文化倾向。秦重女权。秦国政治史上曾经发生太后把握朝政的情形。这种政治异常往往又与道德异常相伴随，即太后专权时每有后宫秽行的传闻。如果我们以社会性别考察的视角分析有关现象，应当有益于深化社会史的认识。

秦昭王母宣太后芈氏，曾经在秦政治史上有所表现。有人说，"太后"称谓，始见于宣太后事。⑥也有人说，太后专权，正自宣太后始。⑦《史记》卷七二《穰侯列传》记载："秦武王卒，无子，立其弟为昭王。昭王母故号为芈八子，及昭王即位，芈八子号为宣太后。宣太后非武王母。武王母号曰惠文后，先武王死。宣太后二弟：其异父长弟曰穰侯，姓魏氏，名冉；同父弟曰芈戎，为华阳君。而昭王同母弟曰高陵君、泾阳君。而魏冉最贤，自惠王、武王时任职用事。武王卒，诸弟争立，唯魏冉力为能立昭王。昭王即位，以冉为将军，卫咸阳。诛季君之乱，

---

① 〔汉〕司马迁：《史记》卷五《秦本纪》，中华书局1982年版，第202页。
② 《史记》卷二七《天官书》，第1344页。
③ 《史记》卷一五《六国年表》，第685页。
④ 《史记》卷六八《商君列传》，第2234页。
⑤ 《史记》卷四四《魏世家》，第1857页。
⑥ 〔宋〕高承《事物纪原》卷一"太后"条："《史记·秦本纪》曰：昭王母芈氏，号宣太后。王母于是始以为称。故范雎说秦王有独闻太后之语。其后赵孝成王新立，亦有太后用事之说。是太后之号，自秦昭王始也。汉袭秦故号，皇帝故亦尊母曰皇太后也。"明弘治十八年魏氏仁实堂刻正统本，第10页。〔明〕王三聘辑《事物考》卷一："《秦本纪》曰：秦昭王母芈氏，号宣太后。是太后之号始于此也。汉因秦故，尊母曰皇太后。"明嘉靖四十二年刻本，第11页。
⑦ 〔宋〕陈师道《后山集》卷二二："母后临政，自秦宣太后始也。"据《〓史》卷九《统系门一》引《后山理究》，清嘉庆刻本，第91页。

而逐武王后出之魏，昭王诸兄弟不善者皆灭之，威振秦国。昭王少，宣太后自治，任魏冉为政。"① 这一情形到范雎当政之后方才改变。我们更为注意的，是宣太后故事中涉及性别关系的内容。《史记》卷一一〇《匈奴列传》记述："秦昭王时，义渠戎王与宣太后乱，有二子。宣太后诈而杀义渠戎王于甘泉，遂起兵伐残义渠。于是秦有陇西、北地、上郡，筑长城以拒胡。"② 宣太后能够纵情而不避忌异族，又能够借情感关系而谋取军政实利，为了国家利益而不惜斩断情丝，实是奇悍女子。

宣太后有关性别关系的意识，还可以通过其他事迹有所显示。《战国策·秦策二》有"秦宣太后爱魏丑夫"条，其中写道："秦宣太后爱魏丑夫。太后病，将死，出令曰：'为我葬，必以魏子为殉。'魏子患之。庸芮为魏子说太后曰：'以死者为有知乎？'太后曰：'无知也。'曰：'若太后之神灵，明知死者之无知矣，何为空以生所爱，葬于无知之死人哉！若死者有知，先王积怒之日久矣，太后救过不赡，何暇乃私魏丑夫乎？'太后曰：'善。'乃止。"③ 宣太后有私爱，全不避隐外人，甚至期望死后依然专宠其"生所爱"。

又《韩策二》"楚围雍氏五月"条记载："楚围雍氏五月。韩令使者求救于秦，冠盖相望也，秦师不下殽。韩又令尚靳使秦，谓秦王曰：'韩之于秦也，居为隐蔽，出为雁行。今韩已病矣，秦师不下殽。臣闻之，唇揭者其齿寒，愿大王之熟计之。'宣太后曰：'使者来者众矣，独尚子之言是。'召尚子入。宣太后谓尚子曰：'妾事先王也，先王以其髀加妾之身，妾困不疲也；尽置其身妾之上，而妾弗重也，何也？以其少有利焉。今佐韩，兵不众，粮不多，则不足以救韩。夫救韩之危，

---

① 《史记》，第 2323 页。
② 《史记》，第 2885 页。
③ 〔汉〕刘向集录，范祥雍笺证，范邦瑾协校：《战国策笺证》，上海古籍出版社 2006 年版，第 280 页。

日费千金，独不可使妾少有利焉。'"① 宣太后以性爱动作为喻言国家之"利"，于史绝无仅有。如清王士禛《池北偶谈》卷二一《谈异》说："《国策》：楚围雍氏，韩令尚靳求救于秦。宣太后谓尚子曰：'妾事先王日，先王以髀加妾之身，妾固不支也，尽置其身于妾之上，而妾弗重也。何也？以其少有利焉。'此等淫亵语，出于妇人之口，入于使者之耳，载于国史之笔，皆大奇。"②

数十年后，秦史上又一位于性别关系方面之观念和行为与宣太后十分相近的太后，即秦始皇太后，也有引人注目的历史表演。

《史记》卷八五《吕不韦列传》说："庄襄王即位三年，薨，太子政立为王，尊吕不韦为相国，号称'仲父'。秦王年少，太后时时窃私通吕不韦。"③ 司马迁又记述："始皇帝益壮，太后淫不止。吕不韦恐觉祸及己，乃私求大阴人嫪毐以为舍人，时纵倡乐，使毐以其阴关桐轮而行，令太后闻之，以啖太后。太后闻，果欲私得之。吕不韦乃进嫪毐，诈令人以腐罪告之。不韦又阴谓太后曰：'可事诈腐，则得给事中。'太后乃阴厚赐主腐者吏，诈论之，拔其须眉为宦者，

---

① 《战国策笺证》，第1540页。

② 〔清〕王士禛撰，靳斯仁点校：《池北偶谈》，中华书局1982年版，第508—509页。

③ 吕不韦事迹中最为世俗之人所瞩目的，是关于秦始皇血统的传说。秦始皇身世之谜中赵姬有孕，后归子楚的说法始见于司马迁《史记》卷八五《吕不韦列传》，然而明代已有学者指出此说乃"战国好事者为之"。梁玉绳《史记志疑》据司马迁说赵姬"至大期时，生子政"，以为本已"别嫌明微"，人们不应"误读《史记》"。所谓"大期"，有十月和十二月两种解说，但无疑不能理解为不足月。自然也不能排除这种可能，即如王世贞《读书后》所推想，吕不韦客借此丑化秦皇，"而六国之亡人侈张其事，欲使天下之人谓秦先六国亡也。"而后世文人炒作这一传闻，以艳市俗，则是出于另外的目的。而秦始皇私生之说即使属实，这种男女私密，知情者也只有吕不韦、赵姬和子楚，而他们都是绝无可能宣露于外的。参看王子今：《白描吕不韦》，载《光明日报》2001年5月8日；《论吕不韦及其封君河南事》，载《洛阳工学院学报》2002年第1期。

遂得侍太后。太后私与通，绝爱之。有身，太后恐人知之，诈卜当避时，徙宫居雍。嫪毐常从，赏赐甚厚，事皆决于嫪毐。嫪毐家僮数千人，诸客求宦为嫪毐舍人千余人。"嫪毐之"毐"，有人解释说："'毐'之文从士从母，即老妇士夫之谓。"①

秦王政九年（前238），嫪毐因为秽乱宫闱的行为终于败露，在嬴政往雍（今陕西凤翔）行郊礼时发动兵变，以窃取的秦王玺和太后玺调动卫戍部队及附近地方军进攻蕲年宫。雍，作为秦国故都，历经从秦德公至秦孝公二十代的辛苦经营，已经被建设成为一处具有正统象征意义的政治文化圣地。这里集中了许多处秦国故宫，也是秦人宗庙的所在地。对雍地的军事控制，有可能影响秦国政治的全局。嬴政及时察觉了嫪毐兵变的阴谋，抢先发军平定变乱，追斩嫪毐，又在咸阳一举清洗了嫪毐集团成员数百人。据《史记》卷六《秦始皇本纪》记载："嫪毐封为长信侯。予之山阳地，令毐居之。宫室车马衣服苑囿驰猎恣毐。事无小大皆决于毐。又以河西太原郡更为毐国。九年，……四月，上宿雍。己酉，王冠，带剑。长信侯毐作乱而觉，矫王御玺及太后玺以发县卒及卫卒、官骑、戎翟君公、舍人，将欲攻蕲年宫为乱。王知之，令相国昌平君、昌文君发卒攻毐。战咸阳，斩首数百，皆拜爵，及宦者皆在战中，亦拜爵一级。毐等败走。即令国中：有生得毐，赐钱百万；杀之，五十万。尽得毐等。卫尉竭、内史肆、佐弋竭、中大夫令齐等二十人皆枭首。车裂以徇，灭其宗。及其舍人，轻者为鬼薪。及夺爵迁蜀四千余家，家房陵。""十年，相国吕不韦坐嫪毐免。"②

对于平定蕲年宫政变事前后，《史记》卷八五《吕不韦列传》的记载是："始皇九年，有告嫪毐实非宦者，常与太后私乱，生子

---

① 〔清〕黄宗炎：《周易象辞》卷九《大过》，见《景印文渊阁四库全书》，台湾商务印书馆1986年版，第40册，第393页。

② 《史记》，第227页。

二人,皆匿之。与太后谋曰'王即薨,以子为后'。于是秦王下吏治,具得情实,事连相国吕不韦。九月,夷嫪毐三族,杀太后所生两子,而遂迁太后于雍。诸嫪毐舍人皆没其家而迁之蜀。王欲诛相国,为其奉先王功大,及宾客辩士为游说者众,王不忍致法。"就此事件,司马迁又发表了如下评论:"太史公曰:不韦及嫪毐贵,封号文信侯。人之告嫪毐,毐闻之。秦王验左右,未发。上之雍郊,毐恐祸起,乃与党谋,矫太后玺发卒以反蕲年宫。发吏攻毐,毐败亡走,追斩之好畤,遂灭其宗。而吕不韦由此绌矣。孔子之所谓'闻'者,其吕子乎?"①

事后,秦王嬴政将对于太后的处理予以修正。《史记》卷六《秦始皇本纪》记载:"齐人茅焦说秦王曰:'秦方以天下为事,而大王有迁母太后之名,恐诸侯闻之,由此倍秦也。'秦王乃迎太后于雍而入咸阳,复居甘泉宫。"张守节《正义》引《说苑》:"秦始皇太后不谨,幸郎嫪毐,始皇取毐四支车裂之,取两弟扑杀之,取太后迁之咸阳宫。下令曰:'以太后事谏者,戮而杀之,蒺藜其脊。'谏而死者二十七人。茅焦乃上说曰:'齐客茅焦,愿以太后事谏。'皇帝曰:'走告若,不见阙下积死人耶?'使者问焦。焦曰:'陛下车裂假父,有嫉妒之心;囊扑两弟,有不慈之名;迁母咸阳,有不孝之行;蒺藜谏士,有桀纣之治。天下闻之,尽瓦解,无向秦者。'王乃自迎太后归咸阳,立茅焦为傅,又爵之上卿。"②

以宣太后和秦始皇太后事迹相比较,可以看到两者均在政治上专权,生活上不谨。而秦昭襄王和秦始皇对母后的处置,方式则大有

---

① 《史记》,第2514页。
② 《史记》,第227—229页。

不同。前者显然较为宽和①，后者显然较为严厉。秦昭襄王不废宣太后②，而秦始皇对于太后事实上已经形同于废。如果从性别关系史的视角来考察，可以感觉到明显的历史变化。可能从政治权力者的地位来看，女性对男性的冲犯已渐不可容忍。秦国在蕲年宫政变时已经占据了大片东方土地，东方社会传统礼俗必然已经对秦俗产生了影响，这一历史变化特别值得注意。

秦王嬴政终于"乃自迎太后归咸阳"，有"恐诸侯闻之，由此倍秦也"，"天下闻之，尽瓦解，无向秦者"的考虑。而起初"夷嫪毐三族，杀太后所生两子，而遂迁太后于雍"的处置，也不能排除基于同样的考虑，即对于东方国家道德舆论予以空前重视的可能。也就是说，秦王嬴政处理这一事件时态度之空前严酷，其原因除了军事政变对于其权力构成严重威胁而外，面对东方正统礼乐文化的深心自卑，也是重要的心理因素。正是在这样的文化背景下，在实现统一的前夜，秦国上层社会的礼俗因为面临与东方文化的正面接触而发生了变化。就性别关系而言，贵族女子恣情纵欲的自由受到压抑，贵族女子参与行政的权利也受到了限制。

---

① 清人汪越《读史记十表》卷三写道："秦昭王二年《魏表》书'秦武王后来归'，不书《秦表》，何也？后无罪，不与昭襄之出也。《本纪》云：武王取魏女为后，无子，立异母弟，是为昭襄王。即位二年，庶长与大臣诸侯公子为逆，皆诛，及惠文后皆不得良死，悼武王后出归魏云。及云皆不得良死，刑亦滥矣云。出归，情亦忍矣。故后书宣太后薨，讥昭襄之知有母而弃其君母也。"指出秦昭襄王对待生母宣太后的宽容和对先君之后悼武王后的苛酷。

② 曾经有秦昭襄王废逐宣太后之说。如苏辙《古史论》"范雎蔡泽"条写道："范雎相秦，其所以利秦者少而害秦者多。以魏冉之专，忘其旧勋而逐之可也，而并逐宣太后，使昭王以子绝母，不已甚乎？宣太后之于秦，非有郑武、姜庄、襄后之恶也。郑武、姜庄、襄后，犹不可绝，而雎勇绝之，独不愧颍考叔、茅焦乎？"《朱子语类》卷一〇〇则肯定了《皇极经世纪年》就此予以澄清的说法："《皇极经世纪年》甚有法。史家多言秦废太后，逐穰侯。《经世书》只言'秦夺宣太后权'，伯恭极取之，盖实不曾废。（方子）"中华书局1986年版，第2548页。

以这一思路考虑，则秦始皇东巡刻石强调正统道德伦理，规定性别等级定式的所谓"贵贱分明，男女礼顺，慎遵职事。昭隔内外，靡不清净，施于后嗣"①，"六亲相保，终无寇贼，欢欣奉教，尽知法式"②，"男乐其畴，女修其业，事各有序"③，"饰省宣义，有子而嫁，倍死不贞。防隔内外，禁止淫泆，男女洁诚。夫为寄豭，杀之无罪，男秉义程。妻为逃嫁，子不得母，咸化廉清。大治濯俗，天下承风，蒙被休经"④等宣传，其文化背景也可以趋于明朗。

---

① 秦始皇二十八年泰山刻石。《史记》卷六《秦始皇本纪》，第243页。
② 秦始皇二十八年琅邪刻石。《史记》卷六《秦始皇本纪》，第245页。
③ 秦始皇三十二年碣石刻石。《史记》卷六《秦始皇本纪》，第252页。
④ 秦始皇三十七年会稽刻石。《史记》卷六《秦始皇本纪》，第262页。

秦史的宣太后时代

宣太后芈姓，出身楚国。她在秦国经历的政治人生，与秦惠文王执政至秦昭襄王执政时期秦迅速强国的历史轨迹同步。她曾经主持秦的国家行政数十年，这一历史阶段的基本特征，即"海内争于战功"，各大国"务在强兵并敌"①，"追亡逐北"，"宰割天下"②。司马迁"昭襄业帝"③的评价，肯定了这一时期秦人的历史成就对于后来实现统一的意义。宣太后也是秦始皇帝业的奠基人之一。

一、古史第一位"太后"

秦与楚，都处于曾经与中原文化重心有一定距离的边远地方，然而相继迅速崛起，形成了政治强势。如《荀子·王霸》所谓"虽在僻陋之国，威动天下"④。秦昭襄王曾经承认"秦国辟远"⑤，楚怀王也自称"此僻陋之国"⑥。楚人曾有"敝邑之王"，"诸侯远我"的自卑⑦，秦孝公也曾发表"诸侯卑秦，丑莫大焉"⑧的感叹。"秦与楚接境壤界，固形亲之国也"，正是在楚"与秦亲"的形势下，后来成为宣太后的芈姓楚女出嫁秦国。秦楚通婚，久有传统，张仪曾建议楚怀王："请以秦女为大王箕帚之妾。"⑨此前则有楚平王使人往秦国为太子娶妇，得知"秦女好"，竟然"自娶秦女"，"更为太子娶"⑩的故事。著名的嫁为秦妇的楚女，则有后来成为秦孝

---

① 〔汉〕司马迁：《史记》卷一五《六国年表》，中华书局1982年版，第685页。
② 贾谊：《过秦论》，见〔汉〕司马迁：《史记》卷六《秦始皇本纪》，第279页。
③ 《史记》卷一三〇《太史公自序》，第3302页。
④ 〔清〕王先谦撰，沈啸寰、王星贤点校：《荀子集解》，中华书局1988年版，第205页。
⑤ 《史记》卷七九《范雎蔡泽列传》，第2407页。
⑥ 《史记》卷七〇《张仪列传》，第2287页。
⑦ 《史记》卷四〇《楚世家》，第1705页。
⑧ 《史记》卷五《秦本纪》，第202页。
⑨ 《史记》卷七〇《张仪列传》，第2292页。
⑩ 《史记》卷四〇《楚世家》，第1712页。

文王后的华阳夫人。秦孝文王是秦昭襄王的继承人。吕不韦进行政治投资,支持异人谋求成为王位继承人的机会。他让异人穿"楚服"谒见"无子"的华阳夫人,果然博得其欢心:"不韦使楚服而见。王后悦其状,高其智,曰:'吾楚人也。'而自子之,乃变其名曰楚。"异人"楚服而见"直接与"王后悦其状"并更其名为"子楚"相关。汉代学者高诱解释说:"楚服,盛服。""以王后楚人,故服楚制以说之。"①衣"楚服"即"盛服"可以打动离乡多年的楚女之心,是因为楚人有喜好华丽服饰的风习。

秦惠文王去世,秦武王即位。这是秦国第二代称"王"的君主,他在执政的第四年与力士"举鼎"因意外事故致胫骨骨折去世。"武王有力好戏",几位力士"皆至大官"。这一情形并不能说明秦武王是无能的昏主。"好力"其实是秦文化的传统倾向。秦武王在短暂的四年内,有与魏王和韩王的成功会盟,表达了"寡人欲容车通三川,窥周室"的雄心,并出军拔取宜阳,逼近周王室所在洛阳。对义渠也予以攻伐。对于秦国的持续进取与不断扩张,秦武王有积极有效的推进。《史记》卷六《秦本纪》和《史记》卷一五《六国年表》都突出记录了秦武王二年(前309)"初置丞相"事,前者还记载:"樗里疾、甘茂为左右丞相。"②"初置丞相"是对后世有长久影响的重要的政制发明。秦武王"伐义渠""窥周室",都成为后来秦昭襄王时"宰割天下,分裂河山"的历史先声。贾谊《过秦论》总结秦始皇事业,有"续六世之余烈,振长策而御宇内"语,所谓"六世",裴骃《集解》引张晏的解说:"孝公、惠文王、武王、昭王、孝文王、庄襄王"③是包括秦武王的。

秦武王无子,秦昭襄王立。"昭王少,宣太后自治,任魏冉为政。"

---

① 〔汉〕刘向集录,范祥雍笺证,范邦瑾协校:《战国策笺证》卷七《秦策五》,上海古籍出版社2006年版,第451页。

② 《史记》,第209、734页。

③ 《史记》卷六《秦始皇本纪》,第280页。

魏冉是宣太后的异父长弟,"自惠王、武王时任职用事"。宣太后和魏冉的合作,确定了秦昭襄王的地位,消除了权力接递时节的政治危机,姐弟两人结成的强势组合,一时"威振秦国"。秦史于是进入到一个新的时代。

"宣太后"名号,就现有资料看,是中国出现"太后"称谓最早的实例。宋高承《事物纪原》卷一"太后"条写道:"《史记·秦本纪》曰:昭王母芈氏,号宣太后。王母于是始以为称。""是太后之号,自秦昭王始也。"明董斯张《广博物志》卷一一《事物考》也说:"秦昭王母芈氏,号宣太后。是太后之号始于此也。"① 后世历朝多次出现的"太后"干政甚至主政的情形,也实自"宣太后"始。作为中国古代第一位"太后",这位女性的政治表现在许多方面也堪称第一。

二、宣太后时代秦国力的盛起

宣太后将国家管理权力全面交给秦昭襄王,马非百《秦集史》以为"当是时,昭王四十一年也"②。据《史记》卷七九《范雎蔡泽列传》,可以理解"昭王已立三十六年"时,开始考虑削弱宣太后的权势。这位女子执政长久,秦人取得的"南拔楚之鄢郢,楚怀王幽死于秦。秦东破齐",以及"数困三晋"等成就,都是在"秦太后、穰侯用事,……卒无秦王"③的阶段实现的,都可以看作宣太后时代秦人向东挺进的胜利。

在宣太后主政的时期,秦史频见军事告捷与政治成功。据《史记》卷五《秦本纪》记载,自秦昭襄王元年(前306)至秦昭襄王三十六年(前271),对魏、韩、楚、齐、赵多次主动攻击,可统

---

① 〔明〕董斯张:《广博物志》卷一一《事物考》,见《景印文渊阁四库全书》,台湾商务印书馆1986年版,第980册,第225页。
② 马非百:《秦集史》,中华书局1982年版,第106页。
③ 《史记》,第2411页。

计的"斩首"记录合计 43 万。秦昭襄王二十九年（前 278）白起攻楚，占领郢，迫使"楚王走"。秦昭襄王这是战国时期秦军远征第一次攻陷敌国都城。秦昭襄王二十七年（前 280）"司马错发陇西，因蜀攻楚黔中"，秦昭襄王三十年（前 277）"蜀守若伐楚，取巫郡，及江南为黔中郡"，都是在远离秦本土关中的地方发起大规模进攻。后来指挥长平决战，歼灭赵军主力 40 余万人的名将白起，作为军事明星在宣太后时代即已开始上升。"十三年，……左更白起攻新城"，"十四年，左更白起攻韩、魏于伊阙，斩首二十四万"，"二十七年，……白起攻赵"，秦昭襄王二十八年（前 279）和秦昭襄王二十九年（前 278）"攻楚"，白起已经以"大良造"身份统率远征军了。在"取郢"之后，白起得到了"武安君"的名号。①这位或称"战神"或称"战争恶魔"的战国时期军功最显赫的军事天才，是在宣太后时代出现并得到识拔的。

秦昭襄王九年（前 298），"孟尝君薛文来相秦"，是秦国引入东方人才推动行政进步的特例。这一历史记录的真实性得到秦东陵 1 号墓出土文物的证明。"十年，楚怀王入朝秦，秦留之。"秦昭襄王十一年（前 296），秦抗击了"齐、韩、魏、赵、宋、中山"联军的进犯，又与韩、魏单独媾和，使得攻秦军事同盟解体。秦昭襄王十七年（前 290）"东周君来朝"，秦昭襄王二十九年（前 278）"周君来"，则都是重要的外交成功。秦昭襄王十二年（前 295），"予楚粟五万石"，是战国时期规模最大的一次"国际"救援物资运输。

商鞅变法显著推动了秦富国强兵的进程。但正如司马迁所说："商君，其天资刻薄人也。"其诸多言行"亦足发明商君之少恩矣"。他感叹道："卒受恶名于秦，有以也夫！"② 商鞅在秦"受恶名"，

---

① 《史记》，第 213、212 页。
② 《史记》卷六八《商君列传》，第 2237 页。

但是正如《韩非子·定法》所说："及孝公、商君死,惠王即位,秦法未败也。"①宣太后亲身经历过"车裂商君"事件,对于秦惠文王处死商鞅但坚持贯彻"商君法"的政策把握可能有较深层次的理解。《韩非子·和氏》："商君车裂于秦。……秦行商君法而富强。"《韩非子·问田》也说："秦行商君而富强。"②宣太后时代仍然坚持了"行商君法"的政治方向。著名的蔡泽与范雎的对话,凡七次说到"商君",共同认为他"极身无二虑,尽公而不顾私","为人臣尽忠致功"。蔡泽甚至赞誉商鞅："为主安危修政,治乱强兵,批患折难,广地殖谷,富国足家,强主,尊社稷,显宗庙,天下莫敢欺犯其主,主之威盖震海内,功彰万里之外,声名光辉传于千世。"又说："夫商君为秦孝公明法令,禁奸本,尊爵必赏,有罪必罚,平权衡,正度量,调轻重,决裂阡陌,以静生民之业而一其俗,劝民耕农利土,一室无二事,力田稸积,习战陈之事,是以兵动而地广,兵休而国富,故秦无敌于天下,立威诸侯,成秦国之业。功已成矣,而遂以车裂。"③可见宣太后时代秦国的社会舆论,对商鞅的"忠"与"功"可以正面肯定。看来在当时的政治气候下,就被秦惠文王处以"车裂"并灭族极刑的这位"反者"④,面对权臣也可以表露同情。宣太后因推行"商君法"的坚定,对商鞅的认识和评价也许较秦惠文王时代更为客观公允。

三、"义渠戎"问题

秦文化深受西戎文化影响,东方国家长期"夷翟遇之"⑤。秦人因为很可能来自西戎文化基因的突出的进取精神和英雄主义,被

---

① 〔清〕王先慎、钟哲点校:《韩非子集解》卷一七《定法》,中华书局2013年版,第434页。
② 《韩非子集解》卷四《和氏》,卷一七《问田》,第104、431页。
③ 《史记》卷七九《范雎蔡泽列传》,第2422页。
④ 《史记》卷六八《商君列传》,第2237页。
⑤ 《史记》卷五《秦本纪》,第202页。

东方人看作"虎狼之国"①。但正是这种文化特征,成为秦得以通过战争手段和军事方式实现统一的因素之一。

《史记》卷一一〇《匈奴列传》说,"义渠"为"西戎八国"之一,在"岐、梁山、泾、漆之北"。②据《史记》卷一五《六国年表》,秦厉共公六年(前471)"义渠来赂"。秦躁公十三年(前430),"义渠伐秦,侵至渭阳"。秦与义渠之间,实力强弱与攻守关系有反复变化。秦惠文王时,秦与义渠的关系因秦国力的上升出现新的形势。秦惠文王七年(前331),"义渠内乱,庶长操将兵定之"。秦惠文王十一年(前327),"义渠君为臣"。秦惠文王更元五年(前320),"王北游戎地,至河上"③。秦惠文王通过义渠控制的地方北至"河上"。这正是芈八子为"惠王之妃"④时。秦惠文王更元十一年(前314年),"侵义渠,得二十五城"⑤。《史记》卷一一〇《匈奴列传》记载,"后义渠之戎筑城郭以自守,而秦稍蚕食,至于惠王,遂拔义渠二十五城。惠王击魏,魏尽入西河及上郡于秦。秦昭王时,义渠戎王与宣太后乱,有二子。宣太后诈而杀义渠戎王于甘泉,遂起兵伐残义渠。于是秦有陇西、北地、上郡,筑长城以拒胡"⑥。秦占有了今陇东、陕北和宁夏大部地方,直接与草原胡族接境。

范雎见秦昭襄王,"昭王至,闻其与宦者争言,遂延迎,谢曰:'寡人宜以身受命久矣,会义渠之事急,寡人旦暮自请太后;今义渠之事已,寡人乃得受命'"⑦。《史记》卷七九《范雎蔡泽列传》

---

① 《史记》卷六九《苏秦列传》、卷七一《樗里子甘茂列传》、卷七五《孟尝君列传》、卷八四《屈原贾生列传》,第2261、2308、2354、2484页。
② 《史记》,第2883页。
③ 《史记》,第702、729、728、731页。
④ 《史记》卷七二《穰侯列传》,第2323页。
⑤ 《史记》卷一五《六国年表》,第732页。
⑥ 《史记》卷一一〇《匈奴列传》,第2885页。
⑦ 《史记》,第2407页。

的这段文字，说明"义渠之事"是当时军国公务中最"急"的大事。秦昭襄王虽参与处置，但是需"旦暮"频繁请示太后。宣太后无疑是处理义渠问题的最高决策者。"杀义渠戎王于甘泉，遂起兵伐残义渠"，这一决定秦西北方向战略形势的军事行为，由宣太后主持策划和指挥。

宣太后以"起兵伐残"的方式解决了义渠问题，即大致控制了西北方面。从魏国得到的西河、上郡以及此次平定的陇西、北地，成为秦稳定的后方。秦军东进因此不再有后顾之忧。正如《后汉书》卷八七《西羌传》所说："及秦始皇时，务并六国，以诸侯为事，兵不西行。"[①]秦惠文王时代兼并巴蜀，宣太后作为"惠王之妃"，应当亲历了这一成功的战略决策的形成。此后，"蜀既属秦，秦以益强，富厚，轻诸侯"[②]。而对于秦的北方和西北方的进取，宣太后的成功，其意义可能并不逊于她的夫君对巴蜀的兼并。

宣太后实现对上郡、北地的控制，创造了使秦国上层执政集团可以跨多纬度空间控制，实现对游牧区、农牧并作区、粟作区、麦作区以及稻作区兼行管理的条件。这是后来对统一王朝不同生态区和经济区实施全面行政领导的前期演习。当时的东方六国，没有一个国家具备从事这种政治实践的条件。

四、关于"昭襄业帝"

《史记》有"昭襄业帝"的说法。另一例"业帝"字样的出现，也见于《史记》卷一三〇《太史公自序》。司马迁称颂刘邦击败项羽随即建国的功绩："诛籍业帝，天下惟宁。"[③]其实，更早使用"业帝"这一语汇的，是与宣太后同时的名臣蔡泽。《战国策·秦策三》记载，蔡泽与范雎的交谈，说到名将白起的战功："楚地持戟百万，白起

[①] 〔南朝宋〕范晔：《后汉书》，中华书局1965年版，第2876页。
[②] 《史记》卷七〇《张仪列传》，第2284页。
[③] 《史记》，第3302页。

率数万之师，以与楚战，一战举鄢郢，再战烧夷陵，南并蜀汉，又越韩魏，攻强赵，北阬马服，诛屠四十余万之众，流血成川，沸声若雷，使秦业帝。"① 而《史记》卷七九《范雎蔡泽列传》的记述是："楚地方数千里，持戟百万，白起率数万之师以与楚战，一战举鄢郢以烧夷陵，再战南并蜀汉。又越韩、魏而攻强赵，北阬马服，诛屠四十余万之众，尽之于长平之下，流血成川，沸声若雷，遂入围邯郸，使秦有帝业。"② 可见，所谓"昭襄业帝"，就是说秦昭襄王时代"使秦有帝业"。而我们知道，蔡泽说这番话的时候，距离范雎对秦昭襄王说"闻秦之有太后……，不闻其有王也"，不过数年。大致可以说，"使秦有帝业"的形势，主要是在"太后擅行不顾"，而"无王"的条件下生成的。

秦昭襄王时曾经称"帝"。《史记》卷五《秦本纪》记载了秦王称"西帝"，齐王称"东帝"的史事："（秦昭襄王）十九年，王为西帝，齐为东帝，皆复去之。"③《史记》卷四三《赵世家》说："秦自置为西帝。"《史记》卷四六《田敬仲完世家》记载齐湣王说："秦使魏冉致帝。"④ 可知秦、齐短暂称帝，是"秦自置为西帝"在先，而秦"致帝"于齐，应当是为了战略合作的需要。秦昭襄王十九年（前288）"自置为西帝"，无疑是由宣太后亲自设计并操作。

苏秦曾经对秦惠文王说："以秦士民之众，兵法之教，可以吞天下，称帝而治。"⑤ 我们有理由相信，自秦惠文王初有"称帝"的雄心，到秦昭襄王虽然短暂却明确宣布了"西帝"称号，直至宣太后最终移交最高执政权时，已经实现"秦地半天下"⑥的局面，

---

① 《战国策笺证》卷五《秦策三》，第360页。
② 《史记》卷七九《范雎蔡泽列传》，第2423—2424页。
③ 《史记》，第212页。
④ 《史记》卷五《秦本纪》，卷四三《赵世家》，卷四六《田敬仲完世家》，第212、1816、1898页。
⑤ 《史记》卷六九《苏秦列传》，第2242页。
⑥ 《史记》卷七〇《张仪列传》，第2289页。

从而为秦始皇后来的统一奠定了基础。也可以说,"昭襄业帝"的历史功绩,其实主要是宣太后完成的。

五、性情"芈八子"

《史记》卷一一〇《匈奴列传》说:"秦昭王时,义渠戎王与宣太后乱,有二子。宣太后诈而杀义渠戎王于甘泉,遂起兵伐残义渠。"① 《后汉书》卷八七《西羌传》记载:"及昭王立,义渠王朝秦,遂与昭王母宣太后通,生二子。至王赧四十三年,宣太后诱杀义渠王于甘泉宫,因起兵灭之,始置陇西、北地、上郡焉。"② 同时又叙说了秦与义渠关系史的背景:东周以来,"中国无戎寇,唯余义渠种焉"。而多次"义渠侵秦","义渠败秦师"战事,也在秦史中留下了深刻记忆。宣太后能够纵私情而不避忌对方的异族身份,又能够断然以所谓"诈而杀"或说"诱杀"的方式即利用情感力量结束情爱对象的生命,以谋取军事胜利。个人情思在与国家政治的权衡中不惜决意斩断。作为王族女子,其性格的奇悍令人惊异。不过,在回顾这个故事的时候我们还应当注意到,她可能的婚嫁年代应当大致与"魏夫人来"即惠文后入秦的秦惠文王四年(前334)③ 相当或稍后。"诱杀义渠王"的周赧王四十三年(前272)距离此时已经有62年之久。也就是说,她最终解决"义渠之事"时已是至少年近八旬的老妪。注意这样的背景,或许可以较好地理解她的冷静、多谋与果决。

义渠王与宣太后的"通"与"乱"引起史家关注。历史文献还保留了宣太后其他相关事迹。《战国策·秦策二》有"秦宣太后爱魏丑夫"条,其中写道:"秦宣太后爱魏丑夫。太后病将死,出令曰:'为我葬,必以魏子为殉。'"魏丑夫深为忧虑。庸芮为他劝

---

① 《史记》卷一一〇《匈奴列传》,第2885页。
② 《后汉书》卷八七《西羌传》,第2874页。
③ 《史记》卷一五《六国年表》,第727页。

说太后:"以死者为有知乎?"太后说:"无知也。"庸芮说:"若太后之神灵,明知死者之无知矣,何为空以生所爱,葬于无知之死人哉!若死者有知,先王积怒之日久矣,太后救过不赡,何暇乃私魏丑夫乎?"于是,"太后曰:'善。'乃止"①。宣太后个人私爱,全不避外人。死后依然专宠其"生所爱",令其"为殉"的愿望,竟然以"令"的形式发布。又如《韩策二》"楚围雍氏五月"条记载:"楚围雍氏五月。韩令使者求救于秦,冠盖相望也。"而秦军临近战场的部队按兵不动。"韩又令尚靳使秦,谓秦王曰:'……臣闻之,唇揭者其齿寒,愿大王之熟计之。'"尚靳对"秦王"所说的话为宣太后得知,她说:"使者来者众矣,独尚子之言是。"于是"召尚子入"。宣太后对尚靳说:"妾事先王也,先王以其髀加妾之身,妾困不疲也;尽置其身妾之上,而妾弗重也,何也?以其少有利焉。今佐韩,兵不众,粮不多,则不足以救韩。夫救韩之危,日费千金,独不可使妾少有利焉。"②宣太后以性爱动作为喻介入外交会谈,在历史记载中绝无仅有。清王士禛《池北偶谈》卷二一说:"此等淫亵语,出于妇人之口,入于使者之耳,载于国史之笔,皆大奇。"③宣太后有关性情的特殊表现,确实堪称"大奇"。这可能与社会风尚方面"秦与戎翟同俗"④有关。而她的出生地楚国,也同样是"诸侯远我"的"僻陋之国"。秦始皇会稽刻石"防隔内外,禁止淫泆,男女洁诚"⑤以及睡虎地秦简《语书》批评"乡俗淫失(泆)之民不止","长邪避(僻)淫失(泆)之民,甚害于邦,不便于民",

---

① 《战国策笺证》卷四《秦策二》,第280页。
② 《战国策笺证》卷二七《韩策二》,第1540页。
③ 〔清〕王士禛撰,靳斯仁点校:《池北偶谈》卷二一《谈异》,中华书局1982年版,第508—509页。
④ 《史记》卷四四《魏世家》,第1857页。
⑤ 《史记》卷六《秦始皇本纪》,第262页。

要求"去其淫避(僻),除其恶俗"[①]等文字作为楚地民俗史料的意义,都值得我们重视。

此外,我们都记得汉武帝"盖有非常之功,必待非常之人,故马或奔踶而致千里,士或有负俗之累而立功名"的名言(《汉书·武帝纪》)。宣太后或许正是"大奇"之人创"大奇"之功。我们似乎可以在认识她所"立"政治"功名"的同时,理解她情爱方面的"负俗之累"。

---

① 睡虎地秦墓竹简整理小组:《睡虎地秦墓竹简》,文物出版社1990年版,释文注释第13页。

论秦宫『橑娥之台』兼及『秦娥』称谓

《方言》卷二说到"秦有榛娥之台"。关于"榛娥之台"的考论，不仅涉及秦建筑史、秦宫廷史、林业史，也可以启示我们对于秦地生漆资源的开发与漆器生产技术之进步的认识。"漆娥之台"对于说明"娥"在称谓演变史中的意义，也是有意义的。而所谓"秦娥"在后来的文学史乃至文化史中产生深刻印迹的渊源，也可以因此得到探求的线索。秦统一之后，秦文化借政治强势向东扩展，对于更广阔区域形成影响的历史趋势，或许也可以通过对"娥"这一语言标本的分析获得深入认识的条件。

一、《方言》"秦有榛娥之台"

　　男子对于女子容貌及其他性别特征的感觉、描述和评价，是性别研究和更宽广层面的社会文化研究的对象。男子的判断，在中国传统男性中心社会可能成为社会普遍意识倾向。《方言》卷二关于各个地方女子之美好的语言表示方式，有如下文字：

　　　　娃、嫷、窕，艳，美也。吴楚衡淮之间曰娃，南楚之外曰嫷①，宋卫晋郑之间曰艳。陈楚周南之间曰窕。自关而西秦晋之间凡美色或谓之好，或谓之窕。故吴有馆娃之宫，秦有榛娥之台。②秦晋之间美貌谓之娥③，美状为窕④，美色为艳⑤，美心为窈⑥。

---

① 郭璞注："言婑嫷也。"
② 郭璞注："皆战国时诸侯所立也。榛，音七。"
③ 郭璞注："言娥娥也。"
④ 郭璞注："言闲都也。"
⑤ 郭璞注："言光艳也。"
⑥ 郭璞注："言幽静也。"

"秦晋之间美貌谓之娥"①，或作"秦晋之间美貌之娥"②。所谓"娃、嫷、窕，艳美也"，所谓"美貌"、"美状"、"美色"、"美心"③，既是性别关系史考察应当注意的信息，也可以看作审美意识史的研究对象。而我们以为其中"秦有榛娥之台"亦值得特别关注。这里所谓"秦有榛娥之台"，与"吴有馆娃之宫"并说，应当也是指宫廷建筑，如郭璞说，"皆战国时诸侯所立也"，也可以理解为有关战国宫廷史的宝贵记载。

关于"吴有馆娃之宫，秦有榛娥之台"，郭璞注："皆战国时诸侯所立也。"以"战国时诸侯""吴""秦"并说。《四库全书》汉扬雄撰、晋郭璞注《輶轩使者绝代语释别国方言二》校注："诸刻脱'秦有'二字，《永乐大典》本不脱。"《四库全书》考证卷一九指出："卷二'秦有榛娥之台'，刊本脱'秦有'二字。据《永乐大典本》增。"④清戴震《方言疏证》卷二："诸刻脱'秦有'二字，《永乐大典》本、曹毅本俱不脱。"⑤清钱绎撰集，李发舜、黄建中点校《方言笺疏》："旧本脱'秦有'二字，今据明上党冯氏影宋钞本补。"⑥

在秦统一进程中及统一实现之后，诸多文化现象均与这一历史大趋势有密切关联。就宫廷建筑营造而言，典型史例是咸阳北阪上六

---

① 周祖谟校笺：《方言校笺》，中华书局1993年版，第10页。华学诚汇证，王智群、谢荣娥、王彩琴协编：《扬雄方言校释汇证》，中华书局2006年版，第100页。

② 〔清〕钱绎撰集，李发舜、黄建中点校：《方言笺疏》，中华书局1991年版，第60页。

③ 《诗·周南·关雎》"窈窕淑女"，孔颖达疏："扬雄云：善心为窈，善容为窕。"〔清〕阮元校刻：《十三经注疏》，中华书局据世界书局缩印本1980年影印版，第273页。

④ 〔汉〕扬雄撰，〔晋〕郭璞注：《輶轩使者绝代语释别国方言》卷二，见《景印文渊阁四库全书》，台湾商务印书馆1986年版，第221册，第292页。

⑤ 〔汉〕扬雄撰，〔清〕戴震疏证：《方言疏证》，清乾隆孔继涵刻《微波榭丛书》本。

⑥ 《方言笺疏》，第61页。

国宫殿的复制。① 而宫苑之中海洋模型"海池"的出现，也值得注意。②《方言》所提示"嫄娥之台"以及"娥"之名义的扩张性影响，也与秦统一导致的文化演进有一定关系。

二、战国都城"高台"建筑与秦宫苑的"台"

"台"是主要服务于起居的宫殿建筑之外的宫室建筑。其功能与一般宫殿有所区别。③《释名·释宫室》："台，持也。筑土坚

---

① 《史记》卷六《秦始皇本纪》："秦每破诸侯，写放其宫室，作之咸阳北阪上。"裴骃《集解》："徐广曰：'在长安西北，汉武时别名渭城。'"张守节《正义》："今咸阳县北阪上。"第239、241页。

② 《史记》卷六《秦始皇本纪》记载："始皇为微行咸阳，与武士四人俱，夜出逢盗兰池，见窘，武士击杀盗，关中大索二十日。"张守节《正义》："《秦记》云：'始皇都长安，引渭水为池，筑为蓬、瀛，刻石为鲸，长二百丈。'逢盗之处也。"第251页。如果资料确实出自《秦记》，自然非常珍贵。不过，《续汉书·郡国志一》"京兆尹长安"条："有兰池。"刘昭注补："《史记》曰：'秦始皇微行夜出，逢盗兰池。'《三秦记》曰：'始皇引渭水为长池，东西二百里，南北三十里，刻石为鲸鱼二百丈。'"唐代学者张守节以为《秦记》的记载，南朝梁学者刘昭却早已明确指出由自《三秦记》。《说郛》卷六一上《辛氏三秦记》"兰池"条："秦始皇作兰池，引渭水，东西二百里，南北二十里，筑土为蓬莱山。刻石为鲸鱼，长二百丈。"清代学者张照已经判断，张守节所谓《秦记》其实就是《三秦记》，只是脱写了"三"字。《史记考证》，文渊阁《四库全书》本《史记》卷六《秦始皇本纪》附。秦封泥有"晦池之印"。《问陶之旅：古陶文明博物馆藏品掇英》，紫禁城出版社2008年版，第171页。"晦"可以读作"海"。可知秦有管理"晦池"即"海池"的官职。秦封泥又有"每池"。陈晓捷、周晓陆：《新见秦封泥五十例考略》，《碑林集刊》第11辑，陕西人民美术出版社2005年版。"每池"应当也是"海池"。秦始皇在统一战争中每征服一个国家，都要采集该国宫殿建筑图样，在咸阳北塬上复制。而翻版燕国宫殿的位置，正在咸阳宫的东北方向，与燕国和秦国的方位关系是一致的。兰池宫曾经出土"兰池宫当"文字瓦当，其位置大体明确。秦的兰池宫也在咸阳宫的东北方向，正在"出土燕国形制瓦当"的秦人复制燕国宫殿建筑以南。如果说这一湖泊象征渤海水面，从地理位置上考虑，也是妥当的。参看王子今：《秦汉宫苑的"海池"》，载《大众考古》2014年第2期。

③ 刘叙杰主编《中国古代建筑史》第1卷："建于夯土高基上的宫室建筑，除了正规宫殿与离宫之外，还有专门的台。它们的功能有：观天象，察四时，祭鬼神和供游览。"中国建筑工业出版社2003年版，第240页。

高，能自胜持也。"① 高台早先在殷商时代已经作为宫廷建筑中最醒目的形式而为君王所喜好。殷纣王"鹿台"与"沙丘苑台"故事被看作奢侈淫乐之行的典型表现。② 宫苑建筑群往往均追逐富丽华美，而突出"台"的高大，是东周以来特别是战国时期兴起的带有时代特征的建筑风格。杨鸿勋指出，"东周列国的统治者互相攀比，追逐享乐，以'高台榭，美宫室，以鸣得意'。③ 晋灵公造九层之台，工程浩大，尽管投入了大量的人力、物力，可是三年还没有完工。楚国所筑章华台也比较高，尤其华丽，建好之后，楚灵王邀宾登台宴会，休息了三次才到达台顶的宫殿，所以有'三休台'之称。""吴王夫差造了三百丈高的姑苏台，……东周列国在相互攀比下，台榭越建越高大，以致魏襄王妄想建造一座达到天高之半的

---

① 任继昉纂：《释名汇校》，齐鲁书社2006年版，第302页。《初学记》卷二四引《释名》："台，持也。言筑土坚高，能自胜持也。"〔唐〕徐坚等：《初学记》，中华书局1962年版，第574页。

② 《史记》卷三《殷本纪》："帝纣……好酒淫乐，嬖于妇人。爱妲己，妲己之言是从。于是使师涓作新淫声，北里之舞，靡靡之乐。厚赋税以实鹿台之钱，而盈巨桥之粟。益收狗马奇物，充仞宫室。益广沙丘苑台，多取野兽蜚鸟置其中。慢于鬼神。大冣乐戏于沙丘，以酒为池，县肉为林，使男女裸相逐其间，为长夜之饮。"裴骃《集解》："如淳曰：'《新序》云鹿台，其大三里，高千尺。'瓒曰：'鹿台，台名，今在朝歌城中。'"张守节《正义》："《括地志》云：'鹿台在卫州卫县西南二十二里。'"裴骃《集解》："《尔雅》曰：'迆逦，沙丘也。'《地理志》曰在巨鹿东北七十里。"张守节《正义》："《括地志》云：'沙丘台在邢州平乡东北二十里。《竹书纪年》自盘庚徙殷至纣之灭二百五十三年，更不徙都，纣时稍大其邑，南距朝歌，北据邯郸及沙丘，皆为离宫别馆。'"第105—106页。

③ "高台榭，美宫室，以鸣得意"未详出处。可以参考的信息有《史记》卷六九《苏秦列传》："夫衡人者，皆欲割诸侯之地以予秦。秦成，则高台榭，美宫室，听竽瑟之音，前有楼阙轩辕，后有长姣美人，国被秦患而不与其忧。"第2248页。又沈鲤《域外三槐记》："诸公当年起大厦连云，治高台广榭，以鸣得意者，何可胜数也。今皆不知其踵迹之所在。"〔清〕黄宗羲编：《明文海》卷三三七，见《景印文渊阁四库全书》，第703页。

'中天台'。"①晏婴批评齐景公"君高台深池，赋敛如弗得，刑罚恐弗胜"②，《史记》卷四一《越王勾践世家》张守节《正义》引《越绝》："使起宫室高台，以尽其财，以疲其力"③，都说"高台"建筑的时兴。各国宫室皆"高筑土台"，形成"一时风尚"，"这种成为中国古代宫室建筑特点的形式，后来还沿用了许多世纪"④。据《七国考》卷四，"秦宫室"有章台、三休台、祀鸡台、白起台、会盟台、灵台、凤台，"田齐宫室"有瑶台、柏寝台、琅琊台、戏马台、祭台、渐台、九重台，"楚宫室"有章华台、兰台之宫、小曲台、层台、云梦台、阳云台、豫章台、匏居台、放鹰台、附社台、春申台、钓台、乾溪台、中天台、章华台（楚灵王筑，一名三休台）、章华台（楚灵王筑）、章华台（楚襄王筑）、五仞台、九重台、强台、荆台、五乐台、京台、渐台，"赵宫室"有坛台之宫、丛台、洪波台、凿台、檀台、野望台、野台、清台，"魏宫室"有苑台、兰台、文台、京台、晖台、灵台、中天台、文侯台、拜郊台、武侯台、吹台，"韩宫室"有鸿台宫、望气台、听讼观台，"燕宫室"有展台、宁台、灵台、黄金台、小金台、

---

① 杨鸿勋：《宫殿考古通论》，紫禁城出版社2001年版，第143—144页。有学者也指出："东周时期，周王室及各诸侯国开始大量建设台榭类的建筑。"张卫星、陈治国：《秦始皇陵封土高台建筑认识——以东周时期高台文化为背景》，见《秦始皇帝陵博物院2017》，三秦出版社2017年版。

② 〔汉〕司马迁：《史记》卷三二《齐太公世家》，中华书局1982年版，第1504页。

③ 《史记》卷四一《越王勾践世家》，第1747页。

④ 据建筑史学者的总结，这种"高台"建筑为"各地诸侯"竞相营造。秦国有章台、三休台、祀鸡台、灵台、凤台……。齐国台榭有瑶台、柏寝台、琅琊台、戏马台、九重台、檀台……。楚国有章华台、渐台、小曲台、层台、云萝台、阳云台、豫章台、匏居台、春申台、钓台、乾溪台、章华台、五仞台……。赵国有丛台、洪波台、檀台、野台、野望台……。魏国有范台、文台、京台、晖台、中天台……。燕国有展台、宁台、黄金台、小金台、仙台、崇霞台、握日台、钓台、阳华台、通云台……。宋国有仪台。《中国古代建筑史》第1卷，第240—241页。所据资料引用或不符合文献学规范，亦有其他错误，但仍可作为参考。

金台、仙台、崇霞台、握日台、钓台、兰马台、禅台、逃齐台、五花台、三台、阳华台、通云台。①

据考古调查与发掘的收获可知，"台"在都市建筑群中具有标志性与主导性的意义。建筑史与建筑考古研究者指出，东周时期"宫城均位于全城地势最高处"，"宫殿建筑在宫城内，一般均筑有高台，在台四周建屋，形成在台基最上层建主殿，四周廊屋环抱的台榭高层建筑"。郑韩故城发现俗称"梳妆台"的高约 8 米的夯土台基，台上有水井和陶排水管道。赵都邯郸王城范围内有夯土台 10 处，称"龙台"的 1 号夯土台现高 16.3 米。丛台位于郭城即大北城遗址东北部。魏都安邑也有一个夯土台。燕下都宫殿区由南向北，依次是坐落在一条中轴线上的武阳台、望景台、张公台和城外的老姆台。武阳台和老姆台均高约 12 米。② 齐都临淄的桓公台高 14 米。楚都纪南城内现存夯土台基 84 个。"纪南城东 50 公里处有章华台遗址，位于潜江县龙湾镇"，推测是"楚王的一处离宫"，夯土台基"已调查发现的有放鹰台、荷花台、打鼓台、陈马台、无名台、章家台、郑家台、小黄家台、华家台等 10 余个"。③

秦国的"台"，前引《七国考》卷四"秦宫室"，列有章台、三休台、祀鸡台、白起台、会盟台、灵台、凤台，计 7 处。《秦会要订补》卷二五《方舆下》"台"条则有 18 处，除章台、白起台、灵台、凤台与《七国考》重复外，又有：高四台、怀清台、咸阳台、日观台、阿东之台、鱼池台、厌气台、望海台、琅玡台、鸿台、受珠台、酒池台、蒲台、

---

① 〔明〕董说原著，缪文远订补：《七国考订补》，上海古籍出版社 1987 年版，第 326—328、334—336、344—355、363—367、371—374、378—380、384—389 页。

② 据河北省文物研究所《燕下都》，"武阳台主体宫殿建筑夯土台基……高出地面约 11 米"。文物出版社 1996 年版，第 23 页。

③ 中国社会科学院考古研究所编著：《中国考古学·两周卷》，中国社会科学出版社 2004 年版，第 229、236、238—241、244、251、261—262 页。

云明台。①《秦集史》之《宫苑志》所见秦"台"与《七国考》《秦会要订补》重复者之外，又列有：朔方台，赏月台，黄土台，秦台。②这些秦"台"有些并不在秦地。有的资料出自年代很晚的方志文献，似未足取信。

秦咸阳宫遗址的考古发掘工作被认为"开启了中国古代高台宫殿建筑遗址考古工作的先河"③。在咸阳故城发现33处建筑遗址，其中"一号和六号至今还保留着高达5.8米和6米形似大冢的长方形夯土台，三号和四号也保留着高于地面形似龟背的残余夯土"④。经发掘的第一号宫殿遗址"属于当时流行的高台建筑"，"殿址以夯土高台为宫殿建筑的核心，不同建筑依高台而建"⑤，"由现存台面至台底，夯层总厚为11.4米"⑥。经清理的"第四号宫殿建筑遗址，位于城址中部的牛羊沟村与赛家沟村东西之间，宫殿建筑遗址西南部地面之上曾分布有高台建筑基址，现已毁坏无存"⑦。"第六号宫殿建筑遗址，位于今赛家沟与姬家道沟之间，是城址中规模最大的遗址"，"遗址之上现存一高大夯土台""高5.8米，夯土厚达16米"。⑧

有关秦宫苑"高台"建筑遗存的考古调查与发掘获得的知识，尚未能与文献所见秦"台"实现空间方位的对应。

以往关于秦宫廷文化研究的其他论著也多有涉及秦宫高台建筑

---

① 徐复：《秦会要订补》，群联出版社1955年版，第385—390页。
② 马非百：《秦集史》，中华书局1982年版，第541—544页。
③ 秦都咸阳考古工作站：《秦都咸阳第一号宫殿建筑遗址简报》，载《文物》1976年第11期。
④ 陕西省考古研究所编著：《秦都咸阳考古报告》，科学出版社2004年版，第13页。
⑤ 中国社会科学院考古研究所编著：《中国考古学·秦汉卷》，中国社会科学出版社2010年版，第37页。
⑥ 《秦都咸阳考古报告》，第285页。
⑦ 《中国考古学·秦汉卷》，第36页。据《秦都咸阳考古报告》，"20世纪50年代初，这里还遗存有南北向三座高大的夯土台"。第567页。
⑧ 《中国考古学·秦汉卷》，第36页。

者①，然而也似乎都忽略了本文讨论的这处"橑娥之台"。《方言》中有关"秦有橑娥之台"的信息，值得秦史研究者及建筑史研究者珍视。

三、《方言》"秦俗，美貌谓之娥"

"橑娥之台"以"娥"为名号，透露出与称谓史、性别关系史有关的信息。

《艺文类聚》卷三九引晋陆机《拟今日良宴会》诗曰："闲夜命欢友，置酒迎风馆。齐童梁甫吟，秦娥张女弹。哀音绕栋宇，遗响入云汉。人生无几何，为乐常苦晏。譬彼司晨鸟，扬声当及旦。"②出现了"秦娥"字样。

《文选》卷三〇《杂拟上》陆机《拟古诗十二首》中《拟今日良宴会》"齐童梁甫吟，秦娥张女弹"句，李善注："《南都赋》曰：'齐僮唱兮列赵女。'……应玚《神女赋》曰：'夏姬曾不足以供妾御，况秦娥与吴娃。'《方言》曰：'秦俗，美貌谓之娥。'"李周翰注："齐僮、秦娥，皆古善歌者。《梁甫吟》、《张女弹》，皆乐府曲名。"③所引应玚《神女赋》所谓"夏姬曾不足以供妾御，况秦娥与吴娃"④，可能是我们看到的最早出现"秦娥"称谓的文例。所谓"秦娥""吴娃"的"秦""吴"，在东汉人笔下，应该只是区域代号。而《方

---

① 如徐卫民、呼林贵编著：《秦建筑文化》，陕西人民教育出版社1994年版，第58—62页；田静：《秦宫廷文化》，陕西人民教育出版社1998年版，第22—25页；徐卫民：《秦都城研究》，陕西人民教育出版社2000年版，第124—129页。

② 〔唐〕欧阳询撰，汪绍楹校：《艺文类聚》卷三九《礼部中》，上海古籍出版社1965年版，第714页。

③ 〔梁〕萧统编，〔唐〕李善、吕延济、刘良、张铣、吕向、李周翰注：《六臣注文选》，中华书局1987年版，第575页。

④ 吴云主编《建安七子集校注》（修订版）应玚《神女赋》注释："秦娥：古之歌女。吴娃：吴地美女。"天津古籍出版社2005年版，第521页。与"吴娃"对应，"秦娥"的解释避去"秦"字，一言空间，一言时间。这样的解说未可赞同。

言》"吴有馆娃之宫,秦有榛娥之台"记述东周时代的宫廷史,其中"秦""吴",可以理解为国别代号。

《文选》卷三〇陆机《拟今日良宴会》李善注引《方言》"秦俗,美貌谓之娥"与今本《方言》卷二"秦、晋之间美貌谓之娥"不同。那么,所谓"美貌谓之'娥'"究竟是"秦俗"语言习惯还是"秦、晋之间"方言呢?《史记》卷四九《外戚世家》司马贞《索隐》:"《方言》曰'美貌谓之娥'"①,不言"秦俗",亦不言"秦、晋之间"。不过,联系上文,我们看到这样的表述:"许慎云'秦晋之间谓好为姪'。又《方言》曰'美貌谓之娥'。"似可理解为与"许慎云"连读,省略了"秦晋之间"数字。而我们注意到"秦晋之间"的语言混同,是长期存在的文化现象。②

再读《文选》卷三〇陆机《拟今日良宴会》"齐僮梁甫吟,秦娥张女弹"句后言"哀音绕栋宇,遗响入云汉",李善注:"《列子·秦青》曰:'昔韩娥东之齐,鬻歌假食,既去,而余响绕梁三日不绝。'又曰:'薛谈学讴于秦青,辞归,青饯于郊衢。抚节悲歌,声震林木,响遏行云。张湛曰:三人,薛、秦、韩之善歌者也。'"刘良注:"栋梁也,言清远之妙。"③所谓"韩之善歌者"称"韩娥",或许体现了"秦晋之间"的称谓习惯。

《方言》是方言史研究的重要资料。周振鹤、游汝杰曾经指出:

---

① 《史记》卷四九《外戚世家》,第1984页。
② 参看王子今:《古晋语"天开之"索解——兼论秦晋交通的早期发展》,载《史志研究》1998年第2期。
③ 《六臣注文选》,第575页。《宋书》卷一九《乐志一》:"周衰,有秦青者,善讴,而薛谈学讴于秦青,未穷青之伎而辞归。青饯之于郊,乃抚琴悲歌,声震林木,响遏行云。薛谈遂留不去,以卒其业。又有韩娥者,东之齐,至雍门,匮粮,乃鬻哥假食。既而去,余响绕梁,三日不绝。左右谓其人不去也。过逆旅,逆旅人辱之。韩娥因曼声哀哭,一里老幼,悲愁垂涕相对,三日不食。遽而追之,韩娥还,复为曼声长哥,一里老幼,喜跃抃舞,不能自禁,忘向之悲也。乃厚赂遣之。故雍门之人善哥哭,效韩娥之遗声。"中华书局1974年版,第548—549页。

"值得注意的是《方言》提供的材料以秦晋为最多,在语义的解释上也最细。这说明作者对以西汉首都长安为中心的秦晋方言比较熟悉,也说明秦晋方言在全国占最重要的地位。还有,《方言》是将秦晋视为同一个区域,但是在春秋战国时代,这两地的方言还是有很大差别的。可见到了两汉之交,由于秦人的东进,秦晋的方言已经糅合而一了。"①"秦俗,美貌谓之'娥'"与"秦、晋之间美貌谓之'娥'"或许从一个侧面体现了包括语言习惯在内的"秦俗"在一定历史时期向东发生扩展性影响的情形。

四、"榛娥"非"七娥"辩

"秦有榛娥之台"句,曾经被作为《方言》文献学研究重要的判定标尺。《四库全书总目》卷四〇《经部·小学类一》写道:"……据李善《文选》注引'悬诸日月不刊之书'句,已称《方言》,则自隋唐以来,原附卷末,今亦仍之。其书世有刊本,然文字古奥,训义深隐,校雠者猝不易详,故断烂讹脱,几不可读。钱曾《读书敏求记》尝据宋椠驳正其误。然曾家宋椠,今亦不传。惟《永乐大典》所收,犹为完善。检其中'秦有榛娥之台'一条,与钱曾所举相符,知即从宋本录入。今取与近本相校,始知明人妄行改窜,颠倒错落,全失其初,不止钱曾所举之一处。是书虽存而实亡,不可不亟为厘正。"②

有一种说法,以为"榛娥之台"的"榛",即数目字之"七"。就此应当有所辨析。

《太平御览》卷三八一引《方言》:"吴有馆娃之宫,秦有柒娥之台。"注:"柒音七。"③与通常"榛"字不同,此处写作"柒",

---

① 周振鹤、游汝杰:《方言与中国文化》,上海人民出版社1986年版,第86页。
② 〔清〕永瑢等:《四库全书总目》,中华书局1965年版,第340页。
③ 〔宋〕李昉等:《太平御览》卷三八一《人事部二二》,中华书局1960年版,第1759页。

又注明"柒音七"。明徐应秋《玉芝堂谈荟》卷三一"折计数目语"条说现今所谓大写数字形式:"《文海披沙》:今文书一字至十字,皆用同音画多者,以防作伪。其中壹、贰音义俱同。肆、伍、陆、玖、拾音同义异。叁字字书所无,盖以参字微变之。古语勿贰以二勿参以三,《考工记》参分其股,《汉志》参分横一,则参亦可作三也。柒字亦无字,按束皙赋'朝列九鼎之奉,夕宿桼娥之房',桼即古七字。《太玄》七政亦作桼政。奈何不作桼乎?捌字见《急就章》,农器也。"① 明杨慎《丹铅总录》卷一四有"古文七作桼"条。杨慎写道:"《方言》'吴有桼娥之台',束皙赋'朝享五鼎之奉,夕宿桼娥之房',桼即七字也。《书》六律五声八音七始,而古文作夹始,《史记》作来始。夹与来皆桼字之误。《太玄》七政亦作桼。褚遂良书《枯树》赋,七亦作桼。"② 杨慎还指出:"束皙《玄居赋》:'夕宿七娥之房,朝享五鼎之食。'《方言》:'吴有桼娥之台。'桼即七字。《七林》有七娥三粲百媚千娇之语。"③ 明人陈绛《金罍子》引《丹铅总录》也说"束皙赋'朝享五鼎之奉,夕宿桼娥之房',桼即七也"④。

---

① 〔明〕徐应秋:《玉芝堂谈荟》,文渊阁《四库全书》本,第622页。

② 〔明〕杨慎:《丹铅总录》卷七《音律类》"舜七始咏"条,卷一四《订讹类》"古文七作桼"条,文渊阁《四库全书》本,第60、147页。〔清〕浦铣《续历代赋话》卷四引陈继儒《枕谭》:"《方言》:'吴有桼娥之台。'束皙赋:'朝享五鼎之奉,夕宿桼娥之房。'桼即七也。《太元》七政亦作桼。褚河南书《枯树赋》亦作桼。"清乾隆五十三年刻本,第96页。〔清〕周亮工《因树屋书影》卷二:"按束皙赋:'朝列九鼎之奉,夕宿桼娥之房。'桼即古七字。《太元》七政亦作桼政。奈何不作桼字?"清康熙六年刻本。

③ 〔明〕杨慎:《升庵集》卷六七"七娥房"条。文渊阁《四库全书》本补配文津阁《四库全书》本。杨慎《秋林伐山》卷一二"七娥房"同。明嘉靖三十五年王询刻本。清沈自南《艺林汇考》卷三《栋宇篇·亭台类》写道:"束皙《玄居赋》:'夕宿七娥之房,朝享五鼎之食。'《方言》:'吴有桼娥之台。'桼即七字。《字林》有七娥三粲百媚千娇之语。"文渊阁《四库全书》本。全袭杨慎说。

④ 〔明〕陈绛:《金罍子》下篇卷四,明万历三十四年陈昱刻本。

明夏树芳《词林海错》同样沿用此说。① "束晳赋'朝列九鼎之奉，夕宿柒娥之房'"，可能即《晋书》卷五一《束晳传》载《玄居释》"夕宿七娥之房，朝享五鼎之食"②。这些意见，均据束晳文字明确认定"榛娥之台""柒娥之台""黍娥之台"之"榛娥""柒娥""黍娥"就是"七娥"。

《玄居释》"夕宿七娥之房，朝享五鼎之食"，"七娥"与"五鼎"形成对仗。"七"和"五"都是数字。然而"吴有馆娃之宫，秦有榛娥之台"句，如果"榛娥"解作"七娥"，则"七娥之台"与"馆娃之宫"则未能构成合理的对应关系。

此外，战国时期"娥"作为美女意义使用时前冠字多标明地方。如前引"秦娥""韩娥"，以及"湘娥""湘川娥"等。③

参考以上例证，则"榛娥"似不应理解为"七娥"。

清人庄履丰、庄鼎铉《古音骈字续编》即将"黍娥，七娥"与"榛娥"彼此并列：

黍娥。七娥。束晳赋"夕宿黍娥之房"。

---

① 〔明〕夏树芳：《词林海错》卷一一"黍娥"条，明万历刻本。
② 〔唐〕房玄龄等：《晋书》卷五一《束晳传》，中华书局1974年版，第1429页。
③ 《后汉书》卷八〇下《文苑列传下·边让》："招宓妃，命湘娥，齐倡列，郑女罗。扬激楚之清宫兮，展新声而长歌。繁手超于北里，妙舞丽于阳阿。"李贤注："宓妃，洛水之神女也。湘娥，尧之二女娥皇、女英，湘水之神也。"第2642—2643页。《艺文类聚》卷四一引魏陈王曹植《妾薄命行》曰："想彼宓妃洛河，退咏汉女湘娥。"晋陆机《吴趋行》曰："楚妃且勿叹，齐娥且莫讴。"《艺文类聚》卷四二引魏陈王曹植《仙人篇》曰："湘娥拊琴瑟，素女吹笙竽。"〔晋〕陆机《前缓声歌行》曰："北征瑶台女，南要湘川娥。"《艺文类聚》卷五六引魏陈王曹植《九咏》曰："感汉广兮羡游女，扬激楚兮咏湘娥。"《艺文类聚》卷七八引齐袁彖《游仙诗》曰："王子洛浦来，湘娥洞庭发。"《艺文类聚》卷七九引梁邵陵王《祀鲁山神文》曰："江妃汉女，含睇来趋。湘娥洛嫔，宜言在侧。"《艺文类聚》卷八〇引周庾信《灯赋》曰："楚妃留客，韩娥合声。"《艺文类聚》，第742、746、756、757、1016、1334、1354、1370页。

  榛娥。秦有榛娥台。①

似乎并不以为"榛娥""柰娥"可以解读为"七娥"。对于"榛娥"的文意，也许应当另作分析。而"柒娥""柰娥"，其实是"榛娥"的异写。

五、"榛娥""漆娥"说

  通常"用同音画多者，以防作伪"的所谓汉字数目字大写形式，"七"作"柒"。元代学者白珽在讨论这一问题时，则说"七"作"漆"。即壹、贰、叁、肆、伍、陆、漆、捌、玖、拾、伯、仟、萬。所举"七"作"漆"的例证，即"秦有'漆娥台'"。论者以为"漆"即"柒"字："古者及汉人用字如一之与壹，二之与贰，三之与叁，其义皆同。《毛诗·鸣鸠序》：'刺不壹也。'而正文乃云：'其仪一兮。'《孟子》：'市价不贰。'赵岐注云：'无二价也。'本文用'贰'字，注用此'二'字。《周礼·天官》'参'谓'卿三人'，'伍'谓'大夫五人'，则'参'与'三'、'伍'与'五'通也。所谓'肆'，《周礼》法编悬之四八曰肆。'六六亡奇'，《马援传》今更共'陆陆'。'七'则秦有'漆娥台'，用此'漆'字。'捌'，《广韵》云：'无齿杷也，本作扒。'今借为八。九、十、百、千、万，与玖、拾、伯、仟、萬皆有通用也。"② 所谓"'七'则秦有'漆娥台'，用此'漆'字"，"榛娥"不应理解为"七娥"，上文已经讨论。然而所引"秦有'漆娥台'"，"榛娥台"写作"漆娥台"，值得我们注意。

  所谓"榛娥之台"的"榛"，极有可能是地名，如前说"秦娥""韩娥""湘娥"等。"榛娥台"作"漆娥台"，提示我们注意到秦地的"漆"县。

---

  ① 〔清〕庄履丰、庄鼎铉：《古音骈字续编》卷二《平韵·一先》，文渊阁《四库全书》本。

  ② 〔元〕白珽：《湛渊静语》卷一，清《知不足斋丛书》本。

论秦宫"棽娥之台"兼及"秦娥"称谓

保留秦汉行政地理资料的《汉书》卷二八上《地理志上》所列"右扶风"属县,其中有"漆"县:

漆,水在县西。有铁官。莽曰漆治。①

"漆"的县治在今陕西彬县。②

《史记》卷二《夏本纪》引《禹贡》:"黑水西河惟雍州:弱水既西,泾属渭汭。漆、沮既从,沣水所同。"关于"漆",张守节《正义》:"《括地志》云:'漆水源出岐州普润县东南岐山漆溪,东入渭。'……《诗》云古公去邠度漆、沮,即此二水。"③《汉书》卷二八上《地理志上》引《禹贡》同句,颜师古注:"漆、沮,即冯翊之洛水也。鄜水出鄜之南山。言漆、沮既从入渭,鄜水亦来同也。"④"漆"县与"漆水"的关系,使我们联想到"棽娥"可能即"漆娥"的称谓与前说"湘娥""湘川娥"等称谓的接近之处。

《方言》"棽娥之台"之"棽"字从木,应与漆树,亦与生漆的开发生产有一定关系。元熊忠《古今韵会举要》卷二六写道:"桼。《说文》:'桼,木汁可以鬃物,象木形。'漆如水滴而下。徐曰六点皆象水而非水,盖象形也。当作桼。《周礼》注:'故书桼林。'《汉书》:'陈夏千亩桼。'《汉邹阳传》:'坚如胶桼。'通作棽。《广韵》:'秦有棽娥台。'今经史通作漆。《周礼》:'漆林之征。'《本草》:'漆树高二丈余,皮白,叶似椿樗,花似槐子,若牛奈。木心黄。六月刻取滋汁。'"⑤在讨论"漆"的生产和使用时涉及"漆树""漆林""鬃物""胶桼"等,同时说到"秦有棽娥台",又说"今经史通作漆",推想"棽娥"名号,很可能与生漆的采集与漆器的

---

① 〔汉〕班固:《汉书》,中华书局1962年版,第1547页。
② 谭其骧主编:《中国历史地图集》,地图出版社1982年版,第2册,第15—16页。
③ 《史记》,第65—66页。
④ 《汉书》,第1532页。
⑤ 〔元〕熊忠:《古今韵会举要》,文渊阁《四库全书》本。

制作有某种关联。

林剑鸣较早致力于漆的生产史与应用史的研究。① 后来关于商周以至秦的漆业发展有论著陆续面世。②

有研究者注意到秦二世曾经"欲漆其城"③及秦时"开渠而运南山之漆"④等记载，又指出，"秦人依托本地丰富的生漆资源，在传承、吸收西周漆器艺术风格的基础上，发展本国漆器制造业"⑤。这样肯定性的判断符合历史真实。然而论者似乎更看重巴蜀及楚地的漆器生产优势。在对"战国时期的秦漆器"进行分析时写道："丰富的生漆资源，为巴蜀漆器手工业发展奠定了坚实基础。随着秦对巴蜀地区的占领，秦漆器手工业在传承吸收的基础上，得到了创新发展。"⑥ 这样的认识，似乎低估了周人漆器生产经验继承的意义，也低估了秦岭即"南山之漆"以及秦人曾经经营多年的陇山林区"生漆资源"的优势。

---

① 林剑鸣：《我国古代劳动人民对生漆的发现和利用》，载《西北大学学报》(自然科学版)1978年第1期。此后研究成果，又有王世襄：《中国古代漆工杂述》，载《文物》1979年第3期；曹金柱：《中国生漆经营史初探》，载《中国生漆》1983年第1期；王尚林、曹金柱：《中国漆文化发展简史》，载《中国生漆》2002年第2期。

② 刘士莪：《商周时期的漆器》，载《中国生漆》1985年第3期；张永山：《西周漆器概述》，载《华夏考古》1988年第2期。

③ 原注："《史记·滑稽列传》。"《史记》卷一二六《滑稽列传》："二世立，又欲漆其城。优旃曰：'善。主上虽无言，臣固将请之。漆城虽于百姓愁费，然佳哉！漆城荡荡，寇来不能上。即欲就之，易为漆耳，顾难为荫室。'于是二世笑之，以其故止。"第3203页。

④ 原注："《括地志》，引自《秦会要订补》，卷七《水利》。"徐复《秦会要订补》卷一七《食货·水利》："胡亥筑阿房宫，开渠而运南山之漆。"注："《括地志》。按《长安志》于漕河下引《汉书》云：穿此渠通漆水。又引《括地志》之言。盖两存其说者也。"第268页。〔唐〕李泰等著，贺次君辑校《括地志辑校》卷一《雍州·长安县》："漆渠，胡亥筑阿房宫开此渠，而运南山之漆。"注："《长安志》卷十三咸阳县引，又同卷一条引作'胡亥将运南山之漆而开此渠。'"中华书局1980年版，第11页。

⑤ 朱学文：《秦漆器研究》，三秦出版社2016年版，第240页。

⑥ 《秦漆器研究》，第29—30页。

秦国"榛娥"名号的发生与生漆产出与漆器制作是否有关，是值得用心思考的学术问题。如果能够通过研究收获说明发生于秦地的"榛娥"称谓与秦国的林业开发和手工业生产有怎样的关系，确实是一件有意思的事。

秦人在陇东最初发展，其经济生活中应当已经较早有漆的生产与消费。陇东早期经济史迹可见或许与秦并非同一文化系统的族群物质遗存中有漆器使用。① 可知大致在春秋甚至更早的时期，这一地区林业资源中"漆"已经得到开发。虽然现今考古文物资料中长江流域发现的漆器在数量和质量方面都占优势，但是我们不能因此低估由于环境因素的限定致使保存条件不理想的黄河流域漆器生产的规模、水准，以及社会消费的等级和数量。

六、"女称娥"的普及与"忆秦娥"文学意境

以"娥"称女子者，古例甚早。《史记》卷一《五帝本纪》："尧妻之二女，观其德于二女。"张守节《正义》："二女，娥皇、女英也。娥皇无子，女英生商均。舜升天子，娥皇为后，女英为妃。"② 关于"姮娥"即"嫦娥"的传说，《山海经》《淮南子》等都有记载。③

---

① 据王永安、张俊民《甘肃宁县石家墓群2016年发掘收获》介绍，这一东周墓群出土"漆器如漆盒、漆耳杯、漆盘等"。《2016中国重要考古发现》，文物出版社2017年版。王永安、张俊民《甘肃宁县石家墓群发掘5座春秋高等级墓葬》所介绍M216"椁室四壁抹一层浅绿色涂料，代替木板构筑椁壁以装饰墓壁"，以及M36"墓圹四壁一定深度下抹浅绿色涂料"的情形，也值得注意。《中国文物报》2017年11月17日8版，载《豳风》2017年第1期。

② 《史记》卷一《五帝本纪》，第21—22页。

③ 《淮南子·览冥》："羿请不死之药于西王母，姮娥窃以奔月，怅然有丧，无以续之。"袁珂说："姮娥即《山海经·大荒西经》所记'生月十二'之常羲。古音读羲为娥，逐渐演变为奔月之常（嫦）娥。《文选》注两引《归藏》，均谓常（嫦）娥服不死药奔月。知常（嫦）娥神话古有流传，非始于《淮南子》。""《诗·生民》'时维后稷'孔颖达疏引《大戴礼记·帝系篇》又作常仪，……羲、仪、娥，古音同。"袁珂编：《中国神话大词典》，四川辞书出版社1998年版，第435、591页。

秦汉之际又有吕后字娥姁的实例。《史记》卷九《吕太后本纪》司马贞《索隐》说吕后"讳雉，字娥姁也"①。《史记》卷四九《外戚世家》："汉兴，吕娥姁为高祖正后。"②刘增贵研究汉代女子名字，考察其中所透露的历史文化信息，注意到用"娥"的实例，所辑录计8例。③

《能改斋漫录》卷二《事始》"女称娥"分析了"娥"作为女子称谓的由来和演变："唐乐府有《忆秦娥》。娥字见《史记·齐悼惠王传》：'王太后有爱女，曰修成君，修成君有女，名娥。'后汉顺帝，乳母宋娥。又《史记·外戚世家》：'武帝时幸夫人尹婕妤、邢夫人，众人谓之娙娥。'"④《史记》中华书局标点本断句作："武帝时，幸夫人尹婕妤。邢夫人号娙娥，众人谓之'娙何'。娙何秩比中二千石。"司马贞《索隐》："《说文》云'娙，长也，好也'。许慎云'秦晋之间谓好为娙'。又《方言》曰'美貌谓之娥'。"⑤"娙娥"名号，是将"秦晋之间"言"好"及"美貌"的词语结合了起来。据《汉书》卷九七上《外戚传上》，"娙娥"之号及相应"爵位"为"武帝制"⑥。关于修成君有女名娥事，《史记》卷五二《齐悼惠王世家》："皇太后有爱女曰修成君，修成君非刘氏，太后怜之。修成君有女名娥，……"⑦

---

① 《史记》卷九《吕太后本纪》，第395页。
② 《史记》卷四九《外戚世家》，第1969页。
③ 刘增贵：《汉代妇女的名字》，载《新史学》1996年第4期。
④ 〔宋〕吴曾：《能改斋漫录》卷二《事始》，上海古籍出版社1979年版，第29页。
⑤ 《史记》卷四九《外戚世家》，褚先生补述，第1983—1984页。
⑥ 《汉书》卷九七上《外戚传上》，第3935页。《后汉书》卷一〇上《皇后纪上》李贤注："婕妤一，娙娥二，容华三，充衣四，已上武帝置。"第400页。
⑦ 《史记》卷五二《齐悼惠王世家》，第2007页。《汉书》卷三八《高五王传》："皇太后有爱女曰修成君，修成君非刘氏子，太后怜之。修成君有女娥，……"第1999页。

东汉"名娥"即以"娥"为名字的女子又见数例。《后汉书》卷六一《左雄传》:"初,帝废为济阴王,乳母宋娥与黄门孙程等共议立帝,帝后以娥前有谋,遂封为山阳君,邑五千户。"①《后汉书》卷九《献帝纪》李贤注引《续汉志》曰:"女子李娥,年六十余死,瘗于城外。有行人闻冢中有声,告家人出之。"②《后汉书》卷五五《章帝八王传·清河孝王庆》:"帝所生母左姬,字小娥,小娥姊字大娥,犍为人也。初,伯父圣坐妖言伏诛,家属没官。二娥数岁入掖庭,及长,并有才色。小娥善《史书》,喜辞赋。和帝赐诸王宫人,因入清河第。"③《后汉书》卷八四《列女传·孝女曹娥》:"孝女曹娥者,会稽上虞人也。父盱,能弦歌,为巫祝。汉安二年五月五日,于县江溯涛婆娑迎神,溺死,不得尸骸。娥年十四,乃沿江号哭,昼夜不绝声,旬有七日,遂投江而死。至元嘉元年,县长度尚改葬娥于江南道傍,为立碑焉。"④曹娥故事,《三国志》卷五七《吴书·虞翻传》、《晋书》卷九四《隐逸传·夏统》也有记载。⑤《后汉书》卷八四《列女传·庞淯母》:"酒泉庞淯母者,赵氏之女也,字娥。父为同县人所杀,而娥兄弟三人,

---

① 〔南朝宋〕范晔:《后汉书》卷六一《左雄传》,中华书局1965年版,第2021页。《后汉书》卷六《孝顺孝冲孝质帝纪》赞:"保阿传土,……"李贤注:"传土谓阿母山阳君宋娥更相货赂,求增邑土也。"第282页。《后汉书》卷七八《宦者列传·孙程》:"黄龙、杨佗、孟叔、李建、张贤、史泛、王道、李元、李刚九人与阿母山阳君宋娥更相货赂,求高官增邑,又诬罔中常侍曹腾、孟贲等。永和二年,发觉,并遣就国,减租四分之一。宋娥夺爵归田舍。"第2518页。

② 《后汉书》卷九《献帝纪》,第381页。《续汉书·五行志五》:"建安四年二月,武陵充县女子李娥,年六十余,物故,以其家杉木槥敛,瘗于城外数里上,已十四日,有行闻其冢中有声,便语其家。家往视闻声,便发出,遂活。"《后汉书》,第3348页。

③ 《后汉书》卷五五《章帝八王传·清河孝王庆》,第1803页。

④ 《后汉书》卷八四《列女传·孝女曹娥》,第2794页。

⑤ 〔晋〕陈寿撰,〔南朝宋〕裴松之注:《三国志》卷五七《吴书·虞翻传》,中华书局1959年版,第1325页;〔唐〕房玄龄等:《晋书》,中华书局1974年版,第2429页。

时俱病物故,仇乃喜而自贺,以为莫已报也。娥阴怀感愤,乃潜备刀兵,常帷车以候仇家。十余年不能得。后遇于都亭,刺杀之。因诣县自首。曰:'父仇已报,请就刑戮。'禄福长尹嘉义之,解印绶欲与俱亡。娥不肯去。曰:'怨塞身死,妾之明分;结罪理狱,君之常理。何敢苟生,以枉公法!'后遇赦得免。"①

张孟伦《汉魏人名考》分析"几种特殊的女子名字",先举"妖冶"一类,以为"秦代统治天下,防民正俗,严禁淫泆","汉则不然",宫廷"淫逸之习,固已毫无禁忌","而女子命名,也都诲奸诲淫,充满了邪妖娇娆的意味"。又说到"娥":"汉制,宫中位号,有娙娥爵级。'娙娥,皆美貌也'(《汉书·外戚传》颜注)。故'好而轻者谓之娥'(《方言》)。是娥乃美容轻佻,诱人玩弄之尤物。两汉女子,却多有名娥的。"所举实例,有修成君女娥、宋娥、曹娥、赵娥及汉安帝母家"二娥"。②所谓"诲奸诲淫""邪妖娇娆""美容轻佻,诱人玩弄"的说法我们不能同意,而且应当指出,秦汉民俗并没有明显的由"严禁淫泆"到"毫无禁忌"的根本性转变。就"娥"字的使用而言,汉人其实继承了秦俗。有学者在分析现代女性人名用字的特点时,指出:"在我们民族的传统中,男子和女子的名字一般是要有区别的。特别是女子的名字,总要反映出女性的特征来。"研究者又分别指出如下现象:(1)"常取表现美貌的字……"(2)"有时借用他物来形容美貌。如用花草的名称或开花的状态形容……"(3)"或用自然界的季节、美好的景物来形容……"(4)"或用美丽的鸟儿来形容……"(5)"常取表示珍贵的字。……"第(1)"常取表现美貌的字",列举"姗、姣、娟、娥、婵、嫦、婍、婉、妙、媛、

---

① 《后汉书》卷八四《列女传·庞淯母》,第2796—2797页。
② 张孟伦:《汉魏人名考》,兰州大学出版社1988年版,第68、71—72页。

婷、妍、嫣、娜、娇、媚、丽、美、艳、彩、仙、俊等等"①，"娥"列位于第四。思考这样的文化人类学或者社会学现象，应当注意现代相关理念，可以在秦人有关"榛娥"的历史文化信息中发现早期渊源。

《艺文类聚》卷四引隋庾信《七夕赋》曰："兔月先上，羊灯次安。睹牛星之曜景，视织女之阑干。于是秦娥丽妾，赵艳佳人，窈窕名燕，逶迤姓秦。嫌朝妆之半故，怜晚拭之全新。此时并舍房栊，共往庭中，缕条紧而贯矩，针鼻细而穿矩。"②其中"秦娥丽妾"与"赵艳佳人"排比对应。"赵艳"即赵地女子以色艺优长活跃于社会上层，是人们熟悉的社会史现象。③而"窈窕名燕，逶迤姓秦"，大致体现了秦崛起之后"弃击瓮叩缶而就《郑》《卫》"，"佳冶窈窕赵女""立于侧"④的情形。因政治强权的作用，各地美女"逶迤姓秦"。另一方面，"秦娥"称谓体现的原生于秦的"娥"这一女子美称，可能又由于秦文化借助军政强势的向东扩张，影响到更广阔的地域。上文引录周振鹤、游汝杰的分析："到了两汉之交，由于秦人的东进，秦晋的方言已经糅合而一了。"或许这种方言的变化可以理解为起始于战国时期"秦人的东进"。周振鹤、游汝杰还指出："春秋之前诸夏语言的中心地区是成周一带（今河南北部），那时候秦国的语言还偏在西方，在诸

---

① 中国社会科学院语言文字应用研究所汉字整理研究室：《人名用字和性别的关系》，中国社会科学院语言文字应用研究所汉字整理研究室编：《姓氏人名用字分析统计》，语文出版社1991年版，第455页。

② 《艺文类聚》卷四《岁时中》，第79页。

③ 《战国策·中山策》："赵，天下善为音，佳丽人之所出也。"见〔汉〕刘向集录，范祥雍笺证，范邦瑾协校：《战国策笺证》，上海古籍出版社2006年版，第1868页。《史记》卷一二九《货殖列传》："女子则鼓鸣瑟，跕屣，游媚贵富，入后宫，偏诸侯。"第3263页。《太平御览》卷一六一《州郡部七》引《赵记》："女子盛饰冶容，习丝竹长袖，倾绝诸侯。"第783页。参看方诗铭：《战国秦汉的"赵女"与"邯郸倡"及其在政治上的表现》，载《史林》1995年第1期，收入《方诗铭文集》，上海社会科学院出版社2010年版。

④ 《史记》卷八七《李斯列传》载《谏逐客书》，第2544、2543页。

夏语言区域中并无重要的地位,到了两汉之交秦晋的方言一跃而占显要地位。在秦汉之后汉语的最终形成和后来的发展中,秦语起了关键的作用。后世的北方汉语就是以当时的秦晋和洛阳一带方言为基础,逐渐定型的。"①

前引《能改斋漫录》卷二《事始》"女称娥"开篇就说"唐乐府有《忆秦娥》"。"徐矩《事务原始》云:词始于李太白。"李白词作"乃后世倚声填词之祖",相传李白有《忆秦娥》,"被认为百代词曲之祖(见郑樵《通志》)"。"《忆秦娥》自然是标准的词,但许多人疑心不是李白所作(例如《词苑丛谈》)。"无论是何人所作,其艺术水准之高是没有异议的,其中"秦娥梦断秦楼月","咸阳古道音尘绝"②等句体现出对秦史的追忆,也是没有疑问的。

---

① 《方言与中国文化》,第86页。
② 王力:《汉语诗律学》,上海教育出版社2005年版,第495、497、496页。

秦始皇的情感生活
——兼及秦始皇是否立皇后问题

杜牧的《阿房宫赋》写述了秦始皇后宫女子的生活："妃嫔媵嫱，王子皇孙，辞楼下殿，辇来于秦。朝歌夜弦，为秦宫人。明星荧荧。开妆镜也。绿云扰扰，梳晓鬟也。渭流涨腻，弃脂水也。烟斜雾横，焚椒兰也。雷霆乍惊，宫车过也。辘辘远听，杳不知其所之也。一肌一容，尽态极妍。缦立远视，而望幸焉。有不得见者三十六年。"①这样的描绘，看起来细致生动，然而却大体是基于文学家自己的浪漫想象。这种想象当然是以作者对于唐代宫廷生活的知识作为依据的。

可惜历史有限的相关记载，没有能够给我们提供反映秦始皇后宫生活的真切信息。

秦始皇个人的情感经历和性爱生活，究竟是一种怎样的情形呢？

一、秦始皇的子女

我们知道，秦始皇的儿子和女儿，人数并不算少。

《史记》卷八《高祖本纪》司马贞《索隐》写道："《善文》称隐士云'赵高为二世杀十七兄而立今王'，则二世是第十八子也。"②

《史记》卷六《秦始皇本纪》记载，秦二世胡亥登基之后，清洗秦王朝执政集团上层中有可能动摇他的权力和地位的力量，宗室贵族首当其冲。"行诛大臣及诸公子，以罪过连逮少近官三郎，无得立者，而六公子戮死于杜。公子将闾昆弟三人囚于内宫，议其罪独后。二世使使令将闾曰：'公子不臣，罪当死，吏致法焉。'将闾曰：'阙廷之礼，吾未尝敢不从宾赞也；廊庙之位，吾未尝敢失节也；受命应对，吾未尝敢失辞也。何谓不臣？愿闻罪而死。'使者曰：'臣不得与谋，奉书从事。'将闾乃仰天大呼天者三，曰：'天乎！吾无罪！'昆弟三人皆流涕拔剑自杀。"③《史记》卷八七《李斯列传》

---

① 〔唐〕杜牧撰，何锡光校注：《樊川文集校注》第一《赋三首》，齐鲁书社2007年版，第2页。

② 〔汉〕司马迁：《史记》，中华书局1982年版，第349页。

③ 《史记》，第268页。

写道:"二世然高之言,乃更为法律。于是群臣诸公子有罪,辄下高,令鞫治之。杀大臣蒙毅等,公子十二人僇死咸阳市,十公主矺死于杜,财物入于县官,相连坐者不可胜数。"另有一位公子高,又以另外一种特殊形式被害。"公子高欲奔,恐收族,乃上书曰:'先帝无恙时,臣入则赐食,出则乘舆。御府之衣,臣得赐之;中厩之宝马,臣得赐之。臣当从死而不能,为人子不孝,为人臣不忠。不忠者无名以立于世,臣请从死,愿葬郦山之足。唯上幸哀怜之。'书上,胡亥大说,召赵高而示之,曰:'此可谓急乎?'赵高曰:'人臣当忧死而不暇,何变之得谋!'胡亥可其书,赐钱十万以葬。"①

《秦始皇本纪》所谓"六公子戮死于杜",和《李斯列传》所谓"公子十二人僇死咸阳市",很可能有重复的情形。如果只是按照《李斯列传》的说法,那么,包括公子扶苏和胡亥,则秦始皇的子女至少有25人。如果再加上"公子将闾昆弟三人"和公子高,则一共有29人。

如果"六公子戮死于杜"和"公子十二人僇死咸阳市"并不重复,那么,秦始皇的子女竟然多至35人。

这其实只是我们根据胡亥杀害其兄弟姐妹的相关资料做出的统计,实际的人数,可能还要多。

二、秦始皇的情爱生活

有学者统计,认为"始皇帝有子30位,女15位,子女共约45位",又说"始皇帝儿子30位,女儿15位,子女共45位"。②

这样说来,似乎应当消除秦始皇在性生活能力方面可能不正常的疑虑。

《史记》卷六《秦始皇本纪》记载,卢生对秦始皇说:"臣等求芝奇药仙者常弗遇,类物有害之者。方中,人主时为微行以辟恶鬼,

---

① 《史记》,第2553页。
② 张文立:《秦始皇帝评传》,陕西人民教育出版社1996年版,第325—326页。

恶鬼辟，真人至。人主所居而人臣知之，则害于神。真人者，入水不濡，入火不爇，陵云气，与天地久长。今上治天下，未能恬惔。愿上所居宫毋令人知，然后不死之药殆可得也。"于是，秦始皇说："吾慕真人，自谓'真人'，不称'朕'。"随即命令"咸阳之旁二百里内宫观二百七十复道甬道相连，帷帐钟鼓美人充之，各案署不移徙"。"宫观二百七十"各有"美人"，可见这位帝王不仅"治天下，未能恬惔"，在情爱方面的兴致也是绝不"恬惔"的。此前的历史记录，又有："秦每破诸侯，写放其宫室，作之咸阳北阪上，南临渭，自雍门以东至泾、渭，殿屋复道周阁相属。所得诸侯美人钟鼓，以充入之。""诸侯美人"的相继"充入"，使得秦始皇后宫服务者的数量可以达到空前的规模。张守节《正义》引《三辅旧事》于是说："始皇表河以为秦东门，表汧以为秦西门，表中外殿观百四十五，后宫列女万余人，气上冲于天。"①

刘邦率领的反秦武装入咸阳时，秦后宫女子数量仍可以千计。《史记》卷五五《留侯世家》写道："沛公入秦宫，宫室帷帐狗马重宝妇女以千数，意欲留居之。樊哙谏沛公出舍，沛公不听。"此说"宫室帷帐狗马重宝妇女以千数"，而裴骃《集解》引徐广曰又举列另一种说法："哙谏曰：'沛公欲有天下邪？将欲为富家翁邪？'沛公曰：'吾欲有天下。'哙曰：'今臣从入秦宫，所观宫室帷帐珠玉重宝钟鼓之饰，奇物不可胜极，入其后宫，美人妇女以千数，此皆秦所以亡天下也。愿沛公急还霸上，无留宫中。'沛公不听。"②所谓"美人妇女以千数"，则明确指示了后宫女子人数可以千计。应当知道，这已经是秦二世胡亥清理过的后宫。《史记》卷六《秦始皇本纪》记载："太子胡亥袭位，为二世皇帝。九月，葬始皇郦山。""二世曰：

---

① 《史记》，第 257、239—241 页。
② 《史记》，第 2037—2038 页。

'先帝后宫非有子者，出焉不宜。'皆令从死，死者甚众。"①

和其他一些大有作为的帝王不同，秦始皇的女人们没有一位在史书记载中留下过姓名。

在荆轲行刺秦王政时，据说有女子以"罗縠单衣，可掣而绝；八尺屏风，可超而越；鹿卢之剑，可负而拔"②提示秦王政自救。事出《燕丹子》卷下。这位救了嬴政性命的属于后宫服务人员的女子，在《燕丹子》中没有记录下她的姓名。《太平御览》卷七〇一引《三秦记》则称她为"王美人"："荆轲入秦为燕太子报仇，把秦王衣袂，曰：'宁为秦地鬼，不为燕地囚。'王美人弹琴作语曰：'三尺罗衣何不掣？四面屏风何不越？'王因掣衣而走，得免。"③王美人的故事传奇色彩过于浓重，不可作信史读。

《水经注》卷二九《沔水》："《太康地道记》：吴有盐官县。乐资《九州志》曰：县有秦延山。秦始皇径此，美人死，葬于山上。山下有美人庙。"④雍正《浙江通志》卷一一一《山川三》"海盐县"条写道："秦驻山，《至元嘉禾志》：在县南一十八里。乐资《九州志》云：县有秦径山，秦始皇经此，美人葬于此山下，有美人庙，故名。《水经注》云：海盐县南有秦望山，秦始皇登以望海。"又录有彭绍贤《秦驻山诗》二首："水浅蓬莱岁几更，凡夫那解驭风行。空教海外留徐福，

---

① 《史记》，第265页。

② 《燕丹子》卷下："轲左手把秦王袖，右手揕其胸，数之曰：'足下负燕日久，贪暴海内，不知厌足。于期无罪而夷其族。轲将海内报仇。今燕王母病，与轲促期，从吾计则生，不从则死。'秦王曰：'今日之事，从子计耳！乞听琴声而死。'召姬人鼓琴，琴声曰：'罗縠单衣，可掣而绝。八尺屏风，可超而越。鹿卢之剑，可负而拔。'轲不解音。秦王从琴声负剑拔之，于是奋袖超屏风而走，轲拔匕首擿之，决秦王，刃入铜柱，火出。秦王还断轲两手。轲因倚柱而笑，箕踞而骂，曰：'吾坐轻易，为竖子所欺。燕国之不报，我事之不立哉！'"

③ 〔宋〕李昉等：《太平御览》，中华书局1960年版，第3129页。

④ 〔北魏〕郦道元著，陈桥驿校证：《水经注校证》，中华书局2007年版，第686—687页。

一片荒山浪得名。""翠盖金支想象间，昔时流水尚潺湲。美人似念今祠庙，死作山花不肯还。"①嘉靖《宁海州志》卷上《地理一》"烧车岭"条："烧车岭，在县北三十里。邑人云：秦始皇东游，生公子于此，以火自焚其车。"②嘉靖《山东通志》卷六《山川下·登州府》也说，文登县北三十里有"烧车岭"。③"东游"途中"生公子"者，应当是秦始皇亲近的女人。

如果这些传说接近历史真实，则大约秦始皇万里出巡，也是有女子随行的。

三、秦始皇的"皇后"

有学者对秦始皇生活的讨论，曾经涉及皇后问题。论者写道："秦始皇帝似乎是没有立过皇后。从诸多历史文献及后人著作中也没有发现过皇后的痕迹。是他不想立皇后还是来不及立皇后？我以为前者的可能性是很大的，即他不想立皇后。不想立皇后的原因不外二条。一是，妻妾太众，看花了眼，似乎谁都不合适。二是，他觉得天下是一人之天下，皇后是无所谓的。这便是他的性格：多疑与独断。"④

近年又有研究者提出了"为什么秦始皇没有立皇后"的问题，并且认为这是一个"千古之谜""古今大谜"。研究者指出，"论者较少就这一问题展开讨论。实际上此问题也关系到秦王朝的政权建设，在秦也不是个小问题。秦始皇帝未立皇后，为什么？其根本原因应从其当时的历史背景、始皇帝的个人性格及家庭环境去考虑。其原因大致有五：生性多疑，刚愎自用，无意立后；希图长生，久享尊荣，不愿立后；母子龃龉，怨母情节，无心立后；美人如蚁，内宫过滥，无法选后；皇后之贵，标准难立，进退无据。始皇帝未立皇后，太子

---

① 〔清〕嵇曾筠：雍正《浙江通志》，文渊阁《四库全书》本，第211页。
② 〔明〕李光先：嘉靖《宁海州志》，中国方志库。
③ 〔明〕陆釴纂修：嘉靖《山东通志》，明嘉靖刻本，第121页。
④ 《秦始皇帝评传》，第316页。

从而缺位，造成后继非其人。仓促之间，皇帝驾崩，帝位空缺。赵、李作谋，胡亥窃位，内争引发外乱，触发了秦王朝固有的政治危机，这也是秦王朝早亡的诱因之一"。

据说，"秦人立后应该是从德公以后便有的，但见于文字的较早的王后是惠文后，即武王的母亲。武王的王后先有魏女，无子。其异母弟是昭王。昭王为秦王，其生母则为太后，即有名的一代秦后宣太后。昭襄王的王后为叶阳后。以后，孝文王以其母即昭王妾唐八子为唐太后。华阳太后是安国君的爱姬。安国君作秦王后，以华阳夫人为王后。异人为秦王后，尊华阳王后为华阳太后，尊自己的生母夏姬为夏太后。秦始皇帝的母亲为帝太后。从见于文字的状况看，秦人在秦孝公以后，对立王后、立嗣，已十分重视了。立后（皇后）、立嗣的制度在这一时期已经确立了"，"秦国在发展壮大过程中，各种国家制度已臻完善，秦统一中国后更全面建立了各种制度，并定出了皇帝的正妻为皇后、母亲为皇太后的制度。但是秦始皇帝始终没有设立皇后，这成为令人费解的千古之谜"①。

其实，说秦国从秦孝公时代起，立后已经制度化，似乎是缺乏充分的论证的。现在我们看到的资料，尚不足以说明秦国从秦孝公时代起，就已经存在这种完备的制度。实际上，秦始皇的先祖们的正妻，也就是所谓"后"，在史书中均罕见其事迹。《史记》卷五《秦本纪》说："（惠文后）不得良死。悼武王后出归魏。"事在秦昭襄王二年（前305），她们当时的实际身份，其实已经不再是王后。"惠文后"名号的使用，其实已经在她具有太后身份之后："惠文后，武王母也。""武王即位，尊夫人曰惠文后。"②

读秦史的时候，我们常常看到秦国的"太后"如何如何，却很少

---

① 张敏：《秦始皇帝未立后试论》，秦俑学第六届学术讨论会论文，临潼，2004年7月；《秦始皇帝未立皇后议》，中国秦汉史研究会网站，http://www.bmy.com.cn/history/htdocs/index.asp。

② 《史记》，第210页。

看到"后"的活动。事实上，秦孝公到秦始皇共有七位君王，我们只看到两位王后的名号，一位即"叶阳后"。据《汉书》卷七六《张敞传》，西汉名臣张敞说："臣闻秦王好淫声，叶阳后为不听郑卫之乐。"颜师古注引孟康的解释："叶阳，秦昭王后也。"①另一位即孝文王后。《史记》卷五《秦本纪》："秦昭王五十六年，薨，太子安国君立为王，华阳夫人为王后，子楚为太子。"②然而，这是《秦本纪》执笔者为了特别交代子楚身份变化而专意留下的文字，可以看作秦史保留"王后"事迹的特例。这位华阳夫人实际上只做了一年的王后。"秦王立一年，薨，谥为孝文王。太子子楚代立，是为庄襄王。庄襄王所母华阳后为华阳太后。"③

关于"叶阳后"，王先谦《汉书补注》引述了沈钦韩的说法，认为《论衡·谴告》中说到"秦穆公好淫乐，华阳后为之不听郑、卫之音"④，所以《张敞传》"叶阳"是"华阳"之误⑤。"葉"字和"華"字确实字形相近，误写误读是可能的。如果沈钦韩的说法成立，那么，在秦史记录中，从秦孝公到秦始皇七位帝王统治的151年间，我们只看到一位只当了1年的王后。"华阳夫人为王后"事，只在叙述秦庄襄王子楚地位上升时提及，并没有说到她作为王后有什么政治表现。

秦国王后们的事迹不见于史书的记载，这可能和秦的文化传统有关。大概王后不能参与政治，成为太后之后，情形则有所不同。秦始皇大概继承了这样的传统，因此秦始皇的皇后在史籍中的沉默，是自然的事，似乎并不构成什么"令人费解的千古之谜"或者"古今大谜"。

有学者说，"战国时期毕竟是妇女解放的时代，那时女子所具有

---

① 〔汉〕班固：《汉书》，中华书局1962年版，第3220页。
② 《史记》，第202页。
③ 《史记》卷八五《吕不韦列传》，第2509页。
④ 黄晖：《论衡校释》（附刘盼遂集解），中华书局1990年版，第639页。
⑤ 王先谦：《汉书补注》，中华书局1983年版，第1394页。

的自由与权力远比前代以及后世为多。秦自商鞅变法之后尤其如此。"《韩非子·忠孝》说:"臣事君,子事父,妻事夫,三者顺则天下治,三者逆则天下乱,此天下之常道也,明王贤臣而弗易也。"①强调了"妻事夫"的原则。这三条,应当是后来"三纲"的道德规范史的起点。而论者以为,"秦之世,在家庭中父权家长专制统治一般说来是不存在的,君主集权制在理论和实际上并没有同家长统治联系起来,韩非的家庭理论并未被秦所采纳。秦的传统国策强调的不是父权治家,而是令家庭内部相互司察,以收良好的社会政治效果,通过相互'约保'的'家断',达到'国治'的理想境界"②。对于这样的研究结论,考之史实,似乎还有商榷的必要。秦始皇二十八年(前219)泰山刻石:"贵贱分明,男女礼顺,慎遵职事。""男"与"贵","女"与"贱"的对应关系是明确的。

至少在秦上层社会中,母权有所表现而妻权明显薄弱,是有历史迹象可寻的。即使说贵族生活中所谓"妇女解放"的历史变化滞后,也需要论证。

《初学记》卷一〇《中宫部·皇后第一》写道:"秦称皇帝,正嫡曰皇后,汉因之。"如果秦始皇不立皇后,大概不会有"秦称皇帝,正嫡曰皇后"的说法。我们似乎不能因为现在还没有看到秦始皇皇后的事迹,就断定"秦始皇帝始终没有设立皇后"。正如我们不能因为没有看到秦史中有除了秦孝文王后之外其他王后的记载,就断定秦孝文王以外的历代秦国君主都没有立后一样。由于没有看到有关的历史记载,就轻易断定历史上不存在某一事实,这样的方法,已经有学者

---

① 〔清〕王先慎、钟哲点校:《韩非子集解》,中华书局2013年版,第510页。

② 张金光:《商鞅变法后秦的家庭制度》,载《历史研究》1988年第6期;《论秦的父权、家长权、夫权与妇女地位》,载《山东大学学报》1988年第4期;《秦制研究》,上海古籍出版社2004年版,第512、511页。

提出过批评，称之为"默证"。① 在史学研究中，确实应当力戒这种有可能导致误见的方法，追求历史的真知。②

张文立在讨论这一问题时说："秦始皇帝似乎是没有立过皇后。"③ 其中"似乎"二字，大致是符合史家论说的规则的。

---

① 张荫麟指出："凡欲证明某时代无某历史观念，贵能指出其时代中有与此历史观念相反之证据。若因某书或今存某时代之书无某史事之称述，遂断定某时代无此观念，此种方法谓之'默证'（Argumentfromsilence）。默证之应用及其适用之限度，西方史家早有定论。"并引"法史家色诺波（Ch.Seignobos）氏论默证之成说"："吾侪于日常生活中，每谓'此事果真，吾侪当已闻之'。默证即根此感觉而生。其中实暗藏一普遍之论据曰，倘若一假定之事实，果真有之，则必当有纪之文籍存在。欲使此推论不悖于理，必须所有事实均经见闻，均经记录，而所有记录均保完未失而后可。虽然，古事泰半失载，载矣而多湮灭，在大多数情形之下，默证不能有效；必根于其所涵之条件悉具时始可应用之。现存之载籍无某事之称述，此犹未足为证也，更须从来未尝有之。倘若载籍有湮灭，则无结论可得矣。故于载籍湮灭愈多之时代，默证愈当少用。"《评近人对于中国古史之讨论》，载《学术》第40期，1925年4月；《古史辨》第二册，上海古籍出版社1982年版，第271—272页。徐旭生则曾经对于"古史辨"派发表了这样的批评："他们工作的勤奋是很可敬的，成绩也是很大的，但是他们所用的方法却很有问题。主要的，去世的张荫麟先生已经指出，就是太无限度地使用默证。这种方法就是因某书或今存某时代之书无某史事之称述，遂断定某时代无此观念。""极端疑古学派的工作人对于载籍湮灭极多的时代，却是广泛地使用默证，结果如何，可以预料。"《中国古史的传说时代》（增订本），文物出版社1985年版，第24—25页。

② 明代学者邓伯羔《艺彀》卷上有"蔡邕方孝孺陈东有后"条，写道："白乐天曰：蔡邕无子，有一女文姬。王元美曰：昔人谓邕无子，悉以书授王粲。按《邕传》不言无子有女。《粲传》止言'此王公孙也，有异才，吾家书籍文章尽当与之。'此不足证其无子。"又说："《羊祜传》：祜，蔡邕外孙也，讨吴有功，将进爵土，乞以赐舅子蔡袭。《蔡充别传》：祖睦，蔡邕孙也。此足证其有子也。"于是得出这样的观点："古今书记，非参看不可得其实。"这样的意见，可以在我们讨论史实的过程中要"证其无"时参考。

③ 《秦始皇帝评传》，第316页。

吕太后的更年期

垓下一役，刘邦扫平了项羽军主力。从"四面楚歌"到"十面埋伏"，汉家骑兵军团把西楚霸王逼到乌江。这位英雄以一腔怒血和"天亡我"的悲叹结束了一个时代，西汉王朝于是成立。清代学者赵翼注意到这一历史变化实现了政治史的重要转折。他指出，刘邦出身平民，刘邦的功臣们大多出身低微，除了张良家世高贵而外，其余多为所谓"亡命无赖之徒，立功以取将相"者。西汉王朝的政治结构可以说是"布衣将相之局"。这种打破贵族政治传统定式的"前此所未有"的新的政治格局的形成，具有重要的历史意义，由此可以说明，"盖秦汉间为天地一大变局"[1]。

从洛阳南宫到长安未央宫，基本建成西汉政治架构的刘邦面对殿堂肃穆，朝臣俯首，得意地说："吾乃今日知为皇帝之贵也！"[2]有人说汉代皇家祫祭制度，"《汉仪》中有'高祖南向，吕后少西'"[3]。这样说来，在特定情境下，据于权力体系顶端接受臣子们隆重礼拜者，除刘邦外，还有皇后吕雉。

一、"号令一出太后"

吕雉字娥姁。这位吕后在刘邦"病甚"时，曾经询问萧何之后"令谁代之"[4]，在人选安排方面接受了继而曹参，次则王陵、陈平、周勃的明确指示，可知后来对政局的控制，在一定程度上得到高皇帝的认可。

在刘邦辞世后，吕雉帮助汉惠帝行政七年，后来又以皇太后身

---

[1]〔清〕赵翼著，王树民校证：《廿二史札记校证》卷二《史记汉书》，中华书局1984年版，第36页。

[2]〔汉〕司马迁：《史记》卷九九《刘敬叔孙通列传》，中华书局1982年版，第2723页。

[3]〔宋〕黎靖德编，王星贤点校：《朱子语类》卷九〇《礼七》，中华书局1986年版，第2304页。

[4]《史记》卷八《高祖本纪》，第391—392页。

份专制八年，"号令一出太后"①，实际上管理汉家天下十五年之久。文天祥《徐州道中》诗句"巍然女娲帝中闱"②，承认吕雉身居"中闱"然而已经"巍然"显示着"帝"的威权。元人许衡《稽古千文》所谓"吕雉鸣晨，房闼出政"③，则以歧视女性的鄙薄之文形容同一事实。吕太后是中国历史上第一个权力地位等同于皇帝的女人。作为女性，她的政治控制力和社会影响力可以说前无古人，在后世政治史中也极其罕见。宋代诗人汪元量有《余将南归燕赵诸公子携妓把酒饯别醉中把酒听歌行》，其中写道："君把酒听我歌，汉家之乱吕太后，唐家之乱武则天。魏公铜台化焦土，隋炀月殿成飞烟。"④关于女性对最高权力的干预，首先说到吕太后和武则天。后人评价说，吕太后和唐代武则天的区别，仅仅是没有把汉王朝的"汉"这个字符修改掉。如朱熹所说："吕后只是一个村妇人，因戚姬遂迤逦做到后来许多不好。武后乃是武功臣之女，合下便有无君之心。"⑤明人周琦也说："女主自王有二：吕后其一，武后其二。吕后止于称制与诸吕危刘之祸，武后则不止称制。"⑥

二、"女主""骄蹇"教训

由于吕太后过度提高吕氏的地位，严重侵害刘氏帝权，以及她人生终点发生的流血政变，即《史记》卷一〇四《田叔列传》所谓"高

---

① 《史记》卷九《吕太后本纪》，第399页。
② 〔宋〕文天祥：《文山集》卷一九《指南后录二》，见《景印文渊阁四库全书》，台湾商务印书馆1986年版，第1184册，第739页。
③ 〔元〕许衡：《鲁斋遗书》卷一〇《稽古千文》，见《景印文渊阁四库全书》，台湾商务印书馆1986年版，第1198册，第422页。
④ 〔宋〕汪元量：《湖山类稿》卷三《余将南归燕赵诸公子携妓把酒饯别醉中把酒听歌行》，见《景印文渊阁四库全书》，台湾商务印书馆1986年版，第1188册，第238页。
⑤ 《朱子语类》卷一三二《本朝六》，第3179页。
⑥ 〔明〕周琦：《东溪日谈录》卷一四《史系谈下·唐》，见《景印文渊阁四库全书》，台湾商务印书馆1986年版，第714册，第247页。

后崩，诸吕作乱，大臣诛之，立孝文帝"①，这位曾经君临天下的强权女子的形象，被涂抹上丑恶的油彩。

仅仅数十年后，汉武帝已经将吕后故事看作历史教训。他在解释残杀钩弋夫人的理由时说："往古国家所以乱也，由主少母壮也。女主独居骄蹇，淫乱自恣，莫能禁也。女不闻吕后邪？"②所谓"吕后""骄蹇"，已经成为汉王朝最高执政者自我警示的负面形象。

东汉初年，汉光武帝又正式宣布"吕太后不宜配食高庙，同祧至尊"，剥夺了她"高皇后"的称号，"迁吕太后庙主于园"。③与刘邦并列于"至尊"的位置，为汉文帝的母亲薄太后所替换。

三、"诛韩、彭如杀狐兔"

吕后在历史记录中另一受到严厉批评的突出表现，是杀害功臣。《史记》卷九《吕太后本纪》说："所诛大臣多吕后力。"④彭越、韩信之死，吕后都有直接的动作。宋人张耒《题淮阴侯庙》序文分析当时情势："吕太后劝高祖诛彭越，使舍人告其反，而越固未尝反也，特以为名耳。高祖将兵居外，而太后在长安，太子仁弱不知兵，而韩信方失职在京师。吕畏其乘时为乱而不可制，使人诬告其反，诈召而诛之耳。"又批评萧何对吕后的策应。其诗曰："云梦何须伪出游，遭谗犹得故乡侯。平生萧相真知己，何事还同女子谋。"原注："（萧）何不为信辨其枉也。"⑤张耒的见解，大概可以看作比较典型的意见。对于吕后之心狠手辣，我们看到这样的历史评价："曾谓国家之勋臣，取而族灭之，无遗噍类，若置中兔然，未尝有难色。后也何其忍人

---

① 《史记》卷一〇四《田叔列传》，第2776页。
② 《史记》卷四九《外戚世家》，第1986页。
③ 〔南朝宋〕范晔：《后汉书》卷一下《光武帝纪下》，中华书局1965年版，第83页。
④ 《史记》卷九《吕太后本纪》，第396页。
⑤ 〔宋〕张耒：《柯山集》卷二二《七言绝句》，见《景印文渊阁四库全书》，台湾商务印书馆1986年版，第1115册，第193页。

哉！""忍人哉后也，一至此极也。"①李贽《史纲评要》卷五就韩信、彭越之死两段历史记录分别注："吕后狠。"②

对于彭越、韩信究竟反与不反，历来争议纷纭。也有人说，即使冤杀韩信，主谋也是刘邦，责任不应全在吕后："吕后杀韩信事，窃意高祖必有言。史称帝畏恶其能，以'畏恶'之语观之，则知其欲去信之心必露于左右。其讨陈豨也，空国远征，信留京师，帝岂无防信之密谋乎？但他人不知，而吕后自知之。故告变一上，即用萧何之计诈而斩之。不然，信以盖世之功，为国功臣，后安得因一时之飞语不待奏报而遽杀之乎？以是观之，则欲去信之心久而有密计也审矣。"③也有人以为，刘邦和吕后除功臣是为了国家的安定："当是时，帝及吕后年皆渐高，而新造之邦，反侧未定，诸强功臣皆在列。使帝后一旦去世，太子临朝，固能安镇而驾驭之乎？未也。观后惠帝之动静，则可知矣。"④又有人指出："当高帝时，后诛韩、彭如杀狐兔。高帝崩时，且欲尽诛诸将而后发丧。"⑤似乎诛杀功臣，已经形成了行为惯性。吕后的作为，更超过刘邦。《史记》卷八《高祖本纪》记载："四月甲辰，高祖崩长乐宫。四日不发丧。吕后与审食其谋曰：'诸将与帝为编户民，今北面为臣，此常怏怏，今乃事少主，非尽族是，天下不安。'"⑥据说这一说法司马光《资治通鉴》以为可疑，不予采信。清代学者王懋竑指出："高帝崩，吕后四日不发丧，谋诛诸将，

---

① 〔明〕梁潜：《泊庵集》卷二《高帝吕后论》，见《景印文渊阁四库全书》，台湾商务印书馆1986年版，第1237册，第191页。

② 〔明〕李贽评纂：《史纲评要》卷五《汉纪》，中华书局1974年版，第127页。

③ 〔明〕薛瑄：《读书录》卷六，见《景印文渊阁四库全书》，台湾商务印书馆1986年版，第711册，第636页。

④ 〔明〕高拱：《本语》卷四，见《景印文渊阁四库全书》，台湾商务印书馆1986年版，第849册，第840页。

⑤ 〔宋〕马廷鸾：《碧梧玩芳集》卷二一《读史旬编·吕后》，见《景印文渊阁四库全书》，台湾商务印书馆1986年版，第1187册，第154页。

⑥ 《史记》，第392页。

以郦商而止。《通鉴》以其言为妄,削不载。然帝崩四日不发丧,此必有故。史所传非妄也。"① 而《史记》卷九《吕太后本纪》说到"卢绾闻高祖崩,遂亡入匈奴"②,则功臣名将以为面临威胁,是确定的。

四、"戚姬"故事

朱熹所谓"因戚姬遂迤逦做到后来许多不好",可能首先是指残害戚夫人与赵王如意。《史记》卷九《吕太后本纪》写道:"吕后最怨戚夫人及其子赵王,乃令永巷囚戚夫人,而召赵王。"汉惠帝刘盈对刘如意曾经专意多所卫护。"孝惠帝慈仁,知太后怒,自迎赵王霸上,与入宫,自挟与赵王起居饮食。太后欲杀之,不得间。"然而悲剧终于发生,"孝惠元年十二月,帝晨出射。赵王少,不能蚤起。太后闻其独居,使人持鸩饮之。犁明,孝惠还,赵王已死"。吕后随即有对戚夫人骇人听闻的残害,"太后遂断戚夫人手足,去眼,熏耳,饮喑药,使居厕中,命曰'人彘'"。事后,吕太后又让"为人仁弱"的刘盈进入罪恶现场,"居数日,乃召孝惠帝观人彘。孝惠见,问,乃知其戚夫人,乃大哭,因病,岁余不能起。使人请太后曰:'此非人所为。臣为太后子,终不能治天下'"。汉惠帝于是从此"日饮为淫乐,不听政"③,不惜摧残自身,以麻木心态显示和国家权力的决绝。

吕太后"骄蹇""自恣"的行为竟然不顾及对亲生儿子的心理刺激,而刘盈对生母也有"此非人所为"的指责,足见其凶残手段就连最亲近者也无法容忍。

对于"人彘"故事和赵王如意之死,宋人余靖《汉论上》说,孝惠"植性仁弱","乃感人彘之酷,意不久生,自促寿命,以成高后之势"④。

---

① 〔清〕王懋竑:《白田杂注》卷五《读史漫记》,见《景印文渊阁四库全书》,台湾商务印书馆1986年版,第859册,第715页。
② 《史记》,第392页。
③ 《史记》,第397页。
④ 〔宋〕余靖撰,余仲荀编:《武溪集》卷四《汉上论》,见《景印文渊阁四库全书》,台湾商务印书馆1986年版,第1089册,第35页。

清乾隆帝对汉惠帝也有直接的责备："岂有身为人主宗社所系而不能善处家庭之理？淫乐不听政，遂以自戕身命，而吕雉之祸兴矣。惠帝实高祖之罪臣败子耳！"① 虽然指汉惠帝放弃政治责任为"吕雉之祸兴"的端由，然而亦以吕太后与戚夫人、赵王如意的关系为"家庭"之事。也有论者认为："呜呼！此必其闺门之间事，有无意于相激，而势必至于相激，以至于此也。"② 又有人说："妒忌妇人之常，况吕氏之悍乎？"③ 以为"人彘之酷"只是平常"家庭""闺门之间事"者，恐怕并不能以此洗刷吕太后残戾双手的血污，也不能合理解说这一史上罕见惨虐行为的心理背景。

五、吕氏"滔天之势"

虽然对诬杀彭、韩事、迫害戚夫人以及使人持酖饮赵王如意事的判断有所不同，但是对吕太后抬升吕氏地位，危害刘姓天下的行为，历代评论者大多都予以严厉指斥，以为罪大恶极。曹植说，刘邦对吕后缺乏警惕，以致"祸殃骨肉，诸吕专权，社稷几移"④。宋人石介说："吕后专制，而炎汉中否。"⑤ 史弼尧说："诸吕之势必至于倾汉"⑥。明代学者周琦指出，"西汉之坏"在于"诸吕"，而

---

① 〔清〕刘统勋等：《评鉴阐要》卷一《惠帝》，海南出版社2000年版，第18页。
② 〔宋〕史尧弼：《莲峰集》卷七《论·吕后论》，见《景印文渊阁四库全书》，台湾商务印书馆1986年版，第1165册，第748页。
③ 〔金〕王若虚：《滹南集》卷二五《君事实辨》，见《景印文渊阁四库全书》，台湾商务印书馆1986年版，第1190册，第399—400页。
④ 〔唐〕欧阳询撰，汪绍楹校：《艺文类聚》卷一二《帝王部二》引曹植《汉二祖优劣论》，上海古籍出版社1965年版，第237页。
⑤ 〔宋〕石介：《徂徕集》卷五《杂文·原乱》，见《景印文渊阁四库全书》，台湾商务印书馆1986年版，第1090册，第218页。
⑥ 《莲峰集》卷七《论·安刘氏者必勃论》，见《景印文渊阁四库全书》，第1165册，第749页。

"诸吕之乱,起于吕后"①。对于"社稷几移"的危险,有人看得是非常严重的。我们看距吕后不远的人们的评论,袁盎说:"方吕后时,诸吕用事,擅相王,刘氏不绝如带。"②晁错说:"吕后专制,社稷不倾若发。"③所谓"不绝如带""不倾若发",都指出"炎汉中否"已几乎是事实,汉王朝名义上的存在,只有极其微弱的维系力量。汉光武帝时代将吕太后驱逐出高庙的宣言,也说"天命几坠",刘氏政权已成"危朝"④。宋人黄震说:"汉氏已绝而复续,分王子弟力也。不然而尽聚之京师,歼于吕氏妇人之手,无噍类矣。"⑤也有"汉氏已绝"的判断。明人梁潜也说:吕氏"滔天之势已成","当是时汉已亡矣"⑥。唐人李德裕有这样的分析:"(吕太后)称制八年,产、禄之封殖固矣。若平、勃二人溘先朝露,则刘氏之业必归吕宗。"⑦宋人罗大经也以为:"向非吕后先殂,平、勃交欢,则刘氏无噍类,而火德灰矣。"⑧以为吕太后先逝,而陈平、周勃有以表现,其实只是历史的偶然,否则势将"火德灰"而天下"必归吕宗"。乾隆《曲逆故城》诗:"设非天夺吕雉魄,刘氏安危未可知"⑨也表现了类同的历史见解。

---

① 《东溪日谈录》卷一三《史系谈上·西汉》,见《景印文渊阁四库全书》,第714册,第236—237页。

② 《史记》卷一〇一《袁盎晁错列传》,第2737页。

③ 〔唐〕马总撰,王天海、王韧校释:《意林校释》卷二《晁错新书三卷》,中华书局2014年版,第222页。

④ 《后汉书》卷一下《光武帝纪下》,第83页。

⑤ 〔宋〕黄震:《黄氏日抄》卷四六《读史一·史记·吕后纪》,见《景印文渊阁四库全书》,台湾商务印书馆1986年版,第708册,第257页。

⑥ 《泊庵集》卷二《高帝吕后论》,见《景印文渊阁四库全书》,第1237册,第192页。

⑦ 〔唐〕李德裕:《李卫公外集》卷一《评史一·张辟疆论》,见《景印文渊阁四库全书》,台湾商务印书馆1986年版,第1079册,第306页。

⑧ 〔宋〕罗大经:《鹤林玉露》卷一〇,见《景印文渊阁四库全书》,台湾商务印书馆1986年版,第865册,第344页。

⑨ 〔清〕乾隆:《御制诗五集》卷七一《曲逆故城》,文渊阁《四库全书》本。

宋人史尧弼撰《吕后论》曾经就汉初和唐初政治变局发表感叹："汉、唐之初，收天下于秦、隋鼎镬之余而与民休息，意其根蒂卒未可摇动也，然皆不再世而几夺于一妇人之手者。"①所谓"不再世"云云，是说在第一代领导人和第二代领导人权力转递之际，就发生了国家控制权差一点就发生变更的严重危机。

我们不赞同站在王朝正统观念的立场上评价历史人物的功过得失，比如以为在吕太后的时代危害刘氏帝业者就一定应当受到历史审判。但是对政治权力是否从心底酷爱，是否全力竞夺，毕竟表现出个人的基本品性。而秦末动乱和楚汉百战之后如若发生动荡，毕竟也会影响社会生力艰难复苏的历史进程。

六、朱熹："后来许多不好"

考察吕太后的人生轨迹，可以发现史家和政论家们所指责的她的罪恶或者过失，都发生在其晚年。这些表现，如朱熹所说，是"后来许多不好"。

历史记忆中吕太后起初的历史形象，竟然是一位劳动妇女。《史记》卷八《高祖本纪》说，刘邦年轻时"不事家人生产作业"，"好酒及色"。家事的经营，可能偏由吕雉支撑。"高祖为亭长时，常告归之田。吕后与两子居田中耨，有一老父过请饮，吕后因铺饴之。"可见身为农妇的吕雉是颇富有同情心的。此"老父"善相，发表了吕雉"子母皆大贵"而刘邦"相贵不可言"②的预言。我们更为注意的，则是司马迁为我们保留下来的吕雉率领子女从事田间生产劳作的珍贵镜头。也许正是因为这一历史细节，朱熹说"吕后只是一个村妇人"。

看来，所谓"凶妇肆酖酷之心"③，所谓"吕后之悍戾"④，所谓"吕

---

① 《莲峰集》卷七《论·吕后论》，见《景印文渊阁四库全书》，第1165册，第747页。
② 《史记》卷八《高祖本纪》，第342、343、346页。
③ 《艺文类聚》卷一二《帝王部二》引曹植《汉二祖优劣论》，第237页。
④ 〔宋〕王应麟：《通鉴答问》卷三《汉高帝》，见《景印文渊阁四库全书》，台湾商务印书馆1986年版，第686册，第660页。

氏之凶暴"①，所谓"吕后之阴险"②，所谓"吕雉之悍挚"③，所谓"吕后强虐"④，所谓"吕后残忍险毒"⑤，等等，似乎都是吕太后"后来"的形象。

明人张宁的历史评论说到吕太后，用"刚厉残忍"⑥语，前言"刚厉"，后说"残忍"，正符合这位女子的人生阶段特征。《史记》卷九《吕太后本纪》说："吕后为人刚毅，佐高祖定天下。"又载郦寄语："高帝与吕后共定天下。"⑦对于吕太后政治生涯前期辅助刘邦"定天下"的功绩，《史记》卷五一《荆燕世家》载田生曰："吕氏雅故本推毂高帝就天下，功至大。"⑧又如宋人史尧弼说："彼其初随高祖，颠越狼狈，艰难劳苦之态，亦备尝其极味矣。故得天下，而为汉家谋虑，亦不可谓不至。"二人"同冒百战而后得天下"，有"百战离合之恩爱"⑨。元人王沂说："昔高帝之兴，吕以佐定天下功为后。"⑩

---

① 〔宋〕张栻撰，朱熹编：《南轩集》卷一六《史论·王陵陈平周勃处吕后之事如何》，见《景印文渊阁四库全书》，台湾商务印书馆1986年版，第1167册，第555页。

② 《莲峰集》卷七《论·吕后论》，见《景印文渊阁四库全书》，第1165册，第748页。

③ 〔明〕周是修：《刍荛集》卷六《杂著·平勃辨》，见《景印文渊阁四库全书》，台湾商务印书馆1986年版，第1236册，第114页。

④ 〔清〕陈廷敬：《午亭文编》卷三三《史评·汉书》，见《景印文渊阁四库全书》，台湾商务印书馆1986年版，第1316册，第479页。

⑤ 〔清〕蓝鼎元：《鹿洲初集》卷一一《论·汉以周昌为赵相赵尧为御史大夫论》，见《景印文渊阁四库全书》，台湾商务印书馆1986年版，第1327册，第743页。

⑥ 〔明〕张宁：《方洲集》卷三二《读史录》，见《景印文渊阁四库全书》，台湾商务印书馆1986年版，第1247册，第659页。

⑦ 《史记》，第396、408页。

⑧ 《史记》，第1995页。

⑨ 《莲峰集》卷七《论·吕后论》，见《景印文渊阁四库全书》，第1165册，第747—748页。

⑩ 〔元〕王沂：《伊滨集》卷一八《记·复修庙记》，见《景印文渊阁四库全书》，台湾商务印书馆1986年版，第1208册，第550页。

明人邵宝说:"高帝百战定天下,吕后从焉。"①清人陈廷敬说:"高帝起布衣,与吕后更尝忧患。"②这样说来,秦汉之间的"天地一大变局",吕雉也是创造者之一。朱熹甚至写道:"吕后与高祖同起行伍,识兵略,故布置诸吕与诸军。平、勃之成功也,适直吕后病困,故做得许多脚手。平、勃亦幸而成功。"③照此说来,所谓"诸吕作乱"得以平定,实是一种侥幸。宋代学者张耒说:"夫以陈平、周勃之才,而驭吕后、禄、产之庸人,此无以异于取诸怀中而杀之。然是二人者,悾怯畏缩而不敢发,乃更先为自安之计,以固吕后危疑之心,终吕后之世而不动。及吕后既死,是二人者其取禄、产,何其多忧自重而不敢易之?"然而,吕后绝不是"庸人",事实也并非张耒所评断,吕后之"智谋"其实确"有深远可畏而不测者"④。也有人这样评价吕太后:"彼固一妇人也,而其雄猜杰黠,有猛士之肝肠。"⑤理解吕太后之"智谋"与"雄猜",也许应当联系朱熹老夫子提醒我们注意的她"与高祖同起行伍,识兵略"的实践经历。

吕后在项羽彭城反击时,就与刘邦生父太公一起被捕,长期扣押于楚军中,成为人质,这就是所谓"太公、吕后质于羽军"⑥。直到项羽同意与刘邦以鸿沟为界,中分天下时,方才释放太公、吕后。宋人舒岳祥《虞美人草》"吕雉前曾入楚军,项羽还之亦有恩"⑦

---

① 〔明〕邵宝:《学史》卷一二《丑》,见《景印文渊阁四库全书》,台湾商务印书馆1986年版,第688册,第438页。

② 《午亭文编》卷三三《史评·汉书》,见《景印文渊阁四库全书》,第1316册,第479页。

③ 《朱子语类》卷一三二《本朝六》,第3179页。

④ 《柯山集》卷三七《论·平勃论》,见《景印文渊阁四库全书》,第1115册,第323页。

⑤ 《泊庵集》卷二《高帝吕后论》,见《景印文渊阁四库全书》,第1237册,第191页。

⑥ 〔宋〕周紫芝:《太仓稊米集》卷五七《书·上皇帝》,见《景印文渊阁四库全书》,台湾商务印书馆1986年版,第1141册,第411页。

⑦ 〔宋〕舒岳祥:《阆风集》卷二《七言古诗》,见《景印文渊阁四库全书》,台湾商务印书馆1986年版,第1187册,第347页。

句，说的就是当时情形。项羽军东归，而张良建议刘邦背约追击。"程子曰：张良才识高远，有儒者气象，而亦以此说汉王，不义甚矣。"①对这样的意见存在争论，而吕后却正是在这种和议生成的背景下回到刘邦身边的。而随即发生的，是最终决定项羽败局的垓下之战。也许正因为如此，有人认为"吕后初无功于王业也"②。其实，吕后很可能早在彭城失利"质于羽军"之前，也就是在反秦战争和楚汉相争的早期阶段，于刘邦的政治军事实践已经多有襄助。我们知道比较明确的实例，有芒砀云气神话的制作和传播。

楚人说："楚虽三户，亡秦必楚。"秦人亦不免夸大楚地反秦的敌情。《史记》卷八《高祖本纪》说："秦始皇帝常曰'东南有天子气'，于是因东游以厌之。"据说刘邦亦自疑，"亡匿，隐于芒砀山泽岩石之间"。随即于丰西泽中斩蛇神话之后，又生成了刘邦所居上空常有云气的神话："吕后与人俱求，常得之。高祖怪问之。吕后曰：'季所居上常有云气，故从往常得季。'高祖心喜。"这种神异传说对于吸引群众附从发生了积极的效应，据说"沛中子弟或闻之，多欲附者矣"③。《太平御览》卷一五引应劭《汉官仪》的说法具体细节又有不同："高祖在沛隐芒砀山，每游，上辄不欲令吕后知，常在深僻处。后亦常知所处。高祖问曰：'何以知之？'后曰：'君所居处上有紫气。'"④无论是"云气"还是"紫气"，传说原本都是出自"吕后曰"。吕雉的舆论准备方式，表现出异常的政治"智谋"。清人查慎行《望砀山》诗于是写道："万乘东南巡，本厌天子气。匹夫乃心动，走向此中避。云气随真龙，人谁迹刘季。

---

① 〔明〕杨慎撰，张士佩编：《升庵集》卷四七《张良鸿沟之谏》，见《景印文渊阁四库全书》，台湾商务印书馆1986年版，第1270册，第377页。

② 《碧梧玩芳集》卷二一《读史旬编·吕后》，见《景印文渊阁四库全书》，第1187册，第155页。

③ 《史记》，第348页。

④ 〔宋〕李昉等：《太平御览》，中华书局1960年版，第74页。

可怜秦皇愚，不及吕后智。"①

在刘邦"得天下"之后，吕雉"为汉家谋虑，亦不可谓不至"的例证也有一些。除了锄灭功臣以维护帝权集中而外，也有表现出清醒政治理念的举措。例如《汉书》卷三《高后纪》记载："元年春正月，诏曰：'前日孝惠皇帝言欲除三族罪、妖言令，议未决而崩，今除之。'"按照唐代学者颜师古注的解释："罪之重者戮及三族，过误之语以为妖言，今谓重酷，皆除之。"②这项重要的法制改革，也可以算是对秦政的拨乱反正。然而有的学者认为："此本惠帝之意，《通鉴》不载此诏，是没惠帝之美而反移之于吕后也。"③其实，如果了解汉惠帝执政时真正的专权者是谁，就可以知道此"惠帝之美"，其实也可以归之为吕太后的政治贡献。关于文化政策，王夫之曾经说到"读书之种"的存留和延续，涉及汉初历史。他说，"汉之犹有贾（谊）、董（仲舒）、（王）臧、（赵）绾以存古道于百一者，非曹参有以养之乎？"④而注意到曹参主政时期对儒生"有以养之"的意义，其实在一定程度上也可以理解为对吕太后时代文化政策的表扬。《北堂书钞》卷六〇引《汉旧仪》有这样一句话："高后选孝廉为郎。"⑤一般以为，汉文帝时已经有从社会基层选用"孝廉"的做法。据《汉书》卷六《武帝纪》："元光元年冬十一月，初令郡国举孝廉各一人。"⑥于是，以"孝廉"为对象的察举制得以明确成为正统的选官制度，而

---

① 〔清〕查慎行：《敬业堂诗集》卷二〇《游梁集》，见《景印文渊阁四库全书》，台湾商务印书馆1986年版，第1326册，第273页。

② 〔汉〕班固：《汉书》，中华书局1962年版，第96页。

③ 《白田杂著》卷五《读史漫记》，见《景印文渊阁四库全书》，第859册，第716页。

④ 〔清〕王夫之：《读通鉴论》卷二《惠帝》，中华书局1975年版，第56页。

⑤ 〔唐〕虞世南著，〔明〕陈禹谟校注：《北堂书钞》卷六〇，万历二十八年序刊本。

⑥ 《汉书》，第160页。

旧时的世官制走向终结。有的学者指出,元光元年(前134)因汉武帝的这一指令,成为"中国学术史和中国政治史的最可纪念的一年"①。通过《汉旧仪》的记录我们知道,这一选官方式之历史性前进的第一步,竟然是从吕太后时代起始。

宋人吕祖谦说:"在汉初高后文景时,中都所用者省,岁计不过数十万石而足。"②元人郝经回顾汉世食货制度,也说:"汉兴高后文景之际,与天下休息,劝课农桑,使民著本,屡除田租,至三十而税一。齐民始有盖藏,而既庶且富矣。"③这种将"高后"时代和"文景"时代一并述说的方式,许多政治史家是认同的。其实,就政策设计而言,吕太后专政时代可以说已经初步开启了被看作历代政治成功典范"文景之治"的历史。所以《史记》卷九《吕太后本纪》篇末"太史公曰"有这样的赞美之辞:"孝惠皇帝、高后之时,黎民得离战国之苦,君臣俱欲休息乎无为,故惠帝垂拱,高后女主称制,政不出房户,天下晏然。刑罚罕用,罪人是希。民务稼穑,衣食滋殖。"④

就一位明智成熟的政治人物而言,如果说先则"刚厉",后则"残忍",如果说曾经"智谋""深远",最终又"做到后来许多不好",那么,为什么会发生这样的转变呢?

在记录和分析吕雉历史表现先后的差异,有人注意到她人生阶段的变化,即迈入老年的事实:"太后春秋长。"⑤实际上,吕雉与戚夫人怨意地发生,起初始于前者年龄的败势。《史记》卷九《吕太

---

① 劳榦:《汉代察举制度考》,见《中央研究院历史语言研究所集刊》第17本,1948年。
② 〔宋〕吕祖谦:《历代制度详说》卷四《漕运》,见《景印文渊阁四库全书》,台湾商务印书馆1986年版,第923册,第935页。
③ 〔元〕郝经:《续后汉书》卷八九《食货录》,见《景印文渊阁四库全书》,台湾商务印书馆1986年版,第386册,第561页。
④ 《史记》,第412页。
⑤ 《史记》卷五一《荆燕世家》,第1995页。

后本纪》"吕后年长,常留守,希见上,益疏"①,以及所谓"戚姬以华色专宠"②,已经说明了这一事实。宋人吴曾说:"吕后年长有过,稀复进见,汉高弃之,如去尘垢。"③也强调了"吕后年长"。

也有人注意到,在就继嗣人选于刘盈与刘如意之间发生犹豫时,高帝"与吕后年皆渐高"④。据苏轼分析:"自高帝之时而言之,计吕后之年,当死于惠帝之手,吕后虽悍,亦不忍夺之其子以与侄"⑤,也说汉惠帝即位时吕后应年事已高。后来陈平、周勃等大臣的主意,也正是"姑为自全之计,以待此媪之老且死"⑥。另一种类似的说法是:"从吕后之欲,俟后渐老,观衅而徐图之。"⑦

史尧弼分析吕太后事迹,《吕后论》和《安刘氏者必勃论》两篇政论文字都说到"妇人之情"⑧。元人张养浩《吕后》诗有"妇人阴类狠淫俱"⑨文句。《无能子》卷中《商隐说》也写道:"吕雉女子,性复惨忍。"⑩如果剔除这些议论中性别歧视的成分,考虑女性

---

① 《史记》,第395页。
② 《伊滨集》卷一八《记·复修庙记》,见《景印文渊阁四库全书》,第1208册,第550页。
③ 〔宋〕吴曾:《能改斋漫录》卷八《沿袭》,上海古籍出版社1979年版,第246页。
④ 〔元〕陈世隆:《北轩笔记》,见《景印文渊阁四库全书》,台湾商务印书馆1986年版,第866册,第622页。
⑤ 〔宋〕苏轼:《东坡全集》卷四二《汉高帝论》,见《景印文渊阁四库全书》,台湾商务印书馆1986年版,第1107册,第582页。
⑥ 《碧梧玩芳集》卷二一《读史旬编·吕后》,见《景印文渊阁四库全书》,第1187册,第154页。
⑦ 《刍荛集》卷六《杂著·平勃辨》,见《景印文渊阁四库全书》,第1236册,第115页。
⑧ 《莲峰集》卷七《论·安刘氏者必勃论》,见《景印文渊阁四库全书》,第1165册,第749—750页。
⑨ 〔元〕张养浩:《归田类稿》卷二二《五言绝句》,见《景印文渊阁四库全书》,台湾商务印书馆1986年版,第1192册,第657页。
⑩ 〔唐〕佚名:《无能子》卷中《商隐说》,见《景印文渊阁四库全书》,台湾商务印书馆1986年版,第1059册,第575页。

更年期烦躁、焦虑、多疑、易怒等不正常心理因素可能的政治史影响，或许也不失为探索若干历史现象真实原因的一种可行的思路。就女性更年期综合征多疑心态的表现而言，有分析说，主要包括感知度过敏、特别关注流言蜚语、行为动作联系、盲目怀疑等。这些心理特征，我们可以通过历史上一些女性权力掌握者老年的言行看到实例。

对于"更年期综合征"的通常解释，是人体某些器官老化，某些生理功能逐渐衰退或者丧失所引起的以自主神经功能紊乱代谢障碍为主的一系列症候群。医学界和心理学界一些研究者称之为"男性更年期综合征"的生理和心理现象，也有心悸、抑郁、暴躁、倦怠、偏执、喜怒无常，以及猜忌心重，孤独感、压抑感、恐惧感强，记忆力下降，自主决策能力减退等表现。而这些现象在中国古代帝制时代，可能会因患者控制绝对权力，也就是吕后故事所谓"骄蹇""自恣"而"莫能禁"，即没有任何力量可以制约，形成极其严重的影响。在这种情况下，权力会导致危害的放大，使得某一个人的心理病症成为整个社会的全面灾祸。这种情形在晚年帝王"做到后来许多不好"的行政经历中，是并不罕见的。对于吕太后教训致使"国家所以乱"有所认识的汉武帝，晚年也曾经有"春秋高，意多所恶"①，"体不平，遂苦忽忽善忘"②的心理表现。如宋代学者洪迈《容斋随笔》卷二"巫蛊之祸"条所说，"是时帝春秋已高，忍而好杀，李陵所谓法令无常，大臣无罪夷灭者数十家"。而"心术既荒，随念招妄"，"迷不复开"③等心理症状，也是导致"巫蛊之祸"发生的原因。

---

① 《汉书》卷六三《武五子传·戾太子刘据》，第2742页。
② 〔宋〕司马光编著，〔元〕胡三省音注，"标点资治通鉴小组"校点：《资治通鉴》卷二二《汉纪一四》，中华书局1956年版，第728页。
③ 〔宋〕洪迈撰，孔凡礼点校：《容斋随笔》，中华书局2005年版，第238—239页。

战国秦汉时期的女军

古代女子从军,在军事史上是引人注目的现象,通过对这一现象的分析研究,也可以了解在当时社会生活中妇女的地位和作用。

战国秦汉时期的女军,于是成为我们考察当时社会历史的视点之一。

在《史记》卷六五《孙子吴起列传》中,可以看到最早的关于女军训练的故事。齐国军事家孙武以兵法见于吴王阖庐。阖庐说,你的十三篇兵书,我已经都看过了,应用你的理论,"可以小试勒兵乎","可试以妇人乎?"孙武于是以宫中妇人试演兵法,"出宫中美女,得百八十人。孙子分为二队,以王之宠姬二人各为队长,皆令持戟"。司马迁记述:

> 约束既布,乃设斧钺,即三令五申之。于是鼓之右,妇人大笑。孙子曰:"约束不明,申令不熟,将之罪也。"复三令五申而鼓之左,妇人复大笑。孙子曰:"约束不明,申令不熟,将之罪也;既已明而不如法者,吏士之罪也。"乃欲斩左右队长。吴王从台上观,见且斩爱姬,大骇。趣使使下令曰:"寡人已知将军能用兵矣。寡人非此二姬,食不甘味,愿勿斩也。"孙子曰:"臣既已受命为将,将在军,君命有所不受。"遂斩队长二人以徇。用其次为队长,于是复鼓之。妇人左右前后跪起皆中规矩绳墨,无敢出声。于是孙子使使报王曰:"兵既整齐,王可试下观之,唯王所欲用之,虽赴水火犹可也。"①

对于这一记载,历代多有学者以为可疑。宋代学者叶适在他的读书札记《习学记言》卷四六《孙子》中说,孙武事迹,"皆辩士妄相标指,非事实"。他又写道:"其言阖闾试以妇人,尤为奇险不足信。且武自诡妇人可勒兵,然用百八十人为二队,是何阵法?且既教妇人而爱姬为队长,则军吏不应参用男子,队长当斩,其谁任之?仓猝展转,

---

① 〔汉〕司马迁:《史记》,中华书局1982年版,第2161—2162页。

武将自败之不暇。然谬误流传,但谓穰苴既斩宠臣而孙武又戮爱姬也,不知真所谓知兵者何用此。"① 叶适以自身所处时代的"阵法"规比古时"阵法",又没有注意到"用其次为队长"的文句,于是"尤为奇险不足信"之说,似嫌武断。他的怀疑,又是以对孙武事迹的彻底否定为基础的。他以为《孙子》一书,也是"春秋末、战国初山林处士所为"之"夸大之说"。

其实,孙武生平,已经逐步能够判定并不是"妄相标指"。"试以妇人"的故事,也可能是符合历史真实的。在1972年山东临沂银雀山汉墓出土的竹简兵书《孙子兵法》中,也可以看到关于孙武以"妇人"试行列阵的记述。按照银雀山汉墓竹简整理小组的释文,如下内容与《史记》卷六五《孙子吴起列传》的记载相接近:

> 孙子曰:"唯君王之所欲,以贵者可也,贱者可也,妇人可也。试男于右,试女于左,□□□□……曰:"不谷愿以妇人。"孙子曰:"妇人多所不忍,臣请代……畏,有何悔乎?"孙子曰:"然则请得宫□□……之国左后筮囷之中,以为二陈(阵)□□……□曰:"陈(阵)未成,不足见也。及已成……□也。君王居台上而侍(待)之,臣……□至日中请令……陈(阵)已成矣,□□听……□□不□不难。"君曰:"若(诺)。"孙子以其御为……参乘为舆司空,告其御、参乘曰:"□□……□妇人而告之曰:"知女(汝)右手?"……之。""知女(汝)心?"曰:"知之。""知女(汝)北(背)?"曰:"知之。""……左手。胃(谓)女(汝)前,从女(汝)心。胃(谓)女(汝)……人生也,若夫发令而从不听者诛□□……□不从令者也。七周而泽(释)之,鼓而前之……〔三告而〕五申之,鼓而前之,妇人乱而〔□□□〕金而坐之,有(又)三告而五申之,

---

① 〔宋〕叶适:《习学记言序目》,中华书局1977年版,第675—676页。

鼓而前之，妇人乱而笑。三告而五申之三矣，而令獗（犹）不行。孙子乃召其司马与舆司空而告之曰："兵法曰：'弗令弗闻，君将之罪也；已令已申，卒长之罪也。'兵法曰：'赏善始贱，罚……□请谢之。"①

由于竹简出土时残断散乱，其中引语往往前后缺佚，排列顺序也可能与原文并不完全相符。但是从内容看，基本还是大略连贯的。

从所谓"妇人多所不忍"看，当时以女子编练成军，可能还是比较少见的情形。

不过，《墨子·备城门》中，可以看到将女子编入守城部队的制度："守法：五十步丈夫十人，丁女二十人，老小十人，计之五十步四十人。"又说："广五百步之队，丈夫千人，丁女子二千人，老小千人，凡四千人，而足以应之，此守术之数也。"《墨子·备穴》也写道："诸作穴者五十人，男女相半。"是守城女子也成为构筑城防工事的主力。《墨子·号令》则又有关于守城女子配备兵器的规定："丁女子、老少，人一矛。"同时又写道：

女子到大军，令行者男子行左，女子行右，无并行，皆就其守，不从令者斩。②

这些女子是明确编列入"大军"之中的，她们同样受到"皆就其守，不从令者斩"的严厉军法的约束。

承担守城责任的女子，也与男子一样可以受到等级大致类同的奖励："男子有守者，爵人二级，女子赐钱五千，男女老小先〔无〕

---

① 银雀山汉墓竹简整理小组编：《银雀山汉墓竹简孙子兵法》，文物出版社1976年版，第106—107页。注：本段引文中多次出现前双引号重复出现的情况，因原简文缺文较多，亦有无法释读的字，后双引号无法确定标注在哪里，故此说明。

② 吴毓江撰，孙启治点校：《墨子校注》，中华书局2006年版，第763、842、897页。

分守者①，人赐钱千，复之三岁，无有所与，不租税。此所以劝吏民坚守胜围也。"② 男子赐爵与女子赐钱的不同，是因为女子不能享有爵级的缘故。尽管奖励形式有差别，仍可说明女子同样是"坚守胜围"的主力。

《商君书·兵守》中，也明确说到面临"围城之患"时专门编定女军守城的方式：

> 守城之道，盛力也。故曰客，治簿檄，三军之多，分以客之候车之数。三军：壮男为一军；壮女为一军；男女之老弱者为一军。此之谓三军也。壮男之军，使盛食，厉兵，陈而待敌。壮女之军，使盛食，负垒，陈而待令，客至而作土以为险阻及耕格阱，发梁撤屋，给从从之，不洽而焊之，使客无得以助攻备。老弱之军，使牧牛马羊彘，草木之可食者，收而食之，以获其壮男女之食。而慎使三军无相过。壮男过壮女之军，则男贵女，而奸民有从谋，而国亡。喜与，其恐有蚤闻，勇民不战。壮男壮女过老弱之军，则老使壮悲，弱使强怜。悲怜在心，则使勇民更虑，而怯民不战。故曰：慎使三军无相过。此盛力之道。③

大意是说，守城的原则在于集聚有生力量。如果敌军进犯，应立即办理军籍文书，按照敌军前锋战车的数量，整编三军。三军是指壮男编为一军，壮女编为一军，男女中的老弱者编为一军。壮男之军，都携有充足的军粮，配备锋利的武器，排列整齐的军阵，准备迎击敌军。壮女之军也携有充足的军粮，背负防卫的用具，整队待命。待敌军来临，立即在城外修筑工事，设置陷阱，拆除民房，若来得及就将材瓦搬进城去，如果来不及，就全数烧毁，不能让敌军用作攻城的工具。

---

① 孙诒让《墨子间诂》以为"先"当作"无"，"与'先'相似，因而致误"。
② 《墨子校注》，第898页。
③ 蒋礼鸿：《商君书锥指》，中华书局1986年版，第73—75页。

老弱之军负责放牧,采集可食用的草木,从而为壮男、壮女之军节省口粮。严格规定三军不得相互往来。如果壮男来到壮女的军中,男子怜爱女子,奸人就有可能乘机进行蛊惑人心的煽动,致使国家走向败亡。而且男女相友爱的人相遇一处,就难免情意缠绵,唯恐战事过早开始,于是勇武的百姓也不愿意去作战。如果壮男壮女来到老弱的军中,老者会令壮者伤感,弱者会令强者怜悯。这样的情绪往往会使勇武的百姓削弱克敌的斗志,使怯懦的百姓丧失胜利的信心。所以说,一定要严密禁止三军相互往来。这就是集聚有生力量的原则。

《商君书·去强》说,"强国知十三数",即强国应掌握十三种数额,其中第一是"竟内仓口之数",其次就是"壮男壮女之数"。在专门论述兵战的《境内》篇中,开始就说道:"四境之内,丈夫女子皆有名于上,生者著,死者削。"① 当时官府准确掌握"壮女"的名籍,当首先出于军事的需要。

《墨子》和《商君书》中有关女军的内容,都是对于从事城守,即组织防卫性战争的论述。实战之例,则有《史记》卷八二《田单列传》记载的田单抗燕,据守即墨时"令甲卒皆伏,使老弱女子乘城"② 的事迹。这样的女军参战的形式,在汉代也可以看到实例。例如,《汉书》卷九四上《匈奴传上》记载,汉军击败匈奴,"乘胜追北,至范夫人城"。颜师古注引应劭曰:"本汉将筑此城。将亡,其妻率余众完保之,因以为名也。"张晏曰:"范氏能胡诅者。"③ 说女子"率众"完成城防工事。又如《汉书》卷六四《贾捐之传》:

> 当此之时,寇贼并起,军旅数发,父战死于前,子斗伤于后,女子乘亭鄣,孤儿号于道,老母寡妇饮泣巷哭,遥设虚祭,想魂乎万里之外。④

---

① 《商君书锥指》,第114页。
② 《史记》,第2455页。
③ 〔汉〕班固:《汉书》,中华书局1962年版,第3779—3780页。
④ 《汉书》,第2833页。

则说"女子"直接参与"亭鄣守卫"。又《后汉书》卷八九《南匈奴列传》:

> 硗埆之人,屡婴涂炭,父战于前,子死于后。弱女乘于亭障,孤儿号于道路。老母寡妻设虚祭,饮泣泪,想望归魂于沙漠之表,岂不哀哉！①

也说女子"乘于亭鄣"。《三国志》卷一《魏书·武帝纪》:

> 于是兵皆出取麦,在者不能千人,屯营不固。太祖乃令妇人守陴,悉兵拒之。②

所谓"女子乘亭鄣","弱女乘于亭障","妇人守陴"等,都是女军守卫城防工事的史例,而前两例说到女子参与长城防务,又与一般的组织调发当地妇女守城明显不同,很可能反映了女子远戍西北的情形。如果两汉女军参战确实至于"万里之外","沙漠之表",那么显然至少会在军事史和妇女生活史等方面,使人们得到新的认识。

关于女子参加守城战斗的具体情形,有《三国志》卷一八《魏书·许褚传》记载:"汉末,聚少年及宗族数千家,共坚壁以御寇","力战疲极,兵矢尽,乃令壁中男女,聚治石如杵斗者置四隅,(许)褚飞石掷之,所值皆摧碎,贼不敢进。"③

自秦始皇时代起,已经有发罪人远征远戍的史例。后来又曾经形成令罪人减刑戍边,而"妻子自随"的制度。《后汉书》记载:

> （汉明帝永平八年冬十月）诏三公募郡国中都官死罪系囚,减罪一等,勿笞,诣度辽将军营,屯朔方、五原之边县;妻子自随,便占著边县。……凡徙者,赐弓弩衣粮。
>
> 九年春三月辛丑,诏郡国死罪囚减罪,与妻子诣五原、朔方占著,所在死者皆赐妻父若男同产一人复终身;其妻无父兄独有母者,赐其母钱六万,又复其口算。

---

① 〔南朝宋〕范晔：《后汉书》,中华书局1965年版,第2951页。
② 〔晋〕陈寿撰,〔宋〕裴松之注：《三国志》,中华书局1959年版,第12页。
③ 《三国志》,第542页。

（十六年）九月丁卯，诏令郡国中都官死罪系囚减死罪一等，勿笞，诣军营，屯朔方、敦煌；妻子自随。……女子嫁为人妻，勿与俱。①

（汉章帝建初七年九月）诏天下系囚减死一等，勿笞，诣边戍；妻子自随，占著所在。……有不到者，皆以乏军兴论。

（元和元年八月）郡国中都官系囚，减死一等，勿笞，诣边县；妻子自随，占著在所。②

这种制度的最初推行，可能早于汉明帝时代。明帝时尚称"募"，并有所奖赐，而后逐渐形成制度，甚至"有不到者，皆以乏军兴论"。"妻子自随"虽然"占著边县"或称"占著所在"，"占著在所"，即名籍归列地方政府，但是她们和军队的特殊关系仍是显而易见的。所谓"有不到者，皆以乏军兴论"，以及"死者皆赐妻父若男同产一人复终身；其妻无父兄独有母者，赐其母钱六万，又复其口算"等，都有助于说明这一事实。

所谓"弱女乘于亭障"的"弱女"，很可能首先是这些以罪人身份戍边的士卒的家属。

居延汉简中有所谓"□官女子周舒君等自言责隧"（58.15A）的内容，又可见"皆徙家属边"（E.P.T58：80）简文。此外，通过《卒家属见署名籍》（194.3），《卒家属在署名籍》（185.13），《戍卒家属居署名籍》（E.P.T65：134），《卒家属廪名籍》（276.4A），《戍卒家属在署廪名籍》（191.10）等文书的命名，也可以了解这样的事实。

沈家本《历代刑法考》中《充军考上》写道："是发罪人以充军，秦、汉之时久有此令，特不在常刑之内耳。自魏、晋相承，死罪其重者妻子皆以补兵。宋制，为劫者同籍周亲谪补兵。梁制，劫身皆斩，妻子补兵。此充军为常刑之始。"罪人妻子补兵，可能确实是承袭了

---

① 《后汉书》卷二《明帝纪》，第111、112、121页。
② 《后汉书》卷三《章帝纪》，第143、147页。

秦汉制度的某些内容。

《汉书》卷八《宣帝纪》可见"女徒复作"称谓，颜师古注引李奇曰："复作者，女徒也。谓轻罪，男子守边一岁，女子软弱不任守，复令作于官，亦一岁，故谓之复作徒也。"①"女子软弱不任守"，可能正说明以女子戍边事实上只是兵力严重不足时的特殊情形，这是因为其体弱而难以胜任的缘故。

看来，就现在我们熟悉的资料而言，女子戍边的情形如果确实曾经存在，大约也是未成定制的不多见的例外。但是即使这种现象只是偶然的特例，我们也应当看作社会生活风貌的一种反映而予以足够的重视。

史籍中还可以看到有关妇女编入军队后勤部门的记载。据《史记》卷一一八《淮南衡山列传》所记述伍被与淮南王谋反时的政论：

（秦皇帝）又使尉佗逾五岭攻百越。尉佗知中国劳极，止王不来，使人上书，求女无夫家者三万人，以为士卒衣补。秦皇帝可其万五千人。②

"求女无夫家者三万人，以为士卒衣补"事，有的学者看作"妇女从军之创举"③，亦多有学者以为可疑④，但西汉时期策士以此作为分析政治形势的严肃认真的辩词，大约至少可以说明当时军队中曾经确实存在妇女"为士卒衣补"的情形。云梦睡虎地秦简《仓律》说到以丁年男子赎隶臣妾时，有"女子操敃红及服者，不得赎"的规定，也反映从事被服制作修补的女子，其劳务内容受到特殊的重视。

居延汉简中，有文字说到"方秋天寒卒多毋私衣"（478.5）以及"至冬寒衣履敝毋以买"（E.P.T59：60）的情形，又有如下简例：

---

① 《汉书》，第235、236页。
② 《史记》，第3086页。
③ 马非百：《秦集史》下册，中华书局1982年版，第700页。
④ 如梁玉绳《史记志疑》卷三四及所引陈氏《测议》。

官使婢弃　用布三匹　糸絮三斤十二两　　　505.33①

似乎汉代边塞仍然曾经存在以军事化形式组织女子"为士卒衣补"的现象。

我们在《尚书·费誓》中可以看到正规军的编制中有"臣妾"的内容:"马牛其风,臣妾逋逃,勿敢越逐。祇复之,我商赉尔。乃越逐,不复,汝则有常刑。无敢寇攘,逾垣墙,窃马牛,诱臣妾,汝则有常刑。"大意是说,马牛走逸,臣妾逃亡,不要脱离自己的部队去追逐。凡是得到逃逸的马牛和臣妾的,应恭敬地送还原属部队,这样我将给予奖励。如果离队追逐,捕获而不归还,将受到军法处置。敢于强夺哄抢物资,盗窃马牛,诱拐臣妾的,将受到军法处置。臣,是男奴。妾,是女奴。孔颖达疏:"古人或以妇女从军,故云'臣妾逋逃'也。"

云梦睡虎地秦简《仓律》中有这样的内容:"更隶妾节(即)有急事,总冗,以律禀食;不急勿总。""更隶妾",据睡虎地秦墓竹简整理小组的解释,"当为以部分时间为官府服役的隶妾"②。而所谓"总冗","总",是指集合。很显然,每临战事,无疑是最典型的"有急事"。

《列女传·仁智传·鲁漆室女》说,鲁穆公时,"齐、楚攻之,鲁连有寇,男子战斗,妇人转输,不得休息"③。是战国时已经有女子从事军用物资转运的情形。《淮南子·人间》也记载,秦皇发卒五十万,"筑修城","中国内郡挽车而饷之",于是"妇人不得剡麻考缕,羸弱服格于道"④。此外,所谓"丁男被甲,丁女转输"⑤,"男

---

①　简牍整理小组编:《居延汉简(肆)》,"中央研究院"历史语言研究所2015年,第151页。
②　睡虎地秦墓竹简整理小组:《睡虎地秦墓竹简》,文物出版社1990年版,第33页。
③　〔汉〕刘向编撰,张涛译注:《列女传译注》,山东大学出版社1990年版,第120页。
④　何宁:《淮南子集释》,中华书局1998年版,第1289—1290页。
⑤　《史记》卷一一二《平津侯主父列传》,第2958页。

子疲于战陈,妻女劳于转运"①等,也都说明军运往往使用妇女。而《史记》卷一二三《大宛列传》:"出敦煌者六万人,负私从者不与"②,《三国志》卷四〇《蜀书·魏延传》注引《魏略》:魏延请求率领"精兵五千,负粮五千,直从褒中出"③,都体现出这种军运人员当时是列入军事编制之中,服从统一军事调度的。

女子直接参加战斗部队的史例,可以看到《史记》卷八二《田单列传》所谓"妻妾编于行伍之间"④。另外,《史记》卷七六《平原君虞卿列传》中也有这样的记载,秦急攻邯郸,李同对平原君说,大敌当前,民众困苦,"而君之后宫以百数,婢妾被绮縠,余粱肉",建议"令夫人以下编于士卒之间,分功而作",平原君听从了他的建议,于是"得敢死之士三千人"。⑤这是在陷于敌军重围而没有外援依靠的非常情况下妇女编入部队的情形,主持军务的田单和平原君采取以女眷"编于行伍之间","编于士卒之间"这样的做法,有激励士气的动机。而一般下层民众中妇女参加战斗的情形,可能是相当普遍的。

《史记》卷八三《鲁仲连邹阳列传》引鲁仲连语:"彼秦者,弃礼义而上首功之国也。"裴骃《集解》引录谯周的说法:

> 秦用卫鞅计,制爵二十等,以战获首级者计而受爵。
> 是以秦人每战胜,老弱妇人皆死,计功赏至万数。天下谓之"上首功之国",皆以恶之也。⑥

顾颉刚分析说:"此谓'老弱妇人皆死',知每一战役,不但主战斗之壮男军易牺牲,即壮女军与老弱军亦皆因敌国之计首论功而不能

---

① 《后汉书》卷四三《何敞传》,第1481页。
② 《史记》,第3176页。
③ 《三国志》,第1003页。
④ 《史记》,第2455页。
⑤ 《史记》,第2369页
⑥ 《史记》,第2461页。

免。秦人之残酷如此。"①《商君书》说到守城时编定"壮女之军"的《兵守》篇,有学者曾判断:"篇中所讲多不是针对秦国的情况。"②可能当时兵战频繁,各国普遍存在军中收编有妇女的情形。或许确如徐中舒所说,"古代人口稀少,故每当大战则有时征及壮女及老弱,各司其事;后世人多,始专征壮男为兵"③。

史籍中也可以看到军队整建制都主要或全部由妇女组成的情形。例如,《史记》中有刘邦在与项羽荥阳会战时,出女军两千人佯动以迷惑楚军的记载:

> 汉军绝食,乃夜出女子东门二千余人,被甲,楚因四面击之。将军纪信乃乘王驾,诈为汉王,诳楚,楚皆呼万岁,之城东观,以故汉王得与数十骑出西门遁。④

> 汉将纪信说汉王曰:"事已急矣,请为王诳楚为王,王可以间出。"于是汉王夜出女子荥阳东门被甲二千人,楚兵四面击之。纪信乘黄屋车,傅左纛,曰:"城中食尽,汉王降。"楚军皆呼万岁。汉王亦与数十骑从城西门出,走成皋。⑤

> 陈平乃夜出女子二千人荥阳城东门,楚因击之,陈平乃与汉王从城西门夜出去。⑥

此三例,前二例有"被甲"字样。《汉书》卷四〇《陈平传》不记此事,《汉书》卷一下《高帝纪下》以及卷三一《项籍传》记此事而不言"被甲"。女子如果确实"被甲二千人",是要经过一定训练的。即使不"被

---

① 顾颉刚:《女子当兵和服徭役》,见顾颉刚:《史林杂识初编》,中华书局1963年版,第94页。
② 高亨注释:《商君书注释》,中华书局1974年版,第99页。
③ 转见缪文远:《七国考订补》下册,上海古籍出版社1987年版,第572页。
④ 《史记》卷八《高祖本纪》,第373页。
⑤ 《史记》卷七《项羽本纪》,第326页。
⑥ 《史记》卷五六《陈丞相世家》,第2056页。

甲"，"二千余人"集结运动，参考《史记》卷六五《孙子吴起列传》孙武以"宫中美女""小试勒兵"故事①，可知必须以严格的纪律要求，即"约束"之"明"与"申令"之"熟"为条件。

汉代农民起义史料中，也可以看到妇女参加武装斗争的例证。

王莽天凤四年（17），琅邪女子吕母散家财以"买兵弩"，领导"贫穷少年，得百余人"起义，攻海曲县，杀县宰，"引兵入海，其众浸多，后皆万数"。②"吕母自称将军。"③

王莽地皇二年（21），平原女子迟昭平"亦聚数千人在河阻中"④。

绿林起义军"转击云杜、安陆，多略妇女，还入绿林中，至有五万余口"⑤，所"略"妇女使起义军的总人数增多，说明她们可能事实上参加了起义队伍。

东汉末年的黄巾起义也多有妇女参加。据《后汉书》卷七一《皇甫嵩传》记载，皇甫嵩击破黄巾军张梁部，"大破之，斩梁，获首三万级，赴河死者五万许人，焚烧车重三万余两，悉虏其妇子，系获甚众"⑥。张梁军是黄巾起义主力部队，仍然有随军"妇子""甚众"。《三国志》卷一《魏书·武帝纪》也记载，曹操击青州黄巾，"受降卒三十余万，男女百余万口"⑦。可见黄巾起义普遍有女子随军行动，她们虽然不是正式的"卒"，但是在军情紧急时，参与军务当是很自然的。《后汉书》卷七〇《孔融传》说，孔融"鸠集吏民为黄巾所误者男女四万余人"⑧，这些"男女"，大概也是曾经追随黄巾起义军的。

《后汉书》卷五六《种暠传》中记载，种暠为益州刺史，"会

---

① 《史记》，第 2161 页。
② 《汉书》卷九九下《王莽传下》，第 4150 页。
③ 《后汉书》卷一一《刘盆子传》，第 477 页。
④ 《汉书》卷九九下《王莽传下》，第 4170 页。
⑤ 《后汉书》卷一一《刘玄传》，第 467—468 页。
⑥ 《后汉书》，第 2301—2302 页。
⑦ 《三国志》，第 9 页。
⑧ 《后汉书》，第 2263 页。

巴郡人服直聚党数百人，自称'天王'，嚚与太守应承讨捕，不克，吏人多被伤害"①。据《华阳国志·巴志》，汉桓帝永兴二年（154），巴郡太守但望上疏陈述当地"贼盗公行，奸宄不绝"的情形时，也曾经说道："又有女服贼千有余人，布散千里，不即发觉，谋成乃诛，其水陆覆害，杀郡掾枳谢盛、塞威、张御，鱼复令尹寻、主簿胡直。若此非一。"②这支对地方专制统治形成严重威胁的民间武装，被称作"女服贼"，或以为因着女装而得名。而首领名"服直"，又军号"女服"，或许亦不应排除其领袖服直本人即女性的可能。③通过所谓"若此非一"一语，可知"女服"军被看作当地诸种民众武装的代表，其规模和影响可能是首屈一指的。

在战国秦汉时人的意识中，男女的差异是非常之大的。在湖北云梦睡虎地秦简《日书》和甘肃天水放马滩秦简《日书》中都列有"牡月"和"牝月"以及"男日"和"女日"。据有的学者分析，在这样的数术体系中，女子忌以女日病、葬，而宜以男日病、葬；男子忌以男日病、葬，而宜以女日病、葬。女月的男日和男月的女日则都是嫁娶的吉日。或以为这样的内容与《论衡·讥日》中所谓"刚柔相得，奇偶相应，乃为吉良"④，"追求阴阳调和的出发点"是一致的。⑤对这类文化现象可以有不同的理解，但男与女、牡与牝相互的差别和对立，是人们首先可以注意到的事实。一般说来，女子的生理条件其实并不十分适应艰险的军队生活，我们可以看到，战国秦汉时期的民间礼俗，

---

① 《后汉书》，第1827页。
② 〔晋〕常璩撰，任乃强校注：《华阳国志校补图注》卷一《巴志》，上海古籍出版社1987年版，第20页。
③ 《资治通鉴》卷五二"纪种暠讨捕服直事"于汉冲帝永嘉元年（145），中华书局1956年，第1704页。
④ 黄晖：《论衡校释》（附刘盼遂集解）卷二四《讥日篇》，中华书局1990年版，第989页。
⑤ 刘乐贤：《睡虎地秦简日书研究》，文津出版社1994年版，第69—72页。

确实也有对妇女从军表现出否定倾向的内容。例如《商君书·垦令》中严格规定："令军市无有女子。"① 似乎当时某些神秘主义观念中，存在女子妨害军事的意识。所谓"秦俗多忌讳之禁"②，这可能也是表现之一。汉代仍然有类似的观念形态存在。如《汉书·李陵传》记载李陵出军与匈奴作战的故事：

> 连战，士卒中矢伤，三创者载辇，两创者将车，一创者持兵战。陵曰："吾士气少衰而鼓不起者，何也？军中岂有女子乎？"始军出时，关东群盗妻子徙边者随军为卒妻妇，大匿车中。陵搜得，皆剑斩之。明日复战，斩首三千余级。③

军中有女子，必然会导致"士气少衰而鼓不起"，当然是一种迷信意识，但是这种意识的形成，可能也是以一定的战争史的经验为基础的。④

当时在匈奴等北方少数民族中，往往可见女子直接参战。如《汉书·陈汤传》记述汉军攻匈奴事：

> 单于乃被甲在楼上，诸阏氏夫人数十皆以弓射外人。⑤

司马迁《史记》卷一一〇《匈奴列传》中说，匈奴"士力能毌弓，尽为甲骑"，"其长兵皆弓矢"。⑥ 可知阏氏夫人们的作战能力，已经足以与最强壮勇健的士兵相当。

战国秦汉时期女子从军的历史事实，说明了当时社会意识中勇武精神长期体现出主导作用的倾向，也说明了当时妇女曾经在社会生活中可能居于较其他时代相对重要的地位。尽管女子从军往往是一种被迫发生的社会行为，又每每被看作社会疾苦的表象之一，但是从社

---

① 《商君书锥指》卷一《垦令》，第15页。
② 《史记》卷六《秦始皇本纪》，第278页。
③ 《汉书》卷五四《李陵传》，第2452—2453页。
④ 《商君书·兵守》中所谓"慎使三军无相过"以及"壮男过壮女之军，则男贵女，而奸民有从谋，而国亡"，《墨子·号令》中所谓"女子到大军，令行者男子行左，女子行右，无并行"等，可能也与这样的观念有关。
⑤ 《汉书》卷七〇《陈汤传》，第3014页。
⑥ 《史记》卷一一〇《匈奴列传》，第2879页。

会史考察的角度看，对于妇女社会作用的实现，也应当肯定其值得重视的特殊意义。

其实，历史上也可以看到女子对兵战之事表现出非常的主动与热忱的实例。如《左传·哀公十五年》说到卫国发生军事政变，"孔伯姬杖戈而先"①。战国秦汉时期也有类似的情形。例如，《三国志》卷三七《蜀书·法正传》记载：

> 初，孙权以妹妻先主，妹才捷刚猛，有诸兄之风，侍婢百余人，皆亲执刀侍立，先主每入，衷心常凛凛。

诸葛亮对于刘备面临的形势，也有"近则惧孙夫人生变于肘腋之下"②的分析。《三国志》卷三六《蜀书·赵云传》注引《云别传》也写道：

> 先主孙夫人以权妹骄豪，多将吴吏兵，纵横不法。③

通过这类女子性情"骄豪""刚猛"的心理现象，也可以较全面、较真切地了解当时社会妇女生活的某种时代特色。

---

① 〔春秋〕左丘明撰，〔晋〕杜预集解：《春秋左传集解》第三〇《哀公十五年》，上海人民出版社1977年版，第1813页。
② 《三国志》，第960页。
③ 《三国志》，第949页。

「姬别霸王」的历史记忆和「虞美人草」的文化象征

楚汉战争时期，在中国古代历史长河中，波澜壮阔，胜景迭出，一如《水经注》引郭景纯描述长江三峡景观之所谓"清荣峻茂，良多趣味"。青年毛泽东在《〈伦理学原理〉批注》中谈到个人历史情趣，也说"吾人揽〈览〉史时，恒赞叹……刘、项相争之时"，"事态百变，人才辈出，令人喜读"。而历来人所熟知的所谓"霸王别姬"故事，是楚汉相争历史活剧中特别生动的一幕。毛泽东在1962年的一次讲话中特别谈到这一故事。他说，"只要是大事，就得集体讨论"，"如果不是这样，就是一人称霸。这样的第一书记，就是霸王，不是民主集中制的'班长'"，"刘邦同项羽打了好几年仗，结果刘邦胜了，项羽败了，不是偶然的。我们现在有些第一书记，连封建时代的刘邦都不如，倒有点像项羽。这些同志如果不改，最后要垮台的。不是有一出戏叫《霸王别姬》吗？这些同志如果不改，难免有一天要'别姬'就是了（笑声）"。

一、史公《项羽本纪》中聚精会神，极得意文字

《史记》卷七《项羽本纪》对于这一历史情节有细致的记述，司马迁写道："项王军壁垓下，兵少食尽，汉军及诸侯兵围之数重。夜闻汉军四面皆楚歌，项王乃大惊曰：'汉皆已得楚乎？是何楚人之多也！'项王则夜起，饮帐中。有美人名虞，常幸从；骏马名骓，常骑之。于是项王乃悲歌忼慨，自为诗曰：'力拔山兮气盖世，时不利兮骓不逝。骓不逝兮可奈何，虞兮虞兮奈若何！'歌数阕，美人和之。项王泣数行下，左右皆泣，莫能仰视。"① 清人郭嵩焘《史记札记》卷一曾经称赞有关"垓下"的记述同"巨鹿、鸿门"同样，"自是史公《项羽纪》中聚精会神，极得意文字"②。张守节《正义》引《楚

---

① 〔汉〕司马迁：《史记》，中华书局1982年版，第333页。
② 〔清〕郭嵩焘：《史记札记》卷一《本纪》，商务印书馆1957年版，第59页。

汉春秋》又记录"美人名虞"所和:"歌曰:'汉兵已略地,四方楚歌声。大王意气尽,贱妾何聊生。'"①暗示后世通称虞姬的这位女子在项羽身败之前已经自杀,也就是说,传统所谓"霸王别姬"故事,真实情节原本是"姬别霸王"。

"霸王别姬"之说,唐代已有文字遗存。胡曾《咏史诗》中《垓下》一首:"拔山力尽霸图隳,倚剑空歌不逝骓。明月满营天似水,那堪回首别虞姬。"②就说到"别虞姬"。宋代人也将这一幕悲壮的离别称作"霸王别虞姬"。宋人《张氏可书》记载:"张芸叟居长安白云寺,作《霸王别虞姬》《虞姬答霸王》二歌,题于僧舍壁间。仆因过录之,后自关中回,则壁已颓矣。《霸王别虞姬》曰:'垓下将军夜枕戈,半夜忽然闻楚歌。词酸调苦不可听,拔山力尽将如何。将军夜起帐前舞,八千儿郎泪如雨。临行马上复何言,虞兮虞兮奈何汝!'《虞姬答》曰:'妾何道,妾何道,将军不要为人患,坑却降兵二十万。怀王子孙皆被诛,天地神人共成怨。妾何道,妾何道,将军莫如敬贤能,将军一心疑范增。当时若信范增话,将军早已安天下。天下安定在一人,将军左右多奸臣。受却汉王金四万,卖却君身与妾身。妾何道,妾何道,将军不肯听,将军莫把汉王轻。汉王聪明有大度,天下英豪同驾驭。将军唯恃拔山力,即此悲歌犹不悟。将军不悟兮无如何,将军虽悟兮争奈何。贱妾须臾为君死,将军努力渡江波。'"③宋人徐积《节孝集》卷三《古诗十九首》中,《张氏可书》前诗《霸王别虞姬》题《项羽别虞姬》,《张氏可书》后诗《虞姬答霸王》,则题作《虞姬别项羽》,文句略有不同,写作:"妾向道,向道将军施恩义,将军一心靳财利。

---

① 《史记》卷七《项羽本纪》,第334页。
② 〔清〕彭定求等编,中华书局编辑部点校:《全唐诗》卷六四七《胡曾》,中华书局1999年版,第7475页。
③ 〔宋〕张知甫:《张氏可书》,见《景印文渊阁四库全书》,台湾商务印书馆1986年版,第1038册,第713页。

妾向道,向道将军莫要为人患,坑却降兵二十万。怀王子婴皆被诛,天地神人咸愤怨。妾向道,向道将军莫如任贤能,却信奸言疑范增。当时若用范增者,将军早已安天下。天下成败在一人,将军左右多奸臣。受却汉王金四万,卖却君身与妾身。妾向道,向道将军不肯听,将军虽把汉王轻,汉王聪明有大度,天下英雄能驾御。将军唯恃力拔山,到此悲歌犹不悟。将军不悟兮空悲歌,将军虽悟兮其奈何。贱妾须臾为君死,将军努力渡江波。"① 所谓"妾何道"或者"妾向道"句,翻译成现代语,好比说:我过去怎么劝你来着,你就是不听!这种责备,其实并不符合"美人名虞"的身份。所录二歌,语词平俗,然而对项羽的政策评价,都是以作者本人的历史观为基点的。《虞姬答霸王》或《虞姬别项羽》最后一句"贱妾须臾为君死,将军努力渡江波",正是"姬别霸王"的决绝之音。

唐代诗作中其实已经有强调垓下围中虞姬以死相别的说法。唐人冯待征《虞姬怨》诗有关于虞姬生活经历的内容:"妾本江南采莲女,君是江东学剑人。逢君游侠英雄日,值妾年华桃李春。年华灼灼艳桃李,结发簪花配君子。行逢楚汉正相持,辞家上马从君起。岁岁年年事征战,侍君帷幄损红颜。不惜罗衣沾马汗,不劳红粉著丁环。相期相许定关中,鸣銮鸣佩入秦宫。谁误四面楚歌起,果知五星汉道雄。天时人事有兴灭,智穷计屈心摧折。泽中马力先战疲,帐下蛾眉转消歇。君王自是无神彩,贱妾此时容貌改。拔山意气都已无,渡江面目今何在?终天隔地与君辞,恨似流波无息时。使妾本来不相识,岂见中途怀苦悲。"② 有关"江南采莲""结发簪花"等经历,自然都是虚构,而"与君辞"的情节,体现出作者对司马迁记述虞姬事迹的理解,

---

① 〔宋〕徐积:《节孝集》卷三《古诗十九首》,见《景印文渊阁四库全书》,台湾商务印书馆1986年版,第1101册,第797页。

② 〔明〕曹学佺:《石仓历代诗选》卷一一六,见《景印文渊阁四库全书》,台湾商务印书馆1986年版,第1388册,第835—836页。

是值得我们注意的。元代诗人贯云石《别离情》诗:"又闻垓下虞姬泣,斗帐初惊楚歌毕。佳人阁泪弃英雄,剑血不销原草碧。"①也明说是"佳人"先自"弃英雄"。明人汪广洋《戏马台》诗也写道:"事机一去竟莫举,盖世拔山皆谬语。虞姬痛别难再逢,乌骓欲逝从何许。"②同样以为是"虞姬痛别"。刘仲方《六州歌头·项羽庙》对于虞姬自刎的细节描写是:"兵散月明风急,旌旗乱,刁斗三更。命虞姬相对,泣听楚歌声。玉帐魂惊,泪盈盈。恨花无主,凝愁绪,挥雪刃,掩泉扃。"③

二、"虞姬"故事的魅力

"虞美人"既是曲牌名,也是词牌名。据说始源于唐教坊曲。在早期戏曲表演中,"虞姬"故事也已经表现出感人至深的艺术魅力。南宋人刘克庄《田舍即事》诗十首之九写道:"儿女相携看市优,纵谈楚汉割鸿沟。山河不暇为渠惜,听到虞姬直是愁。"④据庄一拂编著的《古典戏曲存目汇考》,宋官本杂剧有《霸王中和乐》《霸王剑器》《诸宫调霸王》三本。金院本与之同题材者有七本。《录鬼簿》著录元代作品《霸王垓下别虞姬》,又作《楚霸王别虞姬》,简名《别虞姬》。今京剧有《霸王别姬》,亦渊源于此。

历史真实之"姬别霸王"在记忆中被转换成"霸王别姬",自有故事主体尊卑有别的因素,当然也体现了当时社会的性别关系。

《史记》卷七《项羽本纪》张守节《正义》引唐代地理书《括地志》

---

① 〔元〕傅习、孙存吾编:《元风雅·前集》卷一,见《景印文渊阁四库全书》,台湾商务印书馆1986年版,第1368册,第12页。
② 〔明〕汪广洋:《凤池吟稿》卷二,见《景印文渊阁四库全书》,台湾商务印书馆1986年版,第1225册,第509页。
③ 〔宋〕黄昇:《花庵词选》卷五《刘仲方》,见《景印文渊阁四库全书》,台湾商务印书馆1986年版,第1489册,第356页。
④ 〔宋〕刘克庄:《后村集》卷一〇《田舍即事》,见《景印文渊阁四库全书》,台湾商务印书馆1986年版,第1180册,第113页。

说，"虞姬墓在濠州定远县东六十里。长老传云项羽美人冢也"①。记录了民间对于"虞姬"的特殊纪念方式。《建炎以来系年要录》卷一九八《绍兴三十二年闰二月至三月》也说到"虹县之北虞姬墓"②。《太平寰宇记》卷一二八"濠州钟离县"条说，"虞姬冢，在县南六十里，高六丈。即项羽败，杀姬葬此"③。其中"项羽败，杀姬"的说法，值得注意。其说与我们得自于《史记》卷七《项羽本纪》的历史知识不同，然而类似的情节，在历史上是并不罕见的。《方舆胜览》卷四八也说到虞姬葬处，然而又记录了身首分葬的传说："虞姬冢在定远县南，今宿州亦有墓。相传灵壁葬其身，此葬其首。"④《明一统志》卷七沿承此说："虞姬墓在定远县南六十里，俗称'嗟虞墩'。又灵璧县东二十三里亦有墓，相传灵璧葬其身，定远葬其首。"《嘉庆重修一统志》卷一二六也记录了《太平寰宇记》"项羽败，杀姬葬此"和《明一统志》"嗟虞墩"的说法。《江南通志》卷三五则写道："嗟虞墩，在（庐州）府东北八十里，世传项羽于此别虞姬。"

苏轼有《虞姬墓》诗："帐下佳人拭泪痕，门前壮士气如云。仓黄不负君王意，只有虞姬与郑君。"⑤苏辙也有《虞姬墓》诗："布叛增亡国已空，摧残羽翮自令穷。艰难独与虞姬共，谁使西来敌沛公。"⑥宋人饶节《虞姬墓》诗也有"风悲月黑楚歌闻，泣下虞兮夜未分；

---

① 《史记》，第334页。

② 〔宋〕李心传撰，胡坤点校：《建炎以来系年要录》，中华书局2013年版，第3891页。

③ 〔宋〕乐史撰，王文楚等点校：《太平寰宇记》，中华书局2007年版，第2535页。

④ 〔宋〕祝穆撰，〔宋〕祝洙增订，施和金点校：《方舆胜览》卷四八《濠州》，中华书局2003年版，第864页。

⑤ 〔宋〕苏轼：《东坡全集》卷二《虞姬墓》，见《景印文渊阁四库全书》，台湾商务印书馆1986年版，第1107册，第75页。

⑥ 〔宋〕苏辙：《栾城集》卷三《虞姬墓》，见《景印文渊阁四库全书》，台湾商务印书馆1986年版，第1112册，第36页。

千骑星飞向前死,不知谁为闭荒坟"①的感叹。以《虞姬墓》为题的诗作,还有元人王恽的作品:"重瞳鲜情人,钟爱独虞美。五年有天下,宠幸想无比。一朝走阴陵,楚歌闻四起。君王大事去,饮诀共欷歔。感君伉俪恩,死不为汉鬼。一丘凤阳东,粉黛见石纪。空余山头草,才歌叶披靡。定应月下魂,长绕乌江水。"②清人于成龙又有《过虞姬墓》诗,题注:"在灵璧县,有红色草,见人辄舞,俗名'美人草'。"其诗曰:"阴陵古道照残阳,策蹇荒茔吊楚亡。血洒西风猿啸月,气吞白帝剑生霜。贞魂傍逐乌骓逝,烈骨长凝碧草香。行客莫知悲舞意,春来疑作妒新妆。"其二:"破秦当日觇咸阳,及败谁嗔困北邙。玉玦无谋定天下,青锋有意谢君王。八千歌散肠应断,九里烟销骨尚香。悔比樊姬差一谏,空令妃血舞红妆。"③

三、"插花庙""祀鲁妃"

除了保护虞姬墓以为纪念而外,民间还有庙祀的形式。

《江南通志》卷四二记载:"插花庙,在州东北七十里阴陵山。祀鲁妃,即项王之虞姬。"在有的地方,项羽庙中有虞姬配祀。陆游《项王祠》诗有"堂上君王凛八尺,大冠如箕熊豹颜","范增玉斗久已碎,虞姬妆面留余潸"句。④

明人皇甫汸《过楚王店谒羽祠虞姬配焉》诗中也写道:"盖世雄图歇,千秋遗像存。云屯原此地,日暮已荒村。龙战曾无敌,天亡

---

① 〔宋〕饶节:《倚松诗集》卷二《虞姬墓》,见《景印文渊阁四库全书》,台湾商务印书馆1986年版,第1117册,第236页。
② 〔元〕王恽:《秋涧集》卷四《虞姬墓》,见《景印文渊阁四库全书》,台湾商务印书馆1986年版,第1200册,第43页。
③ 〔清〕于成龙:《于清端政书》卷八《过虞姬墓》,见《景印文渊阁四库全书》,台湾商务印书馆1986年版,第1318册,第775页。
④ 〔宋〕陆游著,钱仲联校注:《剑南诗稿》卷五五《项王祠》,上海古籍出版社1985年版,第3241页。

未可论。独怜丈夫恨,空傍美人魂。"① 可见在某些地方的民间意识中,虞姬和项羽已经共同结成一组祭祀对象。

四、"美人草""青春舞"

辛弃疾《浪淘沙》词写道:"不肯过江东,玉帐匆匆。至今草木忆英雄。唱著虞兮当日曲,便舞春风。儿女此情同,往事朦胧。湘娥竹上泪痕浓,舜目重瞳堪最恨,羽亦重瞳。"又有《虞美人》词:"当年得意如芳草,日日春风好。拔山力尽忽悲歌,饮罢虞兮从此奈君何。人间不识精诚苦,贪看青春舞。蓦然敛衽却无言,怕是曲中犹带楚歌声。"② 辛弃疾笔下作"青春舞"的"芳草",就是于成龙所谓"见人辄舞"的"红色""美人草"。于诗谓"悲舞",辛词虽称"青春舞",然而也可以读出舞姿背后的"精诚苦"。这种香草,通常直接称作"虞美人草"。

历代多有就"虞美人草"而吟咏感叹的诗句。如所谓"至今春草舞虞姬"③、"草带虞姬亡日泪"④ 等。又如宋人宋祁《虞美人草赞》:"翠茎纤柔,稚叶相当,逼而歌之,或合或张。"姜夔《赋虞美人草》:"夜阑浩歌起,玉帐生悲风。江东可千里,弃妾蓬蒿中。化石那解语,作草犹可舞。陌上望骓来,翻然不相顾。"僧北涧《咏虞美人草》以第一人称解说春草舞姿中的寄寓的"君恩"和"妾意",文辞"宛转""婆娑"之中,自陈面对"千年""寂寞"的"一寸刚明":"君恩似海海不深,妾意如铁利断金。舍生取义我所欲,

---

① 〔明〕皇甫汸:《皇甫司勋集》卷一五《过楚王店谒羽祠虞姬配焉》,见《景印文渊阁四库全书》,台湾商务印书馆1986年版,第1275册,第588页。
② 〔宋〕辛弃疾:《稼轩长短句》卷一一,上海人民出版社1975年版,第155页。
③ 〔宋〕林景熙撰,〔元〕章祖程注:《霁山文集》卷二《项羽里》,见《景印文渊阁四库全书》,台湾商务印书馆1986年版,第1188册,第707页。
④ 〔元〕陈基:《夷白斋稿外集》卷上《徐州》,见《景印文渊阁四库全书》,台湾商务印书馆1986年版,第1222册,第365页。

忍死织室羞同心。春姿忽作秋莲委,一寸刚明曾不死。明年原上野花繁,一枝自托华风起。袅袅娉娉不成艳,能度浅深生色染。向人欲诉却无言,寂寞千年恨难掩。芳郊游女宛转歌,停车拍手看婆娑。"虞姬的精神,被举升到"义"的层次。陈师道《咏虞美人草》也写道:"幽草默通神,旧题虞美人。长言方度曲,应节若翻身。律吕声相召,云龙气自亲。无情犹感会,不独在君臣。"明人徐茂吴《咏虞美人草》诗:"楚宫人去霸图移,剩有芳名寄一枝。浥露晚妆余涕泪,临风夜舞忆腰肢。乍翻尚自疑红药,欲刈终难混绿葵。若使灵均当日见,不将哀怨托江蓠。""红颜一日尽江湄,芳草能传易代姿。尚想施朱留片萼,翻疑化碧有单枝。迎风似逐歌声起,宿雨那经舞袖垂。微艳莫教轻委地,徘徊犹似美人贻。"① 明人孙齐之《题虞美人草》诗:"君王诚慷慨,为妾总销魂。伏剑酬君贶,留花吊楚人。风翻红袖舞,露泫翠眉颦。吴会依春树,乌江伴渚蘋。浮云随代变,芳草逐年新。空使英雄泪,感慨欲沾巾。"张宣《虞姬》诗:"楚歌四面秋声起,美人如花帐中死。重瞳将军盖世雄,泪流暗逐乌江水。妾身妾身何足数,八千健儿弃如土。空留恨血渍平原,碧草无风为谁舞。"② 题名虽然不出现"虞美人草"字样,然而也说"恨血"化为"碧草"的故事。以芳草、香草喻佳人,是中国古典文学的传统,而咏"虞美人草"诗作,应当说是有典型意义的。

南宋林希逸《虞美人》写道:"生犀百万环帐立,漏声未残楚声急。拔山男子心转柔,夜倚芙蓉秋露泣。帐中别酒苦如荼,不是婵娟害霸图。鄅人愤死愁云气,吕氏田头见老夫。汉宫三万六千日,得意蛾眉

---

① 〔清〕汪灏、张逸少奉敕撰:《御定佩文斋广群芳谱》卷四六,见《景印文渊阁四库全书》,台湾商务印书馆1986年版,第846册,第408—410页。
② 〔清〕朱彝尊编:《明诗综》卷七,见《景印文渊阁四库全书》,台湾商务印书馆1986年版,第1459册,第282页。

亦陈迹。至今一曲唱虞姬，恨草摇摇向春碧。"①诗句将刘项政治际遇进行比照，对气运的迷信，透露于字里行间。"帐中别酒苦如荼，不是婵娟害霸图"一句，以浓重笔调渲染"姬别霸王"的悲剧气氛。其中所谓"拔山男子心转柔"，颇值得回味。

五、"香魂夜逐剑光飞"

在涉及虞姬的咏史怀古之作中，男性作者往往从悲歌剑血中体味柔情，相反，有意思的是，我们看到有的女性作者却借此宣扬一种项王与虞姬共有的"刚强"。如宋代魏夫人《虞美人草行》一诗写道："鸿门玉斗纷如雪，十万降兵夜流血。咸阳宫殿三月红，霸业已随烟烬灭。刚强必死仁义王，阴陵失道非天亡。英雄本学万人敌，何用屑屑悲红妆。三军败尽旌旗倒，玉帐佳人坐中老。香魂夜逐剑光飞，清血化为原上草。芳心寂寞寄寒枝，旧曲闻来似敛眉。哀怨徘徊愁不语，恰如初听楚歌时。滔滔逝水流今古，楚汉兴亡两丘土。当年遗事总成空，慷慨尊前为谁舞。"虽然作者是女性，诗中有"玉帐佳人""香魂""芳心"诸句，其实却更多地透露出"刚强""慷慨"的丈夫气概，"英雄本学万人敌，何用屑屑悲红妆"，"香魂夜逐剑光飞，清血化为原上草"等句，都尽力洗除脂粉气，鼓倡着一种英雄主义精神。

所谓"舍生取义我所欲"，所谓"香魂夜逐剑光飞"，所谓"伏剑酬君贶"，都以虞姬自尽，使其形象增益刚烈的光环。南宋汪元量《浮丘道人招魂歌》说虞姬事迹，也有"一剑捐身刚自许"句。②明人林弼《虞姬怨》诗："君王万人敌，贱妾万人怜。昔有丝萝托，愿言金石坚。云胡竟失势，恩情不终全。骓马骄不逝，楚歌声四喧。

---

① 〔宋〕林希逸撰，林式之编：《竹溪鬳斋十一稿续集》卷三〇《虞美人》，见《景印文渊阁四库全书》，台湾商务印书馆1986年版，第1185册，第861页。

② 〔宋〕汪元量：《水云集》卷一《浮丘道人招魂歌》，见《景印文渊阁四库全书》，台湾商务印书馆1986年版，第1188册，第272页。

君心为妾苦,妾身为君捐。嗟君气如虹,创业未八埏。恨妾命如叶,事主无百年。游魂遂惊尘,怨血溅流泉。妾死亦已矣,君行当勉旃。江东地虽小,星火亦可燃。愿身化孤燕,随渡乌江船。"①其中"妾身为君捐"也是同样意境。明人刘炳《虞美人词》感喟"繁华"去后的"凄凉":"万人剑气真罴虎,宝玦鸿门悲亚父。阴陵失道岂天亡,志轻仁义为降虏。凄凉垓下楚歌哀,玉碎花飞报危主。至今荒冢说虞姬,一去繁华名不死。"②明人胡奎又以《虞姬伏剑》为诗题,写道:"当时玉斗碎鸿门,碧血空沾楚剑痕。满地落花皆汉土,不知何处著春魂。"③诗人以玉碎花落形容垓下败局。一句"碧血空沾楚剑痕",为项羽败亡的悲歌写下了最高亢的音符。

六、"舞草""摇摇花"

"虞美人草"摇动春风,"翠茎纤柔","或合或张",博得千古咏叹。那么,"虞美人草"究竟是一种什么草呢?唐人段成式《酉阳杂俎》前集卷一九《草篇》中说到一种"舞草":"舞草,出雅州。独茎三叶,叶如决明。一叶在茎端,两叶居茎之半,相对。人或近之歌及抵掌讴曲,必动叶如舞也。"④宋人王灼《碧鸡漫志》引录魏夫人《虞美人草行》诗,又说:"亦有就曲志其事者,世以为工。其词:'帐前军情变,月下旌旗乱。裣衣推枕怆离情,远风吹下楚歌声。正三更。抚骓欲上重相顾,艳态花无主。手中莲锷凛秋霜,九泉归去是仙乡。恨茫茫。'黄载万追和之,压倒前辈矣。其词云:'世间

---

① 〔明〕林弼:《林登州集》卷一《虞姬怨》,见《景印文渊阁四库全书》,台湾商务印书馆1986年版,第1229册,第6—7页。
② 〔明〕刘炳撰,杨维桢评:《刘彦昺集》卷四《虞美人词》,见《景印文渊阁四库全书》,台湾商务印书馆1986年版,第1229册,第732页。
③ 〔明〕胡奎:《斗南老人集》卷五《虞姬伏剑》,见《景印文渊阁四库全书》,台湾商务印书馆1986年版,第1233册,第526页。
④ 〔唐〕段成式撰,许逸民校笺:《酉阳杂俎校笺》前集卷一九《草篇》,中华书局2015年版,第1402页。

离恨何时了，不为英雄少。楚歌声起霸图休，一似水东流。蔓葛荒葵城陇暮，玉貌知何处。至今芳草解婆娑，只有当时魂魄未消磨。'按《益州草木记》：'雅州名山县出虞美人草，如鸡冠，花叶两相对，为唱《虞美人曲》，应拍而舞，他曲则否。'《贾氏谈录》：'褒斜山谷中有虞美人草，状如鸡冠大，叶相对，歌唱《虞美人》，则两叶如人拊掌之状，颇中节。"①

清代学者王士禛《居易录》卷二一则认为"'虞美人'即'莺粟花'，俗名'米囊'，有千瓣五色，又名'满园春'"，又引《通雅》曰："'虞美人有吴、蜀二种。'"②看来，"虞美人草"的植物学性质，还是未能十分明了。明人张岱《陶庵梦忆》说到所莳草木，"春以罂粟、虞美人为主，而山兰、素馨、决明佐之"③。可见虞美人并非罂粟。

潘荣陛《帝京岁时纪胜·五月》写道："虞美人几枝娇艳，则又为端阳之佳卉也。"可知花期在初夏。明人郑真《摇摇花》诗，副题"虞美人草也"。可见"虞美人草"也称"摇摇花"。其诗曰："摇摇花，花开向天涯。花摇摇，花如金步娇。惜昔美人年正少，青春正睹花容貌。金钗聘入霸王宫，嫣然一笑胭脂红。独夫叱咤空四海，恩穷惟怜一身在。戏马台前宫阙深，当筵歌舞娱君心。君心荒兮霸业消，淮南却望乌江遥。汉兵十万纷于蚁，帐底美人泪如水。八千军散楚歌声，仓忙忍为君王死。阴陵古道行人来，倾国倾城真堪哀。金剑霜飞一泓血，夭魂化作春花闭。花开花落流年改，春秋浩荡愁如海。愁如海，将奈何，虞姬墓前烟草多。花魂寂寞欲归去，杜宇

---

① 〔宋〕王灼：《碧鸡漫志》，见《景印文渊阁四库全书》，台湾商务印书馆1986年版，第1494册，第517—518页。
② 〔清〕王士禛：《居易录》卷二一，见《景印文渊阁四库全书》，台湾商务印书馆1986年版，第869册，第569页。
③ 〔明〕张岱撰，马兴荣点校：《陶庵梦忆》卷一《金乳生草花》，上海古籍出版社1982年版，第3页。

夜啼三月暮。"① 也许,"虞美人草"或者"摇摇花"只是一种文化符号,只是一种文化象征。宋人萧海藻《咏虞美人草》:"鲁公死后一坏荒,谁与竿头荐一觞。妾愿得生坟土上,日翻舞袖向君王。"《史记》卷七《项羽本纪》说:"项王已死,楚地皆降汉,独鲁不下。汉乃引天下兵欲屠之,为其守礼义,为主死节,乃持项王头视鲁,鲁父兄乃降。始,楚怀王初封项籍为鲁公,及其死,鲁最后下,故以鲁公礼葬项王谷城。汉王为发哀,泣之而去。"②"鲁公"称号,在这里也是有特殊意义的。而"虞美人草"之所以萌生和舞动,也被解释为基于虞姬"为主死节"的意志。辛弃疾说"至今草木忆英雄",虞姬悲剧人生的转化,变成一种"娇艳"多情,随风"婆娑",同时又寄托着"清血"和"芳心"的永远的纪念。

七、对"虞美人草"象征意义的不同理解

对于"虞美人草"的象征意义,有不同的解说。

以"忠贞"的观念理解虞姬事迹,是比较普遍的认识。如明人李东阳《虞美人》诗:"按剑孤营落日昏,楚歌声里汉兵屯。当时国士无存者,独有虞姬不负恩。"③清人吴雯《虞姬》诗中写道:"楚歌一夜动悲凉,百战空嗟霸业荒。子弟皆知归长者,美人独解报君王。江东日落垓尘散,原上春归墓草香。回首五陵烟树尽,千秋同作恨茫茫。"④也宣传着这一主题。朱孺人妙端《虞姬》诗也写道:"力尽重瞳霸气消,楚歌声里恨迢迢。贞魂化作原头草,不逐东风入汉

---

① 〔明〕曹学佺:《石仓历代诗选》卷三三三,见《景印文渊阁四库全书》,台湾商务印书馆1986年版,第1391册,第582页。
② 《史记》卷七《项羽本纪》,第337—338页。
③ 〔明〕李东阳:《怀麓堂集》卷一九《虞美人》,见《景印文渊阁四库全书》,台湾商务印书馆1986年版,第1250册,第203页。
④ 〔汉〕吴雯:《莲洋诗钞》卷四《虞姬》,见《景印文渊阁四库全书》,台湾商务印书馆1986年版,第1322册,第346页。

郊。"① 前引"感君伉俪恩，死不为汉鬼"，"君王诚慷慨"，"伏剑酬君贶"，"气吞白帝剑生霜"，"青锋有意谢君王"，"舍生取义我所欲，忍死织室羞同心"等诗句，以及"贞魂""烈骨"之说，也体现出同样的观念。

对于作为文化象征的"虞美人草"，也有其他的认识。

易幼学《咏虞美人草》诗："霸业将衰汉业兴，佳人玉帐醉难醒。可怜血染原头草，直至如今舞不停。"项王"霸业"之"衰"，似乎可以归结于醉卧"玉帐"。草随风摇，一如"佳人"依然醉舞。作者的思路，大约未脱美女败国的老套。《花草粹编》卷一二所见署名"西蜀文珏"的《虞美人》则写道："歌唇乍启尘飞处，翠叶轻轻举。似回舞态逞妖容，嫩条纤丽玉玲珑，怯秋风。虞姬珠碎兵戈里，莫认埋魂地。只应遗恨寄芳丛，露和清泪湿轻红，古今同。"② 于"翠叶轻轻举"处，竟然看到了"歌唇""舞态""妖容"。作者的眼光所注视的，似乎只是单纯作为"美人"的虞姬，其他相同主题诗作中浓重的历史感，在这里已经相当淡薄了。作者在凝视"纤丽""玲珑"的时候，自然是无心关注兴亡大业的。而虞姬已经失却自己的意志，完全等同于"芳丛"中真正的草木了。诗人似乎以对"翠叶""嫩条"的廉价赞美，贬低了其生命的"刚强"。

将虞姬看作单纯附属于君王的女人，于是有以"虞姬"和"戚姬"相比照者。如宋人许野雪《咏虞美人草》诗："合欢枝叶想腰身，不共长安草木春。若听楚歌能楚舞，未央空有戚夫人。"③ 又如范成大《虞

---

① 〔清〕沈季友编：《槜李诗系》卷三四，见《景印文渊阁四库全书》，台湾商务印书馆1986年版，第1475册，第806页。

② 〔明〕陈耀文编：《花草粹编》卷一二，见《景印文渊阁四库全书》，台湾商务印书馆1986年版，第1490册，第367页。

③ 《御定佩文斋广群芳谱》卷四六，见《景印文渊阁四库全书》，第846册，第410页。

姬墓》诗："刘项家人总可怜,英雄无策庇婵娟。戚姬葬处君知否,不及虞兮有墓田。"① 明人丘濬《咏虞姬》诗:"垓下当年战胜还,虞姬饮憾戚姬欢。后来人彘遭奇祸,欲乞悲歌一曲难。"② 而明人孙齐之《咏虞美人草》:"楚宫花态至今存,倾国倾城总莫论。夜帐一歌身易殒,春风千载恨难吞。胭脂脸上啼痕在,粉黛光中血泪新。谁道汉宫花似锦,也随荒草任朝昏。"③ 也将"汉宫"和"楚宫"对比。前引"汉宫三万六千日,得意蛾眉亦陈迹"诗句,也体现了同样的意识。宋人卓田《题苏小楼》写道:"丈夫只手把吴钩,能断万人头。因何铁石打肝凿胆,划为花柔。君看项籍并刘季,一怒世人愁。只因撞着虞姬戚氏,豪气都休。"④ 同样说"虞姬戚氏"事,却涉及有关性别关系的带有规律性的重要现象,读来另有兴味。宋人许表《项王庙》诗:"千载兴亡莫浪愁,汉家功业亦荒丘。空余原上虞姬草,舞尽春风未肯休。"⑤ 比较楚汉"兴亡",归入"千载"盛衰的循环,指出"汉家功业"同样成为"荒丘",自然意境更高。

也有相对比较尊重虞姬的独立人格,甚至以为在某种意义上高于项羽之上的认识。例如南宋诗人汪元量《乌江》诗就写道:"平生英烈世无双,汉骑飞来肯受降。早与虞姬帐下死,不教战血到乌江。"⑥

---

① 〔宋〕范成大:《石湖诗集》卷一二《虞姬墓》,见《景印文渊阁四库全书》,台湾商务印书馆1986年版,第1159册,第410页。

② 〔明〕丘濬撰,丘尔谷编:《重编琼台稿》卷四《咏虞姬》,见《景印文渊阁四库全书》,台湾商务印书馆1986年版,第1248册,第74页。

③ 《御定佩文斋广群芳谱》卷四六,见《景印文渊阁四库全书》,第846册,第410页。

④ 《花草粹编》卷七,见《景印文渊阁四库全书》,第1490册,第291页。

⑤ 〔清〕厉鹗辑撰:《宋诗纪事》卷四九《许表》,上海古籍出版社2008年版,第1246页。

⑥ 〔宋〕汪元量:《湖山类稿》卷四《乌江》,见《景印文渊阁四库全书》,台湾商务印书馆1986年版,第1188册,第241页。

张志合《读项羽传》诗感叹项羽的悲剧,"逐鹿中原志未酬","关中已属汉诸侯",结句竟然写道:"万人一剑都无用,怕见虞姬地下羞。"① "万人敌"的项羽和化作荒草的虞姬之间,似乎前者应当仰视后者。古诗文也有称项羽为"虞姬婿""虞家婿"的,如唐人韦蟾诗②,清人蒋士铨《乌江竹枝》③等,也体现了看待项羽与虞姬关系的另一种主次判定倾向。

---

① 〔元〕汪泽民、张师愚编:《宛陵群英集》卷一〇《张志合》,见《景印文渊阁四库全书》,台湾商务印书馆1986年版,第1366册,第1055页。
② 〔五代〕王定保撰,姜汉椿校注:《唐摭言校注》卷三《慈恩寺题名游赏赋咏杂记》,上海科学院出版社2002年版,第81页。
③ 〔清〕蒋士铨撰,邵海清校,李梦生校笺:《忠雅堂集校笺》卷三《乌江竹枝》,上海古籍出版社1993年版,第303页。

秦汉时期的女工商业主

秦汉时期工商业的发展，是当时经济生活中值得重视的现象。而工商业从业人员中的女性，数量颇多。如纺织业，很早就已形成"男子力耕""女子纺绩"①，"男子疾耕""女子纺绩"②，"男子""耕稼树种"、"妇人""纺绩织纴"③，"农人纳其获，女工效其功"④的社会性别分工。《汉书》卷二四上《食货志上》："冬，民既入，妇人同巷，相从夜绩，女工一月得四十五日。必相从者，所以省费燎火，同巧拙而合习俗也。"⑤似乎采取了一种集体劳作方式。纺织业兴盛的地方，妇女从业十分普遍。"齐部世刺绣，恒女无不能；襄邑俗织锦，钝妇无不巧。"⑥蜀地则号称"女工之业，覆衣天下"⑦。在专业纺织业工场服务的女子，人数也相当集中。据说"齐三服官作工各数千人"，"东西织室亦然"⑧。

特别值得我们注意的，是工商业的经营者中，也有女性。分析这一现象，不仅有益于认识当时的经济生活面貌，也可以深化我们对于秦汉时期社会性别关系的理解。

---

① 〔汉〕班固：《汉书》，中华书局1962年版，第1126页。
② 〔汉〕司马迁：《史记》卷一一二《平津侯主父列传》，中华书局1982年版，第2954页；《汉书》卷二四上《主父偃传》，第2800页。
③ 《汉书》卷六四上《严助传》，第2783页。
④ 〔汉〕桓宽：《盐铁论·本议》，见王利器校注：《盐铁论校注》（定本），中华书局1992年版，第4页。
⑤ 颜师古注："服虔曰：'一月之中，又得夜半为十五日，凡四十五日也。'""省费燎火，省燎火之费也。燎所以为明，火所以为温也。"《汉书》，第1121页。
⑥ 黄晖：《论衡校释》（附刘盼遂集解）卷一二《程材篇》，中华书局1990年版，第539页。"齐部"，《太平御览》卷八一五引作"齐郡"。第3626页。
⑦ 〔南朝宋〕范晔：《后汉书》卷一三《公孙述传》，中华书局1965年版，第535页。
⑧ 《汉书》卷七二《贡禹传》，第3070页。

一、巴寡妇清事迹

《史记》卷一二九《货殖列传》记载了著名的以"丹穴"牟利的矿业主"巴蜀寡妇清"的事迹：

> 巴蜀寡妇清，其先得丹穴，而擅其利数世，家亦不訾。清，寡妇也。能守其业，用财自卫，不见侵犯。秦皇帝以为贞妇而客之，为筑女怀清台。……清穷乡寡妇，礼抗万乘，名显天下，岂非以富邪？

司马贞《索隐》："《汉书》作'巴寡妇清'。[①]'巴'，寡妇之邑。'清'，其名也。"裴骃《集解》："徐广曰：'涪陵出丹。'"张守节《正义》："《括地志》云：'寡妇清台山，俗名贞女山，在涪州永安县东北七十里也。'"所谓"家亦不訾"，司马贞《索隐》："案：谓其多，不可訾量。"张守节《正义》："言资财众多，不可訾量。一云清多以财饷遗四方，用卫其业，故财亦不多积聚。"[②]泷川资言《史记会注考证》以为"'不訾'，《索隐》是。"

《汉书》卷九一《货殖传》确实称其为"巴寡妇清"。颜师古注："以其行洁，故号曰'清'也。"对于所谓"家亦不訾"，颜师古也解释说，"言资财众多无限数。"[③]

对于所谓"巴蜀寡妇清"，泷川资言《史记会注考证》引王念孙曰："'蜀'字，因下文'巴蜀'而衍，《汉书》作'巴寡妇清'。"中华书局标点本以为"蜀"字应当删去，标点为"巴（蜀）寡妇清"。其实，《太平御览》卷一七七引《史记》又直称为"蜀寡妇清"：

[①] 中华书局标点本作"《汉书》'巴寡妇清'"，1959 年版，第 3261 页。今从四库全书本《史记》。四库全书本《史记索隐》卷二八作"《汉书》'巴寡妇清'"。

[②] 《史记》，第 3260、3261 页。

[③] 《汉书》，第 3686 页。

> 蜀寡妇清，其先得丹穴，徐广曰：涪陵出丹也。而擅其利数世，家亦不訾。谓其多不可营量。清，寡妇也，能守其业，用财自卫，不见侵犯。秦皇帝以为贞妇，而为筑女怀清台。①

而同书卷四七一引《史记》，则称其为"寡妇清"："寡妇清，其先得丹穴，而擅其利数世，家足不赀。清，寡妇也，能守其业，用财自卫，不见犯。秦皇帝以为贞妇而客之，为筑女怀情台。"②

从徐广"涪陵出丹"和《括地志》"寡妇清台山，俗名贞女山，在涪州永安县东北七十里也"等说法，似乎"寡妇清"的产业确在巴地。

泷川资言《史记会注考证》引中井积德曰："'怀'，疑女之姓氏。"对于"秦皇帝以为贞妇而客之，为筑女怀清台"的说法，又有这样的分析：

> 虽称"始皇帝"，而是事盖在未并吞之时，故军兴有资于其力也，非徒嘉其富厚。③

这样的分析可能是有道理的。不过，"丹"如何与"军兴"有直接的密切关系，尚待考察论证。寡妇清有可能正是以其"富厚"使得"军兴有资于其力"的。

《史记》卷一二九《货殖列传》曾经进行经济地理分析时总结各地出产，说道："江南"出"丹沙"。④从今天我们了解的中国内生矿床汞矿的分布看，以重庆南部以及黔东北、湘西，即乌江左近地

---

① 〔宋〕李昉等：《太平御览》，中华书局1960年版，第861页。
② 《太平御览》，第2163页。
③ 〔日〕泷川资言：《史记会注考证》，上海古籍出版社2015年版，第4272—4273页。
④ 《史记》，第3253—3254页。

区，如酉阳、秀山、务川、铜仁、万山、新晃、凤凰等地最为集中。[①]寡妇清经营的矿业，可能因此体现出重要的经济意义。

"巴寡妇清"的"丹沙"生产基地，正在中国汞矿最集中的地区。这一地区的文化地理面貌和经济地理特征，至今尚不清晰。不过，近年湘西里耶秦简的发现，告诉我们这一地区曾经有体现出重要政治军事意义的交通要道通过。随着里耶秦简研究的深入，或许会对这一地区历史地理认识的推进有所裨益。如果其中有涉及"巴寡妇清"的"丹穴"的信息，自然是学界欢迎的。

现在看来，"巴寡妇清"生活在少数民族聚居的地区。重庆酉阳、秀山均为土家族苗族自治县。贵州务川为仡佬族苗族自治县。湖南新晃为侗族自治县。而凤凰则属于湘西土家族苗族自治州。联系到后来著名女将秦良玉正是出身于邻近的重庆石柱土家族自治县[②]，可以推想，当时"巴寡妇清"获得经济成功，又能够"礼抗万乘，名显天下"，也可能与当地民俗重女权等因素有关。

我们迄今所知道的秦汉时期"丹沙"的重要用项，正是与秦始皇有关。这就是秦始皇陵地宫中使用水银为"百川江河大海"事。《史记》卷六《秦始皇本纪》写道："以水银为百川江河大海，机相灌输。"[③]

[①] 西北师范学院地童系、地图出版社主编：《中国自然地理图集》，地图出版社1984年版，第17页。据20世纪中叶关于贵州土产的分析，"本省水银产量为全国元冠，根据《贵州十年经济建设》所载，产地黔东分布于铜仁、婺川、德江、思南，直至玉屏、松桃，与湘西矿脉相连，延长百余公里，黔南三都、丹寨等县，亦有数十里矿脉"。中国土产公司：《中国土产综览（初稿）》下册，中国土产公司1951年版，第745页。

[②] 参看王子今：《中国女子从军史》，军事谊文出版社1998年版，第128—134页。王培荀《竹枝词》称颂其"妇人而丈夫"，有"石柱蛮兵世共闻，桃花匹马破千军"句。

[③] 《史记》，第265页。

这一记载得到了考古工作和高新技术探测工作的证实。①

秦始皇礼遇"巴寡妇清",确实有特殊的意义。因为这一举动似乎与秦自商鞅变法以来抑商的传统政策未能一致。商鞅奖励"耕织致粟帛多者",而"事末利"者"举以为收孥"。②主张"使商无得籴",期望政策的引导能够做到"商欲农","农恶商","农逸而商劳"。③《韩非子·亡征》说:"群臣为学,门子好辩,商贾外积,小民右仗者,可亡也。"认为商人致富,会危害国家的安全。《韩非子·五蠹》又写道,"其商工之民,修治苦窳之器,聚弗靡之财,蓄积待时而侔

---

① 常勇、李同《秦始皇陵中埋藏汞的初步研究》一文指出:"由于汞及其化合物的高度挥发性,所以它们的扩散、迁移能力极强,它们可以从深部的矿床及邻近围岩中主要以气体状态向地表迁移,并以气体状态保留在土壤间隙中,或者被固着在土壤颗粒上,这样就在深部埋藏矿床的上方地表形成汞的异常。"另外汞在土壤中的迁移有"各向异性"的特点,"即在垂直方向上扩散较大而侧向扩散较小。""使用勘察地球化学中的汞量测量方法在秦始皇陵墓封土表层中发现了很强的汞异常,面积达 12000 ㎡,据考古钻探的资料,该异常位于秦始皇陵的内城中央,这证明了《史记》中关于始皇陵中有大量埋藏汞的记载是可靠的。对封土中砷、碲、铋等在自然界矿化过程中经常与汞伴生的元素进行了分析,从结果来看,这些元素均无像汞那样有异常含量,其含量变化与汞没有相关关系。对秦始皇陵取土的可能地点——鱼池水库的土壤进行的分析发现汞含量很低,这些都表明始皇陵封土中的汞异常含量不是封土固有的,而是封土堆积后,由陵墓中人工埋藏汞挥发而叠加于其中的。"载《考古》1983 年第 7 期。2002 年至 2003 年利用地球物理勘查技术对秦始皇陵进行的无损勘查工作,发现地宫范围内有明显、连片的汞高值异常对应,而在推断地宫建筑范围之外,只有个别汞异常点。

② 《史记》卷六八《商君列传》,第 2230 页。

③ 《商君书·垦令》:"使商无得籴,农无得粜。农无得粜,则窳惰之农勉疾。商不得籴,则多岁不加乐;多岁不加乐,则饥岁无裕利。无裕利则商怯。商怯则欲农。窳惰之农勉疾,商欲农,则草必垦矣。""重关市之赋,则农恶商,商有疑惰之心。农恶商,商疑惰,则草必垦矣。""以商之口数使商,令之厮、舆、徒,重者必当名,则农逸而商劳。农逸则良田不荒。商劳则去来赍送之礼,无通于百县,则农民不饥,行不饰。农民不饥,行不饰,则公作必疾,而私作不荒,则农事必胜。农事必胜,则草必垦矣。"高亨注译:《商君书注译》,中华书局 1974 年版,第 21、28—29 页。

农夫之利",是国家的五种祸害即"五蠹"之一。"夫明王治国之政,使其商工游食之民少而名卑,以寡趣本务而趋末作。"①秦始皇表彰"巴寡妇清",对于工商者似有鼓励的意义。特别是对于女性工商业主,这样的态度特别值得注意。

二、"军市"的女子

《商君书·垦令》中,有说到所谓"军市"的文字:

令军市无有女子;而命其商人自给甲兵,使视军兴;又使军市无得私输粮者,则奸谋无所于伏。盗输粮者不私稽,轻惰之民不游军市。盗粮者无所售。送粮者不私,轻惰之民不游军市,则农民不淫,国粟不劳,则草必垦矣。

高亨的译文是:"朝廷命令军人市场不得有女子;命令军人市场的商人自备铠甲及兵器,使他们注视着军队出发做好准备;又使军人市场不得私运粮米。那么,奸巧的计谋就无法隐藏在市场中了;偷军粮的人就无法卖出;运军粮的人就不私自拖延;浮荡、懒惰的人就不在军人市场游逛。偷军粮的人无法卖出,送军粮的人不私自拖延,浮荡、懒惰的人不在军市游逛,农民就不浮荡,国家的粮米就不枉费,因而荒地就必然耕垦了。"对于所谓"军市",高亨解释说:"军市,军队特有的市场。"②

对于"令军市无有女子"的解释,又有"军市,军中的市场","规定军中市场不能有女子"③,"军市,古代军队内部的集市","不准军人市场有女子"④等,理解基本相同。看来,法令所禁止的情形,

---

① 〔清〕王先慎、钟哲点校:《韩非子集解》,中华书局2013年版,第116、498页。

② 《商君书注译》,第27页。

③ 《商君书新注》编辑组:《商君书新注》,陕西人民出版社1975年版,第22页。

④ 山东大学《商子译注》编写组:《商子译注》,齐鲁书社1982年版,第11、15页。

是"女子"活动于军人市场之中。这些"女子",自然是"售""卖"商品的商人。

关于所谓"军人市场","军中的市场","军队内部的集市","军队特有的市场",可见《汉书》卷六七《胡建传》中的实例:"时监军御史为奸,穿北军垒垣以为贾区。"颜师古注:"坐卖曰贾,为卖物之区也。区者,小室之名,若今小庵屋之类耳。"监军御史被处斩,罪名是"公穿军垣以求贾利,私买卖以与士市"①。而商君之法之所以"令军市无有女子",可能有多种考虑。军中有女子则可以败沮士气的意识,可能也是重要因素之一。《汉书》卷五四《李陵传》记载李陵与匈奴作战故事:"连战,士卒中矢伤,三创者载辇,两创者将车,一创者持兵战。陵曰:'吾士气少衰而鼓不起者,何也?军中岂有女子乎?'始军出时,关东群盗妻子徙边者随军为卒妻妇,大匿车中。陵搜得,皆剑斩之。明日复战,斩首三千余级。"②

睡虎地秦简《日书》甲种中,可以看到女子为商人的有关内容。在《生子》题下,可见:

  庚寅生子,女为贾,男好衣佩而贵。 一四六正贰③

《日书》预言,在庚寅这一天出生的女子,将来会成为商人,与下句"男好衣佩而贵"对应,其经济境况应当是"富"。可见,"女为贾",应是当时社会生活中并非罕见的现象。④ 睡虎地秦简《日书》甲种的这一条简文,可以看作反映女子从商现象的重要资料。

三、"武负、王媪"与"文君当垆"故事

汉高祖刘邦的早年事迹,涉及两位经营酒店的女子。《史记》

---

① 《汉书》,第 2910、2911 页。
② 《汉书》,第 2452—2453 页。
③ 睡虎地秦墓竹简整理小组:《睡虎地秦墓竹简》,文物出版社 1990 年版,第 203 页。
④ 睡虎地秦简《日书》乙种与此对应的内容是:"庚寅生,女子为巫。"(二四二)所说人生道路和发展前景有所不同。

卷八《高祖本纪》写道：

> （高祖）不事家人生产作业。及壮，试为吏，为泗水亭长，廷中吏无所不狎侮。好酒及色。常从王媪、武负贳酒，醉卧，武负、王媪见其上常有龙，怪之。高祖每酤留饮，酒雠数倍。及见怪，岁竟，此两家常折券弃责。①

"贳酒"，即以延期付账的形式酤饮。裴骃《集解》："韦昭曰：'贳，赊也。'"司马贞《索隐》："邹诞生贳音世，与《字林》声韵并同。""《广雅》云：'贳，赊也。'《说文》云：'贳，贷也。'"对于所谓"酒雠数倍"，裴骃《集解》："如淳曰：'雠亦售。'"司马贞《索隐》："乐彦云借'雠'为'售'，盖古字少，假借耳。今亦依字读。盖高祖大度，既贳饮，且雠其数倍价也。"所谓"折券弃责"，司马贞《索隐》："《周礼·小司寇》云：'听称责以傅别。'郑司农云：'傅别，券书也。'康成云：'傅别，谓大手书于札中而别之也。'然则古用简札书，故可折。至岁终总弃不责也。"指每当岁终应当结算全年账务时，毁弃标记欠额的"券"，不再追究。为刘邦情愿放弃债权的"王媪、武负"，都是以出售酒为业的女老板。她们经营的酒店，很可能都在"泗水亭长"管辖之内，至少不应当距离过远。由"王媪、武负"营业点设置的密度，也可以知道秦代女子经商情形的普遍。

据《汉书》卷一上《高帝纪上》颜师古注引如淳的解释："武，姓也。俗谓老大母为阿负。"颜师古又说："刘向《列女传》云：'魏曲沃负者，魏大夫如耳之母也。'此则古语谓老母为负耳。王媪，王家之媪也。武负，武家之母也。"

有学者在讨论秦汉时期女性经商情形时，举"开店酤酒的王媪、武负、吕母"为例。②将著名的琅邪女子吕母事迹，也看作女子经营

---

① 《史记》，第342—343页。
② 崔锐：《秦汉时期的女性观》，见黄留珠，魏全瑞主编：《周秦汉唐文化研究》第2辑，三秦出版社2003年版，第52—70页。

以"酤酒"为主体形式的服务业的史例。其实,吕母所谓"酤酒",与王媪、武负情形完全不同。《汉书》卷九九下《王莽传下》记载:"临淮瓜田仪等为盗贼,依阻会稽长州,琅邪女子吕母亦起。初,吕母子为县吏,为宰所冤杀。母散家财,以酤酒买兵弩,阴厚贫穷少年,得百余人,遂攻海曲县,杀其宰以祭子墓。引兵入海,其众浸多,后皆万数。"①所谓"母散家财,以酤酒买兵弩",是说吕母为子复仇,散家财,买酒并置备武器,聚结贫穷少年,成为起义部众的主体。以为吕母"酤酒"是"开店"卖酒,显然大误。

"酤酒",通常解为买酒②,也可解为卖酒。③《韩非子·外储说右上》:"宋人有酤酒者,升概甚平,遇客甚谨,为酒甚美,县帜甚高,著然不售,酒酸。怪其故,问其所知,问长者杨倩,倩曰:'汝狗猛耶。'曰:'狗猛则酒何故而不售?'曰:'人畏焉。或令孺子怀钱挈壶瓮而往酤,而狗迓而龁之,此酒所以酸而不售也。'"④后一"酤"字,即"怀钱挈壶瓮而往酤"之"酤",是买酒。前一"酤"字,即"宋人有酤酒者,升概甚平,遇客甚谨,为酒甚美,县帜甚高"之"酤",是卖酒。以"酤"为卖酒之例,又见于《史记》卷一一七《司马相如列传》:

> 文君夜亡奔相如,相如乃与驰归成都。家居徒四壁立。卓王孙大怒曰:"女至不材,我不忍杀,不分一钱也。"人或谓王孙,王孙终不听。文君久之不乐,曰:"长卿第俱如临邛,从昆弟假贷犹足为生,何至自苦如此!"相如

---

① 《汉书》,第4150页。
② 《说文·酉部》:"酤,一宿酒也。一曰买酒也。"段玉裁注:"《论语·乡党》作'沽'。"〔汉〕许慎撰,〔清〕段玉裁注:《说文解字注》,上海古籍出版社据经韵楼藏版1981年影印版,第748页。前引刘邦"每酤留饮,酒雠数倍"是其例。
③ 《汉书》卷五《景帝纪》:三年,"夏旱,禁酤酒"。颜师古注:"酤谓卖酒也。"《汉书》,第147页。
④ 《韩非子集解》卷一三《外储说右上》,第328—329页。

与俱之临邛,尽卖其车骑,买一酒舍酤酒,而令文君当炉。

相如身自著犊鼻裈,与保庸杂作,涤器于市中。[1]

裴骃《集解》:"韦昭曰:'炉,酒肆也。以土为堕,边高似炉。'""《方言》曰:'保庸谓之甬,奴婢贱称也。'"《史记》"当炉",《汉书》卷五七上《司马相如传上》作"当卢"。颜师古注:"郭璞曰:'卢,酒卢。'师古曰:'卖酒之处累土为卢以居酒瓮,四边隆起,其一面高,形如锻卢,故名卢耳。而俗之学者,皆谓当卢为对温酒火卢,失其义矣。'"[2] 所谓"文君当炉"或"文君当卢",是说卓文君在店房卖酒。汉辛延年《羽林郎》诗"胡姬年十五,春日正当垆",说的也是同样的情形。《羽林郎》诗下文有句:"不意金吾子,娉婷过我庐。银鞍何煜爚,翠盖空踟蹰。就我求清酒,丝绳提玉壶。就我求珍肴,金盘脍鲤鱼。贻我青铜镜,结我红罗裾。不惜红罗裂,何论轻贱躯。男儿爱后妇,女子重前夫。人生有新故,贵贱不相踰。多谢金吾子,私爱徒区区。"[3] 可见妙龄女子"当垆",有引生"私爱"一类情感纠纷的可能。卓文君当垆,"卓王孙闻而耻之,为杜门不出",也有这一因素。而年长妇女"王媪、武负"经营类似的餐饮服务,则是另一种情形。

四、"裨贩夫妇"和"肆人之男女"

甘肃武威磨咀子汉墓出土《王杖诏书令》简册,其中有关于老年女子经商有所优待的条文:

年六十以上毋子男,为鲲;女子年六十以上毋子男,为寡。贾市毋租,比山东复复   143 正面[4]

---

[1] 《史记》,第3000页。

[2] 《汉书》,第2531页。

[3] 〔宋〕郭茂倩编:《乐府诗集》卷六三《杂曲歌辞·羽林郎》,中华书局1979年版,第909页。

[4] 李均明、何双全编:《散见简牍合辑》,文物出版社1990年版,第15—16页。

说女子年 60 岁以上，如果没有儿子，则称为"寡"，享受"贾市毋租"，也就是经营商业，政府不征收市租的优惠。可见，当时颇有老年妇女经商的情形。同篇文书引录诏书，又有"列肆贾市毋租比山东复"（152 正面）字样，也宣传了大致同样的政策。

张衡《西京赋》说到长安商业的发达："尔乃廓开九市，通阛带阓。①旗亭五重，俯察百隧。②周制大胥，今也惟尉。③瑰货方至，鸟集鳞萃。④鬻者兼赢，求者不匮。⑤尔乃商贾百族，裨贩夫妇。⑥鬻良杂苦，蚩眩边鄙。⑦何必昏于作劳，邪赢优而足恃。⑧彼肆人之男女，丽美奢乎许史。⑨……""五都货殖，既迁既引。商旅联槅，隐隐展展。⑩……"其中所谓"裨贩夫妇"，"肆人之男女"，都说明在商业领域中女性的活跃。

---

① 薛综注："廓，大也。阛，市营也。阓，中隔门也。崔豹《古今注》曰：市墙曰阛，市门曰阓。"李善注："《苍颉篇》曰：阓，市门，胡关切。"

② 薛综注："旗亭，市楼也。"李善注："《史记》：褚先生曰：臣为郎，与方士会旗亭下。"

③ 李善注："《周礼》曰：司市胥师二十人。然尊其职，故曰大。《汉书》曰：京兆尹，长安四市皆属焉。与左冯翊、右扶风为三辅。然市有长丞而无尉，盖通呼长丞为尉耳。"

④ 薛综注："瑰，奇货也。方，四方也。奇宝有如鸟之集、鳞之萃也。"

⑤ 薛综注："鬻，卖也。兼，倍也。赢，利也。匮，乏也。"

⑥ 薛综注："坐者为商，行者为贾。裨贩，买贱卖贵以自裨益。裨，必弥切。"李善注："《周礼》曰：大市，日仄而市，百族为主。朝市，朝时而市，商贾为主。夕市，夕时为市，裨贩夫妇为主。"

⑦ 薛综注："良，善也。先见良物，价定，而杂与恶物，以欺惑下土之人。"李善注："《周礼》曰：辨其苦良而买之。郑玄曰：苦读为盬。《苍颉篇》曰：蚩，侮也。《广雅》曰：眩，乱也。杜预《左氏传注》曰：鄙，边邑也。"

⑧ 薛综注："昏，勉也。邪，伪也。优，饶也。言何必当勉力作勤劳之事乎，欺伪之利自饶足恃也。"李善注："《尚书》曰：不昏作劳。"

⑨ 薛综注："言长安市井之人，被服皆过此二家。"李善注："《汉书》曰：孝宣许皇后，元帝母。帝封外祖父广汉为平恩侯。又曰：卫太子史良娣，宣帝祖母也，兄恭。宣帝立，恭已死，封恭长子高为乐陵侯。"

⑩ 薛综注："言贾人多，车枙相连属。隐隐展展，重车声也。"

史籍中所见汉代具体的女子经商事例，还有"以卖珠为事"的董偃的母亲。《汉书》卷六五《东方朔传》说："初，帝姑馆陶公主号窦太主，堂邑侯陈午尚之。午死，主寡居，年五十余矣，近幸董偃。始偃与母以卖珠为事，偃年十三，随母出入主家。左右言其姣好，主召见，曰：'吾为母养之。'因留第中，教书计相马御射，颇读传记。至年十八而冠，出则执辔，入则侍内。"①董偃正当少年，所谓"偃与母以卖珠为事"，其实是其母携子"卖珠"。其经营的形式，应当是出入于贵族豪门，随身携带货物，向买主展示推销。东汉末年，刘备的母亲有"贩履"的经历。②董偃母"卖珠"，消费者和消费品的等级虽然都很高，但经营性质依然是小贩，与刘备母"贩履"其实无大异。

东汉末年，曾经有汉灵帝在宫中设模拟市场的著名故事。《后汉书》卷八《灵帝纪》记载，光和四年（181），"帝作列肆于后宫，使诸采女贩卖，更相盗窃争斗。帝著商估服，饮宴为乐"③。虽然是后宫游戏，然而"诸采女贩卖，更相盗窃争斗"，自然有模仿的范本。也就是说，市间列肆应当确有女子为"商估""贩卖"的情形。

少数民族妇女经商的事迹，也片段见于史籍。《汉书》卷九四下《匈奴传下》："汉既班四条，后护乌桓使者告乌桓民，毋得复与匈奴皮布税。匈奴以故事遣使者责乌桓税，匈奴人民妇女欲贾贩者皆随往焉。"④可见，匈奴妇女也有从事"贾贩"的情形。

---

① 《汉书》，第2853页。
② 《三国志》卷三二《蜀书·先主传》："先主少孤，与母贩履织席为业。"第871页。
③ 《后汉书》，第346页。对于"帝作列肆于后宫"，或解释为"灵帝于后宫设置商场"。徐难于：《汉灵帝与汉末社会》，齐鲁书社2002年版，第282—283页。
④ 《汉书》，第3820页。

五、对秦汉女工商业者的历史评价

回顾秦汉时期的历史,正如有的学者所指出的,"女性经商""不是个别现象",事实告诉我们,"恰恰相反,女性在商业领域的活动活跃而重要"①。这一情形,或许与当时妇女的社会地位有一定关系。②

秦汉女性工商业主成功者最典型的范例,是"巴寡妇清"。司马迁说,"清穷乡寡妇,礼抗万乘,名显天下,岂非以富邪?"是在借"巴寡妇清"故事阐说自己的经济思想。其实,秦始皇表彰这一"穷乡寡妇",使之"名显天下"的出发点,可能有较为复杂的因素。

后人对"巴寡妇清"事迹以及秦始皇的态度,有不同的历史评价。

宋代史学家刘攽有《女贞花》诗,写道:"巴妇能专利丹穴,始皇称作女怀清。此花即是秦台种,赤玉烧枝擅美名。"③似隐约表露褒赏之意。

宋人夏竦的《女怀清台铭》,则取意相反。其文曰:"女怀清台,秦所筑也。寡妇清,采丹擅利,以财自卫,始皇客之,为之筑台于巴蜀。夫妇以客则非典,台以旌则非礼。盖王者之客有二:曰二王后正三统也,曰异域正朔之所不加也。国家之旌有四:曰贞曰孝以侑民也,曰功曰德以砺臣也。而妇越闺户,预外事,是非贞也。图货殖,忘盥馈,是非孝也。采丹石,弃织纴,是非功也。抗君礼,乖妇仪,是非德也。客之不足劝贞孝,适足教民以慢上;旌之不足崇功德,适足化民以末作。秦嬴之心,何以言哉?史迁曰:'岂非富也夫?'富而客之,富而旌之,则孤老穷瘵之民,受残于并兼之室;贞介孝义之妻,仰首于豪戾之妇。语不云乎,放于利则民多怨。于戏!古之致民于富寿者,禁末事,戒游惰,丹漆金锡之类,非贡不入于太府;骨革毛羽之物,

---

① 《秦汉时期的女性观》,见《周秦汉唐文化研究》第 2 辑,第 52—70 页。
② 参看王子今:《汉代的女权》,载《东方》1999 年第 3 期。
③ 〔宋〕刘攽:《彭城集》卷一八《女贞花》,商务印书馆 1937 年版,第 248 页。

非时不登于器用；省徭役，薄赋敛，循天时，广地利，君籍田以劝耕，后亲蚕以劝织。故民仓廪实矣，衣食给矣，实则富矣，富则乐矣，乐则和矣，和则寿矣。哀哉秦之为政也反是，贵宝货而贱耕织，厌编户而喜商贾。妇非所表而表之，表贪竞也。台非所筑而筑之，筑祸乱也。贪竞起而王业衰，祸乱长而宗庙坠。秦是用亡，台之罪也。客有延想往事，勒铭遗基，思有以戒之也。铭曰：童羊无角，牝鸡无晨。阴不可唱，以已徇人。戾哉寡妇，钧礼亡秦。筑台于蜀，以惑下民。崇台昂昂，秦女所亡。不守帷薄，乘夫擅阳。崇台嶷嶷，秦民所息。怠弃陇亩，杯采丹石。蚕绝桑死，女不务织。土干种腐，民不务食。婉娩盥馈，秦女为仇。服田力穑，秦民为雠。货殖是积，玉石是求。以要旌表，以客冕旒。兹台未成，秦毒已盈。兹台未倾，秦庙已平。吾恐蜀民，以秦为明。吾恐蜀女，以妇为贞。弃德逐利，寖润风行。故摭秦罪，荒址是铭。"[1] 论者批评"巴寡妇清""妇越闺户，预外事，是非贞也；图货殖，忘盥馈，是非孝也；采丹石，弃织纴，是非功也；抗君礼，乖妇仪，是非德也"，又指责秦始皇的做法是"妇非所表而表之，表贪竞也；台非所筑而筑之，筑祸乱也"。甚至认为"秦毒"之"盈"，"秦庙"之"平"，也就是说秦的政治失败，也与"女怀清台"有关。

明人王立道有《跋叶母还金传》，其中写道："予每读《史记·货殖传》，至巴寡妇清，未尝不叹子长之多爱而讥其谬也。夫传货殖已非所以为训，清以一妇人而且得托名不朽，贪夫婪人将日皇皇焉！"他认为，对于"巴寡妇清"事迹的记录，"使天下见利而不闻义，则子长之罪也"[2]。他指责司马迁作《货殖列传》，表现出社会经济思想方面的分歧，而所谓"清以一妇人而且得托名不朽，贪夫婪人将

---

[1] 〔宋〕夏竦：《文庄集》卷二五《女怀清台铭》，见《景印文渊阁四库全书》，台湾商务印书馆1986年版，第1087册，第261页。

[2] 〔明〕王立道：《具茨集·文集》卷六《跋叶母还金传》，见《景印文渊阁四库全书》，台湾商务印书馆1986年版，第1277册，第828页。

曰皇皇焉",则不仅维护着传统儒学的义利观,而且透露出对"清"作为"妇人"的某种性别歧视。

其实,秦始皇时代至于汉代的性别关系,原本与宋明以来社会有很大的不同。明儒以自己的狭隘眼界看古史,自然不免局促。

明人王世贞《明故郑母唐孺人墓志铭》对于"巴寡妇清"事又有另一番议论:"昔者秦皇帝盖客巴寡妇清云,传称清寡妇饶财,财能用自卫,不见侵,天子尊礼之,制诏有司筑女怀清台。夫秦何以客巴妇为也?妇行坚至兼丈夫任难矣。客之志风也,此其意独为右赀殖乎哉?"① 其中所谓"夫秦何以客巴妇为也?妇行坚至兼丈夫任难矣",堪称见解独特。他推测秦始皇的这一行为不仅仅是褒奖以产业致富,而在于"志风",即对妇女志行坚毅,能够承担丈夫之重任的一种肯定和鼓励。这样的认识,也许是有道理的。

---

① 〔明〕王世贞:《弇州四部稿》卷九二《明故郑母唐孺人墓志铭》,见《景印文渊阁四库全书》,台湾商务印书馆1986年版,第1280册,第499页。

汉代『乳舍』及相关问题的社会史考察

两汉时期，与当时社会生命意识的觉醒、健康追求的积极以及医学科学的进步相应，妇幼保健形式逐步走向健全。《风俗通义》等东汉文献出现有关"乳舍"存在的记录。追溯其渊源，应当注意到杜预解释《左传》产妇"偕出"事，说到"产舍"。"乳舍""产舍"，应当是服务于妊娠女子生产的专用场所，有迹象表明其明朗的社会公共设施的性质。东汉"乳舍"的使用似乎并没有明确的阶级身份、职业等次、文化品格、财富级差等条件的限定，因而临产孕妇与初生婴儿可以得到较专门的社会保健待遇。

　　专门的产妇生产处所"乳舍"出现。已经有学术专著开始总结了相关的知识。体现社会进步的这一迹象，说明产妇的护理形式和初生儿的生存状况得以改善，于是社会普遍的"宜子孙"愿望也具备了实现的条件。相关历史文化遗存，应当为医学史、妇女儿童生活史研究者关注。前溯与"乳舍"相关的礼俗制度，或许也可以探求与原始生育禁忌遗存的关系。"乳舍"也使人联想到时代条件相近的在复杂文化情境中所出现之"义舍""义米肉"等社会公共服务设置。其出现的缘由，或许也有基于爱重生命理念的"义"的社会意识的作用。

　　对于汉代"乳舍"及相关现象的社会史研究，应当有益于深化对当时社会福利意识的理解。孕妇与哺乳期妇女以及新生儿的社会地位和生存条件，也可以得到符合历史真实的说明。

一、《风俗通义》"乳舍"故事之一：颍川富室

　　《风俗通义》可见一例关于"富室""兄弟同居"，两妇皆怀孕，"同到乳舍"生产，竟然引起"争讼"的故事。王利器校注《风俗通义校注》中《风俗通义佚文·折当》：

　　　　颍川有富室，兄弟同居，两妇皆怀任。数月，长妇胎伤，因闭匿之；产期至，同到乳舍，弟妇生男，夜因盗取之，争讼三年，州郡不能决。丞相黄霸出坐殿前，令卒抱儿，

去两妇各十余步，叱妇曰："自往取之。"长妇抱持甚急，儿大啼叫；弟妇恐伤害之，因乃放与，而心甚自凄怆，长妇甚喜。霸曰："此弟妇子也。"责问大妇，乃伏。（《意林》，《书钞》四四，《御览》三六一、六三九，《折狱龟鉴》六，《棠阴比事》上，《天中记》二七）①

因为案情复杂，"争讼三年，州郡不能决"，竟然由丞相亲自断案。丞相黄霸比较两位当事人在争执中面对三岁小儿的不同态度，利用母子情爱的心理判断，得以察知真情，"责问大妇，乃伏"，"长妇"在"乳舍""盗取"初生儿的犯罪事实于是得以判定。

人们大概不会考虑"夜因盗取之"之后，"长妇"抚养此儿已经"三年"，何以仍然没有起码的亲情底线，竟然"抱持甚急"，致使"儿大啼叫"，而更多地注意"长妇""弟妇""产期至，同到乳舍"的情节。这可能是因为"乳舍"设置，由于历史文献遗存的缺失，记忆确实已经相当淡薄了。

我们对"乳舍"的存在形制，"乳舍"的出现条件，"乳舍"的管理方式等均不能具体知晓。"颖川""富室"的经济地位是否决定可以使用"乳舍"的身份资质，"两妇""同到乳舍"并发生"盗取"初生儿的案情是否与"兄弟""长妇""弟妇"亲戚关系有关，也是人们可能产生的疑问。

吴树平校释《风俗通义校释》中《风俗通义佚文》"乳舍"作"乳母舍"②，应据《太平御览》卷三六一引《风俗通》③。秦建明曾经指出，

---

① 〔汉〕应劭撰，王利器校注：《风俗通义校注·佚文》，中华书局1981年版，第590页。
② 〔东汉〕应劭撰，吴树平校释：《风俗通义校释》，天津人民出版社1980年版，第423页。
③ 〔宋〕李昉等：《太平御览》卷三六一《人事部二》，中华书局1960年版，第1664页。〔明〕陈耀文撰《天中记》卷《智察》"争子"条引《风俗通》亦作"乳母舍"。文渊阁《四库全书》本。

"乳舍"是汉代"专门接生的妇产院"。"乳舍,即生育婴儿之处,类似今天的妇产院。""'乳'字在汉代通用生育之义。"并引《说文》:"人及鸟生子曰乳。"又引《史记》卷一〇五《扁鹊仓公列传》司马贞《索隐》:"乳,生也。"又《论衡·四讳》:"夫妇人之乳子也,子含元气而出,元气,天地之精征也。"①论者如下意见值得重视:"汉代出现产房式的乳舍,是一种适应当时医学卫生发展状况的产物。"可以看作"祖国传统医学发展史上的一个重要标志。"②按照"'乳'字在汉代通用生育之义"的意见,则"乳母舍"与"乳舍"称谓的歧议,似以"乳舍"较为合理。而《太平御览》卷三六一引《风俗通》说到的另一故事,相同处所即写作"乳舍"。

《风俗通义》记载的另一以"汝南周霸"为主人公的"乳舍"故事,可以丰富我们对于当时社会"乳舍"这种体现卫生保健进步历程的设置的认识。

二、《风俗通义》"乳舍"故事之二:汝南周霸

《风俗通义》所见另一则同样涉及"乳舍"的故事中,主要人物为"太尉掾""周霸"的妻子与同于"乳舍"生产的"屠妇"。王利器校注《风俗通义校注》中《风俗通义佚文·恕度》:

> 汝南周霸,字翁仲,为太尉掾,妇于乳舍生女,自毒无男,时屠妇比卧得男,因相与私货易,禅钱数万。后翁仲为北海相,吏周光能见鬼,署为主簿,使还致敬于本郡县,因告光曰:"事讫,腊日可与小儿俱上冢,去家经十三年,不躬烝尝,主簿微察知,相先君宁息,会同饮食忻娱否?"往到于冢上,郎君沃酹,主簿俛伏在后,但见屠者弊衣蠡结,

---

① 黄晖:《论衡校释》(附刘盼遂集解)卷二三《四讳篇》,中华书局1990年版,第975页。

② 秦建明:《汉代的妇产院——乳舍》,见秦建明:《秦建明考古文选》,三秦出版社2008年版,第28—29页。

踞神坐，持刀割肉，有五时衣带青墨绶数人，彷徨阴堂东西厢，不敢来前。光怪其故，还至，引见，问之，乞屏左右，起造于膝前，白事状如此。翁仲曰："主簿出勿言。"因持剑上堂，问妪："女何以养此子？"①妪大怒曰："君常言儿体质声气喜学似我，老公欲死，为作狂语。"翁仲具告之，曰："礻石祭如此，不具服，子母立截。"妪辞穷情竭，泣涕具陈其故。时子年已十八，呼与辞决曰："凡有子者，欲以承先祖，先祖不享血食，无可奈何。"自以衣裘僮仆车马迎取其女②；女嫁为卖饼子妇，后适安平李文思，文思官至南阳太守。翁仲便养从弟子熙③，为高邑令。神不歆非类，明矣，安得养他人子乎？（《意林》，《书钞》一四四，《御览》三六一、八八三，《太平广记》三一七）④

汝南周霸故事情节可见"鬼""神"，涉及"腊日""冢上""沃酹"及"先祖""享血食"等礼俗传统，以"能见鬼"者"白事状"方式陈说阴间景象，在某种意义上具有志怪文学性质。而周霸"妇"因"自毒无男"，在"乳舍"与"比卧"之"屠妇""相与私货易"，暗自交换初生婴儿的情形，可以充实我们有关"乳舍"的知识。

其实，周霸"为太尉掾"，自然兼有比较高贵的政治地位与经济地位，然而其"妇"个人可支配的财产可以至于"钱数万"，也是考察汉代妇女地位以及妇女在家庭中财产拥有与控制权利的有意义

---

① 吴树平校释《风俗通义校释》中《风俗通义佚文》作"汝何故杀吾子？"第429页。应据《太平御览》卷三六一，第1664页。

② 吴树平校释《风俗通义校释》中《风俗通义佚文》作"自以衣裘僮仆车马送，迎取其女"，第429页。应据《太平御览》卷三六一，第1664页。今按："自以衣裘僮仆车马送，迎取其女"，正符合"恕度"主题。

③ 吴树平校释《风俗通义校释》中《风俗通义佚文》作"翁仲更养从弟子熙"，第429页。应据《太平御览》卷三六一，第1664页。今按："更养"似较"便养"文意更为合理。

④ 《风俗通义校注·佚文》，第591页。

的信息。不过，人们可能更关注的是"乳舍"中"太尉掾""妇"与"屠妇"竟然"比卧"的情形。

"乳舍"中社会身份等级截然不同的产妇可能"比卧"，是值得特别注意的社会生活史信息。有学者分析："乳舍""室中很可能排列不止二人，而是有若干床位。不然，他们要以女易男就不是那么方便了。"又指出："看来能把不同身份的人进行这样的安排，乳舍当有一定的制度，否则在等级森严的当时是行不通的。"① 有学者也据《风俗通义》汝南周霸故事指出："西汉时的'乳舍'，相当于产院。""汝南、颍川均为汉代州郡，而更大一些的州郡及都市也可能设有乳舍，并且住院的产妇中有屠夫之妻，说明产院并不专为统治阶层而设。"②

三、杜预《左传注》"产舍"说

秦建明认为，"乳舍"是"汉代的妇产院"，"乳舍的创立，是古代卫生医学的一大进步"。③ 李贞德说，孕妇"入月"后的生产准备，其一即"服药滑胎"，其二即"设帐安庐"，即"为妊娠末期的孕妇寻找和预备分娩的场地"。她写道："现存最早提及为孕妇预备产房的医书，是隋代德贞常的《产经》。产房可能特别搭设于室外，也可能置于室内某间房屋中。置于室外的产房，或称产庐，……产庐可能离住屋有一点距离。"④ 然而我们看到，在汉代以前，可能已经出现类似的卫生设施。

《左传·昭公二十九年》记载了鲁昭公时代鲁国公族子弟"公

---

① 《汉代的妇产院——乳舍》，见秦建明：《秦建明考古文选》，第28页。
② 王振国主编：《中国古代医学教育与考试制度研究》，齐鲁书社2006年版，第98页。
③ 《汉代的妇产院——乳舍》，见秦建明：《秦建明考古文选》，第28—29页。
④ 李贞德：《女人的中国医疗史——汉唐之间的健康照顾与性别》，台北三民书局2008年版，第79页。

衍""公为"起初出生的故事：

> 公赐公衍羔裘，使献龙辅于齐侯，遂入羔裘。齐侯喜，与之阳谷。公衍、公为之生也，其母偕出。公衍先生。公为之母曰："相与偕出，请相与偕告。"三日，公为生，其母先以告，公为为兄。公私喜于阳谷，而恶于鲁，曰："务人为此祸也。且后生而为兄，其诬也久矣。"乃黜之，而以公衍为大子。①

事在鲁昭公二十九年（前513）。所谓"三日，公为生，其母先以告"，"三日"其实是生产时的一个重要时间界隔。李贞德说，关于"产妇的身体健康"，"汉唐之间的医方""颇以三日为一个断限"。《妇人大全良方》卷一八引《小品方》："夫生死皆有三日也，古时妇人产，下地坐草，法如就死也。既得生产，谓之免难也。"②李贞德写道："新产当下，为了保障产妇心情平静，《产经》主张'凡妇人出生儿，不需自视。已付边人，莫问男女。'③《千金方》也说：'儿出讫，一切人及母，皆忌问是男是女。'④"据她的分析，"汉唐之间医方并未说明这种做法的理由，根据明代薛己补注《妇人良方大全》则称其目的在于避免产妇因新生儿的性别不符期望，情绪受到影响"⑤。对于"公衍"之母"告"的延迟，除公为之母起初"相与偕告"这一可能藏有私心的约定之外，或许应当考虑这些比较复杂的因素。

关于《左传》记述所谓"公衍、公为之生也，其母偕出"，西

---

① 杜预注：《春秋左传集解》，上海人民出版社1977年版，第1574—1575页。
② 《女人的中国医疗史——汉唐之间的健康照顾与性别》，第112页。
③ 原注："《医心方》卷23，页25a。"
④ 原注："《千金方》卷2《妇人方上》，'产难第五'，页30。"
⑤ 论者还写道："人民卫生出版社新校本则无'恐因言语而泄气'此句，卷18页485的原文为：'谚生产毕，不得问是男是女，且先研醋墨三分服之。'"《女人的中国医疗史——汉唐之间的健康照顾与性别》，第112页。

晋学者杜预的注文发表了如下解说:

  出之产舍。①

看来,在杜预的认识中,春秋时期应当是有"产舍"设置的。对于所谓"产舍",孔颖达疏:"注:出之产舍。《正义》曰:《内则》云:妻将生子,及月辰,居侧室。夫使人日再问之,作而自问之。妻不敢见,使姆衣服而对。至于子生,夫复使人日再问之。夫齐,则不入侧室之门。子生,男子设弧于门左,女子设帨于门右。三日始负子,男射,女否。然则产舍,是侧室也。"②

宋人任广《书叙指南》卷三有"产乳保育乳母"条,载录对相关词语的解释,多数用先秦两汉三国史例:

  生产平善,曰"庆育"《襄楷》。③ 初怀妊,曰"有子孙瑞"《王莽》。④ 怀男未卧,曰"男方在身"《孝景后》。⑤ 未卧,曰"未乳"《前刑法》。⑥ 孕出月,曰"孕过期"《左·僖》。⑦

---

① 杜预注:"龙辅,玉名。""阳谷,齐邑。"所谓"请相与偕告",杜预注:"留公衍母,使待已,共白公。"对于"务人",杜预注:"务人,公为也。始与公若谋逐季氏。"《春秋左传集解》,第1575页。

② 〔清〕阮元校刻:《十三经注疏》,中华书局1980年版,第2122页。

③ 〔宋〕范晔:《后汉书》卷三〇下《襄楷传》:"昔文王一妻,诞致十子。今宫女数千,未闻庆育。宜修德省刑,以广《螽斯》之祚。"中华书局1965年版,第1078页。

④ 〔汉〕班固:《汉书》卷九九上《王莽传上》:"莽以皇后有子孙瑞,通子午道。"中华书局1982年版,第4076页。

⑤ 〔汉〕司马迁:《史记》卷四九《外戚列传》:"男方在身时,王美人梦日入其怀。"中华书局1959年版,第1975页。又《汉书》卷九七上《外戚传上·孝景王皇后》:"男方在身时,王夫人梦日入其怀,以告太子,太子曰:'此贵征也。'"第3946页。

⑥ 《汉书》卷二三《刑法志》:"其著令:年八十以上,八岁以下,及孕者未乳。"第1106页。

⑦ 《左传·僖公十七年》:"惠公之在梁也,梁伯妻之。梁嬴孕过期,卜招父与其子卜之。""孕过期",杜预注:"过十月不产。怀子曰孕。"上海人民出版社1977年版,第307页。

怀孕临月，曰"至大期时"《吕不韦》。① 产卧，曰"就馆"《汉》；② 又曰"免乳大故"《前·许后》；③ 又曰"免身"上；④ 又曰"乳"上。⑤，欲卧，曰"当免"《许后》。⑥ 生男，曰"弄璋"《诗》。生女，曰"弄瓦"上。未满月，曰"产

---

① 《史记》卷八五《吕不韦列传》："吕不韦取邯郸诸姬绝好善舞者与居，知有身。子楚从不韦饮，见而说之，因起为寿，请之。吕不韦怒，念业已破家为子楚，欲以钓奇，乃遂献其姬。姬自匿有身，至大期时，生子政。"第2508页。

② 《汉书》卷九七下《外戚传下·孝成许皇后》："孝成班婕妤，帝初即位选入后宫。始为少使，蛾而大幸，为婕妤，居增成舍，再就馆，有男，数月失之。"第3983页。《汉书》卷九七下《外戚传下·孝成赵皇后》："议郎耿育上疏言：'……知陛下有贤圣通明之德，仁孝子爱之恩，怀独见之明，内断于身，故废后宫就馆之渐，绝微嗣祸乱之根，乃欲致位陛下以安宗庙。'"第3996—3997页。《汉书》卷九七下《外戚传下·孝元冯昭仪》："孝元冯昭仪，平帝祖母也。元帝即位二年，以选入后宫。时父奉世为执金吾。昭仪始为长使，数月至美人，后五年就馆生男，拜为婕妤。"第4005页。《汉书》卷九八《元后传》："……闻张美人未尝任身就馆也。"第4020页。然而"就馆"亦有他义。《史记》卷一〇四《田叔列传》："王辄休相就馆舍，相出，常暴坐。"第2777页。《汉书》卷三七《田叔传》："鲁王好猎，相常从入苑中，王辄休相就馆。"第1984页。《汉书》卷六六《车千秋传》："……谨谢丞相、二千石各就馆。"第2885页。

③ 《汉书》卷九七上《外戚传上·孝宣许皇后》："显曰：'妇人免乳大故，十死一生。'"第3966页。

④ 《汉书》卷九七上《外戚传上·孝宣许皇后》："今皇后当免身，可因投毒药去也，……""皇后免身后，衍取附子并合大医大丸以饮皇后。"第3966页。又《史记》卷四三《赵世家》："居无何，而朔妇免身，生男。"第1783页。应是更早的史例。

⑤ 《汉书》卷九七下《外戚传下·孝成赵皇后》："其十月中，官乳掖庭牛官令舍，……"颜师古注："乳，产也。"第3990、3992页。又《汉书》卷二三《刑法志》："其著令：年八十以上，八岁以下，及孕者未乳。"颜师古注："乳，产也。"第1106、1108页。《汉书》卷二五上《郊祀志上》："神君者，长陵女子，以乳死，见神于先后宛若。"颜师古注："孟康曰：'产乳而死也。'"第1216页。《汉书》卷五四《苏武传》："乃徙武北海上无人处，使牧羝，羝乳乃得归。"第2463页。

⑥ 《汉书》卷九七上《外戚传上·外戚许皇后》："今皇后当免身，可因投毒药去也。"第3966页。

痛在庐"《王·姬》，乳卧房，曰"产舍"《左·昭公》。①
遗腹生男，曰"今生矣男也"《左·哀》②，妇人曾产，曰
"尝字"《谷永》。③广求嗣曰"兼采宜子之人"《李固》。④
自乳子，曰"母自乳养"上；⑤母卑，曰"所生庶贱"《吴·孙
登》。⑥遗腹所生，曰"遗男"《列子》四。⑦最大小叔妻卧，
曰"长叔姒生男"《左·昭七》。⑧养母，曰"假母"《史·衡
山王》；⑨又曰"乳媪"《元德秀》；⑩又曰"某阿母"《郅都》

---

① 《左传·昭公二十九年》："公衍、公为之生也，其母偕出。"杜预注："出之产舍。"第1574、1575页。

② 《左传·哀公三年》："今生矣，男也，敢告。"第1727页。

③ 《汉书》卷八五《谷永传》："急复益纳宜子妇人，毋择好丑，毋避尝字，……"颜师古注："如淳曰：'王凤上小妻弟以纳后宫，以尝字乳。王章言之，坐死。今永及此，为凤洗前过也。'"第3452—3453页。

④ 《后汉书》卷六三《李固传》："可令中宫博简嫔媵，兼采微贱宜子之人，进御至尊，顺助天意。"第2078页。

⑤ 《后汉书》卷六三《李固传》："若有皇子，母自乳养，无委保妾医巫，以致飞燕之祸。"第2078页。

⑥ 〔晋〕陈寿：《三国志》卷五九《吴书·吴主五子传·孙登》："登所生庶贱。"中华书局1959年版，第1365页。

⑦ 《列子·汤问》："邻人京城氏之孀妻有遗男，始龀，跳往助之。"杨伯峻：《列子集释》，中华书局1979年版，第160页。

⑧ 《左传·昭公二十八年》："伯石始生，子容之母走谒诸姑曰：'长叔姒生男。'"杜预注："兄弟之妻相谓姒。"第1562、1565页。

⑨ 《史记》卷一一八《淮南衡山列传》："元朔四年中，人有贼伤王后假母者。"第3096页。

⑩ 《新唐书》卷一九四《卓行传·元德秀》："初，兄子襁褓丧亲，无资得乳媪，德秀自乳之，数日湩流，能食乃止。"第5563页。今按：其实"乳媪"称谓，《新唐书》8见，《旧唐书》1见。更早则有《梁书》卷三一《袁昂传》第451页，《梁书》卷四七《孝行传·谢蔺》第658页及《南史》卷二六《袁昂传》第709页，《南史》卷六五《陈宗室诸王传·始兴王叔陵》第1584页，《南史》卷七四《孝义传下·谢蔺》第1845页。

○某,其姓。① 乳母恩,曰"阿乳之恩"《李固》。② 乳多,曰"湩流"《元德秀》。③

《书叙指南提要》说,"其书皆采录经传成语","每句标注出处,犹从原书采掇而来,终较南宋书肆俗本为有根据"④。尽管有的认识并不一定解说准确,如"生产平善,曰'庆育'","初怀妊,曰'有子孙瑞'"等。"庆育",或解释为"诞育皇子的美称",书证即为《襄楷传》。⑤ 此说应指襄楷言辞发表之后"庆育"成为一种语言符号的情形。但"庆育"本义,应有庆贺生育顺利或说"生产平善"的含意。《说文·心部》:"庆,行贺人也。"《说文·贝部》:"贺,以礼物相奉庆也。"段玉裁注:"是'庆'与'贺'二字互训。"《说文·卩部》:"卲,有大庆也。"段玉裁注:"大庆,谓大可贺之事也。"⑥ "育",顺产,母子平安,正是"可贺之事"。《后汉书》卷一〇下《皇后纪

---

① 今按:《史记》卷一二二《酷吏列传》郅都事迹及《汉书》卷九〇《酷吏传·郅都》均无涉及"阿母"的文字。所谓"某阿母""某其姓"者,或即《后汉书》卷三〇上《杨厚传》"宋阿母",李贤注:"阿母,顺帝乳母山阳君宋娥也。"第1049页。《后汉书》卷六三《李固传》亦见"宋阿母"。第2074页。又"王阿母",《续汉书·天文志中》:"是时大将军耿宝、中常侍江京、樊丰,小黄门刘安与阿母王圣、圣子女永等并构谮太子保,并恶太子乳母男、厨监邴吉。"刘昭注补引《古今注》:"鲁星不得过历尊宿,行度从疾,应非一端,恐复有如王阿母母子贱妾之欲居帝旁耗乱政事者。"第3242页。

② 《后汉书》卷六三《李固传》:"岂无阿乳之恩?"第2074页。

③ 〔宋〕欧阳修、宋祁:《新唐书》卷一九四《卓行传·元德秀》:"初,兄子襁褓丧亲,无资得乳媪,德秀自乳之,数日湩流,能食乃止。"中华书局1975年版,第5563页。

④ 〔宋〕任广:《书叙指南》,见《丛书集成新编》,台北新文丰出版公司1985年版,第89册,第581、571页。

⑤ 汉语大词典编辑委员会、汉语大词典编纂处编纂:《汉语大词典》第4卷,汉语大词典出版社1991年版,第695页。

⑥ 〔汉〕许慎撰,〔清〕段玉裁注:《说文解字注》,上海古籍出版社1981年版,第504、280、430页。

下·顺烈梁皇后》所谓"庆流子孙"①，其"庆"字含义，大概也与此接近。又王莽女为平帝皇后，"有子孙瑞"，应是生命迹象体现发育成年，可以行男女事，具备生育条件，未必已经"怀妊"。《汉书》卷九九上《王莽传上》："莽以皇后有子孙瑞，通子午道。"颜师古注："张晏曰：'时年十四，始有妇人之道也。'"②有的辞书正是这样解释的："【子孙瑞】即天癸。指女子月经。妇女有月经始能生育，故称月经初潮为'子孙瑞'。"书证即《王莽传上》。③虽然前引《书叙指南提要》若干说法并不确切，然而有关"怀妊""产卧""乳养"的解说有生命史及医学史的意义，值得研究者重视。而所谓"乳卧房，曰'产舍'"用杜预《左传注》说，又"产卧，曰'就馆'"等，都与我们讨论的"乳舍"有密切关系。

先秦社会"产乳保育"方面受到特别关注的史例，有《国语·越语上》记述勾践力求复国力争"夫妇以蕃"的政策："将免者以告，公令毉守之。生丈夫，二壶酒，一犬；生女子，二壶酒，一豚。生三人，公与之母；生二人，公与之饩。"韦昭注："免，乳也。""毉，乳毉也。"④李贞德据《吴越春秋》卷一〇《勾践伐吴外传》相同记载指出："越王勾践为伐吴复国而鼓励生育以增加人口，曾经规定即将分娩的产家倘来报告，就派遣医者看守，以确保生产顺利。"⑤所谓"将免者""毉守之"，所"守"之处，可能是安排妊娠妇女生产的特殊的处所。

---

① 《后汉书》卷一〇下《皇后纪下·顺烈梁皇后纪》，第438页。
② 《汉书》卷九九上《王莽传上》，第4076页。
③ 汉语大词典编辑委员会、汉语大词典编纂处编纂：《汉语大词典》第7卷，汉语大词典出版社1989年版，第172页。
④ 元诰按："免，《说文》作'挽'，云：'生子免身也。'字又作'娩'，《文选》《思玄赋》注引《纂要》：'齐人谓生子曰娩。'"中华书局2002年版，第570—571页。
⑤ 《女人的中国医疗史——汉唐之间的健康照顾与性别》，第255页。

四、"甲观""画堂":太子宫产房

前引秦建明说,"乳舍"是汉代"专门接生的妇产院"。他还指出,"两千多年前,妇产科已具有相当的水平"①。然而陈邦贤《中国医学史》在第一篇"上古的医学"第六章"上古疾病的名称"中"妇科病"一节,只有13个字:"带下:《素问·骨空论》:'女子带下瘕聚。'"在第二篇"中古的医学"第一章"汉代医学的隆盛"中,开篇就指出:"中国的医学在汉代的时候,可称最隆盛的时期;……"列说"汉代的良医",有淳于意、张机、华佗等,但是并没有言及"妇产"医学的进步。第七章"中古的医事制度"第一节"汉代的医事制度"中,则说到"女医""乳医":

> ……又《外戚传》:
> "有女医淳于衍得入宫侍皇后疾。"
> 按《外戚传》有女医淳于衍,得入宫侍皇后疾,因捣附子合太医大丸以饮皇后。《霍光传》则称为乳医淳于衍。
> 师古说:"视产乳之疾,殆汉时又有此等女医,同隶于太医令,以备诸科之一,特史未详其制耳。"②

李贞德《汉唐之间医书中的生产之道》"首次通过为数可观的医方书重建中古生产行为规范化及其女性经验的历史",注意到"关于产育妇幼的知识","在中古时期从房中书向医方书转移的现象"。李建民以此为学术基点,认为,"东汉以下'房中'一系的医学自身的转型重铸,及其与其他医学分支的分合迁蜕,应该才是中国医学产、妇等科诞生的真正关键所在"③。首先受益医学进步的,可能是社会上层。有学者注意到《续汉书·百官志三》"少府"属下"掖庭令"

---

① 《汉代的妇产院——乳舍》,见秦建明:《秦建明考古文选》,第28页。
② 陈邦贤:《中国医学史》,团结出版社2005年版,第28、51、100页。
③ 李建民:《〈生命与医疗〉导言》,见李建民主编:《生命与医疗》,中国大百科全书出版社2005年版,第9—10页。

条:"暴室丞主中妇人疾病者,就此室治。"① 尽管民间有"主助产"者的活动留下历史记忆②,但是较高等级的专业的"女医""乳医",可能服务于宫廷与贵族等级。如李贞德所说,"宫廷中后妃分娩,女医或为主要看产者"。所举典型史例即"汉宣帝许皇后临产,女侍医淳于衍入宫前,受霍光夫人显的威胁利诱,在皇后免身后,以附子和大丸毒杀皇后"③。《汉书》卷八《宣帝纪》:"……显前又使女侍医淳于衍进药杀共哀后。"④《汉书》卷六八《霍光传》:"宣帝始立,立微时许妃为皇后。显爱小女成君,欲贵之,私使乳医淳于衍行毒药杀许后,因劝光内成君,代立为后。"⑤《汉书》卷九七上《外戚传上·孝宣许皇后》:"霍光夫人显欲贵其小女,道无从。明年,许皇后当娠,病。女医淳于衍者,霍氏所爱,尝入宫侍皇后疾。衍夫赏为掖庭户卫,谓衍:'可过辞霍夫人行,为我求安池监。'衍如言报显。显因生心,辟左右,字谓衍:'少夫幸报我以事,我亦欲报少夫,可乎?'衍曰:'夫人所言,何等不可者!'显曰:'将军素爱小女成君,欲奇贵之,愿以累少夫。'衍曰:'何谓邪?'显曰:'妇人免乳大故,十死一生。今皇后当免身,可因投毒药去也,成君即得为皇后矣。如蒙力事成,

---

① 王书城主编:《中国卫生事业发展》,中医古籍出版社2006年版,第13页。原文引据:《后汉书·百官志》"。

② 《太平御览》卷三六一《人事部二》引《列仙传》:"木羽,钜鹿南祁乡人,贫,母王助产。"第1664页。《汉书补注》卷八下《地理志下》"广平国平乡"条:"钱坫曰:'刘向《列仙传》:木羽,钜鹿南和平乡人。'"中华书局1983年版,第828页。"母王助产",李贞德、顾丽华皆引作"母主助产"。李贞德:《汉唐之间医书中的生产之道》,见李建民主编:《生命与医疗》,中国大百科全书出版社2005年版,第89页;顾丽华:《汉代妇女生活情态》,社会科学文献出版社2012年版,第310—311页。顾书误作《列女传》。

③ 《汉唐之间医书中的生产之道》,见李建民主编:《生命与医疗》,第89页。

④ 《汉书》卷八《宣帝纪》,第251页。

⑤ 《汉书》卷六八《霍光传》,第2952页。

富贵与少夫共之。'衍曰:'药杂治,当先尝,安可?'显曰:'在少夫为之耳。将军领天下,谁敢言者?缓急相护,但恐少夫无意耳!'衍良久曰:'愿尽力。'即捣附子,赍入长定宫。皇后免身后,衍取附子并合大医大丸以饮皇后。有顷曰:'我头岑岑也,药中得无有毒?'对曰:'无有。'遂加烦懑,崩。"①朝中政治阴谋因宫廷"女医""乳医"毒手得逞。今按:李贞德文中"以附子和大丸毒杀皇后","和"为"合"之误。

西汉宫廷制度中可以看到能够与《风俗通义》"乳舍"大致对应的设置,即"甲观""画堂"。《汉书》卷一〇《成帝纪》:"孝成皇帝,元帝太子也。母曰王皇后,元帝在太子宫生甲观画堂,为世嫡皇孙。"关于"甲观画堂",颜师古注:

> 应劭曰:"甲观在太子宫甲地,主用乳生也。画堂画九子母。"如淳曰:"甲观,观名。画堂,堂名。《三辅黄图》云太子宫有甲观。"

颜师古说:"甲者,甲乙丙丁之次也。《元后传》言见于丙殿,此其例也。而应氏以为在宫之甲地,谬矣。画堂,但画饰耳,岂必九子母乎?霍光止画室中,是则宫殿中通有彩画之堂室。"②

关于"甲观"名号的由来,应劭以为太子宫中以甲乙丙分区,"甲观在太子宫甲地"。颜师古说,"甲者,甲乙丙丁之次也","甲"只是次序标号。周寿昌《汉书注校补》赞同颜说。③宋杰则认为,"这里的'甲''乙'""表示等级的高低差异","甲观"是"太子宫内上等的馆舍","甲观中有画堂,也意味着它的地位非同寻常,不同于普通的宫馆"。宋杰据《汉官仪》卷上"省中皆胡粉涂壁",

---

① 《汉书》卷九七上《外戚传上·孝宣许皇后》,第3966页。
② 《汉书》卷一〇《成帝纪》,第301页。
③ 〔清〕周寿昌:《汉书注校补》,上海古籍出版社2006年版,第444页。

"省皆胡粉涂画古贤人烈女",指出:"汉代皇宫禁省之类的重要殿舍才有粉壁绘画。"①"甲"标志"上等"的判断,应是准确的。应当注意到,"涂壁",其实也是汉代建筑重要的清洁卫生方式。

应劭说:"甲观在太子宫甲地,主用乳生也。画堂画九子母。"沈钦韩《汉书疏证》认为:"应劭所言,指产舍也。画九子母者,应劭所目知。《玉海》《晋宫殿阙名》:洛阳宫有螽斯堂、则百堂,盖类此。"②何清谷《三辅黄图校注》写道:"应劭东汉人,对两汉宫庭(廷)事颇熟悉,其说当有所据。甲观画室是太子宫的产房,绘一母九子壁画取多生贵子之义。古代宫庭(廷)已注意到胎教,这种壁画可能与胎教有关。"③"画堂画九子母"情形,应当反映了汉代社会普遍的"常宜子孙""子孙蕃昌"理想。④赵邦彦指出,"所谓九子母者,且与生产之事,已发生相当关系,而成为妇女供养之神也"⑤。正如陈长虹指出的,"此'九子母'在产房中出现必然和祈祷子嗣,保佑平安生育一类愿望有关"⑥。此外,"从川、陕等地出土陶俑和铜镜的图

---

① 宋杰:《两汉时期的太子宫》,载《南都学坛》2019年第3期。
② 原注:"《晋·五行志》:'太元十三年,螽斯则百堂灾。时张夫人骄,皇子不蕃,乖"螽斯则百"之道,故灾其殿。'"沈钦韩:《汉书疏证》,上海古籍出版社2006年版,第44页。今按:〔唐〕房玄龄:《晋书》卷二七《五行志上》:"(十二月)丙申,螽斯则百堂及客馆、骠骑府库皆灾。""又,孝武帝更不立皇后,宠幸微贱张夫人,夫人骄妒,皇子不繁,乖'螽斯则百'之道,故灾其殿焉。"中华书局1974年版,第807页。
③ 何清谷校注:《三辅黄图校注》卷三《北宫》,三秦出版社1995年版,第175页。今按:"宫庭"应作"宫廷"。
④ 王子今:《秦汉儿童的世界》,中华书局2018年版,第7—25页。
⑤ 赵邦彦:《九子母考》,《中央研究院历史语言研究所集刊》第二册第三分,1935年,第262页。
⑥ 陈长虹:《汉魏六朝列女图像研究》,科学出版社2016年版,第189—190页。

像来看，哺乳的母亲却是汉文化背景下工匠们乐于塑造的形象"①。在就相关问题的讨论中，对于所谓"汉文化背景"的关注，是值得肯定的。

五、"乳舍"与生育禁忌

有学者在分析《风俗通义》记载汝南周霸"乳舍"故事时指出："贵妇身边却安排一屠妇并卧，这种产院，在古代可谓难得，不但反映出这种产院的公用性质，也表现了祖国医学在对待病人产妇方面一视同仁的高尚医德和优秀传统。"并以为"汉代出现产房式的乳舍，是一种适应当时医学卫生发展状况的产物"，可以理解为"祖国传统医学发展史上的一个重要标志"。② 分析若干涉及所谓"乳舍"的历史文化信息，其实可以发现，"乳舍"的存在，很可能与原始生育禁忌有某种关系。

李贞德指出，"触犯禁忌是人们解释难产的重要原因之一"。在《病源论》卷四三《妇人难产病诸候》中，"几乎各种难产的解释，都不排除触犯禁忌的可能"③。

上文涉及《礼记·内则》相关内容："妻将生子，及月辰，居侧室。夫使人日再问之，作而自问之。妻不敢见，使姆衣服而对。至于子生，夫复使人日再问之。夫齐，则不入侧室之门。子生，男子设弧于门左，女子设帨于门右。三日，始负子，男射，女否。"④ 临产的孕妇"居

---

① 陈长虹：《形塑"愿景"与捏合"神像"：中国早期"九子母图像"再讨论》，"'历史的图像'与'图像的历史'：汉代图像研究青年论坛"第一届论文，2019年6月，成都。
② 《汉代的妇产院——乳舍》，见秦建明：《秦建明考古文选》，第28—29页。
③ 《女人的中国医疗史——汉唐之间的健康照顾与性别》，第102页。
④ 〔清〕朱彬撰，饶钦农点校：《礼记训纂》卷一二《内则》，中华书局1996年版，第435页。

侧室",《正义》:"夫正寝在前,燕寝在后,侧室又在燕寝之旁。生子必于侧室,以正室、燕寝尊故也。"言其"尊"是合理的,与"正寝"的隔离,还有其他的因素。"夫使人日再问之","夫复使人日再问之",以及"不入侧室之门",都体现了某种禁忌。孙希旦说:"作而自问之,谓感动之日,夫自问之也。妻不敢见,所以远私媟之嫌也。"① 所谓"远私媟之嫌"的说法,恐不符合相关礼俗形成的真实的文化背景。

弗雷泽《金枝》专有一节论说"妇女月经和分娩期间的禁忌"。除妇女在月经期间的严格禁忌之外,"在分娩期间,也得隔离,期满之后,所用器皿,全部毁掉。在乌干达,妇女分娩或月经期间接触过的壶盆等物都得毁掉;枪盾等物被亵渎的,虽不毁掉,也需加以洗涤净化"。"在许多民族中间,对于分娩后的妇女都有与上所说相似的限制,其理由显然也是一样的。妇女在此期间都被认为是处于危险的境况之中,她们可能污染她们接触的任何人和任何东西。因此她们被隔绝起来,直到健康和体力恢复,想象的危险期度过为止。"弗雷泽说,"例如,在塔希提岛上,妇女分娩以后要住在圣洁地方的临时小屋里隔离半个月或三个星期,在此期间,她们不得自己进用饮食,必须由别人喂食。另外,这期间如果任何人接触了婴儿,也必须像母亲一样遵守那些限制,直到母亲举行'满月'仪式之后。同样,在阿拉斯加附近的卡迪亚克岛上,临产的妇女无论什么季节,都得住进用芦苇搭起的简陋茅舍,在那里养下孩子住满二十天。在此期间,她被认为是最不洁净的,谁也不接近她,她吃的食物都是用棍子挑着送给她的。布赖布赖印第安人认为妇女分娩的污染亵渎比月经来潮更为严重。妇女感觉快要临盆时,便告诉自己的丈夫,丈夫赶忙在偏僻无人的地方

---

① 〔清〕孙希旦撰,沈啸寰、王星贤点校:《礼记集解》卷二八《内则第十二之二》,中华书局1989年版,第761页。

为她搭起一所小屋，让她一人独自居住，除了她母亲和另外一位妇人外，不得同任何人说话。待她分娩以后，由巫医为她禳除不洁，……即使这样做了，也只是将她的不洁程度减低到相当于月经来潮时那样，而在阴历整整一个月内她必须跟原来同屋的人分居，在饮食方面也必须遵守月经期间的那些规矩"①。所说"临产的妇女"以"临时小屋""简陋茅舍""被隔绝起来"，"独自居住"的情形，可以作为理解"乳舍""产舍"礼俗的参考。

顾丽华指出："生育风俗的禁忌是人类生育崇拜的特殊表现形式。""在汉代的禁忌观念中，比较突出的生育禁忌风俗是：妇女分娩地点的忌讳。"② 研究者经常引述《论衡·四讳》中有关妇女生产禁忌的批评。王充写道："俗有大讳四：一曰讳西益宅。""二曰讳被刑为徒，不上丘墓。""三曰讳妇人乳子，以为不吉。""四曰讳举正月、五月子。"其中关于"讳妇人乳子，以为不吉"，黄晖写道："《说文·女部》：'姅，妇人污也。汉律：见姅变，不得待祠。'《广韵》二十九换云：'姅，伤孕也。'段玉裁曰：'姅谓月事及免身及伤孕皆是也。见姅变，如今俗忌入产妇房也。'按：产妇不吉，在月内，邻舍禁其往来。虽母家，亦忌之。俗习尚然。"③ 所谓"俗习尚然"，指出这种"俗忌"影响十分长久。黄晖言"虽母家，亦忌之"，顾丽华说："孕妇不可以回娘家分娩。"所据即《风俗通义》

---

① [英]詹·乔·弗雷泽著，汪培基、徐育新、张泽石译，汪培基校：《金枝》，商务印书馆2013年版，第350—351页。
② 顾丽华：《汉代妇女生活情态研究》，社会科学文献出版社2012年版，第314页。
③ 《论衡校释》（附刘盼遂集解）卷二三《四讳篇》，第968—980页。

"不宜归生"。① 就此论者虽多有猜想②，而《论衡》"讳妇人乳子，以为不吉"，其实已经指明了最根本的原因。

六、"乳舍"的社会福利史意义

清黄六鸿撰《福惠全书》卷三一"育养婴儿"条："夫上天以好生为德，仁人以恻隐为心。""汉贾彪为新息长，郑浑为邵阳令，禁民不举子，养活者千数。其子女致以贾为名、郑为字。此邑令恤孤之政者也。"③

所说"贾彪""郑浑"事迹，见《后汉书》卷六七《党锢传·贾彪》："贾彪字伟节，颍川定陵人也。少游京师，志节慷慨，与同郡荀爽齐名。初仕州郡，举孝廉，补新息长。小民困贫，多不养子，彪严为其制，与杀人同罪。城南有盗劫害人者，北有妇人杀子者，彪出案发，而掾吏欲引南。彪怒曰：'贼寇害人，此则常理，母子相残，逆天违道。'遂驱车北行，案验其罪。城南贼闻之，亦面缚自首。数年间，人养子者千数，佥曰'贾父所长'，生男名为'贾子'，生女名为'贾女'。"④《三国志》卷一六《魏书·郑浑传》："……复迁下蔡长、邵陵令。天下未定，民皆剽轻，不念产殖；其生子无以相活，率皆不举。浑所在夺其渔猎之具，课使耕桑，又兼开稻田，重去子之法。民初畏罪，

---

① 《汉代妇女生活情态研究》，第 314 页。《风俗通义·佚文》均误作"轶文"。
② 顾丽华引用的多种说法，见于任骋：《中国民间禁忌》，中国社会科学出版社 2004 年版，第 211 页；谭蝉雪：《敦煌民俗——丝路明珠传风情》，甘肃教育出版社 2006 年版，第 253 页；宋杰：《汉代产育风俗探析》，载《史学集刊》2010 年第 4 期。又顾丽华自己的分析，见《汉代妇女生活情态》，第 314—315 页。
③ 〔清〕黄六鸿：《福惠全书》，清康熙三十八年金陵濂溪书屋刊本。
④ 《后汉书》卷六七《党锢传·贾彪传》，第 2216 页。

后稍丰给,无不举赡;所育男女,多以郑为字。"①此所谓"恤孤之政",保护婴儿的生存权,体现出对生命的爱重,于是"其子女致以贾为名、郑为字"。《风俗通义》"乳舍"故事,也是以生命意识的新的觉醒为历史文化背景的。

《福惠全书》卷三一"育养婴儿"条有关于"起建育婴堂"的设计。"育婴堂"中有"乳舍":"外立大门,而周缭以垣墙。前建大堂,奉祀文昌帝君。后建客堂两庑,各三楹,司籍出纳会计之事皆在焉。堂左为仓廪,右为庖室。而两堂三面造乳舍若干间。每间可住乳妇三人。以三十间计之,可住乳妇九十人。舍后宜各留一空院,使暑月通风,免致热气郁蒸,易成疮疖,且易于澣濯晾晒。又于舍后稍远间置厕居数间,以便乳妇起如。其乳舍两厢各置总门一阖,雇老妇二人,司早晚启闭,毋令闲杂人擅入。"②显然,此所谓"乳舍",只是服务于"育婴堂"的"乳妇"们的宿舍,与我们讨论的用于孕妇生产的"乳舍"性质与意义不同,不过,其建设规划的慈善追求、"福惠"主题和公益品质,却是与东汉时期的"乳舍"彼此一致的。

汉代是社会福利意识渐次增强,社会福利措施多所创制的历史时期。③东汉时期因儒学的空前普及,这一历史进步更为显著。虽然《风俗通义》"乳舍"的具体形制我们目前尚不清楚,然而其社会公共服务的性质,值得社会史研究者重视。东汉后期在"五斗米道"控制区域出

---

① 〔晋〕陈寿撰,〔宋〕裴松之注:《三国志》卷一六《魏书·郑浑传》,中华书局1959年版,第509页。

② 《福惠全书》,清康熙三十八年金陵濂溪书屋刊本。

③ 王子今、刘悦斌、常宗虎:《中国社会福利史》,中国社会出版社2002年版,第62—103页。

现的"义舍""义米肉"等历史存在,同样具有鲜明的社会公共服务色。①与"义米"相近者有所谓"义谷"。②《三国志》可见"义作"。③成书于东汉的《越绝书》说到"义田"。④汉安帝时河南尹周畅事迹则有涉及"义冢"的情节。⑤东汉"乳舍"的设立与经营是否也有此种"义"的文化元素,也是值得我们考察与思索的。

---

① 《三国志》卷八《张鲁传》:"诸祭酒皆作义舍,如今之亭传。又置义米肉,悬于义舍,行路者量腹取足;若过多,鬼道辄病之。"裴松之注引《典略》:"教使作义舍,以米置其中以止行人。"第263—264页。《后汉书》卷七五《刘焉传》:"诸祭酒各起义舍于路,同之亭传。"李贤注引《典略》:"教使起义舍,以米肉置其中,以止行人。"第2435—2436页。

② 《后汉书》卷八〇上《文苑传上·黄香》:"时被水年饥,乃分奉禄及所得赏赐班赡贫者,于是丰富之家各出义谷,助官禀贷,荒民获全。"第2615页。《三国志》卷四五《蜀书·杨戏传》裴松之注引《益部耆旧杂记》载王嗣事迹:"大将军姜维每出北征,羌、胡出马牛羊毡毦及义谷裨军粮,国赖其资。"第1090页。

③ 《三国志》卷四七《吴书·吴主传》:"改作太初宫,诸将及州郡皆义作。"第1146页。

④ 《越绝书》卷八《外传记地传》:"富中大塘者,勾践治以为义田,为富饶,谓之富中。"〔东汉〕袁康、吴平辑录,乐祖谋点校:《越绝书》,上海古籍出版社1985年版,第61页。

⑤ 《后汉书》卷八一《独行列传·周嘉》:"嘉从弟畅,字伯持,性仁慈,为河南尹。永初二年,夏旱,久祷无应,畅因收葬洛城傍客死骸骨凡万余人,应时澍雨,岁乃丰稔。"第2676页。《搜神记》卷一一《周畅》:"元初二年,为河南尹,时夏大旱,久祷无应。畅收葬洛阳城旁客死骸骨万余,为立义冢,应时澍雨。"〔晋〕干宝撰,汪绍楹校注:《搜神记》,中华书局1979年版,第134页。

汉代的女权

数千年来，中国文化的特征并不是始终凝定不变的。每一个历史时期的文化形态，大都具有表现出独特个性的时代风格。历代妇女的物质生活情状与精神生活风貌，是体现社会演进过程的历史存在，也是体现社会时代精神的文化存在。考察历史上妇女的地位与权利，可以看到历代在多种文化因素作用下形成的差异。

汉代是中国历史上的重要时期。在这一时期，高度集权的"大一统"的政治体制基本形成，并且经历了多次社会动荡的历史考验而更为完备。秦文化、楚文化和齐鲁文化等有深厚历史基础的地域文化在这时实现了历史性的融合，形成了以统一的汉文化为标志的文化共同体。这一时期我们民族对于世界文明进步的贡献，有光荣的历史记录。在汉代，妇女的地位，妇女的作用，妇女的权利保障，与其他若干历史时期，特别是与一些人以为可以较典型地体现出中国传统文化特色的宋明时代，在某些方面有明显的不同。

一、"女主临朝"与"权在外家"

说到汉代的女权，可能有人首先会想到曾经家喻户晓的吕后专政故事。吕后多谋而果断，汉并天下后，曾经努力协助刘邦剪除异姓诸侯王。她处死韩信，力促刘邦夷灭彭越宗族。汉惠帝死后，吕后临朝称制八年，擅权用事。其实，汉代这种所谓"母党专政"，"权在外家"[①]的情形屡有发生。例如东汉时期，"多女主临朝，不得不用其父兄子弟，以寄腹心，于是权势太盛"[②]。

汉武帝是武功卓越的帝王，而卫青以皇后卫子夫同母弟的身份被任命为大将军，霍去病以卫子夫姊子的身份被任命为骠骑将军，李

---

① 〔汉〕班固：《汉书》卷三六《刘向传》，中华书局1962年版，第1966页。

② 赵翼《廿二史札记》卷三"两汉外戚之祸"。赵翼还指出："两汉以外戚辅政，国家既受其祸，而外戚之受祸亦莫如两汉者。"据说西汉外家二十余，只有四家得以保全。东京后族，也只有阴、郭、马三家保全，其余皆无不败者。"推原祸本，总由于柄用辅政，故权重而祸亦随之。"外戚专政，常常导致"国家俱敝"。中华书局1984年版，第67、68页。

广利以汉武帝所宠幸李夫人兄的身份被任命为贰师将军。汉武帝时代的三位名将都由女宠擢升，也是可以反映汉代妇女对政治生活有重要影响的迹象。

霍光女儿立为昭帝后，开始了西汉后期外戚专权的政治史的特殊阶段。汉成帝时，外戚王氏当政，红阳侯王立在南阳占垦草田达几百顷之多。汉元帝皇后王政君庶弟之子王莽，在西汉末年复杂的贵族宗派斗争中，以外戚身份运用矫情伪饰的手段取得高位，后来成为新朝的皇帝。外戚和宦官轮番把握最高政权，是从东汉开始出现的情形。外戚集团和宦官集团的阴谋争斗，使东汉政治史的画卷被涂染上昏暗的色调。

二、姓氏从母

世系从母系方面来确定，是远古时代的婚姻关系所决定的。郑樵在《通志·氏族略》中曾经指出，直到三代以后，"姓之字多从女，如姬、姜、嬴、姒、妫、姞、妘、婤、姶、妀、嫪之类是也"①。其实，在汉代，仍然可以看到承认女系这一古老文化现象的遗存。汉景帝长子刘荣因母为栗姬，于是被称为"栗太子"。汉武帝子刘据立为太子，因其生母为卫皇后卫子夫，又被称为"卫太子"。刘据的儿子刘进，因生母为史良娣，所以又称作"史皇孙"。平阳公主也随母姓，号"孙公主"。汉灵帝的儿子刘协，也就是后来的汉献帝，因为由董太后亲自抚养，称"董侯"。淮南国太子有称为"蓼太子"者，据说"蓼"也是"外家姓"。②这一现象不仅表现在皇族。高祖功臣夏侯婴的曾孙夏侯颇娶了被称为"孙公主"的平阳公主，以致后世"子孙更为

---

① 〔宋〕郑樵：《通志·氏族略·氏族序》，中华书局1995年版，第2页。

② 《汉书》卷四五《伍被传》："王曰：'夫蓼太子知略不世出，非常人也，以为汉廷公卿列侯皆如沐猴而冠耳。'"颜师古注："服虔曰：'淮南太子也。'文颖曰：'食采于此，或言外家姓也。'师古曰：'蓼自地名，而王之太子岂以食地为号？文言外家姓，近为得之，亦犹汉之栗太子也。'"第2169页。

孙氏"。①

　　姓氏从母,是保留古风的文明程度较为落后的民族的习俗。匈奴人据说"其俗贵者皆从母姓"②。汉代上层社会可以看到同样的现象,是令人惊异的。

三、"享先妣先祖"

　　关于女性祖先"妣",除了通常"祖妣"的说法而外,也有"妣祖"称谓。也就是说,女性祖先被置于男性祖先之前。"妣祖"之说由来尚早,如《诗·小雅·斯干》:"似续妣祖,筑室百堵。"这样的说法在汉代文献中仍然可以看到。例如王粲《太庙颂》:"昭大孝,衍妣祖。"《汉书》卷二五下《郊祀志下》记载王莽宣布的礼祀制度,说到"祀天神,祭墬祇,祀四望,祭山川,享先妣先祖"③。按照颜师古的解释,这是《周礼·春官》规定的"大司乐"的职能,先妣,是指周人始祖姜嫄,先祖,是指周部族的早期领袖先王先公。《周礼·春官·大司乐》中"享先妣"在"享先祖"之先。汉代学者郑玄的解释,确实是"先妣,姜嫄也","先祖谓先王先公"。传说周人世系最早始于姜嫄踩了巨人的脚印于是怀孕而生后稷④,以此来解释"享先妣"先于"享先祖"现象的说法,当然是可以成立的,但是王粲"衍妣祖"之说却与周人祭祀秩序没有直接关系。可能对于汉代一般人来说,"先妣"较"先祖"占据着更尊贵的地位,在祭祀礼俗中也应当更为优先

---

　　① 《汉书》卷四一《夏侯婴传》,第 2079 页。

　　② 〔宋〕欧阳修、宋祁:《新唐书》卷七一《宰相世系表一上》:"河南刘氏本出匈奴之族。汉高祖以宗女妻冒顿,其俗贵者皆从母姓,因改为刘氏。"中华书局 1975 年版,第 2273 页。

　　③ 《汉书》,第 1265 页。

　　④ 〔汉〕司马迁:《史记》卷四《周本纪》:"周后稷,名弃。其母有邰氏女,曰姜原。姜原为帝喾元妃。姜原出野,见巨人迹,心忻然说,欲践之,践之而身动如孕者。居期而生子。""帝舜曰:'弃,黎民始饥,尔后稷播时百谷。'封弃于邰,号曰后稷,别姓姬氏。"裴骃《集解》引《礼纬》说,周人姓姬,也是因为"祖以履大迹而生"。中华书局 1982 年版,第 111—112 页。

的意识依然存在。

明代史学家张燧曾经著《千百年眼》一书，作纵横千百年的历史评论。这部书的卷四有"汉高祖尊母不尊父"条，说汉高祖刘邦即皇帝位后，先封吕雉为皇后，封子为皇太子，又追封其母曰昭灵夫人，"时太公乃遗而不封，已不可解"，又过了两年左右，刘邦相继封刘贾、刘喜、刘交、刘肥为王，丞相萧何以下大小功臣也皆已分别受封，"而太公复未议封，即群臣亦无一言及之，何也？"于是感叹道："是帝为天子已七年，而太公尚为庶人也，大异矣！"①张燧以为刘邦先封其母却遗忘其父大可惊异，却没有说明其中的原因。其实，能够指出"尊母不尊父"这一现象，已经是重要的历史文化发现了。

四、女性贵族

汉代还多有妇女封侯，得以拥有爵位和封邑的情形。例如，汉高祖刘邦封兄伯妻为阴安侯。吕后当政，封萧何夫人为酂侯，樊哙妻吕媭为临光侯。汉文帝时，赐诸侯王女邑各二千户。汉武帝也曾经尊王皇后母臧儿为平原君，王皇后前夫金氏女为修成君，赐以汤沐邑。汉宣帝赐外祖母号为博平君，以博平、蠡吾两县户万一千为汤沐邑。王莽母赐号为功显君。

王莽又曾建议封王太后的姊妹王君侠为广恩君，王君力为广惠君，王君弟为广施君，皆食汤沐邑。

东汉时期，东海王刘彊临终上疏曾经说道："天恩愍哀，以臣无男之故，处臣三女小国侯，此臣宿昔常计。"②汉光武帝刘秀的儿子刘彊因为无子，三个女儿都被封为"小国侯"，刘彊以致终生感激。两汉史籍记载女子封侯封君事多至30余例。

汉代贵族妇女在婚姻关系和家庭生活中占据较高地位，也留下

---

① 〔明〕张燧著，贺新天校点：《千百年眼》卷四有《汉高祖尊母不尊父》，河北人民出版社1987年版，第67页。

② 〔南朝宋〕范晔：《后汉书》卷四二《光武十王列传·东海恭王彊》，中华书局1965年版，第1424页。

了比较显著的社会历史印痕。《汉书》卷七二《王吉传》记载，汉宣帝时，王吉曾经上疏评论政治得失，谈到"汉家列侯尚公主，诸侯国则国人承翁主"的情形，他认为："使男事女，夫诎于妇，逆阴阳之位，故多女乱。"①将所谓"女乱"即政治生活中女子专权现象的原因，归结为社会生活中女子尊贵现象的影响。"使男事女，夫诎于妇"的情形在民间也有表现。妇女有较高的社会地位，在有些地区甚至成为一种民俗特征。《汉书》卷二八下《地理志下》关于陈国（今河南淮阳附近）地方风习，就有"妇人尊贵"的记述。②

五、汉代妇女的情感生活体验

汉代妇女对于个人情感生活的体验形式，与后世比较，可能也有值得注意的差异。汉武帝的姑母馆陶公主寡居，宠幸董偃，一时"名称城中，号曰'董君'"。他建议馆陶公主以长门园献汉武帝。汉武帝大悦，在探望馆陶公主时尊称董偃为"主人翁"，相见欢饮，一时"董君贵宠，天下莫不闻"。于是，这种"败男女之化，而乱婚姻之礼，伤王制"的不合礼法的关系经皇帝的承认而得以合法化。据说"是后，公主贵人多逾礼制，自董偃始"③。汉昭帝的姐姐鄂邑盖公主"内行不修，近幸河间丁外人"。据《汉书》卷六八《霍光传》，左将军上官桀、票骑将军上官安等甚至依照国家以往"以列侯尚公主"的制度，"欲为外人求封"，遭到拒绝之后，"又为外人求光禄大夫"。④丝毫不以为这是一种不光彩的关系。《汉书》卷六七《胡建传》则称丁外人为"帝姊盖主私夫"⑤。当时上层社会对于这种关系，似乎也没有形成沉重的舆论压力。

汉家公主不讳私夫，天子安之若素，朝野亦司空见惯，贵族重

---

① 《汉书》，第 3064 页。
② 《汉书》，第 1653 页。
③ 《汉书》卷六五《东方朔传》，第 2857 页。
④ 《汉书》，第 2934 页。
⑤ 《汉书》，第 2911 页。

臣甚至上书乞封。皇族妇女的这种行为能够堂而皇之面对社会，是有一定的历史文化背景为条件的。在当时的社会，寡妇再嫁，是自然而合理的事。史书记载的社会上层妇女比较著名的实例，就有薄姬初嫁魏豹，再嫁刘邦；平阳公主初嫁曹时，再嫁卫青；敬武公主初嫁张临，再嫁薛宣；王媪初嫁王更得，再嫁王迺始；许孊初嫁龙頟思侯，再嫁淳于长；汉元帝冯昭仪母初嫁冯昭仪父，再嫁郑翁；臧儿初嫁王仲，再嫁长陵田氏；汉桓帝邓后母初嫁邓香，再嫁梁纪等。

汉光武帝时，帝姊湖阳公主新寡，刘秀与共论群臣，有心微察其意向。公主说："宋公威容德器，群臣莫及。"表示对大司空宋弘德才与仪表的爱慕。刘秀愿意谋求撮合。据《后汉书》卷二六《宋弘传》，刘秀后来专意接见宋弘，让公主坐在屏风后面，又对宋弘说：都说人尊贵了就会换朋友，富有了就会换妻子，这也是人之常情吧？宋弘则说："臣闻贫贱之知不可忘，糟糠之妻不下堂。"刘秀于是对公主说："事不谐矣。"①告诉她事情没有办成。虽然宋弘拒绝了刘秀的暗示，其事最终"不谐"，但是湖阳公主给人们形成深刻印象的敢于主动追求有妇之夫的行为，可以看作反映当时社会风尚的重要信息。

关于平阳公主之再嫁，《史记》卷四九《外戚世家》褚少孙补述："是时平阳主寡居，当用列侯尚主。主与左右议长安中列侯可为夫者，皆言大将军可。"公主笑道：此人出自我家，以前常常作为侍卫从我出入的，今天怎么能做丈夫呢？"左右侍御者曰：'今大将军姊为皇后，三子为侯，富贵振动天下，主何以易之乎？'于是主乃许之。言之皇后，令白之武帝，乃诏卫将军尚平阳公主焉。"②可以看到，平阳公主择定再醮的对象时，非常大方地与"左右侍御者"公开讨论，"主笑曰"云云，也反映其态度的坦然自若。而从公主一方同意，事实上已经使婚姻成为定局，可知妇女在这种婚姻再构过程中往往居主动地位。且先"言之皇后"，后"令白之武帝"的程序，也说明女子在这种过

---

① 《后汉书》，第 904—905 页。
② 《史记》，第 1983 页。

程中的重要作用。

汉初丞相陈平的妻子，据说在嫁给陈平之前已曾五次守寡。《史记》卷五六《陈丞相世家》说，"户牖富人有张负，张负女孙五嫁而夫辄死，人莫敢娶。（陈）平欲得之"①。城中有人办丧事，陈平"侍丧"，尽心竭力。张负于是产生良好印象，又随陈平至其家，看到家虽穷弊，然而"门外多有长者车辙"。张负对其子张仲曰：我愿意把孙女嫁给陈平。张仲以陈平贫不事事，一县中尽笑其所为，表示疑虑。张负坚持道：像陈平这样出色的人怎么能长久贫贱呢？决意成就了这一婚姻。吴景超在分析汉代女子再嫁情形时曾经写道，"其中嫁人次数最多的，要算陈平娶到的妻子。他的妻子姓张"。他又分析了"这位张女士的历史以及嫁给陈平的经过"。他指出："这个故事，有好几点值得注意。第一，嫁过五次的女子，不厌再嫁。第二，寡妇的尊长，不但不劝寡妇守节，还时时刻刻在那儿替她物色佳婿。第三，嫁过几次的女子，也有男子喜欢她，要娶她。第四，寡妇的父亲，并不以女儿为寡妇，而降低其择婚的标准。此点从张仲的态度中可以看得出来。张负肯把孙女嫁给陈平，并非降低标准，乃是他有知人之明，看清陈平虽然贫困，将来终有发达的一日。"②钱钟书在《管锥编》中于"张负女孙五嫁而夫辄死，人莫敢娶"语后写道："按即《左传》成公二年巫臣论夏姬所谓'是不祥人也！'""人莫敢娶"，是因为有"克夫"的嫌疑③，并非嫌弃她是"嫁过几次的女子"。

汉代寡妇再嫁不受约束、不失体面的风习，至汉末仍然多有史证。正如有的学者所指出的，"揭开《三国志》的妃后列传，最令人注目的便是魏、蜀、吴的第一个皇帝，都曾娶过再嫁的寡妇"④。

---

① 《史记》，第 2051 页。
② 吴景超：《西汉寡妇再嫁之俗》，载《清华周刊》第 37 卷，第 9、10 期合刊。
③ 钱钟书：《管锥编》第 1 册，中华书局 1979 年版，第 302、9 页。
④ 董家遵著，卞恩才整理：《中国古代婚姻史研究》，广东人民出版社 1995 年版，第 258 页。

在婚姻离异时也可以采取主动,同样是汉代妇女的权利。著名的朱买臣故事可以作为例证。《汉书》卷六四上《朱买臣传》说,朱买臣家贫,卖柴为生,常担柴道中,诵书歌讴,"妻羞之,求去","买臣不能留,即听去"。后来前妻与其夫家一同上坟,见朱买臣依然饥寒,还曾经"呼饭炊之"①。李白有《妾薄命》诗:"雨落不上天,覆水难再收。君情与妾意,各自东西流。"后来朱买臣夫妻离异故事在民间传播,以此为主题的戏曲就有元杂剧《渔樵记》、清传奇《烂柯山》、京剧《马前泼水》等。其实朱买臣富贵后重见前妻事,也并没有覆水难收的情节。②"马前泼水"的衍化,其实可能也是后世人未能理解汉代人精神风貌的一种反映。我们所注意的,是朱买臣妻主动离婚的事实。女方"求去",男方"不能留,即听去",前者要求同意,后者未能挽回,于是勉强应允。这种妇方主动提出协议离婚的情形,在汉代以后的中国正统社会中,是不多见的。

《汉书》卷七六《张敞传》说,汉宣帝时地位相当于京畿地区最高行政长官的京兆尹张敞,据说"为妇画眉,长安中传张京兆眉怃"③。张敞这样的高级官僚亲自为妻子画眉,眉样媚好,一时传闻京中。于是所谓"京兆画眉""京兆眉妩",成为形容夫妻和美的典实。张敞的这一行为被有关部门举奏,皇帝曾经亲自询问,张敞答对巧妙,又因皇帝爱其才能,所以未受责备。看来,"为妇画眉",作为高官,似乎是不寻常的举动,然而在一般平民中,则可能未必令人惊异。东汉名士樊英患病,妻子派婢女探问,樊英竟起身下床答拜。有人不免诧异,樊英解释说,"妻,齐也,共奉祭祀,礼无不答"④。一个"齐"字,一个"共"字,在某种意义上表现出汉代人在家庭关系中男女平等的意识。

---

① 《汉书》,第 2791 页。
② 汉代已经有"覆水难收"的说法,但未见用于形容夫妻离异。如《后汉书》卷六九《何进传》:"国家之事,亦何容易!覆水不可收。宜深思之。"第 2250 页。
③ 《汉书》,第 3222 页。
④ 《后汉书》卷八二上《方术列传上·樊英》,第 2724 页。

六、"妻,齐也,与夫齐体"

班固在《白虎通·嫁娶》中也曾经强调:"妻,齐也,与夫齐体。"① 陈登原《国史旧闻》卷二八指出:"汉人虽曰已轻妇女,如曰夫为妻纲②,如曰二女为奻③,如曰不敢仰视④,然尚有不讳再嫁之事⑤,尚有以妻为齐之说。"⑥ 如果我们借用"妻,齐也"的说法总结汉代妇女在若干方面享有与男子大体相当的权利这一事实,可能也是适宜的。当然,这种权利与现代意义上的"女权"不能同日而语,但是回顾这段历史,对于真切地认识中国古代妇女史的全貌,应当是有益的。

汉代妇女生活的上述情形,自然是在复杂的历史文化背景下形成的。据《汉书》卷四七《文三王传·梁怀王刘揖》,梁荒王刘嘉的妹妹刘园子与梁王刘立有隐情,败露后,刘立惶恐自责,有"渐渍小国之俗"⑦语。所谓"小国之俗",应当包括与华夏人杂居的其他部族的文化影响。推想在汉文化融合多种文化因素初步形成的时代,儒学礼制尚未能规范所有的社会层面,"夫为妻纲"的性别统治格局也还没有定型,于是存在"妇人尊贵"的现象。鲁迅曾经盛赞汉代社会的文化风格:"遥想汉人多少闳放","毫不拘忌","魄力究竟雄大"。当时民族精神的所谓"豁达闳大之风"⑧对社会生活的全面影响,当然更是我们在讨论汉代女权时不能忽略的。

---

① 〔清〕陈立撰,吴则虞点校:《白虎通疏证》,中华书局1994年版,第490页。
② 《白虎通疏证》卷八《三纲六纪》,第374页。
③ 《说文·女部》,见〔汉〕许慎撰,〔清〕段玉裁注:《说文解字注》,上海古籍出版社1981年版,第626页。
④ 《后汉书》卷八三《逸民传·梁鸿》举案齐眉故事,第2768页。
⑤ 《后汉书》卷二六《宋弘传》湖阳公主论宋弘事,第904—905页。
⑥ 陈登原:《国史旧闻》卷二八《汉隋间之妇女》,中华书局2000年版,第141页。
⑦ 《汉书》,第2219页。
⑧ 鲁迅:《坟·看镜有感》,见鲁迅:《鲁迅全集》第1卷,人民文学出版社1973年版,第183页。

汉代的女童教育

史家描绘汉代社会文化风貌，应以浓重的笔墨肯定对教育的重视。我们讨论过汉代童蒙教育的形式和影响。① 在汉代童蒙教育得以空前发展的文化格局中，在关于汉代"小学"教育对象的历史记录中，看不到明确的性别区分。然而汉代社会生产中男性未成年人承担较多的责任②，家庭对于男性继承人也有较高的预期。③ 就教育资源的社会分配，教育机会的获得比例来说，一般情况下，男童优越于女童。汉代教育史记忆中所见"圣童""奇童""神童"，似乎均为男性未成年人。④ 汉代女童教育考察因而可以作为社会史研究、教育史研究、未成年人生活史研究值得关注的学术视角。

　　汉代女童教育包括文化知识传授、道德修养引导，以及生活技能训练等。汉代女童教育有著名的成功典型，如班昭、蔡琰等。东汉经学史的丰富内容中，可以看到女童热心研习的篇章。《女诫》作为儒学道德信条在女童教育中受到重视。对女性强制性的道德约束从童年时代开始的情形，妇女史研究者应当关注。汉代生活生产技能教育

---

① 王子今：《两汉童蒙教育》，载《史学集刊》2007年第3期；《汉代的"小学"》，载《学习时报》2007年6月11日。
② 王子今：《汉代劳动儿童——以汉代画像遗存为中心》，见成建正主编：《陕西历史博物馆馆刊》第17辑，三秦出版社2010年版，第5—17页。
③ 有迹象表明，汉代劳作人员口粮供给制度与衣装供给制度优待未成年人中的男性。这一情形，体现出汉代社会对于未成年男性给予了更多的物质生活关照。其出发点，应当在于这种社会构成对社会生产有更多的付出，对于未来社会也将发挥更重要的作用。陈直《关中秦汉陶录》著录"长宜子孙常得男"陶文，表达了当时人求子愿望的性别追求。中华书局2006年版，上册，第78—79页。〔汉〕司马迁：《史记》卷一〇《孝文本纪》记载缇萦故事："太仓公将行会逮，骂其女曰：'生子不生男，有缓急非有益也！'"中华书局1982年版，第427页。《史记》卷一〇五《扁鹊仓公列传》又作"缓急无可使者！"第2795页。应体现了当时社会观念的普遍倾向。《史记》卷四九《外戚世家》记载：卫子夫为皇后，卫氏权势上升，"贵震天下。天下歌之曰：'生男无喜，生女无怒，独不见卫子夫霸天下！'"第1983页。也说明通常情形下"生男"之"喜"与"生女"之"怒"。
④ 王子今：《汉代神童故事》，载《学习时报》2007年6月25日；《汉代齐鲁"神童"》，见王志民主编：《齐鲁文化研究》第7辑，山东文艺出版社2008年版，第129—139页。

即所谓"女工"的培训,也在社会史中保留有珍贵的记忆。从钟会母亲对钟会早期教育的安排,可以推知她在儿童时代的学习程序。通过对"母师"的感念可知,女童教育影响了妇女生活的品质,也因知识女性对子女的教育,实现了文化的世代传递,从而明显有助于社会精神生活层次的提升。

一、缇萦故事

汉文帝时,齐太仓令淳于公犯罪应当受刑。他的小女儿缇萦随父到长安,上书求赎父刑。《史记》卷一〇《孝文本纪》:

> (十三年)五月,齐太仓令淳于公有罪当刑,诏狱逮徙系长安。太仓公无男,有女五人。太仓公将行会逮,骂其女曰:"生子不生男,有缓急非有益也!"其少女缇萦自伤泣,乃随其父至长安,上书曰:"妾父为吏,齐中皆称其廉平,今坐法当刑。妾伤夫死者不可复生,刑者不可复属,虽复欲改过自新,其道无由也。妾愿没入为官婢,赎父刑罪,使得自新。"书奏天子,天子怜悲其意,乃下诏曰:"盖闻有虞氏之时,画衣冠异章服以为僇,而民不犯。何则?至治也。今法有肉刑三,而奸不止,其咎安在?非乃朕德薄而教不明欤?吾甚自愧。故夫驯道不纯而愚民陷焉。《诗》曰'恺悌君子,民之父母'。今人有过,教未施而刑加焉?或欲改行为善而道毋由也。朕甚怜之。夫刑至断支体,刻肌肤,终身不息,何其楚痛而不德也,岂称为民父母之意哉!其除肉刑。'"①

《史记》卷一〇五《扁鹊仓公列传》:"文帝四年中,人上书言意,以刑罪当传西之长安。意有五女,随而泣。意怒,骂曰:'生子不生男,缓急无可使者!'于是少女缇萦伤父之言,乃随父西。上书曰:'妾父为吏,齐中称其廉平,今坐法当刑。妾切痛死者不可复生而刑者不可复续,虽欲改过自新,其道莫由,终不可得。妾愿入身为官婢,

---

① 《史记》,第 427—428 页。司马贞《索隐述赞》:"狱恤缇萦。"第 439 页。

以赎父刑罪，使得改行自新也。'书闻，上悲其意，此岁中亦除肉刑法。"缇萦的上书感动了汉文帝，随即发生了废除肉刑的刑法改革。张守节《正义》引班固诗曰："三王德弥薄，惟后用肉刑。太仓令有罪，就递长安城。自恨身无子，困急独茕茕。小女痛父言，死者不可生。上书诣阙下，思古歌《鸡鸣》。忧心摧折裂，晨风扬激声。圣汉孝文帝，恻然感至情。百男何愦愦，不如一缇萦！"①缇萦故事构成中国古代刑法史中的重要情节。我们在这里更为注意的，是"少女缇萦"能够"上书"帝王，并且言语得体，文辞感人的事实。如果缇萦完全没有文化，就不会形成"忧心摧折裂，晨风扬激声"的感染力，也不会使汉文帝"恻然感至情"，自然也就不会有废除肉刑的法令。

"少女缇萦""上书"，"书奏天子，天子怜悲其意"，或说"书闻，上悲其意"，故事不仅体现汉文帝的行政风格，也告知我们汉初女童的文字能力。

人们很容易提出这样的疑问，缇萦"上书"，是亲自书写吗？是否可能他人代书呢？《汉书》卷七四《丙吉传》记载，汉宣帝亲政，"掖庭宫婢则令民夫上书，自陈尝有阿保之功"②。就是宫廷女子请别人代为"上书"的例证。我们当然不能完全排除他人代缇萦拟写上书内容的可能。普通百姓上书似乎是汉代政治生活中常见的情形。③

---

① 《史记》，第 2795—2796 页。

② 〔汉〕班固：《汉书》，中华书局 1962 年版，第 3144 页。

③ 《史记》卷一二三《大宛列传》说，张骞通西域之后，其随从吏卒多上书求使："自博望侯开外国道以尊贵，其后从吏卒皆争上书言外国奇怪利害，求使。"第 3171 页。是"卒"也可以上书的实例。据《汉书》卷七四《魏相传》，河南太守魏相得罪霍光，受到迫害，"事下有司，河南卒戍中都官者二三千人，遮大将军，自言愿复留作一年以赎太守罪，河南老弱万余人守关欲入上书。"第 3134 页。〔南朝宋〕范晔：《后汉书》卷四一《第五伦传》："及诣廷尉，吏民上书守阙者千余人。"中华书局 1965 年版，第 1397 页。《汉书》卷九九上《王莽传上》的历史记录告诉我们，汉平帝元始五年（5）正月，"吏民以莽不受新野田而上书者前后四十八万七千五百七十二人"。第 4070 页。短时间内密度如此之高，是惊人的。而"上书"人数具体至于个位的记述，用意在于支持其真实性。这些"上书""吏民"中，应当有相当数量是普通百姓。

但是考察汉代制度，"上书""天子"，是十分庄重严肃的事，出现书写错误，将导致严厉的惩处。《汉书》卷八《宣帝纪》载"今百姓多上书触讳以犯罪者，朕甚怜之"[1]的诏书文字，可以说明这样的事实。《汉书》卷三〇《艺文志》："吏民上书，字或不正，辄举劾。"[2]则明确提示相关制度的严酷性。《史记》卷一〇三《万石张叔列传》记载：

> 建为郎中令，书奏事，事下，建读之，曰："误书！'马'者与尾当五，今乃四，不足一。上谴死矣！"甚惶恐。其为谨慎，虽他皆如是。[3]

石建的"惶恐"，不仅表现出其性格的"谨慎"，也反映"书奏事"出现"误书"文字事故时可能导致"上谴死"的严酷后果。考虑到这样的文化背景，则应当理解缇萦"上书"请人代书的可能性是非常小的。

二、"能史书""善史书"女童

《后汉书》卷一〇上《皇后纪·章德窦皇后》记载："年六岁能书，亲家皆奇之。"[4] 这是有关上层社会一位"六岁"女童具有文字书写基本能力的记录。

《后汉书》卷一〇上《皇后纪上·和熹邓皇后》记述邓绥事迹："六岁能《史书》，十二通《诗》、《论语》。诸兄每读经传，辄下意难问。志在典籍，不问居家之事。"关于邓绥"六岁能史书"。李贤注："史书，周宣王太史籀所作大篆十五篇也。《前书》曰'教学童之书'也。"[5]《汉书》卷三〇《艺文志》："《史籀》十五篇。周宣王太史作大篆十五篇，建武时亡六篇矣。""《史籀篇》者，周时史官教学童书也，

---

[1] 《汉书》，第 256 页。
[2] 《汉书》，第 1721 页。
[3] 《史记》，第 2766 页。
[4] 《后汉书》，第 415 页。
[5] 《后汉书》，第 418 页。

与孔氏壁中古文异体。"①《汉书》卷九九上《王莽传上》："是岁，莽奏起明堂、辟雍、灵台，为学者筑舍万区，作市、常满仓，制度甚盛。立《乐经》，益博士员，经各五人。征天下通一艺教授十一人以上，及有逸《礼》、古《书》、《毛诗》、《周官》、《尔雅》、天文、图谶、锺律、月令、兵法、《史篇》文字，通知其意者，皆诣公车。网罗天下异能之士，至者前后千数，皆令记说廷中，将令正乖缪，壹异说云。"②李约瑟说，这是在王莽的倡议下召开的"中国历史上第一次科学专家会议"③。所谓"《史篇》文字"，颜师古注："孟康曰：'史籀所作十五篇古文书也。'师古曰：'周宣王太史史籀所作大篆书也。'"④《汉书》卷一二《平帝纪》记载此事，"《史篇》文字"作"《史篇》"⑤。《汉书》卷九《元帝纪》："赞曰：臣外祖兄弟为元帝侍中，语臣曰元帝多材艺，善史书。"对于"史书"，颜师古注："应劭曰：'周宣王太史史籀所作大篆。'"⑥

所谓"史书""《史篇》""《史篇》文字"，是当时文字学的基础，亦有古文字的性质。《汉书》卷三〇《艺文志》说，《史籀篇》"与孔氏壁中古文异体"，又说："《苍颉》七章者，秦丞相李斯所作也；《爰历》六章者，车府令赵高所作也；《博学》七章者，太史令胡母敬所作也：文字多取《史籀篇》，而篆体复颇异，所谓秦篆者也。"⑦邓绥"六岁能史书"，说明达到相当高的知识水准。"善史书"，绝

---

① 《汉书》，第 1719、1721 页。
② 《汉书》，第 4069 页。
③ 李约瑟：《中国科学技术史》第一卷《导论》，科学出版社、上海古籍出版社 1990 年版，第 112 页。
④ 《汉书》，第 4069—4070 页。
⑤ 《汉书》卷一二《平帝纪》："征天下通知逸经、古记、天文、历算、钟律、小学、《史篇》、方术、《本草》及以《五经》、《论语》、《孝经》、《尔雅》教授者，在所为驾一封轺传，遣诣京师。至者数千人。"第 359 页。
⑥ 《汉书》，第 298 页。
⑦ 《汉书》，第 1721 页。

非仅仅只是能够识字而已，而指具有可以参与执政的较高水准的文字学素养。《汉书》卷五八《儿宽传》："廷尉府尽用文史法律之吏。"颜师古注："史谓善史书者。"①《汉书》卷七二《贡禹传》说到"便巧史书习于计簿能欺上府者"，俗语又曰："史书而仕宦，何以谨慎为？"②《汉书》卷七六《王尊传》说王尊"能史书"③，《汉书》卷九六下《西域传下》说冯嫽"能史书"④，与《后汉书》对六岁女童邓绥的评价是一样的。言"善史书"，除前引对汉元帝与"多材艺"并称的肯定外，又用以表扬著名酷吏严延年⑤、汉成帝许皇后⑥、东汉北海靖王刘兴⑦、乐成靖王刘党⑧、三国时名臣胡昭⑨等。汉哀帝"年十岁，好学史书"⑩，则是"童幼"喜爱学习"史书"的另一例。

邓绥"十二通《诗》、《论语》"，当然也是早期教育获得成功的史例。邓绥15岁"与诸家子俱选入宫"。"自入宫掖，从曹大家受经书，兼天文、筹数。昼省王政，夜则诵读，而患其谬误，惧乖典章，乃博选诸儒刘珍等及博士、议郎、四府掾史五十余人，诣东观雠校传记。事毕奏御，赐葛布各有差。"⑪似乎15岁"入宫"之后，学业承"曹大家"指导仍得继续。

---

① 《汉书》，第 2628—2629 页。
② 《汉书》，第 3077 页。
③ 《汉书》，第 3226 页。
④ 《汉书》，第 3907 页。
⑤ 《汉书》卷九〇《酷吏传·严延年》，第 3669 页。
⑥ 《汉书》卷九七下《外戚传下·孝成许皇后》，第 3974 页。
⑦ 《后汉书》卷一四《宗室四王三侯传·北海靖王兴》，第 557 页。
⑧ 《后汉书》卷五〇《孝明八王传·乐成靖王党》，第 1672 页。
⑨ 〔晋〕陈寿撰，〔宋〕裴松之注：《三国志》卷一一《魏书·胡昭传》，中华书局 1959 年版，第 362 页。
⑩ 《后汉书》卷五《安帝纪》，中华书局标点本作"好学《史书》"。李贤注："《史书》者，周宣王太史籀所作之书也。凡五十五篇，可以教童幼。"第 203 页。
⑪ 《后汉书》卷一〇上《皇后纪上·和熹邓皇后》，中华书局 1974 年版，第 419、424 页。

据《后汉书》卷五五《章帝八王传·清河孝王庆》，一位称左姬或称左小娥的后宫女子，也曾以"善史书"闻名："帝所生母左姬，字小娥，小娥姊字大娥，犍为人也。初，伯父圣坐妖言伏诛，家属没官，二娥数岁入掖庭，及长，并有才色。小娥善史书①，喜辞赋。和帝赐诸王宫人，因入清河第。庆初闻其美，赏傅母以求之。及后幸爱极盛，姬妾莫比。"②大娥与小娥"二娥数岁入掖庭"，所谓"及长，并有才色"的"长"，未必成年。从"庆初闻其美"，"及后幸爱极盛"可知，"二娥""并有才色"时，应当还是少女时代。

又如汉顺帝梁皇后梁妠，"少善女工，好史书③，九岁能诵《论语》，治《韩诗》，大义略举"。这位女子"永建三年""选入掖庭，时年十三"。④梁妠13岁之前所谓"好史书"事迹，或许可以联系前说汉哀帝"好学史书"事迹予以理解。

三、平民家庭的女童教育

关于汉代妇女文化学习的多数例证是上层社会的故事。大将军梁商因女儿梁妠有很好的学业与道德表现，感叹道："我先人全济河西，所活者不可胜数。虽大位不究，而积德必报。若庆流子孙者，傥兴此女乎？"⑤看来有一定地位的显贵家族，是比较重视女子教育的。"报""德""流""庆"的期待也许只是潜在的因由，而推崇文化，应当已经成为传统。

也有出身知识阶层的杰出女童。如《后汉书》卷八四《列女传·袁隗妻》："汝南袁隗妻者，扶风马融之女也。字伦。隗已见前传。伦少有才辩。""伦妹芝，亦有才义。少丧亲长而追感，乃作《申情赋》

---

① 中华书局标点本作"善《史书》"。
② 《后汉书》，第1803页。
③ 中华书局标点本作"好《史书》"。
④ 《后汉书》卷一〇下《皇后纪下·顺烈梁皇后》，第438页。
⑤ 《后汉书》卷一〇下《皇后纪下·顺烈梁皇后》，第438页。

云。"①《后汉书》卷八四《列女传·阴瑜妻》："南阳阴瑜妻者，颍川荀爽之女也，名采，字女荀。聪敏有才艺。年十七，适阴氏。"②她的"才艺"，应当在"年十七"出嫁以前已经有所表现。沛人刘长卿的妻子是"桓鸾之女"，言谈之中随口引述《诗经》文句。曾追忆"昔我先君五更，学为儒宗，尊为帝师"，地方行政长官"上奏高行，显其门闾，号曰'行义桓氂'，县邑有祀必膰焉"③，表示对其家族文化传统的尊重。马融之女、荀爽之女、桓鸾之女的表现，都体现出家族文化影响。

我们也可以看到一般的平民阶层女子好学博闻的历史记载。《后汉书》卷八四《列女传》写道，吴人许升的妻子"吕氏之女也，字荣"，"升少为博徒，不理操行，荣尝躬勤家业，以奉养其姑。数劝升修学，每有不善，辄流涕进规"。许升妻"数劝升修学"事值得注意，而许升"少"的情节也值得注意。④又如，"安定皇甫规妻者，不知何氏女也。规初丧室家，后更娶之。妻善属文，能草书，时为规答书记，众人怪其工"⑤。安定人皇甫规的第二任妻子，所谓"不知何氏女也"即出身不详，应当不是名门。她写作能力很强，书法亦精，为皇甫规起草文书，看到的人都惊异其文辞的优美和缮写的完好。应当注意，所谓"善属文"，是对文化能力很高的评价。《汉书》《后汉书》《三国志》等史籍对于兒宽、郑弘、陈汤、田邑这样的名臣⑥，对于董仲舒、崔骃、

---

① 《后汉书》卷八四《列女传·袁隗妻》，第2796页。
② 《后汉书》卷八四《列女传·阴瑜妻》，第2798页。
③ 《后汉书》卷八四《列女传·刘长卿妻》，第2797页。
④ 《后汉书》卷八四《列女传·许升妻》，第2795页。
⑤ 《后汉书》卷八四《列女传·皇甫规妻》，第2798页。
⑥ 《汉书》卷五八《兒宽传》，第2628页；《汉书》卷六九《郑弘传》，第2903页；《汉书》卷七〇《陈汤传》，第3007页；《后汉书》卷二八上《冯衍传》李贤注引《东观记》，第976页。

挚恂、张衡这样的学者①,对于曹植、王粲这样的大文学家②,嵇康、沈友、薛综、滕胄这样的著名学者③,也都是使用了"善属文"这样的文字。④

《汉书》卷九七下《外戚传下·孝成许皇后》记载:"后聪慧,善史书,自为妃至即位,常宠于上,后宫希得进见。皇太后及帝舅忧上无继嗣,时又数有灾异,刘向、谷永等皆陈其咎在于后宫。上然其言。于是省减椒房掖廷用度。皇后乃上疏曰:'妾夸布服粝食,加以幼稚愚惑,不明义理,幸得免离茅屋之下,备后宫扫除。蒙过误之宠,居非命所当托,洿秽不修,旷职尸官,数逆至法,踰越制度,当伏放流之诛,不足以塞责。'……"许皇后自述所谓"妾夸布服粝食,加以幼稚愚惑,不明义理,幸得免离茅屋之下,备后宫扫除",表明了出身卑贱的背景。"幼稚",强调了未成年人身份。"夸布服粝食",颜师古注:"孟康曰:'夸,大也,大布之衣也。粝,粗米也。'师古曰:'言在家时野贱也。'"⑤许皇后所谓"聪慧,善史书"的声誉,产生于其人生的"野贱"时段。

《后汉书》卷一〇下《皇后纪·灵思何皇后》说到一位因怀孕被杀害的后宫阴谋的牺牲者:"王美人,赵国人也。祖父苞,五官中郎将。美人丰姿色,聪敏有才明,能书会计,以良家子应法相选入掖庭。"所谓"能书会计",频繁见于河西汉简关于基层官员能力考核的文

---

① 《汉书》卷八八《儒林传·瑕丘江公》,第3617页;《后汉书》卷五二《崔骃传》,第1708页;《后汉书》卷六〇上《马融传》李贤注引《三辅决录注》,第1953页;《后汉书》卷五九《张衡传》,第1897页。
② 《三国志》卷一九《魏书·陈思王植传》,第557页;《三国志》卷二一《魏书·王粲传》,第599页。
③ 《三国志》卷二一《魏书·嵇康传》,第605页;《三国志》卷四七《吴主传》裴松之注引《吴录》,第1117页;《三国志》卷五三《吴书·薛综传》裴松之注引《吴录》,第1251页;《三国志》卷六四《吴书·滕胤传》,第1443页。
④ 又《汉书》卷七二《薛方传》可见"喜属文"。第3096页。
⑤ 《汉书》,第3974—3975页。

字记录。^①李贤注:"会计谓总会其数而筹。"^②这位"聪敏有才明,能书会计"能力的形成,是在"应法相选入掖庭"之前,可以体现出她接受早期教育的收获。王美人以"良家子"身份"选入掖庭",虽"祖父苞,五官中郎将",父亲没有在史册留下记录。她具备"聪敏有才明,能书会计"的能力时,身份应当并不高贵。

四、"女德"教育与"少习仪训"典范

《后汉书》卷八四《列女传》开篇写道:"《诗》《书》之言女德尚矣。若夫贤妃助国君之政,哲妇隆家人之道,高士弘清淳之风,贞女亮明白之节,则其徽美未殊也,而世典咸漏焉。故自中兴以后,综其成事,述为《列女篇》。"^③所谓"女德"典范,即"贤妃""哲妇""高士""贞女"。《列女传》又载录班昭"作《女诫》七篇,有助内训",论"卑弱第一""夫妇第二""敬慎第三""妇行第四""专心第五""曲从第六""和叔妹第七",^④体现了儒学正统道德规范得以普及的时代对女子思想与言行的限制与压抑。这种强制性的道德约束,是从童年时代就开始的。《后汉书》卷八四《列女传》:"沛郡周郁妻者,同郡赵孝之女也,字阿。少习仪训,闲于妇道。"^⑤所谓"少习仪训",指自幼年起就开始接受专门针对女子的道德教育。

不过,我们通过汉代女童的一些表现,可以看到其中透露出得比较自然的个体心态,及其所反映的社会文化风貌。

《后汉书》卷一〇上《皇后纪上·和熹邓皇后》:"和熹邓皇后讳绥,太傅禹之孙也。父训,护羌校尉;母阴氏,光烈皇后从弟女也。后年五岁,太傅夫人爱之,自为翦发。夫人年高目冥,误伤后额,

---

① 居延汉简有关基层军官能力评定的通常的文字程式是"能书会计颇知律令文"。
② 《后汉书》卷一〇下《皇后纪下·灵思何皇后》,第450页。
③ 《后汉书》,第2781页。
④ 《后汉书》卷八四《列女传·曹世叔妻》,第2786—2791页。
⑤ 《后汉书》卷八四《列女传·周郁妻》,第2784页。

忍痛不言。左右见者怪而问之，后曰：'非不痛也，太夫人哀怜为断发，难伤老人意。故忍之耳。'"①邓绥幼年时"伤后额"而"忍痛不言"的罕见表现，出自理解"太夫人哀怜"而"难伤老人意"的善良心思。

《汉书》卷二四上《食货志上》言教育程式："八岁入小学，学六甲五方书计之事，始知室家长幼之节。"②"始知室家长幼之节"在"学六甲五方书计之事"之后，可知当时教育理念，道德教育似乎是寓于知识教育之中的。对于当时蒙学的这一特点，有教育史家分析说："启蒙教育犹重品德伦常和日常行为规范的培养，并且寓于书算教材和教学之中，以收课程简、重点突出之效。"③所谓"室家长幼之节"的基本原则是"孝"。袁隗妻"慈亲垂爱，不敢逆命"④言，即反映出对"孝"这一道德原则的坚守。

《后汉书》卷八四《列女传》载录两则"孝女"故事，即《孝女曹娥传》与《孝女叔先雄传》。"孝女叔先雄"故事："孝女叔先雄者，犍为人也。父泥和，永建初为县功曹。县长遣泥和拜檄谒巴郡太守，乘船堕湍水物故，尸丧不归。雄感念怨痛，号泣昼夜，心不图存，常有自沈之计。所生男女二人，并数岁，雄乃各作囊，盛珠环以系儿，数为诀别之辞。家人每防闲之，经百许日后稍懈，雄因乘小船，于父堕处恸哭，遂自投水死。弟贤，其夕梦雄告之：'却后六日，当共父同出。'至期伺之，果与父相持，浮于江上。郡县表言，为雄立碑，图象其形焉。"⑤又有"孝女曹娥"故事：

孝女曹娥者，会稽上虞人也。父盱，能弦歌，为巫祝。汉安二年五月五日，于县江溯涛婆娑迎神，溺死，不得尸骸。

---

① 《后汉书》，第418页。
② 《汉书》卷二四上《食货志上》，第1122页。
③ 毛礼锐、沈灌群主编：《中国教育通史》第2卷，山东教育出版社1986年版，第112—113页。
④ 《后汉书》卷八四《列女传·袁隗妻》，第2796页。
⑤ 《后汉书》，第2799—2780页。

娥年十四,乃沿江号哭,昼夜不绝声,旬有七日,遂投江而死。

至元嘉元年,县长度尚改葬娥于江南道傍,为立碑焉。①

"孝女曹娥""投江而死",事在"年十四"时,可以看作女童遵循"孝"的原则的道德标范。两位"孝女"均得"立碑",她们的事迹又成为更广大社会层面女童们道德修养的榜样。

王国维《观堂集林》卷四《汉魏博士考》写道:"刘向父子作《七略》,'六艺'一百三家,于《易》、《书》、《诗》、《礼》、《乐》、《春秋》之后,附以《论语》、《孝经》、'小学'三目,'六艺'与此三者,皆汉时学校诵习之书。以后世之制明之:'小学'诸书者,汉小学之科目;《论语》、《孝经》者,汉中学之科目,而'六艺'则大学之科目也。"②所谓"《论语》、《孝经》者,汉中学之科目",可以看作以道德教育为主题的"科目"。《孝经》宣传的思想得以普及,是可以想见的。

汉顺帝梁皇后梁妠除前引"少善女工,好史书,九岁能诵《论语》,治《韩诗》,大义略举"事迹外,史载"常以列女图画置于左右,以自监戒"。李贤注:"刘向撰《列女传》八篇,图画其象。"可知她"选入掖庭,时年十三"③之前,已经有以女子道德教育典范自我"监戒"的觉悟。

《三国志》卷五《魏书·后妃传·文昭甄皇后》裴松之注引《魏略》曰:"后年十四,丧中兄俨,悲哀过制,事寡嫂谦敬,事处其劳,拊养俨子,慈爱甚笃。后母性严,待诸妇有常,后数谏母:'兄不幸早终,嫂年少守节,顾留一子,以大义言之,待之当如妇,爱之宜如女。'母感后言流涕,便令后与嫂共止,寝息坐起常相随,恩爱益密。"④所谓"事寡嫂谦敬,事处其劳,拊养俨子,慈爱甚笃",是

---

① 《后汉书》,第2794页。
② 王国维:《王国维遗书》第1册,上海古籍书店1983年版,第7页。
③ 《后汉书》卷一〇下《皇后纪下·顺烈梁皇后》,第438页。
④ 《三国志》,第159—160页。

符合对家族中女子的道德要求的。"年十四"的这位女子"数谏母""爱之宜如女",最终至于"恩爱益密"的境界。这段数十字的文字中三次出现"爱"字,表扬了这位未成年女子道德锤炼与性格修养的"爱"的主题。

五、"孔融女"事迹

考察汉代未成年女子教育有关政治意识、世事判断、人生态度方面的情形,可以关注"孔融女"的故事。《后汉书》卷七〇《孔融传》记载孔融被捕随即遭到杀害时的情形:

> 初,女年七岁,男年九岁,以其幼弱得全,寄它舍。二子方弈棋,融被收而不动。左右曰:"父执而不起,何也?"答曰:"安有巢毁而卵不破乎!"主人有遗肉汁,男渴而饮之。女曰:"今日之祸,岂得久活,何赖知肉味乎?"兄号泣而止。或言于曹操,遂尽杀之。及收至,谓兄曰:"若死者有知,得见父母,岂非至愿!"乃延颈就刑,颜色不变,莫不伤之。①

这位"年七岁"女童面对死亡的镇定,或许可以使许多成年男子惭服。

《三国志》卷一二《魏书·崔琰传》裴松之注引《魏氏春秋》:"十三年,融对孙权使,有讪谤之言,坐弃市。二子年八岁,时方弈棋,融被收,端坐不起。左右曰:'而父见执,不起何也?'二子曰:'安有巢毁而卵不破者乎!'遂俱见杀。"②《后汉书》说"女年七岁,男年九岁",《魏氏春秋》则说"二子年八岁",不言男女。《世说新语·言语》的记载又略有不同:"孔融被收,中外惶怖。时融儿大者九岁,小者八岁,二儿故琢钉戏,了无遽容。融谓使者曰:'冀罪止于身,二儿可得全不?'儿徐进曰:'大人岂见覆巢之下复有完卵乎?'寻亦收至。"此说"二儿""大者九岁,小者八岁",也未言男女。《世说新语·言语》又予以很高的评价:"八岁小儿,

---

① 《后汉书》,第2279页。
② 《三国志》,第372—373页。

能悬了祸患,聪明特达,卓然既远,则其忧乐之情,固亦有过成人矣。"①所谓"弈棋"或者"琢钉戏"都是"小儿"游戏即"儿戏"②,其具体形式余嘉锡《世说新语笺疏》引《因树屋书影》卷三又所考论。又案:《说苑·权谋》"覆巢毁卵",《孔子家语·困誓》"覆巢破卵"。③则可知"特达""卓然"的"孔融女"的明智与镇静,是有知识积累的基础的。

《世说新语·言语》以为"固亦有过成人矣"的孔融的"八岁小儿",应当就是《后汉书》卷七〇《孔融传》所言"女年七岁"者。

"孔融女"的孝心和勇气,有人认为可以和汉文帝时代引救父上书导致刑法改革的缇萦相比。南宋学者林同《孝诗》中有《缇萦》和《孔融女》两首。《缇萦》诗有小序:"父淳于公有罪当刑,萦上书乞没为官婢,赎父罪。文帝悲怜之,诏除肉刑。"其诗曰:"仁矣文皇诏,悲哉少女书。至今民受赐,非但活淳于。"又《孔融女》诗:

孔融女

七岁,父先为曹操所杀,女临刑曰:"若死者有知,
得见父母,岂非至愿!"不忧身即死,惟恐死无知。倘得
从父母,宁非我所期。④

其诗意境浅窳,文句平拙,然而表现了后世人对这两位奇女童的深刻记忆。组诗题"妇女之孝"。"孔融女"诗当是就"孔融女"言"若死者有知,得见父母,岂非至愿"发抒感叹。所谓"孔融女""七岁",

---

① 余嘉锡:《世说新语笺疏》卷上之上《言语》,中华书局1983年版,第58页。
② 王子今、周苏平:《汉代儿童的游艺生活》,载《中国史研究》1999年第3期;王子今:《秦汉儿童的世界》,中华书局2018年版,第171—204页。
③ 《世说新语笺疏》卷上之上《言语》,第59页。
④ 〔宋〕陈起编:《江湖小集》卷九五《林同孝诗》,列于"妇女之孝二十首",见《景印文渊阁四库全书》,台湾商务印书馆1986年版,第1357册,第715页。《两宋名贤小集》卷二三九题《孝诗》。

是根据《后汉书》卷七〇《孔融传》的记述。

六、女童的历史知识与历史感觉

孔融"女年七岁"者所谓"安有巢毁而卵不破乎！"应是历史见识的表现。"覆巢毁卵""覆巢破卵"分别见于《说苑·权谋》与《孔子家语·困誓》，体现了历史观念的前后继承。

《汉书》卷二四上《食货志上》说到传统农耕社会的教育形式："八岁入小学，学六甲五方书计之事，始知室家长幼之节。"① 对于"小学"教学内容所谓"学六甲五方书计之事"，顾炎武解释说："'六甲'者，四时六十甲子之类；'五方'者，九州岳渎列国之名。"② "六甲"是关于时间的知识，"五方"是关于空间的知识。我们现在还不知道顾炎武所谓"四时六十甲子之类"是否包括历史知识，但是当时包括女童在内的受教育者能够得到历史教习的基本条件，是确定无疑的。

未成年女子学习历史知识并且心有体会，有具体的实例。《后汉书》卷一〇下《皇后纪下·顺烈梁皇后》写道："后既少聪惠，深览前世得失，虽以德进，不敢有骄专之心，每日月见谪，辄降服求愆。"③ 此所谓"深览前世得失"，应当是指历史学习与历史思考。"深览前世得失"，可能是汉代人习惯用语，体现了当时人们的历史意识以及对历史知识的特殊重视。《汉书》卷八六《王嘉传》即可见"宜深览前世，以节贤宠，全安其命"的说法。④

汉末中山无极女子，后来的魏文帝甄皇后，据《三国志》卷五《魏书·后妃传·文昭甄皇后》注引《魏书》说，"年九岁，喜书，视字辄识，数用诸兄笔砚，兄谓后言：'汝当习女工。用书为学，当作女博士邪？'后答言：'闻古者贤女，未有不学前世成败，以为己诫。

---

① 《汉书》卷二四上《食货志上》，第1122页。
② 〔清〕顾炎武著，黄汝成集释，栾保群、吕宗力校点：《日知录集释（全校本）》卷二七《汉书注》，上海古籍出版社2006年版，第1535页。
③ 《后汉书》卷一〇下《皇后纪下·顺烈梁皇后》，第439页。
④ 《汉书》卷八六《王嘉传》，第3497页。

不知书，何由见之？'"①甄家女儿的这番话，表达了好学女子博古通今的志向。所谓"学前世成败，以为己诫"，明确提出了熟识历史的意义。

向邓绥传授经书和天文、算术的"曹大家"，就是在中国文化史上享有盛名的女性历史学家班昭。《后汉书》卷八四《列女传·曹世叔妻》："扶风曹世叔妻者，同郡班彪之女也，名昭，字惠班，一名姬。博学高才。世叔早卒，有节行法度。兄固著《汉书》，其八表及《天文志》未及竟而卒，和帝诏昭就东观臧书阁踵而成之。帝数召入宫，令皇后诸贵人师事焉，号曰大家。""及邓太后临朝，……时汉书始出，多未能通者，同郡马融伏于阁下，从昭受读，后又诏融兄续继昭成之。"班固是《汉书》的主要作者。他去世时，这部史学名著尚有八表和《天文志》没有完成。汉和帝命班昭续撰，后来又命跟随班昭学习《汉书》的马续继续完成了《天文志》。班昭的其他著作，有"赋、颂、铭、诔、问、注、哀辞、书、论、上疏、遗令，凡十六篇"②，留到今天的还有《东征赋》《针缕赋》《大雀赋》《蝉赋》《为兄超求代疏》《上邓太后疏》《欹器颂》以及《女诫》等。班昭有文采，有见识，有担当，当然《女诫》的社会文化影响也遭到批评。作为有贡献的女性学者，她最突出的成就，还是作为历史学者对《汉书》撰著的参与。当时的大儒马融，曾经在班昭门下学习《汉书》。《后汉书》卷八四《列女传·曹世叔妻》载班昭《女诫》："鄙人愚暗，受性不敏，蒙先君之余宠，赖母师之典训。年十有四，执箕箒于曹氏，于今四十余载矣。战战兢兢，常惧黜辱，以增父母之羞，以益中外之累。"李贤注："言执箕箒主贱役，以事舅姑。"③据班昭自述，她"蒙先君之余宠，赖母师之典训"，求学有成，是在"年十有四"出嫁之前。她主要的历史知识，

---

① 《三国志》，第 159 页。
② 《后汉书》，第 2784—2785、2792 页。
③ 《后汉书》，第 2786 页。

应当也是在人生的这一时段开始积累。

七、"习女工"要求

《后汉书》卷二八下《冯衍传》李贤注引《衍集》载衍与妇弟任武达书谴责其妇"既无妇道,又无母仪",愤言:"不去此妇,则家不宁。不去此妇,则家不清。不去此妇,则福不生。不去此妇,则事不成。"而所指斥行为除"谗口嗷嗷""张目抵掌",以致"愁令人不赖生,忿令人不顾祸"之外,又曰:"纺绩织纴,了无女工。"① 可知"女工"是对女性的基本要求。

"女工"即"女红"。《史记》卷一〇《孝文本纪》载汉文帝遗诏:"已下,服大红十五日,小红十四日,纤七日,释服。"裴骃《集解》:"服虔曰:'当言大功、小功布也。纤,细布衣也。'应劭曰:'红者,中祥大祥以红为领缘也。纤者,襌也。凡三十六日而释服。'"司马贞《索隐》引刘德云:"红亦功也。男功非一,故以'工力'为字。而女工唯在于丝,故以'糸工'为字。三十六日,以日易月故也。"② 《三国志》卷六五《吴书·华覈传》载华覈上疏曰:"汉之文、景,承平继统,天下已定,四方无虞,犹以雕文之伤农事,锦绣之害女红,开富国之利,杜饥寒之本。况今六合分乖,豺狼充路,兵不离疆,甲不解带,而可以不广生财之原,充府藏之积哉?"③ 所谓"女工""女红",是女子个人劳动能力,关系到家庭生活,也关系到社会经济。

《后汉书》卷一〇上《皇后纪上·和熹邓皇后》:"六岁能《史书》,十二通《诗》、《论语》。诸兄每读经传,辄下意难问。志在典籍,不问居家之事。母常非之,曰:'汝不习女工以供衣服,乃更务学,宁当举博士邪?'后重违母言,昼修妇业,暮诵经典,家人号曰'诸

---

① 《后汉书》,第 1003—1004 页。
② 《史记》,第 434—435 页。
③ 《三国志》,第 1469 页。

生'。父训异之,事无大小,辄与详议。"①《后汉书》卷一〇下《皇后纪下·顺烈梁皇后》:"少善女工,好《史书》,九岁能诵《论语》,治《韩诗》,……"②可知"习女工""善女工"评价,是对女童能力与修养的肯定。

八、成功的女童教育与文化的世代承续

班昭"蒙先君之余宠,赖母师之典训"的感言,说到文化继承关系的重要。而"母师"之说,强调了女性在这种传承体系中的作用。

班昭多次被皇帝召入宫中,"令皇后诸贵人师事焉,号曰'大家'"。她的《女诫》,"马融善之,令妻女习焉"。班昭丈夫的妹妹名叫曹丰生,据说"亦有才惠",曾经写信就《女诫》的内容向班昭提出批评,而"辞有可观"。这是历史上少见的女子相互进行学术文化辩论或者道德伦理辩论的故事。班昭的论著由她的儿媳丁氏整理。这位丁氏,又曾经作《大家赞》总结班昭的文化贡献。③看来,在特定情形下,汉代社会由女性构成的文化关系对于知识传递发挥了很好的作用。

前引《后汉书》卷一〇上《皇后纪上·和熹邓皇后》记述邓绥事迹,说她"自入宫掖,……昼省王政,夜则诵读,而患其谬误,惧乖典章",于是又有整理校正儒学经典的实践,"乃博选诸儒刘珍等及博士、议郎、四府掾史五十余人,诣东观雠校传记。事毕奏御,赐葛布各有差"。这位重视文化事业的女子组织并领导了文献学方向50余人的学术团队,工作成效有"事毕奏御"的记录。又借用身份地位的特殊,发起促成了后宫的学习风气:"又诏中官近臣于东观受读经传,以教授宫人,左右习诵,朝夕济济。"④

《三国志》卷二八《魏书·锺会传》写道:"锺会字士季,颍

---

① 《后汉书》,第418页。
② 《后汉书》,第438页。
③ 《后汉书》卷八四《列女传·曹世叔妻》,第2785、2792页。
④ 《后汉书》,第424页。

川长社人,太傅繇小子也。少敏惠夙成。中护军蒋济着论,谓'观其眸子,足以知人。'会年五岁,繇遣见济,济甚异之,曰:'非常人也。'及壮,有才数技艺,而博学精练名理,以夜续昼,由是获声誉。"裴松之注引其母传曰:"夫人性矜严,明于教训,会虽童稚,勤见规诲。年四岁授《孝经》,七岁诵《论语》,八岁诵《诗》,十岁诵《尚书》,十一诵《易》,十二诵《春秋左氏传》、《国语》,十三诵《周礼》、《礼记》,十四诵成侯《易记》,十五使入太学问四方奇文异训。谓会曰:'学猥则倦,倦则意怠;吾惧汝之意怠,故以渐训汝,今可以独学矣。'"①锺会日后的政治方向我们这里不做讨论。应当提示的是,他在自我设计的特定的人生道路上取得的成功,与他母亲的引导和教育有着直接的关系。

锺会为他的母亲写的传记中写道:"雅好书籍,涉历众书,特好《易》、《老子》,每读《易》孔子说鸣鹤在阴、劳谦君子、籍用白茅、不出户庭之义,每使会反复读之。"②可见这位女子对孔子《易》学是有自己独到的心得的。

她为锺会规划的从"年四岁"至"十五"的学习程序,也许正是这位"雅好书籍,涉历众书"的女子在未成年时期自己学术经历的复演。一位好学女童在成年之后,又以自己的学习体验为下一代童年时代的"授""诵""问""学",进行了精心的安排。对于尚在"童稚"的锺会之所谓"明于教训""勤见规诲",也应当是以自己当年"涉历众书"的体会为教育模版的。

---

① 《三国志》,第 784、785 页。
② 《三国志》卷二八《魏书·锺会传》,第 785—786 页。

性别的政争:"巫蛊之祸"与征和时期的帝后关系①

① 征和,汉武帝年号,公元前92年至公元前89年。陈直据文物资料论证"征和当为延和",然而应劭曰:"言征伐四夷而天下和平","可见在东汉中晚期,已普遍作征和"。《汉书新证》,天津人民出版社1979年版,第38页。方诗铭《中国历史纪年表》作"征(延)和"。上海辞书出版社1980年版,第36页。今从应劭以来传统之说。

汉武帝晚年，行政苛烦，为法严厉，而且迷信方士神巫，年迈多疑，喜怒无常。《汉书》卷六三《武五子传·戾太子刘据》说："上春秋高，意多所恶"①，又多病，"以为左右皆为蛊道祝诅"②。于是指使酷吏清查"巫蛊"，严刑逼供，形成空前的大狱，据说有数万人冤死，这就是西汉史上著名的"巫蛊之祸"。"巫蛊之祸"随即引发了都城长安以汉武帝调动和指挥的政府军为一方，以太子刘据发动的长乐宫卫戍部队和武装市民为另一方的直接的战争。鏖斗之激烈，据说伤亡数以万计，大路两旁的沟水，都被鲜血染红。"巫蛊之祸"作为发生于汉武帝统治晚期的一场激烈的动乱，使汉帝国陷入严重的政治危机，也形成了深刻的社会震动，在中国古代政治史上演出了惊心动魄的一幕。

"巫蛊"，本来是以民间礼俗迷信作为观念基础而施行的加害于人的一种巫术形式。"蛊"的原义，大约是以毒虫让人食用，使人陷于病害。《说文·虫部》写道："蛊，腹中虫也。《春秋传》曰：皿虫为蛊，晦淫之所生也。"汉武帝时代所通行的"巫蛊"形式，大致是用桐木削制成仇人的形象，有的插刺铁针，埋入地下，用恶语诅咒，以为能够使对方罹祸。③《六韬·上贤》说："伪方异伎，巫蛊

---

① 洪迈《容斋续笔》卷二"巫蛊之祸"条写道："是时帝春秋已高，忍而好杀，李陵所谓法令无常，大臣无罪夷灭者数十家。"而"心术既荒，随念招妄"，"迷不复开"，也是巫蛊之祸发生的原因之一。

② 〔汉〕班固：《汉书》，中华书局1962年版，第2742页。

③ 有学者称此为"偶像伤害术"。这种巫术形式在近世民俗中有如下表现，"用纸人、草人、木偶、泥俑、铜像乃至玉人作被施术者的替身，刻写其姓名或生辰八字，或取得被施术者身上的一点毛发、指甲乃至衣物，作法诅咒后或埋入土中，或以针钉相刺，据说，被施术者就会产生同样的反应；刺偶像的哪个部位，真人的哪个部位就会受到感应性伤害。为了折磨仇家，施术者往往在偶像上遍钉铁钉并合厌以魔鬼偶像，最后才以巨钉钉心，弄死对方"。邓启耀：《中国巫蛊考察》，上海文艺出版社1999年版，第70页。汉代相关例证，有《汉书》卷九五《西南夷传》："成帝河平中，夜郎王兴……刻木象汉吏，立道旁射之。"第3843—3844页。

左道，不祥之言，幻惑良民，王者必止之。"① 可见，所谓"巫蛊"，是与"王者"为政的文化原则相抵触的巫术形式。

"巫蛊"曾经是妇女相互仇视时发泄私愤的通常方式之一。宫廷妇女和贵族妇女中因嫉妒而使用"巫蛊"之术，使得这种迷信意识严重侵入上层社会生活。②

《史记》卷四九《外戚世家》记载："（陈皇后）闻卫子夫大幸，恚，几死者数矣。上愈怒。陈皇后挟妇人媚道，其事颇觉，于是废陈皇后，而立卫子夫为皇后。"所谓"挟妇人媚道"，司马贞《索隐》"《汉书》云：'女子楚服等坐为皇后咒诅，大逆无道，相连诛者三百人。'"③汉武帝时代巫风大盛。④宫廷中"巫蛊"事，是以民间巫术的兴起为背景，同时又助长了神秘主义意识在社会礼俗中的渗透。

---

① 骈宇骞、李解民、盛冬玲等译注：《武经七书》，中华书局2007年版，第380页。

② 西汉后宫盛行"巫蛊"的情形，可以通过汉成帝许皇后的事迹得到说明。

③ 〔汉〕司马迁：《史记》，中华书局1982年版，第1979页。〔日〕泷川资言《史记会注考证》："沈钦韩曰：《周官·内宰》：'禁其奇袤'，郑云：'若今媚道。'贾氏云：'郑举汉法证经。《列女传》：夏姬美好无匹，内挟伎术，盖老而复状者三。此类也。'愚按《汉外戚传》：使有司赐皇后策曰：'皇后失序，惑于巫祝。'所谓'惑于巫祝'，即媚道也。《周官》贾疏非也。"今按《汉书》卷九七上《外戚传上·孝武陈皇后》："后又挟妇人媚道，颇觉。元光五年，上遂穷治之，女子楚服等坐为皇后巫蛊祠祭祝诅，大逆无道，相连及诛者三百余人。楚服枭首于市。使有司赐皇后策曰：'皇后失序，惑于巫祝，不可以承天命。其上玺绶，罢退居长门宫。'"似乎"媚道"与"巫蛊"之间确有某种联系。《汉书》卷九七下《外戚传下·孝成许皇后》"为媚道祝诅"，又《外戚传下·孝成班婕妤》"挟媚道祝诅"，《汉书》卷二七上《五行志上》则称其为"巫蛊"，情形亦相类。第3982、3984、1334页。

④ 《汉书》卷六《武帝纪》：天汉二年（前99），"秋，止禁巫祠道中者。大搜"。文颖解释说："始汉家于道中祠，排祸咎移之于行人百姓。以其不经，今止之也。"颜师古则指出："文说非也。秘祝移过，文帝久已除之。今此总禁百姓巫觋于道中祠祭者耳。"对于所谓"大搜"，臣瓒以为："'搜'，谓索奸人也。"晋灼则以为："搜'巫蛊'也。"第203页。

汉武帝晚期"巫蛊之祸"的发生，因卫皇后的女儿诸邑公主、阳石公主案拉开了序幕。

征和二年（前91），有人举报丞相公孙贺的儿子公孙敬声与阳石公主私通，"及使人巫祭祠诅上，且上甘泉当驰道埋偶人，祝诅有恶言"①，于是"父子死狱中，家族"②。《汉书》卷六《武帝纪》记载："二年春正月，丞相贺下狱死。"数月后，卫皇后女"诸邑公主、阳石公主皆坐'巫蛊'死"③。

分析"巫蛊之祸"发生的原因时，有人注意到汉武帝和太子刘据政见的不同。据《资治通鉴》卷二二"汉武帝征和二年"记载，汉武帝"体不平，遂苦忽忽善忘"，而"性仁恕温谨"，"宽厚""守文"，与汉武帝政治风格多有差异的太子刘据对汉武帝"用法严，多任深刻吏"的做法"多所平反"，于是"得百姓心，而用法大臣皆不悦"④。据《汉书》卷六三《武五子传·戾太子刘据》，"及冠就宫，上为立博望苑，使通宾客，从其所好，故多以异端进者"⑤。显然，刘据身边当时已经聚集了一批有政治眼光和政治能力的人。政治权力的转移，对于最高执政者本人来说，是非常严重的事。即使是他自己选定的继承人，也难免面对苛刻挑剔的目光。在父子行政倾向有所不同的情况下，心理裂痕会越来越明显。在这种极特殊的政治背景下，具有极敏感的政治嗅觉，又有投机之心，受到汉武帝特殊信任并赋予重要权力的直指绣衣使者江充，利用汉武帝父子政治倾向不同的矛盾，制造了太子宫中埋木人行"巫蛊"的冤案。

汉武帝病重时，据《汉书》卷四五《江充传》记载："（江充）

---

① 颜师古注："甘泉宫在北山，故欲王皆言上也。刻木为人，象人之形，谓之'偶人'。"第2878页。
② 《汉书》卷六六《公孙贺传》，第2878页。
③ 《汉书》，第208页。
④ 〔宋〕司马光编著，〔元〕胡三省音注，"标点资治通鉴小组"校点：《资治通鉴》卷二二《汉纪一四》，中华书局1956年版，第726—728页。
⑤ 《汉书》，第2741页。

奏言上疾祟在'巫蛊',于是上以充为使者治'巫蛊'。充将胡巫掘地求偶人,捕蛊及夜祠,视鬼染污令有处,辄收捕验治。""遂掘蛊于太子宫,得桐木人"句下,颜师古注:"《三辅旧事》云:'(江)充使胡巫作而埋之。'"对于所谓"将胡巫掘地求偶人",颜师古注:"张晏曰:'(江)充捕'巫蛊'及夜祭祠祝诅者,令胡巫视鬼,诈以酒裰地,令有处也。'师古曰:'捕夜祠及视鬼之人,而(江)充遣巫污染地上,为祠祭之处,以诬其人也。'"①江充接受在长安大规模调查"巫蛊"一案的指令后,"胡巫"受江充之命,在调查"巫蛊"时制造假现场,导致冤案。所以少傅石德在劝太子刘据起兵诛江充时说:"前丞相父子、两公主及卫氏皆坐此,今巫与使者掘地得征验,不知巫置之邪,将实有也,无以自明。"《汉书》卷六三《武五子传·戾太子刘据》还记载:于是刘据"乃斩(江)充以徇,炙胡巫上林中"。对于"胡巫",颜师古注:"服虔曰:'作巫蛊之胡人也。'……师古曰:'胡巫受(江)充意指,妄作蛊状,太子特忿,且欲得其情实,故以火炙之,使毒痛耳。'"②"胡巫"作为"巫蛊之祸"这一政治变局中的重要的角色,在思想文化史上写下了具有神秘主义特征的外来文化因素通过介入上层权争,显著影响汉文化主体的引人注目的一页。③"胡巫"能够出入深宫,是对传统宫禁制度的严重冲击,可见汉武帝处置"巫蛊"一案的决心。

《汉书》卷六三《武五子传·戾太子刘据》又记载:"(江)充典治'巫蛊',既知上意,白言宫中有蛊气,入宫至省中,坏御座掘地。上使按道侯韩说、御史章赣、黄门苏文等助充。充遂至太子宫掘蛊,得桐木人。"④王先谦《汉书补注》:"朱一新曰:《礼记·王制》疏云:'掘得桐人六枚,尽以针刺之。'"⑤江充"既知上意",然

---

① 《汉书》,第2178、2179页。
② 《汉书》,第2741、2743页。
③ 参看王子今:《西汉长安的"胡巫"》,载《民族研究》1997年第5期。
④ 《汉书》,第2742页。
⑤ 王先谦:《汉书补注》,中华书局1983年版,第1242页。

后肆无忌惮，似乎他事先得到了汉武帝的某种明示或暗示，"既知上意"，所以敢于在宫中"掘蛊"，甚至直接冲犯皇后和太子。

"时上疾，辟暑甘泉宫"，长安"独皇后、太子在"。太子刘据处于极被动的形势下，召问少傅石德，石德说，"前丞相父子、两公主及卫氏皆坐此，今巫与使者掘地得征验，不知巫置之邪，将实有也，无以自明，可矫以节收捕（江）充等系狱，穷治其奸诈且上疾在甘泉，皇后及家吏请问皆不报，上存亡未可知，而奸臣如此，太子将不念扶苏事耶？"

石德用秦太子扶苏的悲剧警告刘据，刘据于是终于下决心起兵杀江充。"征和二年七月壬午，乃使客为使者收捕（江）充等。""具白皇后，发中厩车载射士，出武库兵，发长乐宫卫，告令百官曰江充反。乃斩江充以徇，炙胡巫上林中。"① 动员数万市民与政府军战于长安城中，汉代最严重的政治动乱"巫蛊之祸"于是爆发。

值得注意的是，刘据发军，曾"具白皇后"，之所以能够"发中厩车载射士，出武库兵，发长乐宫卫"，是得到了卫皇后的明确指令。也就是说，太子军的组成和实战，都有卫皇后的支持。而"长乐宫卫"，其实原本是皇后的贴身卫队。

当时在甘泉宫休养的汉武帝命令严厉镇压太子军，又具体指示："捕斩反者，自有赏罚。以牛车为橹，毋接短兵，多杀伤士众。坚闭城门，毋令反者得出。"并且迅速回到长安，停住城西建章宫，"诏发三辅近县兵"，亲自进行现场指挥。太子军与政府军"合战五日，死者数万人"②，后兵败出城东逃，在追捕中自杀。

事变之后，"巫蛊"冤案逐渐显现于世，"久之，'巫蛊'事多不信。"汉武帝"知太子惶恐无他意"，又接受了一些臣下的劝谏，内心有所悔悟。他"族灭江充家"，又将江充的同党苏文焚死在横桥上，又"怜太子无辜"，在刘据去世的地方筑作思子宫与归来望思之台，

---

① 《汉书》卷六三《武五子传·戾太子刘据》，第2743页。
② 《汉书》卷六六《刘屈氂传》，第2880—2881页。

以示哀念,一时,据说"天下闻而悲之"①。汉武帝并且利用汉王朝西域远征军战事失利的时机,开始了基本政策的转变。征和四年(前89),他公开宣布:"朕即位以来,所为狂悖,使天下愁苦,不可追悔。自今事有伤害百姓,糜费天下者,悉罢之!"②又正式颁布了被誉为"仁圣之所悔"的轮台诏,深陈既往之悔,否定了部分朝臣主张将西域战争继续升级的计划,表示"当今务在禁苛暴,止擅赋,力本农",决意把行政重心转移到和平生产方面来。又封丞相田千秋为富民侯,"以明休息,思富养民也"③。

司马光在《资治通鉴》卷二二"汉武帝征和四年"一节,曾经这样评价汉武帝,他写道:"孝武穷奢极欲,繁刑重敛,内侈宫室,外事四夷,信惑神怪,巡游无度,使百姓疲敝,起为盗贼,其所以异于秦始皇无几矣。然秦以之亡,汉以之兴者,孝武能尊王之道,知所统守,受忠直之言,恶人欺蔽,好贤不倦,诛赏严明,晚而改过,顾托得人,此其所以有亡秦之失而免亡秦之祸乎!"④所谓"受忠直之言,恶人欺蔽,好贤不倦","晚而改过,顾托得人",不仅反映出汉武帝个人性格的有关特征,也反映出西汉政治体制的重要进步,即与秦王朝僵冷而毫无弹性的行政制度不同,政府的重大政治缺误已经可以在一定程度上进行自我修补。

正如有的历史学家在分析"巫蛊之祸"前后的历史过程时所指出的:"历史动向向我们昭示,汉武帝作为早期的专制皇帝,实际上是在探索统治经验,既要尽可能地发展秦始皇创建的专制主义中央集权的统一国家,又要力图不蹈亡秦覆辙。在西汉国家大发展之后继之以轮台罪己之诏,表明汉武帝的探索获得了相当的成功。汉武帝罪己之诏虽然不能像所谓'禹汤罪己,其兴也勃焉'那样,臻汉室于鼎盛,

---

① 《汉书》卷六三《武五子传·戾太子刘据》,第 2747 页。
② 《资治通鉴》卷二二《汉纪一四》,第 738 页。
③ 《汉书》卷九六《西域传下》,第 3914 页。
④ 《资治通鉴》卷二二《汉纪一四》,第 747—748 页。

毕竟挽回了将颓之局。不过，轮台诏能够奏效，是由于它颁行于局势有可挽回之际，而且有可挽回之方。""所以汉武帝虽然提供了专制帝王收拾局面的先例，而直到有清之末为止的王朝历史中，真能成功地效法汉武帝以'罪己'诏取得成效的皇帝，却不多见。"①

"巫蛊之祸"这种在王朝都城的市中心发生大规模流血事件，又以正规军武装平定政治动乱的情形，在历史上是绝无仅有的，而汉武帝在事后的处理方式，在历史上也是绝无仅有的。中国古代帝王能够意识到自己的政治失误并且致力于扭转补救，已经是难能可贵的，其方式有许多种，一般情况下，往往尽管在实际上对失误有所纠正，然而在口头上对于失误却并不愿意公开承认。如汉武帝轮台诏这样正式沉痛地向全民公开承认自己的重大失误，在历史上是极其罕见的。②

然而，我们还应当注意到另一事实，即"巫蛊之祸"发生时，汉武帝偏处甘泉宫，而卫皇后高踞长安。另一方面，卫皇后亲族大将军卫青的威势已经不复存在。而汉武帝实行政策转变时，卫皇后已经身死两年。特别值得注意的，是汉武帝对太子刘据之死流露深切的忏悔之意，然而对卫皇后，却并没有相应的表示。

关于江充治"巫蛊"一案时过激表现的动机，《太平御览》卷七三五引《史记》写道：

> 江充见上年老，恐晏驾后为太子所诛，因奏上言曰："疾祟在'巫蛊'。"以充为使者治"巫蛊"。充将胡巫掘地求木偶，至遂掘得蛊，于太子宫得桐木人。太子惧，不能自明，收充，自临斩之。③

然而我们今天看到的《史记》并无此文。《汉书》卷四五《江充传》

---

① 田余庆：《论轮台诏》，见田余庆：《秦汉魏晋史探微》，中华书局1993年版，第51页。

② 参看王子今：《晚年汉武帝与"巫蛊之祸"》，载《固原师专学报》1998年第5期。

③〔宋〕李昉等：《太平御览》卷七三五《方术部一六》，中华书局1960年版，第3259页。

文字则略同。写作：

> （江）充见上年老，恐晏驾后为太子所诛，因是为奸。……言宫中有蛊气，先治后宫希幸夫人，以次及皇后，遂掘蛊，于太子宫得桐木人。太子惧，不能自明，收充，自临斩之。①

班固在《汉书》中的多处论述，是将"巫蛊之祸"的责任归于江充的。例如：

> 有卫太子事，事自赵人江充起。②
>
> 江充作乱，京师纷然。③
>
> 江充造蛊，太子杀。④
>
> （江充）衔至尊之命以迫蹴皇太子，造饰奸诈。⑤
>
> 戾太子为江充所谮。⑥
>
> 卫太子为江充所谮败。⑦
>
> "巫蛊"事起，江充为奸。⑧
>
> （江）充、（息夫）躬罔极，交乱弘大。⑨

然而，事实上，其实是先起"巫蛊之祸"，而后有江充"为奸"的。《汉书》卷六《武帝纪》说："（征和元年冬十一月）'巫蛊'起。二年春正月，丞相（公孙）贺下狱死。夏四月，大风发屋折木。闰月，诸邑公主、阳石公主皆坐'巫蛊'死。夏，行幸甘泉。秋七月，按道侯韩说、使者江充等掘蛊太子宫。壬午，太子与皇后谋斩充，以

---

① 《汉书》，第2178、2179页。
② 《汉书》卷二七下之上《五行志下之上》，第1468页。
③ 《汉书》卷二七下之下《五行志下之下》，第1517页。
④ 《汉书》卷四五《蒯伍江息夫传》，第2189页。
⑤ 《汉书》卷六三《武五子传·戾太子刘据》，第2744页。
⑥ 《汉书》卷六六《刘屈氂传》，第2880页。
⑦ 《汉书》卷六六《车千秋传》，第2883页。
⑧ 《汉书》卷九七上《外戚传上·孝武卫皇后》，第3950页。
⑨ 《汉书》卷一〇〇下《叙传下》，第4250页。

节发兵与丞相刘屈氂大战长安,死者数万人。"①《汉书》卷六三《武五子传·戾太子刘据》也写道:"是时,上春秋高,意多所恶,以为左右皆为蛊道祝诅,穷治其事。丞相公孙贺父子、阳石、诸邑公主,及皇后弟子长平侯卫伉皆坐诛。语在《公孙贺》、《江充传》。"②

《汉书》卷六三《武五子传·戾太子刘据》中说:

> 武帝末,卫后宠衰,江充用事。充与太子及卫氏有隙,恐上晏驾后为太子所诛,会"巫蛊"事起,充因此为奸。③

其中所谓"会'巫蛊'事起,(江)充因此为奸"的说法,应当是大体符合历史真实的。而事件发生的背景,在于"卫后宠衰",尤其值得重视。江充之所以能够得到汉武帝的信用,正是因为他在这样的条件下,比较准确地揣摩到"上意",并有意迎合。而江充"与太子及卫氏有隙",也决定了他在这场与性别关系有特殊纠葛的政治争斗中的立场。

《史记》中两次出现"江充"姓名。《史记》卷五九《五宗世家》:"(赵王彭祖)其太子丹与其女及同产姊奸,与其客江充有郤。充告丹,丹以故废。赵更立太子。"④《史记》卷二二《汉兴以来将相名臣年表》:"(征和二年)七月壬午,太子发兵,杀游击将军说、使者江充。"⑤关于江充最初的政治表现,《汉书》卷四五《江充传》记载:"(江)充本名齐,有女弟善鼓琴歌舞,嫁之赵太子丹。齐得幸于敬肃王,为上客。久之,太子疑齐以己阴私告王,与齐忤,使吏逐捕齐,不得,收系其父兄,按验,皆弃市。齐遂绝迹亡,西入关,更名充。诣阙告太子丹与同产姊及王后宫奸乱,交通郡国豪猾,攻剽为奸,吏不能禁。书奏,天子怒,遣使者诏郡发吏卒围赵王宫,收捕

---

① 《汉书》卷六《武帝纪》,第208—209页。
② 《汉书》,第2742页。
③ 《汉书》,第2742页。
④ 《史记》,第2099页。梁玉绳《史记志疑》卷二六以为"与其女","'女'下缺'弟'字"。
⑤ 《史记》,第1143—1144页。

太子丹，移系魏郡诏狱，与廷尉杂治，法至死。赵王彭祖，帝异母兄也，上书讼太子罪，言'充逋逃小臣，苟为奸讹，激怒圣朝，欲取必于万乘以复私怨。后虽亨醢，计犹不悔。臣愿选从赵国勇敢士，从军击匈奴，极尽死力，以赎丹罪。'上不许，竟败赵太子。"① 从现有资料看来，江充的个人品行和行为风格，都与后宫生活有密切关系。江充到长安后，有驰道止车事件，使其地位和威名迅速提升。《汉书》卷四五《江充传》记载：

> 上以（江）充为谒者，使匈奴还，拜为直指绣衣使者，督三辅盗贼，禁察逾侈。贵戚近臣多奢僭，充皆举劾，奏请没入车马，令身待北军击匈奴。……充出，逢馆陶长公主行驰道中。充呵问之，公主曰："有太后诏。"充曰："独公主得行，车骑皆不得。"尽劾没入官。②

江充前以阴告复仇，后以酷法行政，都以后宫为表演舞台，是值得注意的。

"巫蛊之祸"发生的基本背景，是汉武帝年迈多病。一般在这样的历史关口，往往政治生活中的矛盾最为复杂微妙。于是江充的个人动机，有"充与太子及卫氏有隙，恐上晏驾后为太子所诛"的因素。汉武帝愈是久病不愈，江充一类人"为奸"以自保的心情就愈是强烈而急迫。

《汉书》卷六三《武五子传》赞则将"巫蛊之祸"的发生归结为"天时"的作用，并以星象进行分析：

> "巫蛊之祸"，岂不哀哉！此不唯一江充之辜，亦有天时，非人力所致焉。建元六年，蚩尤之旗见，其长竟天。后遂命将出征，略取河南，建置朔方。其春，戾太子生。自是之后，师行三十年，兵所诛屠夷灭死者不可胜数。及"巫蛊"事起，京师流血，僵尸数万，太子子父皆败。故太子

---

① 《汉书》，第2175—2176页。
② 《汉书》卷四五《江充传》，第2177页。

生长于兵，与之终始，何独一嬖臣哉！①

以刘据出生时"蚩尤之旗见，其长竟天"，联系"巫蛊之祸"太子败亡，说"太子生长于兵，与之终始"，固然不足信。然而以为导致"'巫蛊'事起，京师流血，僵尸数万，太子子父皆败"的历史责任，江充"独一嬖臣"，其实是不可以全部承当的，这一认识却是合理的。江充能够使皇宫残破，京师喋血，其实是借助了当时汉武帝与卫皇后矛盾激化的特殊条件。

《史记》卷四九《外戚世家》记述了卫子夫以低微之出身而贵为皇后的经过：

> 卫皇后字子夫，生微矣。盖其家号曰卫氏，出平阳侯邑。子夫为平阳主讴者。武帝初即位，数岁无子。平阳主求诸良家子女十余人，饰置家。武帝祓霸上还，因过平阳主。主见所侍美人。上弗说。既饮，讴者进，上望见，独说卫子夫。是日，武帝起更衣，子夫侍尚衣轩中，得幸。上还坐，欢甚。赐平阳主金千斤。主因奏子夫奉送入宫。子夫上车，平阳主拊其背曰："行矣，强饭，勉之！即贵，无相忘。"入宫岁余，竟不复幸。武帝择宫人不中用者，斥出归之。卫子夫得见，涕泣请出。上怜之，复幸，遂有身，尊宠日隆。召其兄卫长君弟青为侍中。而子夫后大幸，有宠，凡生三女一男。男名据。
>
> 初，上为太子时，娶长公主女为妃。立为帝，妃立为皇后，姓陈氏，无子。上之得为嗣，大长公主有力焉，以故陈皇后骄贵。闻卫子夫大幸，恚，几死者数矣。上愈怒。陈皇后挟妇人媚道，其事颇觉，于是废陈皇后，而立卫子夫为皇后。②

《汉书》卷九七上《外戚传上·孝武卫皇后》又以如下文字描绘了卫

---

① 《汉书》，第 2770—2771 页。
② 《史记》，第 1978—1979 页。

子夫及其家族由贵盛而衰亡的轨迹：

> （卫）子夫生三女，元朔元年生男据，遂立为皇后。
>
> 先是卫长君死，乃以青为将军，击匈奴有功，封长平侯。青三子（皆）〔在〕襁褓中，皆为列侯。及皇后姊子霍去病亦以军功为冠军侯，至大司马票骑将军。青为大司马大将军。卫氏支属侯者五人。青还，尚平阳主。
>
> 皇后立七年，而男立为太子。后色衰，赵之王夫人、中山李夫人有宠，皆蚤卒。后有尹婕妤、钩弋夫人更幸。卫后立三十八年，遭巫蛊事起，江充为奸，太子惧不能自明，遂与皇后共诛充，发兵，兵败，太子亡走。诏遣宗正刘长乐、执金吾刘敢奉策收皇后玺绶，自杀。黄门苏文、姚定汉舆置公车令空舍，盛以小棺，瘗之城南桐柏。①

在汉武帝更衣时得幸的少女"讴者"卫子夫，其家族盛极一时②，然而最终被迫自杀，"舆置公车令空舍，盛以小棺，瘗之城南桐柏"，其情景又何其悲凉。③

《汉书》卷六六《车千秋传》说，高寝郎车千秋讼太子之冤，合汉武帝之心，"乃大感寤"，谓曰："此高庙神灵使公教我，公当

---

① 《汉书》，第 3949—3950 页。
② 《史记》卷四九《外戚世家》："卫子夫已立为皇后，先是卫长君死，乃以卫青为将军，击胡有功，封为长平侯。青三子在襁褓中，皆封为列侯。及皇后所谓姊卫少儿，少儿生子霍去病，以军功封冠军侯，号骠骑将军。青号大将军。立卫皇后子据为太子。卫氏枝属以军功起家，五人为侯。"褚先生补述："（卫氏）贵震天下。天下歌之曰：'生男无喜，生女无怒，独不见卫子夫霸天下。'"第 1980、1983 页。
③ 明代学者徐应秋《玉芝堂谈荟》卷七"历代美人"条后，有这样的议论："自古美姝以色著称者，西子失身吴宫，王嫱芜绝异域，昭阳姊弟终为祸水，太真修靡，绝命尺组，妹喜、妲己、玉儿、丽华、花蕚夫人之亡国，郑袖、卫子夫之被谮，乐昌、无双、柳姬之坎坷，文君点玉于初年，绿珠碎璧于末路，非烟、绿翘、狄夫人、霍小玉因色伤生，戚夫人、武惠妃、侯夫人、太平公主韶年毕命。彩云易散，古今同悲，不可一二数也。"以"卫子夫之被谮"，作为"历代美人""古今同悲"之一幕。

遂为吾辅佐。"于是先拜为大鸿胪，不过数月，又任命为丞相，"（车千秋）见上连年治太子狱，诛罚尤多，群下恐惧，思欲宽广上意，慰安众庶。乃与御史、中二千石共上寿颂德美，劝上施恩惠，缓刑罚，玩听音乐，养志和神，为天下自虞乐"。汉武帝的回答，为"'巫蛊之祸'流及士大夫"表示痛心，同时又说道："今丞相亲掘兰台蛊验，所明知也。至今余巫颇脱不止，阴贼侵身，远近为蛊，朕愧之甚，何寿之有？"①可见，在震惊天下的"巫蛊之祸"发生后，即使在长安宫廷中，"巫蛊"行为其实依然禁断不绝。这种迷信行为作为一种社会文化现象，并没有因戾太子刘据悲剧的发生而终止。后来直到汉成帝时，仍然有"许皇后坐巫蛊废"②的事情发生。许皇后"巫蛊"案，《汉书》卷二七下之下《五行志下之下》写作："许皇后坐祝诅后宫怀任者废。"③《汉书》卷九三《佞幸传》写作："许皇后坐执左道废处长定宫。"④《汉书》卷九七下《外戚传下·孝成许皇后》写作："为媚道祝诅后宫有身者王美人及凤等"⑤，《汉书》卷九七下《外戚传下·孝成班婕妤》写作："挟媚道，祝诅后宫，詈及主上。"⑥可见"巫蛊"与"左道""媚道"的关系。

显然，汉宫中同性别的权争和因此而引发的男女性别的权争，是一场持久战。

"巫蛊之祸"以及相关的礼俗现象与政治生活的关联，对于我们认识社会史、文化史与政治史之间的关系，应当是有一定的启示意义的。而汉武帝处置"巫蛊之祸"的方式及其心理背景，也有益于我们理解历史上性别关系对于政治生活的影响。

---

① 《汉书》，第 2883、2884—2885 页。
② 《汉书》卷二七上《五行志上》，第 1334 页。
③ 《汉书》，第 1517—1518 页。
④ 《汉书》，第 3731 页。
⑤ 《汉书》，第 3982 页。
⑥ 《汉书》，第 3984 页。

情爱的幻境：方士为汉武帝夜致王夫人事

方士是在秦汉时期相当活跃的知识人。尤其是在秦汉雄主秦始皇和汉武帝专政的时代，他们曾经有引人注目的表演。

受到信用的方士们的言行影响帝王生活的各个方面，对于涉及帝王个人私爱的后宫生活，也试图予以影响。秦始皇三十五年（前212），有方士建议秦始皇改变有关的行为习惯，以利于"求芝奇药仙者"：

> 卢生说始皇曰："臣等求芝奇药仙者常弗遇，类物有害之者。方中，人主时为微行以辟恶鬼，恶鬼辟，真人至。人主所居而人臣知之，则害于神。真人者，入水不濡，入火不爇，陵云气，与天地久长。今上治天下，未能恬倓。愿上所居宫毋令人知，然后不死之药殆可得也。"于是，始皇曰："吾慕真人，自谓'真人'，不称'朕'。"乃令咸阳之旁二百里内宫观二百七十复道甬道相连，帷帐钟鼓美人充之，各案署不移徙。行所幸，有言其处者，罪死。①

中国传统政治形态由于历史文化方面的种种原因，与具备完备的政治组织、密集的政治人才、成熟的政治权术同时，还体现出引人注目的内在封闭性的特质。自从大一统的高度集权的专制主义王朝建立之后，政治形态的内在封闭性特征表现得更为明显。这种政治文化特质的主要表现之一，即政治活动的隐秘性。秦始皇听从卢生"愿上所居宫毋令人知"的建议，严密宫禁制度的做法，就是极具典型性的史例。据说秦始皇曾行幸梁山宫，从山上望见丞相车骑甚众，"弗善也"。身边侍从或有人私告丞相，丞相随即减损车骑。于是，"始皇怒曰：'此中人泄吾语。'案问莫服。当是时，诏捕诸时在旁者，皆杀之。自是后莫知行之所在。听事，群臣受决事，悉于咸阳宫"②。复道，是类似天桥的高架道路，通过立体交叉形式使御用道路与公用道路分离，

---

① 〔汉〕司马迁：《史记》卷六《秦始皇本纪》，中华书局1982年版，第257页。

② 《史记》卷六《秦始皇本纪》，第257页。

甬道则两侧筑壁,也是为了使行踪不为臣民所知而出现的特殊的道路形式。①

行为力求隐秘,后来成为历代帝王多所遵行的传统。卢生等强调"人主所居而人臣知之,则害于神",秦始皇竟然信从,"乃令咸阳之旁二百里内宫观二百七十复道甬道相连,帷帐钟鼓美人充之,各案署不移徙。行所幸,有言其处者,罪死"。这应当是方士建议影响后宫制度的例证。

在中国古代高度集权的专制制度下,历来"宫禁至重"②。汉律规定,如果泄露宫禁之内秘事,要处以重刑。据《汉书》卷九《元帝纪》记载,建昭二年(前37),淮阳王舅张博与魏郡太守京房由于"窥道诸侯王以邪意,漏泄省中语"③,前者被腰斩,后者被处以弃市之刑。据《汉书》卷八三《朱博传》及《汉书》卷六六《陈万年传》,汉元帝任命的御史中丞陈咸也曾以"坐漏泄省中语,下狱"④,后"减死,髡为城旦"⑤。《汉书》卷六四下《贾捐之传》又说,贾捐之也因为"漏泄省中语","竟坐弃市"⑥。《汉书》卷一九下《百官公卿表下》又可见汉成帝河平元年(前28)京兆尹齐宋登"坐漏泄省中语,下狱自杀"⑦一事。《后汉书》卷四五《袁安传》也记载,汉安帝元初四年(117),袁敞"坐子与尚书郎张俊交通,漏泄省中语,策免"⑧,后自杀。所谓"漏泄省中语",本来原指私传宫禁中议政的内容,然

---

① 参看王子今、马振智:《秦汉"复道"考》,载《文博》1984年第3期;王子今:《秦汉"甬道"考》,载《文博》1993年第2期。
② 〔南朝宋〕范晔:《后汉书》卷一〇上《皇后纪上·和熹邓皇后》,中华书局1965年版,第419页。
③ 〔汉〕班固:《汉书》,中华书局1962年版,第294页。
④ 《汉书》,第3398页。
⑤ 《汉书》,第2900页。
⑥ 《汉书》,第2837、2838页。
⑦ 《汉书》,第827页。
⑧ 《后汉书》,第1524页。

而实际上又扩衍至于宫廷生活的几乎一切方面。据《汉书》卷八一《孔光传》，汉成帝时代，孔光任尚书令等职，"典枢机十余年"，"周密谨慎"，休假日与家人闲谈时，仍"终不及朝省政事"。有人问他："温室省中树皆何木也？"孔光"嘿不应，更答以他语，其不泄如是"①。"温室"，是未央宫中殿名。"周密谨慎"其实是从政者严格自律而形成的典型性格。模范地遵行这种言行规范的臣子，竟然连宫中所植树木也不能随便向家人透露。《汉书》卷七五《京房传》记载，京房"漏泄省中语"一案，是在御前议论西周幽厉之君用人得失，后"出为御史大夫郑弘言之"，于是京房竟然被处以弃市之刑，郑弘也因此"坐免为庶人"②。《汉书》卷六六《郑弘传》记述此案，写作"坐与京房论议免"③。可见，虽然以严刑治罪，其"漏泄"的内容，却往往并不足以动摇政体。刑罚严厉的意义，在于明确某种政治规范，维护某种政治秩序。《后汉书》卷六六《郑弘传》说，东汉章帝时，又有一位也叫作郑弘的重臣，当时任大司农，因为与权臣窦宪有隙，"（窦）宪奏（郑）弘大臣漏泄密事，帝诘让弘，收上印绶，弘自诣廷尉"④。以"漏泄"相指控，常常成为攻讦政敌的武器。《汉书》卷八一《孔光传》记载，汉哀帝时，有诏书谓"侍中驸马都尉（傅）迁巧佞无义，漏泄不忠，国之贼也，免归故郡"⑤。"漏泄"，是指斥为"国之贼也"的主要罪状，是与传统政治道德的基本规范"忠"相违背的。⑥沈家

---

① 《汉书》，第 3353、3354 页。
② 《汉书》，第 3167 页。
③ 《汉书》，第 2903 页。
④ 《后汉书》，第 1156—1157 页。
⑤ 《汉书》，第 3357 页。
⑥ 《唐律》曾经有明确规定："诸漏泄大事应密者，绞。非大事应密者，徒一年半；漏泄于蕃国使者，加一等。仍以初传者为首，传至者为从。即转传大事者，杖八十；非大事，勿论。"《疏议》以为"大事"指有关重要军政情报的内容。而所谓"非大事应密者"则范围极宽。"转传"非大事者，虽不予追究法律责任，而"初传者为首"，仍当治罪。

本在《汉律摭遗》中指出："所漏泄者如关于军事国政自当重论,否则寻常燕私之语,乌可遂以杀人哉?"可惜这是近代人的认识,在古代专制制度下,事实上处置之严厉,又往往更超过法律条文。涉及帝王个人情爱的所谓"寻常燕私之语",也是被看作国家机密,不容许轻易"漏泄"的。

然而方士们的神秘触角,却往往可以深入到帝王的宫廷之中。

卢生等人对秦始皇进行了"今上治天下,未能恬倓"以及"贪于权势"的政治批评,其中涉及这位帝王办理公务的细节,即所谓"天下之事无小大皆决于上,上至以衡石量书,日夜有呈,不中呈不得休息"①。卢生等据此以为秦始皇"未可为求仙药","于是乃亡去"。②

卢生等海上方士的出亡,随即又引发了文化史上震惊千古的爆炸性的事变。

《史记》卷六《秦始皇本纪》写道:"始皇闻亡,乃大怒曰:'吾前收天下书不中用者尽去之。悉召文学方术士甚众,欲以兴太平,方士欲练以求奇药。今闻韩众去不报,徐市等费以巨万计,终不得药,徒奸利相告日闻。卢生等吾尊赐之甚厚,今乃诽谤我,以重吾不德也。诸生在咸阳者,吾使人廉问,或为妖言以乱黔首。'于是使御史悉案问诸生,诸生传相告引,乃自除犯禁者四百六十余人,皆坑之咸阳,使天下知之,以惩后。益发谪徙边。始皇长子扶苏谏曰:'天下初定,远方黔首未集,诸生皆诵法孔子,今上皆重法绳之,臣恐天下不安。唯上察之。'始皇怒,使扶苏北监蒙恬于上郡。"③这就是令后世文

---

① 张守节《正义》:"衡,秤衡也。言表笺奏请,秤取一石,日夜有程期,不满不休息。"第258、259页。关于所谓"天下之事无小大皆决于上,上至以衡石量书,日夜有呈,不中呈不得休息",《汉书·刑法志》说:"(秦始皇)专任刑罚,躬操文墨,昼断狱,夜理书,自程决事,日县石之一。"服虔有这样的解释:"县,称也。石,百二十斤也。始皇省读文书,日以百二十斤为程。"第1096页。

② 《史记》卷六《秦始皇本纪》,第257—258页。

③ 《史记》,第258页。

化人痛心不已的所谓"坑儒"的惨案。①

据司马迁在《史记》卷二八《封禅书》中的记述，汉武帝时代又相继有数位方士介入其生活。如齐人少翁曾经以方术见汉武帝，并且对这位对当时神秘主义学说颇多关注的帝王实施了直接的影响，其事涉及后宫情爱关系：

> （元狩二年），齐人少翁以鬼神方见上。上有所幸王夫人，夫人卒，少翁以方盖夜致王夫人及灶鬼之貌云，天子自帷中望见焉。于是乃拜少翁为文成将军，赏赐甚多，以客礼礼之。文成言曰："上即欲与神通，宫室被服非象神，神物不至。"乃作画云气车，及各以胜日驾车辟恶鬼。又作甘泉宫，中为台室，画天、地、太一诸鬼神，而置祭具以致天神。居岁余，其方益衰，神不至。

少翁随即又有骗局被直接揭穿："乃为帛书以饭牛，详不知，言曰此牛腹中有奇。杀视得书，书言甚怪。天子识其手书，问其人，果是伪书，于是诛文成将军，隐之。"②以帛书置于牛饲料中，而佯装不知，称此牛腹中有异象。然而终以笔迹败露。少翁之死一节，《史记》卷一二《孝武本纪》写道："杀而视之，得书，书言甚怪，天子疑之。

---

① 宋人萧参《希通录》有"始皇非坑儒"条，其中写道，"焚书"一事，"前辈尝论之"，而"'坑儒'一事，未有究极之者"。他说："仆按史书，所坑特侯生、卢生四百六十余人，非能尽坑天下儒者，为其所坑，又非儒者。"也就是说，秦始皇所谓"坑儒"，所坑"特方技之流耳"，"岂所谓儒者哉"？"古今相承，皆曰'坑儒'，盖惑于扶苏之谏。扶苏曰：'诸生皆诵法孔子，今上皆重法绳之，臣恐天下不安。'呜呼！若卢生者，何尝诵法孔子？自扶苏言之，误使儒者蒙不题之名。自我一洗，亦万世之快也。""仆故曰：卢生四百六十余人，皆方术之士也。"非"吾儒中人"。《说郛》卷一七。钱钟书指出，其"盖未省'术士'指方士亦可指儒生"。钱钟书所举两例，即："《汉书·儒林传》明曰：'及至秦始皇，兼天下，燔《诗》、《书》，杀术士'，王符《潜夫论·贤难》亦曰：'此亡秦所以诛偶语而坑术士也。'"钱钟书：《管锥编》第1册，中华书局1979年版，第262页。

② 《史记》，第1387—1388页。

有识其手书，问之人，果伪书。于是诛文成将军而隐之。"①

文成将军少翁为汉武帝"以方盖夜致王夫人"事，《史记》卷一二《孝武本纪》写作"以方术盖夜致王夫人"。裴骃《集解》：

> 桓谭《新论》云，"武帝有所爱幸姬王夫人，窈窕好容，质性缦佞"②。

《北堂书钞》卷一三二引桓子《新论》曰：

> 武帝所幸王夫人死，帝痛惜之。方士李少君言能致其魂魄，乃夜设烛张幄，令帝居于它帐中，遥望见好女似夫人。

梁玉绳《史记志疑》卷一六说："又《拾遗记》谓是李少君致李夫人于纱幕中，唐陈鸿《长恨歌传》亦作'李少君'，皆误以少翁为李少君耳。而《拾遗》之误从桓谭《新论》来。"③《文选》卷二三潘安仁《悼亡诗》："独无李氏灵，仿佛睹尔容。"李善注："桓子《新论》曰：'武帝所幸李夫人死，方士李少君言能致其神，乃夜设烛张幄，令帝居他帐，遥见好女，似夫人之状，还帐坐也。'"④《太平御览》卷六九九引桓谭《新论》曰："李少君置武帝李夫人神影于帐中，令帝观见之。"⑤

《史记》所谓"武帝所幸王夫人"，同一事，班固《汉书》即记作"李夫人"。《汉书》卷九七上《外戚传上·孝武李夫人》：

> 上思念李夫人不已，方士齐人少翁言能致其神。乃夜张灯烛，设帷帐，陈酒肉，而令上居他帐，遥望见好女如李夫人之貌，还幄坐而步。又不得就视，上愈益相思悲感，为作诗曰："是邪，非邪？立而望之，偏何姗姗其来迟！"

---

① 《史记》，第 458 页。
② 《史记》，第 458、459 页。
③ 〔清〕梁玉绳：《史记志疑》卷一六《封禅书第六》，中华书局 1981 年版，第 811 页。
④ 〔南朝梁〕萧统编，〔唐〕李善注：《文选》卷二三潘安仁《悼亡诗》，中华书局 1977 年版，第 331 页。
⑤ 〔宋〕李昉等：《太平御览》，中华书局 1960 年版，第 3120 页。

令乐府诸音家弦歌之。上又自为作赋，以伤悼夫人。①其辞情意绵长，怀思深沉：

美连娟以修嫮兮②，命樔绝而不长③，饰新宫以延贮兮，泯不归乎故乡。④惨郁郁其芜秽兮，隐处幽而怀伤⑤，释舆马于山椒兮，奄修夜之不阳。⑥秋气憯以凄泪兮，桂枝落而销亡⑦，神茕茕以遥思兮，精浮游而出畺。⑧托沈阴以圹久兮⑨，惜蕃华之未央⑩，念穷极之不还兮⑪，惟幼眇之相

---

① 《汉书》卷九七上《外戚传上·孝武李夫人》，第3952页。
② 颜师古注："嫮，美也。连娟，纤弱也。"
③ 颜师古注："樔，截也。"
④ 颜师古注："新宫，待神之处。贮与伫同。伫，待也。泯然，灭绝意。"费振刚、胡双宝、宗明华等辑校《全汉赋》校记指出："贮"，《艺文类聚》卷三四所录为"伫"。又《类聚》无"兮"字。北京大学出版社1993年版，第127页。
⑤ 费振刚、胡双宝、宗明华等辑校《全汉赋》校记指出："隐处幽"，《艺文类聚》卷三四所录为"处隐隐"。第127页。
⑥ 颜师古注："孟康曰：'山椒，山陵也，置舆马于山陵也。'师古曰：'自惨郁郁以下，皆言夫人身处坟墓而隐翳也。修，长也。阳，明也。'"《全汉赋》校记指出："阳"，《文选·恨赋》注引作"旸"，第127页。
⑦ 颜师古注："凄泪，寒凉之意也。桂枝芳香，亦喻夫人也。"费振刚、胡双宝、宗明华等辑校《全汉赋》校记指出："凄泪"，《艺文类聚》卷三四所录为"凄戾"。"销"，《艺文类聚》卷三四所录为"消"，第127页。
⑧ 《全汉赋》校记指出："畺"，《艺文类聚》卷三四所录为"疆"，第127页。
⑨ 《全汉赋》校记指出："沈""圹"，《艺文类聚》卷三四所录为"沉""旷"，第127页。
⑩ 颜师古注："沉阴，言在地下也。圹与旷同。未央犹未半也。言年岁未半，而早落蕃华，故痛惜之。"费振刚、胡双宝、宗明华等辑校《全汉赋》校记指出："蕃"，《艺文类聚》卷三四所录为"繁"，第127页。
⑪ 《全汉赋》校记指出："还"，《艺文类聚》卷三四所录为"逮"，第127页。

情爱的幻境：方士为汉武帝夜致王夫人事

羊。① 函菱荴以俟风兮，芳杂袭以弥章②，的容与以猗靡兮，缥飘姚虖愈庄。③ 燕淫衍而抚楹兮，连流视而娥扬④，既激感而心逐兮，包红颜而弗明。⑤ 欢接狎以离别兮，宵寤梦之芒芒⑥，忽迁化而不反兮，魄放逸以飞扬。何灵魂之纷纷兮，哀裴回以踌躇⑦，势路日以远兮，遂荒忽而辞去。超兮西征，屑兮不见。⑧ 寝淫敞恍，寂兮无音⑨，思若流波，怛兮在心。⑩

乱曰⑪：佳侠函光，陨朱荣兮⑫，嫉妒闟茸，将安程兮！⑬ 方时隆盛，年夭伤兮，弟子增欷，洿沫怅兮。⑭ 悲愁于邑，

---

① 颜师古注："惟，思也。幼眇犹窈窕也。相羊，翱翔也。"《全汉赋》校记指出："幼眇"，《艺文类聚》卷三四所录为"要妙"，第127页。
② 颜师古注："孟康曰：'菱音绥，华中齐也。夫人之色如春华含菱敷散，以待风也。'师古曰：'杂袭，重积也。'"
③ 颜师古注："孟康曰：'言夫人之颜色的然盛美，虽在风中缥姚，愈益端严也。'"
④ 颜师古注："追述平生欢宴之时也。娥扬，扬其娥眉。"
⑤ 颜师古注："晋灼曰：'包，藏也。谓夫人藏其颜色，不肯见帝属其家室也。'师古曰：'此说非也。心逐者，帝自言中心追逐夫人不能已也。包红颜者，言在坟墓之中不可见也。'"
⑥ 颜师古注："言绝接狎之欢，而遂离别也。宵，夜也。芒芒，无知之貌也。"
⑦ 颜师古注："踌躇，住足也。"
⑧ 颜师古注："屑然，疾意也。以日为喻，故言西征。"
⑨ 颜师古注："恍，古恍字。"
⑩ 颜师古注："流波，言恩宠不绝也。怛，悼也。"
⑪ 颜师古注："乱，理也，总理赋中之意。"
⑫ 颜师古注："孟康曰：'佳侠犹佳丽。'"
⑬ 颜师古注："言嫉妒闟茸之徒不足与夫人为程品也。闟茸，众贱之称也。"
⑭ 颜师古注："应劭曰：'弟，夫人弟兄也。子，昌邑王也。'孟康曰：'洿沫，涕洟也。'晋灼曰：'沫音水沫面之沫。言涕泪洿集覆面下也。'师古曰：'沫，晋说是也。怅，惆怅也。洿音乌。洿，下也。沫音呼内反，字从午未之未也。'"

喧不可止兮。① 向不虚应，亦云已兮。② 嫶妍太息，叹稚子兮③，憭栗不言，倚所恃兮。④ 仁者不誓，岂约亲兮？⑤ 既往不来，申以信兮。⑥ 去彼昭昭，就冥冥兮，既下新宫，不复故庭兮。⑦ 呜呼哀哉，想魂灵兮！

所谓"秋气憯以凄泪兮，桂枝落而销亡，神茕茕以遥思兮，精浮游而出畺"，语极悲切，其情出自中心，表现出可贵的真诚。而所谓"欢接狎以离别兮，宵寤梦之芒芒"，则是感念的写真，这里已经看不到一丝帝王的矜傲，只有实实在在的纯情表露。

这篇作品，或称《李夫人赋》⑧，或称《悼李夫人赋》⑨，汉武帝因此被称为"帝王之能赋者"⑩。值得注意的是，汉赋中以悼念亡人为主题的作品，只有贾谊《吊屈原赋》和司马相如《吊秦二世赋》等很少的几种。而贾谊和司马相如之作，其实是借悼亡以怀古述志，真正追怀逝者，寄托"相思悲感"的，只有汉武帝的这一篇。

《汉书·外戚传上·孝武李夫人》还有一段关于李夫人生平的

---

① 颜师古注："朝鲜之间谓小儿泣不止名为喧。"

② 颜师古注："向读曰响。响之随声，必当有应，而今涕泣徒自已耳，夫人不知之，是虚其应。"

③ 颜师古注："孟康曰：'夫人蒙被，歔欷不见，帝哀其子小而孤也。'晋灼曰：'三辅谓忧愁面省瘦曰嶕冥。嶕冥犹嶕妍也。'"

④ 颜师古注："孟康曰：'恃平日之恩，知上必感念之也。'师古曰：'憭栗，哀怆之意也。'"

⑤ 颜师古注："如淳曰：'仁者之行惠尚一不以为恩施，岂有亲亲而反当以言约乎？'"

⑥ 颜师古注："死者一往不返，情念酷痛，重以此心为信，不有忽忘也。"

⑦ 颜师古注："故庭谓平生所居室之庭也。"

⑧ 康金声《汉赋纵横》："刘彻《李夫人赋》写帝王对后妃的悼思。"山西人民出版社1992年版，第46页。

⑨ 李炳海《汉代文学的情理世界》："武帝因怀念李夫人而吟诗作赋，他的《悼李夫人赋》完整地保存在《汉书·外戚传》中，是汉代著名的悼亡之作。"东北师范大学出版社2000年版，第221页。

⑩ 陶秋英：《汉赋研究》，浙江古籍出版社1986年版，第161页。

文字,又说到李夫人病重时拒绝与汉武帝相见的故事:

> 孝武李夫人,本以倡进。初,夫人兄延年性知音,善歌舞,武帝爱之。每为新声变曲,闻者莫不感动。延年侍上起舞,歌曰:"北方有佳人,绝世而独立,一顾倾人城,再顾倾人国。宁不知倾城与倾国,佳人难再得!"上叹息曰:"善!世岂有此人乎?"平阳主因言延年有女弟,上乃召见之,实妙丽善舞。由是得幸,生一男,是为昌邑哀王。李夫人少而蚤卒,上怜闵焉,图画其形于甘泉宫。及卫思后废后四年,武帝崩,大将军霍光缘上雅意,以李夫人配食,追上尊号曰孝武皇后。
>
> 初,李夫人病笃,上自临候之,夫人蒙被谢曰:"妾久寝病,形貌毁坏,不可以见帝。愿以王及兄弟为托。"上曰:"夫人病甚,殆将不起,一见我属托王及兄弟,岂不快哉?"夫人曰:"妇人貌不修饰,不见君父。妾不敢以燕惰见帝。"上曰:"夫人弟一见我,将加赐千金,而予兄弟尊官。"夫人曰:"尊官在帝,不在一见。"上复言欲必见之,夫人遂转乡歔欷而不复言。于是上不说而起。夫人姊妹让之曰:"贵人独不可一见上属托兄弟邪?何为恨上如此?"夫人曰:"所以不欲见帝者,乃欲以深托兄弟也。我以容貌之好,得从微贱爱幸于上。夫以色事人者,色衰而爱弛,爱弛则恩绝。上所以挛挛顾念我者,乃以平生容貌也。今见我毁坏,颜色非故,必畏恶吐弃我,意尚肯复追思闵录其兄弟哉!"及夫人卒,上以后礼葬焉。

班固接着又写道:"其后,上以夫人兄李广利为贰师将军,封海西侯,延年为协律都尉。"①

李夫人所谓"妾久寝病,形貌毁坏,不可以见帝",实在是不一般的智慧。她说:"我以容貌之好,得从微贱爱幸于上。夫以色事人者,

---

① 《汉书》卷九七上《外戚传上·孝武李夫人》,第3953—3954页。

色衰而爱弛，爱弛则恩绝。上所以挛挛顾念我者，乃以平生容貌也。今见我毁坏，颜色非故，必畏恶吐弃我，意尚肯复追思闵录其兄弟哉！"其实是指出了后宫史中的一个规律。有人分析说，"她在病危时不让天子目睹自己已经毁坏的容颜，为的是使天子对自己保持以往的美好印象"①。不要说"以色事人者"，就是一般的女子，这种心计也是可以理解的。我们不妨设想，假若《史记》所谓王夫人（《汉书》所谓李夫人）如果不是"方时隆盛"，青春早逝，如汉武帝赋所谓"蕃华之未央"，君王还会如此深情地"伤悼夫人"，"神茕茕以遥思"，"既激感而心逐"，"思若流波，怛兮在心"吗？

对于《史记》"王夫人"而《汉书》"李夫人"之不同，梁玉绳《史记志疑》卷一六指出："李夫人卒时，少翁之死已久，必《汉书》误。"

所谓"遥望见好女如李夫人之貌"，有人说，"这是武帝和李夫人又一次生死离别，不过帷帐里出现的并不是有血有肉的李夫人，只不过是模拟她的体态容貌而投射的幻影罢了"②。方士为汉武帝夜致亡故佳人，很可能是使用了某种催眠术或致幻术。台湾地区的巫者，据说可以使用类似的法术，"把被作术者的妇女，用某种神力领到阴间，即进入催眠状态，让她看见已故亲人死后的生活，或者看到活人在阴间的灵魂"，"仫佬族有些思念亡妻和情人的男子，多请女巫把她们的亡灵请回来"，亡灵甚至可以"与求神的男子互相对歌，倾吐衷情"③。科里亚克族的萨满食用致幻毒蘑菇之后，进入神志昏乱状态，可以"和幻觉中的人对话"④。我们现在不能判定少翁对汉武帝施行巫术"以方盖夜致王夫人"的具体技术细节，但是可以推测其基本手法，应当与后世巫术的方式基本类同，或者存在着某种承继关系。

---

① 《汉代文学的情理世界》，第220页。
② 《汉代文学的情理世界》，第221页。
③ 宋兆麟：《巫与巫术》，四川民族出版社1989年版，第37、226页。
④ ［日］吉田祯吾著，王子今、周苏平译：《宗教人类学》，陕西人民教育出版社1991年版，第38页。

秦汉时期的双连杯及其民俗文化意义

自新石器时代起，日常饮食用器中就出现了一种由数件器物相连复合为一的特殊器形。这类器物，我们可称之为连器。连器中发现数量最多、沿用年代最久，因而也最引人注目的是双连杯。

一、先秦双连杯

郑州大河村属于仰韶文化晚期的房基遗址中出土的一件彩陶双连杯，两杯相接处有一椭圆形口相通，两部分彩绘纹饰不同，一为平等的横条纹间绘三纵线，似双连杯直立状，另一侧则在横条纹间绘三斜线，似表现双连杯使用时倾斜的形态（图1）。发掘者根据房屋建筑形式和室内用具的布置，推测当时已出现了一夫一妻制的婚姻关系。①

图1

图2

最早的双连杯由于时代不同以及所代表的文化类型的差异，造型与纹饰也各有特点。在青海民和征集到的一件双连杯属于马家窑文化马厂类型，腹部并不穿通（图2）。甘肃临洮冯家坪出土的属于齐家文化的双连杯，两杯之间则有小孔相通，器身表面刻画有对称的两个"人首蛇身"像，交叉形十字把手上并刻画有"×"形符号（图3）。② 内蒙古赤峰敖汉旗石虎石羊山出土的"双

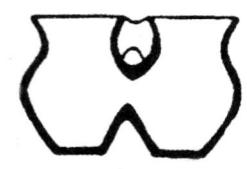

图3

---

① 郑州市博物馆：《郑州大河村遗址发掘报告》，载《考古学报》1979年第3期；郑州市博物馆：《郑州大河村仰韶文化的房基遗址》，载《考古》1973年第6期。这一器物，发掘者定名为"双连瓶"，本文根据李仰松的意见，更名为"双连杯"。

② 李仰松：《试谈我国新石器时代出土的"双连杯"和"三耳杯"及其有关问题》，载《河南文博通讯》1980年第4期。

口壶"（图 4）①和翁牛特旗石棚山出土的"双口壶"（图 5）②，腹部一体而口分为二，或可看作腹部相通的双连杯的一种变体，也很可能表现了双连杯出现之前的未完成形态。

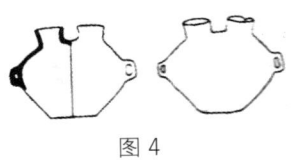

图 4

通过民族学材料的分析，我们知道双连杯多使用于盟誓、婚娶、解决纠纷后订立协议等场合，两人共饮，以表示平等和友爱。台湾高山族长期有使用双连杯"衔杯共饮"③的风俗，精致的木雕双连杯是最富有特色的高山族文物

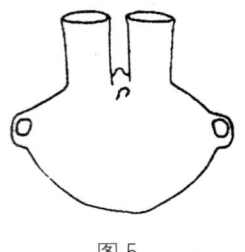

图 5

之一（图 6）。高山族青年男女举行婚礼，往往使用一种涂以朱漆的双连杯饮酒。④从古代文献记载的材料看，历史上使用双连杯的最主要的意义，也正是作为合卺用器。

《仪礼·士昏礼》记载古时婚礼有"实四爵合卺"，"初酳""再酳""三酳用卺"的"合卺"仪式。《礼记·昏礼》："妇至，婿揖妇以入，共牢而食，合卺而酳，所以合体同尊，以亲之也。"卺，郑玄注："破瓢为厄也。"孔颖达疏："谓半瓢，以一瓠分为两瓢，谓之

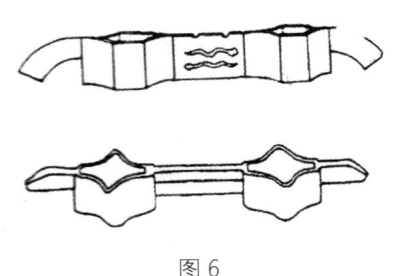

图 6

---

① 内蒙古自治区昭乌达盟文物工作站：《内蒙古昭乌达盟石虎石羊山新石器时代墓葬》，载《考古》1963 年第 10 期。

② 辽宁省博物馆文物工作队：《概述辽宁省考古新收获》，见文物编辑委员会编：《文物考古工作三十年 1949—1979》，文物出版社 1979 年版，第 87—88 页。

③〔唐〕魏徵等：《隋书》卷八一《东夷列传·流求国》，中华书局 1973 年版，第 1824 页。

④ 张崇根：《高山族婚姻习俗漫笔》，载《化石》1979 年第 4 期；刘冠英：《台湾高山族文物介绍》，载《文物》1960 年第 6 期。

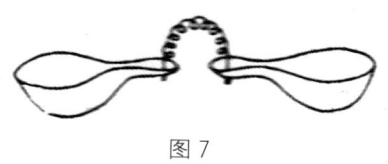

图 7

卺。婿之与妇各执一片以酳,故云'合卺而酳'。"《三礼图》说:"合卺,破匏为之,以线连柄端,其制一同匏爵。"(图7)

这正是后来双连杯的原始形态。用剖开的葫芦制作最简陋的双连杯以用于结婚礼仪。这一习俗至今仍保存在一些少数民族中,云南哀牢山的"罗罗"彝就有这种风俗。[①]哈尼族婚俗,女子到男家,要带两个饭包。"其中一个饭包里还要放一个鸡蛋",鸡蛋"要由老年男子破开,一半放在男子糯米饭碗的上面,另一半放在女子糯米饭碗的上面"。这种形式,"据说是象征男女两性结合,可以生子女"[②]。鸡蛋一破为二,新郎新娘各执其一,可能与"破匏为之"的"合卺"形式有类似的意义。

西周时期合卺风俗的实物证明有宝鸡竹园沟一号墓出土的单鋬陶制双连杯,高8.3厘米,口径7.1厘米,中间有孔相通。[③]很显然,制作者的设计意图,正在于适应"同牢""合卺"的需要(图8)。

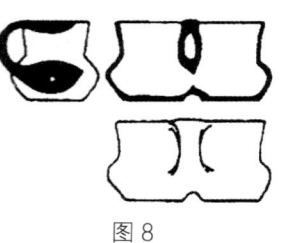

图 8

通过先秦时期的双连杯,方可以了解秦汉时期双连杯的渊源,并进一步探索这种器型在当时社会生活中的意义。

二、秦汉时期的双连杯

秦汉双连杯具有显著的时代特点。这首先表现在数量的明显增多以及分布地域的广阔。发现地点不仅限于中原地区,甚至西域、岭

[①] 刘尧汉:《中华民族的原始葫芦文化》,见刘尧汉:《彝族社会历史调查研究文集》,民族出版社1980年版,第235页。

[②] 宋恩常:《哈尼族婚俗》,见宋恩常:《云南少数民族研究文集》,云南人民出版社1986年版,第492页。

[③] 宝鸡市博物馆、渭滨区博物馆:《宝鸡竹园沟等地西周墓》,载《考古》1978年第5期。

南、辽西等少数民族聚居的地区也有所发现。一般平民墓葬和皇族豪贵山陵都有出土，也证明其使用之普遍。其次，不仅发现石质、陶质双连杯，又有青铜制品出现，据后人著录可知当时还流行玉质双连杯。秦汉双连杯制作之精美、装饰之富丽也堪称空前绝后。

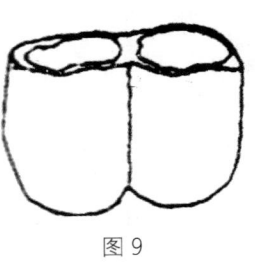

图 9

年代相当于战国到两汉之间的新疆阿勒泰克尔木齐 3 号石棺墓出土一件石质双连杯，由石料挖凿成器，平素无纹，圜底直口，两杯之间有狭长穿孔相通（图 9）。这类墓葬所表现的文化特征，似与受到汉文化强大影响的匈奴等民族的活动有关。①

内蒙古宁城南山根石椁墓中出土青铜双连杯，连长 28 厘米，通高 11.4 厘米，相联的两盖和两杯腹部外侧各铸有一个马形钮（图 10）。② 墓中出土青铜制品 101 件，其中兵器就有 83 件。看来墓主应是活动于秦汉东北边境的少数族贵族。

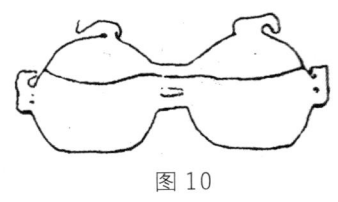

图 10

广州西汉前期墓葬中出土被定名为"双联罐"的器物 2 件，其中 1180：32 有釉，出土时通体涂朱砂，一盖顶塑梅花鹿作钮，另一钮为蜥蜴形，两"罐"的口径也不一致，看来它的用途似与大量出土的三联罐、四联罐、五联罐不同（图 11）。墓 1180 为有墓道竖穴分室木椁墓，竖

图 11

---

① 新疆社会科学院考古研究所：《新疆克尔木齐古墓群发掘简报》，载《文物》1981 年第 1 期；新疆维吾尔自治区博物馆、新疆社会科学院考古研究所：《建国以来新疆考古的主要收获》，见文物编辑委员会编：《文物考古工作三十年 1949—1979》，第 176 页。

② 辽宁省昭乌达盟文物工作站、中国社会科学院考古研究所东北工作队：《宁城南山根的石椁墓》，载《考古学报》1973 年第 2 期。

穴和木椁都分有前后室,是广州地区两汉木椁墓中最大的一种类型。这座墓又是广州西汉前期182座墓葬中随葬品最多者,墓中出"李嘉"玉印,墓主被认为是南越赵氏政权统治阶层中的贵族。①

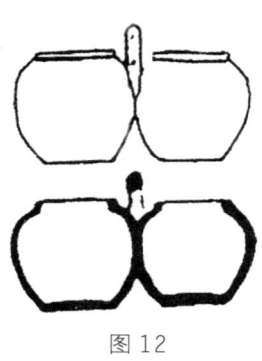

图12

洛阳烧沟8号汉墓也出土一件被称为"双联罐"的器物(图12)。该墓室棺为"两次造",即后经合葬时改建,两室均为土圹,人骨架两具。②通过对墓葬形制和器物本身特征的考察,可知这种"双联罐"是与双连杯性质相同的器物。

明代古玩鉴赏家的论著中有关于传世汉代双连杯的记载。胡应麟《甲乙剩言》:"都下有高邮守杨君,家藏合卺玉杯一器,此杯形制奇怪,以两杯对峙,中通一道,使酒相过。两杯之间承以威凤,凤立于蹲兽之上,高不过三寸许耳。其玉温润而多古色,至碾琢之工,无毫发遗恨,盖汉器之奇绝者也。余生平所见宝玩,此杯当为第一。"③陈继儒《妮古录》中还记述一件"双管汉玉杯":"下穴一酒眼过酒,有鸳鸯及熊蟠其上,乃合卺杯也,而精巧非常,血浸中半杂青绿。"④所谓"威凤""蹲兽""鸳鸯及熊"者,体现了汉代双连杯常附加华丽繁缛装饰的常规。河北满城汉墓出土一件朱雀衔环双连杯,正与"两杯之间承以威凤,凤立于蹲兽之上"的形式相仿。"朱雀"喙部衔一可自由活动的玉环,两足直立于一作匍匐姿态的兽背上,昂首翘尾,展翅欲飞。全器通体错金,并镶嵌圆形或心形绿松石(图13)。"朱雀"翼展超出高足杯的连长,作为饮器似乎已不合实用。出土时杯内遗存

---

① 广州市文物管理委员会、广州市博物馆:《广州汉墓》上册,文物出版社1981年版,第99—100页。
② 洛阳区考古发掘队编:《洛阳烧沟汉墓》,科学出版社1959年版。
③ 〔明〕胡应麟:《甲乙剩言·合卺杯》,中华书局1991年版,第7页。
④ 〔明〕陈继儒:《妮古录》卷四,中华书局1985年版,第53页。

朱红色痕迹。① 这件器物制作和保存的目的,可能有某种象征性的特殊意义。

济南无影山汉墓出土两件形制特殊的器物。一件被称为"载人物双鼎陶鸠",陶鸠双翅分另载一人一鼎,两人拱手相对,鸠背立一人持伞,全器施朱彩,双鼎绘心形纹样,两鼎纹饰色彩有所不同(图14)。另一件器物为陶鸠双翅载以双壶(图15)。② 虽然这类器物可以称作"双连鼎""双连壶",但从其施朱彩,绘心形纹,并以鸟作主要装饰的特点看,它们与汉代常见双连杯的共同性是显而易见的。

图13

图14

总的来说,我们所见到的秦汉时期双连杯实物的数量依然有限。这首先是由于作为婚礼合卺用器,当时人往往一生只使用一次,没有特殊的原因又未必将其随葬入墓。而且正如陈直曾经指出的:"汉代陶器,一般平民虽可以使用,然价亦不贱。"他依据陶器铭文及汉简中的器物价格估测:"普通的明器,还是中小资产者所用,一般平民,未必用得起。"③ 我们可以此推论,汉代民间所流行的双连杯,

图15

---

① 中国社会科学院考古研究所、河北省文物管理处编:《满城汉墓发掘报告》下册,文物出版社1980年版,彩版二五。

② 济文:《西汉乐舞杂技陶俑》,见出土文物展览工作组编辑:《文化大革命期间出土文物》,人民出版社1972年版,第39—40页。

③ 陈直:《关于两汉的手工业》,见陈直:《两汉经济史料论丛》,陕西人民出版社1980年版,第171—172页。

更多当是我们今天已难以进行具体实物考察的竹木制品，或剖葫芦而制作的瓢杯。

三、双连杯与家庭婚姻形态

秦汉时期双连杯的流行，是与当时家庭结构和婚姻习俗的演变相联系的。

春秋时期社会生活中还可看到若干原始群婚制的残存。当时的社会道德观念中甚至可以包容"人尽夫也"这样的意识。[①]此外，"姪娣从嫁"及"媵"之制度也说明家长制家庭中男子方面片面地保存着群婚制的残余。根据《左传》的记载，当时贵族中子、姪、弟上淫父、伯、叔、兄的妻妾，以及长辈下淫幼辈的妻妾的现象十分普遍。自秦代开始，这种习俗已经受到法律的否定，秦始皇三十七年会稽刻石："饰省宣义，有子而嫁，倍死不贞。防隔内外，禁止淫泆，男女絜诚。夫为寄豭，杀之无罪，男秉义程。妻为逃嫁，子不得母，咸化廉清。大治濯俗，天下承风，蒙被休经。"以此"初平法式"，"宣省习俗"。[②]从睡虎地秦墓出土的《语书》看，在军事斗争十分复杂激烈的形势下，秦政权一再申明"圣王作为法度，以矫端民心，去其邪避（僻），除其恶俗"，斥令"乡俗淫失（泆）之民"改变所谓"私好、乡俗之心"。[③]可见新建立的专制政权，把以秦国的传统风俗为基点移风易俗统一文化的工作作为新占领区的主要行政任务之一，并尤其注意落后婚俗的改造。《秦律》规定，婚姻结合，要经官府办理手续，男子休妻，要报告登记，妻子离家出亡，要依法治罪。顾炎武肯定秦王朝这一政策。他指出："然则秦之任刑虽过，而其坊民正俗之意，固未始异于三王矣。

---

① 《左传·桓公十五年》："祭仲专，郑伯患之，使其婿雍纠杀之。将享诸郊。雍姬知之，谓其母曰：'父与夫孰亲？'其母曰：'人尽夫也，父一而已，胡可比也？'"上海人民出版社1977年版，第118页。

② 〔汉〕司马迁：《史记》卷六《秦始皇本纪》，第262、261页。

③ 睡虎地秦墓竹简整理小组编：《睡虎地秦墓竹简》，文物出版社1990年版，第13页。

汉兴以来,承用秦法以至今日者多矣,世之儒者言及于秦,即以为亡国之法,亦未之深考乎?"① 到了汉代,皇族中"逾礼制""内行不修"者往往也受到法律制裁,民间寖染原始婚俗的平民则甚至被处以极刑。②

有的学者认为,春秋时期"上烝下报"的现象"似皆与家长制家庭(即'宗法'制氏族之基础)之存在有关"。③ 秦汉时期则发生伦理观念的变化④,明显表现出新的个体小家庭取代旧的家长制大家庭制的趋势。贾谊所谓"借父耰鉏,虑有德色;母取箕帚,立而谇语"⑤,形象描述了这一变化。《秦律》规定:"父盗子,不为盗。""可(何)谓'家罪'?父子同居,杀伤父臣妾、畜产及盗之,父已死,或告,或听,是胃(谓)'家罪'。"⑥ 这说明秦代家庭中父子分别拥有财产的情形已成通例。这种情形进而则发展到"生分"行为的发生。《汉

---

① 《日知录》卷一三《秦纪会稽山刻石》,见〔清〕顾炎武著,黄汝成集释,栾保群、吕宗力校点:《日知录集释》(全校本),上海古籍出版社 2006 年版,第 751 页。

② 《太平御览》卷二三一引谢承《后汉书》:"范延寿,宣帝时为廷尉。时燕赵之间有三男共娶一妻,生四子,长,各求离别,争财分子,至闻于县。县不能决断,谳之于廷尉。于是延寿决之,以为悖逆人伦,比之禽兽,生子属其母,以子并付母。尸三男于市奏。免郡太守、令长等,无师化之道。天子遂可其言。"第 1096 页。《意林》卷五写作:"昔燕赵之间有三男共娶一女,生四子,后争讼。廷尉延寿奏云:禽兽生子逐母,宜以还母,尸三男于市。"

③ 童书业:《春秋左传研究》,上海人民出版社 1980 年版,第 212 页。

④ 童书业指出:"春秋时缺乏妇女守节观念,如所谓'烝''报'等制度,皆与世界各较原始之国家相同,并无妇女守节及所谓'烈女不事二夫'之观念。""妇女守节观念,至战国中期始渐出现,然其时儒家所定礼经,犹规定:'夫死、妻稚、子幼,子无大功之亲,与之适人'(《仪礼·丧服传》),故有所谓'为继父'之丧礼。韩非始揭出所谓'三纲'之说。至秦始皇始有'有子而嫁,倍死不贞'等规定(见会稽刻石,参泰山刻石)。夫妇之伦之道德,至此始初步确立矣。"(《春秋左传研究》,第 270—271 页)

⑤ 〔汉〕班固:《汉书》卷四八《贾谊传》,中华书局 1962 年版,第 2244 页。

⑥ 《睡虎地秦墓竹简》,第 98、119 页。

书》卷四八《贾谊传》:"秦人家富子壮则出分,家贫子壮则出赘。"①《汉书》卷二八下《地理志下》说:河内风俗"薄恩礼,好生分"。颍川"民以贪遴争讼生分为失","好争讼分异"。颜师古注:"生分,谓父母在而昆弟不同财产。"②这说明秦汉时期三辅三河这样的政治经济重心地区家庭结构首先发生了变化。《史记》卷九七《郦生陆贾列传》说,吕后当政时,陆贾病免家居,"有五男,乃出所使越得囊中装卖千金,分其子,子二百金,令为生产。陆生常安车驷马,从歌舞鼓琴瑟侍者十人,宝剑直百斤,谓其子曰:'与汝约:过汝,汝给吾人马酒食,极欲,十日而更。所死家,得宝剑车骑从者。一岁中往来过他客,率不过再三过,数见不鲜,无久慁公为也'"③。东汉明帝时司徒范迁"有四子而无立锥之地",去世时"家无担石"。④孔奋"事母孝谨,虽为俭约,奉养极求珍膳,躬率妻子,同甘菜茹",然而"为从人所笑"。⑤《潜夫论·考绩》以为"家人有五子十孙"同居,是"耗业破家之道也",⑥代表了当时人普遍的观念。

《礼记·内则》:"子妇无私货,无私畜,无私器,不敢私假,不敢私与。"但是在秦汉时期,似乎这一规定已不能成立,卓文君亡奔司马相如,卓王孙"分予文君僮百人,钱百万,及其嫁时衣被财物"⑦。杨恽"受父财五百万",后母"财亦数百万"。⑧东汉李充兄弟同居,"妻窃谓充曰:'今贫居如此,难以久安,妾有私财,

---

① 《汉书》,第 2244 页。
② 《汉书》,第 1647、1654、1648 页。
③ 〔汉〕司马迁:《史记》,中华书局 1982 年版,第 2699—2670 页。
④ 〔南朝宋〕范晔:《后汉书》卷二七《郭丹传》,中华书局 1965 年版,第 941 页。
⑤ 《后汉书》卷三一《孔奋传》,第 1098 页。
⑥ 〔汉〕王符著,〔清〕汪继培笺,彭铎校正:《潜夫论笺校正》,中华书局 1985 年版,第 63 页。
⑦ 《史记》卷一一七《司马相如列传》,第 3001 页。
⑧ 《汉书》卷六六《杨敞传》,第 2890 页。

愿思分异'"①。可见当时妻子对家庭部分财产拥有支配权。郑玄注《礼记·杂记》："《律》：弃妻畀所赍。"可见这种财产所有关系受到汉代法律的承认和保护。在这样的情形下，父子之间纵的关系疏散，而夫妻之间横的关系加强了。家庭内部的亲疏次序成为"夫妇有义，而后父子有亲"②。

秦汉专制政权以控制户口作为经济剥削的主要手段，即所谓"为国之要，在于得民，民多则田垦而税增，役众而兵强"③。于是在诱导"生分"风俗的同时，大力鼓励早婚和生育。汉惠帝六年（前189），诏令："女子年十五以上至三十不嫁，五算。"④在行政力量的干预下，据说一时"世俗嫁娶太早，未知为人父母之道而有子"⑤。民间婚姻之礼也受到最高统治者的特别关注。汉文帝遗诏："无禁取妇嫁女祠祀饮酒食肉。"⑥五凤二年（前56），汉宣帝下诏谴责郡国官吏"擅为苛禁，禁民嫁娶不得具酒食相贺召"，令"勿行苛政"。⑦据史籍记载，汉时民间婚礼备受重视，"聘妻送女亡节"⑧，"嫁娶尤崇侈靡"⑨，"纷华靡丽"⑩，形成风俗。作为最高统治者的封建帝王"聘皇后黄金二万斤，为钱二万万"⑪，甚至也举行"同牢""合卺"

---

① 《后汉书》卷八一《独行传·李充》，第2684页。
② 〔清〕孙希旦撰，沈啸寰、王星贤点校：《礼记集解》卷五八《昏义第四十四》，中华书局1989年版，第1418页。
③ 〔宋〕马端临：《文献通考》卷一一《户口考二》，中华书局2011年版，第310页。
④ 《汉书》卷二《惠帝纪》，第91页。
⑤ 《汉书》卷七二《王吉传》，第3064页。
⑥ 《汉书》卷四《文帝纪》，第132页。
⑦ 《汉书》卷八《宣帝纪》，第265页。
⑧ 《汉书》卷七二《王吉传》，第3064页。
⑨ 《汉书》卷二八下《地理志下》，第1643页。
⑩ 《后汉书》卷五《安帝纪》，第228页。
⑪ 《汉书》卷九九上《王莽传上》："有司奏'故事，聘皇后黄金二万斤，为钱二万万。'莽深辞让，受四千万，而以其三千三百万予十一媵家。"第4052页。

的仪式,王莽以杜陵史我女为皇后,就曾"成同牢之礼于上西堂"①。

汉代风行通过联姻方式结成政治集团的情形,与匈奴、乌孙和亲关系的出现,说明这种风气甚至影响到民族政策的制定。《史记》卷四九《外戚世家》记载:"自古受命帝王及继体守义之君,非独内德茂也,盖亦有外戚之助焉",于是"礼之用,唯婚姻为兢兢"②。汉代政治术语中有"婚姻党与"③的说法,当时"诸外家为列侯,列侯多尚公主"④,宗室与外家经常结成多重的婚姻关系,西汉前期"宗室"就往往与"诸窦"并称。在这样的背景下,妻子的地位一般不得轻易动摇。《汉书》卷一八《戚恩泽侯表》:孔乡侯傅晏"坐乱妻妾位免,徙合浦"⑤。可见汉时法律明确维护这种经过正式婚礼结成的夫妻关系。中山靖王刘胜"乐酒好内",自称"王者当日听音乐,御声色",司马迁说他"有子枝属百二十余人"⑥,而他的妻子窦绾仍以象征夫妇燕婉的双连杯随葬。这件制作精美,装饰富丽的器物可以说明她作为王后的百年不夺的地位,也是刘窦婚姻集团结盟的信物。

通过以上的分析,人们可以很自然地得出这样的结论:与先秦比较,秦汉时期的婚姻行为已受到更严格的法律规定和道德规范的制约和保护,而且往往具有一定的政治和经济意义。无论是处于社会上层的贵族豪门,还是民间普通的细民百姓,都十分重视"取妻嫁女"的礼仪,形成了所谓"昏礼者,礼之本也"⑦的风尚,这正是双连杯这种器物在当时得到普及的社会原因。

---

① 《汉书》卷九九下《王莽传下》,第4180页。
② 《史记》,第1967页。
③ 《汉书》卷九九下《王莽传下》,第4180—4181页。
④ 《汉书》卷五二《田蚡传》,第2379页。
⑤ 《汉书》,第711页。
⑥ 《史记》卷五九《五宗世家》,第2099页。
⑦ 《礼记·昏义》,见〔清〕孙希旦撰,沈啸寰、王星贤点校:《礼记集解》,第1418页。

四、双连杯的流变

晋代嵇含曾作《伉俪诗》,其中有"饥食并粮粒,渴饮一流泉","挹用合卺酳,受以连理盘"句。杨方《合欢诗》也说:"食共并根穗,饮共连理杯,衣共双丝绢,寝共无缝裯。"① 长沙南郊曾经出土晋代褐袖双连杯(图16)。唐代双连杯在福建泉州西南郊唐墓和广州新会官冲窑址中都有发现(图17、图18),可见双连杯沿用的历史相当长久。

图16

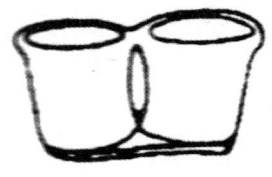

图17

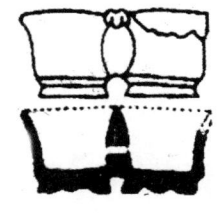

图18

但是,秦汉以后的双连杯形制已发生变化,宽度多缩短到8至15厘米之间,且中间没有间隔,看来已不大可能直接用来双人共饮。唐人韩愈《寄崔二十六立之》:"我有双饮盏,其银得朱提","异日期对举,当如合分支。"② 《朝野佥载》说张易之母阿臧与凤阁侍郎李迥秀私通,"同饮以碗盏一双,取其常相逐"③。宋人陈著《卜算子·寿族弟藻夫妇八十》:"月下百年缘,天上双星样。九秩齐开自是希,清健那堪两。红叶景番新,黄菊香宜晚。笑拥眉开祝寿声,满劝鸳鸯盏。"④ 元人谢应芳《合卺致语》写道:"窃以礼言'合卺',自古有之;俗曰'交杯',其来尚矣。于结发百年

---

① 逯钦立辑校:《先秦汉魏晋南北朝诗》之《晋诗》卷七《嵇含》,见《晋诗》卷一一《杨方》,中华书局1983年版,第726、860页。
② 〔清〕彭定求等编,中华书局编辑部点校:《全唐诗》卷三四〇《韩愈》,中华书局1999年版,第3824页。
③ 〔唐〕张鷟撰,袁宪校注:《朝野佥载》卷三,三秦出版社2004年版,第102页。
④ 〔宋〕陈著:《本堂集》卷四三《卜算子·寿族弟藻夫妇八十》,见《景印文渊阁四库全书》,台湾商务印书馆1986年版,第1185册,第206页。

之始,合开颜一饮之欢。孔雀屏中选当年,竟成伉俪;鸳鸯盏同倾此夕,岂不欢娱。伏愿孝顺庭闱,谐和琴瑟。新妆不俗,朝朝画张敞之眉;敬对如宾,日日举孟光之案。诗曰:花烛春辉照洞房,蓝桥仙偶饮琼浆。开花结子三千岁,人与蟠桃寿总长。"① 可见后世社会生活中仍然可以看到秦汉时期曾经盛行的双连杯及其有关风俗的遗痕,但实际使用的,可能已经常常是可以"对举""交杯"的双杯了。而被称作"鸳鸯盏"者,所具有的象征意义,和秦汉时期已经有所不同。

  大致在明代以后,道学的统治确立,妇女在家庭中的地位显著下降,双连杯这种表面上有平等意义,表示"合体同尊卑"的合卺器失去了实用价值。这或许就是我们所见到的宋代以后的双连器大抵只具有观赏意义的原因。

---

① 〔元〕谢应芳:《龟巢稿》卷八《合卺致语》,见《景印文渊阁四库全书》,台湾商务印书馆1986年版,第1218册,第177—178页。

第三篇 简牍性别史料研究

三篇

簡牘性別史料研究

睡虎地秦简《日书》甲种性别史料辑考

湖北云梦睡虎地秦墓出土竹简，有丰富的史料价值。其中《日书》甲种和《日书》乙种①，因反映社会生活的诸多层面而受到重视。

笔者在就睡虎地秦简《日书》甲种进行的初步研究中，注意到其中有关当时社会性别关系的重要资料。②以下条列 29 种，略陈浅见，希望能够有益于秦史性别研究的深入。

一、既美且长

睡虎地《日书》甲种"稷辰"题下，可见有关"秀"日的内容。其中说道："秀，……以生子，既美且长，有贤等。"（三二正）其中"既美且长"一语值得注意。

今按：长，是当时人审美标准之一。《诗·卫风·硕人》："硕人其颀"，毛传："颀，长貌。"郑玄笺："言庄姜仪表长丽俊好，颀颀然。"③《国语·晋语九》："美鬓长大。"④《庄子·盗跖》："孔子曰：'丘闻之，凡天下有三德，生而长大，美好无双，少长贵贱见而皆说之，此上德也。'"⑤湖北江陵张家山 336 号墓出土竹简《盗跖》篇："孔子曰：丘闻之，凡天下有三德，生而长大好美，无贵贱见而皆兑（说）之，此上德也。"⑥《史记》卷九二《淮阴侯列传》："淮阴屠中少年有侮信者，曰：'若虽长大，好带刀剑，中情怯耳。'"⑦女子长丽，

---

① 睡虎地秦墓竹简整理小组：《睡虎地秦墓竹简》，文物出版社 1990 年版。

② 参看王子今：《睡虎地秦简〈日书〉甲种疏证》，湖北教育出版社 2003 年版。

③ 〔清〕王先谦撰，吴格点校：《诗三家义集疏》卷三下《卫风·硕人》，中华书局 1987 年版，第 227 页。

④ 〔春秋〕（旧题）左丘明撰，徐元诰集解，王树民、沈长云点校：《国语集解》第一五《晋语九》，中华书局 2002 年版，第 494 页。

⑤ 〔清〕王先谦：《庄子集解》卷八《盗跖》，中华书局 2012 年版，第 315 页。

⑥ 李学勤：《〈庄子·杂篇〉竹简及有关问题》，见陕西历史博物馆馆刊编辑部编：《陕西历史博物馆馆刊》第 5 辑，西北大学出版社 1998 年版。

⑦ 〔汉〕司马迁：《史记》，中华书局 1982 年版，第 2610 页。

是指颜秀，男子长大，是指魁伟。《史记》卷二八《封禅书》："（栾）大为人长美。"①《史记》卷九六《张丞相列传》："苍坐法当斩，解衣伏质，身长大，肥白如瓠，时王陵见而怪其美士，乃言沛公，赦勿斩。"②因"身长大"而被看作"美士"。又卷五六《陈丞相世家》《陈丞相世家》："平为人长美色。"③《汉书》卷四〇《陈平传》写作"长大美色"④。据《三国志》卷一〇《魏书·荀彧传》裴松之注引《典略》，荀彧也有"为人伟美"⑤之称。所谓"既美且长"，与"长美""伟美""长美色""长大美色""长大好美""生而长大，美好无双"等同样，都强调了受到当时社会普遍爱重的"美"与"长"两方面的体貌特征。而"美"的容貌标准，则有较多的条件。⑥

二、取妇、家女，两寡相当

"稷辰"题下，又有关于"敫"日的内容。其中说道："敫……取妇、家女，两寡相当。"（三九正）

整理小组释文："取妇、家（嫁）女，两寡相当。"吴小强《集释》："娶来的媳妇，嫁出的女儿，两个女人都会变成寡妇。"⑦今按：《史记》卷二七《天官书》："两军相当，日晕；晕等，力钧；厚长大，有胜；薄短小，无胜。"⑧又《史记》卷六九《苏秦列传》："明主外料其敌之强弱，内度其士卒贤不肖，不待两军相当而胜败存亡之机固已形于胸中矣。"⑨"两军相当"和所谓"两寡相当"句式相同。

---

① 《史记》，第1390页。
② 《史记》，第2675页。
③ 《史记》，第2051页。
④ 〔汉〕班固：《汉书》，中华书局1962年版，第2038页。
⑤ 〔晋〕陈寿撰，〔宋〕裴松之注：《三国志》，中华书局1959年版，第311页。
⑥ 参看彭卫：《汉代的体貌观念及其政治文化意义》，见彭卫：《汉代社会风尚研究》，三秦出版社1998年版，第103—107页。
⑦ 吴小强：《秦简日书集释》，岳麓书社2000年版，第39页。
⑧ 《史记》，第1331页。
⑨ 《史记》，第2247页。

"两寡相当"或许并非婚后前景的预言，而是婚前境况的描述。

三、丁丑媚人

"·衣"题下，可见："裚衣，丁丑媚人，丁亥灵，丁巳安于身，癸酉多衣。"（二六正贰）

吴小强《集释》译文："在丁丑日制衣惹人喜爱。"① 今按：《仕学规范》卷一三有"小人能媚人"之说。② 而《日书》此所谓"媚人"，不是一般的"惹人喜爱"，当特指性爱关系，与汉代所谓"妇人媚道"③及"媚惑"④之术类近。《绀珠集》卷一"念奴"条："念奴有色善歌，宫妓中第一。帝尝曰：'此奴眼色媚人。'"《锦绣万花谷》后集卷一五称此出《开元遗事》。⑤《太平广记》卷四一"黑叟"："叟自苇菴间引一女子，年十五六，薄傅粉黛，服不甚奢，艳态媚人，光华动众。"又《类说》卷一三"莕草"条："姑媱山，帝女死，化为莕草，服之媚人。"春秋时有以"媚人"为名号者。⑥ 睡虎地秦简《日书》甲种又有"妇不媚于君"句（一四背伍）。"衣良日"题下又说到"丁丑材衣，媚人"（一一三背至一一四背）。睡虎地秦简《日书》乙种亦可见："丁巳生，谷，媚人。"（二四六）

四、葬日—男日

"葬日"题下，可见"男日"和"女日"的区别："葬日，子、

---

① 《秦简日书集释》，第43页。
② 其说云："小人能媚人，人喜与之亲，不幸而同利害，必巧为中伤。"
③ 《汉书》卷九七上《外戚传上·孝武陈皇后》，第3948页；《周礼·天官·内宰》郑玄注。
④ 〔南朝宋〕范晔：《后汉书》卷三四《梁冀传》："（孙）寿色美而善为妖态，作愁眉，啼妆，堕马髻，折腰步，龋齿笑，以为媚惑。"中华书局1965年版，第1180页。
⑤ 《开元天宝遗事》卷一"眼色媚人"条："念奴者，有姿色，善歌唱，未尝一日离帝左右。每执板，当席顾眄。帝谓妃子曰：'此女妖丽，眼色媚人。'"
⑥ 《左传·成公二年》："齐侯使宾媚人赂以纪甗、玉磬与地。不可，则听客之所为。宾媚人致赂。晋人不可。"

卯、巳、酉、戌，是胃男日・午、未、申、丑、亥、辰，是胃女日。女日死，女日葬，必复之。男子亦然。"（三〇正贰至三一正贰）

简文"是胃男日"，整理小组释文："是胃（谓）男日。"今按：睡虎地《日书》乙种"男子日"题下写道："男子日，寅卯子巳戌酉。"与《日书》甲种相比日序不同，又多"寅"日。整理小组释文《日书》甲种诸日间无顿号，而乙种有顿号，标点形式不一致。天水放马滩秦简《日书》甲种有所谓"男日卯寅巳酉戌"（1）①，与睡虎地《日书》甲种相比有"寅"日，无"子"日；与睡虎地《日书》乙种相比无"子"日。睡虎地《日书》甲种又有所谓"子寅卯巳酉戌为牡日"（一一背）。与睡虎地《日书》乙种"男子日"相同，只是日序不一致。又说："牡日以葬，必复之。（一一背）十二月、正月、七月、八月为牡月。・三月、四月、九月、十月为牝月。牡月牡日取妻，吉（一二背）。"

五、葬日—女日

简文"是胃女日"，整理小组释文："是胃（谓）女日。"

今按：睡虎地《日书》乙种"男子日"题下写道："女子日，辰午未申亥丑。"与《日书》甲种相比日序不同。整理小组释文《日书》甲种诸日间无顿号，而乙种有顿号，标点形式不一致。天水放马滩秦简《日书》甲种有所谓"女日午未申丑亥辰"，与睡虎地《日书》甲种完全相同，而与睡虎地《日书》乙种日序不同。天水放马滩秦简《日书》甲种又有："以女日病以女日瘳必可日复之以女日"（2）。②睡虎地《日书》甲种又可见："丑辰申午未亥为牝"（一一背），与睡虎地《日书》甲种"女日"，乙种"女子日"及放马滩《日书》甲种"女日"日序均不同，然而"牝"即"牝日"。"牝日"就是"女日"。

下文"女日死，女日葬"，今按：放马滩《日书》甲种写作："死

---

① 秦简整理小组：《天水放马滩秦简甲种〈日书〉释文》，见甘肃文物考古研究所编：《秦汉简牍论文集》，甘肃人民出版社1989年版，第1页。
② 《天水放马滩秦简甲种〈日书〉释文》，见甘肃文物考古研究所编：《秦汉简牍论文集》，第1页。

以女日葬"（3）。① "必复之"，整理小组注释："意谓再次发生死亡。"今按：简文的直接意义当为必然再次葬。放马滩《日书》甲种亦可见"死以女日葬必复之男日亦如是"（3）。② 睡虎地《日书》甲种又写道："牝日以葬，必复之。"（一一背）与睡虎地《日书》甲种及放马滩《日书》甲种有关"女日"之葬的内容相同。刘乐贤以简文这段内容为《男日女日篇》，对照睡虎地《日书》甲种乙种及放马滩《日书》甲种乙种，论说甚详，多有新见。③ "男子亦然"，今按：放马滩《日书》甲种写作："男日亦如是"（3）。④

六、取妻，妻妒

"星"题下，说道："角，……取妻，妻妒。"（六八正壹）"牴（氐），……取妻，妻贫。"（七〇正壹）"箕，……取妻，妻多舌。"（七四正壹）"斗，……取妻，妻为巫。"（七五正壹）"奎，……以取妻，女子爱而口臭。"（八二正壹）"胃，……以取妻，妻爱。"（八四正壹）"翼，……取妻，必弃。"（九四正壹）

对于"取妻，妻妒"，今按：《史记》卷九《吕太后本纪》：

---

① 《天水放马滩秦简甲种〈日书〉释文》，见甘肃文物考古研究所编：《秦汉简牍论文集》，第1页。

② 《天水放马滩秦简甲种〈日书〉释文》，见甘肃文物考古研究所编：《秦汉简牍论文集》，第1页。何双全《天水放马滩秦简综述》在"亡盗者的身分（份）"一节中写道："（放马滩秦简）两种《日书》中都用较长的篇幅专门记载亡盗及捉拿亡盗的条文。亡盗是些什么人？其身分（份）是很复杂的。甲种《日书》1—4简说：'以女日死，以女日葬，必复之，男日亦如是，谓亡隶之日。'这里明确指出逃亡者是奴隶，那么亡盗中有相当一部分是奴隶，逃亡后就只能当盗贼了。可见奴隶不甘忍受剥削压迫是当时社会的普遍现象。"载《文物》1989年第2期。所谓"谓亡隶之日"，《天水放马滩秦简甲种〈日书〉释文》作"谓罔隶之日"。"罔隶"二字的释读和理解可能存在问题。而以此为基础讨论"亡盗"这一所谓"当时社会的普遍现象"，自然也存在问题。

③ 刘乐贤：《睡虎地秦简日书研究》，文津出版社1994年版，第69—72页。

④ 《天水放马滩秦简甲种〈日书〉释文》，见甘肃文物考古研究所编：《秦汉简牍论文集》，第1页。

"太后召赵王友。友以诸吕女为后,弗爱,爱他姬,诸吕女妒,怒去,谗之于太后,诬以罪过。""太后怒,以故召赵王。赵王至,置邸不见,令卫围守之,弗与食。""赵王饿,乃歌曰:'诸吕用事兮刘氏危,迫胁王侯兮强授我妃。我妃既妒兮诬我以恶,谗女乱国兮上曾不寤。……'""赵王幽死,以民礼葬之长安民冢次。"①《史记》卷四九《外戚世家》:"栗姬妒,而景帝诸美人皆因长公主见景帝,得贵幸,皆过栗姬,栗姬日怨怒。"褚少孙补述:"传曰:'女无美恶,入室见妒;士无贤不肖,入朝见嫉。'"②《史记》卷五六《陈丞相世家》裴骃《集解》引桓谭《新论》:"高帝见围七日,而陈平往说阏氏,阏氏言于单于而出之,以是知其所用说之事矣。彼陈平必言汉有好丽美女,为道其容貌天下无有,今困急,已驰使归迎取,欲进与单于,单于见此人必大好爱之,爱之则阏氏日以远疏,不如及其未到,令汉得脱去,去,亦不持女来矣。阏氏妇女,有妒媢之性,必憎恶而事去之。"③所谓"女无美恶,入室见妒",所谓"妇女,有妒媢之性",以及《潜夫论·贤难》所谓"家不乏于妒女"等,都说明"妻妒"是普遍现象。吴小强《集释》引录《汉书·景十三王传·广川惠王刘越》中广川王刘去宠爱陶望卿,王后昭信出于妒恨诬言其与郎吏有奸,"去即与昭信从诸姬至望卿所,裸其身,更击之。令诸姬各持烧铁共灼望卿。望卿走,自投井死。昭信出之,桙杙其阴中,割其鼻唇,断其舌","与去共支解,置大镬中,取桃灰毒药并煮之,召诸姬皆临观,连日夜靡尽。复共杀其女弟都"④。以为"此为'妻妒'之极例",然而又说:"究其根源,却在于一夫多妻制家庭本身,而非妇女之过。"⑤此说不确。"妻妒"现象在一夫一妻制家庭中同样普遍存在。这种现象的发生,除了社会原因之外,也有女性本身心理特征方面的因素。

---

① 《史记》,第403—404页。
② 《史记》,第1976、1984页。
③ 《史记》,第2058页。
④ 《汉书》卷五三《景十三王传·广川惠王刘越》,第2429页。
⑤ 《秦简日书集释》,第68页。

"取妻,妻妒",《日书》乙种对应的文字:"取妻,不宁"(八〇壹)。

七、取妻,妻贫

吴小强《集释》:"关于'妻贫'。《史记·陈丞相世家》载:'及平长,可娶妻,富人莫肯与者,贫者平亦耻之。'陈平最后还是选择了历经五嫁的有钱寡妇张负女孙。张耳娶外黄富人千金,陈余纳赵地苦陉富翁公乘氏爱女,都印证了《日书》'妻贫'简文,说明当时社会'乐选富家女'的择偶观念流行。"① 今按:"妻贫"与"妻家贫"不同,而且择日时预言当是指婚后情形。如果是说"妻家贫",则婚前已经知晓,全与"取妻"择日无关。推想"妻贫"的"贫",可能有另外的含义。大体应当是指婚后境况。或取使其家贫穷之义,如《荀子·天论》:"强本而节用,则天不能贫。"② 此外,理解"妻贫"语意,《齐丘子》如下内容或许也可以参考:"其夫好饮酒者,其妻必贫。"③

八、取妻,妻悍

今按:睡虎地秦简《法律答问》可以看到这样的条文:"妻悍,夫殴治之,夬(决)其耳,若折支(肢)指、胅膞(体),问夫可(何)论?当耐。"是"妻悍"之例。张家山汉简《二年律令》亦可见:"妻悍而夫殴笞之,非以兵刃也,虽伤之,毋罪。"(三二)"妻殴夫,耐为隶妾。"(三三)④ 又《后汉书》卷二八下《冯衍传下》:"衍娶北地任氏女为妻,悍忌,不得畜媵妾。"李贤注:"悍,急也。"⑤

---

① 《秦简日书集释》,第68页。
② 〔清〕王先谦撰,沈啸寰、王星贤点校:《荀子集解》卷一一《天论》,中华书局2013年版,第362页。
③ 《佩文韵府》卷一一之五引。
④ 张家山二四七号汉墓竹简整理小组编著:《张家山汉墓竹简〔二四七号墓〕》(释文修订本),文物出版社2006年版,第13页。
⑤ 《后汉书》,第1002—1003页。

《焦氏易林》卷二《观·随》："蹄马破车,恶妇破家。"①可以参考。

九、取妻,妻多舌

今按:《焦氏易林》卷一《蛊·讼》："长舌乱国,大斧破车。"卷二《大过·大有》："马蹄车伤,长舌破家。"卷三《咸·复》："大椎破毂,长舌乱国。床第之言,三世不安。"卷四《小过·小畜》："大椎破毂,长舌乱国。墙茨之言,三世不安。""长舌"也就是"多舌"。《艺文类聚》卷一七引《相书》:"欲知人多口舌,当视其口如鸟喙,言语皆聚此多舌人也。"②可知"多舌人"因"多舌"而为人厌弃。"多舌"的特征就是"人多口舌"。

一〇、取妻,妻为巫

今按:战国秦汉时期,女巫在社会生活中表现出重要的作用。《说文·巫部》在解释"巫"的意义时说:"女能事无形,以舞降神者也。象人两袖舞形。"在"觋"字条下又写道:"在男曰'觋',在女曰'巫'。"《汉书》卷二五上《郊祀志上》也说:"民之精爽不二,齐肃聪明者,神或降之,在男曰'觋',在女曰'巫'。"③《周礼·春官宗伯·神仕》贾公彦疏:"此'神仕'是巫。""在男曰'觋',在女曰'巫'者,男子阳,有两称,名'巫'名'觋',女子阴,不变,直名'巫',无称'觋'。"④《史记》卷二八《封禅书》在记述汉初刘邦时代神祠制度的制定时,说道:"长安置祠祝官、女巫。"⑤在西汉王朝最

---

① 《焦氏易林》卷四《革·解》:"马蹄蹄车,妇恶破家。"〔汉〕焦赣:《焦氏易林》卷一《蛊·讼》、卷二《大过·大有》、卷三《咸·复》、卷四《小过·小畜》,中国书店2014年影印版,第一册第174、281页,第二册第5、321页。

② 〔唐〕欧阳询撰,汪绍楹校:《艺文类聚》,上海古籍出版社1965年版,第317页。

③ 《汉书》,第1189页。

④ 〔清〕孙诒让撰,王文锦、陈玉霞点校:《周礼正义》卷五三《春官宗伯·神仕》,中华书局2013年版,第2231—2232页。

⑤ 《史记》,第1378页。

初建立神权秩序时,"女巫"曾经作为正式神职人员服务于都城长安的皇家神祠。《三辅黄图》卷五《台榭》引《汉武故事》:"武帝时祭泰乙,上通天台,舞八岁童女三百人,祠祀招仙人。"①甘泉宫通天台在举行"祠祀"典礼时使用"八岁童女三百人",令"舞"以"招仙人",也可以说明"女巫"在当时宫廷神祠制度中的作用。汉代"巫蛊"之案往往首发于后宫。宫中行"巫蛊"者多为女子。而民间,其实是女巫活动的最广大的舞台。《史记》卷一二六《滑稽列传》褚少孙补述,说到著名的西门豹治邺的故事,其对手正是女巫:"其巫,老女子也,已年七十。从弟子女十人所,皆衣缯单衣,立大巫后。"②形成了一个女巫团体。这种所谓"巫妪、弟子是女子也",在睡虎地秦简《日书》通行的时代,可能是比较普遍的情形。《风俗通义·祀典》说,"谨按《周礼》:'男巫掌望祀、望衍,旁招以茅。女巫掌岁时以祓除衅浴。'禊者,洁也。春者,蠢也,蠢蠢摇动也。《尚书》:'以殷仲春,厥民析。'言人解析也。疗生疾之时,故于水上衅洁之也。巳者,祉也,邪疾已去,祈介祉也"③。

一一、以取妻,女子爱而口臭

吴小强《集释》:"口臭,口香。《易·系辞上》:'同心之言,其臭如兰。'疏:'臭,气香馥如兰也。'"译文又称:"湿润的口中散发出迷人的芳香。"④今按:吴说释"口臭"为"口香",其说谬。《史记》卷二三《礼书》:"侧载臭茝,所以养鼻也。"司马贞《索隐》:"刘氏云:'侧,特也。臭,香也。茝,香草也。言天子行,特得以香草自随也,其余则否。'臭为香者,《山海经》云'臭如蘪

---

① 何清谷校注:《三辅黄图校注》,三秦出版社1995年版,第272页。
② 《史记》,第3212页。
③ 〔汉〕应劭撰,王利器校注:《风俗通义校注》卷八《祀典》,中华书局1981年版,第382页。
④ 《秦简日书集释》,第64、66页。

芎',《易》曰'其臭如兰'①,是臭为草之香也。"②可知"臭为香者",有特指对象,"是臭为草之香也。"而"口臭",指口中散发秽恶之气。《吴越春秋》卷七《越王勾践入臣外传》:"越王从尝粪恶之后,遂病口臭。"③《韩非子·内储说下六微》:"荆王所爱妾有郑袖者,荆王新得美女,郑袖因教之曰:'王甚喜人之掩口也,为近王,必掩口。'美女入见,近王,因掩口。王问其故,郑袖曰:'此固言恶王之臭。'及王与郑袖、美女三人坐,袖因先诫御者曰:'王适有言,必亟听从王言。'美女前,近王甚,数掩口。王悖然怒曰:'劓之。'御因揄刀而劓美人。一曰:魏王遗荆王美人,荆王甚悦之,夫人郑袖知王悦爱之也,亦悦爱之,甚于王,衣服玩好择其所欲为之。王曰:'夫人知我爱新人也,其悦爱之甚于寡人,此孝子所以养亲,忠臣之所以事君也。'夫人知王之不以己为妒也,因为新人曰:'王甚悦爱子,然恶子之鼻,子见王常掩鼻,则王长幸子矣。'于是新人从之,每见王,常掩鼻。王谓夫人曰:'新人见寡人常掩鼻何也?'对曰:'不己知也。'王强问之,对曰:'顷尝言恶闻王臭。'王怒曰:'劓之。'夫人先诫御者曰:'王适有言,必可从命。'御者因揄刀而劓美人。"④《韩非子》于是有"郑袖言恶臭而新人劓"的说法。《太平御览》卷三六七引《韩子》作:"魏王遗楚美女,楚王悦之。夫人郑袖谓新人曰:'王甚爱子,然恶子鼻。见王常掩鼻,则王长幸子。'于是新人从之。王谓夫人曰:'新人见寡人常掩鼻,何?'对曰:'言恶闻王口臭。'王怒甚,因劓之。"⑤《艺文类聚》卷一七引应劭《汉

---

① 今按:《易·系辞上》"其臭如兰"及疏解"气香馥如兰也","臭"字似乎都可以理解为只是说其气息,并无"香"的含义。
② 《史记》,第1162页。
③ 《吴越春秋》卷七《越王勾践入臣外传》,四部丛刊本。
④ 〔清〕王先慎撰,钟哲点校:《韩非子集解》,中华书局2013年版,第268—270页。
⑤ 〔宋〕李昉等:《太平御览》,中华书局1960年版,第1690页。

官》:"侍中刁存,年老口臭,帝赐鸡舌香,令含之。"① 是为"口臭"作为龋齿、齿槽化脓、慢性口腔炎等口腔病以及消化不良等症状,已受到注意。长沙马王堆出土帛书《五十二病方》有:"贛(蝤)食(蚀)齿,以榆皮、白□、美桂,而并【□□□】□傅空(孔),薄。"(四〇七)② 有学者指出,"白□,可能是白芷,味辛温、芳香,可用以治口齿气臭及风热牙痛,再加上美桂等其他药物,就可用以傅孔,即充填牙齿的空洞"③。或说"'美桂'是'牡桂'语流音变的结果"④。

一二、以取妻,妻爱

吴小强《集释》:"这一天娶来的妻子,非常疼爱丈夫。"今按:此篇在关于婚姻关系的内容中连续三次使用"爱"字。除此例外,前又有:奎日"以取妻,女子爱",娄日"以取妻,男子爱"。睡虎地秦简《日书》乙种相对应的内容与甲种完全相同。⑤ 吴小强的释文分别是:"这一天娶媳妇,娶来的她年轻妩媚","这一天娶进来的媳妇,丈夫非常爱慕她"⑥。"女子爱""男子爱""妻爱",三种"爱"的含义可能确实不同。特别是"女子爱"和"妻爱",似乎有所区别。

一三、取妻,必弃

吴小强《集释》:"娶来的妻子,一定会离婚遗弃。"⑦ 今按:汉代有"弃妻"称谓。如马融《长笛赋》写道:"于是放臣逐子,弃

---

① 《艺文类聚》,第317页。
② 湖南省博物馆、复旦大学出土文献与古文字研究中心编纂,裘锡圭主编:《长沙马王堆汉墓简帛集成》第五册《五十二病方》,中华书局2014年版,第289页。
③ 周大成:《中国口腔医学史考》,人民卫生出版社1991年版,第49页。
④ 张显成:《简帛药名研究》,西南师范大学出版社1997年版,第257页。
⑤ 简号为八二壹,八三壹,八四。
⑥ 《秦简日书集释》,第66页。
⑦ 《秦简日书集释》,第67页。

妻离友,彭胥伯奇,哀姜孝己,攒乎下风,收精注耳……"① 又祢衡《鹦鹉赋》:"放臣为之屡叹,弃妻为之歔欷,……"②

此外,《汉书》卷八一《孔光传》:"(孔)光久典尚书,练法令,号称详平。时定陵侯淳于长坐大逆诛,长小妻乃始等六人皆以长事未发觉时弃去,或更嫁。及长事发,丞相(翟)方进、大司空(何)武议,以为:'《令》:犯法者各以法时律令论之。明有所讫也。长犯大逆时,乃始等见为长妻,已有当坐之罪,与身犯法无异。后乃弃去,于法无以解。请论。'光议以为:'大逆无道,父母妻子同产无少长皆弃市,欲惩后犯法者也。夫妇之道,有义则合,无义则离。长未自知当坐大逆之法,而弃去乃始等,或更嫁,义已绝,而欲以为长妻论杀之,名不正,不当坐。'有诏光议是。"③ 所谓"弃妻"之"弃",即淳于长故事之"弃去"。

一四、男子龙庚寅,女子龙丁

在有关"良日"的内容中,可以看到"男子龙庚寅,女子龙丁"简文(八一正贰)。

刘乐贤按:"本句两'龙'字都是忌的意思。"④ 今按:男子忌庚寅日,女子忌丁日。男子忌日为一日,女子的忌日为六日。则女子的忌日明显多于男子。这是值得我们在研究性别关系史时予以注意的。

一五、夫妻同衣

"行"题下,说道:"凡且有大行、远行若饮食歌乐、聚畜生及夫妻同衣,毋以正月上旬午,二月上旬亥,三月上旬申,四月上旬丑,五月上旬戌,六月上旬卯,七月上旬子,八月上旬巳,九月上旬寅,十月上旬未,十一月上旬辰,十二月上旬酉。·凡是日赤

---

① 费振刚、胡双宝、宗明华辑校:《全汉赋》,北京大学出版社1993年版,第495—496页。
② 《全汉赋》,第612页。
③ 《汉书》,第3355页。
④ 刘乐贤:《睡虎地秦简日书研究》,文津出版社1994年版,第124页。

啻恒以开临下民而降其英，不可具为百事，皆毋所利。"（一二七正至一二八正）

整理小组注释："衣，寝衣，即被子。《论语·乡党》：'必有寝衣，长一身有半。'集解引孔安国曰：'今之被也。'"刘乐贤按："夫妻同被可能指夫妻同房，即夫妻过性生活。另外，古人确有夫妻不可同穿一件衣服的说法。如敦煌遗书伯2661有这么一句：'妇著夫衣不得。'《太平御览》八百二十六引《龙鱼河图》甚至说'妇人无以夫衣合集瀚之，使之不利'，认为夫妻的衣服放在一块洗就会不吉利。如此则本篇'夫妻同衣'亦可理解为夫妻穿同一件衣服，即妻穿夫之衣或夫穿妻之衣。"① 吴小强《集释》："夫妻同衣，夫妻交合作爱。"又说："同衣"，可有四解：（1）因贫穷至同穿一件上衣；（2）因男女私情而共用内衣；（3）同被而眠；（4）按古汉语同声相训原则，同衣即同一，指夫妻身体合一。② 今按："夫妻同被可能指夫妻同房"的说法可能更为接近原意。《说文·衣部》："被，寝衣。长一身有半。"段玉裁注："《论语·乡党》篇曰：'必有寝衣，长一身有半。'孔安国曰：'今被也。'郑注曰：'今小卧被是也。'"按照《说文》的说法，"寝衣"是"被"，"衾"是"大被"。若以"衣"即"寝衣"亦即"小卧被"之说为基点理解简文，则有关"夫妻同衣"的禁忌或许可以看作中国最早的关于性禁忌的资料。不过，其他理解似乎也有成立的理由。如《史记》卷六五《孙子吴起列传》："起之为将，与士卒最下者同衣食。"③ 又《史记》卷七一《樗里子甘茂列传》："夫向寿之于秦王，亲也，少与之同衣，长与之同车，以听事。"④ 是说穿用同样的衣服。存在夫妻不得穿用同样衣服的禁忌，对于下层贫苦民众来说，也是可能的。文献中还可以看到古来确实有多人"同衣"

---

① 《睡虎地秦简日书研究》，第154页。
② 《秦简日书集释》，第93—94页。
③ 《史记》，第2166页。
④ 《史记》，第2318页。

即共穿衣服的记载。

一六、好女子

睡虎地秦简《日书》甲种"生子"题下，是关于所生子未来境况的预言。其中有"庚辰生子，好女子"（一四六正壹）的文句。

对于其中所谓"好女子"，吴小强《集释》译文："女孩容貌美丽、身材窈窕。"① 今按："好女子"即"美好女子"，文献多有实例。如《前汉纪》卷一四："遥见好女子如李夫人。"②《孔子家语》卷五《子路初见》："乃选好女子八十人，衣以文饰而舞容玑及文马四十驷以遗鲁君。"③ 这里所谓"好"，指容貌身姿。也有以"好"谓道德修养的，如清人陆世仪《陆桴亭思辨录辑要》卷一写道："教女子只可使之识字，不可使之知书义。盖识字则可理家政、治货财，代夫之劳。若书义则无所用之。古今以来，女子知书义而又闲礼法如曹大家者有几？不然，徒以导淫而已。李易安、朱淑真使不知书义，未必不为好女子也。"④ 是以无条件顺从传统礼教思想奴役的女子为"好女子"。然而，睡虎地秦简《日书》甲种此所谓"好女子"，可能并不能以上述两种认识解释。"好"在这里是动词而非形容词，即喜好。"好女子"，一如上下文之"好言语"（一四三正壹）、"好乐"（一四一正贰）、"好衣佩"（一四六正贰）、"好衣剑"（一四八正贰）、"好家室"（一四二正叁、一四八正伍）、"好田野邑屋"（一四四正叁）、"好水"（一四九正肆）。看来，"生子"题下的内容中，除了特别指出"女"的条文外，大概都是指男性。

---

① 《秦简日书集释》，第104页。
② 〔汉〕荀悦撰，张烈点校：《前汉纪》卷一四《孝武皇帝纪五》，中华书局2002年版，第244页。
③ 杨朝明、宋立林主编：《孔子家语通解》卷五《子路初见》，齐鲁书社2013年版，第240页。
④ 〔清〕陆世仪：《陆桴亭思辨录辑要》卷一《小学类》，中华书局1985年版，第5页。

一七、女为贾

"生子"题下又有"庚寅生子，女为贾"（一四六正贰）的内容。

今按：这是反映女子从商的重要资料。正史有关记载，有《史记》卷一二九《货殖列传》："而巴寡妇清，其先得丹穴，而擅其利数世，家亦不訾。清，寡妇也，能守其业，用财自卫，不见侵犯。秦皇帝以为贞妇而客之，为筑女怀清台。"①睡虎地秦简《日书》乙种相应的内容为："庚寅生，女子为巫。"（二四二）

一八、女子以巳字，不复字

睡虎地秦简《日书》甲种有以"人字"为题的内容。

"人字"，整理小组注释："字，生子。"今按：《说文·子部》："字，乳也。"段玉裁注："人及鸟生子曰乳。"②《汉书》卷六四下《严安传》："六畜遂字。"颜师古注："字，生也。"③《日书》乙种与此篇内容可以对照的，是"生"篇。"人字"题下有"女子以巳字，不复字"（一五〇正叁）一条。今按：《易·屯》："女子贞不字，十年乃字。"④此条之"字"，特别是后一"字"字，似以"妊娠"解释为妥。

简文原意，可能是说女子如若于巳日生子，则此后终生不孕。

一九、取妻龙日

睡虎地秦简《日书》甲种"取妻"题下写道："取妻龙日，丁巳、癸丑、辛酉、辛亥、乙酉，及春之未戌，秋丑辰，冬戌亥。丁丑、己丑取妻，不吉。戊申、己酉，牵牛以取织女，不果，三弃。"（一五五正）

今按："取妻龙日"就是取妻忌日。刘乐贤说："甲种的'禾忌日'在乙种中叫'五谷龙日'，可证龙是禁忌的意思。龙的这种

---

① 《史记》，第 3260 页。
② 〔汉〕许慎撰，〔清〕段玉裁注：《说文解字注》，上海古籍出版社据经韵楼臧版 1981 年影印版，第 743 页。
③ 《汉书》，第 2810 页。
④ 〔清〕阮元校刻：《十三经注疏》，中华书局据原世界书局缩印本 1980 年影印版，第 19 页。

用法比较特别，古书中除整理小组所引《淮南子》外，还有两种。《论衡·难岁篇》：'俗人险心，好信禁忌。'黄晖《校释》云：'忌，宋本作龙，朱校元本同。按：作禁龙是也。'《后汉书·周举传》：'太原一郡，旧俗以介子推焚骸，有龙忌之禁。'禁龙，龙忌，都是禁忌的意思。龙何以有忌之义？黄晖认为与《墨子·贵义篇》'帝以甲乙杀青龙于东方'一段有关，并说是移徙家禁龙之本。黄氏此说有待于进一步论证。"① 今按：睡虎地秦简《日书》中可证"龙意即禁忌"之例，又有甲种"人良日"中"男子龙庚寅，女子龙丁"（八一正贰），"祠史先龙丙望"（一二五背），乙种"五谷龙日"（六五），及"祠室中日，辛丑，癸亥，乙酉，己酉，吉；龙，壬辰，申"（三一贰至三二贰），"祠户日，壬申，丁酉，癸丑、亥，吉；龙，丙寅、庚寅"（三三贰至三四贰），"祠门日，甲申、辰，乙亥、丑、酉，吉；龙，戊寅、辛巳"（三五贰至三六贰），"祠行日，甲申，丙申，戊申，壬申，乙亥，吉；龙，戊、己"（三七贰至三八贰），"祠囗日，己亥，辛丑，乙亥，丁丑，吉；龙，辛囗"（三九贰），"祠史先龙丙望"（五二贰），以及"行忌"题下"行龙戊、己，行忌"（一四二）等。放马滩秦简《日书》甲种也有"目龙日秉不得"（七三）的内容。②对于"龙"日的意义，已经有不少学者发表了意见。贺润坤最早指出，"所谓'龙日'，参照《日书》其他记载可知，其意仍人忌日"③。整理小组和刘乐贤的观点已见上述。金良年也说，"从内容分析来看，'龙日'就是当忌之凶日"④。九店楚简《日书》中，也有一枚记有"龙日"的残简。李零定义"龙日"为"忌日"。⑤ 李家浩发表了同样的

---

① 《睡虎地秦简日书研究》，第 42 页。
② 《天水放马滩秦简甲种〈日书〉释文》，见甘肃省文物考古研究所编：《秦汉简牍论文集》，第 4 页。
③ 贺润坤：《从〈日书〉看秦国的谷物种植》，载《文博》1988 年第 3 期。
④ 金良年：《"五种忌"研究——以云梦秦简〈日书〉为中心》，载《史林》1999 年第 2 期。
⑤ 李零：《读九店楚简》，载《考古学报》1999 年第 2 期。

意见，同时说到睡虎地秦简《日书》所见"龙日"："云梦秦简《日书》甲种有'取（娶）妻龙日'（一五五正），乙种有'五谷龙日'（六五），'龙日'是忌日的意思。"① 蔡哲茂则著文指出，从睡虎地秦简《日书》有些简例看，"'龙日'和'不吉'相对，龙日显然是吉利的"。他认为，"很可能'龙'字要读作'良'。龙字上古音是来母东部，良字上古音是来母阳部，而东部和阳部在日书中是合韵的……"② 刘乐贤又进行了较深入的讨论，认为"从《日书》所载'龙'字诸简的内容分析看，'龙'字不存在读为'良'的可能"。对于"龙"何以有"禁忌"之义，刘乐贤认为，"这种用法的'龙'字，也可能是'龹'字的省写。大概是'龹'字形体过于复杂，抄写者想省事，就只写一半。也就是说，这样的'龙'字，其实应读为'龹'声或看作'龹'省声。在《日书》中，这种读'龹'声的'龙'字，可能应通假为'䜌'"，"《孔子家语》也有读'龙'为'䜌'的用例，恰可与此互证。据《淮南子·氾论训》注，'䜌'字可训为'忌'"。③ 刘乐贤的这一意见，应当肯定是对于睡虎地秦简《日书》"龙日"的最合理的解说。不过，如蔡哲茂所举"龙日"与"不吉"并见之例，睡虎地秦简《日书》乙种"行忌"题下"行龙戊、己，行忌"，"龙"字也与"忌"字同时出现于一条简文中，似乎"龙"与"忌"的实际内涵还可以继续讨论。放马滩秦简《日书》乙种："种忌：……寅稷，……"④ 可以作为理解"稷龙寅"时的参考。

---

① 湖北省文物考古研究所、北京大学中文系编：《九店楚简》，中华书局2000年版，第137页。

② 蔡哲茂：《读〈睡虎地秦墓竹简〉札记两则》，见《第二届训诂学学术研讨会论文》，第147—148页；《训诂论丛》第2辑，文史哲出版社1995年版，第143—150页。

③ 刘乐贤：《睡虎地秦简〈日书〉"龙"字试释》，见张政烺先生九十华诞纪念文集编委会编：《揖芬集：张政烺先生九十华诞纪念文集》，社会科学文献出版社2002年版，第355—362页。

④ 何双全：《天水放马滩秦简综述》，载《文物》1989年第2期。

二〇、牵牛以取织女，不果

整理小组注释："'牵牛'二字合文。"

今按：睡虎地秦简《日书》甲种又可见："戊申、巳酉，牵牛以取织女而不果，不出三岁，弃若亡。"（三背壹）"织女""牵牛"神话，有相当久远的渊源。《史记》卷二七《天官书》："婺女，其北织女。织女，天女孙也。"张守节《正义》："织女三星，在河北天纪东，天女也，主果蓏丝帛珍宝。占：王者至孝于神明，则三星俱明；不然，则暗而微，天下女工废；明，则理；大星怒而角，布帛涌贵；不见，则兵起。"裴骃《集解》引徐广曰："孙，一作'名'。"司马贞《索隐》："织女，天孙也。案：《荆州占》云：'织女，一名天女，天子女也。'"① 《史记》卷二五《律书》："东至牵牛。牵牛者，言阳气牵引万物出之也。牛者，冒也，言地虽冻，能冒而生也。牛者，耕植种万物也。"② "牵牛以取织女"的说法，说明在睡虎地秦简《日书》甲种成书的时代，牛郎织女爱情传说已经形成了比较确定的主题，形成了比较完整的结构。《三辅黄图》卷四："《关辅古语》曰：'昆明池中有二石人，立牵牛、织女于池之东西，以象天河。'张衡《西京赋》曰：'昆明灵沼，黑水玄阯，牵牛立其右，织女居其左。'今有石父、石婆神祠在废池，疑此是也。"③ 《文选》卷一〇潘岳《西征赋》也写道："仪景星于天汉，列牛女以双峙。"④ 陕西长安斗门发现汉代牛郎织女石刻，与《三辅黄图》的记载相符。⑤

---

① 《史记》，第1311页。
② 《史记》，第1244页。
③ 《文选》卷二《西京赋》："牵牛立其左，织女处其右。"又卷一《西都赋》："左牵牛而右织女，似云汉而无涯。"《三辅黄图校注》卷四《池沼》，第240页。
④ 〔唐〕李善注：《文选》，中华书局1977年版，第160页。
⑤ 俞伟超：《应当慎重引用古代文献》，载《考古通讯》1957年第2期；汤池：《西汉石雕牵牛织女辨》，载《文物》1979年第2期；张在明主编：《中国文物地图集·陕西分册》，西安地图出版社1998年版，上册第150页，下册第101页。

《焦氏易林》卷四《中孚·益》："久鳏无偶，思配织女。求其非望，自令寡处。"① "织女"，似乎已经成为社会公认的理想的妻子的一种标范。刘乐贤认为，通过睡虎地秦简《日书》中"牵牛以取织女"简文，可以知道"当时肯定流传着牛郎娶织女的神话"，又提醒人们注意以下几点：（1）简文明言"牵牛以取（娶）织女而不果"，看来在秦简《日书》的时代牵牛已成了故事的主动角色；（2）从"不果"二字看来，当时的故事或许与后代略有差别；（3）这里有牵牛娶织女的具体时间，这是后世牛女故事中所没有的。《白孔六帖》卷九引《淮南子》："七夕乌鹊填河成桥，渡织女。"其说不见于今本《淮南子》。曾经有学者怀疑其可靠性。刘乐贤说："今据睡虎地秦简《日书》知战国时代已在民间普遍流行着牛郎织女的神话，则在《淮南子》时代有牛女神话的记载是毋庸置疑的。""秦简《日书》关于牵牛织女神话虽只有短短一句，但它却透露出一些与后来的传说颇不相同或后来所没有的内容。例如说'牵牛取（娶）织女而不果'，牛郎娶织女没有娶到的说法在后世的传说中是没有的（当然，'不果'也可以理解为不能偕老。这样理解则与后世的说法一致）。牛郎娶织女的具体日期也是后世传说中所没有的。至于它以牵牛为主角，也与后世传说中以织女为主角的说法有区别。有些学者认为织女是主角、牛郎为配角的现象说明此神话兴起时是女权制时代②。现在看来，这种说法也未必一定正确。"③刘乐贤的讨论，是神话史研究和民间文学史研究运用考古学资料的成功典型。

---

① 〔汉〕焦赣：《焦氏易林》卷四《中孚·益》第二册，中国书店2014年影印版，第316页。

② 王孝廉：《牵牛织女的神话》，见《中国的神话与传说》，联经出版公司1977年版；徐传武：《漫话牛女神话的形成与演变》，载《文学遗产》1989年第6期。

③ 《睡虎地秦简日书研究》，第451—454页。

二一、三弃

吴小强《集释》译文:"假如在这个日子娶媳妇,丈夫会三次抛弃妻子。"① 今按:"取妻",作为社会行为,是从以丈夫为主体的角度而言。"三弃",或许意味着夫妻关系的三次破裂。按照本篇的内容,"取妻龙日""不吉"日、可能"不果,三弃"之日,如下表:

甲子	乙丑	丙寅	丁卯	戊辰	己巳	庚午	辛未	壬申	癸酉
甲戌	乙亥	丙子	丁丑	戊寅	己卯	庚辰	辛巳	壬午	癸未
甲申	乙酉	丙戌	丁亥	戊子	己丑	庚寅	辛卯	壬辰	癸巳
甲午	乙未	丙申	丁酉	戊戌	己亥	庚子	辛丑	壬寅	癸卯
甲辰	乙巳	丙午	丁未	戊申	己酉	庚戌	辛亥	壬子	癸丑
甲寅	乙卯	丙辰	丁巳	戊午	己未	庚申	辛酉	壬戌	癸亥

标记有阴影者,是不利于"取妻"的日子。我们看到,夏季没有特别的忌日。春季的"戌"日和冬季的"戌"日同样都是"取妻龙日"。秋季的"丑"日与"癸丑""丁丑""己丑"重复。冬季的"亥"日与"辛亥"重复。表中阴影深度不同,显示重复的情形。总的来说,不利于"取妻"者涉及50%的日子,即60日中的30日。其中有9日在100%的情况下不利于"取妻",有5日在二分之一的情况下不利于"取妻",有16日在四分之一的情况下不利于"取妻"。也就是说,总体看来,不利于"取妻"的时间占25.83%以上。

二二、女果以死

睡虎地秦简《日书》甲种可见"作女子"题。下有文字:"月生一日、十一日、二十一日,女果以死,以作女子事,必死。"(一五六正)

对于所谓"女果以死",整理小组注释:"果,疑读为娲。"吴小强《集释》注释:"果,疑读为娲,女果即女娲氏。"又译文:"在每个月的一日、十一日、二十一日生孩子不吉祥,女娲氏是在这

---

① 《秦简日书集释》,第108页。

个日子中死去的。"① 刘乐贤则认为,"本篇说每月的第一日、十一日、二十一日是女果的死日,故不能做女子之事。女果,整理小组疑即女娲。按:果、娲古音极近,通用的可能性很大。但女娲以每月第一日、十一日、二十一日死的说法不见典籍,故女果即女娲之说不能视为定论。从其日不可作女子事推测,女果必是当时人人皆知的一位女神。惜其事迹无从考索"②。今按:此句若读"果"为"娲",以为"女娲氏是在这个日子中死去的",未能通解文义。若说"每个月的一日、十一日、二十一日",那么,所谓"这个日子",全年竟然多至36日。女娲何以能死36次?以为"女果必是当时人人皆知的一位女神"的说法同样未可信从。今疑"果"当读为"裸"。《周礼·春官·龟人》:"东龟曰果属。"郑玄注:"杜子春读果为蠃。"贾公彦疏:"此龟前甲长,后甲短,露出边为蠃露,得为一义。"③《逸周书·王会》:"狡犬者,巨身,四足果。"④ 王念孙《读书杂志》一之三《逸周书第三》:"予谓果疑即裸字。""果与裸同音,故'祖裼裸裎'之裸亦通作果。"朱右曾注:"愚谓果读为倮,胡犬深毛,惟狡犬四足无毛也。"⑤ "果""裸"互通之例,又有《周礼·春官·大宗伯》:"则摄而载果。"郑玄解释说:"果读为裸。"《周礼·春官·小宗伯》:"以待果将。"郑玄注:"果读为裸。"《周礼·秋官·大行人》:"王礼再裸而酢。"郑玄注:"故书裸作果。"《考工记·玉人》:"裸

---

① 《秦简日书集释》,第109页。
② 《睡虎地秦简日书研究》,第198页。
③ 《周礼正义》卷四八《春官宗伯·龟人》,第1950页。
④ 黄怀信、张懋镕、田旭东撰,李学勤审定:《逸周书汇校集注》卷七《王会》,上海古籍出版社1995年版,第947页。
⑤ 〔清〕王念孙撰,许炜君等点校:《读书杂志》一之三《逸周书第三》,上海古籍出版社2014年版,第64页。

圭尺有二寸。"郑玄注："裸或作果。"① 那么，应当怎样理解所谓"月生一日"的"生"字呢？正如刘乐贤所说："古人把月亮由缺至圆、由圆至缺的过程喻为生、死，故月生一日即指每月第一日。《黄帝蝦蟆经》称每月第一及第十五日为月生一日、月生二日……月生十五日。因为月亮从第一天开始向圆形过渡，到第十五日月望时达到最圆的状态。该书又将每月十六日至三十日称为月毁十六日、月毁十七日……月毁三十日。因为月亮从十六日开始，由圆变缺，直到消失。""但'作女子篇'有'月生廿一日'，知'月生'也可包括'月毁'之日，只表示每月的日序。"②

二三、作女子事

吴小强《集释》："作女子事，即指生育孩子，以与'生子''人字''取妻'三章相呼应。"③ 今按："作女子事"，疑指性事。

二四、取妻，不终

睡虎地秦简《日书》甲种有关于娶妻嫁女的内容，其中可见所谓"春三月季庚辛，夏三月季壬癸，秋三月季甲乙，冬三月季丙丁，此大败日。取妻，不终……"（一背），"戌兴亥是胃分离日，不可取妻。取妻，不终，……"（一〇背）。

怎样理解"取妻，不终"？今按：《吕氏春秋·必己》："不终其寿，内热而死。"司马迁在《史记》中多次使用"不终"一语。如《史记》卷七《项羽本纪》："位虽不终，近古以来未尝有也。"④ 又《史记》卷二五《律书》："孝文曰：'朕能任衣冠，念不到此。会吕氏之乱，

---

① 《周礼正义》卷三五《春官宗伯·大宗伯》、卷三六《春官宗伯·小宗伯》、卷七一《秋官司寇·大行人》、卷八〇《冬官考工记·玉人》，第1409、1441、2952、3333页。

② 《睡虎地秦简日书研究》，第210—211页。

③ 《秦简日书集释》，第111页。

④ 《史记》，第339页。

功臣宗室共不羞耻，误居正位，常战战栗栗，恐事之不终。'"①《史记》卷三三《鲁周公世家》："昭公年十九，犹有童心。穆叔不欲立，曰：'太子死，有母弟可立，不即立长。年钧择贤，义钧则卜之。今裯非適嗣，且又居丧意不在戚而有喜色，若果立，必为季氏忧。'季武子弗听，卒立之。比及葬，三易衰。君子曰：'是不终也。'"②《史记》卷四〇《楚世家》："子比果不终焉。"③《史记》卷四七《孔子世家》："已葬，欲召仲尼。公之鱼曰：'昔吾先君用之不终，终为诸侯笑。今又用之，不能终，是再为诸侯笑。'"④《史记》卷八七《李斯列传》记录赵高语："蒙恬已死，蒙毅将兵居外，臣战战栗栗，唯恐不终。"⑤又《史记》卷一一八《淮南衡山列传》："太史公曰：《诗》之所谓'戎狄是膺，荆舒是惩。'信哉是言也。淮南、衡山亲为骨肉，疆土千里，列为诸侯，不务遵蕃臣职以承辅天子，而专挟邪僻之计，谋为畔逆，仍父子再亡国，各不终其身，为天下笑。"⑥可知"不终"多用。有"不终"其位，"不终"其用，"不终"其事，"不终"其身，等等。这里所谓"取妻，不终"，可能是指年寿，也可能是指婚姻关系。蒲慕州分析睡虎地秦简《日书》所见人际关系，就将"取妻，不终"看作"《日书》中对于婚姻久暂的预测"。不过，是从"妻先死或夫先亡"这一角度来分析的。⑦"不终"言婚姻关系，很可能并不是仅仅指一方死亡，而包括其他情形，但是亦并非指简文中已经见到的"弃"。

二五、橐妇以出

睡虎地秦简《日书》甲种关于娶妻嫁女的内容中又可见："壬辰、

---

① 《史记》，第1242页。
② 《史记》，第1539页。
③ 《史记》，第1710页。
④ 《史记》，第1927页。
⑤ 《史记》，第2552页。
⑥ 《史记》，第3098页。
⑦ 蒲慕州：《睡虎地秦简〈日书〉的世界》，见《中央研究院历史语言研究所集刊》第62本第4分，1993年。

癸巳，橐妇以出，夫先死，不出二岁。"（四背壹）

关于所谓"橐妇以出"，整理小组释文作"囊妇以出"。整理小组注释："囊，疑读为攘，盗取。"吴小强《集释》译文："有偷盗行为的女人假如在这个日子中出嫁，……"①刘乐贤按："此字发掘报告释为橐，郑刚据此读为托。《日书》此字照片清晰，其字形既不同于法律文书中的橐，也不同于《日书》'马禖祝篇''百草囊'之囊。当隶定为棚或铦，中间既不是石，也不是襄，而是口。其音读与字义待考。据文例推测，铦妇当与下文'敝毛之士'相类，指某一种女人。或许此字是橐字之讹，橐妇读为妒妇。此说缺少根据，不敢肯定，姑志于此。"②今按：应以"橐（妒）妇"之说为是。"橐（妒）妇以出"的"出"，其主体既已称"妇"，则不当理解为"出嫁"，而是指丈夫休弃妻子。《战国策·秦策四》："薛公入魏而出齐女。"高诱注："妇人大归曰'出'。"③《韩非子·外储说左上》："蔡女为桓公妻，桓公与之乘舟。夫人荡舟，桓公大惧，禁之不止，怒而出之。"④《史记》卷七九上《循吏列传》："见其家织布好，而疾出其家妇，燔其机，云：'欲令农士工女安所仇其货乎？'"⑤班固《白虎通·嫁娶》："出妇之义必送之，接以宾客之礼。"⑥被"出"之"妇"也称"出妇"。《战国策·秦策一》："卖仆妾售乎闾巷者，良仆妾也；出妇嫁乡曲者，良妇也。"⑦又如《后汉书》卷七九上《儒林列传上·杨政》："范升尝为出妇所告。"⑧

---

① 《秦简日书集释》，第117页。
② 《睡虎地秦简日书研究》，第206页。
③ 〔汉〕刘向集录，范祥雍笺证，范邦瑾协校：《战国策笺证》卷六《秦策四》，上海古籍出版社2006年版，第378页。
④ 《韩非子集解》，第296页。
⑤ 《史记》，第3102页。
⑥ 〔汉〕班固撰，〔清〕陈立疏证，吴则虞点校：《白虎通疏证》，中华书局1994年版，第488页。
⑦ 《战国策笺证》，第218页。
⑧ 《后汉书》，第2552页。

二六、敝毛之士以取妻

在关于娶妻嫁女的专题内,又可见"庚辰、辛巳,敝毛之士以取妻,不死,弃"(五背壹)。

整理小组注释:"毛,《国语·齐语》注:'发也。'敝毛,指年长发衰。"吴小强说:"'敝毛之士'的存在,说明当时男子脱发现象较多,已引起占卜家的注意。"① 今按:"敝毛"就是"敝发"。"敝发"的说法见于古籍。后蜀彭晓《周易参同契通真义》卷中:"二女共室,颜色甚姝。令苏秦通言,张仪结媒,发辩利舌,奋舒美辞,推心调谐,合为夫妇,敝发腐齿,终不相知。"宋陈显微《周易参同契解》卷中沿袭此说。又清张次仲《周易玩辞困学记》卷一,刁包《易酌》卷一,毛奇龄《易小帖》卷四也有相类同的内容,其中"敝发腐齿,终不相知"语完全相同。

二七、直营室以出女,父母必从居

在有关娶妻嫁女的内容中,有所谓"直营室以出女,父母必从居"(三背贰)。

整理小组注释:"'营室'二字合文。"刘乐贤按:"营室的这种写法是秦汉时代的通例。"② 今按:"从居",《史记》中可见文例。《史记》卷一一八《淮南衡山列传》记载:淮南王刘长有罪,群臣讨论处置方式,有建议曰:"臣请处蜀郡严道邛邮,遣其子母从居,县为筑盖家室,皆廪食给薪菜盐豉炊食器席蓐。""制曰:'计食长给肉日五斤,酒二斗。令故美人才人得幸者十人从居。他可。'"所谓"遣其子母从居",司马贞《索隐》:"案:乐产云:'妾媵之有子者从去也。'"③

---

① 《秦简日书集释》,第 121 页。
② 《睡虎地秦简日书研究》,第 207 页。
③ 《史记》,第 3079 页。

二八、男女未入宫者

睡虎地秦简《日书》"诘咎"题下，说到一中驱鬼方式："人若鸟兽及六畜恒行人宫，是上神相，好下乐人，男女未入宫者鼓奋铎橐之，则不来矣。"（三一背贰至三三背贰）

怎样理解所谓"男女未入宫者"？刘乐贤说："'男女未入宫者'，我们以前怀疑是指未进入房间的男女，夏德安举张家山汉简《引书》相告，认为'入宫'确有行房事之义。按：《引书》中'入宫'凡四见，皆指男女性交，则'男女未入宫者'应指未婚男女。乐入男女未入宫者，意谓乐于带走那些未婚男女。前一'入'字读为'纳'，《国语·晋语》：'杀三郤而尸诸朝，纳其室以分妇人。'注：'纳，取也。'"今按：张家山汉简《引书》"入宫"四见："入宫从昏到夜大半止之，益之伤气"（一至二），"入宫从昏到夜半止，益之伤气"（四至五），"入宫以身所利安，此利道也"（六），"入宫从昏到夜少半止之，益之伤气"（七）。①高大伦较早发表了"入宫，指房事"的解释。②以"'男女未入宫者'应指未婚男女"的理解，则与所谓"童男女"同。"童男女"，是秦汉时期事神仙者的基本要求之一。《史记》卷六《秦始皇本纪》："齐人徐市等上书，言海中有三神山，名曰蓬莱、方丈、瀛洲，仙人居之。请得斋戒，与童男女求之。于是遣徐市发童男女数千人，入海求仙人。"③又《史记》卷二八《封禅书》："至秦始皇并天下，至海上，则方士言之不可胜数。始皇自以为至海上而恐不及矣，使人乃赍童男女入海求之。"④《史记》卷一一八《淮南衡山列传》又记载"使徐福入海求神异物，还为伪辞"，其言曰："臣见海中大神，言曰：'汝西皇之使邪？'臣答曰：'然。''汝何求？'

---

① 张家山二四七号汉墓竹简整理小组编著：《张家山汉墓竹简〔二四七号墓〕》（释文修订本），文物出版社2006年版，第171页。
② 高大伦：《张家山汉简〈引书〉研究》，巴蜀书社1995年版，第93页。
③ 《史记》，第247页。
④ 《史记》，第1370页。

曰：'愿请延年益寿药。'神曰：'汝秦王之礼薄，得观而不得取。'即从臣东南至蓬莱山，见芝成宫阙，有使者铜色而龙形，光上照天。于是臣再拜问曰：'宜何资以献？'海神曰：'以令名男子若振女与百工之事，即得之矣。'"于是，"秦皇帝大说，遣振男女三千人，资之五谷种种百工而行"①。"振男女"，也就是"童男女"。②

二九、上帝子下游

"诘咎"题下又说到"鬼恒从人女，与居，曰：'上帝子下游'"（三八背叁）情形。

今按：后世有不法之徒冒充上天神灵以欺侮下民的传说，如《醒世恒言》第十九卷《勘皮靴单证二郎神》等。鬼怪冒充正神故事，《西游记》中多见。从睡虎地秦简《日书》可知，民间此种传说起源甚早。至于妖异与民间女子的不正常关系，亦多见于古来各种传说，而多为后者被动。如《类说》卷一二"老猿窃妇人"条："晋州含山有妖鬼好窃妇人。尝有士人行至含山，夜失其妻。旦而寻求，入深山，一大石有五六妇人共坐。问曰：'君何至此？'具言其故。妇人曰：'贤夫人昨夜至此，在石室中。吾等皆经过，为所窃也。将军窃人至此，与行容彭之术，每日一试，取素练周缠其身及手足，作法运气，练皆断裂。每试辄增一匹。明日当五匹，君明旦至此伺之，吾等当以六匹急缠其身，候君至，即共杀之。可乎？'其人如期而往。见一人貌甚可畏，众妇人已缠至六匹，乃直前格之，遂杀之。乃一老猿也。因获其妻，众妇皆得出，其怪乃绝。"③

---

① 《史记》，第3086页。
② 裴骃《集解》："徐广曰：'《西京赋》曰：振子万童。'骃案：薛综曰：'振子，童男女。'"第3087页。
③ 〔宋〕曾慥：《类说》卷一二《老猿窃妇人》，见《景印文渊阁四库全书》，台湾商务印书馆1986年版，第873册，第208页。

张家山汉简《贼律》所见"妻悍""妻殴夫"等事

张家山汉简《二年律令》中的《贼律》，有涉及家庭暴力的内容。考察有关律令，有益于认识当时社会性别关系的若干特征。

一、"妻悍""妻殴夫"简例

张家山汉简《二年律令》中《贼律》可见"妻悍""妻殴夫"事。其简文为：

（1）妻悍而夫殴笞之非以兵刃也虽伤之毋罪　　三二

（2）妻殴夫耐为隶妾　　三三

（3）妇贼伤殴詈夫之泰父镖母镖主母后母皆弃市　四〇

张家山二四七号汉墓竹简整理小组释文写作：

（1）妻悍而夫殴笞之，非以兵刃也，虽伤之，毋罪。
　　　　　　　　　　　　　　　　　　　　三二

（2）妻殴夫，耐为隶妾。　　　　　　　三三

（3）妇贼伤、殴詈夫之泰父母、父母、主母、后母，皆弃市。　　　　　　　　　　　　　　四〇

这三条简文，整理小组未做注释。

简（1）说，如果"妻悍"，"夫殴笞之"，只要不使用"兵刃"，"虽伤之"，亦无罪。也就是说，男子施用暴力若不使用"兵刃"，则可以因"妻悍"的前提免予追究。而"妻悍"的具体判定方式，则未可知。

二、睡虎地秦简所见女子"悍"与"妻悍"

睡虎地秦简《封诊式》中有"黥妾"条，也说到女子"悍"。我们在这里引用睡虎地秦墓竹简整理小组的释文：

黥妾　爰书：某里公士甲缚诣大女子丙，告曰："某里五大夫乙家吏。丙，乙妾殴（也）。乙使甲曰：丙　　四二

悍，谒黥劓丙。"·讯丙，辞曰："乙妾殴（也），毋（无）它坐。"·丞某告某乡主：某里五大夫乙家吏甲诣乙　　四三

> 妾丙,曰:"乙令甲谒黥劓丙。"其问如言不然？定名事里,
> 所坐论云可(何),或覆问毋(无)　　　　　　四四
>
> 有,以书言。　　　　　　　　　　　　　　　四五

整理小组译文写道:"爰书:某里公士甲捆送大女子丙,控告说:'本人是某里五大夫乙的家吏。丙是乙的婢女。乙派甲来说:丙强悍,请求对丙施加黥劓。'审讯丙,供称:'是乙的婢女,没有其他过犯。'县丞某告某乡负责人:某里五大夫乙的家吏甲送来乙的婢女丙,说:'乙命甲来请求对丙施加黥劓。'请询问是否和所说的一样？确定其姓名、身份、籍贯,曾犯有何罪,再察问还有什么问题,用书面回报。"[①]

从简文看,秦时制度,妾"悍",是可能要处以"黥劓"之刑的。我们还注意到,对女子"悍"的控告,似乎是不需要提供证据的。"爰书"对于其"悍"的具体情节,亦未有说明。司法官员对于被告"其问如言不然",即"请询问是否和所说的一样",看来是很难依据供词判定罪名的。对于这种情形,推想最终很可能往往只是凭借原告的诉辞定罪。

睡虎地秦简《法律答问》中也有涉及"妻悍"的条文:

> 妻悍夫殴治之夬其耳若折支指胅体问夫可论当耐　七九

其释文作:

> 妻悍,夫殴治之,夬(决)其耳,若折支(肢)指,胅
> 体(体),问夫可(何)论？当耐。　　　　　　　七九

整理小组又有译文:"妻凶悍,其夫加以责打,撕裂了她的耳朵,或折断了四肢、手指,或造成脱臼,问其夫应如何论处？应处以耐刑。"[②] 对照张家山汉简《贼律》,可知"夫殴治之",即"夫殴治(笞)之"。

---

① 睡虎地秦墓竹简整理小组:《睡虎地秦墓竹简》,文物出版社1990年版,第261页。

② 《睡虎地秦墓竹简》,第112页。

三、秦汉律文比较

以汉律和秦律对照，可以看到律文的变化是很明显的。汉律对所谓"妻悍而夫殴笞之"的情形，于丈夫似更为宽容。

简（2）说，"妻殴夫，耐为隶妾"。这一处罚，似乎是不必强调任何前提的。也就是说，对于"妻殴夫"的惩治，是完全无条件的，并不似简（1）所说，还需要区分不同的背景、缘由和形式。显然，这一简文，是典型的维护绝对夫权的律条。

简（3）说，妇对于"夫之泰父母、父母、主母、后母"如若"贼伤、殴詈"，则一律处以"弃市"之刑。这一规定，体现了维护宗法秩序的法律原则。而"妇贼伤、殴詈夫之泰父母、父母"辈，也确实严重违背了孝道。

分析以上律文，一方面可以看到对家庭中"妻""妇"一方的压抑，另一方面，也应当注意到相应法律的成立，是因为当时社会存在这些法律所针对的现象。

《汉书》卷八五《谷永传》："……内则为深宫后庭将有骄臣、悍妾、醉酒、狂悖卒起之败。"①明确说到"深宫后庭"之中的"悍妾"。"深宫后庭"，其实是扩大了的特殊的家庭。

四、冯衍妻例证

著名的冯衍之妻北地任氏女的故事，也是典型的例证。

《后汉书》卷二八下《冯衍传下》写道：

> （冯）衍娶北地任氏女为妻，悍忌，不得畜媵妾，儿女常自操井臼，老竟逐之，遂埳壈于时。②

---

① 〔汉〕班固：《汉书》，中华书局1962年版，第3468页。
② 〔南朝宋〕范晔：《后汉书》，中华书局1965年版，第1002—1003页。《文选》卷三八任昉《为范尚书让吏部封侯第一表》李善注："冯敬通废于家，娶北地任氏女为妻，忌不得畜媵妾，儿女常自操井臼也。"

李贤注引"《衍集》载衍《与妇弟任武达书》"。其辞曰：

天地之性，人有喜怒，夫妇之道，义有离合。先圣之礼，士有妻妾，虽宗之眇微，尚欲踰制。年衰岁暮，恨入黄泉，遭遇嫉妒，家道崩坏，五子之母，足尚在门。五年已来，日甚岁剧，以白为黑，以非为是，造作端末，妄生首尾，无罪无辜，谗口嗸嗸。乱匪降天，生自妇人。青蝇之心，不重破国，妒嫉之情，不惮丧身。牝鸡之晨，唯家之索，古之大患，今始于衍。醉饱过差，辄为桀纣，房中调戏，布散海外，张目抵掌，以有为无。痛彻仓天，毒流五藏，愁令人不赖生，忿令人不顾祸。入门着床，继嗣不育，纺绩织纴，了无女工，家贫无僮，贱为匹夫，故旧见之，莫不凄怆，曾无悯惜之恩。唯一婢，武达所见，头无钗泽，面无脂粉，形骸不蔽，手足抱土。不原其穷，不揆其情，跳梁大叫，呼若入冥，贩糖之妾，不忍其态。计妇当去久矣，念儿曹小，家无它使，哀怜姜、豹，当为奴婢。恻恻焦心，事事腐肠，讻讻籍籍，不可听闻。暴虐此婢，不死如发，半年之间，脓血横流。婢病之后，姜竟春炊，豹又触冒泥涂，心为怆然。缣縠放散，冬衣不补，端坐化乱，一缕不贯。既无妇道，又无母仪，忿见侵犯，恨见狼藉，依倚郑令，如居天上。持质相劫，词语百车，剑戟在门，何暇有让？百弩环舍，何可强复？举宗达人解说，词如循环，口如布谷，县幡竟天，击鼓动地，心不为恶，身不为摇。宜详居错，且自为计，无以上书告诉相恐。狗吠不惊，自信其情。不去此妇，则家不宁；不去此妇，则家不清；不去此妇，则福不生；不去此妇，则事不成。自恨以华盛时不早自定，至于垂白家贫身贱之日，养癕长疽，自生祸殃。衍以室家纷然之故，捐弃衣冠，侧身山野，绝交游之路，杜仕宦之门，阃门不出，心专耕耘，以求衣食，何敢有功名之路哉！①

冯衍的文章，饱含对"悍忌"之妻的深切怨愤。其行为如书中所说，"谗口嗷嗷"，"持质相劫"，往往有如"桀纣"，于是"痛彻仓天，毒流五臓，愁令人不赖生，忿令人不顾祸"，形成了一种精神折磨，以致家中如同"剑戟在门"，"百弩环舍"。既然有"张目扺掌"之说，则未必不至于"妻殴夫"的程度。特别是对于婢女的迫害，确实有以暴力方式进行肉体摧残的行为："暴虐此婢，不死如发，半年之间，脓血横流。"②

然而"妻悍"如此，冯衍却不能利用简（1）所见"夫殴笞之，非以兵刃也，虽伤之，毋罪"的法律条文，进行报复，只能"至于垂白家贫身贱之日"方才出之，以致有"养瘫长疽，自生祸殃"的慨叹。这除了其妻出身"北地"，自有边地强悍之风，而冯衍本人性格弱点亦明显，只能"恻恻焦心，事事腐肠"，不能决绝了断的因素之外，或可推想，当时法律对于"妻悍"的惩处形式，至少在实际实行方面，可能已经与西汉初年有所不同。

任氏因"忌"而"悍"，即主要是对情感竞争中的同性对手表现的凶悍残虐，在史籍中还可以看到多例。如吕后"人彘"故事③以

---

① 《后汉书》，第 1003—1004 页。
② 〔唐〕欧阳询《艺文类聚》卷三五引《冯敬通集》曰："敬通有一婢，妻任酷妒之，击婢无所不至。"上海古籍出版社 1965 年版，第 613—614 页。
③ 〔汉〕司马迁《史记》卷九《吕太后本纪》："孝惠元年十二月，帝晨出射。赵王少，不能蚤起。太后闻其独居，使人持酖饮之。""太后遂断戚夫人手足，去眼，辉耳，饮瘖药，使居厕中，命曰'人彘'。"中华书局 1982 年版，第 397 页。

及阳成昭信"靡烂望卿"故事①，都是人们所熟知的。虽然这些行为与张家山汉简《贼律》"殴夫"一类有所不同，但是其"悍"的形式，我们在分析有关律文时依然可以参考。

五、唐律的参考意义

《唐律疏议》卷二二《斗讼》有"妻殴詈夫"条：

> 诸妻殴夫，徒一年；若殴伤重者，加凡斗伤三等；须夫告，乃坐。死者，斩。

> 【疏】议曰：妻殴夫，徒一年。"若殴伤重者，加凡斗伤三等"，假如凡人以他物殴伤人内损吐血，合杖一百，加凡斗三等，处徒二年。此是计加之法。"须夫告，乃坐"，谓要须夫告，然可论罪。因殴致死者，斩。

---

① 〔汉〕班固《汉书》卷五三《景十三王传·广川惠王刘越》："（刘）去尝疾，姬阳成昭信侍视甚谨，更爱之。去与地余戏，得袖中刀，笞问状，服欲与昭平共杀昭信。笞问昭平，不服，以铁针针之，强服。乃会诸姬，去以剑自击地余，令昭信击昭平，皆死。昭信曰：'两姬婢且泄口。'复绞杀从婢三人。后昭信病，梦见昭平等以状告去。去曰：'虏乃复见畏我！独可燔烧耳。'掘出尸，皆烧为灰。后去立昭信为后；幸姬陶望卿为修靡夫人，主缯帛；崔修成为明贞夫人，主永巷。昭信复谮望卿曰：'与我无礼，衣服常鲜于我，尽取善缯匃诸官人。'去曰：'若数恶望卿，不能减我爱；设闻其淫，我亨之矣。'后昭信谓去曰：'前画工画望卿舍，望卿袒裼傅粉其傍。又数出入南户窥郎吏，疑有奸。'去曰：'善司之。'以故益不爱望卿。后与昭信等饮，诸姬皆侍，去为望卿作歌曰：'背尊章，嫖以忽，谋屈奇，起自绝。行周流，自生患，谅非望，今谁怨！'使美人相和歌之。去曰：'是中当有自知者。'昭信知去已怒，即诬言望卿历指郎吏卧处，具知其主名，又言郎中令锦被，疑有奸。去即与昭信从诸姬至望卿所，裸其身，更击之。令诸姬各持烧铁共灼望卿。望卿走，自投井死。昭信出之，榜杙其阴中，割其鼻唇，断其舌。谓去曰：'前杀昭平，反来畏我，今欲靡烂望卿，使不能神。'与去共支解，置大镬中，取桃灰毒药并煮之，召诸姬皆临观，连日夜靡尽。复共杀其女弟都。"第2428—2429页。

媵及妾犯者,各加一等。加者,加入于死。过失杀伤者,各减二等。

【疏】议曰:依令:"五品以上有媵,庶人以上有妾。"故媵及妾犯夫者,各加妻犯夫一等,谓殴夫者,徒一年半;殴伤重者,加凡斗伤四等。"加者,加入于死",若殴夫折一支,或瞎一目,凡斗徒三年,加四等合绞,是名"加入于死"。"过失杀者,各减二等",谓妻、妾、媵过失杀者,并徒三年。假如妻折夫一支,加凡人三等,流三千里,过失减二等,合徒二年半;若媵及妾折夫一支合绞,过失减二等,合徒三年。自余折伤,各随轻重,准此加减之例。

即媵及妾詈夫者,杖八十。若妾犯妻者,与夫同。媵犯妻者,减妾一等。妾犯媵者,加凡人一等。杀者,各斩。余条媵无文者,与妾同。

【疏】议曰:媵及妾詈夫者,杖八十。"若妾犯妻者,与犯夫同",谓殴者,徒一年半;死者,斩。"媵犯妻者,减妾一等",殴者,徒一年;伤重者,从重上减妾一等。"妾犯媵者,加凡人一等",谓殴者,笞五十;折一齿者,徒一年半之类。"死者,各斩",谓媵及妾犯夫及妻,若妾犯媵,殴杀者,各斩。注云"余条媵无文者",谓上条"殴妾折伤以上,减妻二等"之类,妻、妾相犯及犯夫,当条无文者,各与妾同。①

值得特别注意的,是唐律中有与"妻殴詈夫"对应的"殴伤妻妾"条文,同样见于《唐律疏议》卷二二《斗讼》,而列于"妻殴詈夫"

---

① 〔唐〕长孙无忌等撰,刘俊文点校:《唐律疏议》卷二二《斗讼》,卷二一《斗讼》,中华书局1983年版,第410—411页。

条之前：

> 诸殴伤妻者，减凡人二等；死者，以凡人论。殴妾折伤以上，减妻二等。
>
> 【疏】议曰：妻之言齐，与夫齐体，义同于幼，故得"减凡人二等"。"死者，以凡人论"，合绞。以刃及故杀者，斩。殴妾，非折伤无罪；折伤以上，减妻罪二等，即是减凡人四等。若杀妾者，止减凡人二等。
>
> 若妻殴伤杀妾，与夫殴伤杀妻同。皆须妻、妾告，乃坐。即至死者，听余人告。杀妻，仍为"不睦"。过失杀者，各勿论。
>
> 【疏】议曰："若妻殴伤杀妾"，谓殴者，减凡人二等；死者，以凡人论。注云"皆须妻、妾告，乃坐"，即外人告者，无罪。"至死者，听余人告"，余人不限亲疏，皆得论告。"杀妻，仍为不睦"，妻即是缌麻以上亲，准例自当"不睦"，为称"以凡人论"，故重明此例。"过失杀者，各勿论"，为无恶心，故得无罪。①

有学者提请人们注意唐律相关内容中的这一特点，"妻妾媵殴夫罪，依情节及后果之不同，不但有科刑之差别，亦有罪名之差异。具体言之即是：凡妻妾媵殴夫不伤或殴而致伤者，各入'十恶'之'不睦'；凡妻妾媵殴夫致死者，各入'十恶'之'恶逆'（参见《名例律·十恶》条……）。按'不睦'者常赦不原，'恶逆'者决不待时。此与夫殴杀妻始入'不睦'，殴杀妾不入'十恶'恰成鲜明之对比，体现出唐律夫优越于妻，妻优越于妾媵之原则"②。

---

① 《唐律疏议》卷二二《斗讼》，卷二一《斗讼》，第409—410页。
② 刘俊文：《唐律疏议笺解》下册，中华书局1996年版，第1551—1552页。

而张家山汉简《贼律》有"妻殴夫"条却未见对应的"夫殴妻"条，相反却有明确的"妻悍而夫殴笞之，非以兵刃也，虽伤之，毋罪"的内容。无论是当时律文没有与唐律类似的有关"殴伤妻"及"殴妾"的内容或者抄录《二年律令》的张家山二四七号汉墓墓主不重视此类条文，都可以理解为更突出地体现出"鲜明之对比"，更突出地体现出"夫优越于妻"之原则。

前引简（3）写道："妇贼伤、殴詈夫之泰父母、父母、主母、后母，皆弃市。"而《贼律》中简三七："子牧杀父母殴詈泰父镖母镖叚大母主母后母及父母告子不孝皆弃市。"整理小组释文作："子牧杀父母，殴詈泰父母、父母叚大母、主母、后母，及父母告子不孝，皆弃市。"两相比照，子"殴詈泰父母、父母"等和妇"殴詈夫之泰父母、父母"等，处罚都是同样的。然而唐律则与此不同。

《唐律疏议》卷二二《斗讼》有"殴詈祖父母父母"条：

> 诸詈祖父母、父母者，绞；殴者，斩；过失杀者，流三千里；伤者，徒三年。……

> 【疏】议曰：子孙于祖父母、父母，情有不顺而辄詈者，合绞；殴者，斩。律无"皆"字，案文可知：子孙虽共殴击，原情俱是自殴，虽无"皆"字，各合斩刑。……

又有"妻妾殴詈夫父母"条：

> 诸妻妾詈夫之祖父母、父母者，徒三年；须舅姑告，乃坐。殴者，绞；伤者，皆斩；过失杀者徒三年，伤者徒二年半。

> 【疏】议曰：妻妾有詈夫之祖父母、父母者，徒三年。注云："须舅姑告，乃坐。"殴者，绞；伤者，皆斩，罪无首从。过失杀者，徒三年；伤者，徒二年半。①

---

① 《唐律疏议》卷二二《斗讼》，卷二一《斗讼》，第414—415页。

与张家山汉简《贼律》比较，"殴詈祖父母父母"和"妻妾殴詈夫父母"的处罚，唐律都较汉律为轻。而"妻妾詈夫之祖父母、父母者"以及"殴者""伤者"，"过失杀者""伤者"，又罪减一等。可见，汉代律令对于"妇"，对于"妻妾"的约束，显然更为严厉。这一认识，对于我们深刻理解汉代社会生活的真切情状，无疑是有益的。

刘俊文在分析《唐律疏议》卷二二《斗讼》"妻妾殴詈夫父母"条时指出，"类似此律之规定，汉律似已有之。"并举《太平御览》卷六四〇引《风俗通义》所载汉司徒鲍宣（当作鲍昱）断决南郡女子何侍搏姑一案为例：

> 南郡谳："女子何侍，为许远妻，侍父何阳，素酗酒，从远假求，不悉如意，阳数骂詈，远谓侍：'汝翁复骂者，吾必揣之。'侍曰：'共作夫妻，奈何相辱，揣我翁者，搏若母矣。'其后阳复骂，远遂揣之。侍因上堂搏姑耳再三。下司徒鲍宣，决事曰：'夫妻所以养姑者也，今辄自辱其父，非姑所使；君子之于凡庸，尚不迁怒，况所尊重乎？当减死论。'"

刘俊文说："据文可知，汉法妻妾殴击丈夫之祖父母、父母罪当减死，其刑重于常犯而轻于子孙殴击祖父母、父母之罪。唐律此条以妻妾殴击丈夫之祖父母、父母加罪至绞，但仍不与子孙殴击祖父母、父母者同科斩刑，盖源出于汉而略有修改变化者也。"[①] 今天我们看到了张家山汉简中有关法律条文，对于所谓"源出于汉"于是可以有更接近原始的了解。而西汉初年"殴詈夫之父母"罪至"弃市"，东汉时则"当减死论"，也可以看到"略有修改变化"的情形。

---

① 《唐律疏议笺解》下册，第1566页。

通过《太平御览》卷六四〇引《风俗通义》所载案例，我们还注意到，妻子何侍"搏"丈夫之母"当减死论"，而丈夫许远"揣"妻子之父则不予论罪。其直接的解释，是所谓"夫妻所以养姑者也"，即夫妻与丈夫之母共同生活。然而是否还应当从社会性别关系方面寻找原因，也值得我们深思。

张家山汉简《秩律》四「公主」说

湖北江陵张家山247号墓出土汉简《秩律》有规定官吏秩别的简文，其中有涉及四公主家丞秩的内容：

> 李公主申徒公主荣公主傅公家丞秩各三百石　　四七二

张家山二四七号汉墓竹简整理小组释文为：

> 李公主、申徒公主、荣公主、傅公【主】家丞，秩各三百石。　　　　　　　　　　　　　　　四七二

在"傅公【主】家丞"下，整理小组又有注释："据文例'家'前脱'主'字。李公主、申徒公主、荣公主、傅公主，均不见于史籍，从简文看，疑为吕后之女。"

整理小组注释"李公主、申徒公主、荣公主、傅公主""疑为吕后之女"的说法可以商榷。

分析简文，对照我们对汉代制度的已有知识，可知李公主、申徒公主、荣公主、傅公主并非吕后之女，很可能各从生母而分别得李、申徒、荣、傅诸姓。

《潜夫论·志氏姓》讨论姓氏演变诸因素，指出"或从母姓"的现象。赵翼《廿二史札记》卷三有"皇子系母姓"条，就汉代贵族"从母姓"的情形有所分析。赵翼写道：

> 汉时皇子未封者，多以母姓为称。武帝子据立为太子，以母卫氏，遂称"卫太子"。太子之子进，以母史良娣，故称"史皇孙"。后汉灵帝生子协，灵帝母董太后自养之，因号曰"董侯"，即汉献帝也。亦有不用母姓而以所养之家为姓者。献帝兄辨养于史道人家，号曰"史侯"。又按滕公夏侯婴曾孙颇尚主，主随外家姓，号"孙公主"，故滕公子孙更姓孙氏。是主既随母姓，子又随母姓。盖当时习尚如此。①

《汉书》卷六三《武五子传·戾太子刘据》："元鼎四年，纳史良娣，产子男进，号曰'史皇孙'。"颜师古注引张晏曰："皆以舅氏姓为氏，

---

① 〔清〕赵翼著，王树民校证：《廿二史札记校证》卷三《皇子系母姓》，中华书局2013年版，第61页。

以相别也。"① 王先谦《汉书补注》引缪荃孙曰："临江王栗姬所生号'栗太子'，馆陶公主，窦太后所生，号'窦太主'皆是。"汉献帝号"董侯"事，见《后汉书》卷一〇下《皇后纪下·灵思何皇后》："时王美人任娠，畏后，乃服药欲除之，而胎安不动，又数梦负日而行。（光和）四年，生皇子协，后遂酖杀美人。""董太后自养协，号曰'董侯'。"② 赵翼所说"献帝兄辨"，"辨"是"辩"之误。刘辩号"史侯"事，见《后汉书》卷一〇下《皇后纪下·灵思何皇后》："生皇子辩，养于史道人家，号曰'史侯'。"李贤注："道人谓道术之人也。《献帝春秋》曰：灵帝数失子，不敢正名，养道人史子眇家，号曰'史侯'。"③《史记》卷九五《樊郦滕灌列传》说，夏侯婴之子夏侯颇"尚平阳公主"④。《汉书》卷四一《夏侯婴传》："（夏侯）颇尚主，主随外家姓，号'孙公主'，故滕公子孙更为孙氏。"⑤ 邓名世《古今姓氏书辩证》卷七"孙"条写道："《前汉夏侯婴传》曰：初，婴为滕令奉车，故号'滕公'。及曾孙颇尚主，随外家姓，号孙公主，故滕公子孙更为孙氏。今详此，即汉公主母氏姓孙而夏侯氏有冒姓孙氏者。"⑥

缪荃孙说"馆陶公主，窦太后所生，号'窦太主'"，当是据《汉书》卷六五《东方朔传》："帝姑馆陶公主号窦太主。"颜师古注引如淳曰："窦太后之女也，故曰'窦太主'也。"⑦

赵翼讨论汉代"皇子系母姓"，以为"盖当时习尚如此"。然而很可能这只是多妻家族的通常情形，用意当如张晏所指出"以相别也"。《献帝春秋》"数失子，不敢正名"的说法未必可信。

---

① 〔汉〕班固：《汉书》，中华书局1962年版，第2741—2742页。
② 〔南朝宋〕范晔：《后汉书》，中华书局1965年版，第449—450页。
③ 《后汉书》，第449页。
④ 〔汉〕司马迁：《史记》，中华书局1982年版，第2667页。
⑤ 《汉书》，第2079页。
⑥ 〔宋〕邓名世撰，王力平点校：《古今姓氏书辩证》，江西人民出版社2006年版，第111页。
⑦ 《汉书》，第2853页。

世系从母系方面来确定，是远古时代的婚姻形态所决定的。《太平御览》卷八〇引《帝王世纪》记录传说中的帝尧事迹，有"从母姓"的说法。郑樵在《通志·氏族略》中曾经指出，直到三代以后，"姓之字多从女，如姬、姜、嬴、姒、妫、姞、妘、嫣、姶、嫪是也"。汉代"皇子系母姓"诸例，可以看作承认女系这一古老的社会文化现象的遗存。

除了以上说到的例证外，淮南国太子有称为"蓼太子"者，据说"蓼"也是"外家姓"。《汉书》卷四五《伍被传》："王曰：'夫蓼太子知略不世出，非常人也，以为汉廷公卿列侯皆如沐猴而冠耳。'"颜师古注："服虔曰：'淮南太子也。'文颖曰：'食采于此，或言外家姓也。'师古曰：'蓼自地名，而王之太子岂以食地为号？文言外家姓，近为得之，亦犹汉之栗太子也。'"①

《史记》卷八九《张耳陈余列传》："张敖，高后六年薨。子偃为鲁元王。以母吕后女故，吕后封为鲁元王。"司马贞《索隐》："案：谓偃以其母号而封也。"②张偃"以其母号而封"，称"鲁元王"，也可以看作与皇族贵戚"系母姓"相类似的情形。

上引资料说平阳公主称"孙公主"，馆陶公主称"窦太主"，都是汉家公主"未封者，多以母姓为称"之例。

张家山汉简《秩律》所见"李公主、申徒公主、荣公主、傅公（主）"，很可能也是用"外家姓"，即同样是"未封者"，而"以母姓为称"。

那么，是否存在"李公主、申徒公主、荣公主、傅公（主）""为吕后之女"，然而"不用母姓而以所养之家为姓"的可能呢？

简文所见"李公主、申徒公主、荣公主、傅公主"，确实如整理小组注释所说，"均不见于史籍"。然而《史记》卷八《高祖本纪》说："吕公女乃吕后也，生孝惠帝、鲁元公主。"又："吕后与两子居田

---

① 《汉书》，第2169页。参看王子今：《汉代的女权》，载《东方》1999年第3期。

② 《史记》，第2586页。

中榻,有一老父过请饮,吕后因铺之。老父相吕后曰:'夫人天下贵人。'令相两子,见孝惠,曰:'夫人所以贵者,乃此男也。'相鲁元,亦皆贵。"①《史记》卷九《吕太后本纪》:"吕太后者,高祖微时妃也,生孝惠帝、女鲁元太后。"②《史记》卷七《项羽本纪》:"汉王道逢得孝惠、鲁元,乃载行。楚骑追汉王,汉王急,推堕孝惠、鲁元车下,滕公常下收载之。如是者三。"③看来,可能确实没有鲁元公主以外的其他"吕后之女"。而《史记》卷九《吕太后本纪》又有明确的记载:

> 太后独有孝惠与鲁元公主。④

这一记载应当是可信的。而赵翼所说"不用母姓而以所养之家为姓"的情形,我们只看到两例,一者"董侯",一者"史侯"。"董侯"之所以成为"董侯",是因为生母王美人已经被宋皇后"酖杀",于是董太后自养之。"史侯""养于史道人家",也是特例,很可能与"灵帝数失子"有关。⑤

《史记》卷九《吕太后本纪》说到刘邦去世之后的权力分配情况:

---

① 《史记》,第345—346页。
② 《史记》,第395页。
③ 《史记》,第322页。《史记》卷九五《樊郦滕灌列传》:"至彭城,项羽大破汉军。汉王败,不利,驰去。见孝惠、鲁元,载之。汉王急,马罢,虏在后,常蹶两儿欲弃之,婴常收,竟载之,徐行面雍树乃驰。汉王怒,行欲斩婴者十余,卒得脱,而致孝惠、鲁元于丰。"第2665页。
④ 《史记》卷九《吕太后本纪》:"齐王恐,自以为不得脱长安,忧。齐内史士说王曰:'太后独有孝惠与鲁元公主。今王有七十余城,而公主乃食数城。王诚以一郡上太后,为公主汤沐邑,太后必喜,王必无忧。'于是齐王乃上城阳之郡,尊公主为王太后。吕后喜,许之。乃置酒齐邸,乐饮,罢,归齐王。"第398页。
⑤ 《三国志》中可见两例从外家姓的情形。《三国志》卷四三《蜀书·马忠传》:"少养外家","后乃复姓。"第1048页。又《三国志》卷四三《蜀书·王平传》:"本养外家何氏,后复姓王。"第1048页。而《后汉书》卷二二《朱祐传》:"朱祐字仲先,南阳宛人也。少孤,归外家复姓刘氏。"第769页。却不从外家姓。《后汉书》卷三六《范升传》:"范升字辩卿,代郡人也。少孤,依外家居。"第1226页。可能也是同样的情形。大约帝王外家势盛,从外家姓的情形更为多见。

"高祖十二年四月甲辰,崩长乐宫,太子袭号为帝。是时高祖八子:长男肥,孝惠兄也,异母,肥为齐王;余皆孝惠弟,戚姬子如意为赵王,薄夫人子恒为代王,诸姬子:子恢为梁王,子友为淮阳王,子长为淮南王,子建为燕王。高祖弟交为楚王,兄子濞为吴王。非刘氏功臣番君吴芮子臣为长沙王。"①刘邦的男性继承人"高祖八子"是清楚的,只有一人是吕后所生,孝惠兄齐王刘肥是吕后之前的刘邦配偶所生②,赵王刘如意是戚姬所生,代王刘恒是薄夫人所生,其余梁王刘恢、淮阳王刘友、淮南王刘长、燕王刘建都是"诸姬子"。那么,我们似乎可以推想,张家山汉简《秩律》所见"李公主、申徒公主、荣公主、傅公主"的身份,很可能是母姓分别为李、申徒、荣、傅的"诸姬女"。

张家山二四七号汉墓竹简整理小组在《二年律令》释文前的"说明"中写道:"简文中有优待吕宣王及其亲属的法律条文。③吕宣王是吕后于吕后元年(前187)赠与(予)其父的谥号;与《二年律令》共存的历谱所记最后年号是吕后二年(前186),故推断《二年律令》是吕后二年施行的法律。"④据此也可以推知《秩律》所见"李公主、申徒公主、荣公主、傅公主"当是吕后时代的公主。

《史记》卷九《吕太后世家》说,戚夫人"人彘"故事发生后,"孝惠以此日饮为淫乐"⑤。司马迁还记述,"太后欲王吕氏,先立孝惠后宫子彊为淮阳王,子不疑为常山王,子山为襄城侯,子朝为轵侯,子武为壶关侯"。可知汉惠帝多子。看来,张家山汉简所见"李公主、申徒公主、荣公主、傅公主",很有可能是汉高祖刘邦的"诸姬女",似乎也不能排除汉惠帝刘盈之"后宫女"的可能。

---

① 《史记》,第 396 页。
② 《史记》卷五二《齐悼惠王世家》则写道:"齐悼惠王刘肥者,高祖长庶男也。其母外妇也,曰曹氏。"第 1999 页。
③ 今按:即简文"吕宣王内孙、外孙、内耳孙玄孙,诸侯王子、内孙耳孙,彻侯子、内孙有罪,如上造、上造妻以上"(八五)。
④ 简文"二年律令"的注释也有大略相同的内容。
⑤ 《史记》,第 397 页。

「偏妻」「下妻」考
——张家山汉简《二年律令》研读札记

社会称谓诸多品类之中,亲属称谓往往能够较为真切、较为细致、较为生动地体现社会生活的具体情状。历代亲属称谓多随社会演进而屡有变化。研究不同历史时期亲属称谓形式与内涵的衍变,可以帮助我们理解当时的宗族结构和社会关系。

张家山汉简的有关内容可以为汉代亲族研究提供新的资料。例如《二年律令》中有关"偏妻""下妻"称谓的简文,就值得我们重视。

一、简文所见"偏妻""下妻"

关于"偏妻",我们可以举出四条简例,其中一例同时也说到"下妻":

(一)《二年律令·贼律》:

殴父偏妻父母男子同产之妻泰父母之同产及夫父母同产夫之同产若殴妻之父母皆赎耐其㒸詢詈之罚金　　　四二
　　　四两　　　　　　　　　　　　　　　　四三

整理小组释文:

殴父偏妻父母、男子同产之妻、泰父母之同产,及夫父母同产、夫之同产,若殴妻之父母,皆赎耐。其㒸詢詈之,罚金
　　　　　　　　　　　　　　　　　　　　四二
　　　四两。　　　　　　　　　　　　　　四三

对于"偏妻",整理小组注释:"偏妻,偏房。"

简四二简端似有"—"形标记,类似情形又见于简四。关于"㒸詢詈之",简四一有整理小组注释:"㒸詢,《荀子·非十二子》作'謑詢',《吕氏春秋·诬徒》作'諰訽',《汉书·贾谊传》作'㒸訽',王先谦《荀子集解》:'訽辱也'。"《说文·言部》:"謑,謑詬,耻也。从言,奚声。"又说:"謑,謑或从㒸。"又写道:"詬,謑诟也。"睡虎地秦简《日书》中曾经出现"㒸詢"简文。如"·月生五日曰杵,九日曰举,十二日曰见莫取,十四日㒸(謑)詢。"(八

"偏妻""下妻"考——张家山汉简《二年律令》研读札记

背貳)"十五日曰臣代主。代主及叚(謖)詢,不可取妻。"(九背貳)①

(二)《二年律令·收律》:

  夫有罪妻告之除于收及论婚妻有罪夫告之亦除其夫
罪·毋夫及为人偏妻为户若别居不同数者有罪完舂白
            一七六
  粲以上收之毋收其子内孙毋为夫收 一七七

整理小组释文:

  夫有罪,妻告之,除于收及论;妻有罪,夫告之,亦
除其夫罪。·毋夫,及为人偏妻,为户若别居不同数者,
有罪完舂、白   一七六
  粲以上,收之,毋收其子。内孙毋为夫收。 一七七

简文所见"婚",应是标识句读间断的符号。

(三)《二年律令·傅律》:

  当士为上造以上者以适子毋适子以扁妻子孽子皆先以
长者   三六一

整理小组释文:

  当士(仕)为上造以上者,以适(嫡)子,毋适(嫡)
子,以扁(偏)妻子、孽子,皆先以长者。 三六一

第二字"士",原简左侧残,很可能原本即为"仕"。"孽子",有
可能应作"孽妻子"。

(四)《二年律令·置后律》:

  疾死置后者彻侯后子为彻侯其母适子以孺子□□□子
关内侯后子为关内侯卿 侯子为公乘五大夫后子为公大夫公
乘后子为官   三六七

---

① 睡虎地秦墓竹简整理小组:《睡虎地秦墓竹简》,文物出版社1990年版,第209页。

　　　　大夫公大夫后子为大夫官大夫后子为不更大夫后子为
　　　簪褭不更后子为上造簪褭后子为公士其毋适子以下妻子偏
　　　妻子　　　　　　　　　　　　　　　　　三六八

整理小组释文：

　　　　疾死置后者，彻侯后子为彻侯，其母适（嫡）子，以
　　　孺子□□□子。关内侯后子为关内侯，卿侯〈后〉子为公乘，
　　　【五大夫】后子为公大夫，公乘后子为官　　　三六七
　　　　大夫，公大夫后子为大夫，官大夫后子为不更，大夫
　　　后子为簪褭，不更后子为上造，簪褭后子为公士，其毋适（嫡）
　　　子，以下妻子、偏妻子。　　　　　　　　　三六八

"以孺子"后三字，整理小组注释："简文所残字为'子，良人'，孺子、良人，彻侯姬妾，参看前第二二二简。"简二二二归于"置吏律"题下，其内容为："彻侯得置孺子、良人。"如此，则释文当写作：

　　　　疾死置后者，彻侯后子为彻侯，其母适（嫡）子，以
　　　孺子子、良人子。关内侯后子为关内侯，卿侯〈后〉子为公乘，
　　　【五大夫】后子为公大夫，公乘后子为官　　　三六七
　　　　大夫，公大夫后子为大夫，官大夫后子为不更，大夫
　　　后子为簪褭，不更后子为上造，簪褭后子为公士，其毋适（嫡）
　　　子，以下妻子、偏妻子。　　　　　　　　　三六八

对于所谓"下妻子"，整理小组注释："下妻，《汉书·王莽传》注：'下妻犹言小妻'。"

二、偏妻·偏房

"偏妻"称谓，未见于汉代文献。

对于所谓"偏妻"身份，整理小组注释："偏妻，偏房。"

"偏房"的说法，见于《列女传》卷二《贤明传·晋赵衰妻》：

　　　晋赵衰妻者，晋文公之女也，号赵姬。初文公为公子时，
　　　与赵衰奔狄。狄人入其二女叔隗、季隗于公子。公以叔隗

妻赵衰,生盾。及返国,文公以其女赵姬妻赵衰,生原同、屏括、楼婴。赵姬请迎盾与其母而纳之,赵衰辞而不敢。姬曰:"不可。夫得宠而忘旧,舍义;好新而嫚故,无恩;与人勤于隘厄,富贵而不顾,无礼。君弃此三者,何以使人?虽妾,亦无以侍执巾栉。《诗》不云乎:'采葑采菲,无以下体?德音莫违,及尔同死。'与人同寒苦,虽有小过,犹与之同死而不去,况于安新忘旧乎?又曰:'燕尔新婚,不我屑以。'盖伤之也。君其逆之!无以新废旧。"赵衰许诺,乃逆叔隗与盾来。姬以盾为贤,请立为嫡子,使三子下之;以叔隗为内妇,姬亲下之。及盾为正卿,思赵姬之让恩,请以姬之中子屏括为公族大夫,曰:"君姬氏之爱子也。微君姬氏,则臣狄人也,何以至此!"成公许之,屏括遂以其族为公族大夫。君子谓赵姬恭而有让。《诗》曰:"温温恭人,维德之基。"赵姬之谓也。

颂曰:赵衰姬氏,制行分明。身虽尊贵,不妒偏房。躬事叔隗,子盾为嗣。君子美之,厥行孔备。[1]

所谓"君子谓赵姬恭而有让"之说,反映通常情况下,似乎妻之"正"与"偏",不因其先后,而因其贵贱。在"文公以其女赵姬妻赵衰"之前,其实已经先自"以叔隗妻赵衰"。于是有"夫得宠而忘旧,舍义;好新而嫚故,无恩",以及"安新忘旧""以新废旧"的说法。看来,"偏房"当是对"正妻"而言。而赵姬所以得"让恩"之誉,是由于其"身""尊贵"虽后娶却被看作正妻的缘故。

与"偏房"类似的另一称谓是"侧室"。《汉书》卷九五《南粤传》载汉文帝元年赐赵佗书:"朕,高皇帝侧室之子,弃外奉北藩于代,道里辽远,壅蔽朴愚,未尝致书。"对于"侧室之子",颜师古注:

---

[1] 〔汉〕刘向编撰,张涛译注:《列女传译注》卷二《贤明传·晋赵衰妻》,山东大学出版社1990年版,第70页。

"言非正嫡所生也。"① 又《淮南子·修务》:"琴或拨剌枉桡,阔解漏越,而称以楚庄之琴,侧室争鼓之。"称"争鼓之",则此"侧室"当不止一人。

"偏妻",虽不见于汉代文献,却可能是当时通行的社会称谓。宋人王质《绍陶录》卷上《栗里谱》写道:"太元九年甲申,君年二十,失妾楚调,诗云:'弱冠逢世阻,始室丧其偏。'妻翟氏偕老,所谓'夫耕于前,妻锄于后'。"② 说"妾"即"丧其偏"的"偏"。可知"偏"即"偏妻",其含义应是自汉以来一脉相承的。

明人《三命通会》卷五《论古人立印食官财名义》写道:"甲见己为正妻,见戊为偏妻。妻贵正不贵偏。敌体侍立,分则有别,此其理也。"③ 所谓"敌体侍立",说同样作为"妻",其地位大体尊

---

① 〔汉〕班固:《汉书》,中华书局1962年版,第3849页。据《汉书考证》,顾炎武曰:"注非也。《左传》'卿置侧室'。杜解曰:'侧室,众子也。'文公十三年传曰:'赵有侧室曰穿。'"《汉书》卷四八《贾谊传》:"天下殽乱,高皇帝与诸公并起,非有仄室之势以豫席之也。"颜师古注:"应劭曰:'礼,卿大夫之支子为侧室。席,大也。'臣瓒曰:'席,藉也。言非有侧室之势为之资藉也。'师古曰:'瓒说是也。'"第2233—2235页。《礼记·内则》:"妻将生子,及月辰,居侧室。夫使人日再问之,作而自问之。妻不敢见,使姆衣服而对。至于子生,夫复使人日再问之。夫齐,则不入侧室之门。"〔南朝宋〕范晔的《后汉书》卷六〇下《蔡邕传下》:"《礼》,妻妾产者,斋则不入侧室之门,无废祭之文也。"中华书局1965年版,第1994页。〔晋〕陈寿的《三国志》卷四四《蜀书·姜维传》:"郤正著论论维曰:'姜伯约据上将之重,处群臣之右,宅舍弊薄,资财无余,侧室无妾媵之亵,后庭无声乐之娱。'"中华书局1959年版,第1068页。"侧室",大约起初是居处之称,后来又成为居主之称。

② 〔宋〕王质:《绍陶录》卷上《栗里谱》,见《景印文渊阁四库全书》,台湾商务印书馆1986年版,第446册,第275页。又见〔元〕陶宗仪《辍耕录》卷一六《书陶栗里谱》。

③ 〔明〕万民英:《三命通会》卷五《论古人立印食官财名义》,见《景印文渊阁四库全书》,台湾商务印书馆1986年版,第810册,第231页。

卑相当。①所谓"分则有别",则说细论其身份,依然是有上下之分的。同书卷七《妻妾引例章》也有关于"正妻""偏妻"的说法。②看来,"偏妻"可能是对"正妻"而言。"妻贵正不贵偏","正"与"偏""分则有别",确定了家族中的尊卑秩序。

三、"下妻"史例

关于"下妻",《汉书》卷九九中《王莽传中》说到有自称"成帝下妻子"③者。而《后汉书》卷一下《光武帝纪下》记录的诏书更值得注意:

> (建武七年五月)甲寅,诏吏人遭饥乱及为青、徐贼所略为奴婢、下妻,欲去留者,恣听之。敢拘制不还,以卖人法从事。④

《后汉书》卷一下《光武帝纪下》又有这样的记载:

> (建武十三年)冬十二月甲寅,诏益州民自八年以来被略为奴婢者,皆一切免为庶人;或依托为人下妻,欲去者,恣听之;敢拘留者,比青、徐二州,以略人法从事。⑤

后者有"比青、徐二州"之说,当是沿承前诏。汉光武帝刘秀的这两

---

① 《白虎通·王者不臣》:"诸父诸兄者亲,与己父兄有敌体之义也。"〔汉〕班固撰,〔清〕陈立疏证,吴则虞点校:《白虎通疏证》,中华书局1994年版,第326页。

② 《三命通会》卷七《妻妾引例章》写道:"正财妻,偏财妾也。且如甲日生,用己为正财,即为正妻;戊为偏财,即为偏妻。若日干健旺,四柱见己,为正妻。得时令遇旺,乡略带官星,主妻贤明,才貌兼全。因妻遇贵,岁时中有印临之,主妻有财物嫁资。若正财衰,偏财旺,显主有偏妻分缘。若己字落陷,或坐死绝之乡,或生春令日,主健旺。如甲寅等类,主不了克妻。若妻生得旺日,坐衰局,或居死墓之地,主自淹滞一生,着妻妾欺,或再嫁他人。若甲申、甲戌日生,甲寅、乙卯月日主大旺,虽有妻,以比肩分夺,恐不免嫁他人,或着他人占之,或妻有别情。余同此例断。"见《景印文渊阁四库全书》,第810册,第394页。

③ 《汉书》,第4119页。

④ 《后汉书》,第52页。

⑤ 《后汉书》,第63页。

篇诏书，都强调解救战乱中沦为"下妻"的受难妇女。其遭遇，一说被"略为""下妻"，一说"依托为人下妻"。前者"为青、徐贼所略为奴婢、下妻"，中华书局标点本断作"为青、徐贼所略为奴婢下妻"，"奴婢下妻"连读。后者"下妻"亦与"奴婢"并说。"下妻"身份之卑微，是显而易见的。

前引《列女传》卷二《贤明传·晋赵衰妻》中"以叔隗为内妇，姬亲下之"其所谓"下"，也可以帮助我们理解"下妻"的意义。

"下妻"称谓后世依然沿用。①

所谓"下妻"，在建武年间的诏书中都位列"奴婢"之后，当时其地位或有相互接近之处。

汉光武帝诏书所谓"为人下妻"，可以与简（2）所谓"为人偏妻"对照读。

四、"下妻"犹言"小妻"

简（4）所见《置后律》中关于"疾死置后"，爵等继承关系所谓"其毋适子，以下妻子、偏妻子"的说法，指明"下妻子"和"偏妻子"都非"适子"即嫡子，而且二者必然不同。也就是说，"下妻"和"偏妻"称谓并列，明确体现其身份有异。其身份的不同或许正如梁章钜《称谓录序》所谓"古人称谓，各有等差，不相假借"。

但是，"下妻"和"偏妻"是什么关系呢？其"等差"又是怎样的情形呢？

整理小组引"下妻犹言小妻"的解释，见于《汉书〈后汉书〉卷一下王莽传中》：（始建国二年）十一月，立国将军建奏："……今月癸酉，不知何一男子遮臣建车前，自称：'汉氏刘子舆，成帝下妻子也。刘氏当复，趣空宫。'收系男子，即常安姓武字仲。"颜师

---

① 例如《新唐书》卷一三四《杨慎矜传》："（卢）铉遣御史崔器索谶书，于慎矜下妻卧内得之。"第4560页。

古注:"下妻犹言小妻。"①

"小妻"称谓,数见于史籍。如《汉书》卷一八《外戚恩泽侯表》:"(富平侯刘彭祖)神爵三年,为小妻所杀。"②又《汉书》卷五一《枚皋传》:"(枚)皋字少孺。(枚)乘在梁时,取皋母为小妻。乘之东归也,皋母不肯随乘,乘怒,分皋数千钱,留与母居。"③《汉书》卷八一《孔光传》说到"(淳于)长小妻乃始等六人"④。《汉书》卷九三《佞幸传·淳于长》说:"(许皇后)姊孋为龙頟思侯夫人,寡居,长与孋私通,因取为小妻。"⑤《汉书》卷九七下《外戚传下·孝成许皇后》:"废后姊孋寡居,与定陵侯淳于长私通,因为之小妻。"⑥《汉书》卷八五《谷永传》载谷永上言:"急复益纳宜子妇人,毋择好丑,毋避尝字。"颜师古注引如淳曰:"王凤上小妻弟以纳后宫,以尝字乳。王章言之,坐死。今永及此,为凤洗前过也。"⑦《后汉书》卷二三《窦融传》:"(窦融)女弟为大司空王邑小妻。"⑧《后汉书》卷五〇《孝明八王列传》中"陈敬王羡"⑨"彭城靖王恭"⑩"乐

---

① 《汉书》,第4119—4120页。
② 《汉书》,第693页。
③ 《汉书》,第2366页。
④ 《汉书》,第3355页。
⑤ 《汉书》,第3731页。
⑥ 《汉书》,第3983页。
⑦ 《汉书》,第3452—3453页。
⑧ 《后汉书》,第795页。
⑨ 《后汉书》卷五〇《孝明八王列传·陈敬王羡》:"(陈思王)钧取掖庭出女李娆为小妻。"第1668页。
⑩ 《后汉书》卷五〇《孝明八王列传·彭城靖王恭》:"元初三年,恭以事怒子酺,酺自杀。"李贤注引《东观汉记》:"恭子男丁前物故,酺侮慢丁小妻,恭怒,闭酺马厩,酺亡,夜诣彭城县欲上书,恭遣从官仓头晓令归,数责之,乃自杀也。"第1671页。

成靖王党"①"梁节王畅"②事迹,都涉及"小妻"称谓。又《后汉书》卷五六《陈球传》:"球小妻,程璜之女,璜用事宫中,所谓程大人也。"③

《后汉书》卷一四《宗室四王三侯列传·赵孝王良》:"(赵惠王)乾居父丧私娉小妻。"李贤注:"小妻,妾也。"④《三国志》卷五《魏书·后妃传·文德郭皇后》:"后姊子孟武还乡里,求小妻,后止之。遂敕诸家曰:'今世妇女少,当配将士,不得因缘取以为妾也。宜各自慎,无为罚首。'"⑤也说"小妻"即"妾"。

《续汉书·五行志五》刘昭注补引《博物记》:"汉末,发范明友奴冢,奴犹活。(范)明友,霍光女婿。说(霍)光家事,废立之际,多与《汉书》相应。"⑥《三国志》卷三《魏书·明帝纪》裴松之注引《世语》:"并州刺史毕轨送汉故度辽将军范明友鲜卑奴,年三百五十岁,言语饮食如常人。奴云:'霍显,光后小妻。明友妻,光前妻女。'"⑦"后小妻"的说法也值得注意。

前引《汉书》卷八一《孔光传》说:"(淳于)长小妻乃始等六人。"⑧《后汉书》卷五〇《孝明八王列传·梁节王畅》载刘畅上疏:"臣畅小妻三十七人,其无子者愿还本家。"⑨又《三国志》卷四八《吴书·三嗣主传·孙皓》裴松之注引《江表传》:"(张)俶奢淫无厌,取小妻三十余人。"⑩

《三国志》卷五七《吴书·骆统传》:"骆统字公绪,会稽乌伤人也。

---

① 《后汉书》卷五〇《孝明八王列传·乐成靖王党》:"取故中山简王傅婢李羽生为小妻。"第1672页。
② 《后汉书》卷五〇《孝明八王列传·梁节王畅》,第1676页。
③ 《后汉书》,第1834页。
④ 《后汉书》,第559页。
⑤ 《三国志》,第165页。
⑥ 〔晋〕司马彪:《续汉书》,中华书局1965年版,第3349页。
⑦ 《三国志》,第101页。
⑧ 《汉书》,第3355页。
⑨ 《后汉书》,第1676页。
⑩ 《三国志》,第1172页。

父俊,官至陈相,为袁术所害。统母改适,为华歆小妻,统时八岁,遂与亲客归会稽。其母送之,拜辞上车,面而不顾,其母泣涕于后。御者曰:'夫人犹在也。'统曰:'不欲增母思,故不顾耳。'"①是"小妻"依然被称为"夫人"。

看来,在"正妻"之次的可以通称为"妾"的女性家族成员中,还有多种身份区分。清代学者赵翼《陔余丛考》卷三六"如夫人小妻傍妻下妻少妻庶妻"条写道:"《左传》:齐桓公多内嬖,有如夫人者六人。后世称人之妾为如夫人,本此也。""小妻之称,前汉已有之。""亦谓之傍妻。""又谓之下妻。""又谓之少妻。""又谓之庶妻。""小妻、傍妻、下妻、少妻、庶妻,皆妾之称也。"②俞正燮《癸巳类稿》卷七"释小补楚语笄内则总角义"条说:"小妻,曰妾,曰嬭,曰姬,曰侧室,曰篷室,曰次室,曰偏房,曰如夫人,曰如君,曰姨娘,曰姬娘,曰旁妻,曰庶妻,曰下妻,曰少妻,曰细君,曰姑娘,曰孺子,曰小妻,曰小妇,曰小夫人,或但曰小。"③梁章钜《称谓录》卷五与"妾"条并列者,还有"称人之妾""老妾""随嫁妾""有子妾"等。"妾"条下,又列有妾、姬、内、篷、嬭、须、嫛、颗、童、小、小星、孺子、少妹、侍人、侧室、别室、他室、次室、偏房、少房、别房、属妇、小妇、旁妻、下妻、少妻、外妇、小妻、嫛、庶妻、骤妻、庶妾、伎妾、色妾、女妾、姻妾、簿命妾、祇候人、次妻、如君、细君、姨娘、姬娘、姑娘等四十四种称谓。④其中有的分析尚有可以商榷的余地,如关于"小星""色妾"等,梁说似未可从。而汉代社会已经使用的同类称谓,除上文说到的"侧室""偏房"等

---

① 《三国志》,第1334页。
② 〔清〕赵翼著,栾保群、吕宗力校点:《陔余丛考》卷三六《如夫人小妻傍妻下妻少妻庶妻》,河北人民出版社1990年版,第653—654页。
③ 〔清〕俞正燮撰,涂小马、蔡建康、陈松泉校点:《癸巳类稿》卷七《释小补楚语笄内则总角义》,辽宁教育出版社2001年版,第214—215页。
④ 〔清〕梁章钜著,王释非、许振轩点校:《称谓录》卷五《妾》,福建人民出版社2003年版,第85—89页。

以外，又有：嬬①、孺子②、小妇③、傍妻④、旁妻⑤、少妻⑥、嫈⑦、孽妻⑧ 等。此外，"良人"⑨ 称谓也值得注意。

家族主要成员"正妻"之外的女性配偶称谓形式如此繁杂，反映了汉代社会多妻现象的普遍。而张家山汉简《二年律令》中所见"偏妻"称谓确实未曾见诸史籍，我们只能从"偏房""侧室"等说法推

---

① 《称谓录》卷五："案《汉书》师古注：'下妻，犹言小妾。'而《说文》云'嬬，下妻也'，则嬬为妾称无疑矣。"第86页。今按：《说文·女部》："嬬，弱也，一曰下妻也。"段玉裁注："下妻犹小妻。《后汉书·光武纪》曰'依托为人下妻'。《周易》'归妹以须'，《释文》云：须，荀陆作嬬。陆云：妾也。"〔汉〕许慎撰，〔清〕段玉裁注：《说文解字注》，上海古籍出版社1988年版，第624页。

② 《称谓录》卷五："案《汉书·艺文志》：《中山王孺子妾歌》注云：'孺子，王妾之有名号者也。'……《汉书·王子侯表》：'东城侯遗为孺子所杀。'则凡王公至士民，妾通得称'孺子'。"第86页。今按：《汉书·艺文志》："《诏赐中山靖王子哙及孺子妾冰未央材人歌诗》四篇。"颜师古注："孺子，王妾之有品号者也。妾，王之众妾也。冰，其名。材人，天子内官。"第1754、1755页。

③ 《汉书》卷九八《元后传》："凤知其小妇弟张美人已尝适人，于礼不宜配御至尊，托以为宜子，内之后宫，苟以私其妻弟。"颜师古注："小妇，妾也。"第4020、4021页。

④ 《汉书》卷九八《元后传》："禁有大志，不修廉隅，好酒色，多取傍妻。"第4014—4015页。

⑤ 《汉书》卷四四《衡山王刘赐传》："人有贼伤后假母者。"颜师古注："继母也。一曰父之旁妻。"第2154、2155页。

⑥ 《后汉书》卷七二《董卓传》："卓朝服升车，既而马惊堕泥，还入更衣。其少妻止之。"第2331页。

⑦ 《说文·女部》："嫈，奢也。从女般声。一曰小妻也。"段玉裁注："小妻字史多有之，见《汉书·枚乘传》《外戚传》《佞幸传》，《后汉书·阳球传》。汉时名之不正者。"〔汉〕许慎撰，〔清〕段玉裁注：《说文解字注》，上海古籍出版社据经韵楼藏版1981年影印版，第621页。

⑧ 《汉书》卷四八《贾谊传》："天子之后以缘其领，庶人孽妾缘其履。"颜师古注："孽，庶贱者。"第2242、2243页。

⑨ 《汉书》卷九七上《外戚传上·孝昭上官皇后》："安醉则裸行内，与后母及父诸良人、侍御皆乱。"颜师古注："良人谓妾也。侍御则兼婢矣。"第3959页。

测其含义。

不过，前引张家山汉简《二年律令》中《置吏律》："彻侯得置孺子、良人。"（二二二）整理小组据此在简（4）注释中写道："简文所残字为'子，良人'"，则《置后律》中相关简文可以补定为："疾死置后者，彻侯后子为彻侯，其母适（嫡）子，以孺子子、良人子。"（三六七）看来，"孺子"地位高于"良人"，那么，按照律文正常词序，则可以由简文"其毋适子，以下妻子、偏妻子"（三六八）推知"下妻"的地位也可能高于"偏妻"。据简（3），则"扁（偏）妻子"的地位似乎又高于"孽子"。

《说文·女部》："姘，除也，从女，并声。汉律：齐民与妻婢奸曰姘。"段玉裁注："此别一义也。……礼：士有妾，庶人不得有妾。故平等之民与妻婢私合名之曰姘，有罚。此姘取合并之义。"①所谓"士有妾，庶人不得有妾"，在汉代社会中，看来未必绝对如此。

五、淳于长"小妻"案例

《汉书》卷八一《孔光传》中，有关于处理淳于长案的故事。其中涉及其"小妻"乃始等：

> 光久典尚书，练法令，号称详平。时定陵侯淳于长坐大逆诛，长小妻乃始等六人皆以长事未发觉时弃去，或更嫁。及长事发，丞相方进、大司空武议，以为："令：犯法者各以法时律令论之，明有所讫也。长犯大逆时，乃始等见为长妻，已有当坐之罪，与身犯法无异。后乃弃去，于法无以解。请论。"光议以为："大逆无道，父母妻子同产无少长皆弃市，欲惩后犯法者也。夫妇之道，有义则合，无义则离。长未自知当坐大逆之法，而弃去乃始等，或更嫁，义已绝，而欲以为长妻论杀之，名不正，不当坐。"有诏光议是。②

---

① 《说文解字注》，第 625 页。
② 《汉书》，第 3355 页。

这一案例,对于我们理解"小妻"身份是有意义的。

乃始等六人原本是淳于长"小妻",后"弃去",有的已经改适他人。案发之后,丞相翟方进等以为"长犯大逆时,乃始等见为长妻,已有当坐之罪,与身犯法无异",后来虽然"弃去",然而"于法无以解",因而应当论罪。孔光则认为,"夫妇之道,有义则合,无义则离"。而淳于长在没有预想到"当坐大逆之法"时已经"弃去乃始等",有的已经改嫁,"义已绝",这时依然要"以为长妻论杀之",则"名不正"。以为不应当治罪。孔光的意见得到皇帝的认可。

丞相翟方进等举出的根据是:"令:犯法者各以法时律令论之。"不过,对于所谓"法时"的理解是有所不同的。翟方进等以为"法时"应即"长犯大逆时",当时"乃始等见为长妻",因而"已有当坐之罪,与身犯法无异"。而孔光对"法时"的理解似乎是"长坐大逆时",当时乃始等与淳于长的夫妻关系已经解除,"义已绝",因而这时的法律处罚如果依然"欲以为长妻论杀之",则"名不正"。既然称"长小妻乃始",又称"见为长妻",同时说"以为长妻论杀之",可知作为"长小妻"的乃始等人,其实也被看作"妻"。

简(2)"·毋夫,及为人偏妻,为户若别居不同数者,有罪完舂、白粲以上,收之,毋收其子。"或许可以参看《汉书》卷八一《孔光传》中的刑治讨论予以理解。

张家山汉简《贼律》「殹大母」释义

亲族称谓是社会称谓中的重要内容。历代亲族称谓屡有变动，研究不同历史时期亲族称谓形式和内涵的演变，可以帮助我们理解当时的宗族结构和社会关系。张家山汉简的有关内容可以为汉代亲族研究提供资料。如《二年律令》中《贼律》所谓"叚大母"，就是体现当时亲族关系的新见称谓。讨论"叚大母"所指代的身份，可以丰富我们对于汉初社会生活的认识。

一、《二年律令·贼律》"叚大母"简例

张家山汉简《二年律令》中《贼律》有简文：

　　子牧杀父母殴詈泰父镖母镖叚大母主母后母及父母告子不孝皆弃市其子有罪当城旦舂鬼薪白粲以上　　　　三五
　　及为人奴婢者父母告不孝勿听年七十以上告子不孝必三镖环镖之镖各不同日而尚告乃听之教人不孝　　　　三六
　　　　黥为城旦舂　　　　　　　　　　　　　　三七

张家山二四七号汉墓竹简整理小组释文为：

　　子牧杀父母，殴詈泰父母、父母叚大母、主母、后母，及父母告子不孝，皆弃市。其子有罪当城旦舂、鬼薪白粲以上，　　　　　　　　　　　　　三五
　　及为人奴婢者，父母告不孝，勿听。年七十以上告子不孝必三环之。三环之各不同日而尚告，乃听之。教人不孝，
　　　　　　　　　　　　　　　　　　　　　三六
　　　　黥为城旦舂。　　　　　　　　　　　三七

这段文字的理解多有疑点，释文亦尚有可商榷处。例如所谓"父母叚大母"。

二、"大母"称谓

关于"大母"。《墨子·节葬下》："其大父死，负其大母而弃之，

曰鬼妻不可与居处。"①《史记》卷五八《梁孝王世家》说梁平王刘襄事："梁平王襄十四年，母曰陈太后。共王母曰李太后。李太后，亲平王之大母也。而平王之后姓任，曰任王后。任王后甚有宠于平王襄。初，孝王在时，有罍樽，直千金。孝王诫后世，善保罍樽，无得以与人。任王后闻而欲得罍樽。平王大母李太后曰：'先王有命，无得以罍樽与人。他物虽百巨万，犹自恣也。'任王后绝欲得之。平王襄直使人开府取罍樽，赐任王后。李太后大怒，汉使者来，欲自言，平王襄及任王后遮止，闭门，李太后与争门，措指，遂不得见汉使者。李太后亦私与食官长及郎中尹霸等士通乱，而王与任王后以此使人风止李太后，李太后内有淫行，亦已。后病薨。病时，任后未尝请病；薨，又不持丧。"后有"知国阴事"者犯罪，因搜捕甚急，"乃上变事，具告知王与大母争樽状。时丞相以下见知之，欲以伤梁长吏，其书闻天子。天子下吏验问，有之。公卿请废襄为庶人。天子曰：'李太后有淫行，而梁王襄无良师傅，故陷不义。'乃削梁八城，枭任王后首于市。"②《汉书》卷四七《文三王传》有大体相同的记述。"李太后，亲平王之大母也"句下，颜师古注："大母，祖母也。共王即李太后所生，故云亲祖母也。"③《史记》所谓"罍樽"，《汉书》写作"䥴尊"④。关于刘襄事的处理，《史记》所谓"公卿请废襄为庶人"⑤，后梁国削地，任王后枭首于市，《汉书》则记述："天子下吏验问，有之。公卿治，奏以为不孝，请诛王及太后。天子曰：'首恶失道，任后也。朕置相吏不逮，无以辅王，故陷不谊，不忍致法。'削梁王

---

① 吴毓江撰，孙启治点校：《墨子校注》，中华书局2006年版，第263页。
② [汉]司马迁：《史记》，中华书局1982年版，第2087、2088页。
③ [汉]班固：《汉书》卷四七《文三王传·梁怀王刘揖》，中华书局1962年版，第2214页。
④ 颜师古注："应劭曰：'《诗》云"酌彼金䥴"。䥴，画云雷之象，以金饰之也。'郑氏曰：'上盖刻为山云雷之象。'师古曰：'郑说是也。䥴，古雷字。'"第2214页。
⑤ 《史记》卷五八《梁孝王世家》，第2088页。

五县，夺王太后汤沐成阳邑，枭任后首于市，中郎胡等皆伏诛。"①《汉书》的记载，更可与张家山汉简《贼律》惩治不孝的条文相对证。刘襄夫妇对于"亲祖母"李太后的态度，是相当于"殴詈"或者比"殴詈"更为恶劣的。最后的处置，是所谓"首恶失道"的任后枭首于市，而另外的当事人"中郎胡等""伏诛"。这是由于天子出于亲情，"不忍致法"，对刘襄有所袒护。本来依法论治，应当处以死刑，如班固记述："公卿治，奏以为不孝，请诛王及太后。""亲祖母"应即张家山汉简律文所谓"泰母"。据刘襄、任后案例"公卿""请诛"情节，可知有关律条确实应用于社会生活中。

据《史记》卷二〇《建元以来侯者年表》褚少孙补述，将陵侯史子回、平台侯史子叔"以宣帝大母家封为侯"，前者二千六百户，后者二千五百户。又乐陵侯史子长"以宣帝大母家贵，侍中，重厚忠信，以发觉霍氏谋反事，封三千五百户"②。而《汉书》卷一八《外戚恩泽侯表》记载，此三位外家，都是"以悼皇考舅子……侯"③。"宣帝大母"，就是《汉书》卷八《宣帝纪》所谓"祖母史良娣"④，《汉书》卷九七上《外戚传上》所谓"卫太子史良娣，宣帝祖母也"⑤。可见"大母"确是"祖母"。居延汉简简文数见"大母"称谓，如："五月廿日具书居三老大母万□☐前□☐"（E.P.T54:13），"☐寿贵里男子段昌自言大母物故☐"（E.P.T59:389），"☐☐母□病欬短气加番懑命在旦夕☐"（E.P.T59:428），"☐大母业病不幸"（E.P.T59:455）等。⑥贾谊《新书·俗激》所见亲属称谓"大母"，与"大父"相对

---

① 《汉书》卷四七《文三王传·梁怀王刘揖》，第2215页。
② 《史记》，第1065、1066页。
③ 《汉书》，第698、699页。
④ 《汉书》，第236页。
⑤ 《汉书》，第3961页。
⑥ 甘肃省文物考古研究所、甘肃省博物馆、中国文物研究所、中国社会科学院历史研究所编：《居延新简》上册，中华书局1994年版，第132、168、169、170页。

应："今世以侈靡相竞，而上无制度，弃礼义，捐廉丑，日甚，可为月异而岁不同矣。逐利乎口耳，虑念非顾行也。今其甚者，到父矣，财大母矣，踝姁矣，刺兄矣。"①

云梦睡虎地秦简《封诊式·毒言》又可见"外大母"称谓："毒言 爰书：某里公士甲等廿人诣里人士五（伍）丙，皆告曰：'丙有宁毒言，甲等难饮食焉，来告之。'即疏书甲等名（九一）事关谍（牒）北（背）。·讯丙，辞曰：'外大母同里丁坐有宁毒言，以卅余岁时（迁）。丙家节（即）有祠，召甲等，甲等不肯来，（九二）亦未尝召丙饮。里节（即）有祠，丙与里人及甲等会饮食，皆莫肯与丙共栖（杯）器。甲等及里人弟兄（九三）及它人智（知）丙者，皆难与丙饮食。丙而不把毒，毋（无）它坐。'"（九四）对于简文所谓"外大母"，睡虎地秦墓竹简整理小组的注释和译文作"外祖母"。②

颜师古以为"李太后，亲平王之大母也"，实际上就是"亲祖母"。"大母，祖母也"。而所谓"亲大母"，可与张家山汉简《贼律》"叚大母"对应。

三、叚，借也，非真也

《说文·又部》："叚，借也。"段玉裁注："《人部》'假'云'非真也'。此'叚'云借也。然则凡云假借当作此字。"《说文·人部》："假，非真也。"段玉裁注："《又部》曰'叚，借也'。然则'假'与'叚'义略同。"③

战国秦汉称谓前置"假"字者，往往取代理或非正式之义。

如"假相"：《史记》卷四三《赵世家》："十七年，假相大

---

① 〔汉〕贾谊撰，阎振益、钟夏校注：《新书校注》卷三《俗激》，中华书局2000年版，第91页。
② 睡虎地秦墓竹简整理小组：《睡虎地秦墓竹简》，文物出版社1978年版，第277页；《睡虎地秦墓竹简》，文物出版社1990年版，第76、163页。
③ 〔汉〕许慎撰，〔清〕段玉裁注：《说文解字注》三篇下《又部》，八篇上《人部》，上海古籍出版社1988年版，第625、374页。

将武襄君攻燕，围其国。"①《史记》卷八一《廉颇蔺相如列传》："赵以尉文封廉颇为信平君，为假相国。"②《史记》卷五四《曹相国世家》："高祖二年，拜为假左丞相，入屯兵关中。"③又有"假将军"：《史记》卷七《项羽本纪》：项羽斩宋义，诸将"乃相与共立羽为假上将军"。张守节《正义》："未得怀王命也。假，摄也。"④郡级行政长官有称"假守"者：《史记》卷七《项羽本纪》说到"会稽守通"，裴骃《集解》引《楚汉春秋》曰："会稽假守殷通。"张守节《正义》："按：言'假'者，兼摄之也。"⑤《史记》卷六《秦始皇本纪》："十六年九月，发卒受地韩南阳假守腾。"⑥《史记》卷一一三《南越列传》："因稍以法诛秦所置长吏，以其党为假守。"司马贞《索隐》："案：谓他立其所亲党为郡县之职或假守。"⑦《汉书》卷三一《项籍传》说到"会稽假守通"时，颜师古注引张晏曰："假守，兼守也。"⑧又有"假吏""假佐"之称。如《汉书》卷五四《苏武传》说到"假吏常惠"，颜师古注："假吏犹言兼吏也。时权为使之吏，若今之差人充使典矣。"⑨《仪礼·士冠礼》："有司如主人服"，郑玄注："有司，群吏有事者，谓主人之吏所自辟除府史以下也，今时卒吏及假吏是也。"《汉书》卷七六《王尊传》："司隶遣假佐放奉诏书白尊发吏捕人。"颜师古注引苏林曰："胡公《汉官》：假佐，取内郡善史书佐给诸府也。"⑩《后汉书》卷一上《光武帝纪上》："所

---

① 《史记》，第1828页。
② 《史记》，第2448页。
③ 《史记》，第2026页。
④ 《史记》，第305、307页。
⑤ 《史记》，第297页。
⑥ 《史记》，第232页。
⑦ 《史记》，第2967、2969页。
⑧ 《汉书》，第1796、1797页。
⑨ 《汉书》，第2460页。
⑩ 《汉书》，第3233、3234页。

到部县,辄见二千石、长吏、三老、官属,下至佐史。"李贤注:"《续汉志》曰:'每刺史皆有从事史、假佐。'"① 汉代军官职名也有"假尉""假司马""假候"等。② 基层管理人员也有称"假"者。《汉书》卷四九《晁晁错传》:"臣又闻古之制边县以备敌也,使五家为伍,伍有长;十长一里,里有假士;四里一连,连有假五百;十连一邑,邑有假候:皆择其邑之贤材有护,习地形知民心者,居则习民于射法,出则教民于应敌。"颜师古注:"服虔曰:'假音假借之假。五百,帅名也。'师古曰:'假,大也。'"③ 颜说恐不确。王先谦《汉书补注》引刘奉世曰:"'假',服说是。古者戍皆有期,代则不置,故曰'假',谓其权设犹假司马之类,亦非常置也。"今按晁错所谓"假士""假五百""假候"所以称"假",可能是"新邑"与"故乡"有别的缘故。《晁错传》"假五百""假候",荀悦《汉纪·文帝纪下》作"假率""假侯"。

又有君王前置"假"字,称"假君""假王"甚至"假皇帝"者。如袁康《越绝书·外传记吴地传》:"春申君自使其子为假君治吴。"④《史记》卷四八《陈涉世家》:"乃以吴叔为假王,监诸将以西击荥阳。"⑤《史记》卷八《高祖本纪》:"东阳宁君、秦嘉立景驹为假王"⑥,"韩信已破齐,使人言曰:'齐边楚,权轻,不为假王,恐

---

① 〔南朝宋〕范晔:《后汉书》,中华书局1965年版,第10、11页。
② 罗福颐编《汉印文字征》录有"军假司马"印。文物出版社1978年版,八·六。又据罗福颐主编《秦汉南北朝官印征存》,比较确定的汉印中,计有"军假尉印""左将军假司马""后将军假司马""偏军军假司马""镇南军假司马""假司马印""军假司马""汉假司马""诏假司马""军假候印""强弩假候"等。文物出版社1987年版,第24—25、29、132—138、142—143页。
③ 《汉书》,第2289页。
④ 〔汉〕袁康撰,李步嘉校释:《越绝书校释》卷二《外传记吴地传》,中华书局2013年版,第40页。
⑤ 《史记》,第1953页。
⑥ 《史记》,第352页。《史记》卷五五《留侯世家》:"景驹自立为楚假王。"第2036页。

不能安齐。'"①《汉书》卷九九上《王莽传上》又有王莽称"假皇帝",臣民谓之"摄皇帝"的记载:"郊祀天地,宗祀明堂,共祀宗庙,享祭群神,赞曰'假皇帝',民臣谓之'摄皇帝'。"②"其后,莽遂以符命自立为真皇帝。"③

政治职权之"假",有"假署"④"假摄"⑤的含义。

四、亲族称谓中的"假"

秦汉时又有亲族称谓中称"假"者。例如:

假父 《史记》卷六《秦始皇本纪》张守节《正义》引《说苑》:"秦始皇太后不谨,幸郎嫪毐,始皇取毐四支车裂之,取两弟扑杀之,取太后迁之咸阳宫。下令曰:'以太后事谏者,戮而杀之,蒺藜其脊。'谏而死者二十七人。茅焦乃上说曰:'齐客茅焦,愿以太后事谏。'皇帝曰:'走告若,不见阙下积死人耶?'使者问焦。焦曰:'陛下车裂假父,有嫉妒之心;囊扑两弟,有不慈之名;迁母咸阳,有不孝

---

① 《史记》,第376页。《史记》卷九二《淮阴侯列传》:"使人言汉王曰:'齐伪诈多变,反复之国也,南边楚,不为假王以镇之,其势不定。愿为假王便。'当是时,楚方急围汉王于荥阳,韩信使者至,发书,汉王大怒,骂曰:'吾困于此,旦暮望若来佐我,乃欲自立为王!'张良、陈平蹑汉王足,因附耳语曰:'汉方不利,宁能禁信之王乎?不如因而立,善遇之,使自为守。不然,变生。'汉王亦悟,因复骂曰:'大丈夫定诸侯,即为真王耳,何以假为!'乃遣张良往立信为齐王,征其兵击楚。"第2621页。《史记》卷九四《田儋列传》:"韩信遂平齐,乞自立为齐假王,汉因而立之。"第2647页。
② 《汉书》,第4080—4081页。
③ 《汉书》卷九八《元后传》,第4032页。
④ 《续汉书·百官志三》:"(尚书)左右丞各一人,……右丞假署印绶及纸笔墨诸财用库藏。"
⑤ 《荀子·儒效》:"天子也者,不可以少当也,不可以假摄为也。"

之行；蒺藜谏士，有桀纣之治。天下闻之，尽瓦解，无向秦者。'王乃自迎太后归咸阳，立茅焦为傅，又爵之上卿。"①《汉书》卷五一《邹阳传》颜师古注引应劭曰："茅焦谏云：'陛下车裂假父，有嫉妒之心；囊扑两弟，有不慈之名；迁母咸阳，有不孝之行。臣窃为陛下危之。臣所言毕。'乃解衣趋镬。始皇下殿，左手接之曰：'先生起矣！'即迎太后，遂为母子如初。"②《史记》卷八五《吕不韦列传》裴骃《集解》引《说苑》曰："毐与侍中左右贵臣博弈饮酒，醉，争言而斗，瞋目大叱曰：'吾乃皇帝假父也，窭人子何敢乃与我亢！'所与斗者走，行白始皇。"③

假母 《史记》卷一一八《淮南衡山列传》："元朔四年中，人有贼伤王后假母者，王疑太子使人伤之，笞太子。"裴骃《集解》引《汉书音义》曰："傅母属。"④《汉书》卷四四《衡山王刘赐传》："元朔四年中，人有贼伤后假母者，王疑太子使人伤之，笞太子。"颜师古注："继母也。一曰父之旁妻。"⑤《淮南子·缪称》："男子树兰，美而不芳，继子得食，肥而不泽，情不相与往来也。"高诱注："继子，有假母也。"⑥袁康《越绝书·吴内传》："舜亲父假母，母常杀舜。"⑦山东武氏祠画像石有闵子骞故事，题榜为："闵子骞后母弟。子骞父。""闵子骞与假母居，爱有偏移。子骞衣寒，御车失棰。"⑧看来"假母"就是"后母"。我们所讨论的张家山汉简《二年律令》

---

① 《史记》，第229页。
② 《汉书》，第2354页。
③ 《史记》，第2512页。
④ 《史记》，第3096页。
⑤ 《汉书》，第2154、2155页。
⑥ 张双棣《淮南子校释》谓"许注"。北京大学出版社1997年版，上册，第1062页。
⑦ 《越绝书校释》卷三《吴内传》，第84页。
⑧ 朱锡禄编著：《武氏祠汉画像石》，山东美术出版社1986年版，第104页。

中的《户律》中，也可见"叚母"简文。张家山二四七号汉墓竹简整理小组释文写作："诸（？）后欲分父母、子、同产、主母、叚（假）母，及主母、叚（假）母欲分孽子、叚（假）子田以为户者，皆许之。"（三四〇）

假子 《汉书》卷七六《王尊传》说："初元中，举直言，迁虢令，转守槐里，兼行美阳令事。春正月，美阳女子告假子不孝，曰：'儿常以我为妻，妒笞我。'尊闻之，遣吏收捕验问，辞服。尊曰：'律无妻母之法，圣人所不忍书，此经所谓造狱者也。'尊于是出坐廷上，取不孝子县磔著树，使骑吏五人张弓射杀之，吏民惊骇。"①王先谦《汉书补注》引沈钦韩曰："前妻之子也。"②此说假子是丈夫前妻之子。刘向《列女传·魏芒慈母》："魏芒慈母者，魏孟阳氏之女，芒卯之后妻也。有三子。前妻之子有五人，皆不爱慈母。……于是前妻中子犯魏王令当死，慈母忧戚悲哀，带围减尺，朝夕勤劳以救其罪人。有谓慈母曰：'人不爱母至甚也，何为勤劳忧惧如此？'慈母曰：'如妾亲子，虽不爱妾，犹救其祸而除其害，独于假子而不为，何以异于凡母！其父为其孤也，而使妾为其继母。继母如母，为人母而不能爱其子，可谓慈乎！亲其亲而偏其假，可谓义乎！不慈且无义，何以立于世！彼虽不爱，妾安可以忘义乎！'遂讼之。魏安釐王闻之，高其义曰：'慈母如此，可不救其子乎！'乃赦其子，复其家。……颂曰：芒卯之妻，五子后母，慈惠仁义，扶养假子，虽不吾爱，拳拳若亲，继母若斯，亦诚可尊。"③《三国志》卷三《魏书·明帝纪》裴松之注引《献帝传》曰："（秦）朗父名宜禄，为吕布使诣袁术，

---

① 《汉书》，第3227页。
② 〔清〕王先谦：《汉书补注》，中华书局1983年版，第1397页。
③ 〔汉〕刘向编撰，张涛译注：《列女传译注》卷一《母仪传·魏芒慈母》，山东大学出版社1990年版，第46—47页。

术妻以汉宗室女。其前妻杜氏留下邳。布之被围，关羽屡请于太祖，求以杜氏为妻，太祖疑其有色，及城陷，太祖见之，乃自纳之。……朗随母氏畜于公宫，太祖甚爱之，每坐席，谓宾客曰：'世有人爱假子如孤者乎？'"① 又《三国志》卷九《魏书·何晏传》裴松之注引鱼豢《魏略》："太祖为司空时，纳晏母并收养晏……晏无所顾惮，服饰拟于太子，故文帝特憎之，每不呼其姓字，尝谓之为'假子'。"此说假子是妻子前夫之子，即所谓"随母男"②。《三国志》卷一九《魏书·任城威王曹彰传》裴松之注引《魏略》曰："太祖在汉中，而刘备栖于山头，使刘封下挑战。太祖骂曰：'卖履舍儿，长使假子拒汝公乎！'"③ 此说假子是养子。前引《二年律令·户律》三四〇号简也可见"叚子"，整理小组释文作"叚（假）子"。

假女　刘向《列女传·珠崖二义》："二义者，珠崖令之后妻及前妻之女也。女名初，年十三，珠崖多珠，继母连大珠以为系臂。及令死，当送丧。法，内珠入于关者死。继母弃其系臂珠。其子男年九岁，好而取之，置之母镜奁中，皆莫之知。遂奉丧归，至海关，关候士吏搜索，得珠十枚于继母镜奁中，吏曰：'嘻！此值法无可奈何，谁当坐者？'初及继母争请其罪。吏不忍决，于是弃珠而遣之。"君子谓二义慈孝。《论语》曰：'父为子隐，子为父隐，直在其中矣。'若继母与假女推让争死，哀感傍人，可谓直耳。颂曰：珠崖夫人，甚有母恩，假继相让，维女亦贤，纳珠于关，各自伏愆，二义如此，

---

① 〔晋〕陈寿撰，〔宋〕裴松之注：《三国志》，中华书局1959年版，第100页。

② 《三国志》，第292页。〔宋〕任广撰《书叙指南》卷三"宗族服属下"条写道："随母男曰'假子'。"自注："《献帝春秋》秦朗，父准之。"梁章钜《称谓录》卷六据此说："《献帝春秋》：随母男曰'假子'。"

③ 《三国志》，第556页。

为世所传。"①

五、"叚大母"指代身份

这样看来,张家山汉简《贼律》中所谓"叚大母",即"假大母"。应当是非亲生的,没有直接血缘关系的祖母辈长者。有可能是其父的继母、后母。至于以为"假大母"即大父之"旁妻"的理解,其实与称所谓"继大母"并没有根本的差别。也有另一种可能,即参考《史记》卷一一八《淮南衡山列传》裴骃《集解》引《汉书音义》解释"假母"所谓"傅母属"②的思路,推想为其父的傅母、养母、乳母。汉代人亲重乳母,有《史记》卷一二六《滑稽列传》褚少孙补述郭舍人事迹中所见著名的汉武帝爱敬乳母的故事。③《汉书》卷七五《李寻

---

① 《列女传译注》卷五《节义传·珠崖二义》,第195—196页。"假继相让"之"假继",《汉语大词典》编者理解为"后母、继母"。汉语大词典出版社1990年版,第1卷,第1583页。此说不确。应如上文"继母与假女推让争死",释为假女继母。所举另一书证,《颜氏家训·后娶》:"假继惨虐孤遗,离间骨肉,伤心断肠者,何可胜数。"王利器《颜氏家训集解》引卢文弨曰:"假继,谓假母、继母也。颜师古注《汉书·衡山王赐传》:'假母,继母也。一曰,父之旁妻。'"器案:"《抱朴子》外篇《嘉遁》篇:'后母假继,非密于伯奇。'"〔北齐〕颜之推撰,王利器集解:《颜氏家训集解》,上海古籍出版社1980年版,第46—47页。《颜氏家训》此"假继"解为"假母、继母""后母、继母"确定无疑。
② 《史记》,第3096页。
③ 《史记》卷一二六《滑稽列传》褚少孙补述:"武帝少时,东武侯母常养帝,帝壮时,号之曰'大乳母'。率一月再朝。朝奏入,有诏使幸臣马游卿以帛五十匹赐乳母,又奉饮糒飧养乳母。乳母上书曰:'某所有公田,愿得假倩之。'帝曰:'乳母欲得之乎?'以赐乳母。乳母所言,未尝不听。有诏得令乳母乘车行驰道中。当此之时,公卿大臣皆敬重乳母。乳母家子孙奴从者横暴长安中,当道掣顿人车马,夺人衣服。闻于中,不忍致之法。有司请徙乳母家室,处之于边。奏可。乳母当入至前,面见辞。乳母先见郭舍人,为下泣。舍人曰:'即入见辞去,疾步数还顾。'乳母如其言,谢去,疾步数还顾。郭舍人疾言骂之曰:'咄!老女子!何不疾行!陛下已壮矣,宁尚须汝乳而活邪?尚何还顾!'于是人主怜焉悲之,乃下诏止无徙乳母,罚谪谮之者。"第3204页。

传》所见李寻说王根所谓"诸保阿乳母甘言悲辞之托,断而勿听"[①],又《汉书》卷七七《毋将隆传》所见"时侍中董贤方贵,上使中黄门发武库兵,前后十辈,送董贤及上乳母王阿舍"[②],《汉书》卷八一《匡衡传》所见杨兴说史高所谓"所举不过私门宾客,乳母子弟"[③]等,也体现了类似的情形。宋任广撰《书叙指南》卷三"产乳保育·乳母"条下可见:"养母曰'假母'(《史·衡山王》),又曰'乳母'(元德秀)。"[④]也可以说明"假母"身份与"产乳保育"中的"乳母"有关。

简文"父母叚大母"似应分断,作"父母、叚大母",则释文当作:

子牧杀父母,殴詈泰父母、父母、叚大母、主母、后母,及父母告子不孝,皆弃市。其子有罪当城旦舂、鬼薪白粲以上,　　　　　　　　　　　　　　　　　　三五

及为人奴婢者,父母告不孝,勿听。年七十以上告子不孝,必三环之。三环之各不同日而尚告,乃听之。教人不孝,三六

黥为城旦舂。　　　　　　　　　　　三七

"叚大母"即"假大母"排在"父母"之后,是因为其年辈虽然在"父母"之前,但是却并没有血亲关系的缘故。这条律文所说到的"泰父母、父母、叚大母、主母、后母",下文"妇贼伤、殴詈"长者一条,又有所不同:

妇贼伤殴詈夫之泰父母镖母镖主母后母皆弃市　　四○

---

① 《汉书》,第3184页。
② 《汉书》,第3264页。
③ 《汉书》,第3332页。
④ 梁章钜《称谓录》卷二"假母"条写道:"《书叙指南》引《汉史》,养母曰假母,元德秀又曰乳母。"〔清〕梁章钜撰,冯惠民、李肇翔、杨梦东点校:《称谓录》,中华书局1996年版,第24页。

即"妇贼伤殴詈夫之泰父母、父母、主母、后母皆弃市",已经不包括夫之"叚大母"了,这可能是因为亲疏关系又隔了一等。至于为什么祖父母称"泰父母",而同一辈的女性长者称"叚大母","泰"和"大"的区别,推想可能也并非偶然的书写差异,而或许在某种意义上也体现了亲疏等级的差别。

居延汉简『歌人』考论

居延汉简编号为 511.23 的简例，简文出现一种特殊的社会称谓"歌人"。讨论其身份，可以增益对汉代社会生活史的理解。

一、居延"歌人"简文

这枚出现"歌人"称谓的简两面书写，其文曰：

· 出歌人伯史名　　　　　　　　　　　　　511.23A

■ 右歌人十九人　　　　　　　　　　　　　511.23B

"出歌人伯史名"释文，据谢桂华、李均明、朱国炤《居延汉简释文合校》，①《居延汉简甲编》②《居延汉简甲乙编》③《居延汉简考释·释文之部》④ 和 "中央研究院"历史语言研究所简牍整理小组编《居延汉简》⑤ 均释作"工歌人伯史名"。

"歌人"应是以"歌"为职业者。这一称谓，未见于秦汉时期历史文献。

二、"歌儿""歌童""歌僮""讴者"

当时身份相应的人员，有"歌儿""歌童""歌僮""讴者"等。

歌儿

《史记》卷八《高祖本纪》："及孝惠五年，思高祖之悲乐沛，以沛宫为高祖原庙。高祖所教歌儿百二十人，皆令为吹乐，后有缺，辄补之。"⑥《史记》卷二八《封禅书》："既灭南越，上有嬖臣李延年以好音见。上善之，下公卿议，曰：'民间祠尚有鼓舞乐，今郊

---

① 谢桂华、李均明、朱国炤：《居延汉简释文合校》，文物出版社 1987 年版，第 619 页。
② 中国科学院考古研究所编辑：《居延汉简甲编》，科学出版社 1959 年版。
③ 中国社会科学院考古研究所：《居延汉简甲乙编》，中华书局 1980 年版。
④ 劳榦：《居延汉简考释·释文之部》，上海商务印书馆 1949 年版，中央研究院历史语言研究所 1957 年版。
⑤ 简牍整理小组编：《居延汉简（肆）》，"中央研究院"历史语言研究所，2015 年。
⑥ 〔汉〕司马迁：《史记》，中华书局 1982 年版，第 393 页。

祀而无乐,岂称乎?'公卿曰:'古者祠天地皆有乐,而神祇可得而礼。'或曰:'太帝使素女鼓五十弦瑟,悲,帝禁不止,故破其瑟为二十五弦。'于是塞南越,祷祠太一、后土,始用乐舞,益召歌儿,作二十五弦及空侯琴瑟自此起。"①《史记》卷一二七《日者列传》记载卜者司马季主与宋忠、贾谊论"尊官""贤才"之可鄙:"今公所谓贤者,皆可为羞矣。卑疵而前,奸趋而言;相引以势,相导以利;比周宾正,以求尊誉,以受公奉;事私利,枉主法,猎农民;以官为威,以法为机,求利逆暴:譬无异于操白刃劫人者也。初试官时,倍力为巧诈,饰虚功执空文以罔主上,用居上为右;试官不让贤陈功,见伪增实,以无为有,以少为多,以求便势尊位;食饮驱驰,从姬歌儿,不顾于亲,犯法害民,虚公家:此夫为盗不操矛弧者也,攻而不用弦刃者也,欺父母未有罪而弑君未伐者也。何以为高贤才乎?"②其中也说到"歌儿"。《盐铁论·散不足》:"古者土鼓卣枹,击木拊石,以尽其欢。及其后,卿大夫有管磬,士有琴瑟。往者民间酒会,各以党俗,弹筝鼓缶而已,无要妙之音,变羽之转。今富者钟鼓五乐,歌儿数曹,中者鸣竽调瑟,郑舞赵讴。"《艺文类聚》卷一二引桓子《新论》曰:"歌儿卫子夫因幸爱重,乃阴求陈皇后过恶,而废退之。即立子夫,更其男为太子。"③《汉书》卷二二《礼乐志》也说到《史记》卷八《高祖本纪》所谓"歌儿":"初,高祖既定天下,过沛,与故人父老相乐,醉酒欢哀,作'风起'之诗,令沛中僮儿百二十人习而歌之。至孝惠时,以沛宫为原庙,皆令歌儿习吹以相和,常以百二十人为员。文、景之间,

---

① 《史记》,第1396页。《史记》卷一二《孝武本纪》作:"既灭南越,上有嬖臣李延年以好音见。上善之,下公卿议,曰:'民间祠尚有鼓舞之乐,今郊祠而无乐,岂称乎?'公卿曰:'古者祀天地皆有乐,而神祇可得而礼。'或曰:'泰帝使素女鼓五十弦瑟,悲,帝禁不止,故破其瑟为二十五弦。'于是塞南越,祷祠泰一、后土,始用乐舞,益召歌儿,作二十五弦及箜篌瑟自此起。"第472页。《汉书》卷二五上《郊祀志上》同,第1232页。

② 《史记》,第3217页。

③ 〔唐〕欧阳询撰,汪绍楹校:《艺文类聚》,上海古籍出版社1965年版,第231页。

礼官肄业而已。至武帝定郊祀之礼，祠太一于甘泉，就乾位也；祭后土于汾阴，泽中方丘也。乃立乐府，采诗夜诵，有赵、代、秦、楚之讴。以李延年为协律都尉，多举司马相如等数十人造为诗赋，略论律吕，以合八音之调，作十九章之歌。以正月上辛用事甘泉圜丘，使童男女七十人俱歌，昏祠至明。夜常有神光如流星止集于祠坛，天子自竹宫而望拜，百官侍祠者数百人皆肃然动心焉。"① 由"用事甘泉圜丘"时所谓"使童男女七十人俱歌"，可以推知所谓"歌儿"的身份特征。《后汉书》卷七八《宦者列传》指出宦官的奢贵："南金、和宝、冰纨、雾縠之积，盈仞珍臧；嫔媛、侍儿、歌童、舞女之玩，充备绮室。狗马饰雕文，土木被缇绣。皆剥割萌黎，竞恣奢欲。"李贤注："《昌言》曰：'为音乐则歌儿、舞女，千曹而迭起。'"② 由所谓"千曹而迭起"，可知当时社会权贵阶层消费生活中"歌儿"的数量。

歌童

《后汉书》卷七八《宦者列传》李贤注引《昌言》以"歌童"释"歌儿"，可见两者身份是相当接近的。《文选》卷五〇范晔《后汉宦者传论》："嫔媛、侍儿、歌童、舞女之玩，充备绮室。"李善注也说："仲长子《昌言》曰：'为音乐则歌儿、舞女，千曹而迭起。'"③ 值得注意的是，《艺文类聚》卷一二引周庾信《汉高祖置酒沛宫画赞》曰："游子思旧，来归沛宫。还迎故老，更召歌童。虽欣入沛，方念移丰。酒酣自舞，先歌《大风》。"④ 将前引《史记》卷八《高祖本纪》"高祖所教歌儿百二十人"之"歌儿"直接称作"歌童"。

歌僮

《晋书》卷四〇《贾谧传》写道："谧好学，有才思。既为充嗣，继佐命之后，又贾后专恣，谧权过人主，至乃镮系黄门侍郎，其为威福如此。负其骄宠，奢侈踰度，室宇崇僭，器服珍丽，歌僮舞女，

---

① 〔汉〕班固：《汉书》，中华书局1962年版，第1045页。
② 〔南朝宋〕范晔：《后汉书》，中华书局1965年版，第2510、2511页。
③ 〔唐〕李善注：《文选》五〇，中华书局1977年版，第700页。
④ 《艺文类聚》，第228页。

选极一时。"① 其实，由前引《史记》卷八《高祖本纪》"高祖所教歌儿百二十人"及《汉书》卷二二《礼乐志》"令沛中僮儿百二十人习而歌之"，可知"歌儿""僮儿"义近，则"歌僮"称谓所指代的身份也相应明朗。

讴者

《史记》卷四九《外戚世家》："卫皇后字子夫，生微矣。盖其家号曰卫氏，出平阳侯邑。子夫为平阳主讴者。武帝初即位，数岁无子。平阳主求诸良家子女十余人，饰置家。武帝祓霸上还，因过平阳主。主见所侍美人，上弗说。既饮，讴者进，上望见，独说卫子夫。是日，武帝起更衣，子夫侍尚衣轩中，得幸。上还坐，欢甚，赐平阳主金千斤。主因奏子夫奉送入宫。子夫上车，平阳主拊其背曰：'行矣，强饭，勉之！即贵，无相忘。'入宫岁余，竟不复幸。武帝择宫人不中用者，斥出归之。卫子夫得见，涕泣请出。上怜之，复幸，遂有身，尊宠日隆。"②卫子夫初见汉武帝时，"为平阳主讴者"。"讴者"是特定称谓。《史记》卷七四《孟子荀卿列传》："淳于髡，齐人也。博闻强记，学无所主。其谏说，慕晏婴之为人也，然而承意观色为务。客有见髡于梁惠王，惠王屏左右，独坐而再见之，终无言也。惠王怪之，以让客曰：'子之称淳于先生，管、晏不及，及见寡人，寡人未有得也。岂寡人不足为言邪？何故哉？'客以谓髡。髡曰：'固也。吾前见王，王志在驱逐；后复见王，王志在音声：吾是以默然。'客具以报王，王大骇，曰：'嗟乎，淳于先生诚圣人也！前淳于先生之来，人有献善马者，寡人未及视，会先生至。后先生之来，人有献讴者，未及试，亦会先生来。寡人虽屏人，然私心在彼，有之。'"③也使用了"讴者"称谓。《史记》卷七〇《张仪列传》说："秦要楚欲得黔中地，欲以武关外易之。楚王曰：'不愿易地，愿得张仪而献黔中地。'秦王欲遣之，口弗忍言。张仪乃请行。惠王曰：'彼楚王怒子之负以商于之地，是且甘心于子。'

---

① 〔唐〕房玄龄：《晋书》，中华书局1974年版，第1173页。
② 《史记》，第1978页。
③ 《史记》，第2347页。

张仪曰：'秦强楚弱，臣善靳尚，尚得事楚夫人郑袖，袖所言皆从。且臣奉王之节使楚，楚何敢加诛。假令诛臣而为秦得黔中之地，臣之上愿。'遂使楚。楚怀王至则囚张仪，将杀之。靳尚谓郑袖曰：'子亦知子之贱于王乎？'郑袖曰：'何也？'靳尚曰：'秦王甚爱张仪而不欲出之，今将以上庸之地六县赂楚，以美人聘楚，以宫中善歌讴者为媵。楚王重地尊秦，秦女必贵而夫人斥矣。不若为言而出之。'于是郑袖日夜言怀王曰：'人臣各为其主用。今地未入秦，秦使张仪来，至重王。王未有礼而杀张仪，秦必大怒攻楚。妾请子母俱迁江南，毋为秦所鱼肉也。'怀王后悔，赦张仪，厚礼之如故。"①靳尚所谓"宫中善歌讴者"，或许可以看作"讴者"的解说。《南史》卷三一《张率传》记载："其年，父忧去职。有父时妓数十人，其善讴者有色貌，邑子仪曹郎顾玩之求娉，讴者不愿，遂出家为尼。尝因斋会率宅，玩之乃飞书言与率奸。南司以事奏闻，武帝惜其才，寝其奏，然犹致时论。"②可见"善讴者"就是"讴者"，而其身份，是可以归入"妓"一类的。《全后汉文》卷八八《昌言·理乱》所谓"妖童美妾，填乎绮室；倡讴妓乐，列乎深堂"③，也体现了这一情形。汉宫之"讴者"身份见于史籍者，又有王昌一例。《后汉书》卷一二《王昌传》："王昌一名郎，赵国邯郸人也。素为卜相工，明星历，常以为河北有天子气。""初，王莽篡位，长安中或自称成帝子子舆者，莽杀之。郎缘是诈称真子舆，云：'母故成帝讴者，尝下殿卒僵，须臾有黄气从上下，半日乃解，遂妊身就馆。赵后欲害之，伪易他人子，以故得全。子舆年十二，识命者郎中李曼卿，与俱至蜀；十七，到丹阳；二十，还长安；展转中山，来往燕、赵，以须天时。'"④王昌伪言"母故成帝讴者"曾殿下"妊身"，是以民间对后宫"讴者"的认识为条件的。

---

① 《史记》，第 2288—2289 页。
② 〔唐〕李延寿：《南史》，中华书局 1975 年版，第 816 页。
③ 〔清〕严可均校辑：《全上古三代秦汉三国六朝文》之《全后汉文》卷八八《昌言·理乱》，中华书局 1958 年版，第 949 页。
④ 《后汉书》，第 491 页。

"歌儿""歌童""歌僮""讴者"等称谓所指代者，在汉代画像中多有反映。其身份应当与所谓"歌人"相互接近。

三、有关"歌人"的历史迹象

《晏子春秋》中曾经出现"歌人"字样。《晏子春秋·内篇谏上·景公夜听新乐而不朝晏子谏》：

> 晏子朝，杜扃望羊待于朝。晏子曰："君奚故不朝？"对曰："君夜发不可以朝。"晏子曰："何故？"对曰："梁丘据扃入歌人虞，变齐音。"晏子退朝，命宗祝修礼而拘虞，公闻之而怒曰："何故而拘虞？"晏子曰："以新乐淫君。"公曰："诸侯之事，百官之政，寡人愿以请子。酒醴之味，金石之声，愿夫子无与焉。夫乐，何必夫故哉？"对曰："夫乐亡而礼从之，礼亡而政从之，政亡而国从之。国衰，臣惧君之逆政之行。有歌，纣作北里，幽厉之声，顾夫淫以鄙而偕亡。君奚轻变夫故哉？"公曰："不幸有社稷之业，不择言而出之，请受命矣。"①

这位称作"虞"的"歌人"，其实可能是善于推陈出新的艺术家，只是因为晏子维护政治文化的传统定制，反对"轻变夫故"的主张而致使其"新乐"被否定，本人也竟然无端被"拘"。

《晏子春秋》可能是最早出现"歌人"称谓的文献。其成书年代当在秦统一以前。②

秦汉以后的史籍中，是可以看到"歌人"称谓的。如《梁书》卷三九《羊侃传》写道：

---

① 吴则虞：《晏子春秋集释》卷一《内篇谏上·景公夜听新乐而不朝晏子谏》，中华书局1962年版，第23—24页。

② 骈宇骞整理银雀山汉简《晏子春秋》，为此书的成书年代进行了科学的论证。他指出，"从《史记》的记载和简本《晏子》的重新问世，足以说明《晏子春秋》的成书年代最晚不会晚于秦统一六国，从书中的内容及书中的语言用字来看，很可能还会更早一些。"骈宇骞：《银雀山汉墓竹简晏子春秋校释》，书目文献出版社1988年版，第3页。

> 侃性豪侈，善音律，自造《采莲》《棹歌》两曲，甚
> 有新致。姬妾侍列，穷极奢靡。有弹筝人陆太喜，著鹿角
> 爪长七寸。舞人张净琬，腰围一尺六寸，时人咸推能掌中舞。
> 又有孙荆玉，能反腰帖地，衔得席上玉簪。敕赉歌人王娥儿，
> 东宫亦赉歌者屈偶之，并妙尽奇曲，一时无对。①

其事又见《南史》卷六三《羊侃传》。所谓"敕赉歌人王娥儿，东宫亦赉歌者屈偶之"②，一称"歌人"，一称"歌者"，现在我们还不能指出其身份的确定区别。然而当时存在"歌人"称谓，却是没有疑义的。又如《艺文类聚》卷六九引南朝齐丘巨源《咏七宝图扇诗》有"拂盻迎娇意，隐映含歌人"句。《初学记》卷一五引梁元帝《咏歌诗》："汗轻红粉湿，坐久翠眉愁。传声入钟磬，余转杂箜篌。"又刘孝绰《和咏歌人偏得日照诗》："独明花里翠，偏光粉上津。屡将歌罢扇，回拂影中尘。"南朝陈周弘正《咏歌人偏得日照诗》："斜光入丹扇，的的最分明。欲持照雕栱，仍作绕梁声。"刘作和周作明确说到"歌人"，而梁元帝《咏歌诗》，实际描写的也是"歌人"情态。

《隋书》卷一四《音乐志中》可见有关宫廷鼓乐制度的规定："高祖既受命，定令，宫悬四面各二虡，通十二镈钟，为二十虡。虡各一人。建鼓四人，祝敔各一人。歌、琴、瑟、箫、筑、筝、挡筝、卧箜篌、小琵琶，四面各十人，在编磬下。笙、竽、长笛、横笛、箫、筚篥、篪、埙，四面各八人，在编钟下。舞各八佾。宫悬簨虡，金五博山，饰以流苏树羽。其乐器应漆者，天地之神皆朱，宗庙加五色漆画。天神悬内加雷鼓，地祇加灵鼓，宗庙加路鼓。登歌，钟一虡，磬一虡，各一人；歌四人，兼琴瑟；箫、笙、竽、横笛、篪、埙各一人。其漆画及博山流苏树羽，与宫悬同。登歌人介帻、朱连裳、乌皮履。宫悬及下管人，平巾帻，朱连裳。凯乐人，武弁，朱褠衣，履韈。文舞，进贤冠，绛纱连裳，帛内单，皂领袖襈，乌皮鞾，左执钥，右执翟。二人执纛，

---

① 〔唐〕姚思廉：《梁书》，中华书局1973年版，第561页。
② 《南史》，第1547页。

引前，在舞人数外，衣冠同舞人。武弁，朱褠衣，乌皮履。三十二人，执戈，龙楯。三十二人执戚，龟。二人执旍，居前。二人执鼗，二人执铎，二人执铙，二人执錞。四人执弓矢，四人执殳，四人执戟，四人执矛。自旍已下夹引，并在舞人数外，衣冠同舞人。"① 其中说到"歌四人"，又说到"登歌人"。实际上也可以看作"歌人"之例，"歌人"和"舞人"的对应也是明确的。《周礼·春官·大师》："大祭祀。帅瞽登歌。令奏击拊。"郑玄注引郑司农曰："登歌，歌者在堂也。"② 《隋书·音乐志中》"歌四人"，应即"歌者"四人或"歌人"四人。"登歌人"的说法值得注意。其实，"登歌"除郑司农的解释之外，也见于其他秦汉时期文献。荀悦《汉纪·惠帝纪》："干豆上，奏《登歌》不以管弦，欲使在位者遍闻之，犹古《清庙》之乐歌。"③《后汉书》卷三《章帝纪》："作登歌，正予乐，博贯六艺，不舍昼夜。"④

四、汉代文献所见"歌人"

汉代文献遗存中，"歌人"仅见于《北堂书钞》卷一〇九引蔡邕《琴赋》：

……于是歌人恍惚以失曲，舞者乱节而忘形，哀人塞耳以惆怅，骧马踠足以悲鸣。⑤

如果没有这一例，则"歌人"称谓使用的历史链条中，几乎形成缺环。

居延汉简"歌人"称谓的发现，使我们对这一称谓和这一职业延续的历史，可以形成连贯的认识。这也可以作为考古资料补充文献记载的一个例证。

---

① 〔唐〕魏徵等：《隋书》，中华书局1973年版，第343—344页。
② 〔清〕孙诒让撰，王文锦、陈玉霞点校：《周礼正义》卷四五《春官宗伯·大师》，中华书局2013年版，第1846—1847页。
③ 〔汉〕荀悦撰，张烈点校：《前汉纪》卷五《孝惠帝纪》，中华书局2002年版，第62页。
④ 《后汉书》，第131页。
⑤ 〔唐〕虞世南著，〔明〕陈禹谟校注：《北堂书钞》卷一〇九，万历二十八年序刊本。

五、"歌人"的社会表现与"歌人"称谓的社会史意义

有学者以汉魏六朝诗歌为对象,论说"表示身份的名词构形成分",指出:"'人'作为名词性构形成分,在汉魏六朝诗歌中习见,皆表示人物身份。"所举"动词+人"一类,例证有"行人""役人""征人""旅人""更人""居人"等。① "歌人"作为"表示人物身份"的称谓,其名词性构形特征也属于"动词+人"一类,然而与所谓"行人""役人""征人""旅人"等略有不同。

《晏子春秋》所见"歌人虞"可能是男性。吴则虞《晏子春秋集释》写道:"虞者,苏时学云:'歌者名。'则虞案:《文选·啸赋》注引《晏子春秋》:'虞公善歌,以新声感景公,晏子退朝而拘之。'又注云:'汉兴,又有虞公,即刘向《别录》曰:有人歌赋楚汉兴以来善雅歌者鲁人虞公,发声清哀,远动梁尘。'是虞公为乐人善歌者之称。"②

不过,其他"歌人"诸例,如《梁书·羊侃传》"歌人王娥儿"则为女性。汉代"歌儿"、"歌童"、"歌僮"、"讴者"诸实例亦多为女性,如"歌儿卫子夫","讴者""卫子夫","以宫中善歌讴者为媵"之说,又"歌儿、舞女"连称,以及"嫱媛、侍儿、歌童、舞女之玩,充备绮室"等说法,也有助于"歌人"为女性的推断。

居延汉简所见"歌人"的性别尚难以作出确定的判断。现在看来,"歌人"为女性的可能性相当大。

简文"■右歌人十九人",说明"歌人"有组织活动的情形。简文所体现人数多至"十九人",可见其编组的规模颇为可观。

"歌人"在河西地方活动的形式尚未明了,但是参考后世相关资料,或许可以帮助我们理解"歌人"和边塞军人生活的关系。南北朝时代已经出现"营妓""营倡",集中这些人员的机构,称作"营

---

① 王云路:《汉魏六朝诗歌语言论稿》,陕西人民教育出版社 1997 年版,第 153 页。
② 《晏子春秋集释》卷一《内篇谏上·景公夜听新乐而不朝晏子谏》,第 25 页。

署"。南朝帝王有流连"营署"的绯闻。① 《魏书》卷九七《岛夷刘裕传附彧子昱传》有"与营署女子通好,自赍私服赠之"② 的记载。《魏书》卷九八《岛夷萧道成传附赜孙昭业传》亦见"每至昏夜,辄开后阁,与诸小人共至诸营署恣淫宴"③ 事。清代学者俞正燮说,"诸营署皆军市也","唐则称'营伎',亦曰'官使妇人'"④。看来这是一种沿袭甚久的制度。唐代诗人岑参的《玉门关盖将军歌》描写唐代河西军事生活,有这样的诗句:"黄沙万里白草枯,南邻犬戎北接胡。将军到来备不虞,五千甲兵胆力粗。军中无事但欢娱,暖屋绣帘红地炉。织成壁衣花氍毹,灯前侍婢泻玉壶。金铛乱点野驼酥,紫绂金章左右趋。问著只是苍头奴,美人一双闲且都。朱唇翠眉映明矑,清歌一曲世所无。今日喜闻凤将雏,可怜绝胜秦罗敷。使君五马谩踟蹰,野草绣窠紫罗襦。红牙缕马对樗蒲,玉盘纤手撒作卢。"⑤ 高级军官"军中无事但欢娱"的享乐生活,是以军中身份特殊的"朱唇翠眉"们形式特殊的服务为条件的。其中"清歌一曲世所无"句,特别值得注意。《诗话总龟》卷二三记载这样的故事,崔左辖璀牧江外郡,祖席夜阑,一营妓先辞归,崔与诗曰:"寒檐寂寂雨霏霏,候馆萧条烛烬微。只有今宵同此宴,翠娥伴醉欲先归。"《全唐诗》卷三一一收录此诗,题作《赠营妓》诗。从营妓可以"先辞归"看,其行为有相对的自由。⑥ 虽然现在不能确知汉代是否有与后来"营妓""营倡"类似的职任,

---

① 参看《宋书》卷九《后废帝纪》及《南史》卷五《齐废帝郁林王纪》。《宋书》,中华书局1974年版,第188页。《南史》,第135页。

② 〔北齐〕魏收:《魏书》,中华书局1974年版,第2152页。

③ 《魏书》,第2165页。

④ 〔清〕俞正燮撰,涂小马、蔡建康、陈松泉校点:《癸巳类稿》卷一二《除乐户丐户籍及女乐考附古事》,辽宁教育出版社2001年版,第423—435页。

⑤ 〔清〕彭定求撰,中华书局编辑部点校:《全唐诗》(增订本)卷一九九,中华书局1999年版,2065页。

⑥ 王子今:《中国女子从军史》,军事谊文出版社1998年版,第267—268页。

但是后世相关情形,可以为我们的思考提供参照信息。①

从简文内容看,如果"出歌人伯史名"的"出"字所释不误,或许这枚简应当可以归入所谓"出入名籍"或"出入关致籍"之中。李均明、刘军指出,"出入名籍为出入关卡河津渡口的人员名单"②。李天虹则认为,"出入关的簿籍有出入籍和致籍。出入籍和致籍很可能是同一文书,其全称为'出入关致籍'"③。如果是政府组织安排"歌人"的"出入",则可能有正式劳军的性质。

居延汉简所见"歌人"因相关资料甚少,不足以清晰说明其身份的特征及活动的性质,但是参考其他信息,作为从一个侧面体现河西边塞军事人员业余娱乐生活的资料,依然是可贵的。而僻远至于西北边地也出现"歌人"活动的行迹,说明当时社会对这种职业的普遍需求。由此我们也可以进一步深化对汉代河西地区基层社会生活风貌的认识。

有学者著文《汉代社会歌舞娱乐盛况及从艺人员构成情况的文献考察》,特别分析了"汉代从事歌舞娱乐的专业人员的基本情况",却并没有涉及"歌人"身份。④ 这或许主要是由于所进行的是"文献考察"而未能利用考古资料的缘故。看来,对居延汉简所见"从艺人员""歌人"的讨论,确实是必要的。

---

① 进行这样的分析,也应当注意战国秦汉时期女子不利于军事的观念。《商君书·垦令》中严格规定:"令军市无有女子。"蒋礼鸿:《商君书锥指》卷一《垦令》,中华书局1986年版,第15页。《汉书》卷五四《李陵传》记载,李陵率军和匈奴苦战于浚稽山,却连战而不能抵挡匈奴军的强力围攻,"(李)陵曰:'吾士气少衰而鼓不起者,何也?军中岂有女子乎?'始军出时,关东群盗妻子徙边者随军为卒妻妇,大匿车中,(李)陵搜得,皆剑斩之。明日复战,斩首三千余级"。第2453页。

② 李均明、刘军:《简牍文书学》,广西教育出版社1999年版,第364页。今按:"关卡河津渡口",似应为"关卡津渡"或"关津",简文或称"河津关"。

③ 李天虹:《居延汉简簿籍分类研究》,科学出版社2003年版,第155页。

④ 赵敏俐:《汉代社会歌舞娱乐盛况及从艺人员构成情况的文献考察》,见《中国诗歌研究》2002年第1辑,收入赵敏俐:《周汉诗歌综论》,学苑出版社2002年版。

居延汉简女子婚龄资料考议

汉宣帝时，王吉批评"世俗嫁娶太早"。中国古代婚姻史学者和妇女生活史学者对此多有关注。彭卫对这一现象的研究，以文献记载与汉简资料相结合，体现出应用二重证据法的先进思路。然而随着居延汉简研究的深入和新出资料的发表，有关认识可以充实和更新。简文"☐妻使女贵年十三○2☐"提供的十三岁即为人妻的信息，证实了当时早婚民俗的历史真实性。

一、"世俗嫁娶太早"

《汉书》卷七二《王吉传》记录了汉宣帝时王吉上疏对于当时社会风习的评论，其中涉及早婚现象：

> 夫妇，人伦大纲，天寿之萌也。世俗嫁娶太早，未知为人父母之道而有子，是以教化不明而民多夭。聘妻送女亡节，则贫人不及，故不举子。①

这篇文字，宋真德秀编《文章正宗》卷七及元陈仁子辑《文选补遗》卷二题《言得失疏》，明梅鼎祚编《西汉文纪》卷一二题《上得失疏》。王吉批评"世俗嫁娶太早"导致社会问题。他认为，其危害在于"未知为人父母之道而有子，是以教化不明而民多夭"。杨树达《汉代婚丧礼俗考》关于汉代女子"婚年"，说到"女子有年十三而嫁者"，"有十四五而嫁者"，"有十六而嫁者"，"故王吉深讥嫁娶太早云"②。陈东原研究中国古代妇女生活，对"聘妻送女亡节，则贫人不及，故不举子"的解释是："贫穷人家怕子女长大无力婚嫁，已经有溺婴的风俗了。"陈著又写道："又《地理志》云'嫁娶太早，尤崇侈靡；贫人不及，多不举子。'"③今按《汉书》卷二八《地理志》无此文。卷二八下《地理志下》说秦地风俗，只言"嫁娶尤崇侈靡，送死过度"④。

---

① 〔汉〕班固：《汉书》，中华书局1962年版，第3064页。
② 杨树达：《汉代婚丧礼俗考》，上海古籍出版社2000年版，第18—19页。
③ 陈东原：《中国妇女生活史》，商务印书馆1998年版，第61页。
④ 《汉书》，第1643页。

陈鹏的中国婚姻史研究专著亦说《汉书·地理志》有"嫁娶太早"语[①],或许是转引致误。

二、史籍婚龄资料

关于汉代社会的婚龄,有研究者指出,"关于婚嫁年龄,礼虽言男三十而娶,女二十而嫁,但当时并不奉行。[②]实际婚嫁年龄,较此为早"。又据"文献木简所载列表",其中有男子五例:

名 号	婚 年
庚太子	16
桓 帝	16
灵 帝	15
献 帝	15
金广延	18

又有女子二十五例:

名 号	婚 年
章帝梁贵人	16
光武阴后	19
明帝马后	13
和帝邓后	16
宣帝许后	14 或 15
宣帝外祖母王媪	14
卓文君	17 岁前
胡广妻	15
荀爽女	17
黄霸妻	17 或 18
班 昭	14
焦仲卿妻	17
杜 慈	18
陈顺谦	19 岁前
殷纪配	16
相 鸟	15
周 度	19 岁前

---

① 陈鹏:《中国婚姻史稿》,中华书局2005年版,第385页。
② 原注:《论衡·齐世》:"人民嫁娶,同时共礼,虽言男三十而娶,女二十而嫁,法制张设,何以效之?以今不奉行也。"

续表

名 号	婚 年
左 氏	19 岁前
曹敬姬	17 岁前
张起祖妻	13 岁前
张起祖辅妻	15 岁前
张彭祖妻	18 岁前
虞护妻	15 岁前
王并妻	15 岁前
徐谊妻	16 岁前

表中有"焦仲卿妻"这样的文学人物,作为史学研究的资料,似乎不很适合作为信实的讨论依据。表中排列次序,亦可斟酌。

论者分析说:"无论男女婚嫁年龄都在十三至十九岁之间。东汉采女之制所选为'良家童女年十三以上,二十以下'①者,与此相合。故王吉谓:'世俗嫁娶太早,未知为人父母之道而有子,是以教化不明而民多夭。'②法律上不鼓励迟婚,甚至对十五至三十不嫁之女子罚钱五算,以示罪责,而'使男女婚娶,不过其时'③亦当时要政之一,至于议婚之期则更早。"④

亦有学者指出,"西汉初年,女子初婚年龄大都在十五岁之后。惠帝即位后六年颁诏:'女子年十五以上至三十不嫁,五算。'⑤……西汉初期以后,女子的普遍初婚年龄,从剧烈波动的不稳定状态,转为平缓稳定型。换言之,十三四岁至十六七岁,遂成为西汉时期女子的正常初婚年龄"。更早的例证,有"王莽女儿出嫁汉平帝时是十二岁,在十三岁时立为皇后"。⑥"马防上书光武帝,请其纳马援的三个女儿为太子妃,

---

① 原注:《后汉书·皇后纪上》序。
② 原注:《汉书·王吉传》。
③ 原注:《汉书·惠帝纪》惠帝六年诏。
④ 刘增贵:《汉代婚姻制度》,台北华世出版社1980年版,第47—48页。
⑤ 原注:《汉书·惠帝纪》。有学者指出:"婚嫁乃男女双方之事,而独罪谪女子,盖当时民间盛行财婚,女家苛索聘财,男家艰于备礼,故专责女方,驱之使嫁,女子嫁,则男子可以得妻矣。"见《中国婚姻史稿》,第23页。
⑥ 原注:见《汉书·平帝纪》和《汉书·王莽传》。

说她们的年龄分别是十五岁、十四岁和十三岁。后来，刘秀为太子娶马援的三女儿。"①"章帝申贵人'年十三，入掖庭'。"②"顺帝窦后'年十二，能属文，以才貌选入掖庭有宠'。"③顺帝梁后和虞美人都是十三岁时入选。④这些人的婚龄集中趋势是十三岁⋯⋯"对于"地主和官吏"阶层的分析，研究者指出"女子的初婚年龄是14.7岁"。对于"平民"的考察，研究者得出的结论为"女子平均初婚年龄是15.1岁"。

彭卫注意到《居延汉简甲乙编》"提供了珍贵记录"，列举五则简例：

  （1）橐佗呑胡隧长张彭祖辅妻南来年十五岁（29.2）
  （2）第四燧卒伍尊，妻大女足年十四（55.20）
  （3）妻大女囗新年二十七，子小男大囗年十一（103.24）

论者判断："可见，囗新是十六岁之前结婚。"又有：

  （4）第四隧卒虞护，妻大女胥年十五（194.20）
  （5）妻年十七岁，子年二岁（203.13）

论者分析说："其初婚年龄，应在十五岁以前。"⑤

三、简牍婚龄史料订正

参考谢桂华、李均明、朱国炤《居延汉简释文合校》，可以对有关简的释文有所订正。如：

（1）   妻大女昭武万岁里囗囗年卅二
永光四年正月己酉 子大男辅年十九岁
橐佗呑胡隧长张彭祖符 子小男广宗年十二岁
        子小女女足年九岁
        辅妻南来年十五岁 皆黑色 （29.2）

如果简文引录不完整，"张彭祖"和"辅妻"连读，则易引起误会。

---

① 原注：《后汉书·皇后纪》。
② 原注：《后汉书·章帝八王列传》。
③ 原注：《后汉书·窦融列传》。
④ 原注：《后汉书·皇后纪》。
⑤ 彭卫：《汉代婚姻形态》，三秦出版社1988年版，第90—92页。

"辅妻"是"张彭祖"的"子大男辅"之"妻"。在这个小家庭中,"子大男辅年十九岁","辅妻南来年十五岁"。"辅妻南来"的婚龄应在十五岁之前,是明确的。又如:

(2)第四燧卒伍尊　妻大女女足年十五　见署用谷二石
九升少(55.20)"足年十五"而非"十四"。又:

(3)妻大女□新年廿七
　　子小男大□年十一
　　子小男汪年四　(103.24)

"妻大女□新"十六岁生育"子小男大□",应是十五岁或者十五岁以前结婚。"□新是十六岁之前结婚"的认识可以修正。简(4)也应当引录完整:

妻大女胥年十五
(4)第四燧卒虞护　弟使女自如年十二　见署用谷四石八斗一升少
　　子未使女真省年五　(194.20)

"第四燧卒虞护""妻大女胥年十五","子未使女真省年五",如果以为"胥"十岁生育"真省",显然于理不合。"胥"和"真省"应当不是亲生母女。推想"年十五"的"胥"有可能是"年五"的"未使女真省"的继母。也有可能"未使女真省"是这个家庭的养女。由这枚简例推知"妻大女胥"是十五岁甚至十五岁以前婚嫁,应当是确定无疑的。(5)应当也是一枚完整的简,释文应作:

妻大女严年十七用谷二石一斗六升大
(5)俱起燧卒王　子未使女毋知年二用谷一石一斗六升大
●凡用谷三石三斗三升(203.13)[①]

论者有"其初婚年龄,应在十五岁以前"的判断。"严"生育"毋知"时十五岁,婚龄其实可以确定是十四岁或者十四岁以前。

[①] 谢桂华、李均明、朱国炤:《居延汉简释文合校》,文物出版社1987年版,第316页。

四、简牍资料提供的新信息

肩水金关汉简也有对于我们讨论的学术主题有意义的可以证实女子婚龄较早的例证。例如：

（6）　　　　　　　妻大女䱉得当富里成虞年廿六
　　　　　　　　　 子小女侯年一岁　　车二两
橐他通望隧长成褒　 弟妇孟君年十五　　用牛二头
建平三年五月家属符 弟妇君始年廿四　　马一匹
　　　　　　　　　 小女护悍年二岁
　　　　　　　　　 弟妇君给年廿五　　（73EJT3:89）

这位叫作"成褒"的隧长，《家属符》列名六人，竟然全是女子。其中一位"妻"，三位"弟妇"，另外有两个女童。"妻大女䱉得当富里成虞年廿六"，初婚年龄已经无从判断。然而"弟妇孟君年十五"，又提供了一则女子十五岁或者十五岁以前婚嫁的实例。又如：

（7）　　　　　　　·兄妻屋兰宜众里井君任年廿一
　　　　　　　　　 子小男习年七岁
橐他勇士隧长井临　 兄妻君之年廿三　　车一两用□☒
建平元年家属符　　 子大男义年十
　　　　　　　　　 子小男冯一岁　　（右侧有刻齿）
　　　　　　　　　　　　　　　　　（73EJT6:42）①

"小男习"应是"井临"与"妻屋兰宜众里井君任"所生子。夫妻同姓"井"，或许可以看作值得汉代婚姻史和宗族史研究者重视的史料。我们看到，"井君任"生"习"时十四岁。她至迟在十三岁已经结婚。"子大男义"应是"井临""兄妻君之"所生子，"义"出生时母亲"君之"才十三岁。"橐他勇士隧长井临"之"妻""井君任"十四岁及"兄妻君之"十三岁低龄生育的极端例证，应当体现了王吉批评的"未知

---

① 甘肃简牍保护研究中心、甘肃省文物考古研究所、甘肃省博物馆、中国文化遗产研究院古文献研究室、中国社会科学院简帛研究中心编：《肩水金关汉简（壹）》下册，中西书局2011年版，第65页。

为人父母之道而有子"的现象。当然,简文所见家庭构成,或许也与(4)"第四燧卒虞护""妻大女胥年十五","子未使女真省年五"类似,可以作母子非亲生关系理解。但是也不能完全排除体现真实家族血亲关系的可能。

这种可能性的推想,可以得到同样出土与居延的汉简资料的支持。破城子遗址 65 探方发掘出土的一枚汉简,简文提供的信息特别值得我们注意:

(8)☑妻使女贵年十三〇2☑(E.P.T65:495)①

这位名叫"贵"的女子"年十三",然而已为人"妻"。

看来,"世俗嫁娶太早",确实是汉代民间婚姻史的真实情形。而社会上层的类似现象,可见马援的女儿十三岁"入太子宫"的文献记载。《后汉书》卷一〇上《皇后纪上》:"选后入太子宫。时年十三。奉承阴后,傍接同列,礼则修备,上下安之。遂见宠异,常居后堂。"当时的后宫制度,选纳"良家童女"就是从十三岁起始:"于洛阳乡中阅视良家童女,年十三以上,二十已下,姿色端丽,合法相者,载还后宫,择视可否,乃用登御。"② 这一情形,前引杨树达、刘增贵、彭卫的论著均曾注意。此外,又有女童幼时即确定婚姻关系而"待年"者,早有学者关注,并以为与"后世童养媳之俗"有关。③ 这是婚姻史研究的对象,也是未成年人生活史研究的对象。④ 讨论相关文化情境,对深化汉代社会生活史的探讨,也是有积极意义的。

---

① 甘肃省文物考古研究所、甘肃省博物馆、文化部古文献研究室、中国社会科学院历史研究所编:《居延新简:甲渠候官与第四燧》,文物出版社 1990 年版,第 452 页。
② 〔南朝宋〕范晔:《后汉书》,中华书局 1965 年版,第 408、400 页。
③ 《汉代婚丧礼俗考》,第 19 页。
④ 王子今:《汉代社会上层婚姻中的"待年"女子》,载《南都学坛》2009 年第 3 期。

秦汉『小女子』称谓再议

据湖南省文物考古研究所编著的《里耶发掘报告》介绍，里耶发现的"户籍简牍"，"出土于里耶古城北护城壕中段底部一凹坑中（编号 K11），出土时为 51 个残段，经整理拼复缀合得整简 10 枚，残简 14 枚（段）。完整简长约 46 厘米，宽 0.9—3 厘米不等"，"由完整简可知，这批简长均为 46 厘米，分为五栏，分栏符多为墨线"，"文字具有秦和汉初的古隶特点，均为毛笔墨书"，"其内容是户籍登记"[①]。报告执笔者公布的"户籍简牍"，编号为 1 至 28。

其中可见往往与"小上造"并列的"小女"与"小女子"称谓，值得我们注意。

一、"小女""小女子"简文

出现"小女""小女子"称谓的简文，如：

1（K27）

第一栏：南阳户人荆不更蛮强

第二栏：妻曰嗛

第三栏：子小上造□

第四栏：子小女子驼

第五栏：臣曰聚

　　　　伍长

2（K1／25／50）

第一栏：南阳户人荆不更黄得

第二栏：妻曰嗛

第三栏：子小上造台

　　　　子小上造

　　　　子小上造定

第四栏：子小女虖

　　　　子小女移

---

① 湖南省文物考古研究所：《里耶发掘报告》，岳麓书社 2007 年版，第 203、208 页。

　　　　　子小女平

第五栏：五长

3（K43）

第一栏：南阳户人荆不更大□
　　　　　弟不更庆

第二栏：妻日嬽
　　　　　庆妻规

第三栏：子小上造视
　　　　　子小上造□

4（K28／29）

第一栏：南阳户人荆不更黄□

第二栏：妻日负刍

第三栏：子小上造□

第四栏：子小女子女祠　毋室

5（K17）

第一栏：南阳户人荆不更黄□
　　　　　子不更昌

第二栏：妻日不实

第三栏：子小上造悍
　　　　　子小上造

第四栏：子小女规
　　　　　子小女移

8（K30／45）

第一栏：南阳户人不更彭奄
　　　　　弟不更说

第二栏：母日错
　　　　　妾曰□

第三栏：子小上造狀

9（K4）

第一栏：南阳户人荆不更繻喜
　　　　　子不更衍

第二栏：妻大女子媅
　　　　　隶大女子华

第三栏：子小上造章
　　　　　子小上造

第四栏：子小女子赵
　　　　　子小女子见

10（K2／23）

第一栏：南阳户人荆不更宋午
　　　　　弟不更熊
　　　　　弟不更卫

第二栏：熊妻曰□□
　　　　　卫妻曰□

第三栏：子小上造传
　　　　　子小上造逐
　　　　　□子小上造□
　　　　　熊子小上造□

第四栏：卫子小女子□

第五栏：臣曰襦

11（K13／48）

第一栏：南阳户人荆不更□□

第二栏：妻曰有

第三栏：子小上造绰

第四栏：母◇

13（K3）

第三栏：子小上造□

　　　　子小上造失

第四栏：……

20（K26）

第二栏：……

第三栏：……

第四栏：子小女子□

　　　　□小女子□

21（K31／37）

第一栏：南阳户人荆不更李獾

第二栏：妻曰韰

第三栏：子小上造□

　　　　子小上造□

第四栏：……

　　　　……

第五栏：……①

《里耶发掘报告》写道："第三栏为户主儿子之名，且前多冠以'小上造'，但简文中失载各人的年龄和身高，'小'是指未成年之小还是楚有爵称'小上造'不得而知。睡虎地秦简《秦律十八种·仓律》规定：'隶臣、城旦高不盈六尺五寸，隶妾、舂高不盈六尺二寸，皆为小。'即男性在6.5尺以下，女性在6.2尺以下都为'小'。居延汉简中'小'指14岁以下的未成年人。②走马楼吴简中也把14岁以下的未成年人称为'小'。③""但简文中十数例均为'小上造'不至于都是未成年人之小，当有成年之子，故也有可能是楚有'小上造'

---

① 《里耶发掘报告》，第203—207页。
② 原注："森鹿三著，金立新译：《论居延出土的卒家属廪名册》，载中国社会科学院历史研究所战国秦汉史研究室编：《简牍译丛》第1辑，中国社会科学出版社1983年版。"
③ 原注："于振波：《"算"与"事"——走马楼户籍简所反映的算赋和徭役》，载《汉学研究》22卷2期，2004年。"

之爵称。"又指出:"第四栏为户主女儿之名,一概称之为'子小女子'……"①所谓"户主女儿之名,一概称之为'子小女子'"的说法,其实并不十分准确。也有称作"子小女"的,如5号简。既然有"子小女""子小女子",则理应与此对应的"子小上造"不当理解为"楚有爵称'小上造'",实际上,很可能"'小'是指未成年之小"。"小上造"应即张家山汉简《二年律令·傅律》中说到的"小爵"。②通过这些数据,可以了解当时未成年人在社会结构中的地位及其生活

---

① 《里耶发掘报告》,第208—209页。

② 整理小组注释:"小爵,从律文看,指有爵的青年。"张家山二四七号汉墓竹简整理小组:《张家山汉墓竹简〔二四七号墓〕》(释文修订本),文物出版社2006年版,第58—59页。有的学者则释"小爵"为二十等爵中最低的四个等级。朱绍侯:《西汉初年军功爵制的等级划分——〈二年律令〉与军功爵制研究之一》,载《河南大学学报》2002年第5期。刘敏指出,"小爵是有年龄或身高规定的傅籍法律条文中的特殊名词,它不是二十等爵中一至四等爵的总称,而是未傅籍成人者占有的爵位,其存在与汉代的傅籍制度、力役制度、封爵制度和继承制度有关"。刘敏:《张家山汉简"小爵"臆释》,载《中国史研究》2004年第3期;中国社会科学院简帛研究中心编:《张家山汉简〈二年律令〉研究文集》,广西师范大学出版社2007年版,第94—104页。所谓"小爵""指有爵的青年"的说法是不准确的,"小爵""是未傅籍成人者占有的爵位"的说法亦不严谨。似应说"小爵"是未成年人所有的爵位。日本学者西嶋定生研究秦汉爵制,曾经注意到汉代"对男子的赐爵,从小男之际业已开始"的情形,并以文献数据和简牍数据论证:"大凡赐爵之事,并不把年少者拒之门外的。"〔日〕西嶋定生著,武尚清译:《二十等爵制》,国际文化出版公司1992年版,第195页。现在我们对赐爵未成年人的形式的了解,有了更好的条件。里耶户籍简所见"小上造",或许可以为张家山汉简《二年律令·傅律》"小爵"的理解提供助证。其中相关信息已经告知我们,"小爵""其存在与汉代的傅籍制度、力役制度、封爵制度和继承制度有关"的判断,已经有修正的必要了。如果同意里耶户籍简属于秦代遗存的年代判定,则应当关注"小爵""其存在"可上推至秦代的事实。参看王子今:《试说里耶户籍简所见"小上造""小女子"》,2007中国简帛学国际论坛论文,2007年11月,台北。邢义田对于里耶户籍简所见"小上造",同样做出了"所谓'小上造'很可能即《二年律令》中所提到'小爵'中的一级,指未成年而有的爵"的判断。邢义田:《龙山里耶秦迁陵县城遗址出土某乡南阳里户籍简试探》,简帛网http://www.bsm.org.cn/show_article.php?id=744,2007年11月3日。

情状。

里耶户籍简中出现"小女子"7次,"大女子"2次,计5枚简,又有"小女"5次,计2简。这里出现了一个问题,即简文中出现的称谓是"大女""小女"还是"大女子""小女子"。

二、"小女"还是"小女子"

我在 2007 年 11 月 10 日至 11 日于台北举行的"2007 中国简帛学国际论坛"上提交的论文是《试说里耶户籍简所见"小上造""小女子"》,讨论了相关问题。拙文是将简文所见称谓读作"大女子""小女子"的。当时听到"中央研究院"历史语言研究所邢义田的意见。他认为,"大女子""小女子",其实应当读作"大女""小女",随后的"子"字是名字的第一字,应当接后续字连读。① 我以为这是非常重要的提示。

在论文发表后对评议意见的答复中,我举出了可以反映秦汉社会"小女子"已经是习用称谓的几条例证。如《后汉书》卷八三《逸民列传·韩康》:"韩康字伯休,一名恬休。京兆霸陵人。家世著姓,常采药名山,卖于长安市,口不二价,三十余年。时有女子从康买药,康守价不移。女子怒曰:'公是韩伯休那?乃不二价乎!'康叹曰:'我本欲避名,今小女子皆知有我焉,何用药为!'乃遁入霸陵山中。"② 皇甫谧《高士传》有大略相同的故事。③

又如《太平御览》卷一四引张璠《汉记》曰:"灵帝和光元年,虹昼见御座殿庭前,色青赤。上引蔡邕问之。对曰:'虹霓,小女

---

① 刘增贵:《汉代妇女的名字》,载《新史学》1996 年第 4 期。
② 〔南朝宋〕范晔:《后汉书》,中华书局 1965 年版,第 2770—2771 页。
③ 〔宋〕李昉等撰的《太平御览》卷八二八引皇甫谧《高士传》:"韩康字伯休,京兆霸陵人。常采药名山,卖于长安市,口不二价,三十余年。时女子从买药,康守价不与。女子怒曰:'是韩伯休那?乃不二价!'康叹曰:'我本避名,今小女子皆知有,何用药为!'乃遁霸陵山中。"中华书局 1960 年版,第 3693 页。

子之祥。'"① 聚珍本《东观汉记》卷二一《蔡邕传》："诏问有黑气堕温明殿东庭中，如车盖，腾起奋迅，五色，有头，体长十余丈，形似龙似虹蜺。邕对：'虹着于天而降施于庭，以臣所闻，则所谓天投蜺者也。'虹昼见御座殿庭前，色青赤。上引邕问之。对曰：'虹蜺，小女子之祥。'"吴树平《东观汉记校注》写道："'小女子之祥'，此条不知聚珍本从何书辑录。""疑聚珍本误以《汉记》文字辑入《东观汉记》。"② 闻一多曾经将《太平御览》卷一四引张璠《汉记》所见"小女子"与《诗·候人》"季女斯饥"、郑笺"幼弱者饥"联系起来分析，写道："小女子不就是季女吗？"③

韩康所谓"今小女子皆知有我焉"，蔡邕所谓"虹蜺，小女子之祥"，都说明"小女子"称谓的通行。

又如《太平御览》卷九〇三引《魏志》所见预言家管辂故事："管辂尝至郭恩家，碓上鸡斗。谓恩曰：'当有老人将肫一口从东候公。舍有小口伤，亦无所苦。'明日果有亲知老翁携肫馈恩。恩射鸠为馔，箭着小女子脚。举家惶怖，竟无所害。"④ 今本《三国志》卷二九《魏书·方技传·管辂》情节有所不同："辂又至郭恩家，有飞鸠来在梁头，鸣甚悲。辂曰：'当有老公从东方来，携豚一头，酒一壶。主人虽喜，当有小故。'明日果有客，如所占。恩使客节酒、戒肉、慎火，而射鸡作食，箭从树间激中数岁女子手，流血惊怖。"⑤ 前者作"进箭着小女子脚"，后者作"箭从树间激中数岁女子手"。"小女子"和"数岁女子"的对应关系，则是明确的。前者所见"小口"称谓，

---

① "和光元年"应为"光和元年"。《太平御览》，第72页。
② 〔汉〕刘珍等撰，吴树平校注：《东观汉记校注》卷一七《蔡邕传》，中华书局2008年版，第760页。
③ 闻一多：《朝云考》，见《闻一多全集》第三卷，湖北人民出版社1994年版，第42页。
④ 《太平御览》，第4006页。
⑤ 〔晋〕陈寿撰，〔宋〕裴松之注：《三国志》，中华书局1959年版，第815页。

见于长沙走马楼三国吴简。① 汉代经济管理涉及人口时，本已有按照年龄段区分，即"大小口有差"的制度。② 与河西汉简多见"小男""小女"称谓不同，走马楼竹简现今所获得的资料多见"小女"，少见"小男"。③ 走马楼竹简"小口"与"大口"的年龄界定。或许可以通过走马楼竹简所见"小女"的年龄分析，获得参考信息。"小女"与"大女"的年龄界点应当在十五岁左右。如果我们推想"小口"与"大口"的界定也是如此，或许不会有大的差误。④

三、关于"小女子"称谓的其他助证

其实，还有与里耶户籍简年代更为相近的资料，可以帮助我们理解"小女子"称谓问题。

裘锡圭曾经指出，"云梦秦墓出土的漆器上，往往有'宦里大

---

① 如长沙走马楼竹简："其三百卅四人小口々收钱五合一千六百七十"（1—4436），"·其五百六十一人小口（？）收钱五合三千二百八十钱"（2—4408）。长沙简牍博物馆、中国文物研究所、北京大学历史学系走马楼简牍整理组编著：《长沙走马楼三国吴简·竹简〔壹〕》，文物出版社2003年版，上册第324页，下册第987页；长沙简牍博物馆、中国文物研究所、北京大学历史学系走马楼简牍整理组编著：《长沙走马楼三国吴简·竹简〔贰〕》，文物出版社2007年版，中册第390页，下册第806页。

② 《后汉书》卷六《顺帝纪》："（阳嘉元年二月）丁巳，皇后谒高庙、光武庙，诏禀甘陵贫人，大小口各有差。"第259页。这是政府救济行为。而赋税的征收也有"大小口有差"的情形。例如《后汉书·南蛮传》记载："岁令大人输布一匹，小口二丈，是谓賨布。虽时为寇盗，而不足为郡国患。"第2831页。"大人"与"小口"岁输賨布的比率是2比1。所谓"大小口有差"，东汉时又曾经体现为奖励"送生口"的赏格。《后汉书》卷八五《东夷列传·高句骊》："自今已后，不与县官战斗而自以亲附送生口者，皆与赎直，缣人四十匹，小口半之。""皆与赎直"之"缣人四十匹，小口半之"，第2815页，也是2比1的比率。

③ 参看王子今：《走马楼简所见未成年"公乘""士伍"》，见陈建明主编：《湖南省博物馆馆刊》第4辑，岳麓书社2007年版，第318—324页。

④ 参看王子今：《走马楼竹简"小口"考绎》，载《史学月刊》2008年第6期。

女子愨'①'大女子骜'②'蠹（原释'阴'）里''士五（伍）军''左里□□''大女子斐''钱里大女子''上造□''舆里□''舆昌月''昌武□'一类针刻人名。宦里、舆昌、昌武等都是里名，大女子、士伍、上造等是身分。"③其中"宦里大女子愨""大女子骜""大女子斐""钱里大女子"等，都是可以与里耶户籍简中简9（K4）第二栏"妻大女子媸""隶大女子华"对照理解的称谓形式。"大女子斐"句后，原注："《文物》1976年9期54页。"查《文物》1976年9期刊湖北孝感地区第二期亦工亦农文物考古训练班《湖北云梦睡虎地十一座秦墓发掘简报》，第54页图5—9即"大女子斐"，而图5—6"□大女子"也是相类同的数据，不宜遗漏。云梦睡虎地秦简《封诊式》中，也出现了"大女子""小男子""小女子"称谓。据整理小组释文："·妻曰某，亡，不会封。·子大女子某，未有夫。（九）·子小男子某，高六尺五寸。·臣某，妾小女子某。（一○）"④里耶户籍简"大女子媸""大女子华"与此"大女子某"，"小女子驮""小女子赵""小女子见""小女子女祠""小女子□""小女子□""小女子□"，与此"小女子某"，应当是同样的文式。《封诊式》又有"某里公士甲缚诣大女子丙"（四二），"甲怀子六月矣，自昼与同里大女子丙闘"

---

① 原注："《文物》1973年9期25页图五。"图下文字说明："彩绘漆盘底上的针刻字。"据发掘简报，"彩绘漆盘二件。形制完全相同"，"两件的背面底部有针刻字（图五）"。湖北省博物馆、孝感地区文教局、云梦县文化馆：《湖北云梦西汉墓发掘简报》，载《文物》1973年第9期。未能明确是否两件"彩绘漆盘底上的针刻字""完全相同"，都是"宦里大女子愨"。

② 原注："同上32页图二三。"图下文字说明："漆耳杯外底针刻字。"据发掘简报，"漆耳杯六十二件"，"有些耳杯的外底或耳下有针刻字或烙印文"。湖北省博物馆、孝感地区文教局、云梦县文化馆：《湖北云梦西汉墓发掘简报》，载《文物》1973年第9期。

③ 裘锡圭：《啬夫初探》，见中华书局编辑部：《云梦秦简研究》，中华书局1981年版，第278页。

④ 睡虎地秦墓竹简整理小组：《睡虎地秦墓竹简》，文物出版社1990年版，第149页。

（八四）等内容。①睡虎地秦简《日书》甲种亦出现"大女子"字样，如："甲子死，室氏，男子死，不出卒岁，必有大女子死。"（九六背壹）②可知"大女子"称谓的通行。近期关于荆州谢家桥一号汉墓的报道，言及出土简牍有"五年十一月癸丑朔庚午……西乡虎敢言之郎中大夫昌自言母大女子恚死以衣器葬具……"③文字，是汉初社会习用"大女子"称谓的例证。④与"大女子"对应的"小女子"称谓，自然也是当时通行于民间的。明确的例证，有马王堆帛书《杂禁方》："取雄佳左蚤（爪）四，小女子左蚤（爪）四，以鎜熬，并（9）冶，傅，人得矣。（10）"⑤

四、关于女性名字"子"字开头的比例问题

"中央研究院"历史语言研究所刘欣宁在《里耶户籍简牍与"小上造"再探》一文中写道："与'小上造'相对，王子今先生指出未成年女性称为'小女'或'小女子'；然而邢义田先生却认为只称为'小女'，'小女子'之'子'字，实为其名的第一个字，如简1'子小女子驼'，'子驼'乃为其名。邢先生之观察十分具有见地，只是如依其说，这批简出现的三十个女性名字（扣除残缺者），共有九位以'子'字开头，比例是否偏高？有可能是此地特殊的女性命名习惯使然，但前方不衔接'大女''小女'的十六位，无一名字以'子'字开头。简9所载之户内，妻子、女儿与'隶'之名皆以'子'字起

---

① 《睡虎地秦墓竹简》，第155、161页。
② 《睡虎地秦墓竹简》，第221页。
③ 《荆州谢家桥汉墓考古发掘有重大发现，墓主人为五大夫之母"恚"》，载《京华时报》2007年12月7日。
④ 居延汉简依然可见"大女子"称谓。如"延平明里大女子妾上书一封居延丞印"（506.5）。
⑤ 马王堆汉墓帛书整理小组编：《马王堆汉墓帛书（肆）》，文物出版社1985年版，第159页；湖南省博物馆、复旦大学出土文献与古文字研究中心编纂，裘锡圭主编：《长沙马王堆汉墓简帛集成》第六册《杂禁方》，中华书局2014年版，第159页。

头，恐怕也过于巧合。'小女子'或许仍应释为一词。"①刘欣宁的分析，是有道理的。"这批简出现的三十个女性名字（扣除残缺者），共有九位以'子'字开头，比例是否偏高"的疑问，确实值得思考。刘增贵在关于汉代妇女名字的论著中，列有《汉代妇女名字总表》，其中名字中出现"子"字的，有"羊子"（成帝时婢，《汉书·外戚传下》），"卫子夫"（武帝卫皇后，《史记·卫将军骠骑列传》），"王子羽"（爰书提及女子，《居延新简》EPS4T2.52），"刘鬲子"（平帝妹封尊德君，《汉书·外戚传下》），"刘园子"（梁荒王女弟，《汉书·文三王传》）。实际上仅有"卫子夫""王子羽"2 例符合我们讨论的情形，即名字中"以'子'字开头"。②这样的情形，在 577 例中，所占"比例"不足 0.35%。就是说，从文献遗存和考古资料综合分析，妇女以"子"字作为名字的第一字的情形，在汉代其实并不普遍。

此外，如果确实"'小女子'之'子'字，实为其名的第一个字，如简 1"子小女子驼'，'子驼'乃为其名"，那么，简 4（K28／29）第四栏"子小女子女祠　毋室"，其姓名则很可能成为四字，即"黄子女祠"，这也与我们了解的秦汉人定名规律不能相合。简 9 第二栏"妻大女子媸，隶大女子华"，第四栏"子小女子赵，子小女子见"，家中四个女子地位和辈分（妻、隶、子）不同，却都以"子"作为名字的第一字，也是令人疑惑的。

看来，许多迹象表明，里耶户籍简所见"小女子"是可以理解为确定的称谓的。而这一称谓对于理解秦汉时期社会结构的意义，也应当受到重视。

---

① 刘欣宁：《里耶户籍简牍与"小上造"再探》，简帛网 http://www.bsm.org.cn，2007 年 11 月 20 日。

② 刘增贵：《汉代妇女的名字》，载《新史学》1996 年第 4 期。

汉代军队中的『卒妻』身份

居延汉简和敦煌汉简中都可以看到有关随军女子的记载。而战争史的文献记录中也有以非法形式"随军为卒妻妇"的情形。分析史载"女子乘亭鄣""弱女乘于亭障"等情形,"卒妻"们很可能首先成为这种女子参与战争现象的行为主体。而汉代女子的军事生活,其实有相当丰富的形式,不应当以"汉代兵制"所见"汉代征兵与募兵的对象为男子而非女子"而轻易抹杀。

一、壮女之军

《汉书》卷五四《李陵传》记载李陵率军出击匈奴,在经历挫折时产生"军中岂有女子乎"的疑问,并有严厉的处置:

> 陵至浚稽山,与单于相直,骑可三万围陵军。军居两山间,以大车为营。陵引士出营外为陈,前行持戟盾,后行持弓弩,令曰:"闻鼓声而纵,闻金声而止。"虏见汉军少,直前就营。陵搏战攻之,千弩俱发,应弦而倒。虏还走上山,汉军追击,杀数千人。单于大惊,召左右地兵八万余骑攻陵。陵且战且引,南行数日,抵山谷中。连战,士卒中矢伤,三创者载辇,两创者将车,一创者持兵战。陵曰:"吾士气少衰而鼓不起者,何也?军中岂有女子乎?"始军出时,关东群盗妻子徙边者随军为卒妻妇,大匿车中。陵搜得,皆剑斩之。明日复战,斩首三千余级。①

所谓"关东群盗妻子徙边者随军为卒妻妇,大匿车中",是一种非法"随军"的现象。于是李陵对于这些女子,"搜得,皆剑斩之"。

按照李陵的观念,"吾士气少衰而鼓不起"的原因,可能是"军中""有女子"。于是有残厉的处置方式。然而从历史文献的记录看,汉代"军中""有女子"的情形其实并不鲜见。

其实,先秦时期已经有女子直接参加战斗部队的史例。如《史记》卷八二《田单列传》所谓"妻妾编于行伍之间"②,《史记》卷七六《平

---

① 〔汉〕班固:《汉书》,中华书局1962年版,第2452—2453页。
② 〔汉〕司马迁:《史记》,中华书局1982年版,第2455页。

原君虞卿列传》所谓"令夫人以下编于士卒之间，分功而作"，"得敢死之士三千人"①。《史记》卷八三《鲁仲连邹阳列传》引鲁仲连语：秦国，是"弃礼义而上首功之国"。裴骃《集解》引录谯周说："秦人每战胜，老弱妇人皆死。"②顾颉刚曾经分析说："此谓'老弱妇人皆死'，知每一战役，不但主战斗之壮男军易牺牲，即壮女军与老弱军亦皆因敌国之计首论功而不能免。秦人之残酷如此。"③《商君书》说到守城时编定"壮女之军"的《兵守》篇，有学者曾判断："篇中所讲多不是针对秦国的情况。"④可能当时兵战频繁，各国普遍存在军中收编有妇女的情形。或许确如徐中舒所说："古代人口稀少，故每当大战则有时征及壮女及老弱，各司其事；后世人多，始专征壮男为兵。"⑤史籍中也可以看到军队整建制主要或全部由妇女组成的情形。例如《史记》卷七《项羽本纪》记载，刘邦与项羽相持荥阳时，会战不利，于是采纳纪信建议："汉王夜出女子荥阳东门被甲二千人，楚军四面击之。"同样的军事史记录，又见于《史记》卷八《高祖本纪》和《史记》卷五六《陈丞相世家》，分别写作"（汉军），乃夜出女子东门二千余人，被甲，楚因四面击之"以及"陈平乃夜出女子二千人荥阳城东门，楚因击之"。三则记载中，《项羽本纪》和《高祖本纪》可见"女子""被甲"字样，体现军制的正规。《汉书》卷四〇《陈平传》不记此事，卷一下《高帝纪下》以及卷三一《项籍传》记此事而不言"被甲"。女子集结成队伍如果确实"被甲"，大约是要经过一定基本军事训练的。即使不"被甲"，"二千余人"编列整齐地运动，作为一般平民也是不大可能的。顾颉刚于是以为"女

---

① 《史记》，第 2369 页。
② 《史记》，第 2461 页。
③ 顾颉刚：《女子当兵和服徭役》，见顾颉刚：《史林杂识初编》，中华书局 1963 年版，第 94 页。
④ 高亨注译：《商君书注释》，中华书局 1974 年版，第 99 页。
⑤ 《女子当兵和服徭役》，见顾颉刚：《史林杂识初编》，第 94 页。缪文远《七国考订补》引用顾颉刚语，谓："见《史林杂识初编》'《女子服兵役》'条。"上海古籍出版社 1987 年版，下册，第 572 页。

子当兵"史例①，吕思勉以为"女子从军"史例②。

《三国志》卷一六《魏书·郑浑传》裴松之注引张璠《汉纪》引录郑泰对董卓说的话，说到关西地区在长期战争中形成的勇于战伐的民间习俗：

> 关西诸郡，北接上党、太原、冯翊、扶风、安定，自顷以来，数与胡战，妇女载戟挟矛，弦弓负矢，况其悍夫；以此当山东忘战之民，譬驱群羊向虎狼，其胜可必。③

《后汉书》卷七〇《郑太传》中，同样的内容则写作：

> 关西诸郡，颇习兵事，自顷以来，数与羌战，妇女犹戴戟操矛，挟弓负矢，况其壮勇之士，以当妄战之人乎！④

这里所说的"妇女载戟挟矛，弦弓负矢"或"（妇女）戴戟操矛，挟弓负矢"的情形，当然反映了女子直接参战的历史事实。《汉书》卷九九下《王莽传下》记载的琅邪女子吕母起义和平原女子迟昭平起义，都是女子作为武装集团首领的实证。而东汉末年的农民暴动，反政府部众中多有女子。据《后汉书》卷七一《皇甫嵩传》记载，张梁军是黄巾起义的主力部队，仍然有随军"妇子""甚众"⑤。《三国志》卷一《魏书·武帝纪》也说，曹操击破青州黄巾，"受降卒三十余万，男女百余万口"⑥。可见黄巾起义普遍有女子随军行动，她们虽然不是正式的"卒"，但是在军情紧急时，参与军务当是很自然的。《后汉书》卷七〇《孔融传》记载，孔融"鸠集吏民为黄巾所误者男女

---

① 《女子当兵和服徭役》，见顾颉刚：《史林杂识初编》，第92、94—95页。
② 吕思勉：《吕思勉读史札记》，上海古籍出版社1982年版，第303—304页。
③ 〔晋〕陈寿撰，〔宋〕裴松之注：《三国志》，中华书局1959年版，第510页。
④ 〔南朝宋〕范晔：《后汉书》，中华书局1965年版，第2258页。
⑤ 《后汉书》，第2302页。
⑥ 《三国志》，第9页。

四万余人"①,这些"男女"中的妇女,自然也有曾经参加或者追随黄巾起义军的经历。②

二、女子乘亭鄣

如果说野战部队中女性的存在只是个别的特例,守备部队中屡有女子从事军事行为,则是多见的情形。《汉书》卷九四上《匈奴传上》记载,汉军击败匈奴,"乘胜追北,至范夫人城"。颜师古注引应劭曰:"本汉将筑此城。将亡,其妻率余众完保之,因以为名也。"张晏曰:"范氏能胡诋者。"③说"汉将""其妻"率领部众完成城防工程并予以守卫。

《汉书》卷六四《贾捐之传》记载,贾捐之在讨论边疆政策时,指出汉武帝用兵四境,导致严重社会危机的教训:

> 当此之时,寇贼并起,军旅数发,父战死于前,子斗伤于后,女子乘亭鄣,孤儿号于道,老母寡妇饮泣巷哭,遥设虚祭,想魂乎万里之外。④

其中特别说到"女子乘亭障"。《后汉书》卷八九《南匈奴列传》载录汉章帝元和二年(85)诏书,也回顾了汉王朝与匈奴作战的艰苦:

> 昔獫狁、獯粥之敌中国,其所由来尚矣。往者虽有和亲之名,终无丝发之效。境埸之人,屡婴涂炭,父战于前,子死于后。弱女乘于亭障,孤儿号于道路。老母寡妻设虚祭,饮泣泪,想望归魂于沙漠之表,岂不哀哉!⑤

也说到"弱女乘于亭障"的情形。汉代文献关于女子守城的记载,又有《汉书》卷九四上《匈奴传上》:李广利率军出塞,于"夫羊句山狭"冲破匈奴卫律部阻击,"汉军乘胜追北,至范夫人城"。颜师古注引

---

① 《后汉书》,第 2263 页。
② 参看王子今:《中国女子从军史》,军事谊文出版社 1998 年版,第 63—68 页。
③ 《汉书》,第 3779—3780 页。
④ 《汉书》,第 2833 页。
⑤ 《后汉书》,第 2950—2951 页。

应劭曰:"本汉将筑此城。将亡,其妻率余众完保之,因以为名也。"①
《三国志》卷一《魏书·武帝纪》记述了汉献帝兴平二年(195)夏季曹操军与吕布军之间的战事。曹操在巨野击败吕布,"(吕)布复从东缗与陈宫将万余人来战,时太祖兵少,设伏,纵奇兵击,大破之"。裴松之注引《魏书》又说到这次战役的具体过程:

> 于是兵皆出取麦,在者不能千人,屯营不固。太祖乃令妇人守陴,悉兵拒之。②

《三国志》卷一八《魏书·许褚传》中又有这样的记载:

> 汉末,聚少年及宗族数千家,共坚壁以御寇。时汝南葛陂贼万余人攻(许)褚壁,(许)褚众少不敌,力战疲极。兵矢尽,乃令壁中男女,聚治石如杼斗者置四隅。(许)褚飞石掷之,所值皆摧碎,贼不敢进。③

"壁中"女子,也成功地参与了守备。

居延汉简中有所谓"□官女子周舒君等自言责隧"(58.15A)的内容,又可见"皆徙家属边"(E.P.T58:80)简文,此外,我们还看到当地军事文书中有如下名类:

《卒家属在署名籍》(185.13)

《卒家属见署名籍》(194.3)

《戍卒家属居署名籍》(E.P.T65:134)

《卒家属揉署名籍》(194.3,174.13)

《卒家属名籍》(203.15)

《省卒家属名籍》(58.16;133.8)

《卒家属居署廪名籍》(E.P.T40:18)

《卒家属廪名籍》(276.4A)

《戍卒家属在署廪名籍》(191.10)

---

① 《汉书》,第 3779、3780 页。
② 《三国志》,第 12 页。
③ 《三国志》,第 542 页。

有学者指出，"称谓录见'卒家属廪名籍''卒家属名籍''卒家属在署名籍''卒家属见署名籍''省卒家属名籍'之类"，可与《卒家属廪名籍》对应，这些文书，可以"暂统称之为'卒家属廪名籍'"，"是给戍卒家属发放粮食的名单"。① 通过这些文书的命名，可以了解边地"卒家属""戍卒家属"随军的事实。然而《卒家属在署名籍》《卒家属见署名籍》《戍卒家属居署名籍》等，从名义看，与"廪名籍"是不同的。"廪名籍"，按照森鹿三的说法，"是有关配给隧卒家属谷物的文书"。② 居延汉简又有：

《家属妻子居署省名籍》（E.P.T40:18）

名籍主题强调的似乎不是"廪"，而是其他方面，很可能主要是职守责任。前引简文"女子""自言责隧"，可以给予我们某种提示。敦煌汉简又可见《教卒史妻子集名籍》（1612A），其性质也值得探讨。所谓"在署""见署""居署"或许与睡虎地秦简《秦律十八种》中《仓律》所见"守署"有关，整理小组注释可以参考："署，岗位。《史记·秦始皇本纪》集解引如淳云：'律说，论决为髡钳，输边筑长城，昼日伺寇虏，夜暮筑长城；……'……守署即伺寇虏。"③

三、女子"以为士卒衣补"

秦汉史籍中还可以看到反映妇女服务于军队后勤劳作的记录。

据《战国策·中山策》载，赵国抗击秦军进攻，坚守邯郸时，平原君等贵族曾经"皆令妻妾补缝于行伍之间"④。据《史记》卷一一八《淮南衡山列传》记载，伍被和淮南王谋反时，曾经说到秦代

---

① 李均明、刘军：《简牍文书学》，广西师范大学出版社1999年版，第341—343页。

② ［日］森鹿三著，金立新译：《论居延出土的卒家属廪名籍》，见《简牍研究译丛》第1辑，中国社会科学出版社1983年版，第104页。

③ 睡虎地秦墓竹简整理小组：《睡虎地秦墓竹简》，文物出版社1978年版，第51页。

④ ［汉］刘向集录，范祥雍笺证，范邦瑾协校：《战国策笺证》卷三三《中山策》，上海古籍出版社2006年版，第1880页。

军事史的一个情节:"(秦皇帝)又使尉佗逾五岭攻百越。尉佗知中国劳极,止王不来,使人上书,求女无夫家者三万人,以为士卒衣补。秦皇帝可其万五千人。"① 对于伍被所谓"求女无夫家者三万人,以为士卒衣补"一事,有的学者以为可信,视为"妇女从军之创举"②,然而,亦有学者以为可疑③,但西汉时期策士以此作为分析政治形势的严肃认真的辩词,大约至少可以说明当时军队中曾经确实存在妇女"为士卒衣补"的情形。

云梦睡虎地秦简《仓律》在说到以丁年男子赎隶臣妾的有关规定时,有这样的文字:"隶臣欲以人丁粼者二人赎,许之。其老当免老、小高五尺以下及隶妾欲以丁粼者一人赎,许之。赎者皆以男子,以其赎为隶臣。女子操敃红及服者,不得赎。边县者,复数其县。"按照睡虎地秦墓竹简整理小组的解释,大意是:要求以壮年 2 人赎 1 个隶臣,可以允许。要求以壮年 1 人赎 1 个已当免老的老年隶臣、身高在 5 尺以下的小隶臣以及隶妾,可以允许。用来赎的必须是男子,就以用赎的人作为隶臣。从事文绣女红和制作衣服的女子,不准赎。原籍在边远县的,被赎后应将户籍迁回原县。④"女子操敃红及服者,不得赎"的规定,也反映从事被服制作修补的女子,其劳务内容受到特殊的重视。

居延汉简中,也有文字说到"方秋天寒卒多毋私衣"(478.5)以及"至冬寒衣履敝毋以买"(E.P.T59:60)的情形,似乎可以说明,汉代边塞曾经存在以军事化形式组织女子"为士卒衣补"的现象。而"卒妻"们,很可能是承担这项劳作的主要人力。居延汉简所见:

☐妻治裘☐☐(552.2A)

---

① 《史记》,第 3086 页。
② 马非百:《秦集史》下册,中华书局 1982 年版,第 700 页。
③ 如梁玉绳《史记志疑》卷三四《淮南衡山列传》:"陈氏《测议》曰'求女事《史》不见,伍被欲伪作请书徙豪朔方以惊汉民,岂即本此策耶'?"〔清〕梁玉绳:《史记志疑》,中华书局 1981 年版,第 1428 页。
④ 《睡虎地秦墓竹简》,第 53—54 页。

二女同居□☑（552.2B）
可以作为我们增进相关认识的参考。

　　至于女子从事军事运输劳作的史实，有许多资料可以说明。例如，《淮南子·人间》记载，秦始皇发卒50万人修筑长城，"中国内郡挽车而饷之"，于是，"当此之时，男子不得修农亩，妇人不得剡麻考缕，羸弱服格于道"。①《史记》卷一一二《平津侯主父列传》："丁男被甲，丁女转输。"②《后汉书》卷四三《何敞传》："男子疲于战陈，妻女劳于转运。"③《三国志》卷四一《蜀书·杨洪传》："男子当战，女子当运。"④吕思勉指出："此虽不令女子当前敌，亦未尝不与于发兵也。"⑤就是说，调发女子作为转输人员，虽然"不令女子当前敌"，但同样也是"发兵"。

四、边军女子身份

　　有人认为，"女子乘亭障"事，古人"对其中女子的身份没有解释，所以现代人有将其作为女兵者"。注释指明，这种认识见顾颉刚《史林杂识初编》及王子今《中国女子从军史》。论者说，"汉史资料中未见有记载女子出征材料"。至于所谓"刑徒兵制"，"女刑名之一'舂'"，"女刑名之二'复作'"，"女刑名之三'顾山'"，被罚作的女犯都"是不任军役的"。"谪兵及发恶少年也是男性"。然而，"西汉在西北边塞屯田，有不少女性随同家人徙边，且屯且戍"，"在西汉时还有犯罪人被处死后，其妻子被罚坐徙边的现象"，"边塞女性中有下级军吏的家属从简牍资料中也可以得到说明"，"其中女性身份既有戍边的下级军吏的妻子家属，也有奴婢"。于是，论者以为，"'女子乘亭障'中的'女子'似乎不应是政府征发的女兵，她们应是平时居住在边塞，在战时临时被召集起来保卫家园的女性，

---

① 何宁：《淮南子集释》，中华书局1988年版，第1289—1290页。
② 《史记》，第2958页。
③ 《后汉书》，第1481页。
④ 《三国志》，第1013页。
⑤ 《吕思勉读史札记》，第305页。

她们的身份或是徙边屯田者的妻子，或是任职边塞的军吏的家属，或是因坐罪而徙边的女性"①。

这里有几个问题需要澄清。

第一，"汉史资料中未见有记载女子出征材料"的说法，结论不免过于绝对化。司马迁《史记》有关"汉王夜出女子荥阳东门被甲二千人"的记载似乎不可以轻易否定。正如顾颉刚所说，"此女子凡二千人，数不为少，若非平时组织训练有素，何遽能下令集合，且被甲假作男子耶？"②吕思勉也指出："知其时之女子，犹可调发。"③而张璠《汉纪》和《后汉书》所谓"妇女载戟挟矛，弦弓负矢"，"妇女犹戴戟操矛，挟弓负矢"，也应当是大体可信的。

第二，顾颉刚《史林杂识初编》及王子今《中国女子从军史》讨论"女子乘亭障"事，意在指出古史中妇女在战争中发挥重要作用的事实，并没有使用"女兵"称谓。顾颉刚书据《汉书·贾捐之传》"女子乘亭障"事指出："知武帝之世，仍有以女子服徭役守城障之事。"④《中国女子从军史》中已经说道："就现在我们熟悉的资料而言，女子戍边的情形如果确实曾经存在，大约也是未成定制的并不多见的例外。但是，即使这种现象只是偶然的特例，我们也应当看作社会生活风貌的一种反映而予以足够的重视。"⑤

第三，研究者所谓"女兵""女军"，多是指参与军事行为，参与战争实践的妇女。如果只取"政府征发的女兵"之定义，则历代女军人大都并不包容于此概念中，人们熟知的历代"娘子军"事迹也大多都将被否定。例如上文说到的黄巾军中极可能参与军务的随军女子，自然绝对不可能是"政府征发的女兵"。

---

① 翟麦玲：《试释"女子乘亭障"中"女子"的身份》，载《中国史研究》2008年第1期。
② 《女子当兵和服徭役》，见顾颉刚：《史林杂识初编》，第95页。
③ 《吕思勉读史札记》，第304页。
④ 《女子当兵和服徭役》，见顾颉刚：《史林杂识初编》，第95页。
⑤ 《中国女子从军史》，第59页。

第四，所谓"边塞女性中有下级军吏的家属"，"戍边的下级军吏的妻子家属"，也并不确切。汉代西北边塞简牍资料中这种女性，并非都是"下级军吏的家属""下级军吏的妻子家属"，数量更多的是士兵"家属"，即"卒妻"。日本学者森鹿三曾经根据简牍资料中"●右城北部卒家属名籍凡用谷九十七石八斗"（203.15）及"●冣凡十九人家属尽月见署用粟八十五石九斗七升小"（203.37），认为据前者"可知每个部每个月都配给了隧卒家属将近一百石谷物"，后者"所说的十九人是指隧卒的人数，而不是家属的人口数，因为每个隧卒的家属人数是二至三人，所以十九个隧的家属就有四十多人"。他说："一个部究竟有多少隧卒，还不清楚，但我估计约有二十人，因此，隧卒几乎都有家属。"① 这里所说的，自然是随军家属。

第五，以所谓"刑徒兵制"考虑，也并不能绝对地说被罚作的女犯都"是不任军役的"。《二年律令·具律》："有罪当耐，其法不名耐者，庶人以上耐为司寇，司寇耐为隶臣妾。"（九〇）又《告律》："……耐为隶臣妾罪耐为司寇……"（一二八——二九）② 可知"隶臣妾"与"司寇"的对应关系，"隶妾"也会罚作"司寇"之刑。睡虎地秦简《秦律十八种》中的《仓律》，有"舂司寇"刑名，整理小组指出"不见于古籍"。又《司空律》可见所谓"城旦舂者司寇"③，也值得注意。《汉官旧仪》卷下："罪为司寇，司寇男备守，女为作如司寇，皆作二岁。"《汉书》卷二三《刑法志》："隶臣妾满二岁为司寇，司寇一岁，及作如司寇二岁，皆免为庶人。"④ 居延汉简和敦煌汉简中都有"司寇"与"作如司寇"并列情形，性别区分已经体现。有学者以为这一现象与《二年律令》中的差别，体现了汉文帝刑

---

① 《论居延出土的卒家属廪名籍》，见《简牍研究译丛》第1辑，第108—109页。

② 张家山二四七号汉墓竹简整理小组：《张家山汉墓竹简〔二四七号墓〕》（释文修订本），文物出版社2006年版，第21、26页。

③ 《睡虎地秦墓竹简》，第51—52、87—88页。

④ 《汉书》，第1099页。

法改革的成就。① 那么，汉初女子如"罪为司寇"，是应当承担"备守"之"军役"的。汉文帝之后所谓"作如司寇"，职任也是接近的。这一问题，不直接属于"卒妻"主题，可以另文讨论。

五、"卒妻"与质葆制度

"卒妻"在军中的意义，还可以从另一角度进行考察。《三国志》卷三二《蜀书·先主传》记述刘备入蜀战事：

> 明年，曹公征孙权，权呼先主自救。先主遣使告璋曰："曹公征吴，吴忧危急。孙氏与孤本为唇齿，又乐进在青泥与关羽相拒，今不往救羽，进必大克，转侵州界，其忧有甚于鲁。鲁自守之贼，不足虑也。"乃从璋求万兵及资实，欲以东行。璋但许兵四千，其余皆给半。张松书与先主及法正曰："今大事垂可立，如何释此去乎！"松兄广汉太守肃，惧祸逮己，白璋发其谋。于是璋收斩松，嫌隙始构矣。璋敕关戍诸将文书勿复关通先主。先主大怒，召璋白水军督杨怀，责以无礼，斩之。乃使黄忠、卓膺勒兵向璋。先主径至关中，质诸将并士卒妻子，引兵与忠、膺等进到涪，据其城。②

这里说到的"质诸将并士卒妻子"，启示我们认识汉代军队中"卒妻"的身份，应当关注她们的人身可能已经成为朝廷与军事长官的"质"的情形。

陈直《葆宫与直符制度》注意到《墨子·号令》中安置军事人员"妻子"于"质宫""葆宫"的情形："守楼临质宫而垩③，周必密涂，楼令下无见上，上见下，下无知上有人、无人。""葆宫之墙必三重，墙之垣，守者皆累瓦釜墙上；葆卫必取戍卒有重厚者。"又指出："据此葆宫皆军士家属之居所。现证以居延简，知汉代戍所吏卒，亦用质

---

① ［日］水间大辅：《秦汉刑法研究》，知泉书馆2007年版，第56—58页。
② 《三国志》，第881—882页。
③ 陈直自注："原文垩为善字，今订正。"

保制度，则为文献所未详"，列举"有关葆宫纪载者凡九简"。对于一些简文"葆"的身份，学界存在争论。裘锡圭认为"葆"指庸保。①李均明认为"'葆'字指出入关担保而言，与今世所见出入境担保相类"②。但是居延汉简中涉及"妻子"的如下简文，应当确认与《墨子》所言"质宫""葆宫"有关：

☐为妻子葆处居☐

☐☐劳四月适奉☐（243.25）

陈直说："《墨子·备城门》以下十二篇，余昔考为秦人作品，汉因秦制，这一点为治汉史者所为详。汉少府属官居室令，武帝太初二年，改为保官，《汉书·李陵传》，母妻皆系在保官，是汉廷亦用此法也。"③关于"秦制"的这一内容，有《史记》卷七《项羽本纪》记载新安所坑杀秦降卒"窃言"可以作为佐证："章将军等诈吾属降诸侯，今能入关破秦，大善；即不能，诸侯虏吾属而东，秦必尽诛吾父母妻子。"④陈直所据"☐为妻子葆处居☐"简文对于帮助我们理解"汉代戍所吏卒，亦用质保制度"的事实，应当是有益的。张政烺指出，"《墨子》卷十四《备城门》，卷十五《号令》《杂守》等篇，皆言城守事，凡守城将吏及勇士必须以父母兄弟妻子作抵押，以防其投降。当时使用的两个字是葆和质。葆即保，是守护，质是抵押。这是一件事情的两个方面，所以也就混用不别。收养这些父母妻子的地点叫作葆宫，也叫质宫。"⑤《墨子·杂守》写道："城守司马以上，父母

---

① 裘锡圭：《新发现的居延汉简的几个问题》，载《中国史研究》1979年第4期。

② 李均明：《汉代屯戍遗简"葆"解》，见《文史》第38辑，中华书局1994年版。

③ 陈直：《居延汉简研究》，天津古籍出版社1986年版，第59—60页。陈直《自序》说到，收入该书讨论"葆官"问题的《居延汉简综论》，作于1962年。

④ 《史记》，第310页。

⑤ 张政烺：《秦律"葆子"释义》，见《文史》第9辑，中华书局1980年版。

昆弟妻子有质在主所，乃可以坚守。……吏侍守所者，财足、廉信、父母昆弟妻子有在葆宫中者，乃得为侍吏。诸吏必有质，乃得任事。"岑仲勉解释说："此言吏员任用及保质之制。""古以父母、兄弟、妻子为质，后世则易为担保人。"①

就"卒妻"身份的准确理解而言，"☐为妻子葆处居☐"简文也提供了新的思路。作为"质"，作为"抵押"和"担保"，这些军中妇女的境遇与责任，由此也更为明晰。陈直以为可证"汉廷"亦采用这种制度的资料，即《汉书》卷五四《李陵传》："上欲陵死战，召陵母及妇，使相者视之，无死丧色。"②说明已经对"陵母及妇"进行了控制。传说"李陵教单于为兵以备汉军"，"上闻，于是族陵家，母弟妻子皆伏诛"。《史记》卷一〇九《李将军列传》褚少孙补述："单于既得陵，素闻其家声，及战又壮，乃以其女妻陵而贵之。汉闻，族陵母妻子。"③所谓"系在保宫"事，见《汉书》卷四五《苏武传》李陵自言："陵始降时，忽忽如狂，自痛负汉，加以老母系保宫，……"④清人吴伟业《赠辽左故人》其五："路出西河望八城，保宫老母泪纵横。重围屡困孤身在，垂死翻悲绝塞行。尽室可怜逢将吏，生儿真悔作公卿。萧萧夜半玄菟月，鹤唳归来梦不成。"⑤其中"保宫老母"及"尽室可怜""生儿真悔"句，就是对李陵"母妻"性命系于李陵战争表现之人生悲剧的感叹。

---

① 岑仲勉：《墨子城守各篇简注》，中华书局1958年版，第148页。
② 《汉书》，第2455、2457页。
③ 《史记》，第2878页。
④ 《汉书》，第2464页。
⑤ 〔清〕吴伟业：《梅村集》卷一四《赠辽左故人》，见《景印文渊阁四库全书》，台湾商务印书馆1986年版，第1312册，第146页。

说走马楼简所见"小妻"兼论两汉三国社会的多妻现象

汉代以至魏晋有关家族关系的历史记录中，已经多见"小妻"称谓。清人梁章钜《称谓录》卷五将"小妻"列入"妾"题下，所举实例有见于《汉书》《后汉书》及《三国志》者六则。《说文·女部》："嫛，奢也，一曰小妻也。"段玉裁注："'小妻'字史多有之，见《汉书·枚乘传》《外戚传》《佞幸传》，《后汉书·阳球传》。汉时名之不正者。"

《后汉书》卷一四《宗室四王三侯列传·赵孝王良》："（赵惠王刘）乾居父丧私娉小妻。"李贤注："小妻，妾也。"① 然而《晋书》卷六九《刘隗传》："丞相行参军宋挺，本扬州刺史刘陶门人，陶亡后，挺娶陶爱妾以为小妻。"② 所谓"娶陶爱妾以为小妻"，"小妻"与"妾"并说，其身份似乎并不完全等同。宋人车垓《内外服制通释》卷三写道："户令：妻犯七出内恶疾，而夫不忍离弃者，明听娶妾，昏如妻礼。故今俗呼为'小妻'也。"③ 似乎"小妻"是正式迎娶，"昏如妻礼"者，与一般的"妾"确有差异。前引刘乾"居父丧私娉小妻"，使用"娉"字④，或可为例。《礼记·内则》说："聘则为妻，奔则为妾。"⑤ 上层社会又有称此身份为"小夫人"⑥ 的情形，也可以在分析相关现象时参考。瞿兑之在发表于1928年的有关"下妻小妻旁妻"称谓的讨论中即指出："然《汉书》止言'下妻''小妻''旁妻'，而不言'妾'，似以非正式婚配，故云'下'，云'小'，

---

① 〔南朝宋〕范晔：《后汉书》，中华书局1965年版，第559页。刘增贵说："妾在汉代或称为傍妻、如夫人、小妻、下妻、庶妻、细君等，由这些名称即可知其次于妻。"《汉代婚姻制度》，台北华世出版社1980年版，第19页。

② 〔唐〕房玄龄：《晋书》，中华书局1974年版，第1836页。

③ 〔宋〕车垓：《内外服制通释》卷三，见《景印文渊阁四库全书》，台湾商务印书馆1986年版，第111册，第730页。

④ "娉"，应即后世通用之"聘"。

⑤ 《西京杂记》卷三："相如将聘茂陵人女为妾，卓文君作《白头吟》以自绝。相如乃止。"又说纳妾亦为"聘"。然此说未见汉代文献例证。

⑥ 《续汉书·百官志五》刘昭《注补》："胡广曰：'后汉妾数无限别，乃制设正适，曰妃，取小夫人不得过四十人。'"《后汉书》，第3627页。

云'旁'。盖与近代之姬妾微不同也。"① 这样的观点是有一定道理的。② 与"聘则为妻"不同,一般"妾"的迎入,多取"买妾"的方式。③ 区分"妻"与"妾"在家庭婚姻关系中的地位,可参看以下分析:"妻妾的主要区别在于夫与妻或妾结合的方式和妻妾的不同身分及权利。""妾是买来的④,根本不能行婚姻之礼,不能具备婚姻的种种仪式⑤,断不能称此种结合为婚姻,而以夫的配偶目之。""妾在家长家中实非家属中的一员。她与家长的亲属根本不发生亲属关系。不能像妻一样随丈夫的身分而获得亲属的身分。她跟他们之间没有亲属的称谓,也没有亲属的服制。"论者又进一步解释说,"除对家长,

① 瞿兑之:《汉代风俗制度史》,上海文艺出版社1991年版,第195页。
② 彭卫认为:"这一论断似有望文生义之嫌。在汉代,无论是娶'小妻''下妻''旁妻'抑或纳妾,都须有送聘财过程。从'下妻'等人的实际地位看,汉代也承认其所生子女的法律地位和财产继承权,只是地位较嫡子为低罢了。故此,在婚姻形成、婚姻要件等方面,汉代与宋、元、明、清及近代是相同的。"《汉代婚姻形态》,三秦出版社1988年版,第214—215页。现在看来,证实"在汉代,无论是娶'小妻''下妻''旁妻'抑或纳妾,都须有送聘财过程",还需要充分的历史资料。而瞿兑之说汉代"小妻"等"与近代之姬妾微不同",不是说不"承认其所生子女的法律地位和财产继承权",也不是强调"婚姻形成、婚姻要件"方面的差异,而是说"小妻"等称谓指代的社会构成,其地位低于正妻,而高于"近代之姬妾"。
③ 《礼记·曲礼上》:"取妻不取同姓,故买妾不知其姓则卜之。"《韩非子·内储说下》:"卫人有夫妻祷者,而祝曰:'使我无故得百束布。'其夫曰:'何少也?'对曰:'益是,子将以买妾。'"《焦氏易林》卷四《革·未济》:"顾望登台,意常欲逃。买妾丑恶,妻不安夫。"《论衡·诘术》:"《礼》:'买妾不知其姓则卜之。'不知者,不知本姓也。夫妾必有父母家姓,然而必卜之者,父母姓转易失实,《礼》重取同姓,故必卜之。姓徒用口调谐姓族,则《礼》买妾何故卜之?"《白虎通义·嫁娶》:"不娶同姓者,重人伦,防淫泆,耻与禽兽同也。《论语》曰:'君娶于吴,为同姓,谓之吴孟子。'《曲礼》曰:'买妾不知姓则卜之。'"可知"买妾"情形相当普遍。
④ 原注:"《曲礼》云:'买妾不其姓则卜之'。《唐律疏议》云'妾通买卖',(一三,《户婚》中,'以妻为妾'条)。"
⑤ 原注:"婚姻仪式是婚姻成立的形式要件,声伯之母不曾经聘之仪式,穆姜便不承认她是娣姒,而目为妾,虽生子犹出之。(《左传》成公十一年)"

家长祖父母、父母及家长之子外,皆无服。但对家长诸人之服亦不足以证明其间有亲属关系,并无报服,此种服制纯由于分尊义重"①。

不过,《三国志》卷五《魏书·后妃传·文德郭皇后》记载:"后姊子孟武还乡里,求小妻,后止之。遂敕诸家曰:'今世妇女少,当配将士,不得因缘取以为妾也。宜各自慎,无为罚首。'"②这里又明言"小妻"就是"妾"。③看来对于"小妻"和"妾"之定义的判断,似应避免简单化、绝对化的认识。郭皇后"今世妇女少"的说法也值得注意,其中所提供的信息,与有的学者以为当时"存在着女多男少的人口性比例失调问题"的意见,似乎不尽吻合。当然,论者分析的是走马楼简显示的长沙郡状况④,或许与郭皇后说的中原地区情形有所不同。

我们看到,长沙走马楼简中也有涉及"小妻"的内容。例如:

(1) 黑小妻大女□年……　　　　　　2567
(2) 祖小妻大女客年廿七筭一　　　　2942

---

① 瞿同祖:《中国法律与中国社会》,中华书局1981年版,第133页。有学者不同意这样的分析,并举史例说明"妾与妻享有某些相同的民事权益","妾与妻一样从亲属缘坐法","在刑事法上,妾为无服之卑幼","妾有条件地适用荫庇封赠法","妾侵犯夫之直系尊亲属,与妻犯同论","在服制上,妾须为夫及妻、夫之父母、己身之子及夫之长子、众子服;且即使在明清,嫡子、众子也须为庶母服齐衰杖期,庶子为所生母服斩衰三年"。于是以为与所谓"准婚姻关系"相对应,"妾在夫家具有'准宗亲'性质"。陶毅、明欣:《中国婚姻家庭制度史》,东方出版社1994年版,第291—292页。看来,对于中国传统家庭中"妾"的身份地位,还可以讨论。也许注意不同时代的差异,是必要的。

② 〔晋〕陈寿撰,〔宋〕裴松之注:《三国志》,中华书局1959年版,第165页。

③ 赵翼《陔余丛考》卷三六"如夫人小妻傍妻下妻少妻庶妻"条说:"'小妻'之称,前汉已有之。""小妻、傍妻、下妻、少妻、庶妻,皆妾之称也。"河北人民出版社1990年版,第653—654页。

④ 高凯:《从走马楼吴简看孙吴时期长沙郡的人口性比例问题》,载《史学月刊》2003年第8期。

（3）□小妻大女思年卅一筭一　　　　　3042①
（4）谢小妻大女思廿二肿两足　　　　　3059
（5）小妻大女瑚年卅三筭一　　　　　　3073
（6）开小妻大女思年卅三筭一　　　　　3943
（7）脂小妻大女汝年廿八　　　　　　　5488
（8）表小妻姑年卅一　见　　　　　　　5852
（9）小妻姑年廿七在本县　屯将行　　　6705
（10）小妻姑年卅　见　　　　　　　　7445
（11）女弟饶年九岁　儿小妻大女媚年八十七　7758
（12）东男弟狗年二岁　鼠小妻囝年卅五　8961
（13）□小妻大女汝年廿三　　　　　　9033
（14）颜小妻大女陵年卅六　　　　　　9058
（15）僮小妻慈年卅五　　　　　　　　9443
（16）平小妻进年卅筭一　　　　　　　9468
（17）小妻大女薄年卅五筭一　　　　　10047
（18）黄小妻大女针年卅一筭一　　　　10102
（19）客小妻大女妾年卅筭一肿两足复　10242
（20）兄小妻大女□年廿二筭一　　　　10294
（21）□小妻大女□年廿一筭一　　　　10435

（8）（9）（10）三例，"小妻"都以"姑"为名，相关现象也体现了当时性别关系中值得重视的问题，可以另文讨论。（11）"小妻大女媚年八十七"，是现在所看到的最年长的"小妻"。而以上引用的资料中，最年轻的"小妻"是（21）"□小妻大女□年廿一"。

走马楼简中也可以看到"大妻"与"小妻"并列，或者"妻"与"小妻"并列的简文。例如：

---

① 整理者注："'小妻'上右半残缺，左半从'糸'。"长沙市文物研究所、中国文物研究所、北京大学历史学系走马楼简牍整理组编著：《长沙走马楼三国吴简·竹简〔壹〕》下册，文物出版社2003年版，第957页。

（22）妻大女员年卅九筭一肿两足 □小妻银年□□肿
□ 932

（23）□妻大女董年卅四□□□ □小妻大女□年廿一
4138[①]

（24）□妻屯年廿雀两足 □小妻婢年十七 8634

（25）桥大妻曲年卅八 桥小妻仕年卅 8925

（24）"□小妻婢年十七"，可知这位名叫"婢"的"小妻"，年龄只有十七岁。此外，又如：

（26）令大妻思年卅五在本县 嘉禾三年二月五日物故
8216

这是一例没有出现"小妻"字样的简文。然而既称"大妻"，自然是与"小妻"相对应。可以推知其家族成员中应当有"小妻"。此外：

（27）胤小母大女汝年五十一 9344

所谓"胤小母"，推想应当是"胤"父的"小妻"。大约在"胤"父去世后，"胤"成为"户人"，并非其生母的"胤"的"小妻"作为"户籍"文字中体现的"小母"依然和"胤"一起生活。

走马楼简的整理者在清理揭剥时，发现其中"出现了一些内容上彼此相关联的竹简"。他们举出三例：

一例：

编号128、129、130、131简，简文按户籍格式排列顺序为：

　　吉阳里户人公乘孙潘，年卅五，筭一（130）

　　潘妻大女莴，年十九，筭一（131）

　　潘子女□，年五岁（128）

　　凡口三事二，筭二事，訾五十（129）

二例：

编号156、157、158、159简，简文按户籍格式排列顺序为：

[①] 整理组注："'妻''小妻'上均右半残缺，左半从'皮'。"《长沙走马楼三国吴简·竹简〔壹〕》下册，第980页。

说走马楼简所见"小妻"兼论两汉三国社会的多妻现象

　　高迁里户人公乘五将，年卅五，筭一（156）

　　将妻大女□，□卅一，筭一（157）

　　将妻大女筭，年廿五，筭一（158）

　　将子男角，年七岁（159）

三例：

　　高迁里户人公乘张乔，年卅，筭一，给县吏（161）

　　乔妻大女健，年廿五，筭一（164）

　　乔子女土，年二岁（148）

　　乔兄□，年廿八，筭一，刑左足（149）①

　　按照文例，三例中的"乔兄□，年廿八"，"□"字，应当是"乔兄"的名字，其文不大可能是"乔兄子"。那么，张乔"年卅"，而其兄反而"年廿八"，显然于情理不合。查"乔兄□，年廿八，筭一，刑左足"（149）简号为10400②，对照图版，"乔兄□，年廿八，筭一，刑左足"中的"廿"，其实是"卅"。也就是说，这枚简的简文，应当改释为"乔兄□，年卅八，筭一，刑左足"。

　　二例中"将妻大女□，□卅一，筭一"（157）以及"将妻大女筭，年廿五，筭一"（158）特别值得注意。同时并出的这两位"将妻"，按照通常情形，似乎"将妻大女□，□卅一"应当是"将大妻大女□，□卅一"，"将妻大女筭，年廿五"，则应当是"将小妻大女筭，年廿五"。这里没有"大妻"和"小妻"的区别，而同称为"妻"。也许走马楼出土竹简简文中还有同样的情形，也就是说，我们现在看到的有些"某妻某"简文，其实原本应当是"某小妻某"。也就是说，走马楼简"小妻"的真正数量，可能比我们目前所能够看到还要多一些。

　　大致在两汉三国时期，多妻是相当普遍的现象。走马楼简所见"小

---

① 《长沙走马楼三国吴简·竹简〔壹〕》下册，第1116页。

② 《长沙走马楼三国吴简·竹简〔壹〕》下册附录一《竹简揭剥位置示意图》"竹简整理编号与揭剥位置示意图（图二）编号对应表"中，整理号10400误写为1040，第1118页。

妻",即"大妻"或"正妻"之外的配偶,张家山汉简中称作"偏妻""下妻"。① 然而文献记录中,多见"小妻"称谓。

《汉书》卷一八《外戚恩泽侯表》记载:"(富平侯张彭祖)神爵三年,为小妻所杀。"② 这一事件,是汉代家族关系史中出现血腥场面相当特别的一例。因为凶杀细节不详,我们难以判断这一史料究竟是反映了"小妻"的凶悍③,还是反映了"小妻"所受压迫至深。《汉书·枚皋传》说:"乘在梁时,取皋母为小妻。乘之东归也,皋母不肯随乘,乘怒,分皋数千钱,留与母居。"从枚乘"小妻"拒绝随其东归的情节看来,"小妻"在生活中是有一定的自主性的。

《汉书》卷八一《孔光传》记录了这样一个案例:

> (孔)光久典尚书,练法令,号称详平。时定陵侯淳于长坐大逆诛,长小妻乃始等六人皆以长事未发觉时弃去,或更嫁。及长事发,丞相(翟)方进、大司空(何)武议,以为:"《令》:犯法者各以法时律令论之。明有所讫也。长犯大逆时,乃始等见为长妻,已有当坐之罪,与身犯法无异。后乃弃去,于法无以解。请论。"光议以为:"大逆无道,父母妻子同产无少长皆弃市,欲惩后犯法者也。夫妇之道,有义则合,无义则离。长未自知当坐大逆之法,而弃去乃始等,或更嫁,义已绝,而欲以为长妻论杀之,名不正,不当坐。"有诏光议是。④

乃始等曾经是以大逆罪处死之淳于长的"小妻","长事未发觉时弃去,或更嫁",对于是否连坐发生争议。后以孔光以为"不当坐"的意见占上风。然而,无论以为应当连坐的丞相翟方进、大司空何武,

---

① 参看王子今:《"偏妻""下妻"考——张家山汉简〈二年律令〉研读札记》,见《华学》第6辑,紫禁城出版社2003年版。
② 〔汉〕班固:《汉书》,中华书局1962年版,第693页。
③ 参看王子今:《张家山汉简所见"妻悍""妻殴夫"等事论说》,载《南都学坛》2002年第4期。
④ 《汉书》,第3355页。

还是以为不当连坐的廷尉孔光，都以为"小妻"与"妻"的法律地位是等同的，乃始等以"长妻"身份，既适合"大逆无道，父母妻子同产无少长皆弃市"的律条，也适合"夫妇之道，有义则合，无义则离"的原则。只是在案发时已经被"弃去"，"或更嫁"，夫妻之义已绝。乃始案例还告诉我们，"小妻"可以随时为丈夫"弃去"，而"弃去"之后，自有"更嫁"自由。通过乃始故事，我们还看到，淳于长能够短时间内"弃去""小妻乃始等六人"，可知当时贵族"小妻"数目之多。

《汉书》卷九三《佞幸传·淳于长》说，淳于长"多畜妻妾，淫于声色，不奉法度"①。"弃去""小妻乃始等六人"情节，与"多畜妻妾"的记载相合。这位淳于长后来致罪，直接导因，竟然也与一位"小妻"有关："初，许皇后坐执左道废处长定宫，而后姊嬺为龙頟思侯夫人，寡居。长与嬺私通，因取为小妻。许后因嬺赂遗长，欲求复为倢伃。长受许后金钱乘舆服御物前后千余万，诈许为白上，立以为左皇后。嬺每入长定宫，辄与嬺书，戏侮许后，嫚易无不言。交通书记，赂遗连年。是时，帝舅曲阳侯王根为大司马票骑将军，辅政数岁，久病，数乞骸骨。长以外亲居九卿位，次第当代根。根兄子新都侯王莽心害长宠，私闻长取许嬺，受长定宫赂遗。莽侍曲阳侯疾，因言：'长见将军久病，意喜，自以当代辅政，至对衣冠议语署置。'具言其罪过。根怒曰：'即如是，何不白也？'莽曰：'未知将军意，故未敢言。'根曰：'趣白东宫。'莽求见太后，具言长骄佚，欲代曲阳侯，对莽母上车，私与长定贵人姊通，受取其衣物。太后亦怒曰：'儿至如此！往白之帝！'莽白上，上乃免长官，遣就国。"②许嬺作为淳于长"小妻"事，又见于《汉书》卷九七下《外戚传下·孝成许皇后》："废后姊嬺寡居，与定陵侯淳于长私通，因为之小妻。"③

《汉书》卷九九中《王莽传中》说，有人自称"汉氏刘子舆，

---

① 《汉书》，第3731页。
② 《汉书》，第3731—3732页。
③ 《汉书》，第3983页。

成帝下妻子也",颜师古注:"下妻犹言小妻。"①西汉有关"小妻"事,又有《汉书》卷八五《谷永传》颜师古注引如淳曰"王凤上小妻弟以纳后宫"②,《后汉书》卷二三《窦融传》所说窦融"女弟为大司空王邑小妻"③等。《三国志》卷三《魏书·明帝纪》裴松之注引《世语》:"并州刺史毕轨送汉故度辽将军范明友鲜卑奴,年三百五十岁,言语饮食如常人。奴云:'霍显,光后小妻。明友妻,光前妻女。'"虽然出自魏晋文献,说的却是西汉故事。④

东汉称"小妻"者,有《后汉书》卷五六《陈球传》:"(陈)球小妻,程璜之女,璜用事宫中,所谓程大人也。"⑤可知身为"小妻"也有出身颇高贵者。东汉诸侯王族配偶也有"小妻"称谓,可能即所谓"名之不正者"。《后汉书》卷五〇《孝明八王列传·陈敬王羡》说:"(陈思王刘)钧取掖庭出女李娆为小妻。"⑥《后汉书》卷五〇《孝明八王列传·彭城靖王恭》注引《东观记》:"(刘)恭子男丁前妻物故,(刘)醻侮慢丁小妻,恭怒。"⑦《孝明八王列传·乐成靖王党》:"(乐成靖王刘党)取故中山简王傅婢李羽生为小妻。"⑧《后汉书》卷五〇《孝明八王列传·梁节王畅》载刘畅上疏:"臣畅小妻三十七人,其无子者愿还本家。"⑨由刘畅"小妻"多达"三十七人",结合前引淳于长"弃去""小妻乃始等六人"事,可以了解当时贵族"多畜妻妾,淫于声色"的情形。

---

① 《汉书》,第4119、4120页。参看王子今:《"偏妻""下妻"考——张家山汉简〈二年律令〉研读札记》,见《华学》第6辑,紫禁城出版社2003年版。

② 《汉书》,第3453页。

③ 《后汉书》,第795页。

④ 《三国志》,第101页。《汉武故事》:"东方朔娶宛若为小妻,生三子。"也可以为讨论西汉"小妻"时参考。

⑤ 《后汉书》,第1834页。

⑥ 《后汉书》,第1668页。

⑦ 《后汉书》,第1671页。

⑧ 《后汉书》,第1672页。

⑨ 《后汉书》,第1676页。

两汉时期的多妻现象，已经屡有学者关注。杨树达1933年在分析汉代婚姻礼俗的专著中即指出，"男子于正妻之外，有小妻""有小妇""有少妇""有傍妻""有妾""有下妻""有外妇""有傅婢御婢""小妻傍妻有不止一人者""若无子买妾，盖寻常之事矣"①。彭卫指出，在汉代，"男子广蓄妻妾是官方承认的合法行为"，"男子多妻妾主要风行于统治阶级中，平民中的富裕人家虽也偶见纳妾现象，但其数量往往很少，一般只有一人。总起来看，在人口众多的小农、小手工业者和平民当中，纳妾人家是寥寥无几的"②。葛剑雄也指出，两汉时期，"统治者从上到下普遍多妻"，"而且由于习俗如此，一般平民只要有能力也会多妻"。③

三国时期有关"小妻"的资料，除前引郭皇后事外，似乎以孙吴地方较为集中。《三国志》卷四八《吴书·三嗣主传·孙晧》说张俶"甚见宠爱"，"累迁为司直中郎将，封侯"，天纪元年（277）"奸情发闻，伏诛"。裴松之注引《江表传》记载："（张）俶奢淫无厌，取小妻三十余人，擅杀无辜，众奸并发，父子俱见车裂。"④《三国志》卷五七《吴书·骆统传》说，骆统父亲去世后，"统母改适，为华歆小妻，统时八岁，遂与亲客归会稽。其母送之，拜辞上车，面而不顾，其母泣涕于后。御者曰：'夫人犹在也。'统曰：'不欲增母思，故不顾耳'"⑤。骆统的母亲改嫁为"小妻"，竟不得不离开亲生子，其生活境况之困窘，可想而知。前引史例，也有"寡居"后为人"小妻"的，其情感转换时的复杂心态，也可以想见。

刘增贵注意到，"至三国时，士族门第逐渐形成，嫡庶之分益严"。这一情形可能在北方中原地区比较明显，"汉魏故事，王公群妾见于夫人，夫人不答拜"。而三国时期吴国地方则不同，"孙权晚年嫡庶

---

① 杨树达：《汉代婚丧礼俗考》，上海古籍出版社2000年版，第44—46页。
② 彭卫：《汉代婚姻形态》，三秦出版社1988年版，第161—162页。
③ 葛剑雄：《中国人口史》第一卷，复旦大学出版社2002年版，第353页。
④ 《三国志》，第1172页。
⑤ 《三国志》，第1334页。

不分，顾悌、朱据等力谏，陈寿亦讥其'闺庭错乱，遗笑古今'"①。《三国志》卷五五《吴书·陈武传》记载，陈表为陈武庶子，"兄修亡后，表母不肯事修母，表谓其母曰：'兄不幸早亡，表统家事，当奉嫡母。母若能为表屈情，承顺嫡母者，是至愿也；若母不能，直当出别居耳。'表于大义公正如此。由是二母感寤雍穆"②。刘增贵认为，由这一故事，"可见正嫡之重"③。其实，所谓"表母不肯事修母"，也反映吴地"小妻"的独立性和自主性之强。陈表在"大义公正"方面表现的优胜，其实可以理解为受到了中原正统礼俗的影响。

正史的记载，大体以上层社会作为主要对象，而走马楼简则提供了反映民间社会生活的真实资料。走马楼简有关"小妻"的记录，体现了多妻是社会的普遍现象。自然，这些资料有明确的地域限定，即长沙地区，是否能够借以推论其他地方特别是中原一带及整个黄河流域也是类似情形，尚未可知。因为早在《周礼》成书的时代，已经有各地人口性别比例不同的说法。而荆州地方女多于男，是比较突出的事实，其情形仅次于幽州。④《汉书》卷二八下《地理志下》也有某些地区"多女而少男"⑤的记载。分析走马楼简涉及"小妻"的史料，不能不考虑到地域条件可能多有不同的历史文化因素。

---

① 刘增贵：《汉代婚姻制度》，华世出版社1980年版，第20页。
② 《三国志》，第1289页。
③ 《汉代婚姻制度》，第20页。
④ 《周礼·夏官·职方氏》："东南曰扬州，……其民二男五女。""正南曰荆州，……其民一男二女。""河南曰豫州，……其民二男三女。""正东曰青州，……其民二男二女。""河东曰兖州，……其民二男三女。""正西曰雍州，……其民三男二女。""东北曰幽州，……其民一男三女。""河内曰冀州，……其民五男三女。""正北曰并州，……其民二男三女。"
⑤ 《汉书》，第1668页。

三国孙吴乡村家族中的「寡嫂」和「孤兄子」
——以走马楼竹简为中心的考察

走马楼简牍提供了反映当时乡村社会关系的丰富史料,其中有关家族结构及其具体生活景况的资料,具有重要的价值。

走马楼出土竹简可见"寡嫂"称谓,有关简文,可以帮助我们认识这一时期当地乡村生活的一个重要侧面。

一、简文中的"寡嫂"和"弟寡妇"

据《长沙走马楼三国吴简·竹简〔壹〕》释文,有如下内容值得我们注意:

  (1)春(?)寡嫂绮年卅   241
  (2)□寡嫂□年廿六 □□□☑ 1409
  (3)☑□□寡嫂□年☑   2633
  (4)雷寡嫂大女杷年卅三筭一刑右足复 2880
  (5)薄寡嫂大女豆年六十四   3983
  (6)胡寡嫂汝年八十五   8490
  (7)晟寡嫂村年卅二筭一   8498
  (8)寡嫂大女妾年七十六   10268
  (9)赞寡嫂大女見年廿二筭一   10279

整理组在《凡例》中写道:"竹简中的古字和俗别、异体等字,释文一般均改为通行繁体字。""有规律的俗别等字,处理采取统一原则。""惟竹简'叟'均作'更',而'更'均写作'兔',字形变化较大,释文仅将'溲''婡''鱫''樱'统一改为'溲''婭''鲠''梗',而不统一改为'溲''嫂''鳔''艘'。"①比较引人注目的例证,有:

  船十一梗所用前已列言   2512

整理组注:"'梗'为'艘'之别体。"②简文"船十一梗"即"船

---

① 长沙市文物研究所、中国文物研究所、北京大学历史学系走马楼简牍整理组编著:《长沙走马楼三国吴简·竹简〔壹〕》上册,文物出版社2003年版,第2页。

② 《长沙走马楼三国吴简·竹简〔壹〕》下册,第946页。

十一艘",可以作为我们考察当时船队规模时的参考。①

可见,"寡娅"就是"寡嫂",是简(1)至简(9)共同出现的亲属称谓。其实,"寡嫂"写作"寡娅",史已有例。《后汉书》卷八七《西羌传》说西羌风习:"其俗氏族无定,或以父名母姓为种号。十二世后,相与婚姻,父没则妻后母,兄亡则纳釐娶,故国无鳏寡,种类繁炽。""釐娶",李贤注:"寡妇曰'釐'。"②《后汉书》卷九〇《乌桓传》关于乌桓风习,也有"其俗妻后母,报寡娶,死则归其故夫"③的记述。"嫂"皆写作"娅"。

此外,走马楼简中,我们还看到出现"寡妇"字样的简例:

(10) 素寡妇大女思年卅六筭一八十可复　　　3322
(11) □弟寡妇秭年廿二　□/　　　　　　　4176
(12) 大寡妇大女思年六十二　　　　　　　　7784

(11)"弟寡妇",似乎应当理解为亡弟的妻子,具有与"寡嫂"相对应的身份。而(10)(12)只称"寡妇",其身份尚未明了。

简文所见"寡嫂""弟寡妇"和"寡妇",无疑都是兄弟和其他亲属的未亡人。以上12例中,除(5)"薛寡娅大女豆年六十四"、(6)"胡寡娅汝年八十五"、(8)"寡娅大女妾年七十六"、(12)"大寡妇大女思年六十二"4例年长外,而(3)年龄不详,其他(1)(2)(4)(7)(9)(10)(11)7例,平均年龄只有31.57岁。特别是其中的(9)(11)两例,只有22岁。从现有资料虽然不能推定其寡居的时间,但是没有迹象表明她们是刚刚守寡。虽然我们不能确切地知道这些妇女丧夫的具体原因,然而却很容易联想到司马迁《史记》卷一二九《货殖列传》所谓"江南卑湿,丈夫早夭"④。

出现"寡嫂""弟寡妇"和"寡妇"的简例,应当是一种或数

---

① 王子今:《走马楼舟船属具简与中国帆船史的新认识》,载《文物》2005年第1期。
② 〔南朝宋〕范晔:《后汉书》,中华书局1965年版,第2869、2870页。
③ 《后汉书》,第2979页。
④ 〔汉〕司马迁:《史记》,中华书局1982年版,第3268页。

种记录"户"的构成形式的文书的部分内容。有的学者称这种文书为"户籍"。其典型形式,是整理组将"编号128、129、130、131简"相缀连,"按户籍格式"进行的排列:

> 吉阳里户人公乘孙潘,年卅五,筭一(130)
> 潘妻大女莴,年十九,筭一(131)
> 潘子女□,年五岁(128)
> 凡口三事二,筭二事,訾五十(129)①

"编号128、129、130、131简",整理号为10379、10380、10381、10382。② 前引12例简文在这种文书中的位置,应当与编号131、128简,即"潘妻大女莴,年十九,筭一"和"潘子女□,年五岁"相当。也就是说,这些"寡嫂""弟寡妇"和"寡妇",都是出现于"户人"某某名下的户口资料中,而使我们获得了接触机会。然而其身份,绝对不是"户人"之"妻",她们在"户"中的地位,其实只是与"潘子女□,年五岁"类似。她们作为"户人"夫妇的附属亲族,在同一个基本家庭单位中生活。

与(5)"薩寡婢大女豆年六十四"内容相关,有可能原为一组"户籍"资料的简例,有:

> 高平里户人公乘张薩年卅七筭一　　　　　　3920

与(7)"晟寡婢村年卅二筭一"有关,或许可以排列为一组"户籍"资料的简文,又有:

> 晟母大女思年七十一　　　　　　　　　　　7397

有可能可与(9)"赞寡婢大女見年廿二筭一"复原为一组"户籍"资料的简文,则有:

> 东阳里户人公乘□赞年廿一筭一给县卒　　　10308

---

① 《长沙走马楼三国吴简·竹简〔壹〕》下册,附录一"竹简揭剥位置示意图"说明,第1116页。

② 《长沙走马楼三国吴简·竹简〔壹〕》下册,附录一"竹简揭剥位置示意图"附"竹简整理编号与揭剥位置示意图(图二)编号对照表",第1118页。

```
           赞男弟□年十九筭一                    10273
```

（9）自然应当排列在"东阳里户人公乘□赞年廿一筭一给县卒"简后。两者之间，至少应当有"赞妻"一条。

二、文献所见"寡嫂"身份

反映汉代以来"寡嫂"身份及其在家族中特殊地位的资料，在文献记录中多有遗存。

《汉书》卷九九上《王莽传上》说："（王莽）受礼经，师事沛郡陈参，勤身博学，被服如儒生。事母及寡嫂，养孤兄子，行甚敕备。又外交英俊，内事诸父，曲有礼意。"[①] 王莽以道德修养方面的优势争取人心，取得显著的成效。而"事母及寡嫂，养孤兄子"，是他德行表演重要的节目之一。《后汉书》卷二七《郑均传》记载："（郑）均好义笃实，养寡嫂孤儿，恩礼敦至。"李贤注引《东观记》："（郑）均失兄，养孤兄子甚笃，已冠娶，出令别居，并门，尽推财与之，使得一尊其母，然后随护视振给之。"[②] 所谓"养寡嫂孤儿"，当时似乎是宣示其"礼""义"水准的重要道德标尺。

《后汉书》卷八三《逸民列传·高凤》说，"（高）凤年老，执志不倦，名声著闻。太守连召请，恐不得免，自言本巫家，不应为吏，又诈与寡嫂讼田，遂不仕。建初中，将作大匠任隗举凤直言，到公车，托病逃归。推其财产，悉与孤兄子。隐身渔钓，终于家"[③]。所谓"诈与寡嫂讼田"，是保持"隐身渔钓"的"逸民"身份的策略。而果然"遂不仕"，说明与"寡嫂"间的财产争端，当时足以彻底败坏当事者的道德形象，从而完全断送其政治前程。

三国时期《三国志》卷二二《魏书·卢毓传》记载，卢植的儿子卢毓，"十岁而孤，遇本州乱，二兄死难。当袁绍、公孙瓒交兵，幽冀饥荒，

---

① 〔汉〕班固：《汉书》，中华书局1962年版，第4039页。
② 《后汉书》，第946页。
③ 《后汉书》，第2769页。

养寡嫂孤兄子,以学行见称"①。蜀汉名将赵云事迹,也有与"寡嫂"相关的情节。《三国志》卷三六《蜀书·赵云传》裴松之注引《云别传》说:"从平江南,以为偏将军,领桂阳太守,代赵范。范寡嫂曰樊氏,有国色,范欲以配云。云辞曰:'相与同姓,卿兄犹我兄。'固辞不许。时有人劝云纳之,云曰:'范迫降耳,心未可测;天下女不少。'遂不取。"②樊氏女为寡嫂,显然是和赵范一家一同生活的。赵范以相当于走马楼简所见"户人"的身份,竟然可以主持其再次婚配。

《三国志》卷五《魏书·后妃传·文昭甄皇后》裴松之注引《魏略》:"后年十四,丧中兄俨,悲哀过制,事寡嫂谦敬,事处其劳,拊养俨子,慈爱甚笃。后母性严,待诸妇有常,后数谏母:'兄不幸早终,嫂年少守节,顾留一子,以大义言之,待之当如妇,爱之宜如女。'母感后言流涕,便令后与嫂共止,寝息坐起常相随,恩爱益密。"③这是女子"事寡嫂"的史例。

《艺文类聚》卷二一引《许逊别传》说到晋人许逊在经济上照应"寡嫂"的事迹:"(许)逊年七岁,无父,躬耕负薪以养母,尽孝敬之道。与寡嫂共田桑,推让好者,自取其荒,不营荣利。母常谴之:'如此当乞食无处君!'笑应母曰:'但愿老母寿耳。'"④

三、关于"孤兄子"

所谓"事……寡嫂,养孤兄子","养寡嫂孤儿","养寡嫂孤兄子",是相互连带的行为。《太平御览》卷五一二引《东观汉记》:"郑均好义笃实,事寡嫂孤儿,恩礼甚至。"⑤又引《傅子》曰:"傅燮字

---

① 〔晋〕陈寿撰,〔宋〕裴松之注:《三国志》,中华书局1959年版,第650页。
② 《三国志》,第949页。
③ 《三国志》,第159—160页。
④ 〔唐〕欧阳询撰,汪绍楹校:《艺文类聚》卷二一《人部五》,上海古籍出版社1965年版,第381页。
⑤ 《后汉书》卷二七《郑均传》"事寡嫂孤儿"作"养寡嫂孤儿","恩礼甚至"作"恩礼敦至",第946页。与《东观汉记》所说略有不同。

南容,奉寡嫂甚谨,食孤侄如赤子。"《太平御览》卷六八七引《东观汉记》说:"马援外类倜荡简易,而内重礼,事寡嫂,虽在闺内,必帻然后见。"① 此说"事寡嫂"事,然而《后汉书》卷二四《马援传》又有马援教育兄子的著名故事:

> 初,兄子严、敦并喜讥议,而通轻侠客。援前在交阯,还书诫之曰:"吾欲汝曹闻人过失,如闻父母之名,耳可得闻,口不可得言也。好论议人长短,妄是非正法,此吾所大恶也,宁死不愿闻子孙有此行也。汝曹知吾恶之甚矣,所以复言者,施衿结褵,申父母之戒,欲使汝曹不忘之耳。龙伯高敦厚周慎,口无择言,谦约节俭,廉公有威,吾爱之重之,愿汝曹效之。杜季良豪侠好义,忧人之忧,乐人之乐,清浊无所失,父丧致客,数郡毕至,吾爱之重之,不愿汝曹效也。效伯高不得,犹为谨勒之士,所谓刻鹄不成尚类鹜者也。效季良不得,陷为天下轻薄子,所谓画虎不成反类狗者也。讫今季良尚未可知,郡将下车辄切齿,州郡以为言,吾常为寒心,是以不愿子孙效也。"②

"伏波将军万里还书以诫兄子",语极恳切,足见其感情的亲近。马援"兄子"马严、马敦,当是与"寡嫂"一起,为马援多年抚养的。《晋书》卷三九《王沈传》写道:"(王)沈少孤,养于从叔司空昶,事昶如父,奉继母寡嫂以孝义称。"③ 王沈敬奉"寡嫂",而自己年少时,又是以"孤兄子"身份"养于从叔司空昶"的。《三国志》卷二七《魏书·王昶传》记载:"其为兄子及子作名字,皆依谦实,以见其意,故兄子默字处静,沈字处道,其子浑字玄冲,深字道冲。"④ "兄子"在"其子"之前,也是耐人寻味的。陈寿又记录了王昶"遂书戒之"的长信。

---

① 〔宋〕李昉等:《太平御览》,中华书局1960年版,第2330、2334、3064页。
② 《后汉书》,第844—845页。
③ 〔唐〕房玄龄等:《晋书》,中华书局1974年版,第1143页。
④ 《三国志》,第744页。

我们看到，王昶其中还特别引用了"昔伏波将军马援戒其兄子言"。

走马楼出土竹简，也可以提供有关"养孤兄子"一类资料。例如在被看作"户籍"的文册中，多有"兄子"字样：

（13）□　兄子男絮年廿六　　　　　　　　　498

（14）郡吏谷汉兄子□年廿九　嘉禾三年二月十九日叛走　　　　　　　　　　　　　　　　　　　　7905

（15）昊妻王年廿八　昊兄子黑年六　　　　8619①

（16）□□□册九刑右手□□大姊子男范年七岁　秃从兄子男娄年十一闇②　　　　　　　　　　　　8939

（17）□兄子男辩年六岁　　　　　　　　　9264

（13）（14）"兄子"前者"年廿六"，后者"年廿九"，都不单独立户，不知是何原因。这一情形，似与前引《后汉书》卷二七《郑均传》李贤注引《东观记》所说郑均养孤兄子"已冠娶，出令别居，并门"的情形不同。（16）"大姊子男范年七岁"，"秃从兄子男娄年十一"，有可能是分别收养了夫妇两人一"姊子"，一"从兄子"。从"年七岁"者列于前而"年十一"者居于后这一迹象分析，"范"和"娄"可能与"户人"亲疏程度有别。或许只是"秃从兄子男娄年十一"是被收养者。（16）中所见"秃"，应是名字，与下引简文类同：

宜阳里户人公乘周秃年五十七　　　　　　9409

"姊"，可能意同"姊"字，也有可能是人名。与下引简文同：

姊妻大女明年廿六　　　　　　　　　　　9077

中国社会福利史研究者曾经注意到"走马楼简中的社会福利史料"，但是只讨论了政府赋役调发对于病残者的减免。③其实，对于孤寡的

---

① 整理组注："'年六'下似脱'岁'字。"《长沙走马楼三国吴简·竹简〔壹〕》下册，第1072页。

② 整理组释文为："□□册九刑右手大姊子男范年七岁秃从兄子男娄年十一闇"，对照图版，可知"刑右手"与"大姊子"之间有两字未可识。《长沙走马楼三国吴简·竹简〔壹〕》中册，第714页。

③ 王子今、刘悦斌、常宗虎：《中国社会福利史》，中国社会出版社2002年版，第105—109页。

优遇,也是相关社会文化现象中特别值得重视的。对于孤寡的社会救助,带有自发的性质。而救助对象其亲族所起的作用,体现出中国传统宗法关系维护社会稳定的有益的功能。

四、"姪"和"姪子"

走马楼简又可见"姪"或"姪子"称谓。例如:

（18）马姪子男高年七岁踵两足 高女　　　　　3

（19）从男弟修年六岁　妾姪子男亡年四岁　　　16

（20）礼姪子男鲁年五岁　鲁兄勉年八岁苦癃病　20

（21）北（？）姪子　　　　　　　　　　　　　245

（22）淮（？）姪子男□　　　　　　　　　　　642

（23）□姪子男□年□□□　□男弟丘年四　　　762

（24）□　　女姪□　　　　　　　　　　　　　851

（25）□　　男姪　　　　□　　　　　　　　　2525①

（26）棠姪子男　　　　　　　　　　　　　　　2573

（27）鈜姪子　　　　　　　　　　　　　　　　2620

（28）巳姪子女归年三岁　　　　　　　　　　　2660

（29）□姪子男□年三岁　　　　　　　　　　　2858

（30）高姪子公乘恨年五岁　中　　　　　　　　2937②

（31）素姪子小女年七岁　　　　　　　　　　　2982③

（32）□姪子男顷年六岁　　　　　　　　　　　2997

（33）蔡姪子公乘□年十八肿两足　　　　　　　3041④

---

① 整理组注:"'始'上原有墨笔点记。"《长沙走马楼三国吴简·竹简〔壹〕》下册,第946页。

② 整理组注:"简中'中'为朱笔。"《长沙走马楼三国吴简·竹简〔壹〕》下册,第955页。

③ 整理组注:"简中有朱笔点记。"《长沙走马楼三国吴简·竹简〔壹〕》下册,第956页。

④ 整理组注:"'公乘'下左半残缺,右半为'至'。"《长沙走马楼三国吴简·竹简〔壹〕》下册,第957页。

（34）得姪子公乘秃年十五筭一　　　　3362

（35）□姪子公乘陵年七岁　　　　　　3924①

（36）唐姪子公乘□年七岁　　　　　　3946

（37）□年八岁　□姪子□年□岁　　　4146

（38）年□一　母妾年六十一　愁姪子男丁年二岁

　　　　　　　　　　　　　　　　　4216

（39）□姪子男钱钧年五岁……　　　　4445

（40）登姪子男由龙年十一　龙女弟□客年十　4471

（41）苠姪子男□　　　　　　　　　　4534

（42）兴姪子男倾年五岁　　　　　　　4865

（43）窅姪子女□年廿四筭一　　　　　4978

（44）彊外姪子男斗年八岁肿两足　　　4979

（45）困姪子男悬年七岁　　　　　　　4984

（46）□姪子男年廿筭一刑左手　　　　4986②

（47）水姪子男史年十五　　　　　　　5148

（48）乘外姪子李堂年卅五　　　　　　5177

（49）章男弟楝年十五在本县章姪子男□年廿七
　　　在本县　　　　　　　　　　　　5830

（50）章姪子男世年十岁　见　　　　　5838

（51）俗姪子怒年六十二　□　　　　　5850

（52）倚姪子女罗年十五　见　　　　　6021

（53）冉姪子男取年廿四在本县嘉禾元年十一月十日
　　　物故　　　　　　　　　　　　　6023

（54）姪子野年廿聋耳　　　　　　　　6158

---

① 整理组注："'侄子'上下半残缺，上半从'麻'。"《长沙走马楼三国吴简·竹简〔壹〕》下册，第976页。

② 整理组释文作"□侄子□男年廿筭一刑左手"，细检图版，可知"侄子"有衍一"□"字。《长沙走马楼三国吴简·竹简〔壹〕》，下册第998页，上册第364页。

（55）广男弟黄年一岁　长男姪卷年廿二踵左足　7651
（56）明姪子碓年八岁　明子男成年三岁　　　7675
（57）併女弟年八岁　姪子男关年五岁　　　　7679
（58）□姪子冑年七岁腹心病　　　　　　　　7708
（59）文姪子男□年三岁　文子女束八岁　　　8529[①]
（60）晋姪子男寻年七岁　　　　　　　　　　8616
（61）喜姪子男客年七岁　　　　　　　　　　8653
（62）民姪子女豆年九岁　　　　　　　　　　8681
（63）□姪子男□年□□□　　　　　　　　　8725
（64）□妻姑年卅　□男姪子纠年九岁　　　　8981
（65）子女思年六岁　锥姪子男新年八岁　　　9078
（66）祥姪子男举年八岁刑右足　　　　　　　9116
（67）□姪子男识年十四　　　　　　　　　　9171
（68）渊（？）姪子男皮年十二腹心病　　　　9174
（69）硕姪大男雀年卅二筭一　　　　　　　　9406
（70）叙姪子男米年六岁　　　　　　　　　　10070
（71）羊姪子男□年七岁　　　　　　　　　　10105
（72）纯姪子男世年十一　　　　　　　　　　10131
（73）硕姪子女县年九岁　　　　　　　　　　10198
（74）□姪子女□年六岁　　　　　　　　　　10219
（75）□姪子男□年十一　　　　　　　　　　10224
（76）□姪子男□年廿筭一盲两目　　　　　　10368
（77）鼠姪子女熊年十　　　　　　　　　　　10406
（78）日姪子男晶年七岁　　　　　　　　　　10426
（79）□姪子男达年七岁　　　　　　　　　　10428[②]

---

① 整理组注："'八岁'上脱'年'字。"《长沙走马楼三国吴简·竹简〔壹〕》下册，第1071页。

② 整理组注："'侄'上上半残缺，下半从'之'。"《长沙走马楼三国吴简·竹简〔壹〕》下册，第1109页。

（80）战姪子女糸年八岁　　　　　　　　10486

（81）□姪子男民年十一　　　　　　　　10522

其中（49）（50）内容有联系，"章男弟樸年十五在本县章姪子男□年廿七在本县"，"章姪子男世年十岁　见"，简文显示"章"抚养着两个"姪子"。（59）简文为"文姪子男□年三岁　文子女束八岁"，可知"文"自有女"束"，年八岁，又有姪子"□"，年三岁，而后者名列于前，似乎在家族中地位更为重要。这使人联想到《太平御览》卷五一二所引《东观记》中所说魏谭故事："魏谭有一孤兄子，年一二岁，常自养亲。遭饥馑，分升合以相生活。谭时有一女，生裁数月，念无谷食，终不能两全，弃其女养活兄子。州郡高其义。"（70）简号为10070，内容与简10093、10094有关联。这三枚简可能为一组，即：

吉阳里户人公乘殷叙年八十一　　　　　10094

叙妻大女妾年七十一　　　　　　　　　10093

叙姪子男米年六岁　　　　　　　　　　10070

如果这一组合能够成立，则应注意到"叙妻大女妾"和"叙姪子男米"年龄相差甚大，"米"的母亲，应当是"妾"的小妹。借此或许可以分析当时乡村妇女的生育年龄。（80）简号为10486，其内容与简10475和10485有关，其关系即如以下排列所示：

平阳里户人公乘刘战年五十八刑两足　　10475

战妻大女取年卌一筭一　　　　　　　　10485

战姪子女糸年八岁　　　　　　　　　　10486

可知"糸"作为"取"兄弟的女儿，与"刘战"和"取"夫妇相依为命。

而（16）"……姊子男范年七岁"，如果"姊"在这里义同"姉"，则可能是"户人"姐姐的儿子。这又是另一种亲属抚养关系。而同一简例下文说"秃从兄子男娄年十一闇"，"秃"，可能是"户人"的妻子。看来，这一家庭分别收养了"户人"夫妻各自姐姐和从兄的孩子。

对于"姪"这种亲属称谓，《尔雅·释亲》说："女子谓昆弟之子为姪。"《说文·女部》："姪，兄之女也。"朱骏声《说文通训定声》："受'姪'称者，男女皆可通，而称人'姪'者，必妇人也。"

《仪礼·丧服》："'姪'者何也？谓吾'姑'者，吾谓之'姪'。"大约在晋代以后，男子也称兄弟的子女为"姪"。《颜氏家训·风操》："案《尔雅》、《丧服》经、《左传》，'姪'名虽通男女，并是对'姑'立称，晋世以来，始呼'叔''姪'。"走马楼简的年代，大体已经临近这一亲属称谓含义发生重要转变的时期，而简文提供的资料，说明当时乡村社会中"姪"仍大体保持着传统的定义。"姪子"既与"兄子"并出，说明其指代的身份应当是并立的。而（44）（48）"外姪子"称谓的出现，或许暗示着"姪"这一亲属称谓的含义转变正在发生。

与上文说到的（13）（14）"兄子""年廿六""年廿九"均不作为"户人"单独立户的情形类似，又有（69）"姪大男雀年卅二"，（48）"外姪子李堂年卅五"，（51）"姪子怒年六十二"的情形，（43）"姪子女□年廿四"尚未出嫁，也属异常。发生这样的现象，应当有特殊的原因。

走马楼简所见与"户人"共同生活的"姪子"远较"兄子"为多，这一现象，可能也是值得我们在研究当时社会的性别关系时有所深思的。如果讨论当时家庭中妇女地位的研究者把这一迹象看作"户人"之"妻"在重大决策中能够起一定作用的例证，应当说是可以赞同的。这一情形，或许也反映了当时长沙地区一般家庭同妻家或称外家关系的密切。

上引有关"姪子"63例中，有一些不能辨别性别。简文有性别标识者，"姪子男"37例[①]，加上"姪大男"（69）1例，"男姪"1例（55），以及应是男性的"姪子公乘"5例（30）（33）（34）（35）（36），合计44例；"姪子女"8例，加上"姪子小女"1例（31），合计9例。总体来看，"姪"或"姪子"中的男性相当于女性的488.89%。也就是说，在由亲族承担的社会救助系统中，男性似乎受到更充分的重视。这一情形，也是性别关系研究者应当予以关注的。

[①] 其中依整理组释文"侄子□男"（46）1例，从简文内容看，"□"有可能是"大"，则此简与（69）类同。"男"也有可能是人名，然而不大可能是"侄子女男"。经检视图版，可知应释读为"侄子男"，说已在前。

五、"养寡嫂孤儿"事的社会关系史考察

"养寡嫂孤儿"事迹,在儒学道德宣传中,曾经是"礼"与"义"的样板。然而,如果进行社会关系史的考察,应当分析其复杂的因素。

从宗族关系的视角分析,首先应当注意到"孤儿"在本宗族中的正式身份能够得以维护。其次,"养寡嫂孤儿"行为,可能也有保存家族财产的原因。

"养寡嫂"情形,在形式上容易使人联想到历史上称作"收继婚"或称作"逆缘婚"的现象。秦汉魏晋时代,在关于中原周边少数民族风俗的历史记录中,多见相应的事实。《史记》卷一一〇《匈奴列传》说匈奴风习:"兄弟死,皆取其妻妻之。"①《后汉书》卷八五《东夷列传》说夫余有"兄死妻嫂"②之俗。《后汉书》卷八七《西羌传》说,西羌"兄亡则纳釐嫂"③。《后汉书》卷九〇《乌桓传》也说,乌桓有"报寡婹,死则归其故夫"④的传统。《三国志》卷五三《吴书·薛综传》记载,薛综上疏说到交阯地方"山川长远,习俗不齐"。如:

> 交阯糜泠、九真都庞二县,皆兄死弟妻其嫂,世以此为俗,长吏恣听,不能禁制。⑤

《晋书》卷九七《西戎传》也记载,吐谷浑亦"兄亡,妻其诸嫂"⑥。特别是薛综上疏所说,是南边风俗,对于我们有关长沙地方民俗的讨论,有一定的参考价值。

恩格斯在讨论罗马的氏族和国家时曾经指出:"妇女由于结婚而脱离她的氏族,加入新的、夫方的氏族团体,这样她便在那里占着一个完全特殊的地位。虽然她也是氏族的一员,但她并不是血缘亲属;她加入氏族的方式,从一开始就使她不受因结婚而加入的那个氏族禁

---

① 《史记》,第 2879 页。
② 《后汉书》,第 2811 页。
③ 《后汉书》,第 2869 页。
④ 《后汉书》,第 2979 页。
⑤ 《三国志》,第 1251、1252 页。
⑥ 《晋书》,第 2538 页。

止内部通婚的一切规定的束缚;其次,她已经被接受(收)到氏族的婚姻团体中来,可以在她的丈夫死亡时继承他的财产,即一个氏族成员的财产。为了把财产保存在氏族以内,她必须同她的第一个丈夫的同氏族人结婚而不得同别的任何人结婚,这岂不是再自然不过的事吗?"① 有学者认为,恩格斯的这段话正是"兄死弟妻其嫂"现象的"真正的经济原因"。②

《史记》卷一一〇《匈奴列传》记载了汉叛降匈奴者中行说在反驳种种对匈奴文化的攻击时,对"兄弟死,尽妻其妻"风习的辩解:"汉使曰:'匈奴父子乃同穹庐而卧。父死,妻其后母;兄弟死,尽取其妻妻之。……'中行说曰:'匈奴之俗,……父子兄弟死,取其妻妻之,恶种姓之失也。故匈奴虽乱,必立宗种。今中国虽详不取其父兄之妻,亲属益疏则相杀,至乃易姓,皆从此类。'"③ 取兄弟之妻妻之的动机,在于"恶种姓之失也",在于防止其"亲属益疏","至乃易姓",特别是同宗族中男丁的流失。《后汉书》卷八七《西羌传》作者所谓西羌"兄亡则纳釐嫂",因此"种类繁炽"④,也说明了同样的情形。《三国志》卷三四《蜀书·二主妃子传·先主穆皇后》:"(刘)焉时将子瑁自随,遂为瑁纳后。瑁死,后寡居。先主既定益州,而孙夫人还吴,群下劝先主聘后,先主疑与瑁同族,法正进曰:'论其亲疏,何与晋文之于子圉乎?'于是纳后为夫人。"裴松之注

---

① [德]恩格斯:《家庭、私有制和国家的起源》,见《马克思恩格斯选集》第4卷,人民出版社1972年版,第121页。
② 李衡眉:《"妻后母、执嫂"原因探析》,载《东岳论丛》1991年第3期,收入李衡眉《中国古代婚姻史论集》,吉林文史出版社1992年版,及李衡眉《先秦史论集》,齐鲁书社1999年版。
③ 《史记》,第2879、2900页。《汉书》卷九四上《匈奴传上》:"汉使曰:'匈奴父子同穹庐而卧。父死,妻其后母;兄弟死,尽取妻其妻之。……'中行说曰:'匈奴之俗……父兄死,则妻其妻,恶种姓之失也。故匈奴虽乱,必立宗种。今中国虽阳不取其父兄之妻,亲属益疏则相杀,至到易姓,皆从此类也。'"第3760页。
④ 《后汉书》,第2869页。

引习凿齿的批评:"夫婚姻,人伦之始,王化之本,匹夫犹不可以无礼,而况人君乎?晋文废礼行权,以济其业,故子犯曰,有求于人,必先从之,将夺其国,何有于妻,非无故而违礼教者也。今先主无权事之偪,而引前失以为譬,非导其君以尧、舜之道者。先主从之,过矣。"① 看来,刘备纳同族刘瑁妻,确有"无礼""违礼教"的嫌疑。有学者指出,此虽非"制度化的收继婚",但确实是与收继婚"有关系的记载"。刘备曾经迟疑不决,可见"他意识上已有了坚固的伦理观念的表示",对于他最后仍然纳穆氏为夫人,"与其说他不懂礼教,不如说他因政治上的需要不得不权宜行事"。② 推想民间妻寡嫂现象,可能也有因考虑多种因素而"不得不权宜行事"的情形。

有学者指出:"在人类的婚姻发展史上,几乎所有的民族都有过'妻后母、执嫂'这一婚姻形态。""这一婚俗不仅风行于历史上的少数民族,在汉族的历史上亦屡见不鲜。"③ 儒学经典中特别重视严格限定"嫂叔""叔嫂"之间关系的界限④,应当与此有关。不过,就现有资料而言,我们不能对走马楼竹简中有关"寡嫂"的内容作出是否"执嫂"的确定判断。但是其中守寡女子相当年轻的情形,如前引简(9)(11)两例,只有22岁,(2)亦不过26岁,使人不能不对这种家庭的婚姻事实,产生相应的疑惑。

---

① 《三国志》,第906页。
② 董家遵著,卞恩才整理:《中国古代婚姻史研究》,广东人民出版社1995年版,第36—37页。
③ 李衡眉:《"妻后母、执嫂"原因探析》,载《东岳论丛》1991年第3期,收入李衡眉:《中国古代婚姻史论集》,吉林文史出版社1992年版,及李衡眉《先秦史论集》,齐鲁书社1999年版。
④ 《礼记·曲礼上》:"嫂叔不通问。"《礼记·杂记下》:"嫂不抚叔,叔不抚嫂。"《礼记·檀弓上》:"嫂叔之无服也,盖推而远之也。"〔清〕阮元校刻:《十三经注疏》,中华书局据原世界书局缩印本1980年10月影印版,第1240、1567、1289页。

走马楼竹简女子名字分析

走马楼简牍多有反映当时下层社会生活景况的资料。文书遗存保留的有关人员姓名的记录，也透露了若干社会文化信息。以姓名为线索的讨论，已经有初步成果发表。① 分析人名的特点，对于认识当时的社会有较大价值。② 而中国古代的女子人名，又自有其特点。比如，有研究者曾经指出，在中国传统社会，"妇女起名比较单调，因而也就比较集中"。③ 本文拟就 2003 年 10 月面世的《长沙走马楼三国吴简·竹简〔壹〕》④ 中 10545 枚竹简所见妇女名字进行探讨，期望对认识当时社会的性别关系有所帮助。

一、"妇人无名"和"妇人无姓"

走马楼简牍存在女性没有名字的情形，比较明显的例证有：

　　男弟客年十盲右目　客弟小女年五岁　　　　　　4199

整理组注："'弟小女'下脱人名。"⑤

与其他简例对比，此间"客弟小女"可能确是脱写人名。但是也有这位 5 岁女童确实没有名字的可能。

古代多有"妇人无名"的认识。

宋叶梦得撰《石林燕语》卷四："古者妇人无名，以姓为名，或系之字，则如仲子、季姜之类；或系之谥，则如戴妫、成风之类，

---

① 高凯：《从走马楼吴简〈吏民田家莂〉看孙吴初期长沙郡民的起名风俗》，载《寻根》2001 年第 2 期；王子今、马振智：《烝姓的源流——读〈嘉禾吏民田家莂〉札记》，载《文博》2003 年第 3 期。

② 李学勤：《先秦人名的几个问题》，载《历史研究》1991 年第 5 期，收入《当代学者自选文库：李学勤卷》，安徽教育出版社 1999 年版。

③ 中国社会科学院语言文字应用研究所汉字整理研究室在分析"重名和性别的关系"时指出，1949 年 9 月 30 日以前的情形表明，女性人名的重名频度较高。"解放后，这种状况已经有了变化。"中国社会科学院语言文字应用研究所汉字整理研究室编：《姓氏人名用字分析统计》，语文出版社 1991 年版，第 659 页。

④ 长沙市文物研究所、中国文物研究所、北京大学历史学系走马楼简牍整理组编著：《长沙走马楼三国吴简·竹简〔壹〕》，文物出版社 2003 年版。

⑤ 《长沙走马楼三国吴简·竹简〔壹〕》下册，第 982 页。

各不同。周人称'王姬''伯姬',盖周姬姓,故云。而后世相承,遂以'姬'为妇人通称。以戚夫人为戚姬,虞美人为虞姬。自汉以来失之。政和间,改公主而下名曰'帝姬''族姬',此亦沿习熟惯而不悟。国姓自当为嬴,余尝以白蔡鲁公,惮于改作而止。"①

宋赵彦卫撰《云麓漫抄》卷一〇也说:"古人多言'阿'字,如秦皇阿房宫,汉武阿娇金屋。晋尤甚,阿戎、阿连等语极多。唐人号武后为'阿武婆'。妇人无名,第以姓加'阿'字。今之官府妇人供状,皆云阿王、阿张,盖是承袭之旧云。"②

宋祝穆撰《古今事文类聚》后集卷二引《太平御览》载《秦记》:

妇人无名,故贱于丈夫。野人无名,故贱于学士。

明陈耀文撰《天中记》卷二四引此语,谓出《御览》《秦记》。

不过,从走马楼简提供的信息看,除前引简4199一例外,当时并非"妇人无名",而是在据整理组所谓"按户籍格式"③书写的内容中,却多是有名无姓的。女子大约只是作为"户人",或者单独发生经济交往时,在有关文书中才记录其姓。刘聪为《长沙走马楼三国吴简·竹简〔壹〕》编制"人名索引",录有1688人名,"包括姓字清楚、名字不清楚的姓名,不包括姓字不清楚、名字清楚的姓名"④。其中明确可知为女性者,只有"大女"47人⑤,"老女"3人,合计50人,仅占总数的2.962%。也就是说,女子姓名显示,大多只书"名

---

① 〔宋〕叶梦得撰,宇文绍奕考异,侯忠义点校:《石林燕语》,中华书局1984年版,第56、57页。本条之下有清人胡珽按语:"古妇人之名,见于《大戴礼·帝系》篇。皇甫谧《帝王世纪》、陆龟蒙《小名录》等书,所载甚多,不能备录,不尽以姓以谥也。况孔子之母名征在,尤确然。"

② 〔宋〕赵彦卫撰,傅根清点校:《云麓漫抄》,中华书局1996年版,第168页。

③ 《长沙走马楼三国吴简·竹简〔壹〕》下册,第1116页。

④ 《长沙走马楼三国吴简·竹简〔壹〕》下册,第1122页。

⑤ 又有简4450可见"傲钱月五百大女黄□傲钱月五百大女□□傲钱月五百"简文,"大女□□"虽然"姓字不清楚",然而原文录有其姓,这里也一并计入。

字",不书"姓字"。通常以"母""妻""小妻""子女""户下婢"出现时,都不书"姓字"。这一情形,正反映了其社会地位"贱于丈夫"的事实。

二、关于以"汝""姑""女"为名字

对于走马楼竹简中可以明确为女性者的身份资料,"名字不清楚的姓名"记280人次,"名字清楚的姓名"出现1042人次。以这1042条资料编制《走马楼竹简女子人名用字频度表》,可以为我们分析当时女性名字提供方便。① 特别是使用数量最多的人名用字,或许可以体现值得重视的文化信息。

走马楼竹简中女性人名用字中出现频度最高的是"汝"。可见142人次,频度为13.628%。②

"汝",本义是"女"。《经籍篡诂·语韵》已有例证:"《书·尧典》:'汝陟帝位',《史记·五帝纪》作'女登帝位'。'汝作秩宗',《周礼·春官·序官》司农注作'女作秩宗'。《益稷》:'汝翼',《史记·夏本纪》作'女辅之'。'汝无面从',作'女无面谀'。"《小尔雅·广诂》:"而,汝也。"胡承珙《义证》:"'汝',本作'女'。"

走马楼简女性名字中"姑"的出现频率也相当高,凡67见,频度为6.430%。③

"姑",是特定的亲属称谓,但是同时也可以作为女子的通称。《吕氏春秋·先识》:"爱近姑以息",毕沅《校正》引《尸子》注:"姑,妇也。"《尸子》卷下:"弃黎老之言而用姑息之谋",汪继培《辑

---

① 此表编制,参考了中国社会科学院语言文字应用研究所汉字整理研究室编《姓氏人名用字分析统计》一书中"表二"15种"人名用字频度表"的形式。

② 《嘉禾吏民田家莂》中有"烝汝"一例。出土编号444,年代编号4.353。

③ 《嘉禾吏民田家莂》中可见3例:廖姑,出土编号1421,年代编号5.833;李姑,出土编号423,年代编号5.923;李姑,出土编号1494,年代编号5.1013。

注》引《升庵外集》注："姑，妇女也。"

以"女"为名字，在走马楼简中有 7 例，频度为 0.672%。

用"汝""姑""女"为名字者，共计 216 见。频度为 20.729%。这类名字是最普遍多见者，然而其字之本义，只是妇女而已。也就是说，作为名主的代号，只是标明了其性别。从这一现象看，前引"古者妇人无名"的说法，也许是有一定道理的。

古来有"妇人名不出阃"①"妇人名不出壸"②的说法。或说"古者妇人不识厅屏，笑言不闻于邻里，名不出其境，而善行止于阃以内"③，"女子者不越酒浆裁醢之间而已矣，身不逾阈以内，名不出巷里而遥"④。虽然这些说法都发表于宋以后，成为社会性别关系进入一个历史特定时期的标志，但是长期以来传统社会以男子为中心的特点，使得"妇人名"在社会关系中的实用意义受到轻视的现象早已形成。走马楼竹简所见下层社会女子大量以女性通称"汝""姑""女"作为名字，可以作为这一情形的说明。

三、"妾"和"婢"：女子贱名

已经有学者注意到走马楼简所见名字中多见"妾"字。

---

① 〔宋〕吕祖谦：《东莱集》卷一三《鄱阳王安母程氏墓志铭》，见《景印文渊阁四库全书》，台湾商务印书馆 1986 年版，第 1150 册，第 119 页；〔宋〕魏了翁：《鹤山集》卷七〇《太孺人赐冠帔黎氏墓志铭》，见《景印文渊阁四库全书》，台湾商务印书馆 1986 年版，第 1173 册，第 109 页。

② 〔元〕王沂：《伊滨集》卷一七《李仁妻贞节妇诗序》，见《景印文渊阁四库全书》，台湾商务印书馆 1986 年版，第 1208 册，第 538 页。宋人吕祖谦前已有"司家政者名不出壸"之说。《东莱集》卷一〇《祔韩氏志》，见《景印文渊阁四库全书》，台湾商务印书馆 1986 年版，第 1150 册，第 86 页。

③ 〔元〕戴良：《九灵山房集》卷一四《卫节妇坟记》，见《景印文渊阁四库全书》，台湾商务印书馆 1986 年版，第 1219 册，第 417 页。

④ 〔明〕刘宗周：《刘蕺山集》卷一〇《陈太母徐安人七十寿序》，见《景印文渊阁四库全书》，台湾商务印书馆 1986 年版，第 1294 册，第 487 页。

《嘉禾吏民田家莂》中女子以"妾"为名者23例①。高敏曾经指出，《嘉禾吏民田家莂》中妇女多以"妾"为名②。高凯也曾著文提示"'大女'名中多有'妾'字"。不过，他认为，以"妾"为名，"应说明这些'大女'是已婚妇女，而且丈夫必然是已死亡者"③。又说，"其家男子死亡或者残疾而以'大女'为户主者，'大女'名中均有'妾'字"④。这样的认识或许还可以商榷。其实，女子未必成为"户人"就必须改名。我们也看不到在通常情况下丈夫"男子死亡或者残疾"则妻子改名的实例。

走马楼竹简所见有"户人大女"名"妾"者7例⑤，"户人老女"名"妾"者1例⑥，然而显然并非"户人"的女子以"妾"为名者，则有：

（1）"祖母妾"1例⑦；

---

① 利妾，出土编号536，年代编号4.94；唐妾，出土编号836，年代编号4.135；张妾，出土编号328，年代编号4.261；张妾，出土编号794，年代编号4.346；郭妾，出土编号839，年代编号4.439；朱妾，出土编号490，年代编号5.36；谢妾，出土编号607，年代编号5.73；五妾，出土编号237，年代编号5.75；刘妾，出土编号1，年代编号5.104；杨妾，出土编号235，年代编号5.131；蔡妾，出土编号1439＋1995，年代编号5.140；文妾，出土编号1341，年代编号5.144；黄妾，出土编号300，年代编号5.289；郑妾，出土编号1236，年代编号5.338；黄妾，出土编号40，年代编号5.367；黄妾，出土编号62，年代编号5.368；唐妾，出土编号129，年代编号5.384；刘妾，出土编号788，年代编号5.572；刘妾，出土编号1903＋1811＋1728，年代编号5.625；李妾，出土编号97，年代编号5.714；黄妾，出土编号70，年代编号5.723；□妾，出土编号58，年代编号5.758；周妾，出土编号4，年代编号5.966。

② 高敏：《从嘉禾年间〈吏民田家莂〉看长沙郡一带的民情风俗与社会经济状况》，载《中州学刊》2000年第5期。

③ 高凯：《从走马楼吴简看孙吴时期长沙郡的人口性比例问题》，载《史学月刊》2003年第8期。

④ 高凯：《从走马楼吴简〈吏民田家莂〉看孙吴初期长沙郡民的起名风俗》，载《寻根》2001年第2期。

⑤ 简3318、3405、5249、5508、8399、8517、9006。

⑥ 简10111。

⑦ 简9238。

（2）"母大女妾" 38 例[①]；

（3）"母妾" 4 例[②]；

（4）"妻大女妾" 16 例[③]；

（5）"妻妾" 8 例[④]；

（6）"小妻大女妾" 1 例[⑤]；

（7）"寡嫂大女妾" 1 例[⑥]。

其中（1）（2）（3）中名"妾"的女子，有可能曾经在其子未成年时有"户人"身份，当然仅仅是有这种可能。但是她们不再作为"户人"时仍然名"妾"，说明当时女子不会因身份变化而轻易改名。（4）（5）（6）（7）则都是作为"户人"的亲属列入名籍的。她们家庭的男性户主即"户人"显然都健在。也就是说，不能说其"丈夫必然是已死亡者"。

女子以"妾"为名，大约定名时就是如此。走马楼竹简所见名"妾"的"老女"有相当年迈的，如：

厚母大女妾年一百一岁　　　　　　　　　　　　9009

名叫"厚"的"户人"的母亲"妾"，已经 101 岁。但是，走马楼竹简中又有这样的例证：

篱女弟妾年六岁　　　　　　　　　　　　　　　9064

□子女妾年四岁　　　　　　　　　　　　　　　7393

"户人""篱"的妹妹"妾"只有 6 岁。"户人""□"的女儿不过 4 岁，然而也以"妾"为名。

[①] 简 2908、3033、3310、4466、5299、5534、5618、7364、8462、8693、8903、8956、9009、9050、9052、9099、9126、9149、9152、9261、9299、9328、9333、9359、9363、9368、9490、9779、10091、10148、10190、10297、10313、10347、10411、10479、10502、10525。

[②] 简 4126、5165、7680、7704。

[③] 简 938、2971、2981、3355、3930、4018、4070、5320、7376、7797、9032、9073、10066、10087、10093、10252。

[④] 简 4145、5179、6106、6666、6674、6701、6755、7602。

[⑤] 简 10242。

[⑥] 简 10268。

看来，以为以"妾"为名者必然是"已婚妇女"的推论，确实是错误的。

"妾"字的本义，是女子贱称。《说文·䇂部》："妾，有辠女子给事之得接于君者。"《礼记·曲礼下》"有妾"，郑玄注："妾，贱者。"《孝经·孝治章》"不敢失于臣妾"，郑玄注："妾，女子贱称。"《诗·小雅·正月》"并其臣仆"，郑玄笺："人之尊卑有十等"，孔颖达疏："妾，是贱者之定名。"

走马楼竹简所见女子以"妾"为名者，数量之多，仅次于"汝"，凡88例，频度为8.445%。"妾"，不过是女子取用的贱名，如同"婢"一样。

《嘉禾吏民田家莂》可见"李婢"姓名。① 走马楼竹简所见女子以"婢"为名者，有52例，频度为4.990%。

《说文·女部》："婢，女之卑者也。"段玉裁注："《内则》'父母有婢子'，郑曰：'所通贱人之子。'是婢为贱人也。而《曲礼》'自世妇以下，自称曰婢子'，《左传》秦穆姬言'晋君朝以入，则婢子夕以死'，是贵者以'婢子'自谦。'婢'亦称'婢子'，与《内则》'婢子'不同也。郑注《曲礼》曰：'婢之言卑也。'"② 除了《说文·女部》和《礼记·曲礼下》郑玄注以外，以"卑"释"婢"的，还有《左传·僖公二十二年》"寡君之使婢子侍执巾栉"，杜预注："婢子，妇人之卑称也。"③《史记》卷三九《晋世家》"秦使婢子侍"，裴骃《集解》引服虔曰："婢子，妇人之卑称也。"④ 可见"婢"的这一字义沿用相当长久。

"婢"用作人名，自然也有"自谦"的含义。但是其基本的字

---

① 出土编号2250，年代编号5.284。
② 〔汉〕许慎撰，〔清〕段玉裁注：《说文解字注》，上海古籍出版社据经韵楼臧版1981年影印版，第616页。
③ 〔春秋〕左丘明撰，〔晋〕杜预集解：《春秋左传集解》，上海人民出版社1977年版，第324页。
④ 〔汉〕司马迁：《史记》，中华书局1982年版，第1655、1656页。

义是"卑",这是应当明确的。

走马楼竹简中女子人名用字"妾"和"婢"合计140例,用字频度占总数1042例的13.436%,这一现象,是可以从一个侧面反映当时妇女地位的。

四、妇德的标志——"贞"和"思"

"思",在走马楼竹简所见女子人名用字中出现次数位列第三,仅次于"汝"和"妾"。"思"76例,频度为7.294%。"贞"字位列第10,计10例,频度为0.960%。

"思"字的解释有多种。一般直接的理解是计虑心念。但是"思"字其实原本有道德层面的意义。《尚书·洪范》"五曰'思'",孔安国传:"思,心虑所行。"① 汉代以来多把"思"作为一种智慧和道德双重兼备的要求。《说苑·建本》:"思虑者,智之道也。"② 《论衡·卜筮》:"思虑者,己之神也。"③《汉书》卷二七中之上《五行志中之上》:"经曰:'羞用五事。五事:一曰貌,二曰言,三曰视,四曰听,五曰思。貌曰恭,言曰从,视曰明,听曰聪,思曰睿。恭作肃,从作乂,明作悊,聪作谋,睿作圣。'"对于"思"和"睿",颜师古注引应劭的解释是"思,思虑","睿,通也,古文作'睿'。"④ 又《汉书》卷二七下之上《五行志下之上》又说:"传曰:'思心之不睿,是谓不圣。'"⑤ 将"思"作为女子道德标准之一,见于《列女传·贞顺·鲁寡陶婴》:

> 陶婴者,鲁陶门之女也。少寡,养幼孤,无强昆弟,纺绩为产。鲁人或闻其义,将求焉。婴闻之,恐不得免,

---

① 〔清〕阮元校刻:《十三经注疏》,中华书局据原世界书局缩印本1980年影印版,第188页。
② 〔汉〕刘向撰,向宗鲁校证:《说苑校证》,中华书局1987年版,第65页。
③ 黄晖:《论衡校释》(附刘盼遂集解),中华书局1990年版,第1000页。
④ 〔汉〕班固:《汉书》,中华书局1962年版,第1351页。
⑤ 《汉书》,第1441页。

作歌明己之不更二也。其歌曰:"悲黄鹄之早寡兮,七年不双。宛颈独宿兮,不与众同。夜半悲鸣兮,想其故雄。天命早寡兮,独宿何伤。寡妇念此兮,泣下数行。呜呼哀哉兮①,死者不可忘。飞鸟尚然兮,况于贞良。虽有贤雄兮,终不重行。"鲁人闻之曰:"斯女不可得已。"遂不敢复求。婴寡,终身不改。君子谓陶婴贞壹而思。《诗》云:"心之忧兮,我歌且谣。"此之谓也。

  颂曰:陶婴少寡,纺绩养子。或欲取焉,乃自修理。作歌自明,求者乃止。君子称扬,以为女纪。②

所谓"君子谓陶婴贞壹而思",以"贞壹而思"四字,将"思"和"贞"合构,成为一个道德组合。

  "贞"作为对妇女的道德要求,在秦始皇时代已经见于官方宣传。③陶婴之歌所谓"贞良",反映"贞"的意识已经深入于女子精神之中。汉代妇女人名用"贞"字,已有学者指出"贾长儿之妻名贞(《汉书·史皇孙王夫人传》),史良娣之母名贞君(《汉书·史良娣传》)"等例,以为以"尚贞操"命名。④

  "思"和"贞"作为女子人名用字,在走马楼竹简中合计86例,频度为8.253%。

---

① 《太平御览》卷四四一、卷五七二引文均作"呜呼悲兮"。
② 〔汉〕刘向撰,张涛译注:《列女传译注》卷四《贞顺·鲁寡陶婴》,山东大学出版社1990年版,第158页。
③ 《史记》卷六《秦始皇本纪》载琅邪刻石:"皇帝之明,临察四方。尊卑贵贱,不逾次行。奸邪不容,皆务贞良。细大尽力,莫敢怠荒。远迩辟隐,专务肃庄。端直敦忠,事业有常。"中华书局1982年版,第245页。又会稽刻石明确说到"宣省习俗"事:"皇帝并宇,兼听万事,远近毕清。运理群物,考验事实,各载其名。贵贱并通,善否陈前,靡有隐情。饰省宣义,有子而嫁,倍死不贞。防隔内外,禁止淫泆,男女洁诚。夫为寄豭,杀之无罪,男秉义程。妻为逃嫁,子不得母,咸化廉清。大治濯俗,天下承风,蒙被休经。皆遵度轨,和安敦勉,莫不顺令。黔首修絜,人乐同则,嘉保太平。后敬奉法,常治无极,舆舟不倾。"第262页。
④ 张孟伦:《汉魏人名考》,兰州大学出版社1988年版,第70页。

其他可以感觉到道德意义的人名用字，走马楼竹简女子名字中还有"端"2例，"慈"1例，"敦"1例，"廉"1例，"昚"1例①，"壹"1例等。"从"字出现凡4例，或许也可以与女德相联系。

有学者分析，现代女子起名有这样的特点："常取表现妇女道德的字。如淑、静、雅、贞、洁、娴、婧、婉、琴等等，这些字表示的是文雅、和顺、安静、有才的意思。"②所举字例是否都是"表现妇女道德的字"，尚可商榷。然而所指出的女子人名取用与"妇女道德"有关的字的情形，从走马楼竹简的资料看，历史已经相当久远了。

五、人名用字和妇女社会生产职任的关联

人名用字可以体现与经济生活有关的信息。高凯对《嘉禾吏民田家莂》的研究，已经发现"吏民名字多有与钱、布、粮等字眼相关者"，如糜、麦、谷、粟、嶽、仓、囷、囤、肥、市、斗、斛、钟、买、布、帛、金、银、饶、裕、富、寿、浇、租等。③其中囷、肥、寿、浇等字是否与"钱、布、粮等相关"，似乎还可以讨论。走马楼竹简中的女子人名用字，也多有体现出经济色彩者，如："金"17例，"银"4例，"钱"2例，等等。命名为"泉"的1例，或许也与"钱"有关。

从"贝"的字作为女子人名，也是耐人寻味的。例如，走马楼竹简可见："财"3例，"贵"3例，"卖"2例，"赞"2例，"贷"1例，"贡"1例，"买"1例，"镨"1例，"责"1例，等等。"赀"作为人名也有1例，其字义与"资"的关系，也是大家所熟知的。这些迹象，寄托着命名者财富增殖的祈望，或许也可以看作妇女参与财务经营和管理的反映。

---

① "昚"，即"慎"。
② 中国社会科学院语言文字应用研究所汉字整理研究室：《人名用字和性别的关系》，见中国社会科学院语言文字应用研究所汉字整理研究室编：《姓氏人名用字分析统计》，语文出版社1991年版，第455页。
③ 高凯：《从走马楼吴简〈吏民田家莂〉看孙吴初期长沙郡民的起名风俗》，载《寻根》2001年第2期。

男女耕织的分工很早就已经大体明确。汉代"织女"神话的风行①，体现出"女织"这一社会生产职任的确定。所谓"一女不织，或受之寒"②，"一女不织，或受其寒"③，都说明了这一事实。《三国志》卷六五《吴书·华覈传》记载华覈上疏："今吏士之家，少无子女，多者三四，少者一二，通令户有一女，十万家则十万人，人织绩一岁一束，则十万束矣。使四疆之内同心戮力，数年之间，布帛必积。恣民五色，惟所服用，但禁绮绣无益之饰。且美貌者不待华采以崇好，艳姿者不待文绮以致爱，五采之饰，足以丽矣。"④其说可以直接说明三国吴地纺织业成就中妇女的作用。

走马楼竹简中可以体现"女织"的女子人名用字，首先可以看到"桑"1例，"帛"1例，"麻"1例，等等。又多有从"糸"的字作为女子人名，如：

"糸"8例⑤；

"絮"5例⑥；

"紫"4例⑦；

---

① 《史记》卷二七《天官书》说到"织女"星，言："织女，天女孙也。"《史记》，第1311页。

② 《汉书》卷二四上《食货志上》，第1128页。

③ 〔晋〕陈寿撰，〔宋〕裴松之注：《三国志》卷六五《吴书·华覈传》，中华书局1959年版，第1468页。

④ 《三国志》，第1469页。

⑤ 《说文·糸部》："糸，细丝也。象束丝之形。"段玉裁注："丝者，蚕所吐也。细者微也。细丝曰糸。"《说文解字注》，第643页。

⑥ 《说文·糸部》："絮，敝緜也。"段玉裁注："绵者，联微也。因以为絮之称。敝者，败衣也。因以为孰之称。敝绵，孰绵也。是之谓絮。凡絮必丝为之。古无今之木绵也。以絮纳袷衣间为袍，曰褚，亦曰装。褚亦作著。以麻缊为袍亦曰褚。"又《说文·衣部》："襺，袍衣也。从衣，茧声。以絮曰襺，以缊曰袍。"《说文解字注》，第659、391页。

⑦ 《说文·糸部》："紫，帛青赤色。"段玉裁注："青当作黑。"《说文解字注》，第651页。《释名·释采帛》："紫，疵也，非正色；五色之疵瑕，以惑人者也。"任继昉纂：《释名汇校》，齐鲁书社2006年版，第225页。

"罗" 3 例①；

"绩" 2 例，"绮" 2 例，"丝" 2 例②；

"纯" 1 例，"纪" 1 例，"纂" 1 例，"练" 1 例，"络" 1 例，"素" 1 例，"细" 1 例，"绢" 1 例，"缘" 1 例，"约" 1 例，"缯" 1 例，"纸" 1 例；③ "给" 1 例④；"绞" 1 例⑤；"绯" 1 例⑥；"绵" 1 例；

以上合计 42 例。共涉及 23 字，在走马楼竹简人名用字总数 390 字中，

---

① 《淮南子·齐俗》："弱緆罗纨"，高诱注："罗，縠也。"何宁：《淮南子集释》，中华书局 1998 年版，第 763 页。《释名·释采帛》："罗，文疎罗也。"《释名汇校》，第 232 页。

② 《说文·糸部》："绩，缉也。"段玉裁注："绩之言积也。积短为长，积少为多。"《说文·糸部》："绮，文缯也。"段玉裁注："言缯之有文者也。文者，错画也。"《说文·丝部》："丝，蚕所吐也。"《说文解字注》，第 660、648、663 页。

③ 《说文·糸部》："纯，丝也。""纪，别丝也。"段玉裁注："'别丝'，各本作'丝别'。《檓朴》正义引'纪，别丝也'，又云'纪者，别理丝缕'，今依以正。别丝者，一丝必有其首，别之是为纪。"《说文·糸部》："纂，缀得理也。一曰大索也。"段玉裁注："缀者，合箸也。合箸得其理，则有条不紊，是曰纂。"《说文·糸部》："练，湅缯也。""络，絮也。一曰麻未沤也。"段玉裁注："今人'联络'之言，盖本于此。……未沤者曰'络'，犹生丝之未湅也。"《说文·糸部》："细，微也。"段玉裁注："微者，眇也。眇，今之妙字。"《说文·糸部》："绢，缯如麦稻色。""缘，衣纯也。""约，缠束也。"段玉裁注："束者，缚也。引申为俭约。"《说文·糸部》："缯，帛也。""纸，絮一笘也。"《说文·素部》："素，白致缯也。"段玉裁注："素，缯之白而细者也。"《说文解字注》，第 643、645、656、648、659、646、649、654、647、648、659、662 页。

④ 朱骏声《说文通训定声·临部》："给，相足也。从糸合声。按此字当训'相续'也，故从糸，与'缉'略同。"〔清〕朱骏声：《说文通训定声》，武汉古籍书店 1983 年影印版，第 109 页。

⑤ 《礼记·杂记上》"大夫不揄绞"，郑玄注："采青黄之间曰'绞'。"《十三经注疏》，第 1552 页。《释名·释丧制》："绞带，绞麻缌为带也。"《释名汇校》，第 473 页。

⑥ 朱骏声《说文通训定声·履部》："翡，赤羽雀也。……字亦作'绯'。《说文新附》：'绯，帛赤色也。'"〔清〕朱骏声：《说文通训定声》，武汉古籍书店 1983 年影印版，第 554 页。

占 5.897%。这一现象，作为妇女在当时重要产业纺织业中重要作用的反映，显然有值得关注的意义。

当然，生活在农业社会的基层，女子的生产职任不可能与农耕完全无关。走马楼简牍中一些女子担当"户人"的责任，说明她们也是田间农作的主力。与田事有关的女子名字，则有："麦"5例、"米"2例、"禾"1例、"豆"3例、"巇"1例、"仓"3例、"佃"1例、"甽"1例、"田"1例、"园"1例、"稠"1例①、"秭"1例②，等等。

六、"女性的特征"及其他信息

有学者在分析现代女性人名用字的特点时，指出："在我们民族的传统中，男子和女子的名字一般是要有区别的。特别是女子的名字，总要反映出女性的特征来。"研究者又分别指出如下现象：（1）"常取表现美貌的字。如姗、姣、娟、娥、婵、嫦、婍、婉、妙、媛、婷、妍、嫣、娜、娇、媚、丽、美、艳、彩、仙、俊等等，这些字都是形容容貌、姿态的美好。"（2）"有时借用他物来形容美貌。如用花草的名称或开花的状态形容：兰、桂、梅、萍、芝、莲、菊、蓉、莉、薇、苹、桃、柳、芸、荷、蕾、蓓、蕊、菲、玫、茜、英、秀、华、芳、荣、花、芬、香、馨等等。"（3）"或用自然界的季节、美好的景物来形容：春、秋、霞、月、雪等等。"（4）"或用美丽的鸟儿来形容：凤、燕、雁、莺、鹭等等。"（5）"常取表示珍贵的字。如玉、珍、玲、琼、宝、翠、珠、碧、瑞、莹、瑛、珊、琦、瑜、琳、璇、玮、珏、璐等等。这些字男子也用，但女子用得更多些。"③

---

① 《说文·禾部》："稠，多也。"段玉裁注："本谓禾也，引申为凡多之称。《小雅》'绸直如发。'叚绸为稠也。"《说文解字注》，第321页。
② 《说文·禾部》："秭，禾皃皃。"段玉裁注："皃，今摇字。今俗语说动摇之皃曰秭，即此字也。"《说文解字注》，第325页。
③ 《人名用字和性别的关系》，见中国社会科学院语言文字应用研究所汉字整理研究室编：《姓氏人名用字分析统计》，第455页。

这里指出的特征，确实表现出传统的力量。从走马楼竹简提供的资料看，（1）中所举字例，简文所见女子人名已有"媚"1例，"妙"1例，"彩"1例，"仙"1例。当然，其中"媚"是否"表现美貌"，尚有疑问。① 又有"婎"1例②，"曼"1例，似乎也可看作"表现美貌的字"。"尧"1例，或许通于"娆"。③（2）中所举字例，走马楼竹简可见"兰"1例，"华"5例，"荣"1例，"香"1例。"华"字出现最多，反映了汉代以来女子人名习用此字的情形。张孟伦分析汉魏女子名字，曾经说道："美观文饰曰华，故以华命名，其颜容艳美，足可倾城倾国。然汉有长御倚华（《汉书·戾太子传》），贵人曹华（《汉书·曹后传》），而南阳且有阴丽华。刘秀闻阴丽华美而心悦，至叹曰：

---

① 《说文·女部》："媚，说也。"段玉裁注："'说'，今'悦'字也。《大雅》毛传曰：'媚，爱也。'"《说文解字注》，第617页。睡虎地秦简《日书》甲种"·衣"题下说到"媚人"情形。睡虎地秦简《日书》甲种又有"妇不媚于君"句（一四背伍）。"衣良日"题下又说到"丁丑材衣，媚人"（一一三背至一一四背）。睡虎地秦简《日书》乙种亦可见："丁巳生，谷，媚人。"（二四六）"媚人"，有学者译作"惹人喜爱"。吴小强：《秦简日书集释》，岳麓书社2000年版，第43页。其实，《日书》此所谓"媚人"，不是一般的"惹人喜爱"，当特指性爱关系，与汉代所谓"妇人媚道"（《汉书》卷九七上《外戚传上·孝武陈皇后》，《周礼·天官·内宰》郑玄注）及"媚惑"（《后汉书》卷三四《梁冀传》）之术类近。春秋时已有以"媚人"为名号者。《左传·成公二年》："齐侯使宾媚人赂以纪甗、玉磬与地。不可，则听客之所为。宾媚人致赂。晋人不可。"《春秋左传集解》，第643页。

② 《说文·女部》："婎，姿婎，恣也。一曰丑也。"段玉裁注："《集韵》《类韵》皆云：姿婎，自纵皃。此许义也。"《说文解字注》，第624页。《释名·释姿容》："姿，资也。资，取也，形貌之禀，取为资本也。"《释名汇校》，第122页。《慧琳音义》卷一七"姿艳"条："《字书》云：姿，仪皃也。《苍颉篇》云：容媚也。《说文》云：态也。""《文字集略》云：艳，美色也。《说文》：好而长。"徐时仪校注：《一切经音义三种校本合刊》，上海古籍出版社2008年版，第791页。

③ 张孟伦《汉魏人名考》写道："娆，妍媚美丽的意思。东汉宋子侯有一首乐府诗，吟咏一个年轻美貌的女郎董娇饶（又作娆），首在春景妩媚中，便逗引出盛年人合欢的影子（见《玉台新咏》《乐府诗集》）。"第68—69页。

'娶妻当得阴丽华'(《后汉书·阴后纪》)。"① 其他若干从艸的字，如"苦"4例②，"荵"3例③，"萌"3例④，"药"2例⑤，"薄"1例⑥，"蔡"1例⑦，"草"1例，"董"1例，"葵"1例，"茑"1例⑧，"蒲"1例⑨，"苏"1例，"叶"1例，等等，或许也可以从娇柔富有生机的角度理解其意义。"杨"1例，当与桂、梅、桃、柳等类同。通过人名采用草木名的情形，我们可以了解当时民间的植物学知识，以及人们爱重自然的情感。（3）走马楼竹简可见"秋"1例。

---

① 《汉魏人名考》，第69页。
② 《说文·艸部》："苦，大苦，苓也。"段玉裁注："见《邶风》《唐风》毛传。《释艸》苓作蘦，孙炎注云：今甘艸也。"沈括《笔谈》云：《尔雅》蘦大苦注云：蔓延生，叶似荷青，茎赤。此乃黄药也。其味极苦，谓之大苦。"《说文解字注》，第27页。
③ 《说文·艸部》："荵，艸也。"《说文解字注》，第26页。《急就篇》卷四"雷矢藋菌荵兔卢"，颜师古注："荵草，治久咳，杀皮肤小虫，又可以染黄而作金色。"管振邦译注，宙浩审校：《颜注急就篇译释》，南京大学出版社2009年版，第235页。
④ 《说文·艸部》："萌，艸木芽也。"段玉裁注："木字依《玉篇》补。《说文》以'艸木芽''艸木榦''艸木叶'联缀成文。'萌''芽'析言则有别。"《说文解字注》，第37页。
⑤ 《淮南子·修务》"身若秋药被风"，高诱注："药，白芷，香草也。"《淮南子集释》，第1367页。
⑥ 《淮南子·主术》："孔、墨博通，而不能与山居者入榛薄险阻也。"高诱注："聚木为榛，深草为薄。"何宁：《淮南子集释》，中华书局1998年版，第625页。《说文·艸部》："薄，林薄也。"段玉裁注："《吴都赋》：'倾薮薄。'刘注曰：薄，不入之丛也。按林木相迫不可入曰薄。"《说文解字注》，第41页。
⑦ 《说文·艸部》："蔡，艸丰也。"段玉裁注："艸生之散乱也。"《说文解字注》，第40页。
⑧ 《说文·艸部》："茑，寄生艸也。从艸，鸟声。《诗》曰：'茑与女萝。'"段玉裁注："艸字各本脱。依《毛诗音义》及《韵会》补。"《说文解字注》，第31页。
⑨ 《说文·艸部》："蒲，水艸也。或以作席。"段玉裁注："《周礼》祭祀席有蒲筵。"《说文解字注》，第28页。《诗·王风·扬之水》"不流束蒲"，郑玄笺："蒲，蒲柳。"《十三经注疏》，第311页。

(4)一类，则有"燕"3例，又有"鸾"1例，也值得注意。(5)"取表示珍贵的字"，走马楼竹简资料可见"宝"1例，"珠"1例。① 又有"琕"1例，字亦从玉。

走马楼竹简所见女子人名用字中多见从水的字，也应当引起人们关注。除上文讨论过的"汝"142例外，又如："湘"3例，"洎"2例，"泠"2例，"泊"1例，"澈"1例，"浩"1例，"湖"1例，"派"1例，"潘"1例，"沙"1例，"潭"1例，"演"1例，"沅"1例，"沄"1例，"泽"1例，等等。出现频度也相当高。这一情形，或许与地处水乡的地理背景有关，然而也是在分析女子人名用字的规律时不宜忽视的。

走马楼竹简提供的有关女子名字的资料中，从辵的字亦多见。如："连"5例，"还"2例，"进"2例，"逢"1例，"迷"1例，"逮"1例，"送"1例，"巡"1例，"这"1例，等等。又如"足"1例，"转"1例，以及"来"3例，"止"2例，等等，也与行止等交通行为有一定关系。此外，"车"1例，"驰"1例，"骑"1例，等等，都体现等级较高的交通形式，作为一般平民女子名字，也都值得我们深思。

张孟伦《汉魏人名考》有"几种特殊的女子名字"一节，其中说到人名用字"姜"："姜，自春秋以来既为贵族妇女之通称，时至汉、魏，则不但有上蔡令甄逸（魏文帝岳父）之长女名姜（《魏志·后妃传》注引《魏书》《续后汉书·曹丕甄后传》），而且民间女子，也有名姜的（《魏志·周宣传》）。至于慈爱温仁，抚养前妻四子的汉中李穆姜；起兵抗乱而代丈夫被杀的犍为赵媛姜（《后汉书·列女传》）；则更是'才行尤高秀者'。"② 走马楼竹简所见女子人名，也有两例名"姜"的，同样是"民间女子"以"姜"字命名的例证。

---

① 张孟伦《汉魏人名考》说："珠玉光润滑泽，明丽动人。故称女子为珠娘（《闽小记》），美貌为玉面（《公羊传》宣12）。汉女子以珠玉为名的，则有彭宠之女彭珠（《后汉书·彭宠传》），缑氏之女缑玉（《后汉书·申屠蟠传》），宫人赵玉（《后汉书·邓后纪》）。"第69页。

② 《汉魏人名考》，第71页。

七、附议：男人女名现象

明人余寅《同姓名录》卷四有"同女人名"一类，列举"男女同姓名者"12例：孟光、李平、徐淑、李秀、巨灵、弃、孙寿、蔡琰、曹节、王舜、王粲、薛涛。①明人曹安《谰言长语》说行酒令事："又以妇人名如男子者，予言蔡琰、薛涛、崔徽。"②可见男女同名的现象很早就已经有人注意。

走马楼简牍中有男女人名用字共同的现象，有学者称之为"中性的名字"③。

有学者讨论历史上男女名字互用的现象，称之为"女子男名、男子女名"。这种现象或许对于说明古代性别关系的复杂性，有一定意义。不过，"女子男名"，许多只是使用了男女可以共用的，即所谓"中性"的字。而"男子女名"，则比较容易做出明确判断。

张孟伦《汉魏人名考》对于汉魏时期"男子女名"现象，有这样的分析：

> 汉魏时代，男以女名的，则有：和陈平同为阳武户牖乡人的富户张负。负，本为妇人老宿之称。经司马贞《索隐》（《史记·陈丞相世家》），周寿昌（《汉书注校补》卷32）考证，张负之是丈夫，已是无疑。王鸣盛又坚定地指出"此张负则是男子"（《十七史商榷·张负》），就不必再说了。
>
> 再如，《汉书·郊祀志下》的丁夫人，又是一位男子，而以女性女名的。周寿昌就曾指出："案此亦如战国时善为匕首者，名为徐夫人，皆男而女名也。"（《汉书注校补》卷18）④

---

① 〔明〕余寅：《同姓名录》卷四，上海古籍出版社1992年版，第102页上。

② 〔明〕曹安辑：《谰言长语》卷下，中华书局1991年版，第31页。

③ 高凯：《从走马楼吴简〈吏民田家莂〉看孙吴初期长沙郡民的起名风俗》，载《寻根》2001年第2期。

④ 〔清〕周寿昌：《汉书注校补》卷一八，中华书局1985年版，第271页。

又，《吴志·陆逊传》中所载造营府之论，而为逊所谏的暨艳，当又是个男人而女名者。①

走马楼竹简中有明确可知为"男子女名"的实例。如有男子名"妾"者：

  妾妻车年十五筭一　　　　　　　　　　　8645

这位名"妾"的"户人"同样"是丈夫，已是无疑"。走马楼竹简又可见男子名"婢"者：

  长子男婢年廿筭一　婢男弟道……　　　8432

这位以"婢"命名的人，是某人的"长子男"，性别是明确的。又如：

  □丘大男区鯯付主库吏殷　　　　　　　　1579

  姊妻大女明年廿六　　　　　　　　　　　9077

"区鯯"是"大男"。"姊妻大女明年廿六"简例中的"姊"，同前引"妾妻车年十五筭一"中的"妾"一样，也是"丈夫"。这种男子定名时取用从女的字的情形，又有：

  □户下奴□长五尺　　　　　　　　　　　7665

这位"户下奴"的名字残缺，但是这枚简的释文下有整理组注释："'户下奴'下上半残缺，下半从'女'。"②可见他也取用了从女的字以为人名。"大男区鯯""明"的丈夫"姊"，以及这位"户下奴"，也都应当看作"男子女名"的实例。

  至于当时"男子女名"这种现象发生的原因，目前似乎尚不能进行确切的说明。

  这里就已经发表的走马楼竹简中有关女子名字的资料进行了初步的研究。所谓"初步"，绝不是谦辞。因为确如王素所说，"竹简的绝大部分毕竟尚未整理，里面究竟有些什么资料，目前还不能完全断言"③。

---

① 《汉魏人名考》，第 71 页。
② 《长沙走马楼三国吴简·竹简〔壹〕》下册，第 1053 页。
③ 王素:《长沙走马楼三国吴简研究的回顾与展望》，载《中国历史文物》2004 年第 1 期。

走马楼竹简女子人名用字频度表[①]

序号	字头	出现次数	频度%	累计频度%
1	汝	142	13.628	13.628
2	妾	88	8.445	22.073
3	思	76	7.294	29.367
4	姑	67	6.430	35.797
5	婢	52	4.990	40.787
6	金	17	1.631	42.418
7	儿	15	1.440	43.858
8	阿	14	1.344	45.202
9	客	12	1.152	46.354
10	贞	10	0.960	47.314
11	糸	8	0.768	48.082
12	小	8	0.768	48.850
13	女	7	0.672	49.522
14	鼠	7	0.672	50.194
15	华	5	0.480	50.674
16	连	5	0.480	51.154
17	麦	5	0.480	51.634
18	取	5	0.480	52.114
19	生	5	0.480	52.594
20	絮	5	0.480	53.074
21	从	4	0.384	53.458
22	黄	4	0.384	53.842
23	苦	4	0.384	54.226
24	陵	4	0.384	54.610
25	青	4	0.384	54.994
26	箄	4	0.384	55.378
27	易	4	0.384	55.762
28	意	4	0.384	56.146
29	银	4	0.384	56.530
30	紫	4	0.384	56.914

① 统计人次总数1042，人名用字总数390。

续表

序号	字头	出现次数	频度%	累计频度%
31	财	3	0.288	57.202
32	仓	3	0.288	57.490
33	当	3	0.288	57.778
34	豆	3	0.288	58.066
35	番	3	0.288	58.354
36	贵	3	0.288	58.642
37	见	3	0.288	58.930
38	苀	3	0.288	59.218
39	来	3	0.288	59.506
40	了	3	0.288	59.794
41	罗	3	0.288	60.082
42	萌	3	0.288	60.370
43	如	3	0.288	60.658
44	双	3	0.288	60.946
45	笋	3	0.288	61.234
46	湘	3	0.288	61.522
47	心	3	0.288	61.810
48	燕	3	0.288	62.098
49	宗	3	0.288	62.386
50	最	3	0.288	62.674
51	安	2	0.192	62.866
52	初	2	0.192	63.058
53	处	2	0.192	63.250
54	端	2	0.192	63.442
55	多	2	0.192	63.634
56	凡	2	0.192	63.826
57	非	2	0.192	64.018
58	盖	2	0.192	64.210
59	合	2	0.192	64.402
60	胡	2	0.192	64.594
61	还	2	0.192	64.786

续表

序号	字头	出现次数	频度%	累计频度%
62	绩	2	0.192	64.978
63	洎	2	0.192	65.170
64	监	2	0.192	65.362
65	姜	2	0.192	65.554
66	进	2	0.192	65.746
67	泠	2	0.192	65.938
68	卖	2	0.192	66.130
69	米	2	0.192	66.322
70	南	2	0.192	66.514
71	囊	2	0.192	66.706
72	能	2	0.192	66.898
73	牛	2	0.192	67.090
74	偶	2	0.192	67.282
75	奇	2	0.192	67.474
76	绮	2	0.192	67.666
77	钱	2	0.192	67.858
78	饶	2	0.192	68.050
79	若	2	0.192	68.242
80	石	2	0.192	68.434
81	丝	2	0.192	68.626
82	腾	2	0.192	68.818
83	土	2	0.192	69.010
84	吴	2	0.192	69.202
85	息	2	0.192	69.394
86	香	2	0.192	69.586
87	延	2	0.192	69.778
88	养	2	0.192	69.970
89	药	2	0.192	70.162
90	仪	2	0.192	70.354
91	宜	2	0.192	70.546
92	殷	2	0.192	70.738

续表

序号	字头	出现次数	频度%	累计频度%
93	员	2	0.192	70.930
94	在	2	0.192	71.122
95	赞	2	0.192	71.314
96	瞻	2	0.192	71.506
97	兆	2	0.192	71.698
98	止	2	0.192	71.890
99	主	2	0.192	72.082
100	罢	1	0.096	72.178
101	白	1	0.096	72.274
102	半	1	0.096	72.370
103	宝	1	0.096	72.466
104	鹝	1	0.096	72.562
105	毕	1	0.096	72.658
106	播	1	0.096	72.754
107	帛	1	0.096	72.850
108	泊	1	0.096	72.946
109	薄	1	0.096	73.042
110	彩	1	0.096	73.138
111	蔡	1	0.096	73.234
112	草	1	0.096	73.330
113	岑	1	0.096	73.426
114	长	1	0.096	73.522
115	车	1	0.096	73.618
116	澈	1	0.096	73.714
117	称	1	0.096	73.810
118	成	1	0.096	73.906
119	驰	1	0.096	74.002
120	赤	1	0.096	74.098
121	充	1	0.096	74.194
122	崇	1	0.096	74.290
123	稠	1	0.096	74.386

续表

序号	字头	出现次数	频度%	累计频度%
124	窗	1	0.096	74.482
125	纯	1	0.096	74.578
126	慈	1	0.096	74.674
127	聪	1	0.096	74.770
128	鐺	1	0.096	74.866
129	待	1	0.096	74.962
130	贷	1	0.096	75.058
131	导	1	0.096	75.154
132	登	1	0.096	75.250
133	佃	1	0.096	75.346
134	定	1	0.096	75.442
135	东	1	0.096	75.538
136	董	1	0.096	75.634
137	鏻	1	0.096	75.730
138	敦	1	0.096	75.826
139	恶	1	0.096	75.922
140	绯	1	0.096	76.018
141	分	1	0.096	76.114
142	丰	1	0.096	76.210
143	逢	1	0.096	76.306
144	拾	1	0.096	76.402
145	给	1	0.096	76.498
146	缱	1	0.096	76.594
147	耿	1	0.096	76.690
148	贡	1	0.096	76.786
149	古	1	0.096	76.882
150	规	1	0.096	76.978
151	国	1	0.096	77.074
152	浩	1	0.096	77.170
153	禾	1	0.096	77.266
154	盍	1	0.096	77.362

续表

序号	字头	出现次数	频度%	累计频度%
155	黑	1	0.096	77.458
156	侯	1	0.096	77.554
157	厚	1	0.096	77.650
158	湖	1	0.096	77.746
159	姃	1	0.096	77.842
160	吉	1	0.096	77.938
161	急	1	0.096	78.034
162	纪	1	0.096	78.130
163	忌	1	0.096	78.226
164	寄	1	0.096	78.322
165	兼	1	0.096	78.418
166	简	1	0.096	78.514
167	蝻	1	0.096	78.610
168	健	1	0.096	78.706
169	角	1	0.096	78.802
170	绞	1	0.096	78.898
171	节	1	0.096	78.994
172	镢	1	0.096	79.090
173	禁	1	0.096	79.186
174	惊	1	0.096	79.282
175	晶	1	0.096	79.378
176	精	1	0.096	79.474
177	窘	1	0.096	79.570
178	酒	1	0.096	79.666
179	巨	1	0.096	79.762
180	钜	1	0.096	79.858
181	绢	1	0.096	79.954
182	开	1	0.096	80.050
183	可	1	0.096	80.146
184	剋	1	0.096	80.242
185	葵	1	0.096	80.338

续表

序号	字头	出现次数	频度%	累计频度%
186	兰	1	0.096	80.434
187	乐	1	0.096	80.530
188	雷	1	0.096	80.626
189	累	1	0.096	80.722
190	历	1	0.096	80.818
191	吏	1	0.096	80.914
192	廉	1	0.096	81.010
193	练	1	0.096	81.106
194	猎	1	0.096	81.202
195	廪	1	0.096	81.298
196	领	1	0.096	81.394
197	刘	1	0.096	81.490
198	娄	1	0.096	81.586
199	镂	1	0.096	81.682
200	卯	1	0.096	81.778
201	络	1	0.096	81.874
202	麻	1	0.096	81.970
203	买	1	0.096	82.066
204	曼	1	0.096	82.162
205	毛	1	0.096	82.258
206	媚	1	0.096	82.354
207	嫩	1	0.096	82.450
208	迷	1	0.096	82.546
209	靡	1	0.096	82.642
210	绵	1	0.096	82.738
211	勉	1	0.096	82.834
212	妙	1	0.096	82.930
213	民	1	0.096	83.026
214	旻	1	0.096	83.122
215	名	1	0.096	83.218
216	明	1	0.096	83.314

续表

序号	字头	出现次数	频度%	累计频度%
217	末	1	0.096	83.410
218	莫	1	0.096	83.506
219	木	1	0.096	83.602
220	乃	1	0.096	83.698
221	男	1	0.096	83.794
222	难	1	0.096	83.890
223	茑	1	0.096	83.986
224	宁	1	0.096	84.082
225	农	1	0.096	84.178
226	杷	1	0.096	84.274
227	派	1	0.096	84.370
228	潘	1	0.096	84.466
229	埤	1	0.096	84.562
230	锫	1	0.096	84.658
231	平	1	0.096	84.754
232	蒲	1	0.096	84.850
233	妻	1	0.096	84.946
234	其	1	0.096	85.042
235	骑	1	0.096	85.138
236	杞	1	0.096	85.234
237	起	1	0.096	85.330
238	锶	1	0.096	85.426
239	镈	1	0.096	85.522
240	顷	1	0.096	85.618
241	穷	1	0.096	85.714
242	秋	1	0.096	85.810
243	逑	1	0.096	85.906
244	曲	1	0.096	86.002
245	屈	1	0.096	86.098
246	泉	1	0.096	86.194
247	𠙽	1	0.096	86.290

续表

序号	字头	出现次数	频度%	累计频度%
248	珊	1	0.096	86.386
249	仍	1	0.096	86.482
250	荣	1	0.096	86.578
251	容	1	0.096	86.674
252	瑞	1	0.096	86.770
253	仁	1	0.096	86.866
254	桑	1	0.096	86.962
255	沙	1	0.096	87.058
256	上	1	0.096	87.154
257	尚	1	0.096	87.250
258	少	1	0.096	87.346
259	摄	1	0.096	87.442
260	身	1	0.096	87.538
261	昚	1	0.096	87.634
262	甚	1	0.096	87.730
263	识	1	0.096	87.826
264	矢	1	0.096	87.922
265	使	1	0.096	88.018
266	仕	1	0.096	88.114
267	市	1	0.096	88.210
268	事	1	0.096	88.306
269	是	1	0.096	88.402
270	束	1	0.096	88.498
271	蒴	1	0.096	88.594
272	巳	1	0.096	88.690
273	伺	1	0.096	88.786
274	肆	1	0.096	88.882
275	送	1	0.096	88.978
276	苏	1	0.096	89.074
277	素	1	0.096	89.170
278	孙	1	0.096	89.266

续表

序号	字头	出现次数	频度%	累计频度%
279	潭	1	0.096	89.362
280	唐	1	0.096	89.458
281	镗	1	0.096	89.554
282	惕	1	0.096	89.650
283	田	1	0.096	89.746
284	亭	1	0.096	89.842
285	通	1	0.096	89.938
286	头	1	0.096	90.034
287	秃	1	0.096	90.130
288	退	1	0.096	90.226
289	屯	1	0.096	90.322
290	乇	1	0.096	90.418
291	万	1	0.096	90.514
292	王	1	0.096	90.610
293	柱	1	0.096	90.706
294	微	1	0.096	90.802
295	尾	1	0.096	90.898
296	未	1	0.096	90.994
297	尉	1	0.096	91.090
298	文	1	0.096	91.186
299	仵	1	0.096	91.282
300	伍	1	0.096	91.378
301	武	1	0.096	91.474
302	舞	1	0.096	91.570
303	西	1	0.096	91.666
304	细	1	0.096	91.762
305	仙	1	0.096	91.858
306	县	1	0.096	91.954
307	项	1	0.096	92.050
308	谢	1	0.096	92.146
309	忻	1	0.096	92.242

续表

序号	字头	出现次数	频度%	累计频度%
310	新	1	0.096	92.338
311	兴	1	0.096	92.434
312	熊	1	0.096	92.530
313	寻	1	0.096	92.626
314	璕	1	0.096	92.722
315	胭	1	0.096	92.818
316	言	1	0.096	92.914
317	颜	1	0.096	93.010
318	演	1	0.096	93.106
319	羊	1	0.096	93.202
320	阳	1	0.096	93.298
321	杨	1	0.096	93.394
322	易	1	0.096	93.490
323	羕	1	0.096	93.586
324	尧	1	0.096	93.682
325	要	1	0.096	93.778
326	也	1	0.096	93.874
327	野	1	0.096	93.970
328	叶	1	0.096	94.066
329	枼	1	0.096	94.162
330	衣	1	0.096	94.258
331	壹	1	0.096	94.354
332	移	1	0.096	94.450
333	颐	1	0.096	94.546
334	以	1	0.096	94.642
335	异	1	0.096	94.738
336	益	1	0.096	94.834
337	谊	1	0.096	94.930
338	翼	1	0.096	95.026
339	寅	1	0.096	95.122
340	鄞	1	0.096	95.218

续表

序号	字头	出现次数	频度%	累计频度%
341	婴	1	0.096	95.314
342	营	1	0.096	95.410
343	用	1	0.096	95.506
344	慵	1	0.096	95.602
345	佑	1	0.096	95.698
346	鱼	1	0.096	95.794
347	聿	1	0.096	95.890
348	誉	1	0.096	95.986
349	豫	1	0.096	96.082
350	元	1	0.096	96.178
351	瑗	1	0.096	96.274
352	沅	1	0.096	96.370
353	原	1	0.096	96.466
354	缘	1	0.096	96.562
355	掾	1	0.096	96.658
356	约	1	0.096	96.754
357	悦	1	0.096	96.850
358	沄	1	0.096	96.946
359	韵	1	0.096	97.042
360	早	1	0.096	97.138
361	蚤	1	0.096	97.234
362	泽	1	0.096	97.330
363	责	1	0.096	97.426
364	增	1	0.096	97.522
365	缯	1	0.096	97.618
366	张	1	0.096	97.714
367	昭	1	0.096	97.810
368	诏	1	0.096	97.906
369	这	1	0.096	98.002
370	针	1	0.096	98.098
371	烝	1	0.096	98.194

续表

序号	字头	出现次数	频度%	累计频度%
372	枝	1	0.096	98.290
373	揩	1	0.096	98.386
374	执	1	0.096	98.482
375	直	1	0.096	98.578
376	旨	1	0.096	98.674
377	纸	1	0.096	98.770
378	至	1	0.096	98.866
379	志	1	0.096	98.962
380	誌	1	0.096	99.058
381	柊	1	0.096	99.154
382	州	1	0.096	99.250
383	朱	1	0.096	99.346
384	侏	1	0.096	99.442
385	珠	1	0.096	99.538
386	竺	1	0.096	99.634
387	转	1	0.096	99.730
388	訾	1	0.096	99.826
389	足	1	0.096	99.922
390	秨	1	0.096	100.018

备注：

一、字义接近，很可能是一字异写的如"早"、"蚤"，"志"、"誌"等，维持原字形。

二、序号221女子名"男"的情形值得注意。

三、应当看到，390个人名用字中，使用比较集中。频度最高的5个字（汝、妾、思、姑、婢）的覆盖率为40.787%。前14个字的覆盖率已经达到50.194%。前50个字的覆盖率达到62.674%。

四篇 文学性别史探讨

四 篇

文学性别史探讨

南宫公主的婚事
——澄清汉匈和亲史的一个情节

汉武帝的姐妹中，有一位南宫公主。《史记》卷四九《外戚世家》说："王太后长女号曰平阳公主，次为南宫公主，次为林虑公主。"①据说"林虑公主"，原本写作"隆虑公主"，避汉殇帝讳，改写为"林虑"。

在电视连续剧《汉武大帝》中，汉武帝的姐姐南宫公主有相当多的戏。她出嫁匈奴军臣单于，又从军臣单于之子伊稚斜单于，曾经劝阻匈奴人入侵汉地、残害汉俘、虐待汉使，在汉匈和平外交的历史上，似乎有重要的作用。

一、南宫公主"和亲"疑问

然而，史书关于这位南宫公主，其实并没有和亲匈奴的记载。对于观众提出的疑问，该剧历史顾问求实在答记者问时有这样的答复：

> 南宫公主是否真的如剧中所说，是一个汉朝送往匈奴和亲的真公主？《史记》《汉书》中都有这样的记载吗？
>
> 求实说：南宫公主被派出和亲，《史记》《汉书》中并没有明确记载。但是在宋代工具书《册府元龟》（卷九七八）中可查到有关南宫公主的资料，记载她是汉景帝送往匈奴和亲的亲生女儿。由于这一则史料出自宋代，所以通常很少被引用，但我们认为十分珍贵。本剧编剧正是据此编创了刘彻因亲姐远嫁匈奴因而感情受到重创决心复仇的故事。

求实这里可能是沿袭了王川《汉景帝传》一书中的说法。王川写道："景帝二女南宫公主的事迹，在《史记》《汉书》上没有明确记载。前元五年（前152），景帝曾派遣公主嫁于匈奴军臣单于。这是高祖刘邦与匈奴实行和亲政策以来第一次以真公主出嫁匈奴单于。景帝这一做法，一改以前以诸侯王、宗室之女冒充天子之女而远嫁匈奴的旧例，

---

① 〔汉〕司马迁：《史记》，中华书局1982年版，第1977—1978页。

表明了景帝对和亲的诚意。"①《汉武大帝》对白中汉景帝的台词是这样的:"将自己的亲骨肉,送去那蛮荒之域,踏上那迢迢不归之路,朕也是忍痛而为之! 自高祖以来,还没有一位真正的公主下嫁匈奴,朕要破这个先例了。为的是要让匈奴相信大汉的君臣子民,愿意和他们和睦相处!"这番话,完全是王川观点的影视译本。

《史记》卷一二三《大宛列传》说,乌孙王"愿得尚汉女翁主为昆弟"②。这里说"翁主"不说"公主",值得注意。《史记》卷一一〇《匈奴列传》记载中行说语:"(匈奴)父子兄弟死,取其妻妻之,恶种姓之失也。"所以"匈奴虽乱,必立宗种",而中国"亲属益疏则相杀"。③大约依照草原游牧民族的婚姻制度和亲族礼俗,在他们的观念中,是否存在"诸侯王、宗室之女"和"天子之女"的明显的等级差别,是否存在"冒充"的问题,还可以讨论。这种"冒充"会产生对"和亲的诚意"的怀疑,可能只是汉族人的观念。如《史记》卷九九《刘敬叔孙通列传》记载刘敬向刘邦提出和亲建议时所说:"陛下诚能以适长公主妻之",则"兵可无战以渐臣","若陛下不能遣长公主,而令宗室及后宫诈称公主,彼亦知,不肯贵近,无益也"。据说"高帝曰'善',欲遣长公主",只是因为"吕后日夜泣,曰:'妾唯太子、一女,奈何弃之匈奴!'"因而"上竟不能遣长公主,而取家人子名为长公主,妻单于"。④看来刘邦时代第一次和亲就有"冒充"情节。然而,梁玉绳《史记志疑》卷三二早已对此提出质疑:"案:《张耳传》鲁元公主于高帝五年适赵王敖,至是时已三年矣,而云以妻单于,岂将夺而嫁之乎? 娄敬之言悖也。乃帝善其言,即欲

---

① 王川:《汉景帝传》,广东人民出版社2000年版,第228页。
② 《史记》,第3170页。
③ 《史记》,第2900页。
④ 《史记》,第2719页。

遣公主，有是理哉，必非事实。"① 对于刘敬和刘邦、吕后关于"以适长公主妻之"的言行"必非事实"的判断，是有道理的。据《史记》卷一一〇《匈奴列传》记述，"高帝乃使刘敬奉宗室女公主为单于阏氏"，"孝文皇帝复遣宗室女公主为单于阏氏"，都明说"宗室女公主"，而匈奴单于致汉皇帝书说"和亲已定"，"二国已和亲，两主欢说"②，似乎并没有引起对"诚意"的怀疑。

二、《册府元龟》未见南宫公主"和亲"记载

所谓"第一次以真公主出嫁匈奴单于"，王川提供的历史依据，出自"《册府元龟》卷九七八"。王川还说，"这一位出嫁的真公主，只可能是南宫公主。南宫公主出嫁后，对汉匈和平有一定的促进作用，所以，她是汉唐和亲史上一位应予肯定与重视的人物。至于南宫公主出嫁军臣单于后的具体情况，由于史料的阙如就不得而知了"③。

应当指出，编纂于宋代的大型类书《册府元龟》，由于成书时代距离汉代过于遥远，因此这部书中即使确实可以看到涉及和亲的有关南宫公主的资料，也不足以证明《史记》《汉书》中并没有明确记载的所谓南宫公主被派出和亲事确是史实。况且，我们在《册府元龟》卷九七八中，并没有看到记载她是汉景帝送往匈奴和亲的亲生女儿的有关南宫公主的资料。

《册府元龟》的原文如此："（景帝）五年夏，遣公主嫁匈奴单于。初帝既即位，赵王遂阴使于匈奴，会吴楚反，欲与赵合谋入边。汉围破赵，匈奴亦止。自是后，帝复与匈奴和亲，通关市，给遗单于，遣公主，如故约。终帝世时，时小入盗边，无大寇。"这里只说"公主"，而根本没有说到"南宫公主"。王川根据这段文字，做出"这

---

① 〔清〕梁玉绳：《史记志疑》，中华书局1981年版，第1354页。
② 《史记》，第2895、2898、2903、2902页。
③ 《汉景帝传》，第228、288页。

一位出嫁的真公主，只可能是南宫公主"的推断。而《汉武大帝》的历史顾问求实却说，"《册府元龟》（卷九七八）中可查到有关南宫公主的资料"，误以为《册府元龟》的记载确实可见"南宫公主"字样了。

《册府元龟》"（景帝）五年夏，遣公主嫁匈奴单于"事，原本出自《汉书》卷五《景帝纪》的记载：

> 五年春正月，作阳陵邑。夏，募民徙阳陵，赐钱二十万。遣公主嫁匈奴单于。①

"遣公主嫁匈奴单于"事，《史记》卷一一《孝景本纪》没有记录。而《册府元龟》下文从"初帝既即位"到"无大寇"一段话，可以和《史记》卷一一〇《匈奴列传》以下文字比照：

> 孝文帝崩，孝景帝立，而赵王遂乃阴使人于匈奴。吴楚反，欲与赵合谋入边。汉围破赵，匈奴亦止。自是之后，孝景帝复与匈奴和亲，通关市，给遗匈奴，遣公主，如故约。终孝景时，时小入盗边，无大寇。②

《汉书》卷九四上《匈奴传上》文字略同，只是"公主"写作"翁主"："自是后，景帝复与匈奴和亲，通关市，给遗单于，遣翁主如故约。终景帝世，时时小入盗边，无大寇。"③显然，《册府元龟》从"初帝既即位"到"无大寇"的这段话本自《史记》卷一一〇《匈奴列传》。可知所谓在《册府元龟》中查到的资料，都来自《史记》和《汉书》，并不是《册府元龟》独有的记录。

三、南宫公主"谒见姊"

《史记》卷四九《外戚世家》褚少孙补述汉武帝迎同母姊金俗事，

---

① 〔汉〕班固：《汉书》，中华书局1962年版，第143—144页。
② 《史记》，第2904页。
③ 《汉书》，第3764—3765页。

太后相见后,"于是召平阳主、南宫主、林虑主三人俱来谒见姊"①。明说有南宫公主在场。可见,她并没有远嫁匈奴,在汉武帝当政后,至少在金俗入宫时依然生活在长安。何新《汉武帝年表及大事记》注意到"南宫主""谒见姊"这条史料,然而表示"疑误"②,此正是所谓疑所不当疑。而《汉武大帝·对白剧本》附录《汉武帝生平大事年表》则删去了褚少孙补述的这条史料及"疑误"的意见③,不知是出于怎样的出发点。是不再"疑误"了?还是以为补述"南宫主""谒见姊"事的褚少孙的记录完全可以漠视?

《汉武大帝·对白剧本》的分集故事提要中,说"景帝在汤泉宫召幸王美人,提出将其大女儿南宫公主出嫁匈奴"④。说南宫公主是"大女儿",是明显的错误。何新说,南宫公主是"武帝的胞姊"⑤。王川《汉景帝传》则说,"为武帝之胞妹"⑥。"(景帝)五年夏,遣公主嫁匈奴单于",时刘彻5岁,如南宫公主是刘彻"胞妹",绝无可能在这时出嫁。即使是刘彻"胞姊",是否已到婚嫁年龄依然存在疑问。彭卫曾经论证汉代婚龄构成,指出"西汉初年,女子初婚年龄大都在十五岁以后",又说,"西汉时期女子的正常初婚年龄",是"十三四岁至十六七岁"⑦。何新说南宫公主长刘彻"八岁"⑧,则当时正是13岁,然而我们不知道这一年龄判断的根据在哪里。在电视连续剧《汉武大帝》中,有汉景帝的台词,他对王娡说:"对匈奴,

---

① 《史记》,第1982页。
② 何新:《论中国历史与国民意识:何新史学论著选集》,时事出版社2002年版,第389页。
③ 江奇涛编剧:《汉武大帝·对白剧本》,中央编译出版社2005年版,第86页。
④ 《汉武大帝·对白剧本》,第10页。
⑤ 《论中国历史与国民意识:何新史学论著选集》,第388页。
⑥ 《汉景帝传》,第227页。
⑦ 彭卫:《汉代婚姻形态》,三秦出版社1988年版,第90页。
⑧ 《论中国历史与国民意识:何新史学论著选集》,第386页。

还是要行和亲之策。咱们南宫已经十五了吧？"

四、南宫公主与张侯彫申的婚姻

南宫公主的事迹，真的在《史记》《汉书》上没有明确记载吗？

其实不然，除了遵太后之命，赴长乐宫谒见金俗外，《汉书》中还有关于她的婚事的明确记载。《汉书》卷一六《高惠高后文功臣表》说，芒侯彫跖薨，作为继承人的彫昭有罪，被免。景帝三年，以故列侯身份率兵击吴楚，再次被封为张侯。随后可以看到这样的记载：

侯申嗣，元朔六年，坐尚南宫公主不敬，免。

颜师古注："景帝女也。"① 就是说，"芒侯彫跖"的孙子张侯彫申尚南宫公主，因对公主不敬致罪，被黜免。彫申于元朔六年（前123）坐罪被免，他和南宫公主的结合当在此年或稍前的若干年。这一年，汉武帝已经34岁。看来，王川以为南宫公主"为武帝之胞妹"的意见可能是正确的。

彫申"坐尚南宫公主不敬，免"这条史料，25年前已经为台湾学者刘增贵研究汉代婚制的专著中所采用，然而"尚主者出身"，写作"罔侯彫跖之孙"②。"罔侯"，应是"芒侯"误植。

五、南宫公主与南宫侯张坐的婚姻

《史记》卷一八《高祖功臣侯者年表》的记载又提供了有关南宫公主事迹的更丰富的信息。

据司马迁记述，彫昭以故芒侯的身份率兵跟随周亚夫击吴楚有功，复封为张侯。汉景帝后元元年（前143）三月，彫申继承侯位。元朔六年（前123），"侯申坐尚南宫公主不敬，国除"。时在他继

---

① 《汉书》，第562页。
② 刘增贵：《汉代婚姻制度》，华世出版社1980年版，第105页。

承侯位 20 年后。特别值得注意的，是司马贞《索隐》的记载：

> 南宫公主，景帝女。初，南宫侯张坐尚之，有罪，后张侯耏申尚之也。①

可知"南宫公主"称谓的使用，是因为她曾经嫁给南宫侯张坐的缘故。看来，南宫公主和耏申的婚姻，已经是她第二次夫妻家庭组合。

张坐和耏申在南宫公主生活经历中的出现，明白地告诉人们，这位公主完全不具有出嫁匈奴的可能性。

王川读史有所疏失，以致据《册府元龟》一则没有出现"南宫公主"字样的材料产生"第一次以真公主出嫁匈奴单于"，"这一位出嫁的真公主，只可能是南宫公主"的误解。然而，《册府元龟》中其实是存在有关"南宫公主"的记载的，即卷三〇〇《外戚部·选尚》："芒侯耏跎孙申尚孝武南宫公主。元朔六年，申坐与父御婢奸罪，自杀，国除。"其说据《史记》卷一八《高祖功臣侯者年表》和《汉书》卷一六《高惠高后文功臣表》，只是"孝武南宫公主"应为"孝景南宫公主"，又多"自杀"情节。其罪行是"与父御婢奸"，与"尚南宫公主不敬"有所不同。但是，从另一角度看，"与父御婢奸"，当然也是一种对作为妻子的公主的"不敬"。

王川在认定南宫公主是出嫁匈奴单于的"真公主"之后，随即又有"南宫公主出嫁后，对汉匈和平有一定的促进作用，所以，她是汉唐和亲史上一位应予肯定与重视的人物"的推论，而何新承袭这一误解，《汉武大帝》又就此大做渲染，在对汉匈关系史的认识上产生了不能不予以澄清的误会。

至于说"本剧编剧正是据此编创了刘彻因亲姐远嫁匈奴因而感情受到重创决心复仇的故事"云云，"据此编创"之所谓"此"，本来就事出无稽，而将汉王朝征伐匈奴这种大规模的民族战争的发生原因，解说为帝王个人感情受到重创于是决心复仇，显然也是偏离了历

---

① 《史记》，第 914 页。

史的真实。

六、"公主""翁主"辨疑

既然南宫公主并没有出嫁匈奴,那么,(景帝)五年夏,遣公主嫁匈奴单于的公主,究竟是什么人呢?

《汉书》卷九四上《匈奴传上》所见汉景帝时代"复与匈奴和亲","遣翁主如故约"的说法特别值得注意。这里明说"翁主"而非"公主"。"翁主",是诸王之女。也就是说,出嫁的"公主"很可能是诸侯王的女儿。《史记》卷一一〇《匈奴列传》和《汉书》卷五《景帝纪》说"公主",《汉书》卷九四上《匈奴传上》则说"翁主"。也许和亲女子其实际身份是"翁主",而对外称"公主"。而据王先谦《后汉书》卷一〇下《皇后纪下》校补,东汉诸侯王的女儿也统称"公主",不再有"翁主"的称谓。或许《汉书》卷五《景帝纪》著者采用了东汉的说法而写作"公主"。

我们可以对比《史记》卷一一〇《匈奴列传》和《汉书》卷九四上《匈奴传上》中有关汉室和亲匈奴及乌孙的表述:

	《史记》卷一一〇《匈奴列传》	《汉书》卷九四上《匈奴传上》
(1)	冒顿常往来侵盗代地。于是汉患之,高帝乃使刘敬奉宗室女公主为单于阏氏,岁奉匈奴絮缯酒米食物各有数,约为昆弟以和亲,冒顿乃少止。①	冒顿常往来侵盗代地。于是高祖患之,乃使刘敬奉宗室女翁主为单于阏氏,岁奉匈奴絮缯酒食物各有数,约为兄弟以和亲,冒顿乃少止。②
(2)	老上稽粥单于初立,孝文皇帝复遣宗室女公主为单于阏氏,使宦者燕人中行说傅公主。③	老上稽粥单于初立,文帝复遣宗人女翁主为单于阏氏,使宦者燕人中行说傅翁主。④

---

① 《史记》,第2895页。
② 《汉书》,第3754页。
③ 《史记》,第2896页。
④ 《汉书》,第3759页。

	《史记》卷一一〇《匈奴列传》	《汉书》卷九四上《匈奴传上》
（3）	孝文帝崩，孝景帝立，而赵王遂乃阴使人于匈奴。吴楚反，欲与赵合谋入边。汉围破赵，匈奴亦止。自是之后，孝景帝复与匈奴和亲，通关市，给遗匈奴，遣公主，如故约。终孝景时，时小入盗边，无大寇。①	文帝崩，景帝立，而赵王遂乃阴使于匈奴。吴楚反，欲与赵合谋入边。汉围破赵，匈奴亦止。自是后，景帝复与匈奴和亲，通关市，给遗单于，遣翁主如故约。终景帝世，时时小入盗边，无大寇。②
（4）	汉又西通月氏、大夏，又以公主妻乌孙王，以分匈奴西方之援国。③	西通月氏、大夏，以翁主妻乌孙王，以分匈奴西方之援国。④
（5）	杨信既见单于，说曰："即欲和亲，以单于太子为质于汉。"单于曰："非故约。故约，汉常遣翁主，给缯絮食物有品，以和亲，而匈奴亦不扰边。今乃欲反古，令吾太子为质，无几矣。"⑤	杨信说单于曰："即欲和亲，以单于太子为质于汉。"单于曰："非故约。故约，汉常遣翁主，给缯絮食物有品，以和亲，而匈奴亦不复扰边。今乃欲反古，令吾太子为质，无几矣。"⑥

我们看到，凡5则史例，《汉书》均写作"翁主"。而《史记》（1）至（4）例作"公主"，最后（5）杨信一例，匈奴单于语"故约，汉常遣翁主"则作"翁主"。而一个"故"字，一个"常"字，则至少

---

① 《史记》，第2904页。
② 《汉书》，第3764—3765页。
③ 《史记》，第2913页。
④ 《汉书》，第3773页。
⑤ 《史记》，第2913页。
⑥ 《汉书》，第3773页。

概括了（1）至（3）例和亲匈奴事，"遣公主"都是"遣翁主"。《汉书》卷二《惠帝纪》记载，三年春，"以宗室女为公主，嫁匈奴单于"①。正说明了这一惯例。

（3）"遣公主，如故约"，即《汉书》卷五《景帝纪》"遣公主嫁匈奴单于"②，与（1）（2）"宗室女公主"的表述形式不同，直说"公主"，可能是致使王川产生"真公主"误会的主要原因。其实只说"公主"二字，未必是"真公主"。《汉书》卷二七上《五行志上》记述汉文帝时代史事的文字可见例证："是时，比再遣公主配单于，赂遗甚厚。"颜师古解释说："比，频也。高祖使刘敬奉宗室女翁主为冒顿单于阏氏。冒顿死，其子老上单于初立，文帝复遣宗人女为单于阏氏。"③可见这里只说"公主"，然而并不是"真公主"。

当然，也存在另一种可能，就是《汉书》卷九四上《匈奴传上》将汉景帝"遣公主，如故约"事之"公主"误写为"翁主"。这样说来，汉景帝在王美人所生平阳公主、南宫公主和林虑公主之外，还有其他的女儿。

我们在张家山汉简中还看到，《二年律令》中的《秩律》说到几位公主，即"李公主、申徒公主、荣公主、傅公【主】"④，她们都是确实在《史记》《汉书》上没有明确记载的公主。其身份，很可能是母姓分别为李、申徒、荣、傅的汉高祖刘邦"诸姬女"，也不能排除汉惠帝刘盈之"后宫女"的可能⑤。看来汉景帝后宫存在名不见于

---

① 《汉书》，第89页。
② 《汉书》，第144页。
③ 《汉书》，第1346—1347页。
④ 张家山二四七号汉墓竹简整理小组:《张家山汉墓竹简[二四七号墓]》（释文修订本），文物出版社2006年版，第80页。
⑤ 王子今等:《张家山汉简〈秩律〉四"公主"说》，载《陕西历史博物馆馆刊》第9辑，三秦出版社2002年版。

史册的公主,也是完全可能的。如果汉景帝真的有其他的女儿被指派和亲,那么,则确实是"真公主"出嫁了匈奴单于。当然,要以此为基点讨论汉王朝对和亲的诚意,讨论这件事对汉匈和平的促进作用,有必要首先对这一史事进行严肃的论证。

显然,这种可能性是很小的。我们知道,史籍中有"翁主"写作"公主"者,但似乎没有看到过称"公主"为"翁主"的情形。

驿壁女子题诗：中国古代妇女文学的特殊遗存

驿壁题诗，是中国古代特殊的文学发表方式和信息传递方式。题写于驿壁的女子诗作，是更值得重视的文化遗存。其中所表露的真情和真趣，值得关心中国历史文化的人们珍爱。这类作品与一般闺阁诗不同，曾经有更为广泛更为直接的社会影响。讨论驿壁女子题诗这种文化存在，也可以帮助我们理解古代妇女精神世界的丰富内涵。而对于古代妇女由艺术欣赏和文学写作所体现的生活质量，由社会交往以及远程游历所实现的生活空间，由此也可以得到比较真切的认识。

一、谩留名字恼行人

中国古代建筑讲究墙壁的粉刷。汉代居延边地戍卒日常勤务登记中，可以看到他们所承担的劳作项目，有"涂"或"涂泥"（269.4）[1]，这应当是装修粉刷墙壁的劳务记录。居延汉简中所见人名中，有称呼"费塗人"的（19.36）[2]，可能就是因这种技艺和职能而得名。这种墙壁，经常被当作了写字板。甘肃敦煌汉代悬泉置遗址发掘出土了泥墙墨书《使者和中所督察诏书四时月令五十条》，其中有关于生态保护的内容。这篇文字开篇称"大皇大后诏曰"，日期为"元始五年五月甲子朔丁丑"，时在公元5年，是明确作为诏书，即最高执政者的正式命令颁布的。书写在壁上，是为了扩大宣传，使有关政令能够众所周知。这是迄今所见年代最早的邮驿机构建筑壁书文字的遗存。

古人习惯于在壁上绘图写字。相关的文献记载和实物发现相当多。所谓"粉壁题诗"[3]"雪壁题诗"[4]"素壁题诗"[5]，等等，形成

---

[1] 简牍整理小组编：《居延汉简（叁）》，"中央研究院"历史语言研究所，2015年，第177页。

[2] 《居延汉简（壹）》，2015年，第66页。

[3] 〔宋〕戴复古：《石屏诗集》卷四《代人送别》，上海涵芬楼景印常熟瞿氏铁琴铜剑楼藏明弘治刊本，1985年版。

[4] 〔宋〕陈造：《江湖长翁集》卷一三《题成俘小筑》，见《景印文渊阁四库全书》，台湾商务印书馆1986年版，第1166册，第158页。

[5] 〔宋〕张栻：《南轩集》卷六《次韵许深父》，见《景印文渊阁四库全书》，台湾商务印书馆1986年版，第1167册，第158页。

了富有雅趣的文学习惯。而在驿馆、站铺、邮亭壁上题诗以抒情寄意，则更是一种有特殊意义的现象。

杜甫《秋日夔州咏怀寄郑监李宾客一百韵》诗中写道："东郡时题壁，南湖日扣舷。远游凌绝境，佳句染华笺。"①吟诗作词，"扣舷""题壁"，已经成为文人雅士驿行途中非常普遍的文化生活惯式。孟浩然《秋登张明府海亭诗》有"染翰聊题壁，倾壶一解颜"句②，也说"题壁"可以言情寄意，驿行的悲欢，都能够由此得以展抒。对于诗人自己来说，壁题跋涉山水时在马背上哼成的诗句，其实又犹如他们在交通行程中留下了鲜明的文化足迹。杜甫诗"远游""绝境""佳句""华笺"云云，其实说明了一种带有规律性的文化现象。生动而丰富多彩的行旅生活，可以激发才华，可以兴奋文思。贾岛《酬慈恩寺文郁上人》诗所谓"闻说又寻南岳去，无端诗思忽然生"③，也说明了这一事实。交通实践中，山川风云又可以使旅人们经历某种精神洗练。于是地理形势和人文条件共同的灵秀雄奇，能够使他们的襟怀得以开阔，使他们的胸域得以充实，使他们的品行得以清净，使他们的才具得以振拔，使他们的文化创意得以达到崭新的境界。

题壁，曾经是古代行驿之客发抒胸怀、交流情感的一种特殊形式。宋人郭祥正《书驿舍壁》诗所谓"巍巍使馆开华堂，行人旧题诗满堂"④，清人查慎行《晚抵晏城次壁间韵》诗所谓"高楼吹角风无赖，

---

① 〔唐〕杜甫著，〔清〕朱鹤龄辑注，韩成武等点校：《杜工部诗集辑注》卷一五《秋日夔州咏怀寄郑监李宾客一百韵》，河北大学出版社2009年版，第588页。
② 〔唐〕孟浩然著，游信利笺注：《孟浩然集笺注》卷三《秋登张明府海亭》，台湾学生书局1979年版，第186页。
③ 〔唐〕贾岛著，李嘉言新校：《长江集》卷九，上海古籍出版社1983年版，第109页。
④ 〔宋〕郭祥正：《青山续集》卷四，见《景印文渊阁四库全书》，台湾商务印书馆1986年版，第1116册，第807页。

坏壁留诗客有情"①，都说到这一情形。我们读古人的驿壁诗，可以认识当时的世态人情，可以理解当时的时代精神，而当时的驿传制度，当时的行旅条件，当时人们的乡土意识和文学情趣，也都可以通过这些诗句得以反映。

在文学史的记录中，可以看到诸多名家名作都是最初发表于驿壁的。而女性作者的驿壁题诗，则又给这种文学现象增益了特殊的光彩。

宋人周煇《清波杂志》卷一〇"客舍留题"条写道："顷于常山道上得一诗：'迢递投前店，飕飕守破窗。一灯明复暗，顾影不成双。'后书'女郎张惠卿'。迨回程，和已满壁。衢、信间驿名彡溪，谓其水作三道来，作'彡'字形。鲍娘有诗云：'溪驿旧名彡，烟光满翠岚。须知今夜好，宿处是江南。'后蒋颖叔和之云：'尽日行荒径，全家出瘴岚。鲍娘诗句好，今夜宿江南。'颖叔岂固欲和妇人女子之诗，特北归读此句，有当于心，戏次其韵以志喜耳。煇顷随侍赴官上饶，舟行至钓台，敬谒祠下，诗板留题，莫知其数。刘武僖自柯山赴召，亦记岁月于仰高亭上。末云：'侍儿意真代书。'后有人题云：'一入侯门海样深，谩留名字恼行人。夜来仿佛高唐梦，犹恐行云意未真。'"②其中说到"女郎张惠卿"和"鲍娘"两首驿路诗作。而刘武僖"记岁月于仰高亭上"，也是"侍儿意真代书"。所谓"迨回程，和已满壁"，以及"谩留名字恼行人""犹恐行云意未真"题记，都反映出女子题诗反响热烈的情形。

二、万里飘零伤心句

周煇《清波杂志》卷一〇"客舍留题"条还写道："邮亭客舍，

---

① 〔清〕查慎行著，周劭标点：《敬业堂诗集》卷五，上海古籍出版社1986年版，第145页。

② 〔宋〕周煇撰，刘永翔校注：《清波杂志校注》，中华书局1994年版，第443页。

当午炊暮宿,弛担小留次,观壁间题字,或得亲旧姓字,写涂路艰辛之状,篇什有可采者。"① "女郎张惠卿"和"鲍娘"题诗所谓"迢递投前店,飕飗守破窗","烟光满翠岚","宿处是江南"等,都可以读作对行旅途中感受的记录。"行路难",是中国古代行旅诗共同的主题,也演奏出女子驿壁题诗的基本旋律。

宋人彭乘《墨客挥犀》卷四记述"女郎卢氏"驿壁题《凤栖梧》事:

蜀路泥溪驿,天圣中有女郎卢氏者,随父往汉州作县令,替归,题于驿舍之壁。其序略云:"登山临水,不废于讴吟。易羽移商,聊舒于羁思。因成《凤栖梧》曲子一阕,聊书于壁。后之君子览之者,毋以妇人窃弄翰墨为罪。"

词曰:"蜀道青天烟霭鼷,帝里繁华,迢递何时至。回望锦川挥粉泪,凤钗斜軃乌云腻。钿带双垂金缕细,玉佩玎珰,露滴寒如水。从此鸾妆添远意,画眉学得遥山翠。"

蜀道迢递,登山临水,"回望锦川挥粉泪",有远行畏难之意,也有望乡怀土之心。有了这样的行旅经历,甚至"从此鸾妆添远意,画眉学得遥山翠"。这对于女子妆饰史中眉式的来历,或许也是一种有意义的解说呢。②

《宋诗纪事》卷八七引《梅磵诗话》录有"秦少游女"残句:"眼前虽有还乡路,马上曾无放我情。"有注文:"靖康间题壁。"诗句也表露思怀乡土的深情。同卷引《古杭杂记诗集》金丽卿《题广信道中》诗:"家住钱唐山水图,梅边柳外识林苏。平生惯占清凉国,岂料人间有暑途。"注文写道:"丽卿,杭州人。"③ 惯在"梅边柳外"享

---

① 《清波杂志校注》,第443页。
② 〔宋〕彭乘:《墨客挥犀》卷四,中华书局1991年版,第21页。康熙《御选历代诗余》卷四〇收此作,卷一〇七注明作者为"宋媛卢氏"。
③ 〔清〕厉鹗辑撰:《宋诗纪事》卷八七《闺媛》,上海古籍出版社2008年版,第2095、2106页。康熙《御选宋诗》卷七五收此诗,诗题为《述怀》。

受"清凉"的西湖女子金丽卿初次踏上远程,体会到了"人间""暑途",于是在"道中"题诗。读者可以感受到,诗人虽人在"暑途",词句却"清凉"亲切。

清代扬州女子杨素云行至福建渔梁山,有《浦城题壁》诗:"千岩万壑到渔梁,剔尽银灯旅恨长。几点残星催起去,将军铁甲惯风霜。"①浦城当浙闽通路。②所谓"几点残星催起去",描写驿行往往凌晨及早启程和晚间推迟停宿的情形③,如鲍照诗所谓"侵星赴早路"④,以及白居易诗所谓"月乘残夜出,人趁早凉行"⑤,陆游所谓"夜行星满天,晨起鸡初唱"⑥等。

嘉庆年间,白莲教战事起。四川剑门女子娟红因战乱流离他乡,所作《交河驿壁》诗写道:"万里飘零百劫哀,青衣江上别家来。朝云暮雨翻翻看,一路山眉扫不开。""小婢娇痴代理妆,穷途怕检女儿箱。儿时爱谱《江南好》,未到江南已断肠。""雾鬓风鬟一段魂,喘丝扶住几黄昏。残膏背写伤心句,界乱啼痕与粉痕。"⑦文句之中,所谓"万里飘零百劫哀"、"残膏背写伤心句","穷途"远行的艰辛和"别家"思亲的哀愁相交织,谱成"伤心""断肠"的悲歌。

---

① 〔清〕徐祚永:《闽游诗话》卷中,福建人民出版社2012年版,第28页。

② 参看王子今:《论郑善夫〈竹枝词二首〉兼及明代浙闽交通》,载《浙江社会科学》2004年第2期。

③ 参看王子今:《中国古代行旅生活》,商务印书馆国际有限公司1996年版,第103—106页。

④ 〔唐〕鲍照:《还都道中作》,见〔唐〕李善注:《文选》卷二七《诗戊·行旅下》,中华书局1977年版,第383—384页。

⑤ 〔唐〕白居易:《白氏长庆集》卷一六《早发楚城驿》,见《景印文渊阁四库全书》,台湾商务印书馆1986年版,第1080册,第181页。

⑥ 〔宋〕陆游著,钱仲联校注:《剑南诗稿》卷一三《乾封驿早行》,上海古籍出版社1985年版,第1023页。

⑦ 钱仲联主编:《清诗纪事》第四册《列女卷·娟红》,凤凰出版社2004年版,第15830页。

三、琴心一寸托钟期

离情和闺怨，历来是中国古代妇女诗作的主要基调。驿壁诗也是同样，我们读其辞句，于情爱悲剧的"啼痕""粉痕"之间，似乎可以看到作者的哀婉面容，听到作者的凄切诉说。

宋人陈师道有《题柱》诗并序："永安驿廊东柱有女子题五字云：'无人解妾心，月夜长如醉。妾不是琼奴，意与琼奴类。'读而哀之，作二绝句：'桃李摧残风雨春，天孙河鼓隔天津。主恩不与妍华尽，何限人间失意人。''从昔婵娟多命薄，如今歌舞更能诗。孰知文雅河阳令，不削琼奴柱下题。'"① 元人何中《幽寻》诗写道："意适可幽寻，天空晓气沉。鸥飞一川迥，花落五云深。庚子江南恨，琼奴柱下吟。野风吹我老，鸿雁有余音。"② 明人贝琼《真真曲》亦有"依依章台柳，落絮春无踪；小妾恨题驿，竟与琼奴同"句。③ 可知"琼奴柱下吟"以及"琼奴""题驿"，已经成为诗人熟典。那么，此"琼奴"是何等人呢？明人张萱《疑耀》卷三"琼奴"条就"无人解妾心"题诗，讲述了这样一个故事：

> 宋时永安驿廊东柱，有女子题一诗。云："无人解妾心，日夜长如醉。妾不是琼奴，意与琼奴类。"不书姓名。陈后山有诗二首纪之，然亦未详"琼奴"出处。余偶阅《青琐高议》乃得之。琼奴，姓王氏，为郎中王某幼女。父死失身于赵奉常家，为主母凌辱。道出淮上，乃自书其事于驿壁，见者哀之。王平甫有歌纪焉。则永安驿题诗之女子，亦必名家子嫁为人妾而失意者也。④

---

① "如"，一作"知"。〔宋〕陈师道撰，任渊注：《后山集》卷五《题柱二首并序》，商务印书馆1937年版，第90—91页。

② 〔元〕何中：《知非堂稿》卷三《幽寻》，见《景印文渊阁四库全书》，台湾商务印书馆1986年版，第1205册，第552页。

③ 〔明〕贝琼：《清江诗集》卷二《真真曲》，见《景印文渊阁四库全书》，台湾商务印书馆1986年版，第1228册，第198页。

④ 〔明〕张萱：《疑耀》卷三《琼奴》，中华书局1985年版，第49页。

这里涉及两位"失意"女子，一位是"琼奴"，一位是"不是琼奴"，而"意与琼奴类"的"永安驿题诗之女子"，她们都是在驿间题诗，在文人笔记中留下了有关自身不幸境遇的幽婉哀叹。陈师道《题柱》诗"妍华尽""失意人""多命薄"句，语颇凄婉，以深切的同情，作为题诗女子"无人解妾心"的对答。

宋人吴曾《能改斋漫录》卷一六《乐府》"幼卿《浪淘沙》词"题下记述了这样的内容：

> 宣和间，有题于陕府驿壁者，云："幼卿少与表兄同砚席，雅有文字之好。未笄，兄欲缔姻，父母以兄未禄，难其请。遂适武弁公。明年，兄登甲科，职教洮房，而良人统兵陕右，相与邂逅于此。兄鞭马，略不相顾。岂前憾未平耶？因作《浪淘沙》以寄情云：'目送楚云空，前事无踪。漫留遗恨锁眉峰，自是荷花开较晚，孤负东风。客馆叹飘蓬，聚散匆匆。扬鞭那忍骤花骢。望断斜阳人不见，满袖啼红。'"①

幼卿的作品自叙与表兄少年同窗的旧情，后来表兄求亲时，父母以其尚未从政，予以婉拒。幼卿于是嫁给了一位军官。第二年，表兄科举成功，往洮州地方主持教育，而幼卿的丈夫统兵于陕西，两人在陕府驿站不期邂逅。表兄竟鞭马而去，绝不回顾。幼卿内心感叹：难道当年的憾恨还没有平消吗？于是于驿壁题词，以"前事无踪""孤负东风""聚散匆匆""满袖啼红"等语，表达深心的幽怨之情。②

《能改斋漫录》卷一七《乐府》"驿壁《玉楼春》词"条又记录了这样一篇驿壁文学作品：

> 余绍兴戊辰，沿檄至信州铅山。见驿壁有题《玉楼春》词，不著姓氏。今载于此，云："东风杨柳门前路，毕竟雕鞍留不住。柔情胜似岭头云，别泪多如花上雨。青楼画

---

① 〔宋〕吴曾：《能改斋漫录》，中华书局1960年版，第478—479页。
② 康熙《御选历代诗余》卷二六收此作，卷一〇七注明作者为"宋媛幼卿"。

幕无重数,听得楼边车马去。若将眉黛染情深,直到丹青难画处。"①

其中"别泪多如花上雨",《宋稗类钞》卷一七引作"别泪多如花上露"。这一《玉楼春》词的作者,由"若将眉黛染情深,直到丹青难画处"句推测,很可能也是女性。

《宋诗纪事》卷八七引《王直方诗话》,说到周仲美《题邮亭壁》诗:

> 世居京师,父游宦,家于成都。既而适李氏子,侍舅姑宦泗上,从良人赴金陵幕。偶因事弃官,入华山,有长往之意。仲美即寄身合肥外祖家,方求归,未得。会舅遽调任长沙,不免共载而南。云水茫茫,去国益远,形影相吊,洒涕何言。因书所怀于壁:"爱妾不爱子,为问此何理。弃官更弃妻,人情宁可已。永诀泗之滨,遗言空在耳。三载无朝昏,孤帆泪如洗。妇人义从夫,一节誓生死。江乡感残春,肠断晚烟起。西望太华峰,不知几千里。"②

夫妻未能相见,"三载无朝昏,孤帆泪如洗","江乡感残春,肠断晚烟起",驿行往来人等临此"邮亭"之壁,读此"洒涕"之诗,不能不起同情之心。《宋诗纪事》同卷引《彤管遗编》有韩玉父《题漠口铺并序》。序文写道:"妾本秦人,先大父尝仕于朝,因乱遂家钱唐。幼时易安居士教以诗。及笄,父母以妻上舍林子建。去年,林得官归闽,妾倾囊以助其行。林许秋冬间遣骑迎妾,久之杳然,何其食言耶?不免携女奴自钱唐而之三山,比至,林已官盱江矣。因而复回延平,经由顺昌,假道昭武而去。叹客旅之可厌,笑人事之多乖,因理发

---

① 《能改斋漫录》,第494页。
② 《全唐诗》卷七九九收此诗,题《书壁》,谓周仲美,"成都人,适李氏"。序文写道:"仲美随夫金陵幕,夫因事弃官入华山,仲美求归未得。会舅从泗调任长沙,载之而南,因书所怀于壁。"中华书局1999年版,第9090页。

漠口铺,漫题数语于壁云。"其诗曰:"南行踰万山,复入武阳路。黎明与鸡兴,理发漠口铺。盱江在何所,极目烟水暮。生平良自珍,羞为浪子妇。知君非秋胡,强颜且西去。"①作者抱怨丈夫食言失信,虽然有"知君非秋胡"的理解,然而也不免"人事之多乖"的感叹。作者自称幼时曾从李清照学诗,其"极目烟水暮"等句,果然意境不凡。

宋人马纯《陶朱新录》写道:"靖康间,京畿士人往往南窜。邓州南阳县驿有女子字书清婉,留题于壁。云:'流落南来自可嗟,避人不敢御铅华。却思当日莺莺事,独立东风雾鬓斜。'"②作者"流落南来""独立东风""字书清婉"之中,似乎暗有感情的期待。

宋人周应合《景定建康志》卷五〇写道:"建炎初,有妇人题黄连步接官亭之壁云:'妾鄱阳人也,女工之外,从事《诗》《礼》,不幸严霜下坠,泰山其颓,飘泊一身,所适非偶,薰莸同器,情何以堪!昨浮家洞庭,怒帆一张,良人倏为鬼录。吁!臣不事二主,女不事二夫,其奈何哉!偶携稚子,来登客亭,感时伤心,遂成小绝,知我者其天乎。'诗云:'故里萧条一望间,此身飘泊叹空还。感时有恨无人说,愁敛双蛾对暮山。'"③作者虽然慨叹"有恨无人说",然而"感时伤心"诗句,题写驿亭之壁,过往行客必然多有同情之心。

明陈耀文编《花草稡编》卷九引《古杭杂记》,录有《浪淘沙·丰城道中》,作者署"金叔柔女郎"。词曰:"雨溜和风铃,滴滴丁丁。酿成一枕别离情。可惜当年陶学士,孤负邮亭。边雁带新声,音信难凭。花须偷数卜归程。料得到家秋正晚,菊满寒城。"④康熙《御选历代诗余》卷一〇七引此词,题注:金淑柔宝祐中题词于临川驿壁。

---

① 〔清〕厉鹗辑撰:《宋诗纪事》卷八七《闺媛》,上海古籍出版社2008年版,第2094—2095、2100—2101页。
② 〔宋〕马纯:《陶朱新录》,中华书局1991年版,第6页。
③ 〔宋〕周应合:《景定建康志》卷五〇《拾遗》,南京出版社2009年版,第1245页。
④ 〔明〕陈耀文编:《花草稡编》卷九,见《景印文渊阁四库全书》,台湾商务印书馆1986年版,第1490册,第324页。

作者署"宋媛金淑柔"。①所谓"可惜当年陶学士,孤负邮亭"或"可是当年陶学士,辜负邮亭",说宋初名臣陶谷因"邮亭一夜眠"绯闻而损害国家外交形象的故事。陶谷相继任礼部、刑部、户部尚书,出使南唐,依恃北宋大国强权,态度偏执,言辞强硬。南唐权臣韩熙载命妓女秦蒻兰冒充驿卒女,每天穿着破衣,持帚扫地。陶谷动情,于是私相狎好。又赠一词名《风光好》,写道:"好因缘,恶因缘,只得邮亭一夜眠。别神仙。琵琶拨尽相思调,知音少。待得鸾胶续断弦,是何年。"第二天,南唐皇帝设宴,看到陶谷依然辞色高傲,于是命蒻兰歌此《风光好》劝酒,陶谷大为沮丧,即日匆匆回国。金淑柔《浪淘沙》将陶谷故事的政治色彩隐去,从女子角度,只说情爱事,于是"辜负邮亭"数字,人情味浓重醇厚。

明人陈耀文编《花草粹编》卷七收有《武陵春·岐阳邮亭》,作者"赵秋官妻",其词曰:"人道有情还有梦,无梦岂无情。夜夜思量直到明,有梦怎教成。昨夜偶然来梦里,邻笛又还惊。笛韵凄凄不忍听,总是断肠声。"②这一可能题写在"岐阳邮亭"的作品,也是以叙说"情"为主题,所谓"夜夜思量",有梦难成,"笛韵凄凄""断肠声",等等,都是女子闺怨诗惯用的笔法。据康熙《御选历代诗余》卷一〇七,赵秋官妻名列陆游妾与宋媛金淑柔之间,应当也是宋人。

元代女子万俟蕙柔所作《题寿沙驿壁》诗,也值得一读:"夫官湖右妾江东,三载孤帏日夕空。葵萼有心终向日,柳花无力苦随风。两行血泪孤灯下,万里家乡一枕中。雁到衡阳身即返,有书难倩子卿鸿。"向日葵萼,随风柳花,写述面对别离"有心""无力"情状。

---

① 《御选历代诗余》文句略有不同,作:"雨溜和风铃,滴滴丁丁。做成一枕别离情。可是当年陶学士,辜负邮亭?过雁带边声,音信无凭,花须偷数卜归程。料得到家秋正好,菊满寒城。"

② 原注:"一作连倩寄陈彦臣。"见〔明〕陈耀文编:《花草粹编》卷七,见《景印文渊阁四库全书》,第1490册,第287页。

所谓"雁到衡阳身即返,有书难倩子卿鸿",用苏武鸿雁传书古典。①此诗收入康熙《御选元诗》卷六〇。②"两行血泪孤灯下,万里家乡一枕中"诗句,表露思乡之意,更深含望夫之情。

明人王翰《梁园寓稿》卷四有《和邮亭壁间赵氏韵》诗。题下注:"其夫尝任朝官,以事从军,诗语颇涉不平。余故矫其意而赓之。"诗中写道:"驷马高车亦可夸,箪瓢陋巷足生涯。自从任运无心后,楚越方知是一家。"③我们无由读到赵氏"邮亭壁间"诗原作,只能从王翰言语中得知"诗语颇涉不平"情形。这种"不平",当然是可以理解的。而王翰"矫其意而赓之"的和诗,所谓"驷马高车""箪瓢陋巷""任运无心""楚越""一家"诸语,则显得僵冷生硬,难免不近人情之讥。

驿壁题诗的情感记录,有些也可以使读者感受到对不美满婚姻的怨怅之心。李兆元《十二笔舫杂录》写道:"邯郸县有女郎题壁诗,序云:'妾本良家子也,偶因丧乱,遂落江湖,既脱籍于匪人,复所天之非偶。情钟我辈,岂能望此风流;辱等人奴,实不免于笞骂。加以五更征铎,摇残落月之声;十丈尘沙,扑碎倾城之貌。嗟乎!青春有几,睹物伤怀;红粉无多,终朝洗面。幸而将军负腹,原不识丁;因将女子怀春,偷将濡墨。聊题短咏,以当长歌。时嘉庆戊辰白露前五日。'"其诗曰:"生小金闺类掌珠,乱离漂泊在江湖。

---

① 《汉书》卷五四《苏武传》:"后汉使复至匈奴,常惠请其守者与俱,得夜见汉使,具自陈道。教使者谓单于,言天子射上林中,得雁,足有系帛书,言武等在某泽中。使者大喜,如惠语以让单于。单于视左右而惊,谢汉使曰:'武等实在。'"第2466页。

② 同卷又有胡烈女妙端《题壁》诗:"弱质空怀漆室忧,搜山千骑入深幽。旌旗影乱天同惨,金鼓声摇鬼亦愁。父母劬劳何日报,夫妻恩爱此时休。九泉有路还归去,那个云边是越州。"由"漆室""深幽"诸句,可知所题非驿壁,可能是家中之壁。

③ 〔明〕王翰:《梁园寓稿》,见《景印文渊阁四库全书》,台湾商务印书馆1986年版,第1233册,第293页。

虽然嫁得封侯婿，争似罗敷自有夫。""北地尘沙几惯经，随风吹过短长亭。道旁也有新杨柳，不似江南两岸青。""玉容寂寞走天涯，回首春风日又斜。稽首慈云香一炷，他生薄命莫为花。"又如安徽当涂人姑溪咏花女史有《壬申九月同妹咏絮入都过阴平店壁偶题》诗，其中写道："匆匆才看故园花，又逐征尘上碧车。零雨滴醒客里梦，一声声似怨天涯。""琴心一寸托钟期，绣緤鸳鸯注脚眙。梦里分明见玉貌，飘飘仙袂晓风吹。""云情休羡五花香，流水年华易断肠。不及荆钗裙布好，双飞双宿胜鸳鸯。"莫友棠《屏麓草堂诗话》评论道："婉丽凄恻，不堪卒读，是必所期不遂，又将深入侯门者。"这样的分析是有道理的。而女子另爱，敢于"聊题短咏，以当长歌"，"琴心一寸托钟期"，其勇敢值得敬重。而驿壁提供的自由情感园地，其实是支持着这种勇敢的。

四、回首乡关归路难

关于驿壁女子题诗，又有宋人吴曾《能改斋漫录》卷一六《乐府》"花蕊夫人词"条记述后蜀花蕊夫人故事：

> 伪蜀主孟昶，徐匡璋纳女于昶，拜贵妃，别号花蕊夫人。意花不足拟其色，似花蕊翾轻也。又升号慧妃，以号如其性也。王师下蜀，太祖闻其名，命别护送。途中作辞自解曰："初离蜀道心将碎，离恨绵绵，春日如年，马上时时闻杜鹃。三千宫女皆花貌，妾最婵娟。此去朝天，只恐君王宠爱偏。"①

明人毛晋《三家宫词》卷中则写道：

> 宋太祖平后蜀，花蕊夫人以俘见。问其所作，口占一绝云："君王城上竖降旗，妾在深宫那得知。四十万人齐解甲，更无一个是男儿。"杨用修云：宫词之外，尤工乐府。蜀亡入汴，书葭萌驿壁云："初离蜀道心将碎，离恨绵绵，春日如年，马上时时闻杜鹃。"书未毕，为军骑催行。后

---

① 《能改斋漫录》，第478页。

人续之云:"三千宫女皆花貌,妾最婵娟。此去朝天,只恐君王宠爱偏。"花蕊见宋祖,犹作"更无一个是男儿"之句,焉有随昶行而书此败节之语乎?续之者不惟虚空架桥,而词之鄙,亦狗尾续貂矣!①

花蕊夫人书葭萌驿壁"更无一个是男儿"诗,足以令"十四万"军人赧颜。②而"初离蜀道心将碎,离恨绵绵,春日如年,马上时时闻杜鹃"句,情感尤其动人③,而后人续作,确实格调鄙俗,只有轻薄之意,甚不可取。

赵溍《养疴漫笔》写道:"靖康之变,中原为虏地。当时高人胜士,陷没者不少。绍兴庚申辛酉,河南关陕暂复,有自关中驿舍壁间得诗二绝云:'鼙鼓轰轰声彻天,中原庐井半萧然。莺花不管兴亡事,妆点春光似去年。'又云:'渭平沙浅雁来栖,渭涨沙移雁不归。江海一身多少事,清风明月泪沾衣。'"④明人陈耀文《花草稡编》卷四《减字木兰花·雄州驿》,内容也涉及靖康之难,作者题为"李令女"。其词曰:"朝云横度,辘辘车声如水去。白草黄沙,月照孤村三两家。天天去也,万结愁肠无昼夜。渐近燕山,回首乡关归路难。"又有注文:"《梅磵诗话》云:靖康间,金人犯阙。阳武蒋令兴祖死之,其女为所掳去,题字于雄州驿中,叙其本末,仍作此词。蒋令,浙西人。其女方笄,美颜色,能诗词,乡人皆能道之。此汤岩起《诗海遗珠》

---

① 〔明〕毛晋:《三家宫词》卷中,见《景印文渊阁四库全书》,台湾商务印书馆1986年版,第1416册,第681页。"四十万人齐解甲",见《后山集》卷二三,《勉斋集》卷一六,《山堂肆考》卷四〇等。《能改斋漫录》卷八作"二十万人齐解甲"。然而多作"十四万人齐解甲",如《说郛》卷八二下印《后山居士诗话》,《十国春秋》卷五〇,《蜀中广记》卷一〇二等。当以十四万为是。

② 《词苑丛谈》卷一〇:"及见宋祖有'十四万人齐解甲,更无一个是男儿'之句,足愧须眉矣。"

③ 《词苑丛谈》卷一〇:"书未竟,为军骑促行,只二十二字,点点是鲛人泪也。"

④ 〔宋〕赵溍:《养疴漫笔》,中华书局1991年版,第1页。

所载。"① 康熙《御选宋诗》卷七五录有后一首诗，题靖康宫人《题驿壁》诗，首句作"渭平沙浅雁来时"。靖康之耻，亡国之恨，在"宫人"诗句中以"泪沾衣"三字对应"不归"的境遇，得到曲折的表达。赵潽这段文字，据《说郛》卷八四上，出自西郊野叟《庚溪诗话》，文辞略有不同。②

清人徐釚撰《词苑丛谈》卷六记载了另一则宋元之际女子于驿壁题写诗词的故事。其诗句也抒发了亡国之恨：

> 至正丙子正月十八日，元兵入杭，宋谢全两后以下皆赴北。有王昭仪名清惠者，题《满江红》于驿壁云："太液芙蓉，浑不是，旧时颜色。曾记得，承恩雨露，玉楼金阙。名播兰簪妃后里，晕潮莲脸君王侧。忽一朝，鼙鼓揭天来，繁华歇。龙虎散，风云灭，千古恨，凭谁说。对山河百二，泪沾襟血。驿馆夜惊尘土梦，宫车晓碾关山月。愿嫦娥相顾肯从容，随圆缺。"
>
> 文丞相读至末句，叹曰："惜哉！夫人于此少商量矣。"为之代作二首云："试问琵琶，平沙外，怎生风色。最苦是，

---

① 《花草稡编》卷四，见《景印文渊阁四库全书》，第1490册，第198页。康熙《御选历代诗余》卷八收此作，题《减字木兰花·题雄州驿》，作者署"宋媛蒋氏"。"天天去也，万结愁肠无昼夜"句，作"飞鸿去也，百结愁肠无昼夜"。

② 〔宋〕陈岩肖《庚溪诗话》："靖康之变，中原为虏窃据。当时文人胜士，陷于彼者不少。绍兴庚申辛酉，河南关陕之地暂复，有自关中驿舍壁间得诗二绝云：'鼙鼓轰轰声彻天，中原庐井半萧然。莺花不管兴亡事，妆点春光似昔年。'又云：'渭平沙浅雁来栖，渭涨沙深雁不归。江海一身多少事，清风明月我沾衣。'"宋《百川学海》本，第18页。〔宋〕赵令畤《侯鲭录》卷二写道："黄子思云余，尝守官咸阳，县廨之后临渭河，汀屿中连岁秋有孤雁来栖于葭苇中，今岁冬深不复至矣。或已在缯弋，或去而之他，皆不可知也。感而为诗题亭壁云：'天寒霜落雁来栖，岁晚川空雁不归。江海一身多少事，清风明月我沾衣。'"清《知不足斋丛书》本，第14页。与靖康宫人作多有雷同。〔宋〕何溪汶《竹庄诗话》卷一八《杂编八》引此诗，题《题关中驿舍》，作者"失名"。清文渊阁《四库全书》本，第169页。

姚黄一朵，移根仙阙。王母欢阑璃宴罢，仙人泪满金盘侧。听行宫半夜雨霖铃，声声歇。彩云散，香尘灭，铜驼恨，那堪说。想男儿慷慨，嚼穿龈血。回首昭阳离落日，伤心铜雀迎新月。算妾身不愿似天家，金瓯缺。"其二云："燕子楼中，又挨过，几番秋色。相思处，青年如梦，乘鸾仙阙。肌玉暗消衣带缓，泪珠斜透花钿侧。最无端蕉影上窗纱，青灯歇。曲池合，高台灭，人间事，何堪说。向南阳阡上，满襟清血。世态便如翻覆雨，妾身原是分明月。笑乐昌一段好风流，菱花缺。"

予按《女史》载王昭仪抵上都，恳请为女道士，号冲华。然则昭仪女冠之请与丞相黄冠之志，后先合辙，"从容""圆缺"语，何必遽贬耶？

文天祥"代作二首"的真伪当然可以讨论，所谓"夫人于此少商量矣"一语，其实也值得"商量"，不过，我们在这里以为更可注意的，是"王昭仪名清惠者，题《满江红》于驿壁"这一事情的本身。"驿馆夜惊尘土梦，宫车晓碾关山月"句，于行旅写实之余，寄寓了深沉的亡国之恨。①

清兵南下，金陵失守，有金陵女子袁氏作《题邮亭壁》诗直抒悲愤之情，其中写道："江南金粉坠纷纷，江北名花剩几分。铁马琱戈惊枕梦，舞裙歌扇付尘氛。青衫泪早新亭湿，红板词曾旧院闻。烟雨楼台无恙否，丁帘□□隔愁云。""城头昨夜望烽尘，仓卒桃源欲避秦。钗卜乍辞鸳帐冷，巢居初葺燕泥新。蝉琴幽调悲齐女，鸢纸

---

① 〔清〕徐釚：《词苑丛谈》，清《海山仙馆丛书》本，第65页。据明人陈霆《渚山堂词话》卷一，"妾身原是分明月"作"孤身原是分明月"，又说："予又按《佩楚轩客语》以原词为张琼瑛所作，题之夷山驿中。琼瑛本昭仪位下也。"民国《吴兴丛书》本，第4页。这是关于驿壁题《满江红》著作权的又一种说法，但是作者也是宫中女子。

歌声泣楚人。一晌贪欢惊梦觉，潺潺帘雨剧酸辛。"①"一晌贪欢惊梦觉"借用李后主名句②，其文辞虽相近，而就立场言，一为君王，一为普通女子，境界大为不同。又"青衫泪早新亭湿"句，前应"新亭之泣"古事，是与李煜不同的另一种更为痛切的亡国之恨。由女子驿壁题诗所见国家意识和民族意识，始知在普通民众的社会信念中，"天下兴亡"不仅"匹夫有责"，"匹妇"同样"有责"。

五、谁从马上拨琵琶

清军入关南下，有广陵女子被掠，次年逃归，以诗自叙，"题客店之壁，且曰：'一女子何足惜？朝端之上，边塞之间，高官厚禄，何为者哉！'"其诗曰："将军空自拥旌旗，万里中原胡马嘶。总使终生能系颈，不教千载泣明妃。"③其辞有花蕊夫人"更无一个是男儿"意味。金陵女子宋蕙香以弘光宫女身份被掳北上，有《题卫辉府邮壁》诗："风动空江羯鼓催，降旗飘颭凤城间。将军战死君王系，薄命红颜马上来。""广陌黄尘暗鬓鸦，北风吹面落铅华。可怜夜月箜篌引，几度穹庐伴暮笳。""春花如锦柳如烟，良夜知心画阁眠。今日相思浑似梦，算来难问是苍天。"又有《题汲县壁诗》："盈盈十五破瓜时，已作明妃别故帷。谁散千金齐孟德，镶黄旗下赎文姬。"宋蕙湘驿壁题诗有相当大的影响④，清初名士张煌言、尤侗等都有和诗。⑤

---

① 《清诗纪事》第四册《列女卷·袁氏》，第15632页。陈琰《艺苑丛话》："前此金陵失守时，秦淮女校书佚其姓氏，尝作《感怀》四律题邮亭壁。"

② 〔南唐〕李煜《浪淘沙》："帘外雨潺潺，春意阑珊。罗衾不耐五更寒。梦里不知身是客，一晌贪欢。独自暮凭栏，无限江山。别时容易见时难。流水落花春去也，天上人间。"

③ 《清诗纪事》第四册《列女卷·广陵女子》，第15510页。

④ 计六奇《明季南略》、施闰章《蠖斋诗话》、陈维崧《妇人集》、金燕《香龛诗话》、雷瑨《青楼诗话》、陈去病《五石脂》等都有记述。王豫《江苏诗征》引《三冈识略》有"香粉流离，红颜薄命，读之凄然酸鼻"的感叹。

⑤ 《清诗纪事》第四册《列女卷·宋蕙湘》，第15625页。

期望曹操赎蔡文姬事重演的心愿，又见于西湖女子吴芳华《旅壁题诗》："胭粉香残可胜愁，淡黄衫子谢风流。但期死看江南月，不愿生归塞北秋。掩袂自怜鸳梦冷，登鞍谁惜楚腰柔。曹公纵有千金志，红叶何年出御沟。"①与宋蕙香等大略同时，又有赵雪华《沭水旗题壁》："不画双蛾向碧纱，谁从马上拨琵琶。驿亭空有归家梦，惊破啼声是夜笳。""日日牛车道路赊，遍身尘土向天涯。不因命薄生多恨，青冢啼鹃怨汉家。"②境遇大略相同的叶子眉《朝歌逆旅题壁》诗也有"伤心"文句："马足飞尘到鬓边，伤心羞整旧花钿。回头难忆宫中事，衰柳空垂起暮烟。"有跋语："妾广陵人，从事西宫曾不二年，马上琵琶逐尘远去，和泪濡墨语不成章。怆怀赋此，幸梓里同人见之，知浮萍之所归耳。广陵叶子眉题，戊子七夕前二日也。"③

施闰章《蠖斋诗话》写道，康熙丁巳年，刘缉生见徐州驿壁题诗："望断乡关行路难，可怜春色已摧残。儿家夫婿长安道，止恐相逢不忍看。""末署'江西难妇'四字，无邑里姓氏。相传建昌某孝廉之妻，

---

① 计六奇《明季南略》："吴芳华，武林人，文学康某妇也。"俞陛云《清代闺秀诗话》："明季南都既失，江南佳丽，多被掠北行。"吴芳华《题旅店诗》自题其后云："后之见此者，为妾归谢康郎，当索我于白杨青冢间也。"民国徐世昌辑：《晚晴簃诗汇》卷一八四，民国退耕堂刻本，第4275页。

② 金燕《香奁诗话》。陈维崧《妇人集》："王考功笔述云：孙沚亭相公《南征纪略》载女子赵雪华题《李家村壁三诗》，并有感寄。"

③ 计六奇：《明季南略》卷一三，清钞本，第216页。袁枚《随园诗话·补遗》说，诗题定州清风店。后跋云："妾广陵人也。从事西宫，曾不一年，被掳旗下，出守秦中，马上琵琶，逐尘而去，逆旅过此，语不成章，非敢言文，惟幸我梓里同人见之，知妾浮萍之所归耳。时庚寅秋钞也。广陵叶眉娘题。"清王初桐《奁史·拾遗》据《妇人集》，诗题为《宜沟客舍题壁》，跋语曰："庚寅七夕后四日广陵叶子眉识。盖宏光西宫官人也。"清嘉庆刻本，第848页。民国徐世昌辑《晚晴簃诗汇》卷一八四："叶子眉，扬州人。陈迦陵曰：辛卯冬，宜兴史孝廉北上，道经淇水，夜宿宜沟客舍，见壁间有数行，后云：妾广陵人也，从事西宫曾不二载，马上琵琶逐尘长去，怆怀赋此，和泪濡墨，促装心乱，语不成章。时庚寅七夕后四日。广陵叶子眉识。呼主者问之，知为弘光西宫也。"民国退耕堂刻本，第4275页。

不知后能赎回否？"①不著"邑里姓氏"，可能有因为"春色已摧残"，不忍面对故人的因素。福建延平女子张氏题壁诗也有"曹瞒""文姬"句，后来终于"含羞归故里"，可能已是暮年。其序有"方调琴瑟，顿遇干戈；夫死于兵，妾乃被掠"句。其诗"题于沂水县垛庄驿舍"："野烧猎猎北风哀，细马毡车去不回。紫玉青陵怅已矣，泉台当有望乡台。""那堪驿舍又黄昏，桦烛三条照泪痕。想像延津沈故剑，相期青冢一归魂。""昨夜严亲入梦来，教儿忍死暂徘徊。曹瞒死后交情薄，谁把文姬赎得回。""不道临时死亦难，强为欢笑泪偷弹。同行女伴新梳裹，皂帕蒙头压绣鞍。"②后书题诗时日，在康熙十九年。应当说，"严亲"所谓"教儿忍死暂徘徊"，比较"但期死看江南月，不愿生归塞北秋"的生死观，对于"难女"来说，似乎更为开明人道，也透露出真正的亲情。

长沙女子王素音《琉璃河馆题壁》诗写道："愁中得梦失长途，女伴相携听鹧鸪。却是数声吹去角，醒来依旧酒家胡。""朝来马上泪沾巾，薄命轻如一缕尘。青冢莫生殊域恨，明妃犹是为和亲。""多慧多魔欲问天，此身已判入黄泉。可怜魂魄无归处，应向枝头化杜鹃。"据褚人获《坚瓠集》，其诗原序云："妾生长江南，摧颓冀北。豺狼

---

① 〔清〕曾燠辑：《江西诗征》卷八五《名媛》，清嘉庆九年刻本，第1874页。

② 〔清〕钮琇辑：《觚賸》卷四《燕觚》"延平女子"条："邮亭旅舍，好事者往往赝为巾帼之语，书以媚笔，以资过客传诵，多不足信。沈公子二闻夜宿垛庄，所见延平女子题壁诗，骑尘未远，墨痕犹新，小记短章，凄婉可诵。惜其依违寡断，阅者不无夫人少商量之叹也。序云：妾闻峤名家，延平著姓，十三织素在家，赋娇女之诗；二八结褵新妇，获参军之配。何异莫愁，南国得嫁阿侯；庶几弄玉，秦楼相逢萧史。方调琴瑟，顿起干戈。夫死于兵，妾乃被掠。含羞辞故里，魂销剑浦之津；掩面强登舆，肠断西陵之路。兹当北上，永隔南天。爱题驿舍数言，聊破愁城百叠。嗟乎！昔年熏香染翰，粉印青编；今日滴血濡毫，绡封红泪。秋坟鬼唱，哀似峡猿三两声；青冢魂归，恨拟胡笳十八拍。""后书：庚申季秋延平张氏题于沂水县垛庄驿舍。"清康熙临野堂刻本，第35页。

当道,强从毳帐偷生;鸟鼠同居,何啻将军负腹。悲难自遣,事已如斯。因夜梦之迷离,寄朝吟之哀怨。嗟乎!高楼坠红粉,固自惭石崇院内之姝;匕首耀青霜,当誓作兀术帐中之妇。天下好事君子,其有见而怜予乎?许虞侯可作,沙叱利终须断头陷胸;昆仑客重生,红绡妓不难冲垣破壁。是所愿也,敢薄世上少奇男;窃望图之,应有侠心怜弱质。"其诗和者甚众。王渔洋赠之以《减字木兰花》:"离愁满眼,日落长沙秋色远。湘竹湘花,肠断南云是妾家。掩啼空驿,魂化杜鹃无气力。乡思难裁,楚女楼空楚雁来。"按照俞陛云《清代闺秀诗话》的说法,"当弥天烽火,红颜之沦落者不知凡几",难女诗作,"文藻则素音尤胜"。

这些壁上作品,都有诗史的意义。我们由此可以读到在特殊的政治史、军事史的背景下的妇女生活史和妇女心态史。作为文学史料,这些诗作的价值当然也是值得重视的。

顺治兵乱中被掳北上的扬州女子叶齐《忆家诗题芦沟店壁》诗写道:"绕绕山川色,溟溟风土烦。已知燕市近,谁解楚囚冤。无日不增痛,有怀那可言。醒来空下泪,一梦到家园。"后来有人读其诗,哀其情,于是通告其家,其兄自扬赴都,叶齐终得营救。①驿壁题诗传递的信息,使作者"无日不增痛"的"楚囚"生活终于得以转折。这应当是有关驿壁题诗作用的极特殊的一例。

六、隔岭孤猿叫何许

除前述情形之外,中国古代女子驿壁题诗的内容,又有情致特别者。

例如陆游读驿卒女题壁诗,遂生爱心,纳以为妾的故事。宋人陈世崇《随隐漫录》卷五记载:"陆放翁宿驿中,见题壁云:'玉阶蟋蟀闹清夜,金井梧桐辞故枝。一枕凄凉眠不得,呼灯起作感秋诗。'

---

① 〔清〕恽珠辑选:《国朝闺秀正始续集》,红香馆道光十六年本。

放翁询之，驿卒女也。遂纳为妾。方余半载，夫人逐之，妾赋《卜算子》云：'只知眉上愁，不识愁来路。窗外有芭蕉，阵阵黄昏雨。晓起理残妆，整顿教愁去。不合画春山，依旧留愁住。'"这是一个才情和伤感交织在一起的故事。驿壁，实际上成为情爱演出的布景。而所谓"驿卒女""陆游妾"的诗作，文笔确实是精致优美的。

宋人彭乘《墨客挥犀》卷四说到大庾岭南北驿道有女子题壁，倡起夹道植梅的故事："大庾岭上有佛祠，岭外往来题壁者鳞比。有妇人题云：'妾幼年侍父任吴州司寇，既代归，父以大庾本曰梅岭之号，今荡然无一株，遂市三十本植于道之左右，因留诗于寺壁。今随夫任端溪，复至此寺，诗已为杇镘者所覆，即命墨于故处。'诗曰：'浈江今日掌刑回，上得梅山不见梅。辄俸买栽三十树，清香留与雪中开。'好事者因此夹道植梅多矣。"① 题壁处虽然在"佛祠"，但是题写的性质和影响，与驿壁并无二致。作者在买栽梅树原诗被粉刷覆盖之后，仍然"命墨于故处"，于是终于感动众人，"因此夹道植梅多矣"。吴州司寇女以题壁诗带来"梅山""清香"的故事，应当在中国古代生态史和中国古代生态观念史上占有不宜忽视的地位。

《石仓历代诗选》卷三六四所载宋氏女子《题邮亭壁歌》，是我们迄今所见篇幅最长的女子驿壁题诗，竟至756字。据原题注："阆州妇宋氏，金华人，阆州太守妻，洪武初编戍金齿。"其诗文辞虽未能琢炼，然而其情真切，而且所记述的内容，可以体现当时社会生活的诸多层面，不妨移录如下，以便分析。诗中写道："邮亭咫尺堪投宿，手握亲姑憩茅屋。抱薪就地旋铺摊，支颐相向吞声哭。旁人问我是何方，俛首哀哀诉衷曲。妾家祖居金华府，海道曾为正千户。连艘运粟大都回，金牌勒赐双飞虎。兄弟晦迹隐山林，甘学崇文不崇武。今朝玉堂宋学士，亦与妾家同一谱。笄年嫁向衢州城，夫婿好学明诗经。离骚

---

① 《宋诗纪事》卷八七引《墨客挥犀》"吴州司寇"作"英州司寇"，作者因题为"英州司寇女"。

子史遍搜览，志欲出仕苏苍生。前春郡邑忽交辟，辞亲千里趋神京。丹墀对策中殿举，驰书归报泥金名。承恩拜除阆州守，飘然画舫西南行。到官未几访遗老，要把奸顽尽除扫。日则升堂治公务，夜则挑灯理文稿。守廉不使纤尘污，执法致遭僚佐怒。府推获罪苦相攀，察院来提有谁诉。临行囊橐无锱铢，惟有旧日将去书。城中父老泣相送，道傍过者咸嗟吁。一时征赃动盈万，妾夫自料无从办。经旬苦打不成招，暗嘱家人莫送饭。嗟乎饿死囹圄中，旗军原籍来抄封。当时指望耀门户，岂期一旦番成空。亲邻怜妾贫如洗，敛钞殷勤馈行李。伶仃三口到京师，奉旨编军戍金齿。阿弟远送龙江边，临歧抱头哭向天。姊南弟北两相痛，别后再会知何年。开船未远子病倒，求医问卜皆难保。武昌城外野坡前，白骨谁怜葬青草。初然有子相依傍，身安且不忧家荡。如今子死姑年高，纵到云南复谁望。八月官船渡常德，促装登途整行色。空林日暮鹧鸪啼，声声叫道行不得。上山险如登天梯，百户发放来取齐。雨暗泥滑把姑手，一步一仆身沾泥。晚来走向营中宿，神思昏昏倦无力。五更睡重起身迟，饭锅未熟旗头逼。翻思昔日深闺内，远行不出中门外。融融日向上栏杆，花落庭前鸟声碎。宝髻斜簪金凤翘，翠云蝉鬓蛾眉娇。绣床新刺双蝴蝶，坐久尚怯春风饶。岂知一旦夫亡后，万里遐荒要亲走。半途日暮姑云饥，欲丐奉姑羞举口。同来一妇天台人，情怀薄似秋空云。丧夫未经二十日，画眉重嫁盐商君。血色红裙绣罗袄，终日骑驴涉长道。稳坐不知行路难，扬鞭笑指青山小。取欢但感新人心，那忆旧夫恩爱深。吁嗟风俗日颓败，废却大义贪黄金。妾心汪汪澹如水，宁受饥寒不受耻。几回欲葬江鱼腹，姑存未敢先求死。前途姑身少康健，辛苦奉姑终不怨。姑亡妾亦随姑亡，地下何惭见夫面。说罢伤心泪如雨，呜咽垂头不成语。路傍过者为酸心，隔岭孤猿叫何许。"①这是一首叙事长诗，篇幅在《长恨歌》

---

① 〔明〕曹学佺编：《石仓历代诗选》卷三六四，见《景印文渊阁四库全书》，台湾商务印书馆1986年版，第1391册，第911—912页。

《琵琶行》之间。而抒情色彩，也极浓厚。其情节将贵贱甘苦转折之强烈，铺陈渲染，成就为一部微型诗体悲剧，于是"路傍过者为酸心，隔岭孤猿叫何许"，这样的诗作出自妇女笔下，实可引为文学奇观。

以对行途艰险的描写为例，作者写道："空林日暮鹧鸪啼，声声叫道行不得。上山险如登天梯，百户发放来取齐。雨暗泥滑把姑手，一步一仆身沾泥。晚来走向营中宿，神思昏昏倦无力。五更睡重起身迟，饭锅未熟旗头逼。"又说："翻思昔日深闺内，远行不出中门外。融融日向上栏杆，花落庭前鸟声碎。宝髻斜簪金凤翘，翠云蝉鬓蛾眉娇。绣床新刺双蝴蝶，坐久尚怯春风饶。"作者遂有"岂知一旦夫亡后，万里遐荒要亲走"的感叹。先后比较之鲜明，非亲历者，难能拟作。

又如对于"守廉不使纤尘污，执法致遭僚佐怒"事迹的回忆，对于罪臣"抄封"之后家属"编戍金齿"情形及相关制度的记述，对于"吁嗟风俗日颓败，废却大义贪黄金"的感慨，既传递了政治史的有益信息，也展开了社会史的多彩画面。

雍正丙午年，礼部侍郎查嗣庭典江西试，以"维民所止"命题，坐大不敬罹法。是为清代文字狱中典型案例。其女蕙纕连坐徙边，也有《题驿壁》诗。据王应奎撰《柳南随笔》卷四，诗云："薄命飞花水上游，翠蛾双锁对沙鸥。塞垣草没三韩路，野戍风凄六月秋。渤海频潮思母泪，连山不断背乡愁。伤心漫谱琵琶曲，罗袖香销土满头。"① 其诗文情并茂。蕙纕遭遇与"阆州妇宋氏"类同。而一在云南，一在塞北，两首驿壁题诗可谓双璧辉映。梁启超《饮冰室诗话》

---

① 《柳南随笔》卷四还写道："吾友汪西京沈琇尝次其韵云：'弱息怜教绝域游，魂飞何只似惊鸥。覆巢卵在漂流际，薄命人丁琐尾秋。绮阁低迷空昔梦，边笳凄切咽新愁。伶仃历尽崎岖苦，尽尔青春也白头。'"清《借月山房会钞》本，第47页。查嗣庭女诗又载清潘衍同撰《两浙輶轩续录》卷五二，作者署"查孝女"，注："海宁人嗣庭女"。又写道："《柳南随笔》：海昌查嗣庭以事遣戍，女亦徙边。故工诗。"清光绪刻本，第2536页。亦载清王蕴章《然脂余韵》卷五，民国本，第103页。又见民国徐世昌辑《晚晴簃诗汇》卷一八五，民国退耕堂刻本，第4370页。

一一七条对蕙纕诗作有这样的评论:"查嗣庭以'诽谤'蒙大戮,至今言民族主义者哀而敬之。顷偶阅《柳北纪闻》,载其女遗什一章。女名蕙纕,盖嗣庭获罪后,家属徙边,驿次题壁之作也。诗云:'薄命飞花水上游,翠蛾双锁对沙鸥。塞垣草没三韩路,野戍风凄六月秋。口读父书心未死,目悬国难泪空流。伤神漫谱琵琶怨,罗袖香消土满头。'蕙纕可谓不愧名父之子矣。"①诗句略有不同,而"口读父书心未死,目悬国难泪空流"句,言"国难"而非"家难",意境较高。

七、今日为灰不堪着

驿壁女性作者的题诗,有的被涂染上浓重的神秘主义色彩。

宋人何薳《春渚纪闻》卷七《诗词事略》有"李媛步伍亭诗"条,其中写道:"薳兄子硕送客余杭步伍亭,就观壁后,得淡墨书字数行,仿佛可辨,笔迹遒媚,如出女手。云:'夜台夜复夜,东山东复东。当时九龙月,今日白杨风。'后题云:'李媛书。'详味诗句,似非世人所作。亭后荒阛有数十冢,疑冢间鬼凭附而书,不然好事者为鬼语耳。"《宋诗纪事》卷八七引此诗,诗题作《题余杭步伍亭壁》,作者署作"李媛鬼",引《春渚纪闻》谓"似非世人所作,亭后有数十荒冢,疑鬼凭附而书"。②

《诗话总龟后集》卷四二引《冷斋夜话》有这样一个故事:

鲁直自黔安出峡,登荆州江亭。柱间有词曰:"帘卷曲栏独倚,江展暮天无际。泪眼不曾晴,家在吴头楚尾。数点雪花乱委,扑漉沙鸥惊起。诗句始成时,没入苍烟丛里。"鲁直读之凄然,曰:"似为予发也!不知何人所作所题,笔势妍媚欹斜,类女子。而有'泪眼不曾晴'之句,不然则是鬼诗也。"是夕有女子绝艳,梦于鲁直曰:"我家豫

---

① 梁启超:《饮冰室诗话》,人民文学出版社1959年版,第94页。
② 〔宋〕何薳:《春渚纪闻》卷七,见《景印文渊阁四库全书》,台湾商务印书馆1986年版,第863册,第511页。

章吴城山，附客舟至此，堕水死，不得归。登江亭有感而作，不意公能识之。"鲁直惊寤，谓所亲曰："此必吴城小龙女也。"①

康熙《御选历代诗余》卷一〇七将此事列于"女仙"一类，题"吴城小龙女"。②

《博异记》有"刘方玄"条，其中写道：

山人刘方玄自汉南抵巴陵，夜宿江岸古馆之厅。其西有巴篱所隔，又有一厅常扃锁，云多有怪物，使客不安，已十数年不开矣。中间为厅廊，崩摧，州司完葺至新净，而无人敢入。其夜方玄都不知之，至二更后，见月色满庭，江山清寂，唯闻听西有家口语言啸咏之声，殆不多辨。唯一老青衣语声稍重，而带秦音者言曰："往年阿郎贬官时，常令老身骑偏面骡，抱阿荆郎。阿荆郎娇，不肯稳坐，或偏于左，或偏于右，堕损老身左膊，至今天欲阴使我患酸疼焉。今又发矣。明日必大雨。如今阿荆郎官高也不知知有老身无。"复闻相应答者，俄而有歌者，歌音清细若曳，绪之不绝。复吟诗者，吟声切切，如含酸和泪之词。幽咽良久，亦不可辨。其文而无所记录也。久而老青衣又云："昔日阿荆郎爱念'青青河畔草'，今日亦颇谓'绵绵思远道'也。"仅四更，方不闻其声。明旦果大雨。呼馆吏讯之，吏云，此西厅空更无人。方叙此中宾客不曾敢入之由。方玄固请，开院视之，则秋草满地，苍苔没阶，中院之西，则连山林，无人迹也。启其厅，厅则新净了无所有。唯前间东面柱上，有诗一首，墨色甚新。其词曰："耶娘送我青枫根，不记

---

① 〔宋〕阮阅：《诗话总龟后集》卷四二，见《景印文渊阁四库全书》，台湾商务印书馆1986年版，第1478册，第868页。

② 其文曰："黄庭坚登荆州亭，见柱间一词，夜梦一女子云：'有感而作。'庭坚惊悟曰：'此必吴城小龙女也。'"

青枫几回落。当时手刺衣上花,今日为灰不堪着。"视其书,则鬼之诗也。馆吏云,此厅成来不曾有人入,亦并无此题诗处。乃知夜来人也。复以此访于人,终不能知其来由耳。①宿于"青枫根",又不知秋来几度,既言"衣上"刺"花",作者应为女性。而"今日为灰不堪着",记述者"视其书",判断为"鬼之诗"。

在古代民间传说和文学作品中,驿馆驿舍确实往往多有奇异妖魅危害人间的故事。

成书于东汉的《风俗通义》一书,有《怪神》篇,其中已经有"亭有鬼魅",致使宾客死亡的记载:"汝南汝阳西门亭有鬼魅,宾客宿止,有死亡,其厉厌者,皆亡发失精。寻问其故,云:'先时颇已有怪物。其后,郡侍奉掾宜禄郑奇来,去亭六七里,有一端正妇人,乞得寄载,奇初难之,然后上车。入亭,趋至楼下,吏卒檄,白:楼不可上。奇曰:我不恶也。时亦昏冥,遂上楼,与妇人栖宿,未明发去。亭卒上楼扫除,见死妇,大惊,走白亭长。亭长击鼓会诸庐吏,共集诊之,乃亭西北八里吴氏妇新亡,以夜临殡,火灭,火至失之;家即持去。奇发行数里,腹痛,到南顿利阳亭加剧,物故。楼遂无敢复上。'"②《后汉书》卷八一《独行列传·王忳》中讲述了这样一个案例:"举茂才,除郿令。到官,至斄亭。亭长曰:'亭有鬼,数杀过客,不可宿也。'忳曰:'仁胜凶邪,德除不祥,何鬼之避!'即入亭止宿。夜中闻有女子称冤之声。忳呪曰:'有何枉状,可前求理乎?'女子曰:'无衣,不敢进。'忳便投衣与之。女子乃前诉曰:'妾夫为涪令,之官过宿此亭,亭长无状,贼杀妾家十余口,埋在楼下,悉取财货。'忳问亭长姓名。女子曰:'即今门下游徼者也。'忳曰:'汝何故数杀过客?'对曰:'妾不得白日自诉,每夜陈冤,客辄眠不见

---

① 〔唐〕谷神子:《博异记》,见《景印文渊阁四库全书》,台湾商务印书馆1986年版,第1042册,第593—594页。

② 〔汉〕应劭撰,王利器校注:《风俗通义校注》卷九《怪神》,中华书局2010年版,第425页。

应,不胜感恚,故杀之。'忳曰:'当为汝理此冤,勿复杀良善也。'因解衣于地,忽然不见。明旦召游徼诘问,具服罪,即收系,及同谋十余人悉伏辜,遣吏送其丧归乡里,于是亭遂清安。"①《池北偶谈》卷二五《谈异》"蔡侍郎"条也记述了一则驿亭有鬼为祟的故事:"睢州蔡侍郎石冈天佑,弘治中进士,方严正直,生平遇鬼神事甚多。汤荆岘先生斌言其为山西宪使时,行部至一驿。驿有鬼为祟,人不敢宿。驿卒以告,公叱之。比夜秉烛,独卧堂中,枕傍寘一剑。三更时,忽风起,门洞开,有一人被发跪床下。公起坐,从容问之曰:'汝何人?果有冤枉,当告我,为汝理之。'鬼径起,由廊下出。公拔剑随其后。廊外皆荒草断垣,至垣外,瞢井而殁。公卓剑识之,归而酣寝。及晓,从者皆至。公集众,至其所。缒视则有尸在焉。讯诸驿卒,云有某甲向开店于此,移去数年矣。此井其后圃也,公立令捕至,至则具服:某年月日,有行客携重赀宿其家,谋而杀之,投诸瞢井。家以此致富,遂迁居。公立寘诸法。自后驿遂无他。"②

《风俗通义·怪神》又有郅伯夷于亭楼杀"老狸"的故事,其情节富有传奇色彩:"夜时,有正黑者四五尺,稍高,走至柱屋,因覆伯夷,伯夷持被掩足,跣脱几失,再三,徐以剑带系魅脚,呼下火上,照视老狸正赤,略无衣毛,持下烧杀,明旦发楼屋,得所髡人结百余,因从此绝。""老狸"被杀死,驿亭从此安定。③《太平御览》卷八八五引《搜神记》说:"吴时,庐陵郡亭重屋中常有鬼物,宿者辄死,自后使官莫敢入舍。"④丹阳人汤应勇武过人,拒绝亭吏的警告,决意停宿亭舍中。至三更,果然有鬼物侵扰,汤应以三尺大刀斫击,"鬼物"原来一是老猳,一是老狸,亭舍于是自此安静。

驿亭狐妖鬼魅传说之所以历代不绝,是因为在当时的交通条件

---

① 〔宋〕范晔:《后汉书》,中华书局1965年版,第2681页。
② 〔清〕王士禛:《池北偶谈》,中华书局1982年版,第596页。
③ 《风俗通义校注》,第428页。
④ 〔宋〕李昉等:《太平御览》,中华书局1960年版,第3931页。

和治安条件下，驿亭留宿，确实有许多不安全的因素。而郑奇、王忱故事中为祟者皆为女鬼，尤其值得注意。这可能与鬼为阴物的传统观念有关，而事实上女子驿行也有更为突出的安危问题。此外，制作传奇者往往追求"奇"而又"奇"，而女性驿行毕竟是少数，渲染有关传闻，可以取得炫奇夺目的效果，或许也是驿亭志怪故事女鬼多为主角的原因之一。而女子驿壁题诗往往有较为显著的文学效应，应当也与此有关。

事实说明，与我们以往的印象不同，中国古代妇女也有相当多的外出游历，停宿驿站的机会。她们的驿壁诗作，在润朗清亮的声音中，加入了传达驿路光彩绚丽的文化感受的多重唱。

前说黄庭坚读所谓"吴城小龙女"驿亭题诗时，曾经感叹道："似为予发也！"又说："不知何人所作所题，笔势妍媚欹斜，类女子。"可知女子题诗同样可以令男性驿行者发生思想共鸣。驿路上这种彼此共同的感受，使得人们可以怀疑女子驿壁提示是否有男子拟作的可能。宋人周煇《清波杂志》卷一〇写道：邮亭客舍壁间题字，"篇什有可采者，其笔画柔弱，语言哀怨，皆好事者戏为妇人女子之作"[①]。其实，周煇所谓"皆好事者戏为妇人女子之作"的一个"皆"字，实在过于武断。事实上，由"笔画"是否"柔弱"，"语言"是否"哀怨"，是可以大体判断是否"为妇人女子之作"的。而即使真正属于"好事者戏为妇人女子之作"的情形，也说明"妇人女子"驿壁题诗确实是一种普遍的文化存在，"妇人女子"驿壁题诗也确实产生过可观的文化影响。也就是说，"好事者戏为妇人女子之作"本身，也应当看作一种值得分析的历史文化现象。而这种现象也反映了"妇人女子"在文学创作中的积极作用，在社会生活中的积极作用，在历史演进中的积极作用。

[①] 〔宋〕周煇：《清波杂志》，见〔汉〕葛洪等辑：《笔记小说大观》，江苏广陵古籍刻印社1995年版，第1册，第634页。

「女儿国」的传说与史实

传说中的"女儿国""女子国"在正史中也有记录。"海东""女国"和"西方""女国",以及"剑南西山羌女国"、"东女国"、剑南"女国"、南海"女人国",都被理解为保留明显母系氏族社会特征的文化存在。"女国"之中,一种是"有女自王"的"女国",一种是"产男不举,致国中纯女无男"的"女国"。关于"女国"风习,《隋书》所谓"其俗贵妇人,轻丈夫"①,《旧唐书》所谓"俗重妇人而轻丈夫"②,以及《新唐书》卷二二一上《西域列传上·东女》所谓"俗轻男子,女贵者咸有侍男","子从母姓","以女为君……官在外者,率男子为之;凡号令,女官自内传,男官受而行"③,都体现出女权的独尊。历史上的"女国"一切入浴怀孕、窥井生子以及"以蛇为夫""以猿为夫""以鬼为夫"等传说,其实源自母系氏族时代形成的女子不交合而孕的神话,体现了世系只能从母亲方面来确定的群婚时代的社会现实。《山海经》中的"女子国""丈夫国"以及《淮南子》中的"女子民,丈夫民"的隔离,应当与原始时期"生产上的性禁忌"有关。

吴承恩《西游记》和李汝珍《镜花缘》中关于"女儿国"的描述,是人们所熟悉的。鲁迅说,"吴(承恩)则通才,敏慧淹雅,其所取材,颇极广泛","汝珍亦特长于韵学,旁及杂艺","能居学者之列,博识多通"。④ 他们有关"女儿国"的文字,其实取材于渊源久远的传说。而这些传说,又是有确凿的史实依据的。

一、《山海经》"女子国"与《淮南子》"女子民"

《山海经·海外西经》说到"女子国":"女子国在巫咸北,

---

① 〔唐〕魏徵等:《隋书》卷八三《西域列传·女国》,中华书局1974年版,第1850页。
② 〔后晋〕刘昫等:《旧唐书》卷一九七《南蛮西南蛮列传·东女国》,中华书局1975年版,第5278页。
③ 〔宋〕欧阳修、宋祁:《新唐书》,中华书局1975年版,第6219页。
④ 鲁迅:《中国小说史略》,见鲁迅:《鲁迅全集》第9卷,人民文学出版社1981年版,第162、249页。

两女子居，水周之。一曰居一门中。"又说："轩辕之国在此穷山之际，其不寿者八百岁。在女子国北。"①可见在《山海经》作者的地理意识中，"女子国"是大致可以确定空间位置的。《太平御览》卷七九〇"女子国"题下引《山海经》曰：

> 女子国在巫咸北，两女子居，水外周之。

原注：

> 有黄池，妇人入浴，出即人孕矣。生男三岁□死。周犹绕也。②

在《山海经·海外西经》中，又有与"女子国"形成对应的"丈夫国"。《山海经·海外西经》："丈夫国在维鸟北，其为人衣冠带剑。"郭璞注："殷帝太戊使王孟采药，从西王母至此，绝粮，不能进，食木食，衣木皮，终身无妻，而生二子，从形中出，其父即死，是为丈夫民。"③《山海经·大荒西经》也说到"有女子之国"，"有丈夫之国"。关于"女子之国"，郭璞注："王颀至沃沮国，尽东界，问其耆老，云：'国人尝乘船捕鱼遭风，见吹数十日，东一国，在大海中，纯女无男。'即此国也。"这是另一处地在东方的海上"女子国"。关于"丈夫之国"，郭璞注："其国无妇人也。"④《淮南子·地形》说到"女子民，丈夫民"。高诱注："女子民，其貌无有须，皆如女子也。丈夫民，其状皆如丈夫，衣黄衣冠，带剑，皆西方之国。"⑤

有学者在解释《山海经·海外西经》"女子国"时说，"女子国当即甲骨文中的'安'，史书中的安邑的地名释文"⑥。然而论据似未能充备。看来，作为"西方之国"的"女子国"，还要更遥远一些。

---

① 袁珂校注：《山海经校注》，上海古籍出版社1980年版，第220、221页。
② 〔宋〕李昉等：《太平御览》，中华书局1960年版，第3499页。
③ 《山海经校注》，第217页。
④ 《山海经校注》，第400—401页。
⑤ 何宁：《淮南子集释》，中华书局1998年版，第356页。
⑥ 喻权中：《中国上古文化的新大陆——〈山海经·海外经〉考》，黑龙江人民出版社1992年版，第229—230页。

二、"海东""女国"和"西方""女国"

有意思的是,后来史籍中亦可看到有关"女国""女子国"的正式记载。有些位置比较明确,西方和东方分别有相关的信息。

神话学者袁珂以为,郭璞《山海经·大荒西经》注对于"沃沮国""东界"的"女子之国"的说法,"本《三国志·魏志·乌丸鲜卑东夷传》"。在关于《山海经·海外西经》的解说中,又写道:"《三国志·魏志·东夷传》云:'(沃沮)耆老言:有一国亦在海中,纯女无男。'《后汉书·东夷传》云:'或传其国有神井,窥之辄生子。'即此也。"①

《三国志》卷三〇《魏书·东夷传》中可以看到这样的原始记录:"毌丘俭讨句丽,句丽王宫奔沃沮,遂进师击之。沃沮邑落皆破之,斩获首虏三千余级,宫奔北沃沮。北沃沮一名置沟娄,去南沃沮八百余里,其俗南北皆同,与挹娄接。挹娄喜乘船寇钞,北沃沮畏之,夏月恒在山岩深穴中为守备,冬月冰冻,船道不通,乃下居村落。王颀别遣追讨宫,尽其东界。问其耆老'海东复有人不'?耆老言国人尝乘船捕鱼,遭风见吹数十日,东得一岛,上有人,言语不相晓,其俗常以七月取童女沈海。又言有一国亦在海中,纯女无男。又说得一布衣,从海中浮出,其身如中人衣,其两袖长三丈。又得一破船,随波出在海岸边,有一人项中复有面,生得之,与语不相通,不食而死。其域皆在沃沮东大海中。"②《后汉书》卷八五《东夷列传·东沃沮》原文写道:"又有北沃沮,一名置沟娄,去南沃沮八百余里。其俗皆与南同。界南接挹娄。挹娄人喜乘船寇抄,北沃沮畏之,每夏辄臧于岩穴,至冬船道不通,乃下居邑落。其耆老言,尝于海中得一布衣,其形如中人衣,而两袖长三丈。又于岸际见一人乘破船,顶中复有面,与语不通,不食而死。又说海中有女国,无男人。或传其国有神井,

---

① 《山海经校注》卷二《海外西经》,第 220 页。
② 〔晋〕陈寿撰,〔宋〕裴松之注:《三国志》,中华书局 1959 年版,第 847 页。

窥之辄生子云。"①

"海东"的"女国",使人联想到《三国志》卷三〇《魏书·东夷传》关于"倭国"的记述中说到的"女王"和"女王国"。②《梁书》卷四八《诸夷传·东夷》可见有关"扶桑国"民情的记载:"慧深又云:扶桑东千余里有女国,容貌端正,色甚洁白,身体有毛,发长委地。至二、三月,竞入水则任娠,六七月产子。女人胸前无乳,项后生毛,根白,毛中有汁,以乳子。一百日能行,三四年则成人矣。见人惊避,偏畏丈夫。食咸草如禽兽。咸草叶似邪蒿,而气香味咸。"③《北史》卷一一《隋本纪上·高祖文帝杨坚》记载开皇四年(584)事,"是岁靺鞨及女国并遣使朝贡"④。此"女国""遣使朝贡"事与"靺鞨"并记,似乎应当是"海东""女国",也有可能是另一处于东方的"女国"。《元史》卷一四《世祖本纪十一》记至元二十四年(1287)事,有"女人国贡海人"⑤的情节,说的应当也是"海东""女国"。

《宋书》卷九六《吐谷浑传》和《魏书》卷一〇一《吐谷浑传》有"献乌丸帽、女国金酒器、胡王金钏等物"的内容。⑥《魏书》卷一〇二《西域传》关于"于阗国"的记录中,有"于阗国,在且末西北……南去女国二千里"的文句。⑦这里所见"女国",或许与《山海经·海

---

① 〔南朝宋〕范晔:《后汉书》,中华书局1965年版,第2816—2817页。
② 《三国志》:"自郡至女王国万二千余里。"第855页。交通里程是相对明确的。
③ 〔唐〕姚思廉:《梁书》,中华书局1973年版,第809页;又见〔唐〕李延寿:《南史》卷六九《夷貊列传下·东夷》"扶桑国",中华书局1975年版,第1977页。
④ 〔唐〕李延寿:《北史》,中华书局1974年版,第411页。
⑤ 〔明〕宋濂等:《元史》,中华书局1976年版,第300页。
⑥ 〔南朝梁〕沈约:《宋书》,中华书局1974年版,第2372—2373页;〔北齐〕魏收:《魏书》,中华书局1974年版,第2237页;又见《北史》卷九六《吐谷浑传》,第3183页。
⑦ 据中华书局标点本《魏书》"校勘记","'南去女国二千里',《北史》卷九七、《隋书》卷八三、《通志》卷一九六《于阗传》、《册府》卷七五七(一一二六三页)。'二'都作'三',这里'二'字当是'三'之讹。"《魏书》,中华书局1974年版,第2282页。

外西经》和《大荒西经》中所见作为"西方之国"的"女子国"有关。所谓"女国金酒器",体现出这一国度有较高的冶金及手工业制作技术水准。《说郛》卷九七下洪遵《泉志》说到的"女国钱",也可以体现"女国"货币经济的发达程度。

《魏书》卷一〇一《吐谷浑传》:"北又有女王国。以女为主。"①《北史》卷九六《吐谷浑传》:"白兰西南二千五百里,隔大岭,又度四十里海,有女王国。""以女为王,故因号焉。"②"以女为主""以女为王"的"女王国",也与我们讨论的主题"女国"有密切关系。

《史记》卷一一七《司马相如列传》张守节《正义》引《括地志》:"弱水有二原,俱出女国北阿傉达山。"③《史记》卷一二三《大宛列传》张守节《正义》:"先儒多引《大荒西经》云弱水云有二源,俱出女国北阿耨达山,南流会于女国东。""昆仑山弱水流在女国北,出昆仑山南。女国在于寘国南二千七百里。"④《北史》卷九六《附国传》:"附国南有薄缘夷,风俗亦同。西有女国。"⑤也都是关于"女国"的历史记忆。《北史》卷九七《西域列传·女国》说:"隋开皇六年,遣使朝贡,后遂绝。"⑥《北史》卷三八《裴矩传》有裴矩《西域图记序》,说"发自敦煌,至于西海,凡为三道,各有襟带","其三道诸国,亦各自有路,南北交通。其东女国、南婆罗门国等,并随其所往,诸处得达"⑦。《新唐书》卷二二一上《西域列传上·朱

---

① 《魏书》,第2241页。
② 《北史》,第3189—3190页。
③ 〔汉〕司马迁:《史记》,中华书局1982年版,第3061页。
④ 《史记》,第3164页。
⑤ 《北史》,第3194页。又见《隋书》卷八三《西域传·附国》,第1859页。《新唐书》卷二二二下《南蛮传下·南平獠》有"附国"条:"成都西北二千余里有附国,盖汉西南夷也。""附国南有薄缘夷,西接女国。"第6328页。
⑥ 《北史》,第3236页。
⑦ 《北史》,第1389页。又见《隋书》卷六七《裴矩传》,第1579—1580页。

俱波》:"南三千里女国也。"① 可知在古地学专家心目中,西方"女国"的方位是相对明确的。

有的学者认为,"女国""女子国"或者通常说的"女儿国",其实是"延续着母系氏族特点","保留着原始母系社会的大家庭制"的社会结构。②《北史》卷九七《西域列传·女国》写道:

> 女国,在葱岭南。其国世以女为王,姓苏毗,字末羯,在位二十年。女王夫号曰金聚,不知政事。国内丈夫,唯以征伐为务。山上为城,方五六里,人有万家。王居九层之楼,侍女数百人,五日一听朝,复有小女王共知国政。其俗妇人轻丈夫,而性不妒忌。……其女王死,国中厚敛金钱,求死者族中之贤女二人,一为女王,次为小王。③

以女权为集中体现的母系氏族社会的特征是明显的。这段记载明确指出了"其国世以女为王"的情形,其权力的继承形式,也值得注意。继位者的条件,是"死者族中之贤女二人"。

《旧唐书》卷三《太宗纪下》记载贞观八年(634)外交事件:"是岁,龟兹、吐蕃、高昌、女国、石国遣使朝贡。"④ 这是西域诸国使团的联合外交活动,"女国"也是"遣使朝贡"的一国。在谭其骧主编《中国历史地图集》"隋时期全图"中,"女国"的位置,标示在地跨今西藏和克什米尔的班公错以南、喜马拉雅山以北地方。⑤

三、东女国

除了"海东""女国"和"西方""女国"之外,我们在史籍中又可以看到关于其他地方"女国"的记录。

---

① 《新唐书》,第6234页。
② 杨学政、刘婷:《女儿国的女神崇拜》,载《寻根》2003年第3期。
③ 《北史》,第3235页。又见《隋书》卷八三《西域列传·女国》,第1850—1851页。
④ 《旧唐书》,第44页。
⑤ 谭其骧主编:《中国历史地图集》第5册,地图出版社1982年版,第3—4页。

据《旧唐书》卷九《玄宗纪下》，开元二十九年（741），又有"女国"使团来到长安："女国王赵曳夫及佛逝国王、日南国王遣其子来朝献。"① 据《旧唐书》卷一三《德宗纪下》，贞元九年（793），"剑南西山羌女国王汤立志""自来朝贡"。贞元十二年（796），"回纥、南诏、剑南西山国女国王并来朝贺"②。所谓"剑南西山羌女国王"和"剑南西山国女国王"可能是一样的，只是一作"西山羌"，一作"西山国"，表述文字略有不同。《旧唐书》卷一九八《西戎列传·大食国》写道："又有女国，在其西北，相去三月行。"③ 则显然是与"在葱岭南"之"女国"有别的另一处"女国"。

关于"女国"的礼俗制度，隋唐史籍有所记录。《隋书》卷八三《西域列传·女国》写道："其俗贵妇人，轻丈夫，而性不妒忌。男女皆以彩色涂面，一日之中，或数度变改之。人皆被发，以皮为鞋，课税无常。气候多寒，以射猎为业。出鍮石、朱砂、麝香、牦牛、骏马、蜀马。尤多盐，恒将盐向天竺兴贩，其利数倍。亦数与天竺及党项战争。其女王死，国中则厚敛金钱，求死者族中之贤女二人，一为女王，次为小王。贵人死，剥取皮，以金屑和骨肉置于瓶内而埋之。经一年，又以其皮内于铁器埋之。俗事阿修罗神，又有树神，岁初以人祭，或用猕猴。祭毕，入山祝之，有一鸟如雌雉，来集掌上，破其腹而视之，有粟则年丰，沙石则有灾，谓之鸟卜。"④ 开皇六年（586），"女国"曾经"遣使朝贡"，后来与隋王朝的联系外交断绝。对于"女国"的社会文化面貌，《旧唐书》卷一九七《南蛮西南蛮列传·东女国》有更为详细的记述：

　　东女国，西羌之别种，以西海中复有女国，故称东女焉。
　　俗以女为王。东与茂州、党项接，东南与雅州接，界隔罗

---

① 《旧唐书》，第214页。
② 《旧唐书》，第377、385页。
③ 《旧唐书》，第5315页。
④ 《隋书》，第1850—1851页。

> 女蛮及白狼夷。其境东西九日行，南北二十日行。有大小八十余城。其王所居名康延川，中有弱水南流，用牛皮为船以渡。户四万余众，胜兵万余人，散在山谷间。女王号为"宾就"。有女官，曰"高霸"，平议国事。在外官僚，并男夫为之。其王侍女数百人，五日一听政。女王若死，国中多敛金钱，动至数万，更于王族求令女二人而立之。大者为王，其次为小王。若大王死，即小王嗣立，或姑死而妇继，无有篡夺。其所居，皆起重屋，王至九层，国人至六层。其王服青毛绫裙，下领衫，上披青袍，其袖委地。冬则羔裘，饰以纹锦。为小鬟髻，饰之以金。耳垂珰，足履鞣鞾。俗重妇人而轻丈夫。文字同于天竺。以十一月为正。其俗每至十月，令巫者赍楮诣山中，散糟麦于空，大咒呼鸟。俄而有鸟如鸡，飞入巫者之怀，因剖腹而视之，每有一谷，来岁必登，若有霜雪，必多灾异。其俗信之，名为鸟卜。其居丧，服饰不改，为父母则三年不栉沐。贵人死者，或剥其皮而藏之，内骨于瓶中，糅以金屑而埋之。国王将葬，其大臣亲属殉死者数十人。①

这一国度以"女王""女官""平议国事"，施行行政管理，男性参政者，只是"在外官僚"。王位的继承，"更于王族求令女二人而立之。大者为王，其次为小王。若大王死，即小王嗣立，或姑死而妇继，无有篡夺。"此所谓"王族"，应当是母系宗族。如果把这一"俗以女为王"，"俗重妇人而轻丈夫"的社会看作进步至文明初阶，而仍然保留原始母系氏族社会的诸多文化遗存的标本，可能是适宜的。

关于"东女国"与中原正统王朝的关系，据《旧唐书》卷一九七《南蛮西南蛮列传·东女国》记述："隋大业中，蜀王秀遣使招之，拒而不受。武德中，女王汤滂氏始遣使贡方物，高祖厚资而遣之。还至陇右，会突厥入寇，被掠于虏庭。及颉利平，其使复来入朝。太宗送令反国，

---

① 《旧唐书》，第 5277—5278 页。

并降玺书慰抚之。垂拱二年，其王敛臂遣大臣汤剑左来朝，仍请官号。则天册拜敛臂为左玉钤卫员外将军，仍以瑞锦制蕃服以赐之。天授三年，其王俄琰儿来朝。万岁通天元年，遣使来朝。开元二十九年十二月，其王赵曳夫遣子献方物。天宝元年，命有司宴于曲江，令宰臣已下同宴。又封曳夫为归昌王，授左金吾卫大将军，赐其子帛八十匹，放还。后复以男子为王。"① 有关"开元二十九年十二月，其王赵曳夫遣子献方物"的记录，正与《旧唐书》卷九《玄宗纪下》开元二十九年（741）"女国王赵曳夫及佛逝国王、日南国王遣其子来朝献"② 相对应。看来，唐王朝对"东女国"采取和平交往政策。"后复以男子为王"，反映"东女国"割断了与母系氏族社会传统的联系，迈步到新的文明阶段。这大概是许多民族共同的演进历程。我们通过这样的步骤，也可以想见中原地方远古社会的某些文化特征。

《隋书》及两《唐书》"女国"地望，并不能十分明确。按照《清史稿》卷五二五《藩部列传八·西藏》的说法，"魏、隋为附国、女国"③ 者，在西藏地方。也有学者取同样的认识，以为"历史上的女儿国产生在青藏高原上"。"葱岭之南"的"女国"，地理位置在"青藏高原西北部地区"④。这一见解，与谭其骧主编《中国历史地图集》"隋时期全图"中"女国"位置的标示是一致的。

四、剑南"女国"

《吕思勉读史札记》列有"女国"条，对"女国"方位予以讨论。吕思勉写道："唐时女国，人皆知其有二，而不知其实有三焉。盖今后藏地方有一女国，四川西境，又有一女国。《新旧唐书》之《东女传》，

---

① 《旧唐书》，第 5278 页。
② 《旧唐书》，第 214 页。
③ 赵尔巽等：《清史稿》，中华书局 1977 年版，第 14529 页。
④ 赵宝红：《浅谈中国历史上的女儿国》，载《丹东师专学报》2001 年第 4 期。

皆误合为一也。"①

一为"葱岭南之女国",一为"西山女国"。所以混同,产生误会的原因,"盖昔人于域外地理,多不详知","不能无此失也"。

谭其骧主编《中国历史地图集》"唐时期·南诏"图中,在今泰国清迈地方标示"女王国"。②其位置在"剑南",则又是一种历史地理认识。

五、"有女自王"之国与"纯女无男"之国

吕思勉又指出了"西女"和"东女"的不同。"《旧唐书·东女传》云:'以西海中复有女国,故称东女焉。'其说是也。《新唐书》云:'西海亦有女自王,故称东别之。'则似是而非矣。西女,见《新唐书·西域传》。《传》述波剌斯事竟,乃云:'西北距拂菻,西南际海岛,有西女种,皆女子,多珍货,附拂菻,拂菻君长岁遣男子配焉。俗产男不举。'此文亦本《西域记》,《记》云:'拂懔西南海岛有西女国。'""而西女之称女国,实非由其有女自王。《三国志·沃沮传》云:王颀别遣追讨宫骊王宫,穷其东界,问其耆老:海东复有人不?耆老言:有一国亦在海中,纯女无男。《后汉书·沃沮传》亦载此事。又云:'或传其国有神井,窥之辄生子云。'其说自不足信,而其俗与唐时之西女,则可云无独有偶。国不论文野,以女子为王者皆不乏,以国家原于氏族,女子本可为氏族之长也。若产男不举,致国中纯女无男,有待它国之君,岁遣男子配合,则实为异俗。唐时之西女,以此而得女国之名,其事固不容抹杀。今云以有女自王,而称女国,则杜撰史实矣。特制新文,以易旧语,而徒使史事失真,不亦心劳日绌乎。此又见文士之不可以修史也。"③吕思勉批评《新唐书》"使史事失真",是因为作者混淆了两种"女国"的差别,一种是"有女自王"的"女国",一种是"产男不举,致国中纯女无男"的"女国"。

---

① 吕思勉:《吕思勉读史札记》,上海古籍出版社1982年版,第1079页。
② 《中国历史地图集》第5册,第80—81页。
③ 《吕思勉读史札记》,第1079—1094页。

这种分析特别值得我们注意。

关于"女国"风习,《隋书》所谓"其俗贵妇人,轻丈夫",《旧唐书》所谓"俗重妇人而轻丈夫",以及《新唐书》卷二二一上《西域列传上·东女》所谓"俗轻男子,女贵者咸有侍男","子从母姓","以女为君,……官在外者,率男子为之;凡号令,女官自内传,男官受而行",都体现出女权的独尊。

所谓"至二、三月,竞入水则任娠,六七月产子",所谓"有黄池,妇人入浴,出即人孕矣"以及所谓"其国有神井,窥之辄生子云",当然只是传闻,吕思勉以为"此说自不足信"。女子不交合而孕的神话,应当是母系氏族时代形成。《楚辞·天问》:"女岐无合,夫焉取九子?"王逸注:"女岐,神女,无夫而生九子也。"丁山认为,"若岐母生九子的本事,则必与印度古代传说的鬼子母涵意(含义)相同。"[①] 据北魏昙曜译《杂宝藏经》,"鬼子母者,……有子一万,皆有大力士之力"。恩格斯在《家庭、所有制和国家的起源》中指出:"在一切形式的群婚家庭中,谁是某一个孩子的父亲是不能确定的,但谁是孩子的母亲却是知道的。……由此可知,只要存在着群婚,那末(么)世系就只能从母亲方面来确定,因此,也只承认女系。"[②] 正如有的学者所指出的:"女岐就是这样的母亲。因为无法确定九子的父亲,所以后人也就以为女岐无合而生九子了。"[③] 历史上的"女国"一切入浴怀孕、窥井生子的传说,其实也是同样的由来。

《说郛》卷一一三唐张说《梁四公记》有这样的内容:"西北无虑万里有女国,以蛇为夫,男则为蛇不噬人而穴处,女为臣妾官长,而居宫室,俗无书契而信呪咀,直者无他,曲者立死,神道设教,人莫敢犯。""以今所知,女国有六。何者?北海之东有女国,天女下

---

① 丁山:《中国古代宗教与神话考》,上海文艺出版社1988年版,第299页。

② 马克思、恩格斯、列宁、斯大林:《马克思恩格斯选集》第四卷,人民出版社1972年版,第36—37页。

③ 萧兵:《楚辞研究》,天津古籍出版社1988年版,第584页。

降为其君，国中有男女，如他恒俗。西南夷板楯之西有女国，其女悍而男恭，女为人君，以贵男为夫，置男为妾媵，多者百人，少者匹夫。昆明东南绝徼之外有女国，以猿为夫，生男类父而入山谷，昼伏夜游，生女则巢居穴处。南海东南有女国，举国惟以鬼为夫，夫致饮食，禽兽以养之。勃律山之西有女国，方百里山出台虺之水，女子浴之而有孕，其女举国无夫。并蛇六矣。"所谓"以蛇为夫""以猿为夫""以鬼为夫"等传说，也体现出原始婚姻形态下"只承认母系"的社会原则。宋人赵汝适《诸蕃志》卷上"海上杂国"条说"女人国"事："其国女人遇南风盛发，裸而感风，即生女也。"① "感风"而孕，则是更为离奇的说法。

《魏书》卷一《序纪》写道：北魏惠帝立，"未亲政事，太后临朝，遣使与石勒通和，时人谓之'女国使'"②。《魏书》卷一三《皇后列传·桓帝皇后祁氏》："平文崩，后摄国事，时人谓之'女国'。后性猛忌，平文之崩，后所为也。"③ 看来，按照中国传统认识，"女国"，也就是女主当权之国，"以女为主""以女为王"的"女王国"。

"女国"有"有女自王"者，有"产男不举，致国中纯女无男"者。古典文学作品中关于"女儿国"的内容，竟然也体现出这种区别。有学者分析了相关情形，"中国古典文学中，涉及女儿国的作品有：《大唐三藏取经诗话》《西游记杂剧》《西游记》《三宝太监西洋记通俗演义》《升平宝筏》与《镜花缘》等。这些作品中的女儿国，按国民性别构成、繁衍后代方式与社会治权属性为分类标准，可以分为两个

---

① 〔宋〕赵汝适撰，冯承钧校注：《诸蕃志校注》卷上，中华书局1956年版，第73—74页。周去非《岭外代答》卷二"海外诸蕃国"条略同，"即生女也"作"咸生女也"。

② 《魏书》，第10页。《北史》卷一《魏先世纪·惠帝纪》："帝未亲政事，太后临朝，遣使与石勒通和，时人谓之女国使。"中华书局1974年版，第6页。

③ 《魏书》，第323页。《北史》卷一三《后妃列传上·桓皇后惟氏》："平文崩，后摄国事，时人谓之曰'女国'。后性猛忌，平文之崩，后所为也。"第491页。

不同的系统。第一个系统的主要特征为：国中纯女无男，繁衍方式与水接触，社会治权属性为男权社会，《大唐三藏取经诗话》《西游记杂剧》《三宝太监西洋记通俗演义》与《升平宝筏》等作品中的皆是，但其代表当为《西游记》中的西梁女国。第二个系统的主要特征为：国中有女亦有男，繁衍方式为男女结合，社会治权属性为女权社会。属于这个系统的女儿国，有《三宝太监西洋记通俗演义》中的罗斛国（书中'女儿国'外的另一个国家，见第三十三、三十四回）等，但其代表应是《镜花缘》中的女儿国"①。

六、海外"女国"

《大唐西域记》卷一一《僧伽罗国》又说到"西大女国"："于是装二大船，多储粮糗。""子女各从一舟，随波飘荡。其男船泛海至此宝渚，见丰珍玉，便于中止。""其女船者泛至波剌斯西，神鬼所魅，产育群女，故今'西大女国'是也。"②《诸蕃志》卷上"海上杂国"条写道："西海亦有女国，其地五男三女，以女为国王，妇人为吏职，男子为军士。女子贵则多有侍男，男子不得有侍女。生子从母姓。"③《朝鲜史略》卷一："多婆那国王娶女国女，生大卵，置椟中，浮海至阿珍浦。老妪开椟有儿，养之。以椟来时有鹊随鸣，省鹊以昔为姓，以解椟而出，名脱解。"④

宋人周去非《岭外代答》卷二"海外诸蕃国"："三佛齐之南，南大洋海也。海中有屿万余，人莫居之，愈南不可通矣。阇婆之东，东大洋海也，水势渐低，女人国在焉。"又如卷三"东南海上诸杂国"："又东南有女人国，水常东流，数年水一泛涨。或流出莲肉，长尺余，

---

① 毛志勇：《女儿国的两个系统——兼论吴承恩与李汝珍的女性审美观》，载《明清小说研究》2000年第1期。
② 〔唐〕玄奘撰，章巽校点：《大唐西域记》，上海人民出版社1977年版，第253页。
③ 《诸蕃志校注》卷上，第74页。
④ 〔明〕不著撰人：《朝鲜史略》，见《景印文渊阁四库全书》，台湾商务印书馆1986年版，第466册，第372页。

桃核长二尺。人得之则以献于女王。"①明人姚虞《岭海舆图》写道："爪哇国，古本阇婆国，东抵古女人国，西抵三佛齐国，南抵古大食国，北界占城国。宋淳化、大观中尝遣使朝贡。国朝洪武三年，其王昔里八达剌遣其臣八的占必等来朝贡。"②这里说的，则是位于南洋的"女人国"。

明代来华西洋人艾儒略撰《职方外纪》卷一《鞑而靼》写道："迤西旧有女国，曰亚玛作搦，最骁勇善战。尝破一名都曰厄弗俗。即其地建一神祠，宏丽奇巧，殆非思议所及。西国称天下有七奇，此居其一。国俗惟春月容男子一至其地，生子，男辄杀之。今亦为他国所并，存其名耳。"③这应当是中国文献中保存的地理距离更遥远的一处"女国"的文化信息。方以智《物理小识》卷三用这一记录澄清"女国照井而孕，亦气交之理乎"的疑惑："《外纪》：'鞑而靼西有女国，曰亚玛作搦。俗惟春月容男子一至其地，生男辄杀之。'"④所谓"惟春月容男子一至其地"，是为了取得人口繁育的基本条件。其实宋代论著《岭外代答》卷二"海外诸蕃国"条及《诸蕃志》卷上"海上杂国"条已经说到类似的情形："又东南有女人国"，"昔常有舶舟飘落其国，群女携以归，数日，无不死。有一智者，夜盗船亡命得去，遂传其事。"⑤

七、"女子国"与"丈夫国"的隔离

所谓"女国""女子国""女儿国"，正如有的研究者所指出的，

---

① 〔宋〕周去非著，杨武泉校注：《岭外代答校注》，中华书局1999年版，第74、111页。
② 〔明〕姚虞：《岭海舆图》，见《景印文渊阁四库全书》，台湾商务印书馆1986年版，第494册，第95页。
③ 〔意〕艾儒略撰，谢方校释：《职方外纪校释》，中华书局1996年版，第35页。
④ 〔明〕方以智：《物理小识》卷三，见《景印文渊阁四库全书》，台湾商务印书馆1986年版，第867册，第821页。
⑤ 《诸蕃志校注》卷上，第73页。

"是人类婚姻发展史上一个真实存在过的女人集团","是一个历史真实存在的奉行母权的社会实体"①。"有女自王"的"女国",是"奉行母权"的标本。而"产男不举,致国中纯女无男"的"女国"的出现,据苏联学者谢苗诺夫的分析,是由于"生产上的性禁忌"的缘故。"民族资料证明,生产方面的性禁忌的产生都伴以男女分开生活的现象。许多民族在实行生产方面性禁忌的时期不仅禁止性交关系,而且在这样那样的程度上限制男女之间的一切联系。不准男人碰女人、看女人,不准同女人交谈,不准吃女人制作的食品,不准同女人呆(待)在一起,以及诸如此类,等等。"②

文化人类学者举出的相关实证材料很多。有学者注意到,在克里克联盟的印第安人战士,出征前限定的时间内"不与妇女同居"。南非的巴佩迪人和巴聪加人,其战士"不得接近妇女"。"中婆罗洲的卡扬人甚至认为男人如果碰了一下织布的机子或者妇女的衣服都会在渔猎和战争中失利。因此,未开化民族的战士们不仅有时候要禁绝与妇女发生性关系,而且要彻底同异性隔绝。"③对于人类历史进程中"未开化"阶段这种"禁绝""性关系","彻底同异性隔绝"的现象,进行礼俗传统的分析、意识背景的解读以及文化理念的揭示,有人类学的意义,也有历史学的意义。

《山海经》中的"女子国""丈夫国"与《淮南子》中的"女子民、丈夫民"的对应关系,也是由于同样的原因而出现。只是中国古代相关现象的细致的文化考察,还有待于新的研究资料的发掘。

---

① 李衡眉:《女儿国的来历》,载《社会科学战线》1992年第1期。收入李衡眉:《中国古代婚姻史论集》,吉林文史出版社1992年版,第207—214页;另见李衡眉:《先秦史论集》,齐鲁书社1999年版,第161—169页。

② [苏]谢苗诺夫著,蔡俊生译:《婚姻和家庭的起源》,中国社会科学出版社1983年版,第138页。

③ [英]詹·乔·弗雷泽著,徐育新等译:《金枝》,大众文艺出版社1998年版,第318—319页。

明清竹枝词所见女子『卜钱』风习

竹枝词本来是自然生成于巴渝山区的古代民歌，唐以后多有文人雅士陆续仿作，于是逐渐风行文坛，成为一种形式平易朴实、文辞清新活泼的诗体。历代诗人常常用这种形式记录民俗，表抒乡情，其风格具有鲜明的文化特色，其内容也体现出宝贵的价值。

在历代竹枝词中，清代竹枝词因为作者人数最为众多，作品数量最为浩繁，对于当时世情风俗的反映也最为真实细腻，因而理所当然地受到社会史学者的重视。

在欣赏清人竹枝词所描绘的真切生动的社会生活画面时，我们注意到当时民间流行的"卜钱"风习。

例如，明人王叔承《竹枝词十二首》其十二，有这样的内容，表现了女子对"郎"深心眷念：

> 避人低语卜金钱，侵晓焚香拜佛前。
> 且说嘉陵江水恶，莫教风浪打郎船。①

徐熥《竹枝词》可以看到以"卜金钱"动作探知"郎"的"消息"，表现男女情爱的文句：

> 忽听楼头鼓乱敲，模糊月色上花梢。
> 郎今去住无消息，暗掷金钱卜一爻。②

体现了相关民俗的历史继承关系又如清人查奕照《福州竹枝词》写道：

> 团龙小凤斗旗枪，细煮功夫一盏尝。
> 当昼尽眠侵夜起，金钱花底卜三更。③

看来，"卜钱"，往往作为女性寄托相思之情的一种特殊的形式。诗人以清茶之"细煮"，夜鼓之"乱敲"，衬托女子思念情郎心情的焦灼不安。

---

① 〔明〕王叔承：《竹枝词十二首》，见〔清〕钱谦益撰集，许逸民、林淑敏点校：《列朝诗集》丁集第九，中华书局2007年版，第483页；王利器、王慎之、王子今辑：《历代竹枝词》，陕西人民出版社2003年版，第246页。

② 〔清〕徐熥：《幔亭集》卷一三《七言绝句》，见《景印文渊阁四库全书》，台湾商务印书馆1986年版，第1296册，第163页；王利器、王慎之、王子今辑：《历代竹枝词》，陕西人民出版社2003年版，第288页。

③ 〔清〕查奕照：《东望阁诗钞·猎蝇集》，王利器、王慎之、王子今辑：《历代竹枝词》，陕西人民出版社2003年版，第1449页。

所谓"侵夜起",所谓"卜三更",所谓"避人低语",所谓"暗掷金钱",都体现了女子心事沉重又不便表露的羞怯情态。在这里,"卜金钱"是为了暗自卜问"郎"的安危吉凶,卜问"郎"的"去住""消息"。

不过,"卜钱"又并不仅仅是表现闺中私意的形式。

钱大昕《竹枝词和王凤谐韵六十首》中,有这样一首:

> 辛苦吴郎发早衰,诛茅曾此傍江湄。
>
> 轻阴细雨东风软,又是梨花瘦尽时。

诗人原注:

> 宋吴惟信,字仲孚,湖州人,寓居白鹤江。有诗云:"白发伤春又一年,闲将心事卜金钱。梨花瘦尽东风软,商略生平到杜鹃。"①

可见,"卜钱"也是"白发"人闲适生活中的一种消遣方式。当然,所谓"闲将心事卜金钱",说到这种消遣,也是有"心事"相寄托的。

看来,"卜钱"是一种流行年代相当长久的民间风习。

写作于乾隆时代的《乍浦竹枝词》,《自序》有"三千年故实"句,诗辞言及"耆旧迹""前朝事"和"孟姜女故居""齐三士墓"等,又说到古时与"卜钱"有关的故事:

> 卜尽金钱只拆单,凤乌闲相到旗竿。
>
> 月明纵有刀环梦,北斗南天见总难。

诗人在原注中写道:

> 李潜夫曾祈于忠肃庙,有北斗见南天之兆。后因防倭,悬七星灯于观山。见者疑为北斗,是科果捷。②

这里所谓"卜尽金钱只拆单",很可能涉及"卜钱"的具体方式。

徐珂编撰《清稗类钞》一书《方伎类》中,可以看到"掷卦"条,

---

① 〔清〕钱大昕:《潜研堂集·潜研堂诗集》卷二《竹枝词和王凤谐韵六十首》,上海古籍出版社1989年版,第930页;王利器、王慎之、王子今辑:《历代竹枝词》,陕西人民出版社2003年版,第1130页。

② 〔清〕林中麒:《乍浦竹枝词》,华云阁校本;王利器、王慎之、王子今辑:《历代竹枝词》,陕西人民出版社2003年版,第1763、1765—1766、1772页。

其中说到一种"卜钱"的形式：

> 掷卦，古筮法也。筮法本用蓍，后人代之以钱。占时，用三钱掷之，得一背为"单"，画"—"；二背为"拆"，画"- -"；三背为"重"，画"○"；纯文为"交"，画"乂"。自下而上，三掷卦成，故称之曰"掷卦"。①

可见，林中麟《乍浦竹枝词》所谓"卜尽金钱只拆单"，是说只得到"二背"和"一背"的卦象。

所谓"卜钱"的具体形式可能有多种，但是可能都是以所得"背"面或"文"面判断吉凶。

值得注意的是，这种以钱币正反面测定吉凶的卜问形式，竟然与民间流行的赌博形式有相近之处。这一情形在清代竹枝词中也有所反映。例如，崔旭作于嘉庆年间的《津门百咏》中有《撷博》一首：

> 寻常食品一篮盛，蹲地微闻记数声。
> 信手拈来钱六简，只将背面赌输赢。

作者有注文：

> 《东皋杂录》：掷钱为博者，以钱文背面分胜负。②

《东皋杂录》，宋人孙宗鉴撰。看来所谓"撷博"的流行，可以追溯到很早。明人郝璧《广陵竹枝词》曾经说到所谓"簸钱"：

> 演武宽场策马行，游人汗漫晚凉生。
> 訟符诸技跌博子，夜夜簸钱到二更。

作者自注：

> 说偈：任驴年缚驴橛儿鞴鹰臂，日弄猢狲夜簸钱。③

"簸"与"颠"等，都是要经过摇动然后掷出，看钱币最终是正面向上还是背面向上，以决定输赢。有的地方称此作"颠幕儿"。蒋仁锡《燕

---

① 徐珂编：《清稗类钞·方伎类》，中华书局1984年版，第4584页。
② 〔清〕崔旭：《津门百咏》，《念堂竹枝词》；王利器、王慎之、王子今辑：《历代竹枝词》，陕西人民出版社2003年版，第1823页。
③ 〔明〕郝璧：《郝仲赵全集·广陵竹枝词》；王利器、王慎之、王子今辑：《历代竹枝词》，陕西人民出版社2003年版，第367页。

京上元竹枝词十二首》中有这样一首:

> 腰鼓声喧两点椎,朱衣画裤斗新奇。
> 月明归路嫌萧索,更看顽童颠幕儿。

又有自注做补充说明:

> "幕"读"漫"。《西域传》:难睉国以银为钱,幕如人面。如淳曰:"幕"音"漫"。韦昭曰:"幕",钱背也。京师儿童掷钱为戏,得面者负,得背者胜,名"颠幕儿"。"幕"字出此。①

蒋仁锡所引《西域传》与原文有异。《汉书》卷九六上《西域传上》:

> (罽宾国)以金银为钱,文为骑马,幕为人面。

颜师古注:

> 张晏曰:"钱文面作骑马形,漫面作人面目也。"
> 如淳曰:"'幕'音漫。"
> 师古曰:"'幕'即'漫'耳,无劳借音。今呼幕皮者,亦谓其平而无文也。"

《汉书》卷九六上《西域传上》还说到其他两国以人像作钱文的情形:

> (乌弋山离国)其钱独文为人头,幕为骑马。
> (安息国)民俗与乌弋、罽宾同。亦以银为钱,文独为王面,幕为夫人面。王死辄更铸钱。②

总之,清代竹枝词作者所谓"京师儿童掷钱为戏,得面者负,得背者胜,名'颠幕儿'",其中"颠幕儿"的说法,竟然又是民间俗语继承古义的一例。

"卜钱"与"摴博"形式有相近之处的情形,颇可发人深思。卜问未来情状的神秘主义预测方式,从参与者的深层意识分析,其本质与赌博存在某种共性,似乎是文化学者应当注意到的现象。

前说"卜钱"形式,在女子期望"郎"的平安回归之外,又表现为

---

① 〔清〕蒋仁锡:《绿杨红杏轩诗续集》卷二;王利器、王慎之、王子今辑:《历代竹枝词》,陕西人民出版社 2003 年版,第 777 页。
② 〔汉〕班固:《汉书》卷九六上《西域传上》,中华书局 1962 年版,第 3885、3889 页。

有可能多以男子为参与者的赌博嗜好。另外，也作为儿童游戏方式。通过清人竹枝词的文字可以知道，当时民俗内容中还有其他以"钱"寄托某种文化象征意义的形式。这种形式，也是妇女生活的社会风景之一。

例如，古来都市妇人有节庆时"摸钉"祈子风俗。前引蒋仁锡《燕京上元竹枝词十二首》中有说到此礼俗者："摸钉何处竟忘归，蓺尽兰釭漏点稀。真个郎心难捉缚，颤摇全似闹蛾飞。"①《宛署杂记》卷一七《民风一·土俗》说到妇女"摸钉"习俗："正月十六夜，妇女群游祈免灾咎，……暗中举手摸城门钉一，摸中者，以为吉兆。"②方志所见北京"元夕"风习："妇女相率宵行，……至各门，手暗触钉，谓男子祥，曰'摸钉儿'。（《景物略》）"又有："《北京岁华记》：'手携钱贿门军，摸门锁，云即生男。'《陈检讨集·燕京风俗》：'元夜，妇女竞往前门摸钉为戏，相传讖宜男也。'"③明人葛徵奇《寒食竹枝词》则明确说到"祈子打金钱"：

　　万家帘静不烘烟，几处长斋绣佛前。

　　未祝儿夫生富贵，先来祈子打金钱。④

唐代诗人王涯《宫词》有"内人争下掷金钱"句⑤，情景似乎类似，说明这种"祈子"形式由来久远。当然，所谓"掷金钱""打金钱"等，其用意可能都在于"祈""祝"，与我们本文主要讨论的"卜钱"有所不同，然而也都表现出借用"钱"的神秘作用可以实现某种意愿的理念，因而也是值得重视的社会文化现象。⑥

---

　　①〔清〕蒋仁锡：《绿杨红杏轩诗续集》卷二；王利器、王慎之、王子今辑：《历代竹枝词》，陕西人民出版社2003年版，第776页。

　　②〔明〕沈榜编著：《宛署杂记》，北京古籍出版社1982年版，第190页。

　　③丁世良、赵放主编：《中国地方志民俗资料汇编·华北卷》，书目文献出版社1989年版，第5页。

　　④〔明〕葛徵奇：《芜园诗集钞》；王利器、王慎之、王子今辑：《历代竹枝词》，陕西人民出版社2003年版，第309页。

　　⑤全诗为："百尺仙梯倚阁边，内人争下掷金钱。风来竞看铜乌转，遥指朱干在半天。"〔清〕彭定求等编，中华书局编辑部点校：《全唐诗》（增订本）卷三四六《王涯》，中华书局1999年版，第3888页。

　　⑥王子今：《钱与民俗》，天津人民出版社2011年版，第83—85页。

明清竹枝词所见女军史料研究

原本出于巴渝山区的民歌"竹枝词",唐代以后,文人仿作成为风气。于是形成了一种形式纯朴、文辞生动的诗体。历代诗人文士常常以此记述民风,描画世俗,其风格表现出鲜明的特色,其内容也具有宝贵的价值。

清代竹枝词以作者人数之众多,作品数量之浩繁,对当时世情风俗的反映之真切细腻,被看作社会史资料的宝库。

在披览清人竹枝词所描绘的绚丽多彩的社会生活画面时,我们注意到有关女子从军,女子习武,或女子以其他形式经历军事生活的内容。这些作品有助于我们增进对于中国古代妇女生活史以及中国古代军事史的认识。探讨中国古代社会对于妇女地位与作用的文化观念的历史演变,也可以由此发现若干线索。

一、边地娘子军

邓汉仪评选《诗观初集》卷五有顺治朝谢天枢描述西南边地民俗的《龙水竹枝词》,其中写到当地勇健女子佩短刀骑小马的形貌:

> 健妇当门建节麾,短刀细马褭腰肢。
> 使君何事频相问,夫婿曾为宣慰司。①

健妇武装,姿容英秀,使来自内地的"使君"惊诧,其实,这很可能是当地少数民族贵族妇女的通行装束。明人龙文《龙城竹枝词八首》写云南民俗,其七题《套头》,描述当地妇女头饰的繁丽,其中写道:

> 缠头青布叠多层,上插华枝掩折痕。
> 娘子军宜边地有,争包巧样斗邻村。②

关于边地妇女武装的记述,又见于朱纲《竹枝词》:

> 深箐衣裳各自分,往来书契亦能文。

---

① 〔清〕邓汉仪评选:《诗观初集》卷五;王利器、王慎之、王子今辑:《历代竹枝词》,陕西人民出版社2003年版,第451页。

② 《永昌府文征》卷四一,王利器、王慎之、王子今辑:《历代竹枝词》,陕西人民出版社2003年版,第162页。

殊方世授羁縻长,别部还开娘子军。

原注写道:

土官世袭,内有赊、卓、凤氏,皆女土官。①

"女土官"能文能武,是当地的民众领袖,也是政府基层结构的行政长官。"女土官"制度,以中央王朝对边地少数民族的羁縻政策为背景,当然也可以反映妇女在部族中的地位,很可能有些地区的有些部落或部落联盟,当时还处于母系氏族公社时代的末期,或者还残留有这种历史阶段的浓重的文化影响。"娘子军"的存在与活跃,当然是很自然的了。

明代末年,四川忠州(今重庆忠县)人,重庆卫石砫宣抚司(今重庆石柱县)宣抚使马千乘的妻子秦良玉在马千乘去世后,曾代统其众,所部号"白杆兵"。天启元年(1621),秦良玉曾经率部援辽。崇祯三年(1630),又曾入援京师。明末社会动乱中,秦良玉站在明王朝一边。后归蜀,张献忠等所率的农民起义军入川,秦良玉所部与农民军会战于竹菌坪,大败,部众3万人尽溃。大西政权建立之后,秦良玉仍然据境抵抗,后来病死。对于秦良玉这位率领少数民族军士作战的女将军,清人竹枝词中也有怀念之作。

王培荀《听雨楼随笔》卷五《竹枝词》序文写道:"邓通之'铜山',富人而乞丐也。张桓侯之'刁斗',武人而文雅也。秦良玉之'白杆',妇人而丈夫也。亦可谓之'三反'。作《竹枝词》咏之。"其颂扬秦良玉"妇人而丈夫"的一首写道:

石柱蛮兵世共闻,桃花匹马破千军。

沙场不是奇男子,巾帼如何肯赠君。②

---

① 〔清〕朱纲:《纫兰集》卷五《滇游草》,王利器、王慎之、王子今辑:《历代竹枝词》,陕西人民出版社2003年版,第690页。

② 〔清〕王培荀:《听雨楼随笔》卷五,清道光二十五年刻本,第213页;王利器、王慎之、王子今辑:《历代竹枝词》,陕西人民出版社2003年版,第2101页。

别文楗《燕京咏古》也写道：

> 石砫秦家好女郎，桃花马上笑勤王。
>
> 请缨入觐天颜喜，蜀锦征袍惹御香。

别作载《问花女榭诗集》，又有注文：

> 《崇祯遗录》：四川石砫女帅秦良玉帅师勤王，召见赐彩币羊酒，御制诗旌之曰："蜀锦征袍手制成，桃花马上请长缨。"

咸丰时人杨甲秀的《徙阳竹枝词》，也写道：

> 桃花马上请长缨，女将镇边领戍兵。
>
> 侠气销沉遗迹在，颓垣尚说女儿城。

原注说：

> 用明思宗赠秦良玉句。[1] 城在州东十里许，相传前明女将屯兵于此。[2]

秦良玉是著名女将，《明史》卷二七〇有传。清人竹枝词每多追忆秦良玉的文字，是耐人寻味的。

少数民族尚武风习，不独见于西南边地，北边也有同样的情形。雍正年间方观承《卜魁竹枝词》描写鄂伦春妇女生活：

> 夫役官围儿苦饥，连朝大雪雉初肥。
>
> 风驰一矢山腰去，猎马长衫带血归。

作者自注写道：

---

[1] 崇祯赠秦良玉诗四首："学就西川八阵图，鸳鸯袖内握兵符。古来巾帼甘心受，何必将军是丈夫。""西蜀征袍手制成，桃花马上请长缨。世间多少奇男子，谁肯沙场万里行？""露宿饥餐誓不辞，饮将鲜血带胭脂。凯歌马上清吟曲，不是昭君出塞时。""凭将箕帚扫妖奴，一派歌声动地呼。试看他年麟阁上，丹青先画美人图。"〔明〕王世德：《崇祯遗录》，清钞本，第5页。〔清〕陈田辑《明诗纪事》甲籤卷一上载录一首，题《赐石砫土司秦良玉》，"西蜀征袍"作"蜀锦征袍"。清陈氏听诗斋刻本，第14页。

[2] 〔清〕杨甲秀：《徙阳竹枝词》，光绪十年刊本；王利器、王慎之、王子今辑：《历代竹枝词》，陕西人民出版社2003年版，第2666页。

> 鄂伦春妇女皆勇决善射。①

平素精习骑射,当然一旦有战事,即可从容赴敌。"卜魁",又写作"卜奎",即齐齐哈尔,当时为齐齐哈尔副都统辖区首府。

清代边地也有妇女直接从事军事戍卫之例。如光绪年间志锐《张家口至乌里雅苏台竹枝词一百首》中,有题为《桃花乞》的一首:

> 一座毡庐一守兵,司茶执爨费经营。
> 开言但唤"桃花乞",男女齐来应一声。

原注写道:

> "桃花乞",不分男女,无论正台帮台,轮应之蒙古包一座者,其人即为此处之守兵。例应男子,无男则以女代之。

这是志锐从张家口往乌里雅苏台(今河北张北西)途中见闻的记录,蒙古族亦牧亦兵生活中妇女的作用,可以得到反映。关于妇女"应差""应官"即服事徭役的情形,有《乌拉乞》:"策马随行并驾竿,不分男女弁而冠。译言唤作'乌拉乞',库里驰驱为应官。"自注:"台兵应役亦有雇佣者,每送一台得工资大茶半块,骑官马,男女一例充当。'乌拉乞'者,蒙语效苦力之人也。"又《蒙妇应差》也写道:"严妆蒙妇颜如鬼,跨上雕鞍马似飞。雌伏居然应官去,这般徭役古来稀。"②

二、梨花枪好

与前引追念秦良玉的竹枝词类同,清人竹枝词中还可以看到一

---

① 〔清〕方观承:《述本堂诗集·东闱剩稿》;王利器、王慎之、王子今辑:《历代竹枝词》,陕西人民出版社2003年版,第941页。〔清〕方式济:《龙沙纪略》写道:"鄂伦春妇女皆勇决善射。客至,腰数矢上马,获雉兔作炙以饲。载儿于筐,裂布悬颈上,射则转筐于背,旋回便捷,儿亦不惊。"清《小方壶斋舆地丛钞》本,第11页。又桐城方观承著《卜魁风土记》也有"鄂伦春妇女皆勇决善射"语。

② 〔清〕志锐:《廓轩竹枝词》;王利器、王慎之、王子今辑:《历代竹枝词》,陕西人民出版社2003年版,第3168、3160、3167页。

些回顾前代女军的作品。

乾隆年间鲁忠的《鉴湖竹枝词》说到明代女子沈云英率骑入阵退敌，因功授游击将军的故事：

> 胭脂泪洒石榴裙，韎韐霜戈扫贼氛。
>
> 夺得沙场新战骨，果然巾帼胜将军。

作者自注说明了故事的背景和经过：

> 明道州守备沈至绪剿流寇战没，其女云英率骑入贼阵杀贼，夺父骸归，贼骇避去。事闻，授云英游击将军，命领军守道州。①

沈云英作为镇压农民起义战争中立功的女将军，在后世颇有影响。清末女革命家秋瑾在她的诗作中，对沈云英的事迹多次予以肯定和赞美。②

值得我们注意的是清人竹枝词中，竟然还有对女子参与抗清武装斗争的记述。例如郭麐的《潍县竹枝词》中，写到周亮工坚守潍城，抵抗清兵的斗争中一位英雄女性的事迹：

> 《通愫》《全城》立壮猷，难忘不独一周侯。
>
> 青阳楼上红旗下，娘子援桴指血流。

作者有长篇自注，叙说颇为细致生动，关于所谓"青阳楼上红旗下，娘子援桴指血流"，又提供了其他背景材料：

> 周亮工，字元亮，别号栎园，南京人。原江西金溪籍，又河南祥符籍。年二十九，登崇祯十三年进士。十四年知潍县，剔奸除弊。十五年十二月初九日，大清兵由烽台口入，

---

① 〔清〕鲁忠：《鉴湖竹枝词》；王利器、王慎之、王子今辑：《历代竹枝词》，陕西人民出版社2003年版，第1531页。

② 董榕《芝龛记》以传奇形式记述秦良玉、沈云英事迹。秋瑾有《题芝龛记》诗八首，有"莫重男儿薄女儿，平台诗句赐蛾眉；吾侪得此添生色，始信英雄亦有雌"句，对这两位女英雄深表敬重。秋瑾《满江红》也有"良玉勋名襟上泪，云英事业心头血，醉摩挲，长剑作龙吟，声悲咽"句，感抒同样的胸怀。

潍城被围。公协同士民，誓死坚守。至十六年冬终保全城。其大略见公自作塘报及潍人袁知祉、于门俊《全城纪略》。公即于是年冬行取御史。潍人欲留不可，遂为建生祠祀之。公在潍，尝于县署构陶庵与无事堂。其自作诗有《全城》《通憺》二集。他人赠答之作有《白浪河上集》。又潍上两值戒严，公之侧室有宛邱王氏，自号"金粟如来弟子"，尝誓死登陴，时年十九。后五年死广陵，葬白门。见公《赖古堂集》《海上昼梦亡姬诗八章》之第五章曰："危楼城上字青阳，一饭军中尽激昂。旗影全开惭弱女，鼓声欲死累红妆。玉台咏杂空王巷，锦伞尘迷坏色裳。仙佛英雄成底事，劳劳亭畔柳千章。"即咏氏在潍事也。又公在潍所作《城上》诗，谓氏皆有和而戒不外传，惟于《因树屋书影》录其数联，有《围城》云："已分残躯同鼠雀，敢言大树撼蚍蜉。"即氏在潍之作。①

《海上昼梦亡姬诗八章》，应为《海上昼梦亡姬成诗八章》，收入《赖古堂集》卷七。序文读来依然凄楚动人："姬与予共甘苦者七载余。性悲壮。青阳城上矢死登陴绝命时言：'予为情累，誓不愿再生此世界，幸祝发以比丘尼葬。予生宛丘，死维扬，咸不寂寞。然予魂梦终在白门柳色中，不在箫声明月下也。郎君《城上》诗，犹能默识。幸书一通，并予所和诗置诸左。茗椀、古墨及予素所佩刀置诸右。覆以大士像。左持念珠，右握郎君名字章，仗佛力解脱，非愿再世作臂上环也。'语凄切，人不忍闻。"②

其中尤其"予素所佩刀置诸右"的遗嘱，透露出"性悲壮"的个性风格。周亮工诗，于是有"香粉茔中葬佩刀，月明起舞鬼能豪"句。

周亮工后来仍然降清，其著作大多原本收入《四库全书》，但

---

① 〔清〕郭麐：《潍县竹枝词自注》卷上，王利器、王慎之、王子今辑：《历代竹枝词》，第1905—1906页。

② 〔清〕周亮工：《赖古堂集》卷七，清康熙十四年周在浚刻本，第61页。

是因他的《读画录》中有诗句"人皆汉魏上，花亦义熙余"，乾隆五十三年（1788）复查《四库全书》时以为"语涉违碍"予以查毁，他的其他著作连同《因树屋书影》也一同查毁了。《书影》一书，受到文学史学者的重视，鲁迅《小说旧闻钞》中就有所摘引。《书影》卷一说到"宛丘王氏"能诗事，所引除《围城》一联外，还有《闻警》："薄命怜虫臂，全家在虎牙"①，很可能也与守潍抗清事迹有关。

郭麐的《潍县竹枝词》写道：

> 渔翁七十眼麻搽，镬鲅登州休更夸。
> 剩与雪天人半屋，梨花枪好说杨家。

郭作说到宋代红袄军起义领袖，著名女将杨妙真的"梨花枪"。原诗附注：

> ……别画湖东有地，俗传为李全妻杨妙真演梨花枪处。②

李全，宋元间人，与所谓"梨花枪好说杨家"有关的事迹见《宋史》卷四七六《叛臣列传中·李全上》："李全者，潍州北海农家子。""以弓马矫捷，能运铁枪，时号'李铁枪'。""（杨）安儿妹四娘子狡悍善骑射"，"众尚万余，掠食至磨旗山，（李）全以其众附，杨氏通焉，遂嫁之。"所谓因"梨花枪好"，数百年后民间仍然传颂的"杨妙真"，就是这位杨四娘子。因为抗金有功，"（李）全进达州刺史，妻杨氏封令人"③。《宋史》卷四七七《叛臣列传中·李全下》记载，宋宁宗时，李全又累进承宣使。然而后来降元，成为南宋之患。有人斩一妇人以为杨氏，函首"驿送京师"，竟然"倾朝甚喜"，可见这位杨四娘子的活动能量。她曾经自称"二十年梨花枪，天下无敌手"④。从正史的记述看，这位女子不仅"善骑射"，而且狡悍淫荡。然而从

---

① 周亮工：《书影》出版说明，《书影》卷一，见〔清〕周亮工：《书影》，古典文学出版社1957年版，第1、25页。

② 〔清〕郭麐：《潍县竹枝词自注》卷下，王利器、王慎之、王子今辑：《历代竹枝词》，陕西人民出版社2003年版，第1917页。

③ 〔元〕脱脱等：《宋史》，中华书局1977年版，第13820页。

④ 《宋史》，第13850页。

《潍县竹枝词》所记录"渔翁七十"的传说看,似乎杨妙真的形象,在民间与在当权者中有所不同。

同治年间胡曦《兴宁竹枝杂咏一百首》中,有《古迹五十首》,其中有一首赞美了五代时率领民众筑城抗敌的一位"村妪武氏":

> 郊西一片战场留,城老围荒吊古愁。
>
> 丞相姓文妪姓武,须眉巾帼总千秋。

作者原注:

> 五代时,干戈扰攘。村妪武氏,鸠村民筑城捍卫。人德之,曰"武婆城"。故址邑西一里。又宋文信国兵败循州,收合散卒经邑,驻西郊,望却朝拜,后曰"朝天国"。距武婆城半里。①

在胡曦笔下,村妪武氏和丞相文公,功绩是可以相并列的。

朱有德《王朱竹枝词二十首》中,有一首说到从军而战死沙场的女将:

> 古墓传言马拉坟,藏埋战死一红裙。
>
> 悠悠杞宋难征据,谁解真情抵死分。

朱作收入《岁寒堂文稿》。作者又有这样的小注进行说明:

> 马拉坟在村东南。相传一战马逸奔至此,力尽而死。尚载有女将半体,单钩拘絷于镫内。村人怜而埋之于此。②

既称"古墓",又说"悠悠杞宋难征据",可知这位"战死"之"红裙",当是前朝女将。

清代竹枝词作者们对前代勇健无畏,富于牺牲精神的女子发思古之悠情,大概并不宜完全理解为对传说与古迹的自然主义的笔录,而很可能与时代精神逐渐转为柔弱的历史倾向有关。

---

① 〔清〕胡曦:《兴宁竹枝杂咏一百首》,《壶园外集十种》戊编,王利器、王慎之、王子今辑:《历代竹枝词》,陕西人民出版社2003年版,第3020页。

② 〔清〕朱有德:《王朱竹枝词二十首》,《岁寒堂文稿》;王利器、王慎之、王子今辑:《历代竹枝词》,陕西人民出版社2003年版,第3834页。

三、军中有女气难扬，天使神兵便不妨

主动将年号更改为"太平天国"，表示遵从太平天国领导的上海小刀会起义军，也有积极参与反清斗争和反对外国侵略者的斗争的女子。青浦起义群众领袖周立春的女儿周秀英，曾经勇敢参战。当地民间至今还流传着赞扬周秀英的民歌，如："女中英雄周秀英，大红裤子小紧身。手拿大刀百廿斤，塘湾桥上开四门。"① "开四门"，据说是一种刀法的名称。②

秦荣光作于光绪二十九年（1903）秋冬间的《上海县竹枝词》，其中《兵防二十九》，有关于上海小刀会起义的内容。所记述起义首领周立春之女的事迹颇为引人注目，然而"周秀英"则写作"周秀成"：

> 青浦乱民周立春，秀成敢战女儿身。
> 嘉青两处城攻陷，父女英雄匪党亲。

原注即同治《上海县志》引文，其中写道：

> 周立春先据青浦，继攻嘉定，势张甚。秀成，其女也，以敢战闻。

又有一首记述起义被残酷镇压时的情景：

> 入城不即约多兵，烧尽东南屋半城。
> 贼目纵多搜获出，大伤元气困遗氓。

作者又引同治《上海县志》解释说：

> 元旦夜，各兵入城即纵火，东南半城延烧殆尽。搜获贼目李仙云等及周立春女秀成。③

这位以"敢战"著称的女英雄"周立春女秀成"在起义失败的最后一刻被捕，当是参与了这次武装斗争的全过程。

---

① 上海文艺出版社编：《民间文学集刊》第 8 本，上海文艺出版社 1959 年版，第 4 页。
② 罗尔纲：《太平天国史》第 4 册，中华书局 1991 年版，第 2244 页。
③〔清〕秦荣光：《上海县竹枝词》，光绪十四年刊；王利器、王慎之、王子今辑：《历代竹枝词》，陕西人民出版社 2003 年版，第 3338—3339 页。

北京图书馆藏无名氏《三年都门竹枝词》记录太平天国北伐军转战至于天津地区前后京师士民所见所闻。原序称："咸丰三年冬，粤匪由山西窜至天津，凡所属之州县，均行被扰，京师戒严"，遂"将所见所闻吟有竹枝词三十余韵"。除题为《首起》者外，第一首就说到"妇女从戎"史事：

  一东　山西逆匪窜京东，抵抗官兵血战红。
    抢夺闾阎谁雪恨，拼教妇女也从戎。

作者原注：

  贼由山西窜至天津，男女俱以农器杀贼。①

这里所说的"妇女从戎"，是对在清政府统治下的女子参与镇压太平天国运动的军事行为的历史记录。

朱宝善《海陵竹枝词》中，说到"民团"中的"女将军"：

  抽丁选壮议纷纷，泰邑民团远近闻。
  斜颤云鬟能上马，队中更有女将军。

注文说：

  某姓女管带，乡勇群称为"某姑娘"，闻康伯山先生有诗纪其名姓，惜予未之见也。②

这位"女管带""女将军"，不知名姓，其事迹我们现在也未能了解究竟。

署名曙西复侬氏、青村杞卢氏的《都门纪变百咏》，是记叙庚子前后义和团运动期间京津地区情景的竹枝词。其中有描写"红灯照"的内容：

  军中有女气难扬，天使神兵便不妨。

---

  ①〔清〕无名氏：《三年都门竹枝词》，《竹枝词》，同治十年钞本；王利器、王慎之、王子今辑：《历代竹枝词》，陕西人民出版社2003年版，第2836页。参看王慎之、王子今：《无名氏〈三年都门竹枝词〉抄本述略》，载《文献》1995年第4期。
  ②〔清〕朱宝善：《海陵竹枝词》；王利器、王慎之、王子今辑：《历代竹枝词》，陕西人民出版社2003年版，第2977页。

寡妇娇娃齐奋勇,红灯挂后黑灯张。

注文写道:

> 团中有所谓"红灯照"者,均十四五岁闺女充之,衣履皆红色,相传能避火炮。"黑灯照",则皆青年孀妇也。①

"军中有女气难扬"句,说的是阴气败军的传统迷信观念。其较早的史例,有汉代李陵故事。

《汉书》卷五四《李陵传》记载,李陵率军和匈奴苦战于浚稽山,连战失利,士卒为敌箭所伤者,受伤三处的载卧在车中,受伤两处的负责赶车,受伤一处依然手持兵器在前沿作战。李陵说:我军士气逐渐低落,以致连战鼓也不能使之激奋,这是为什么呢?难道军中有女子吗?于是在军营中搜查,发现有"关东群盗妻子徙边者随军为卒妻妇",多藏匿在辎重车中,李陵用剑斩杀。第二天作战,就获得了"斩首三千余级"的战绩。②

所谓"天使神兵便不妨",是说义和团有"天使神兵"的自尊与自信,传统女子不利于军的迷信观念已经在另一种迷信的基点上破除。

"红灯照",又写作"红灯罩"③,其形式和历史上其他妇女从军的史例不同,这是一种参与极广泛的群众性的女子武装抗敌运动,

---

① 〔清〕曝西复侬氏、青村杞卢氏:《都门纪变百咏》;王利器、王慎之、王子今辑:《历代竹枝词》,陕西人民出版社2003年版,第3485页。

② 《汉书》卷五四《李陵传》:"连战,士卒中矢伤,三创者载辇,两创者将车,一创者持兵战。陵曰:'吾士气少衰而鼓不起者,何也?军中岂有女子乎?'始军出时,关东群盗妻子徙边者随军为卒妻妇,大匿车中。陵搜得,皆剑斩之。明日复战,斩首三千余级。"中华书局1962年版,第2453页。

③ 义和团歌谣有"先有义和团,后有红灯罩"。有的学者说:"在当时的拳术中有一种叫'红灯罩'的套数,练习这种套数的群众组织也称'红灯罩'。在以后义和拳和秘密团体结合的过程中,曾经和这种红灯罩彼此渗透。到了义和团运动期间,红灯照('照'可能是由'罩'变来)即成了义和拳的妇女组织。其间发展变化过程,缺乏史料,难以说明。"廖一中、李德征、张璇如:《义和团运动史》,人民出版社1981年版,第46页。

在中国女军史上值得引起重视。

《都门纪变百咏》中还有一首记载了左宝贵夫人率军抗御外敌的事迹：

> 夫人统率复仇兵，来自齐州越禁城。
> 粉黛兜鍪一佳话，白团三万拥旗旌。

作者自注说：

> 左提督宝贵，阵亡于甲午牙山之役。日来喧传其夫人统率白团数万人，与洋人抵敌，作复仇之举。①

所谓"白团"，应当是为左宝贵服丧"复仇"的白衣士卒。

四、军装宫妓

唐代诗人李贺有《河南府试十二月乐辞》诗，其中《三月》写道："东方风来满眼春，花城柳暗愁几人。复宫深殿竹风起，新翠舞襟静如水。光风转蕙百余里，暖雾驱云扑天地。军装宫妓扫蛾浅，摇摇锦旗夹城暖。曲水飘香去不归，梨花落尽成秋苑。"② 这里所谓"军装宫妓扫蛾浅，摇摇锦旗夹城暖"，描写身着军装的宫女仪仗整齐，形成宫中别致的景观。李贺又有描写贵族生活的《荣华乐》诗，其中写道："金蟾呀呀兰烛香，军装武妓声琅珰。"形容唐代长安贵族豪门通宵酣嬉的情形。而所谓"军装武妓"，则又从一个侧面反映了当时上层社会一种特殊的习好。

武装宫女的故事，最著名的当是孙武教练吴王后宫女子的传说。

在《史记》卷六五《孙子吴起列传》中，可以看到这一最早的关于女军训练的故事。齐国军事家孙武以兵法见于吴王阖卢。阖卢说，你的十三卷兵书，我已经都看过了，应用你的理论，"可以小试

---

① 《都门纪变百咏》；王利器、王慎之、王子今辑：《历代竹枝词》，第3486页。

② 〔清〕彭定求等编，中华书局编辑部点校：《全唐诗》（增订本）卷二八《李贺》，中华书局1999年版，第413页。

勒兵乎","可试以妇人乎?"孙武于是以宫中妇人试演兵法,"出宫中美女,得百八十人。孙子分为二队,以王之宠姬二人各为队长,皆令持戟"。司马迁记述:"约束既布,乃设斧钺,即三令五申之。于是鼓之右,妇人大笑。孙子曰:'约束不明,申令不熟,将之罪也。'复三令五申而鼓之左,妇人复大笑。孙子曰:'约束不明,申令不熟,将之罪也;既已明而不如法者,吏士之罪也。'乃欲斩左右队长。吴王从台上观,见且斩爱姬,大骇。趣使使下令曰:'寡人已知将军能用兵矣。寡人非此二姬,食不甘味,愿勿斩也。'孙子曰:'臣既已受命为将,将在军,君命有所不受。'遂斩队长二人以徇。用其次为队长,于是复鼓之。妇人左右前后跪起皆中规矩绳墨,无敢出声。于是孙子使使报王曰:'兵既整齐,王可试下观之,唯王所欲用之,虽赴水火犹可也。'"①对于这一记载,历代多有学者以为可疑。②然而后世人们仍然多相信其历史真实性。清人竹枝词中就有回顾其事的诗作。咸丰年间叶承桂《太湖竹枝词》卷下有这样一首:"手把鲛宫玉笛吹,笑看踏浪舞冯夷。扣盘解唱《双莲》曲,偏要人间习楚词。"注文写道:"《树萱绿》:大历初,处士李籧秋夕于震泽,舍舻野步。望中见烟火,意为渔家渐近即,朱门粉雉,嘉木修林,画舟倚白莲中。生异其境,徘徊未敢入。俄有青衣出曰:君非李处士乎?愿得少进。籧随步而入。琐窗洞户中有女郎狭体瑰质,衣如云霓,揖生曰:延竚

---

① 〔汉〕司马迁:《史记》,中华书局1982年版,第2161—2162页。
② 宋代学者叶适在他的读书札记《习学记言序目》卷四六中说,孙武事迹,"皆辩士妄相标指,非事实"。他又写道:"其言阖闾试以妇人,尤为奇险不足信。且武自诡妇人可勒兵,然用百八十人为二队,是何阵法?且既教妇人而爱姬为队长,则军吏不应参用男子,队长当斩,其谁任之?仓猝展转,武将自败之不暇。然谬误流传,但谓穰苴既斩宠臣而孙武又戮爱姬也,不知真所谓知兵者何用此。"叶适以自身所处时代的"阵法"规比古时"阵法",又没有注意到"用其次为队长"的文句,于是"尤为奇险不足信"之说,似嫌武断。他的怀疑,又是以对孙武事迹的彻底否定为基础的。他甚至以为《孙子》一书,也是"春秋末、战国初山林处士所为"之"夸大之说"。

嘉德,积有年矣,今夕何夕,邂逅相逢。命青衣捧方丈酌酒珊瑚锺以劝。……侍儿数辈执乐,女郎倚曲歌《玉波冷双莲》。"又有对此曲主题的解释:

> 曰:"此伤吴宫二队长之辞。"

女郎介绍了自己身世:"某非人也,生于龙宫,好楚词,君能受我一篇传于世人乎?"于是"以水晶簪扣盘而诵《芷秀药华》之词"。"朝日已上",于是分别。事后,"广陵胡人识其绡曰:此龙颔下髯所缉也"。而后高启对此"二曲"又有补作:

> 高启曰:二曲世不传,余为补之:《玉波冷双莲曲》云:"金凤暮翦双头蕊,啼脸辞秋嫣血紫。宫女三千罢笑喧,锦云阵冷鸳鸯死。满江烟玉流古香,寻魂吊影愁茫茫。吴天坠落裹红湿,一夜波凉小龙泣。"①

《双莲》传说幽婉动人,高启补作苍凉凄冷。都说明"吴宫二队长"之死故事在民间影响的深刻。

《梦粱录》卷一一《诸山岩》说:"大内坐山,名'凤凰'。"②据说南宋皇宫所在,辟有专门令宫中妇女进行军事操练的所谓"御教场"。乾隆时人陈璨《西湖竹枝词》中写道:

> 山上犹传御教场,空劳戎马炫红妆。
> 君王若识鹰扬意,旗鼓还须问汴梁。

作者在小注中解释说:

> 凤凰山顶平坦可驰马。南渡时山下即大内。此为嫔妃演武处。土人至今犹呼"御教场"云。③

---

① 〔清〕叶承桂:《太湖竹枝词》卷下,咸丰癸丑冬镌石林园藏版;王利器、王慎之、王子今辑:《历代竹枝词》,陕西人民出版社2003年版,第2651—2652页。

② 〔宋〕吴自牧著,符均校注:《梦粱录》,三秦出版社2004年版,第154页。

③ 〔清〕陈璨:《西湖竹枝词》,光绪戊子刻本;王利器、王慎之、王子今辑:《历代竹枝词》,陕西人民出版社2003年版,第1169页。

确实，如果没有北定中原，收复汴梁的决心和意志，"戎马""红妆"则只有一种表演的意味，只有一种游戏的价值。

明人徐之瑞《西湖竹枝词》序文称"有宋南渡，式定黄图，地狭偏爱，人忘国恤，奢靡无极，戎马贻殃"，也发表了类似的感叹：

　　破虏三河始策勋，君王不亡复慈云。
　　已加闾外平章事，别部宫中娘子军。①

"宫中娘子军"似乎确实是曾经存在的。

康熙年间严绳孙作《湖上竹枝词》还曾经写道：

　　不学杭州双鬓鸦，军装小队斗天斜。
　　宫靴细马清明后，辫子盘头满插花。

又如：

　　休将青鞬护纤纤，披甲前头唤揭帘。
　　昨夜清波门里过，最先车子杏红衫。②

"宫靴细马""军装小队""插花""披甲"，以及"清波门里过"，"车子杏红衫"，似乎也是对于宫中女子武装仪仗的写述。

后宫女军的出现，反映了皇室贵族的一种特殊的情趣。这种所谓"宫中娘子军"往往主要出于猎奇立异的心理而组建，当然难以实战。不过，其出现，毕竟体现了一种追觅古来雄健豪放之风的可贵的心理倾向。清代竹枝词的作者们以欣赏的笔调写叙这种文化现象，其积极意义，是值得肯定的。

---

① 〔明〕徐之瑞：《玉润斋杂钞》，手钞本；王利器、王慎之、王子今辑：《历代竹枝词》，陕西人民出版社2003年版，第323、329页。

② 〔清〕严绳孙：《秋水集》卷二；王利器、王慎之、王子今辑：《历代竹枝词》，陕西人民出版社2003年版，第592页。

《乌江竹枝》:清代劳动妇女生活的写真

源生于民间，多反映下层社会生活的"竹枝词"，自唐代为文人发现之后，历世都有仿作流传，以致这种诗体成为得意于仕途的士大夫以及民间知识分子们在创作所熟悉的格律严格的诗词之余，最为关注的文学体裁之一。以"竹枝词"描画风土，寄托乡情，成为一时风气。这种现象在清代文人群中炽盛至于极点，而尤以江浙地方为最。

　　清代乾隆时期诗名大噪的蒋士铨，也有"竹枝"之作传世。

　　蒋士铨生于雍正三年（1725），卒于乾隆五十年（1785），于乾嘉文化盛世与袁枚、赵翼并称"乾隆三大家"，主盟诗坛近五十年。蒋士铨以诗人兼戏曲家身份享誉文界，于六十岁时去世，虽仅得中寿，却与得享遐龄的袁、赵两家在诗作数量上不相上下，才名亦旗鼓相当①，袁枚的《小仓山房诗集》存诗近七千首，赵翼的《瓯北集》存诗五千余首，蒋士铨的《忠雅堂集》与国家图书馆藏《蒋清容先生手书诗稿》合计存诗也多达四千九百余首。②

　　收入《忠雅堂诗集》卷三的《乌江竹枝》，就堪称历代竹枝词中的佳作。其价值，不仅在于文辞的清醇与内容的朴实，以及诗人的情感的一致，实现了作者自己所追求的"心与文字会，飘飘起春云；又如春江流，波澜了无痕"③的境界，还在于其中饱含乡土文化气息，尤其在于生动记述了当时当地劳动妇女生活的真实景况。这在文人诗作中极其罕见。诗句中所透露的可以从多方面反映社会风习的重要信息，也值得我们珍视。

　　《乌江竹枝》计五首。第一首写"新妇"感受：

　　　　乱摘山花满插头，三朝新妇亦娇羞。

---

① 赵翼《袁子才挽诗》："三家旗鼓各相当，十载何堪两告亡。今日倚楼唯我在，他时传世究谁长？"〔清〕赵翼著，李学颖、曹光甫校点：《瓯北集》卷三九，上海古籍出版社1997年版，第959—960页。

② 参看邵海清、李梦生：《〈忠雅堂集校笺〉前言》，见〔清〕蒋士铨著，邵海清校，李梦生笺：《忠雅堂集校笺》，上海古籍出版社1993年版，第5页。

③ 《忠雅堂集校笺》卷一三《文字》四首之一，第985页。

> 侬夫那及虞家婿，不跨乌骓只跨牛。

"乱摘山花满插头"，显然是活泼鲜明的村姑妆饰。身为"新妇"虽已"三朝"，心态表情依然"娇羞"。"侬夫那及虞家婿，不跨乌骓只跨牛"句，则是因"乌江"发生的联想。我们不知道这只是诗人的感慨，还是"新妇"幽默的谑语。如果是后者，则反映了当时乡村青年妇女中历史知识的普及程度。民间历史意识对于"跨乌骓"的"虞家婿"项羽的崇重，也是值得重视的。

《乌江竹枝》的第二首写道：

> 柳荫何用渡船横，绝似银盆弄化生。
> 侬坐浴盘来往熟，唤郎听取弄潮声。

"银盆弄化生"句，可以看作有意义的民俗史资料。所谓"化生"，是中国古代与"求子"风俗有关的一种婴儿偶像。唐人元稹《哭女樊四十韵（虢州长史时作）》写道："翠凤舆真女，红蕖捧化生。"薛能《吴姬十首》之十也有"芙蓉殿上中元日，水拍银台弄化生"句。又司空图《偶书五首》之四："证因池上今生愿，的的他生作化生。"元人顾瑛《天宝宫词》之四："后宫举作金钱会，香水兰盆浴化生。"又袁桷《马伯庸拟李商隐〈无题〉次韵》之四也写道："蜡撚化生秋夕赐，翠标叠胜岁华移。"明人陈继儒《群碎录》比较具体地记述了"弄化生"习俗的形式："七夕，俗以蜡作婴儿形，浮水中以为戏，为妇人宜子之祥，谓之'化生'。"清人张尔岐《蒿庵闲话》卷一又说："或曰：化生，摩侯罗之异名。宫中设此，以为生子之祥。"看来，"弄化生"习俗其实已经在民间相当普及。全诗描写女子坐盆行于水面的情景，其优雅娴静，一如所谓"弄化生"，有一种游戏的意境。"浴盆"是可以多用的。如明人高启《临顿里》诗之九写道："饥鸭呼归舰，新蚕试浴盆。"即说浸浴蚕种的盆也称"浴盆"。

《乌江竹枝》的第三首说到妇女劳作情景：

> 赤脚冲泥布裹头，青裙行馌赆双钩。

谁家新妇弓鞋窄，添却郎君一世愁。

"赤脚冲泥布裹头，青裙行馌贱双钩"句，说农妇朴素装束，头裹布，着青裙，赤脚踏泥，为耕作者送饭至于田头。馌，即往田间送饭。《诗·豳风·七月》："同我妇子，馌彼南亩。"朱熹《集传》解释说："馌，饷田也。""二月则举趾而耕，少者既皆出而在田，故老者率妇子而饷之。"这是千百年来长期延续百世不歇的一种以妇女为主体的劳作形式。于"蚕绩"之外，"馌田"备极辛苦，却是"在田""而耕"的保障。①所谓"谁家新妇弓鞋窄，添却郎君一世愁"，说缠足风习严重影响这种"行馌"的效率。"弓鞋"，是缠足女子所穿的鞋子。宋人黄庭坚《满庭芳·妓女》词写道："直待朱幡去后，从伊便窄袜弓鞋。"清人诗句也有写到"弓鞋"的，如赵翼《土歌》："长裙阔袖结束新，不睹弓鞋三寸小。"

《乌江竹枝》的第四首直接描绘了田间劳作的场面：

家家健妇把鉏犁，才插青秧又灌畦。

不似江南采桑女，陌头愁作使君妻。

"家家健妇"竟然都能够犁地、插秧、灌畦，这正是技术要求最强，也是体力付出最多的劳作内容。妇女从事重体力劳动，反映了许多地区的农耕传统。在稻作区域，往往至今依然沿袭这一传统。所谓"不似江南采桑女，陌头愁作使君妻"，似乎是说从事这种重体力劳作的"健妇"们，与据说"陌头愁作使君妻"的采桑女的心境大不相同。

《乌江竹枝》的最后一首，反映了劳动妇女在家庭生活中的地位以及因此而形成的夫妻关系：

织屦同郎替换穿，相从劳苦亦相怜。

桔槔声里双双影，合与儿夫号肩肩。②

《乌江竹枝》五首中，这是唯一一首体现清代劳动妇女生活中情感方

---

① 〔宋〕朱熹集注：《诗集传》，上海古籍出版社1958年版，第90—91页。

② 《忠雅堂集校笺》卷三《乌江竹枝》，第304页。

面的内容的诗作。作者对于所描写的对象有一定了解,因而诗句朴实,却真切感人。"织屦同郎替换穿",说明绝非前所谓"弓鞋窄"者。亲手织屦,而同丈夫替换穿,诗人注意到这样的生活细节,也发现了这种劳动者夫妻之间"相从劳苦亦相怜"的关系。能够真情"相怜",是因为日常"相从劳苦"的关系。"桔槔声里双双影"句,描写夫妻合力汲水溉田。"桔槔",是利用杠杆原理的汲水机械。《庄子·天运》:"且子独不见夫桔槔者乎?引之则俯,舍之则仰。"① "肩肩",通常是说弱小。《庄子·德充符》:"闉跂支离无脤说卫灵公,灵公说之,而视全人,其脰肩肩。"② 陆德明《经典释文》引李轨曰:"羸小貌。"③ 唐人刘禹锡《有獭吟》诗:"人立寒沙上,心专脰肩肩。"④ 又宋人黄庭坚《次韵奉送公定》诗:"全人脰肩肩,瓮盎妩且宜。"⑤ 都取弱小之义。然而在这里,"肩肩",似应理解为可以等齐并列。

蒋士铨关于文学创作曾经有这样的说法:"君子各有真,流露字句中。气质出天秉,旨趣根心胸。"⑥ 这是对先贤的褒美,也是对自己的要求。应当说,《乌江竹枝》是实现了这一要求的。诗人追求的另一原则是生动和清新。他曾经严肃地贬斥诗坛中的死腐风气:"习为廓落语,死气蒸伏尸。撑架陈气象,桎梏立威仪。"⑦ 应当说,《乌江竹枝》也是与这种"气象"相对立的体现生气和新意的文学标本。

蒋士铨的《乌江竹枝》五首,据邵海清校注:"嘉庆、道光、

---

① 郭庆藩辑,王孝鱼整理:《庄子集释》,中华书局1961年版,第514页。
② 《庄子集释》,第216页。
③ 〔唐〕陆德明撰,黄焯汇校:《经典释文汇校》,中华书局2006年版,第752页。
④ 〔唐〕刘禹锡撰,《刘禹锡集》整理组点校,卞孝萱校订:《刘禹锡集》卷二一,中华书局1990年版,第271页。
⑤ 〔宋〕黄庭坚:《山谷外集诗注》卷二,见《四部丛刊》景元刊本,第70页。
⑥ 《忠雅堂集校笺》卷一三《文字》四首之一,第986页。
⑦ 《忠雅堂集校笺》卷一三《辩诗》,第986页。

同治本均只收第一、四两首，余据手稿本补。三十卷本只收第一首。"李梦生笺："诗作于乾隆十七年六月，时舟过和州（今安徽省和县）。"又注"乌江"："乌江浦。《大清一统志》和州：'乌江浦，在州东北四十里。土多黑壤，故名。……《元和志》：乌江浦，在乌江县东四里，即亭长舣船处。'"①

"乌江"地名不只一处。笺注者指出"时舟过和州"，此"乌江"即"在州东北四十里"之"乌江浦"，应当是大致可信的。从"不似江南采桑女"诗句，可知其地不在江南，而所谓"侬夫那及虞家婿，不跨乌骓只跨牛"句，也说明应即项羽不渡之"乌江"。所谓"亭长舣船"故事，即《史记》卷七《项羽本纪》："于是项王乃欲东渡乌江。乌江亭长檥船待，谓项王曰：'江东虽小，地方千里，众数十万人，亦足王也。愿大王急渡。今独臣有船，汉军至，无以渡。'项王笑曰：'天之亡我，我何渡为！且籍与江东子弟八千人渡江而西，今无一人还，纵江东父兄怜而王我，我何面目见之？纵彼不言，籍独不愧于心乎？'乃谓亭长曰：'吾知公长者。吾骑此马五岁，所当无敌，尝一日行千里，不忍杀之，以赐公。'乃令骑皆下马步行，持短兵接战。独籍所杀汉军数百人。项王身亦被十余创。顾见汉骑司马吕马童，曰：'若非吾故人乎？'马童面之，指王翳曰：'此项王也。'项王乃曰：'吾闻汉购我头千金，邑万户，吾为若德。'乃自刎而死。"②

蒋士铨又有《乌江项王庙》诗二首："喑呜独灭虎狼秦，绝世英雄自有真。俎上肯贻天下笑，座中惟觉沛公亲。等闲割地分强敌，慷慨将头赠故人。如此杀身犹洒落，怜他功狗与功臣。""凛然生气照江东，垓下遗歌压《大风》。失鹿尚能奔父老，欺人决不是英雄。亡姬且共乌骓死，左相能教野雉通。不论人心论成败，那无清泪哭重

---

① 《忠雅堂集校笺》卷三《乌江竹枝》，第 304 页。
② 〔汉〕司马迁：《史记》，中华书局 1982 年版，第 336 页。

瞳。"① 这两首诗，据说与《乌江竹枝》"同时作"。所谓"乌江项王庙"，据说就是《大清一统志》关于"和州"的内容中所写到的："霸王庙在州东北。……《舆地纪胜》：灵佑王庙在乌江县东南二里，号西楚霸王祠，有系马柱。"②

诗句中所谓"灭虎狼秦"，所谓"绝世英雄"，所谓"凛然生气"，所谓"等闲割地"，所谓"慷慨""洒落"，所谓"人心""清泪"，等等，都明显透露出对于项羽的内心爱重。读《乌江项王庙》诗，或许也可以帮助我们了解作者创作《乌江竹枝》时的心理背景。《乌江竹枝》中的"侬夫那及虞家婿，不跨乌骓只跨牛"句，其实已经片段体现出先后创作于乌江的两组诗作之间内在的心理联系。当然，《乌江竹枝》描写的是下层民众特别是妇女的劳动生活，《乌江项王庙》诗咏诵的则是上层政治生活。后者同样涉及妇女生活的"亡姬且共乌骓死，左相能教野雉通"句，所说的也是与政治有关的上层妇女的生活。

蒋士铨另有《鄱阳竹枝》，也是历代竹枝词中值得重视的作品。

《鄱阳竹枝》共十四首，其中第二、五、六、十、十一、十四首也涉及妇女生活。如："灵芝门是旧宫门，秋草寒烟泣艳魂。王府山头菜花满，人家寥落似孤村。""大龙桥下水迢迢，小龙桥畔柳萧萧。不及门前月波好，儿家移住会龙桥。""山馆灯昏赠玉鱼，计郎死后艳魂虚。题坊不信妻为妾，想见《齐谐》志怪书。""水阁窗明背讲堂，里湖花暖睡鸳鸯。范公堤剩黄茅屋，更有谁家游冶郎。""浮洲寺下丽人行，荐福寺前春水生。几队红妆一声桨，小舟摇到伴鸥亭。""侬影孤如双港塔，郎身远似喻坊船。三十六湾团转路，湾湾相望不团圆。"③ 这六首竹枝词，文辞秀丽，意境深远，就反映当时妇女生活

---

① 《忠雅堂集校笺》卷三《乌江项王庙》，第 304—305 页。
② 《忠雅堂集校笺》卷三《乌江竹枝》，第 304—305 页。
③ 《忠雅堂集校笺》卷二，第 230—231 页。

状况和情感波澜而言，也是治中国妇女史者应当注意的。但是"红妆""艳魂""水迢迢""柳萧萧"的感叹，依然是传统诗词多见的宫怨相思主题，与《乌江竹枝》能够真切反映当时社会劳动妇女生活的价值不能相比。有论者称："《鄱阳竹枝》是他青年时代所作，描画家乡景物，也是一组富有民歌风味的好诗。"① 既然是青年时期的作品，艺术价值和社会意义未能两全其美，也是不可以苛求的。

蒋士铨还有另外一组诗作与竹枝词有密切关系，题为《龚鉴戌仲子于市肆购得赵松雪〈仕女图〉上幅，有杨铁崖诗一绝，图中丽人一徒依柳树间，其诗曰："小娃十岁唱桑中，尽吴道风似郑风；不信柳娘身未嫁，珍珠常络守宫红。"鉴戌按：〈明历朝诗选〉吴中有薛氏姊妹，曰兰英、蕙英，闻杨作〈西湖竹枝〉，乃为〈苏台竹枝〉，而铁崖复作〈吴下竹枝〉七首，今所书其卒章也，薛氏句中有"妾似柳枝易憔悴"，或疑柳娘即画中人，故合而装潢之耶，鉴戌于是倡为〈柳娘曲〉，属同人题咏，颇为好事，戏作五首归之》。其中说到杨维桢《西湖竹枝词》《吴下竹枝词》以及薛兰英、薛蕙英姊妹的《薛氏苏台竹枝词》②。蒋士铨的这组诗计五首，不妨移录如下："丰肌仿佛玉环肥，不为春愁减带围。翻怪垂杨腰太瘦，故抛晴絮扑人飞。""半老王孙昵燕钗，夫人解妒擅清才。可怜唱罢抟泥曲，偷写吴娃小像来。""柔情劲骨杨廉夫，酒瓮诗瓢泛五湖。省识春风图画里，《竹枝》曾为倚声无。""蝶粉蜂黄亦废猜，柳娘曾否住章台。如何例视吴中女，竟说诗人不信来。""绢粉雕残字墨湮，婵娟可是薛兰英。

---

① 《〈忠雅堂集校笺〉前言》，见〔清〕蒋士铨著，邵海清校，李梦生笺：《忠雅堂集校笺》，第10页。
② 〔明〕杨维桢：《西湖竹枝词》，《元诗体要》卷四，王利器、王慎之、王子今辑：《历代竹枝词》，陕西人民出版社2003年版，第64—65页。〔明〕杨维桢：《吴下竹枝词》，《铁崖乐府注》卷一〇，王利器、王慎之、王子今辑：《历代竹枝词》，第60—62页。〔明〕薛兰英、薛蕙英：《薛氏苏台竹枝词》，〔清〕徐釚辑《本事诗》卷一，杨维桢编《西湖竹枝词》附，王利器、王慎之、王子今辑：《历代竹枝词》，第118—119页。

三生得遇龚公子，肠断秋娘亦有情。"①不难看出，诗中主要描写的，是妇女的体验，妇女的情感。

蒋士铨反映妇女生活的诗作数量颇多。然而有的只是礼节应酬性的祝寿悼亡之作，不免无聊，有的如《节母诗》《烈女歌》等，表现出观念的狭隘。正如有的评论家曾经指出的，"江西诗家，以蒋心余为第一。其诗才力沈雄生辣，意境亦厚，是学昌黎、山谷而上摩工部之垒，故能自开生面，卓然成家。七古佳作最多，新乐府亦非近人所及。又善叙事，每遇节妇烈女、忠臣孝子，则行以古文传记之法，不惟叙述其事，并将姓氏、年月、地名之类，或顺或逆，或前或后，一一点出。其叙事既勃勃有生气，而点其世族、名字、居址、时地，又错综参差，具见手法，真大手笔也。惜存诗过多，不免贪多好奇。且全集所叙忠孝节烈，均只一幅笔墨，亦觉数见不鲜。其失手之作，颇犯槎枒颓放粗硬之病"②。可见，以宣传为主旨的"文学"作品，都容易导致其艺术性的败坏。不过，蒋士铨以妇女为主角的咏史诗则笔调生动，寄意深厚，如《漂母祠》③《莫愁湖》《胭脂井》④等，都值得反复吟味。写述劳动妇女生产生活情景的诗作则新意盎然，更可称"自开生面"，特别的"勃勃有生气"。如《七夕》《采莲曲》⑤等。

特别值得一提的，是他的《京师乐府词十六首》中《缝穷妇》一首。诗人写道："独客衣单襟露肘，雪中冻裂缝裳手。檐风吹面身坐地，儿女争开啼哭口。夫难养妇力自任，生涯十指凭一针。狂且或动桑濮想，荡子戏掷秋胡金。君不见红粉云鬟住深院，双手不亲针与线。笑他女儿性癖学女红，穷人命薄当缝穷。"⑥关于京师"缝穷妇"，

---

① 《忠雅堂集校笺》卷一〇《鄱阳竹枝》，第844—845页。
② 〔清〕朱庭珍：《筱园诗话》卷二，清光绪十年刻本，第28页。
③ 《忠雅堂集校笺》卷一二《漂母祠》，第940页。
④ 《忠雅堂集校笺》卷一四《莫愁湖》《胭脂井》，第1067、1069页。
⑤ 《忠雅堂集校笺》卷一《七夕》《采莲曲》，第48、49页。
⑥ 《忠雅堂集校笺》卷八，第702页。

无名氏《燕台口号一百首》也有描写:"砧杵声停客未归,手中针线认依稀。当街耐冷缝穷妇,但为他人补旧衣。"原注:"女工补客衣者为'缝穷妇'。"① 吴锡麒《有正味斋词集》卷六也有《三姝媚缝穷妇》词。李家瑞《北京风俗类征·职业》引《京都竹枝词》中对于"缝穷妇"的性格作风则有讥讽之辞:"缝穷少妇最轻狂,也学青楼堕马妆。傍晚归来皆中酒,为谁补缀旧衣裳。"② 蒋士铨笔下"狂且""荡子"的行为,竟然被归罪于"独客衣单襟露肘,雪中冻裂缝裳手;檐风吹面身坐地,儿女争开啼哭口"的贫苦妇女们。对照这种对于"缝穷妇""轻狂"的批评,蒋士铨以宽厚之心有所同情的态度,显然是值得敬重的。正是有这样的感情倾向,才可以创作出如《乌江竹枝》这样的竹枝精品。

---

① 路工编选:《清代北京竹枝词》(十三种),北京古籍出版社1982年版。
② 转见邵海清、李梦生:《忠雅堂集校笺》,第715页。这种《京都竹枝词》,路工编选《清代北京竹枝词》(十三种),北京古籍出版社1982年版及孙殿起辑、雷梦水编《北京风俗杂咏》,北京古籍出版社1983年版均未收入。

2004年版后记

这本《古史性别研究丛稿》，是在李小江教授的鼓励下完成的。

从目录中可以看到，这些文章可以大略分为4组。第1组3篇文章，从性别视角考察了先秦至汉晋的一些神秘主义文化现象，包括鲁迅所说的"巫风"和"鬼道"。通常所谓"神话"，也作为研究的对象。第2组8篇文章，涉及秦汉时期的性别关系，特别是女性作为社会角色在当时的特征和影响，受到更多的注意。其中"双连杯"一篇，言及秦汉以前和秦汉以后。"虞美人草"一篇，主要就性别关系史上的一个特殊形象进行文化分析，采用了比较晚近的材料。第3组9篇文章，以秦汉三国简牍为研究资料，进行了利用新出土资料对社会历史进行性别考察的尝试。第4组4篇文章，对于文学史料变换了一下视角，试探对文学遗产进行性别研究。

利用新发表出土简牍资料讨论张家山汉简和走马楼吴简的7篇文章，是在北京大学历史系罗新博士的督促下完成的。在这两批重要考古资料的研读期间，得到中国文物研究所王素、李均明，中国社会科学院历史研究所吴玉贵、侯旭东、陈爽、孟彦弘，中国人民大学历史系孙家洲、韩树峰，《历史研究》编辑部宋超，北京大学历史系汪小烜、刘聪等朋友的诸多帮助。借助"竹枝词"中有关资料完成的3篇文章，是参与家母王慎之承担主要工作的课题"历代竹枝词整理"的副产品。"历代竹枝词整理"承王利器教授命题指导，被列入1992年5月全国古籍整理出版规划会议讨论制定的《古籍整理出版10年规划和"八五"计划（1991—1995—2000年）》，历时多年，最终成果《历代竹枝词》由陕西人民出版社于2003年12月出版。

《古史性别研究丛稿》一书中，可以看到将史学和其他学科研究方法交叉利用的尝试。作为出身考古学的学人，现在距离本来的专业已经相当遥远。除了几篇简牍研究的成果外，大概只有《秦汉时期的双连杯及其民俗文化意义》一文勉强可以说与考古有若干关联。回顾这些年的学术足迹，应当感谢许多朋友的帮助。就涉足社会史研究而言，中国社会科学院历史研究所彭卫、北京师范大学历史系赵世瑜多有启示。进入古史性别研究领域，除李小江教授外，中国国家博物馆高世瑜、中国社会科学院历史研究所定宜庄、中国社会科学院近代史研究所刘小萌等朋友也都以其论著和不同方式有所引导。在神话研究方面的试习，远逐淮阴师范学院萧兵、中国社会科学院文学研究所叶舒宪和吕微后尘，常恨追迹靡及。点滴收益，汇集在本书中，或许也可以看作友情的纪念。

李小江教授在为《历史、史学与性别》一书（江苏人民出版社2002年10月版）所写"前言"中的一个说法，可以借用以表达我在回想有关学术经历时的心情："收获学问，更收获友情。"也是在这篇"前言"中，作者对一种学术境界的描述，也使我们在感旧和瞻迟时都会寄以一种神往之心："以平和包容的心态倾诉和倾听、提问并答问，将'大气'写满字里行间。"

王子今

甲申年惊蛰前三日

北京大有北里

增订本后记

《古史性别研究丛稿》承李小江教授支持与鼓励，完稿后列入她主编的"性别研究丛书"，2004年12月由社会科学文献出版社出版。算来距今已经整整15年了。

《古史性别研究丛稿》面世后，《文摘报》2004年12月1日曾发表书讯，2006年12月获第四届中国高校人文社会科学研究优秀成果奖三等奖。此后，陆续还有一些可以归入"性别研究"主题的论文发表。其中《"女儿国"的传说与史实》，《历史学文摘》2009年1期选摘；《汉代军队中的"卒妻"身份》，《复印报刊资料·先秦秦汉史》2009年3期刊载。此次李小江教授主编《"乾·坤"——性别研究文史文献集萃系列丛书》，于是有增订本的编定。

这里谨就本书各篇初刊信息予以说明：《平利女娲故事的发生背景和传播路径》，载《渭南师范学院学报》2004年第1期；《论女娲神话源生于西北山区》，载《宁夏师范学院学报》2007年第4期；《汉代"嫘祖"的历史记忆与文化影响》，载《石家庄学院学报》2017年第4期；《战国秦汉时期的女巫》，见《古史性别研究丛稿》（社会科学文献出版社2004年12月版），另见《中国社会历史评论》第5辑（商务印书馆2007年8月版）；《说"盐水神女"》，载《文化杂志》（澳门）2019年（总第105期）；《汉代民间的西王母崇拜》（与周苏平合署，第一作者），载《世界宗教研究》1999年第2期；《"吴起杀妻"论》，载《南京师范大学学报》（社会科学版）2013年第4期；《秦国上层社会礼俗的性别关系考察——以秦史中两位太后的事迹为例》，载《秦陵秦俑研究动态》2002年第4期；《秦史的宣太后时代》，载《光明日报》2016年1月20日14版；《论秦宫"榛娥之台"兼及漆业开发与"秦娥"称谓》，载《四川文物》2018年第6期;《秦始皇的情感生活——兼及秦始皇是否立皇后问题》，见《史学新论：祝贺朱绍侯先生八十华诞》（河南大学出版社2005年9月版）；《吕太后的更年期》，载《读书》2010年第4期；《战国秦汉时期的女军》（与孙中家合署，第一作者），载《社会学研究》1996年第6期；《"姬别霸王"的历史记忆和"虞美人草"的文化象征》（发表时题为《"姬别霸王"的历史记忆与"虞美人"的象征歧义》），载《博览群书》2004年第3期；《秦汉时期的女工商业主》，见《中国文化研究》2004年秋季卷；《汉代"乳舍"及相关问题的社会史考察》，载《理论学刊》2019年第4期；《汉代的女权》，载《东方》1999年第3期；《汉代的女童教育》，载《童蒙文化研究》第5辑；《性别的政争："巫蛊之祸"与征和时期的帝后关系》，见《古史性别研究丛稿》（社会科学文献出版社2004年12月版）；《情爱的幻境：方士为汉武帝夜致王夫人事》，见《古史性别研究丛稿》（社会科学文献出版社2004年12月版）；《秦汉时期的双连杯及其民俗文化意义》，载《考古与文物》1986年第5期；《睡虎地秦简〈日书〉甲种性别史料辑考》，见《睡虎地秦简〈日书〉甲种疏证》（湖北教育出版社2003年2月版）；《张家山汉简〈贼律〉所见"妻悍"、"妻殴夫"等事》，载《南都学坛》2002年第4期；《张家山汉简〈秩律〉四"公主"说》（与范培松合署，第一作者），见《陕西历史博物馆馆刊》第9辑（三秦出版社2002年7月版）；《"偏妻""下妻"考——张家山汉简〈二年律令〉研读札记》，载《华学》第6辑（紫禁城出版社2003年6月版）；《张家山汉简〈贼律〉"叚大母"释义》（与范培松合署，第一作者），载《考古与文物》2003年第5期；《居延汉简"歌人"考论》，见《古史性别研究丛稿》（社会科学文献出版社2004年12月版）；《居延汉简女子婚龄资料考议》（发表时署名刘林），载《文博》2012年第3期；《秦汉"小女子"称谓再议》，载《文物》2008年第5期；《汉代军队中的"卒妻"身份》，载《南都学坛》2009年第1期；《说走马楼简所见"小妻"兼论两汉三国社会的多妻现象》，载《学术月刊》2004年第10期；《三国孙吴乡村家族中的"寡嫂"和"孤兄子"——以走马楼竹简为中心的考察》，见《简牍学研究》第4辑（甘肃人民出版社2004年12月版）；《走马楼竹简女子名字分析》（与王心一合署，第一作者），见《吴简研究》第1辑（崇文书局2004年7月版）；《南宫公主的婚事——澄清汉匈和亲史的一个情节》，载《文景》总第12期（2005年7月），另见《读书》2006年3期；《驿壁女子题诗：中国古代妇女文学的特殊遗存》，载《重庆师范大学学报》（哲学社会科学版）2004年第3期；《"女儿国"的传说与史实》，载《河北学刊》2008年第3期；《清代竹枝词所见女子"卜钱"风习》（与王慎之合署，第二作者），载《学术界》1997年第6期；《清人竹枝词所见女军史料研究》（与王慎之合署，第二作者），载《中华女子学院学报》1997年第4期，另见1998年第1期；《〈乌江竹枝〉：清代劳动妇女生活的写真》，载《中华女子学院学报》2002年第2期。读者可以注意到，收入本书，旧文多有修改充实。需要特别说明的是，《居延汉简女子婚龄资料考议》一文以特殊的合作形式撰写发表，收入本书不存在著作权问题。

有的篇目，在本书章节中有所调整，如《论秦宫"榛娥之台"兼及漆业开发与"秦娥"称谓》，根据论说主题，略去"漆业开发"；《清代竹枝词所见女子"卜钱"风习》和《清人竹枝词所见女军史料研究》，出于不宜忽略明代史料的考虑，"清代竹枝词"均改为"明清竹枝词"。

  本书定稿，承首都博物馆李兰芳多日辛劳，认真核对引文，统一体例，处理格式，还对内容提出了很好的修改意见，中国人民大学国学院邱文杰帮助查核引文，也占用了很多宝贵的学习时间，谨此深表感谢。陕西师范大学出版总社王森编辑为本书面世付出很多努力，亦深致谢忱。

王子今

北京大有北里

2019 年 9 月 26 日